**NEWFOUNDLAND
EN LABRADOR**
Zie blz. 60–69

**NEW BRUNSWICK,
NOVA SCOTIA EN
PRINS EDWARDEILAND**
Zie blz. 70–93

MONTRÉAL
Zie blz. 102–123

**QUÉBEC-STAD EN
DE ST.-LAWRENCE**
Zie blz. 124–141

**ZUID- EN NOORD-
QUÉBEC**
Zie blz. 142–153

TORONTO
Zie blz. 162–187

Iqaluit

QUÉBEC

ATLANTISCH
CANADA

NTARIO

OTTAWA   Montréal

Toronto

St. John's

Halifax

0 km   500

**OTTAWA EN OOST-
ONTARIO**
Zie blz. 188–203

CAPITOOL REISGIDSEN

CANADA

CAPITOOL REISGIDSEN

CANADA

VAN REEMST
UITGEVERIJ

HOUTEN

A Dorling Kindersley book
www.dk.com

Oorspronkelijke titel: Dorling Kindersley Travel Guides – Canada
© 2008 Oorspronkelijke uitgave:
Dorling Kindersley Limited, Londen
© 2008 Nederlandstalige uitgave:
Van Reemst Uitgeverij/Unieboek bv
Postbus 97
3990 DB Houten
www.capitool.nl

7de herziene druk 2008

Auteurs: Paul Franklin, Sam Ion, Philip Lee, Cam Norton,
Lorry Patton, Geoffrey Roy, Michael Snook,
Donald Telfer, Paul Waters
Boekverzorging: de Redactie, Amsterdam
Vertaling en opmaak: Liesbeth Hensbroek,
Catherine Smit en Willemien Werkman
Bewerking: Hanneke Bos
Omslag: Teo van Gerwen-design, Waalre
Actualisering: Silke Bouman

Cartografie: ERA-Maptec Ltd, Dublin, Ierland
Druk: Sun Fung Offset Binding Company Limited (China)

Alles is in het werk gesteld om ervoor te zorgen dat de
informatie in dit boek bij het ter perse gaan zoveel mogelijk
is bijgewerkt. Gegevens zoals telefoonnummers,
openingstijden, prijzen, exposities en reisinformatie
zijn echter aan veranderingen onderhevig. De uitgever is
niet aansprakelijk voor consequenties die voortvloeien
uit het gebruik van dit boek.

ISBN 978-90-410-3309-3
NUR 513

INHOUD

INLEIDING OP CANADA

ATLANTISCH CANADA

Historische reconstructie van Fort Louisbourg in Nova Scotia

QUÉBEC

Lake Moraine in het Banff National Park in de Rocky Mountains

Château Frontenac in Québec-stad

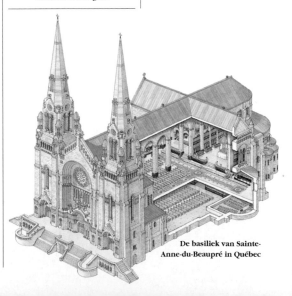

De basiliek van Sainte-
Anne-du-Beaupré in Québec

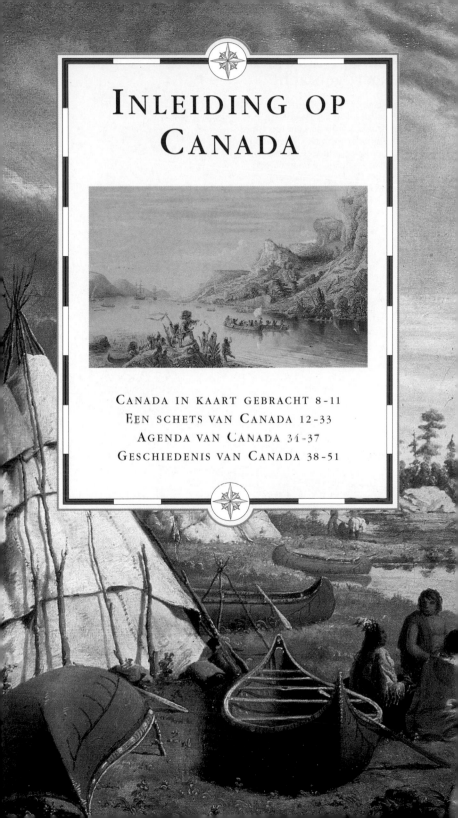

INLEIDING OP CANADA

West- en Noord-Canada in kaart gebracht

C anada beslaat 9.970.610 km² in het
noorden van het Amerikaanse
continent. Ruim 70 procent hiervan is
onbewoond, omdat de wildernis in
het noorden grotendeels bevroren
is. Brits-Columbia kan daarentegen
bogen op het enige gematigde
regenwoud van Canada.

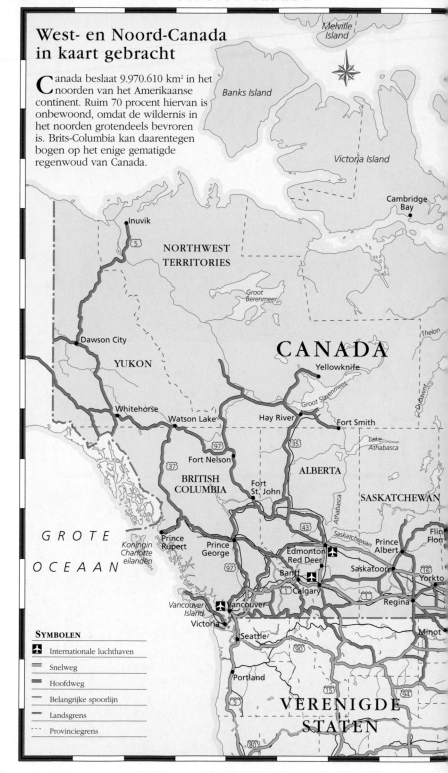

SYMBOLEN

✈   Internationale luchthaven

━━━   Snelweg

━━━   Hoofdweg

───   Belangrijke spoorlijn

───   Landsgrens

---   Provinciegrens

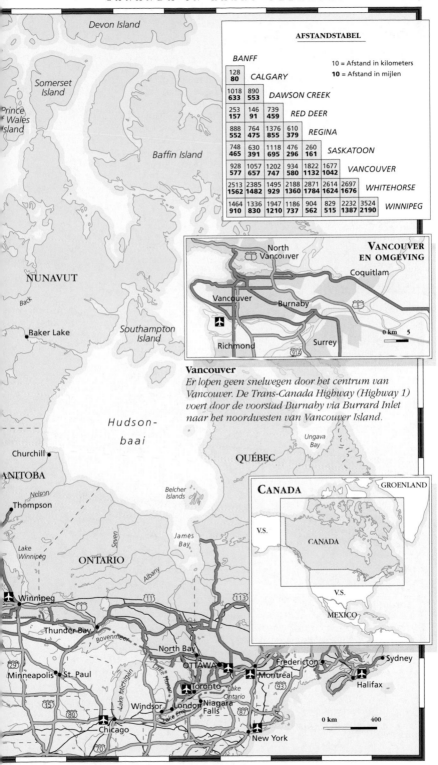

AFSTANDSTABEL

BANFF

10 = Afstand in kilometers
10 = Afstand in mijlen

BANFF							
128 **80**	CALGARY						
1018 **633**	890 **553**	DAWSON CREEK					
253 **157**	146 **91**	739 **459**	RED DEER				
888 **552**	764 **475**	1376 **855**	610 **379**	REGINA			
748 **465**	630 **391**	1118 **695**	476 **296**	260 **161**	SASKATOON		
928 **577**	1057 **657**	1202 **747**	934 **580**	1822 **1132**	1677 **1042**	VANCOUVER	
2513 **1562**	2385 **1482**	1495 **929**	2188 **1360**	2871 **1784**	2614 **1624**	2697 **1676**	WHITEHORSE
1464 **910**	1336 **830**	1947 **1210**	1186 **737**	904 **562**	829 **515**	2232 **1387**	3524 **2190**	WINNIPEG

VANCOUVER EN OMGEVING

North Vancouver
Coquitlam
Vancouver
Burnaby
Richmond
Surrey

0 km 5

Vancouver

Er lopen geen snelwegen door het centrum van Vancouver. De Trans-Canada Highway (Highway 1) voert door de voorstad Burnaby via Burrard Inlet naar het noordwesten van Vancouver Island.

CANADA

GROENLAND
V.S.
CANADA
V.S.
MEXICO

Churchill

QUÉBEC

Ungava Bay

Hudson-baai

Belcher Islands

James Bay

Devon Island
Somerset Island
Prince of Wales Island
Baffin Island
NUNAVUT
Back
Baker Lake
Southampton Island

ANITOBA
Nelson
Thompson
Lake Winnipeg
ONTARIO
Seven
Albany

Winnipeg
Thunder Bay
Bovenmeer
Minneapolis St. Paul
North Bay
OTTAWA
Fredericton
Sydney
Montreal
Halifax
Lake Michigan
Lake Huron
Toronto
Lake Ontario
Windsor
London
Niagara Falls
Lake Erie
Chicago
New York

0 km 400

Oost-Canada in kaart gebracht

De 30 miljoen inwoners van Canada wonen bijna allen in de buurt van de grens met de Verenigde Staten, in een strook die zich uitstrekt van de oostkust tot aan Brits-Columbia in het westen. Ruim 60 procent van alle Canadezen huist in de zuidoosthoek van het land, in de provincies Ontario en Québec. Hier klopt het hart van de Canadese industrie: elektronica, hydro-elektriciteit, hout en papier. De kustprovincies Nova Scotia, New Brunswick en Prins Edwardeiland zijn het kleinst; het prachtige landschap trekt jaarlijks duizenden toeristen. Newfoundland en Labrador zijn juist weer aantrekkelijk om hun ruigheid.

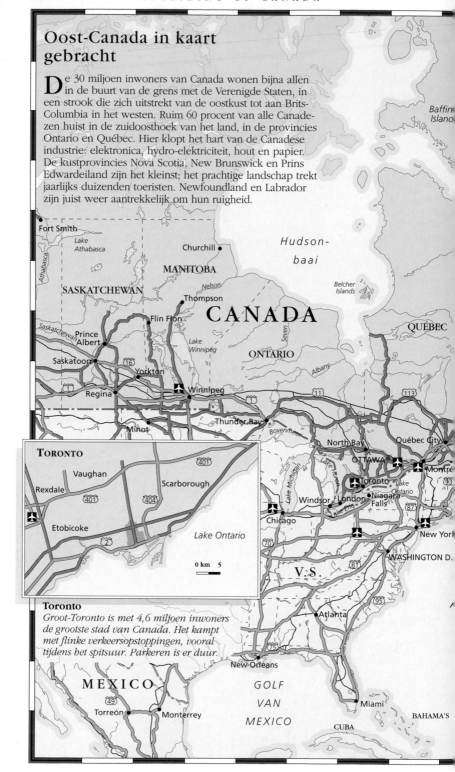

Toronto

Toronto

Groot-Toronto is met 4,6 miljoen inwoners de grootste stad van Canada. Het kampt met flinke verkeersopstoppingen, vooral tijdens het spitsuur. Parkeren is er duur.

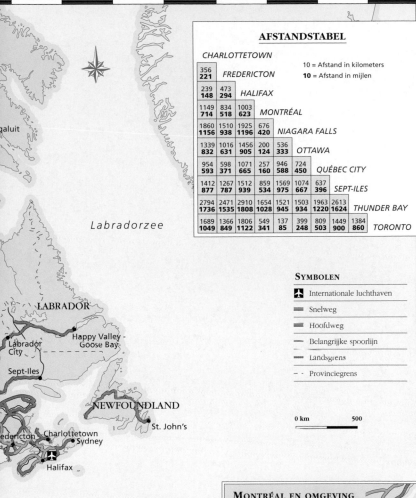

AFSTANDSTABEL

10 = Afstand in kilometers
10 = Afstand in mijlen

	CHARLOTTETOWN	FREDERICTON	HALIFAX	MONTRÉAL	NIAGARA FALLS	OTTAWA	QUÉBEC CITY	SEPT-ILES	THUNDER BAY
FREDERICTON	356 / **221**								
HALIFAX	239 / **148**	473 / **294**							
MONTRÉAL	1149 / **714**	834 / **518**	1003 / **623**						
NIAGARA FALLS	1860 / **1156**	1510 / **938**	1925 / **1196**	676 / **420**					
OTTAWA	1339 / **832**	1016 / **631**	1456 / **905**	200 / **124**	536 / **333**				
QUÉBEC CITY	954 / **593**	598 / **371**	1071 / **665**	257 / **160**	946 / **588**	724 / **450**			
SEPT-ILES	1412 / **877**	1267 / **787**	1512 / **939**	859 / **534**	1569 / **975**	1074 / **667**	637 / **396**		
THUNDER BAY	2794 / **1736**	2471 / **1535**	2910 / **1808**	1654 / **1028**	1521 / **945**	1503 / **934**	1963 / **1220**	2613 / **1624**	
TORONTO	1689 / **1049**	1366 / **849**	1806 / **1122**	549 / **341**	137 / **85**	399 / **248**	809 / **503**	1449 / **900**	1384 / **860**

Labradorzee

LABRADOR

Happy Valley - Goose Bay

Labrador City

Sept-Iles

NEWFOUNDLAND

St. John's

ederieton Charlottetown Sydney

Halifax

SYMBOLEN

- ✈ Internationale luchthaven
- Snelweg
- Hoofdweg
- Belangrijke spoorlijn
- Landsgrens
- -- Provinciegrens

0 km   500

L A N T I S C H E

O C E A A N

Montréal

Montréal is een belangrijk verkeers-knooppunt. De stad wordt omringd door een netwerk van snelwegen. De Trans-Canada Highway, een drukke zesbaans verkeersader, loopt dwars door de stad als nr. 20 ofwel de Autoroute Métropolitain.

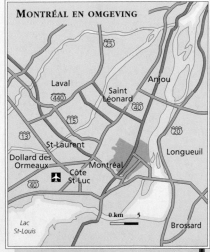

MONTRÉAL EN OMGEVING

Laval

Anjou

Saint Léonard

St-Laurent

Dollard des Ormeaux

Montréal

Côte St-Luc

Longueuil

Lac St-Louis

0 km   5

Brossard

EEN SCHETS VAN CANADA

C *anada is een onvoorstelbaar groot land met oude bossen, ruige bergen en kosmopolitische steden. Het strekt zich uit van de Atlantische Oceaan tot de Grote Oceaan en de Noordelijke IJszee. Zo'n 20.000 jaar geleden vestigden de eerste bewoners er zich; tegen de 19de eeuw hadden de Europeanen de overhand gekregen. Nu staat het land bekend als een liberale, multiculturele samenleving.*

Houten Inuit-masker

Dat Canada nu zo'n tolerante natie is, heeft deels te maken met het conflictueuze verleden. Er waren twee eeuwen van compromissen voor nodig om het land tot een natie om te vormen. Na de veldslagen tussen het Britse en Franse leger halverwege de 18de eeuw, kregen de Britten het land in 1759 in handen. De zelfbesturende koloniën van Brits Noord-Amerika sleutelden drie jaar aan een overeenkomst, die hen in 1867 verenigde in de *Dominion of Canada*. Newfoundland trad pas in 1949 toe tot de natie. Door de grote regionale verschillen, vooral tussen het Frans- en het Engelstalige Canada, is de ontwikkeling van een nationale identiteit een moeizaam proces. Een prominent Canadees schrijver, Pierre Berton, werd eens gevraagd wat een Canadees is. Hij omzeilde het probleem als volgt: 'Iemand die de liefde kan bedrijven in een kano.' Canada is met zijn oppervlakte van 9.970.610 km² de op één na grootste natie ter wereld. Ruim 40 procent van het land ligt ten noorden van de boomgrens (60° N.Br). Deze vijandige, dunbevolkte wildernis is 's winters erbarmelijk koud (gemiddeld -30°C) en wordt 's zomers geteisterd door miljoenen insecten. Het is dan ook niet zo verwonderlijk dat de meeste

Uitzicht over de met sneeuw bedekte daken van Québec-stad op de St.-Lawrence-rivier

◁ **Grazende wapitibok in het Jasper National Park in de Rocky Mountains**

Canadezen in de gematigder streken in het zuiden wonen. Ruim 80 procent van de 30 miljoen Canadezen woont niet meer dan 200 km van de grens met de Verenigde Staten vandaan.

FLORA EN FAUNA

Op de toendra (of taiga) in het hoge noorden heerst de permafrost, waarop alleen de allersterkste flora gedijt, zoals korstmossen en ongemeen taaie bloem- en grassoorten. In het voor- en najaar staat de toendra uitbundig in bloei. Het gebied kent een rijk dierenleven, met onder meer ijsberen, poolvossen, wolven, zeehonden, muskusossen en kariboes. Meer naar het zuiden beslaan de boreale naaldwouden een strook van Newfoundland in het oosten tot de Yukon in het westen. Tussen de sparren, balsemdennen en *Pinus banksiana* leven de dieren die het meest met Canada worden geassocieerd: de eland, de bever, de lynx en de zwarte beer. De bever is het nationale symbool van Canada. De Europese vraag naar beverbont voor hoeden riep een

Voorjaarsbloem op het Bruce Peninsula

bonthandel in het leven, die het binnenland openlegde voor de kolonisten.

In het oosten worden de loofbossen met de karakteristieke esdoorn bevolkt door herten, stinkdieren en nertsen. Op de graslanden van Midden-Canada, de prairie, huizen wapiti's, grondeekhoorns en de paar duizend bizons die nog over zijn van de enorme kudden die er ooit ronddwaalden.

In de gematigde regenwouden van Brits-Columbia wemelt het van wilde dieren als het muildierhert, de bruine beer en de poema. Tussen de torenhoge ceders, dennen en sparren groeien zeldzame orchideeën en varensoorten.

DE EERSTE BEWONERS

Hoewel Canada als een jonge natie wordt beschouwd, gaat de geschiedenis van het land 20.000 jaar terug, naar het einde van de eerste IJstijd. Nomadische jagers uit Siberië trokken over de landbrug die hun streek toen met Alaska verbond en werden zo de eerste menselijke bewoners van Noord-

De Amerikaanse zeearend wordt vaak gesignaleerd op de Koningin Charlotte-eilanden in Brits-Columbia

Amerika. In de volgende eeuwen trokken hun nakomelingen geleidelijk naar het zuiden. In het bekken van de Old Crow River in de Yukon is gereedschap gevonden uit, naar men denkt, deze eerste periode. De Siberische nomaden waren de voorouders van de inheemse volken van het continent, die zich op verschillende manieren aan hun nieuwe omgeving aanpasten.

Inuit-kinderen in Bathurst Inlet, Nunavut

De eerste Europeanen die tegen de 16de eeuw in nauw contact kwamen met deze volken waren Spaanse en Portugese handelaars. Ze noemden de inheemse bevolking 'indianen', in de veronderstelling dat ze India hadden bereikt. Die benaming bleef hangen, evenals 'roodhuid', de term die Britse kolonisten in de 17de eeuw gebruikten voor de Beothuk van Newfoundland, die zichzelf met rode oker insmeerden tegen de insecten. Ook de volken in het hoge noorden kregen een ongewenste naam: 'eskimo's', ofwel 'rauwvleeseters'. Gezien het verleden is het niet zo vreemd dat de huidige leiders van de inheemse volken van Canada deze namen hebben verworpen. Ze noemen zich liever *native Canadians* (inheemse Canadezen) of *First Nations* (eerste volken), hoewel men in het noorden de voorkeur geeft aan Inuit ('mensen'). De Métis, nakomelingen van inheemse Canadezen en Franstalige Europese handelaars, worden ook tot de inheemse volken gerekend.

DE SAMENLEVING
De officiële talen van Canada zijn het Frans en het Engels. De wisselwerking tussen de twee grootste linguïstische en culturele groepen is vooral duidelijk in de hoofdstad Ottawa, waar elke federale toespraak en wet in beide talen moet worden gesteld. Ongeveer 24 procent van de bevolking is Frans-Canadees; dit zijn vooral nakomelingen van Fransen die zich in de 17de en 18de eeuw in de kolonie Nieuw-Frankrijk vestigden *(zie blz. 41)*. Hun Engelstalige landgenoten stammen grotendeels af van 18de- en 19de-eeuwse Britse immigranten.

Canada's reputatie van een multiculturele samenleving vond zijn oorsprong in de immigratiegolven en kolonisatieprogramma's van de 19de eeuw, toen mensen uit de hele wereld naar de steden en het platteland van Canada trokken. Wilt u nu een indruk krijgen van Canada's levendige culturele mix, dan kunt u het beste een bezoek brengen aan de drie grootste steden van het land: Toronto, Montréal en Vancouver.

Gezicht van de parken en tuinen van Centre Island aan het Ontariomeer op de CN Tower in Toronto

Wisseling van de wacht bij het parlementsgebouw in Ottawa

REGERING EN POLITIEK

Canada is een parlementaire democratie met een federaal systeem. Alle provincies en territoria hebben een democratisch gekozen provinciaal bestuur onder leiding van een premier en vaardigen gekozen vertegenwoordigers af naar het federale parlement in Ottawa. De belangrijkste federale wetgevende macht is het Lagerhuis. De eerste minister staat aan het hoofd van dit politieke systeem; hij of zij is een gekozen lid van het Lagerhuis en moet daar over een meerderheid beschikken. Door het Lagerhuis aangenomen wetten gaan ter ratificatie naar de Senaat. Nu benoemt de eerste minister de senatoren nog, maar er gaan steeds meer stemmen op om ook hen te kiezen. De Britse monarch, koningin Elizabeth II, is het officiële staatshoofd; zij wordt in Canada vertegenwoordigd door de gouverneur-generaal.

De afgelopen tijd neigt de politiek tot regionalisme. De provincies proberen een deel van de macht weer naar zich toe te trekken, waardoor het voor politieke partijen moeilijk is geworden in alle delen van het land de overhand te krijgen. De gevolgen van deze trend zijn het duidelijkst in Québec, waar een sterke afscheidingsbeweging bestaat. Sinds 1981 hebben de Québécois al tweemaal een referendum gehad over de vraag of de provincie zich moet afscheiden, en tweemaal hebben ze tegengestemd, hoewel het op het randje was. Daarmee is de moeizame verhouding van Québec met de rest van Canada nog niet opgelost; verdere politieke onenigheid lijkt dan ook onvermijdelijk.

Sinds de jaren tachtig doen ook de oorspronkelijke bewoners van zich spreken met campagnes voor grondwettelijke, land- en mijnbouwrechten. De Assemblee van Eerste Volken pleit voor de stichting van een Inuit-thuisland, Nunavut. Momenteel wordt er strijd geleverd over zelfbestuur en eigen scholen, ter behoud van de inheemse talen, en over jacht- en visrechten.

De onthulling van de vlag van Nunavut in 1999

Canada is betrokken geweest bij alle belangrijke gebeurtenissen van de 20ste eeuw, zoals de twee wereldoorlogen, en speelt een prominente rol in de internationale politiek. Het is lid van de NAVO en, met Duitsland, Frankrijk, Groot-Brittannië, Italië, Japan, Rusland en de VS, één van de G8-landen die over de wereldhandel beslissen.

KUNST EN CULTUUR

Het prachtige, uitgestrekte landschap heeft zijn stempel gedrukt op de Canadese cultuur. Buitenactiviteiten zoals wandelen, skiën en kanoën zijn enorm populair. De Canadezen zijn echte sportfans. IJshockey, honkbal, basketbal en *Canadian football* trekken grote aantallen toeschouwers. Daarnaast zijn de Canadezen ook grote kunst-liefhebbers. De vermaarde klassieke pianist Glenn Gould kwam ervandaan; veel grote steden kunnen bogen op een orkest van naam. Canada heeft onevenredig veel populaire muziek-sterren voortgebracht, van de ver-nieuwende singer-songwriters Joni Mitchell en Neil Young tot popsterren als Celine Dion, Bryan Adams en Shania Twain. Canada's kosmopoli-tische instelling brengt met zich mee dat de bezoeker van vele soorten muziek kan genieten in bars, cafés en op de talrijke festivals van het land. Tijdens het beroemde Stratford Festival in Ontario worden tal van toneelstukken, van Shakespeare tot moderne schrijvers, op-gevoerd.

De internationaal bekende popster Alanis Morissette

Veel Canadese kun-stenaars hebben zich door de wil-dernis laten inspi-reren. Tom Thom-son probeerde als eerste een nationale identiteit tot uit-drukking te brengen in zijn landschaps-

Toronto Maple Leaf
Mats Sundin

schilderingen van Noord-Ontario. Hij beïnvloedde de bekendste groep schilders van het land, de 'Group of Seven' *(zie blz. 160-161)*, die een nationale stijl ontwikkelde waarin de Canadese wildernis werd verbeeld. Veel tijdgenoten en latere schilders, met name Emily Carr, borduurden op dit thema voort.

Canada is trots op zijn kunst-collecties en laat dat zien in musea van wereldformaat. De opmerkelijke Art Gallery of Ontario in Toronto (zie blz. 174-175) heeft zowel een uitgebreide tentoon-stelling met schilderijen van de 'Group of Seven' als opvallende moderne kunst.

Auteur Margaret Atwood, wereldwijd geprezen

Tot de belangrijke moderne Canadese kunstenaars in het internationale cir-cuit behoren Janet Cardiff en Rodney Graham.

Canada kent uitstekende Engels- en Franstalige auteurs. In de indrukwek-kende lijst van hedendaagse schrijvers staan namen als Margaret Atwood, Carol Shields, Michael Ondaatje, Jacques Poulin, Yann Martel en Germaine Guèvremont, die met be-langrijke prijzen zijn onderscheiden. De Canadese filmindustrie bloeit met bekende regisseurs als David Cronenberg en Atom Egoyan die gedurfde films maken. *Atanarjuat (De snelle renner)*, een prachtige film, geschreven, geregisseerd, gespeeld en geproduceerd door Inuit, was een onverwacht kassucces in 2001.

Canada's bloeiende cultu-rele leven wortelt in trots op de geschiedenis en het kosmopolitische erfgoed van het land en in een grote liefde voor de imposante schoonheid van het land-schap.

Landschap en geologie

C anada is het op één na grootste land ter wereld – vrijwel even groot als heel Europa. Het is ontstaan uit de oudste landmassa's ter wereld: het komvormige Canadees Schild, dat een groot deel van het land beslaat, is 1 miljard jaar oud. Het laagste punt van de kom is de Hudsonbaai, aan de randen plooit het schild zich tot bergketens. Het land wordt aan drie kanten begrensd door oceanen; de kustlijn beloopt 243.800 km. In het binnenland liggen zo'n 2 miljoen meren. Canada staat bekend om zijn gevarieerde landschap: van het barre noorden tot de bossen en graanvlakten van het westen, en van het beboste, heuvelachtige oosten tot de vruchtbare laagvlakten van het zuidoosten.

Het Grote Meren-gebied *omvat 3 procent van Canada's landmassa. De vruchtbare kom is vitaal voor de landbouw.*

***De Interior Plains**, waartoe ook de prairie behoort, zijn het belangrijkste graangebied van het land. Ze lopen 2600 km lang in zuidoostelijke richting van de Cordilleren tot de Amerikaanse grens en vallen uiteen in drie steppen.*

DE ROCKIES EN DE WEST-CORDILLERA

Deze regio maakt deel uit van een van de langste bergketens ter wereld. In Canada omvat de Cordillera het Kustgebergte en beboste bekkens. De gekartelde pieken en ruggen zijn tijdens de IJstijd ontstaan door erosie, net als het Columbia Icefield *(zie blz. 308)*. De Rockies werden gevormd door de botsing van continentale schollen, die 120 miljoen jaar geleden begon *(zie blz. 256–257)*.

GEOGRAFISCHE GEBIEDEN

Canada valt uiteen in zes geografische gebieden. Het uiterste noorden van de noordelijke toendra is het grootste deel van het jaar bedekt met ijs. In het westen en zuiden liggen de warmere, vruchtbare grond van de Cordillera en de grote vlakten. Het Grote Meren-gebied ten oosten ervan is een landbouwcentrum. Het enorme Canadees Schild is de bakermat van de prairie en loopt op naar de Inuit-regio in het noorden en de Appalachen in het zuiden.

Inuit-regio en Arctische laagvlakte

De Rockies en West-Cordillera

Interior Plains

Canadees Schild

Appalachen

Grote Meren

Het heuvellandschap van de Appalachen is voor tweederde bedekt met bos en omvat zowel vruchtbaar laagland als de hoogste toppen van Québec. Die liggen op het Gaspé Peninsula, de buitenste ring van bergen aan de rand van het Canadees Schild. Het grootste deel van de bergketen ligt in de VS. Hij vormt een natuurlijke barrière tussen de oostkust en de vlakten in het binnenland.

Het Canadees Schild is gevormd uit het 1100 miljoen jaar oude vaste gesteente van het Noord-Amerikaanse continent en is het hart van het land. Het beslaat 5 miljoen km² rondom de Hudsonbaai. Het centrum bestaat uit rotsen en kreupelhout, de randen uit steil gebergte.

De Inuit-regio strekt zich uit van de arctische laagvlakte, zo'n 100–700 m boven zeeniveau, tot de pieken van de bergketens in het noorden, die hun hoogtepunt bereiken op Ellesmere (2926 m). De eeuwenlange werking van het ijs heeft diepe fjorden, scherpe pieken en vorstpatronen uitgeslepen in de bodem. De regio is rijk aan aardolie, kolen en gas.

De natuur van Canada

Canada kwam 10.000 jaar geleden uit de IJstijd tevoorschijn met een grote verscheidenheid aan landschappen en klimaten. In het noorden heeft het poolklimaat een barre woestenij geschapen, die maandenlang in duisternis gehuld is en het grootste deel van het jaar bevroren. De zuidelijkste provincie, Ontario, ligt op dezelfde breedte als Noord-Californië en kent vruchtbare bossen met rivieren en meren. In Zuid-Canada wemelt het van de dieren in de naaldbossen die het Canadees Schild bedekken. In de centrale vlakte wordt tarwe verbouwd op de prairie. Vanhier loopt het voorgebergte op naar de Rocky Mountains, die in het westen geleidelijk overgaan in het Kustgebergte en het milde klimaat van het gematigde regenwoud aan de kust van de Grote Oceaan.

De muskusos, een overblijfsel uit de IJstijd, leeft in kudden. Dankzij zijn dikke, stugge dekharen en ondervacht van fijnere wolharen kan hij tegen temperaturen tot -45°C.

DE BOREALE NAALDWOUDEN

De sneeuwwouden lopen van Oost-Canada, dwars door Québec en Ontario, naar het noorden van de prairieprovincies. Sparren, dennen, berken en ratelpopulieren groeien vooral op de rotsgrond van het Canadees Schild *(zie blz. 18–19)*. Met hun duizenden meren vormen de bossen een rijke habitat voor enkele van Canada's bekendste dieren.

DE PRAIRIE

De Canadese prairie, ooit omschreven als een 'zee van gras', is nu vooral een agrarisch gebied, gespecialiseerd in tarwe en andere granen en in slachtvee. Hoewel er weinig over is van de oude prairie, biedt dit land van grote, open vlakten een leefomgeving voor een verrassend groot aantal – vaak zeldzame – dieren.

De grijze wolf was tegen 1950 bijna uitgestorven door de jacht. Hij is nu weer terug-gekeerd in de afgelegener delen van de boreale bossen.

De gaffelantilope is de enige antilopensoort die nog in Noord-Amerika leeft. Hij kan een snelheid van 75 km/uur bereiken en is het snelste Amerikaanse zoogdier.

De ijsduiker met zijn klage-lijke roep staat symbool voor de noordelijke Canadese wildernis.

De bizon komt alleen nog in twee kudden voor: in Alberta en in de North-west Territories.

SPORTVISSEN IN CANADA

Canada telt talloze sportvissen, van de snoek en de Amerikaanse zalmforel in het noorden tot de Amerikaanse snoekbaars en de zwarte baars in het zuiden. Sommige sportvissen die in Europa erg gewild zijn, zoals de karper, worden in Canada als 'afval' of ongewenste vis beschouwd; ze komen in groten getale voor in de meren en rivieren van de prairie. De arctische zalmforel, die veel in het hoge noorden voorkomt, wordt ook gewaardeerd om zijn smaak.

Vissen is een van de populairste sporten en is volop mogelijk in 37 nationale parken, die kunnen bogen op tal van rivieren en meren.

Zalmen die de rivier opzwemmen, vormen een uitdaging voor de sportvisser. Canada bevat de helft van alle zoete wateren ter wereld, maar ook zeevissen is hier een aantrekkelijke optie.

DE ROCKY MOUNTAINS

De Rocky Mountains beginnen in het voorgebergte van West-Alberta en worden in Brits-Columbia steeds hoger. Samen met de Columbia Mountains en het Kustgebergte vormen ze een unieke natuur, die van dichtbeboste lagere hellingen tot alpenweiden en met sneeuw bedekte pieken loopt. Hier leven enkele van de meest majestueuze dieren van Canada.

HET CANADESE POOLGEBIED

Ten noorden van de 60ste breedtegraad maken de bossen plaats voor de arctische toendra en rotsen. De toendra is vooral kaal. De grond is het hele jaar door bevroren (de zogenoemde permafrost), met uitzondering van een dunne bovenlaag, die tijdens de korte zomer smelt. De hele toendra staat dan in bloei. Ondanks de kou en droogte komen er veel dieren voor.

De hoorns van een volwassen ram van de dikhoornschapen die in de Rockies leven, wegen evenveel als de rest van zijn skelet tezamen.

De ijsbeer is het grootste deel van zijn leven solitair. Hij jaagt op het pakijs op zeehonden en robben.

Een grizzly die op zijn achterpoten staat, is 2,75 m lang; hij weegt zo'n 350 kg. Hij voedt zich met wortels, bessen en vlees.

De kariboe is de Noord-Amerikaanse neef van het rendier en leeft in kudden van 10.000 dieren. In het voorjaar trekken ze naar de toendra in het noorden, in de winter naar de bossen in het zuiden.

Multicultureel Canada

Canada is trots op zijn multiculturalisme. Het heeft zich op een unieke manier aangepast aan de behoeften van een steeds gevarieerder bevolking. Canada heeft niet gekozen voor de smeltkroes van de VS, maar voor wat wel het 'Canadese mozaïek' wordt genoemd, dat uitgaat van diversiteit in plaats van assimilatie. Deze tolerante opstelling is geworteld in het verleden: in 1793 waren de Britten zo beducht voor een aanval door de VS, dat ze de religieuze en burgerlijke instituten van hun Frans-Canadese onderdanen garandeerden, in de hoop dat die zich niet bij de Amerikanen zouden aansluiten. Daarmee was de compromispolitiek van Canada geboren. De meeste van de 30 miljoen Canadezen zijn van Engelse of Franse afkomst, maar het land telt inmiddels ook zo'n 60 minderheden.

Jonge Inuit in traditionele kleding

INHEEMSE CANADEZEN

Er zijn momenteel zo'n 1 miljoen *native Canadians* (inheemse Canadezen). Bij volkstellingen wordt vaak een onderscheid gemaakt tussen de autochtone volken (750.000), de Métis (van gemengd indiaans-Franse afkomst, 200.000) en de Inuit (50.000). Hiervan wordt 60 procent tot de *Status Indians* gerekend, wat betekent dat ze officieel onder de reservaten vallen. Ruim 40 procent van de *Status Indians* woont daar echter niet meer; slechts 900 van de 2370 reservaten worden nog bewoond. Dit grondgebied behoort toe aan 608 *First Nations* (eerste volken), die een zekere mate van zelfbestuur met gekozen raden kennen. Sinds de jaren zeventig hebben progressieve raden een sleutelrol gespeeld bij het versterken van de traditionele inheemse cultuur. De meeste autochtone Canadezen die geen *Status Indian* zijn, zijn geïntegreerd met de rest van de Canadese bevolking. Een reservaat behoort zelden aan één stam toe. De grootste stammengroep is die van de Six Nations.van de Grand River in Ontario. De 19.000 leden zijn afkomstig uit dertien groepen, waaronder de Mohawk, de Delaware en de Seneca. In het hoge noorden hebben zich altijd weinig blanken gevestigd. De Inuit vormen hier een kleine meerderheid. Hun wil tot zelfbeschikking kwam in april 1999 tot uiting in de stichting van Nunavut, een semi-autonoom Inuit-thuisland van 349.650 km² in het oostelijke poolgebied. Nunavut betekent 'ons land' in de Inuit-taal. Traditionele vaardigheden als jagen en iglo's bouwen worden hier nu opnieuw geïntroduceerd.

BRITSE EN IERSE CANADEZEN

De Canadezen van Britse en Ierse afkomst vormen zo'n 60 procent van de bevolking. De eerste Engelse kolonisten arriveerden in het kielzog van de vloten die in de 16de eeuw bij Newfoundland bevisten. Daarna druppelden Engelse, Schotse, Welshe en Ierse immigranten gestaag binnen. Soms kwamen ze met grote groepen tegelijk, aangespoord door de slechte politieke situatie thuis of de nieuwe mogelijkheden die Canada bood. Na de nederlaag van 'Bonnie Prince Charlie' bij Culloden in 1746 arriveerden duizenden Schotten. De Ieren stroomden toe tijdens in en na de grote hongersnood (1845–1849). Ook toen de prairieprovincies rond 1880 werden opengelegd en na de beide wereldoorlogen vonden grote immigratiegolven plaats. De Britse en Ierse kolonisten vormden Canada in grote mate: ze bepaalden de sociale en culturele normen en het politieke en rechtssysteem. Het officiële staatshoofd is nog steeds de Britse monarch.

Britse propaganda voor emigratie naar Canada (ca. 1920)

FRANSE CANADEZEN

De Franstalige Canadezen vormen zo'n 25 procent van de bevolking en zijn daarmee de op één na grootste etnische groep. Ze wonen voornamelijk in de provincie Québec, maar er zijn ook bloeiende gemeenschappen in andere provincies. De Fransen arriveerden in 1535 op het Canadese vasteland toen Jacques Cartier de St.-Lawrence opvoer op zoek naar een zeeroute naar Azië. Bonthandelaars, priesters en boeren volgden hem op de voet; tegen het eind van de 17de eeuw was de kolonie Nieuw-Frankrijk een feit. Nadat de Britten de kolonie tijdens de Zevenjarige Oorlog (1756–1763, *zie blz. 42–43*) veroverden, bleven de meeste Franse kolonisten als Brits onderdaan in het land wonen. Ze behielden hun religieuze en burgerlijke instituten en een onafhankelijk-heidszin die nadien slechts is toegenomen. Sinds de jaren zestig staat de grondwettelij-ke band van Québec met de rest van Canada ter discussie. Een krachtige minderheid streeft naar volledige onaf-hankelijkheid *(zie blz. 51).*

DUITSE CANADEZEN

Hoewel er al vanaf ca. 1660 Duitstaligen in Canada wonen, vond de grote toe-stroom pas plaats tussen 1850 en 1900 en na de beide wereldoorlogen. Over het algemeen zijn de Duitse immigranten opgegaan in de Engels-talige meerderheid, maar in plaatsen als Lunenburg in Nova Scotia *(zie blz. 84)* en Kitchener-Waterloo in Ontario *(zie blz. 216)* zijn nog Duitstalige gemeenschappen te vinden. De plattelandsdorpen rond Kitchener-Waterloo zijn bol-werken van de amish, een Duitstalige religieuze sekte die de verworvenheden van de moderne tijd verwerpt. De leden verplaatsen zich in rij-tuigjes en dragen zelfgemaak-te traditionele kleding. Duitse gerechten en dranken, en met name de techniek van het bierbrouwen, hebben de Canadese keuken verrijkt. Restaurants in Duitstalige streken worden nog op de traditionele manier bestierd.

Straatbeeld in Chinatown, Toronto

ITALIAANSE CANADEZEN

Dat er veel Italianen in Canada wonen, is niet altijd even duidelijk, omdat de 600.000 immigranten bijna naadloos in de Engelstalige groep zijn opgegaan. Er zijn echter ook uitzonderingen. In Toronto bestaat een bloeiend Klein-Italië, een wijk die toe-risten en gastronomisch inge-stelde inwoners van de stad behaagt. De eerste immigratiegolf vond plaats in de tweede helft van de 19de eeuw, toen Italië ver-scheurd werd door burgeroorlogen; een andere golf arriveerde in de jaren veertig en vijftig, na de Tweede Wereldoorlog. De im-migratie zet nog steeds door: tegenwoordig heeft 2 procent van de Canadezen het Italiaans als moedertaal.

De Duitse bierpul

CHINESE CANADEZEN

Halverwege de 19de eeuw trokken Chinese arbei-ders naar de goudvelden in Brits-Columbia. Daarna vervulden ze een sleutelrol bij de aanleg van de spoor-lijn. Ze vestigden zich in de nieuwe plaatsen die steeds verder naar het oosten ontstonden. In die dagen

hadden de Chinezen veel te lijden van bruut racisme en in de wet vastgelegde discrimi-natie. Net voordat de Britse kroonkolonie Hongkong in 1997 aan China werd overgedra-gen, emigreerden veel inwoners naar Canada, vooral naar Toronto, Montréal en Vancouver. Brits-Columbia is recen-telijk in populariteit gestegen. Met hun sterke familiebanden kiezen veel nieuwko-mers voor een geves-tigde gemeenschap. Bijna de helft van alle nieuwe immigranten komt nu uit Azië. Eind 20ste eeuw gaf ruim 2 procent van de Canadese bevolking op het Chinees als moedertaal te hebben.

OEKRAÏENSE CANADEZEN

Hoewel de Oekraïners minder dan 3 procent van de bevolking uitmaken, hebben ze een grote culturele invloed gehad, vooral in de prairieprovincies, waar de koepels van hun kerken boven veel dorpjes uitrijzen. De eerste grote groep Oekraï-ners ontvluchtte aan het eind van de 19de eeuw het tsaristi-sche regime. In de 20ste eeuw zorgden het sovjetsys-teem en de nasleep van de Tweede Wereldoorlog voor een nieuwe toestroom.

Vrouwen in Oekraïense dracht in Battleford (Saskatchewan)

Frans-Canada

Québec libre-demonstrant

Canadezen zullen de eersten zijn om erop te wijzen dat de natie eerder Frans dan Brits van oorsprong is – de eerste Europeanen waren immers ontdekkingsreizigers uit Frankrijk, *Canadiens* dus. De Frans-Canadezen hebben eeuwenlang gestreden voor het behoud van hun taal en cultuur, met name in Québec en langs de Atlantische kust. Grote delen van Canada hebben dan ook een Franse grondslag, die voortleeft in de taal, de godsdienst en de kunst. In recenter tijd heeft de Frans-Canadese roep om erkenning geen uitsluitsel kunnen bieden in de kwestie Québec. Deze provincie, vele malen groter dan Frankrijk, is het hart van Frans-Canada. Hier beschouwt 85 procent van de bevolking het Frans als haar moedertaal. Het Frans is niet alleen de taal van het eten, de folklore en de liefde, maar ook van het zakenleven, de regering en de wet.

ten. De traditionele keuken is stevig en machtig. Vleespastei is een specialiteit: *cipaille* bestaat uit laagjes wild onder een korst van bladerdeeg, de gewonere *tortière* is gevuld met gehakt en op smaak gebracht met kruidnagel. Zalmpastei, stoofpotten met varkenspootjes en gehaktballen in een dikke jus zijn ook typerend. De desserts zijn machtig. De Acadische *tarte au sucre* (suikertaart) is zeer geliefd, evenals de *pudding au chomeur*, een omgekeerde cake met een romige vulling en een gekarameliseerde bodem.

De zanger Felix Leclerc, hoeder van de volksmuziek van Québec

DE TAAL

Het Frans is een van de twee officiële talen, maar het is net zo veranderd als de Noord-Amerikaanse variant van het Engels. Vooral in de grootste steden gebruiken de *Canadiens* anglicismen; moderne, door Engelstaligen geïntroduceerde termen uit de handel en industrie zijn favoriet. Sommige woorden die in Frankrijk verouderd zijn, worden hier echter nog gebruikt. Zo is Canada een van de weinige landen waar een kiepwagen nog steeds een *charette* heet in plaats van een *tombereau* en waar niet het inmiddels universele *le weekend*, maar de *fin-de-semaine* het weekeinde aanduidt. Jonge Québécois gebruiken de informele vorm *tu* vaker dan hun ouders misschien gepast zouden vinden.
Er bestaat een enorme variatie in het soort Frans dat gesproken wordt. De door Parijs beïnvloede intonatie van de *haute bourgeoisie* van Montréal klinkt heel anders dan de ritmische keelklanken van de Acadische vissers van de Maritieme provincies. In de regio Saguenay-Lac-Saint-Jean

in Québec spreekt men een hard, helder Frans dat waarschijnlijk nog sterk lijkt op dat van de Normandische voorouders.
In de loop der tijd is in Québec een dialect ontstaan dat *joual* wordt genoemd – informeel, een beetje plat en doorspekt met anglicismen. Het is ook een kleurrijke taal, die met gemengde trots en afkeuring wordt bezien. Dit dialect is voor de meeste buitenlanders vrij moeilijk te volgen.

ETEN

De Frans-Canadezen beschouwen zichzelf als de levensgenieters van Canada. Ze werpen zich met meer overgave op hun voedsel dan hun Engelstalige landgeno-

De *tarte au sucre* is een feestelijk, traditioneel Acadisch dessert

MUZIEK

De chansonniers zijn de troubadours van Frans-Canada. Hun meeslepende, simpele melodieën, zoals de ballades van Felix Leclerc, zijn geworteld in de traditionele muziek van de eerste kolonisten en worden op de gitaar begeleid. Of ze nu melancholiek of vrolijk zijn, romantisch zijn ze bijna altijd. In de doorgaans optimistische volksmuziek komt een grote liefde voor het land tot uiting. *Mon pays* van Gilles Vigneault is uitgegroeid tot het 'volkslied' van de voorstanders van afsplitsing van Québec. Natuurlijk is niet alle Franstalige muziek traditioneel: er zijn ook succesvolle rock-, pop- en andere bands. Uit Acadia komen vooral chansonnières, zoals Edith Butler en Angèle Arseneault, die met veel vuur lief en leed van het leven aan de kust vertolken.

Katholieke kerk in Cheticamp op Kaap Bretoneiland

werd het provinciaal bestuur gedwongen alle statuten in het Frans te vertalen.

De tendens was het sterkst in Québec, waar René Lévesque en zijn Parti Québécois in 1976 de provinciale verkiezingen wonnen en de afscheidingskwestie respectabel maakten. De partij wint nog vaak lokale verkiezingen en heeft twee referenda over de onafhankelijkheid gehouden. Beide keren hebben de Québécois met een zeer krappe marge tegengestemd, maar de kwestie domineert de Canadese politiek nog steeds.

SYMBOLEN

De vlag van Québec is een wit kruis op een blauw doek, met in elk veld de witte lelie van het huis Bourbon. De Acadiërs gebruiken de Franse driekleur met een goudkleurige ster, die *Stella Maris* (Sterre der Zee) ofwel de Maagd Maria symboliseert. De schutspatroon van Frans-Canada is de H. Johannes de Doper. Zijn naamdag, 24 juni, wordt gevierd met optochten en feesten, die in Québec een sterk nationalistisch karakter hebben. Daar wordt de dag dan ook *Fête national* genoemd. De vogel van Québec is de sneeuwuil, de bloem is nog steeds de lelie; beide komen veel voor in deze provincie.

GELOOF

De eerste Franse kolonisten waren vrome katholieken. Paul Chomédy Sieur de Maisonneuve en Jeanne Mance, de stichters van Montréal, streefden naar een nieuwe samenleving op christelijke grondslag. Inmiddels is die vroomheid grotendeels verdwenen; Québec telt zo'n beetje de minste belijdende gelovigen van het land. Het verleden heeft echter wel zijn sporen nagelaten. In kleine Franse dorpjes in Québec en New Brunswick staan vaak enorme kerken van natuursteen, met glimmende tinnen daken, verguldsels en rijkversierde interieurs. Sommige parochiekerken in Montréal, zoals de schitterende Notre-Dame-de-Montréal *(zie blz. 108–109)*, zouden in de VS zo voor een kathedraal kunnen doorgaan.

NATIONALISME

Vanaf de stichting van het moderne Canada hebben de *Canadiens* een sterke hang naar nationalisme vertoond. De Québécois traden in 1867 toe tot de Canadese federatie *(zie*

blz. 44) omdat hun leiders hen ervan hadden overtuigd dat hun geloof en taal zo behouden zouden blijven. In de jaren zestig en zeventig kreeg het nationalisme een nieuwe dimensie: pure overlevingstactiek maakte plaats voor assertiviteit.

Gesteund door het *'Vive le Québec – libre!'* van de Franse president De Gaulle in 1966, werd het doel onafhankelijkheid voor Québec. Acadiërs in New Brunswick verwierven politieke macht, Franstalige Ontariërs vochten voor eigen onderwijs en in Manitoba

Demonstranten tijdens het referendum over de afsplitsing van Québec

Inheemse Canadezen

Inheems masker uit Vancouver

D e eerste bewoners van Noord-Amerika waren nomadische jagers, die ongeveer 25.000 jaar geleden de oversteek van Siberië naar Alaska maakten. Ze waren op zoek naar mammoeten en bizons, hun voornaamste voedselbron. Die eerste groep werd in de 15.000 jaar daarna versterkt door een geleidelijke, maar gestage toestroom van Siberische volken. Langzaam trokken de stammen naar het oosten en zuiden, tot aan de Atlantische Oceaan en Zuid-Amerika. Ze pasten zich aan hun leefomgeving aan, waardoor heel verschillende culturen ontstonden. In het ijzige noorden en de barre woestenij van Newfoundland was het leven sober, maar de vruchtbare grond van Ontario en de visrijke oevers van Brits-Columbia waren een voedingsbodem voor ontwikkelde samenlevingen, die van de landbouw en visserij bestonden.

In de 17de eeuw begonnen de Europeanen toe te stromen, allereerst in Newfoundland. De interraciale verhoudingen waren hartelijk, totdat de kolonisten oprukten naar de traditionele jachtgronden. De inheemse volken vielen ten prooi aan blanke ziekten en werden naar onherbergzame oorden verjaagd – een patroon dat zich over het hele continent zou herhalen.

DE IROKEZEN

Langs de St.-Lawrence-rivier en aan de Grote Meren woonden Irokeestalige stammen zoals de Mohawk, de Huron en de Seneca. Ze waren jagers en vissers, maar verbouwden ook bonen, pompoenen en maïs – genoeg om het hele jaar door verzekerd te zijn van voedsel. Daarom konden ze ook in grote dorpen wonen, die vaak een paar honderd inwoners telden. Hun traditionele behuizing was het zogenoemde *longhouse*, dat bestond uit naar elkaar toe gebogen ceder-stammen, afgedekt met boombast. De dorpen werden omgeven door een hoge palissade van puntige staken – een noodzakelijke voorzorgsmaatregel, want vijandigheden tussen de stammen waren aan de orde van de dag.

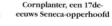

Cornplanter, een 17de-eeuws Seneca-opperhoofd

Een Irokees *longhouse*

DE VOLKEN VAN DE VLAKTEN

Oorlogen waren ook gewoon op de vlakten van Zuid-Manitoba en Saskatchewan, waar de Zwartvoeten in de meerderheid waren. Ze waren volledig afhankelijk van buffels: ze aten het vlees, maakten kleren en tenten van de huid en maakten gereedschap van de botten. De eerste Zwartvoeten gebruikten ingewikkelde methoden om de buffels bijeen te drijven en over de rand van de afgrond te jagen *(zie blz. 294)*.

Indianen te paard jagen met pijl en boog op buffels

Paarden waren aanvankelijk onbekend – de hond was het grootste lastdier – maar werden rond 1500 door de Spaanse veroveraars in Zuid-Amerika geïntroduceerd. Daarna kwamen ze met de handel naar de Canadese vlakten. Het paard veroorzaakte een omwenteling in het leven van de Zwartvoeten: de buffeljacht werd een stuk gemakkelijker, een constante aanvoer van voedsel was verzekerd. Er ontstond nu een militaristische cultuur, die zich met name richtte op de moed van de jonge mannen, de krijgers.

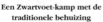

Een Zwartvoet-kamp met de traditionele behuizing

VOLKEN VAN DE WESTKUST

De oorspronkelijke bewoners van de westkust behoorden tot een groot aantal kleine stammen, zoals de Tlingit en de Salish. De oceaan bood volop voedsel, dus was er ook ruimte voor

andere zaken. In het dagelijkse leven speelden ceremonies een grote rol. Tijdens de zogenaamde *potlachs*, grote, uitbundige fees-

Totempaal in Stanley Park

ten, probeerden de clans elkaar te overtroeven met geschenken. De volken in deze regio waren ook uitmuntende houtbewerkers; hun beroemdste kunstwerken zijn de totempalen. Elke paal verbeeldt een mythe uit de stamreligie, waarin magische vogels en beesten en semi-menselijke figuren een rol spelen.

Dans van de Sqylax-stam in Brits-Columbia

TERMINOLOGIE

Voor veel Canadezen zijn termen als 'eskimo', 'roodhuid' of 'indiaan' onacceptabel. Ze worden gezien als scheldwoorden, omdat ze terugvoeren op de tijd dat de blanken zich meester maakten van het land. 'Eskimo' is vervangen door 'Inuit', maar bij 'indiaan' ligt dat wat moeilijker. Sommigen verkiezen *aboriginal* of *native* (oorspronkelijke bewoner), anderen *indigenous* (inheems) of *First Nations* (eerste volken). Al deze termen zijn acceptabel, maar het heeft de voorkeur een specifieke stamnaam zoals de Cree of de Irokezen te gebruiken.

DE INUIT EN DE VOLKEN VAN DE NOORDELIJKE BOSSEN

In het hoge noorden, in een strook van Alaska tot Groenland, leefden de Inuit. Deze nomadische jagers woonden 's zomers in tenten van dierenhuiden en 's winters in iglo's. Het poolklimaat en de schaarse voedselbronnen dwongen de Inuit om in kleine familiegroepen te leven en voedsel te zoeken. Ze kwamen alleen bij speciale gelegenheden samen, bijvoorbeeld tijdens de jaarlijkse kariboetrek. Ten zuiden van het gebied van de Inuit lag dat van de stammen van de noordelijke bossen, zoals de Naskapi, de Woud-Cree en de Chipewyan; tegen-

Deze Inuit in kariboeparka controleert zijn harpoen

woordig zijn ze over heel Canada verspreid. Deze nomadische jagers leefden van vis en zeehonden of van herten en elanden. Goede jagers kenden veel prestige; het was de taak van de sjamaan (priester) om de wereld der geesten gunstig te stemmen, maar verder kenden ze weinig sociale instituten.

Een Inuit-jager bij zijn iglo

Paul Okalik, de eerste premier van Nunavut

POLITIEKE KWESTIES

Sinds de jaren zestig is het zelfbewustzijn van de inheemse volken van Canada gegroeid. Een belangrijke ontwikkeling was de stichting van de intertribale Assemblee van Eerste Volken (AFN), die een invloedrijke partij in de nationale politiek is geworden. In de jaren tachtig pleitte het AFN met succes voor een grotere mate van zelfbestuur in de reservaten. Het bond de strijd aan met de federale regering door rechtszaken te steunen die aan het licht brachten hoe de inheemse bevolking was beroofd van haar grondgebied. Het AFN was tevens betrokken bij de stichting van Nunavut *(zie blz. 51)*, het nieuwe Inuit-land waarvoor in 1999 een deel van de Northwest Territories werd ingeruimd. Toch blijft de oorspronkelijke bevolking in vergelijking met de blanke Canadezen arm en achtergesteld. Zelfs als de politieke wil om deze zaak te verbeteren sterk blijft, zal het tientallen jaren duren voordat de fouten uit het verleden zijn rechtgezet.

Kunst in Canada

D e Inuit en andere Eerste Volken hebben al vanaf de Prehistorie kunst voortgebracht in Canada: de Inuit besneden hout en geweien, andere volken maakten onder andere rotsschilderingen en rijkversierd aardewerk. De immigranten uit Europa, zowel Fransen als Engelsen, hielden zich aanvankelijk verre van de inheemse kunst en volgden de Europese stromingen. In de 19de en het begin van de 20ste eeuw reisden kunstenaars naar Parijs, Londen en New York om er de Europese kunst te bestuderen. Pas na 1900 gingen schilders op zoek naar een aparte, nationale stijl. Niettemin is er altijd één constante geweest in de Canadese schilderkunst: het grootse landschap zelf, met zijn weelderige bossen en de ijzige woestenij van het noorden. Tegenwoordig weerspiegelt de Canadese kunst tal van stromingen en betalen verzamelaars hoge prijzen voor inheemse kunst.

Aan de St.-Lawrence (1897), olieverfschilderij van Maurice Cullen

SCHILDERS IN DE NIEUWE WERELD

D e 17de-eeuwse Franse kolonisten lieten standaardwerk schilderen voor hun kerken of importeerden het. Samuel de Champlain, de 'vader van Nieuw-Frankrijk' *(zie blz. 41)*, was een uitzondering met zijn schetsen van de Huron. Na de Engelse overwinningen rond 1760 verschoof de onderwerpskeuze naar de politiek, het landschap en de bevolking. Legerofficieren als Thomas Davies (1737–1812) brachten in fraaie, gedetailleerde schilderijen hun liefde voor het landschap tot uiting. Neoclassicisten als Robert Field (1769–1819) waren zeer populair, evenals de Québecse schil-

ders Antoine Plamondon (1817–1895) en Théophile Hamel (1817–1870). Cornelius Krieghoff (1815–1872) vestigde zich in Québec, waar hij faam verwierf met zijn sneeuwlandschappen met kolonisten en inheemse bewoners. Zijn tijdgenoot Paul Kane (1810–1871) legde het leven van de Eerste Volken vast tijdens een reis door heel Canada. Hij voltooide ruim 100 schetsen en schilderijen; *Mah min*, of *De veer* (ca. 1856), is één van de indrukwekkendste *(zie blz. 38)*. In de 19de eeuw richtten schilders zich op het landschap. Homer Watson (1855–1936) en Ozias

Leduc (1855–1964) schoolden zich als eersten in Canada zelf. Watson zei: 'Ik wist te weinig om aan Parijs of Rome te denken. ...Ik vond dat Toronto alles had wat ik nodig had.' Zijn doeken laten huiselijke taferelen in Ontario zien. In 1883 werden de Royal Canadian Academy of Arts en de National Gallery of Canada gesticht. Kunstenaars konden nu in het land zelf studeren, maar velen gingen nog steeds naar Parijs. Curtis Williamson (1867–1944) en Edmund Morris (1871–1913) keerden terug met het voornemen de ingedutte nationale kunst nieuw leven in te blazen. In 1907 vormden ze de Canadian Art Club, waar nieuwe stromingen als het Impressionisme werden getoond. James Wilson Morrice (1865–1924), Maurice Cullen (1866–1934) en Marc Aurèle de Foy Suzor-Coté (1869–1937) speelden een sleutelrol in deze ommezwaai naar het modernisme.

MODERNE SCHILDERS

D e zeer invloedrijke kunstenaars van de Group of Seven *(zie blz. 160–161)* uit Toronto verzetten zich, in navolging van de jong gestorven Tom Thomson, tegen de overheersende rol van Europa en het gebrek aan een nationale identiteit in de Canadese kunst. Tegen 1920 hadden ze de Canadese schilderkunst een eigen gezicht gegeven met hun felgekleurde landschappen, zoals A.Y. Jacksons *Terre sauvage* (1913).

Drie schilders die door de Group werden beïnvloed, maar een heel eigen stijl hadden, werden in de jaren dertig bekend om hun passie voor hun provincie. David Milne (1882–1953) maakte stillevens, LeMoine Fitzgerald (1890–1956) portretteerde het leven in en om het huis. Emily Carr (1871–1945, *zie blz. 280*), de eerste vrouwelijke kunstenaar van naam,

De schilder Lawren S. Harris (1885–1970)

***Skidegate, Graham Island, BC* (1928), een later werk van Emily Carr**

schilderde opvallende portretten van de Salish van de westkust en hun totempalen. Haar gedicht *Renfrew* (1929) weerspiegelt de intense relatie met de natuur die ook in haar schilderijen naar voren komt: '...aan de einder almaar terugwijkende vlakten... kille groenen, knoestige stompen met grijs en bruin.'

De Group of Seven bracht op haar beurt weer reacties teweeg. John Lyman (1866–1945) verwierp het ongepolijste nationalisme. Hij liet zich inspireren door Matisse en stapte af van het dominante onderwerp in de Canadese schilderkunst, het landschap. Hij richtte de Contemporary Arts Society op, die zich tussen 1939 en 1948 inzette voor de nieuwe kunst in Montréal, zoals het Surrealisme.

Na de Tweede Wereldoorlog hebben vele abstracte stromingen het licht aanschouwd. In Montréal vormde Paul Emile Borduas (1905–1960) met twee collega's de Automatists, die zich lieten inspireren door het Surrealisme en het Abstract Impressionisme. Tegen 1950 volgde internationale erkenning voor de Canadese schilderkunst. De naoorlogse trends werden ook in Toronto opgepikt, waar The Painters Eleven abstract werk leverden. In de hedendaagse schilderkunst zijn tal van stromingen vertegenwoordigd, met elementen uit alle delen van de wereld, inclusief Canada's eigen culturele mozaïek. Experimenteel werk van schilders zoals Jack Bush, Greg Carnoe

en Joyce Wieland is sterk vertegenwoordigd. Canada kan inmiddels bogen op talloze musea en galerieën en uitstekende collecties 20ste-eeuwse kunst.

INHEEMSE KUNST

De kunst van de Inuit *(zie blz 324–325)* en de Eerste Volken van het noordwesten wordt hoog aangeslagen. De prachtige prehistorische Inuit-beeldjes en bewerkte harpoenpunten die zijn gevonden, waren voor godsdienstig gebruik bedoeld. Na de komst van de Europeanen legden de Inuit zich toe op kunst voor de verkoop, zoals beeldjes van ivoor, been en steen. Moderne Inuit-kunstenaars als Aqghadluk, Qaqaq Ashoona en Tommy Ashevak leveren een waardevolle bijdrage aan de hedendaagse Canadese kunst, vooral met hun sculpturen en wandkleden. Het beeldhouwwerk van de Eerste Volken

van de noordwestkust is wereldberoemd, met name het cederhoutsnijwerk van de Haida-kunstenaar Bill Reid, de totempalen van Richard Krentz en het Kwa Gulth Big House in Fort Rupert van Chief Tony Hunt. Schilders als Norval Morisseau, Carl Ray en Daphne Odjig vertegenwoordigen allerlei stijlen van realistisch tot abstract. Al deze kunst celebreert de cultuur van de inheemse volken, hun legendarische overlevingsdrang, mythen en legenden, hun land en de strijd om het behoud ervan.

BEELDHOUWKUNST

De Fransen introduceerden de Europese beeldhouwkunst in Canada: religieuze werken voor hun kerken. Kunstenaars als Louis Quévillon (1749–1832) maakten altaarstukken en fraaie marmeren beelden. De Europese traditie overheerste tot de 20ste eeuw, toen de nieuwe Canadese steden behoefte kregen aan hun eigen openbare monumenten. De gevel van het parlementsgebouw van Québec werd ontworpen door Louis-Phillippe Hébert (1850-1917).
In veel 20ste-eeuwse beeldhouwkunst zijn zowel inheemse als Europese (Art Nouveau, Art Deco) elementen opgenomen. Vanaf de jaren zestig zijn beeldhouwers als Armand Vaillancourt (1932) en Robert Murray (1936) op zoek naar een Canadese stijl.

Robert Murrays
Sculptuur

Moderne materialen en de *conceptual art* sturen het werk van hedendaagse kunstenaars, zoals Michael Snow. Hun werk is niet alleen in musea te zien, maar ook in nieuwe commerciële en openbare gebouwen.

De Haida-beeldhouwer Bill Reid

Literatuur en muziek in Canada

Zoals de Canadese dichter-dominee Edward Hartley Dewart in 1864 schreef, 'een nationale literatuur is essentieel voor de vorming van een nationaal karakter'. Veel Canadese literatuur en muziek houdt zich bezig met het definiëren van een nationaal bewustzijn, maar weerspiegelt tegelijkertijd de culturele diversiteit van het land. Engels- en Franstaligen hebben invloeden uit de VS, Groot-Brittannië en Frankrijk, maar ook uit de andere landen van herkomst in zich opgenomen. Verder heeft de relatie van de Europeanen met de Eerste Volken de stijl en inhoud van veel Canadese literatuur gekleurd, evenals de vaak harde realiteit van het leven in een land met een onmetelijke wildernis.

Sterren van de populaire film *Anne of Green Gables* uit 1934

EEN NIEUW BEGIN

Veel van de vroegste literatuur (tussen 1500 en 1700) werd geschreven door avonturiers, pelshandelaars, soldaten en missionarissen. Een voorbeeld is *Histoire de la Nouvelle France* (1609) van de Franse advocaat Marc Lescarbot, die verslag doet van zijn belevenissen in Nova Scotia. De Engelse inval van 1760 legde Nieuw-Frankrijk het zwijgen op, maar in de 19de eeuw verschenen patriottische Franse gedichten als *Le vieux soldat* (1855) van Octave Cremazie (1827–1879). Ze leidden tot een herleving van de dichtkunst, die tot op heden voortduurt. De Engelstalige literatuur hield zich bezig met de worsteling met de natuur en het leven in de nieuwe wereld. *Roughing it in the bush* (1852) van Mrs. Moodie verhaalt van het harde leven in Noord-Ontario. Brits-Columbia werd als laatste gekoloniseerd. Een boeiend verslag is *A pioneer gentlewoman in British Columbia: the recollections of Susan Allison* (1876). Deze Engelse dame kwam lesgeven in het stadje Hope; ze trok als eerste Europese vrouw te paard over de gevaarlijke Hope Mountains. In veel 19de-eeuwse romans wordt het verleden geromantiseerd, zoals in Kirby's (1817–1906) *Golden dog* (1877), een geïdealiseerd beeld van het 18de-eeuwse Québec. Epische romans verhaalden van inheemse culturen, zoals *Wacousta* (1832) van John Richardson (1796–1852). Archibald Stansfield Belaney (1888–1938) schreef als Grey Owl *(zie blz. 248)* enkele van de populair-ste Canadese boeken. In *Pilgrims of the wild* (1935) beschrijft hij hoe hij Québec in trok om een vrijhaven te vinden voor de overbejaagde bever. *The Adventures of Sajo and her beaver people* en *Tales of an empty cabin* (1935–1936) zijn treurzangen op de wildernis en verloren gegane tradities. Vroeg-20ste-eeuwse klassiekers gaan over het huiselijke leven, zoals *Anne of Green Gables* (1908) van L.M. Montgomery (1874–1942). Humor kleurt het werk van Stephen Leacock *(zie blz. 216)* en Thomas Chandler Haliburton (1796–1865), die Sam Slick, verteller van *The clockmaker* (1876), creëerde. In *A house of all sorts* (1944) beschrijft de schilderes Emily Carr haar tijd als pensionhoudster.

POËZIE

Het werk van de vroege Engelstalige dichters Standish O'Grady (1793–1843) en Alexander McLachan (1818–1876) weerspiegelt het koloniale standpunt: kritiek op het onbillijke moederland (Engeland), lofprijzingen voor de Nieuwe Wereld met zijn nieuwe kansen. De scheppers van de 'nieuwe' Canadese poëzie van ca. 1870–1890 beschreven het landschap nauwgelet om de pogingen van de mens om de natuur aan zich te onderwerpen, te belichten – zo ook Charles Mair (1838–1927) en Isabella Velancey Crawford (1850–1887). In de 20ste eeuw bleef de wildernis centraal staan in de Canadese

De dichter en songwriter Leonard Cohen is internationaal bekend

poëzie, maar de soberder schrijfstijl weerspiegelde de verlatenheid van de landschappen van de Group of Seven *(zie blz. 160–161).* Robert Service's (1874–1958) balladen gaan over het verleden; hij is bekend om zijn gedichten over de goudkoorts, zoals *The spell of the Yukon* (1907) en de latere *Rhymes of a roughneck* (1950). John McCrae (1872–1918) schreef een van de beroemdste gedichten van de Eerste Wereldoorlog, *In Flanders fields* (1915). Moderne Engelse en Franse dichters als Anne Wilkinson, Irving Layton, Earle Birney, E.J. Pratt en Leonard Cohen hebben een wereldwijd publiek. Patrick Anderson onderzoekt in *Poem on Canada* (1946) de invloed van de natuur op de Europese geest. De Franstalige Anne Hébert belicht universele thema's als de jeugd, herinneringen en de dood, zoals in *Le tombeau des rois* (1953). De Canada Council for the Arts stond aan de wieg van een naoorlogse hausse in de poëzie en fictie.

De Canadese dichter Robert Service in 1942

LITERATUUR VAN INHEEMSE CANADEZEN

De mondelinge overlevering van clanverhalen is vanouds een sterke traditie bij de inheemse Canadezen, maar vanaf de 19de eeuw zijn ook autobiografieën, kinderboeken, toneelstukken, korte verhalen, gedichten, essays en romans van hun hand verschenen. Een van de populairste autobiografieën was *The life, history, and travels of Kah-ge-ga-gah-bowh* (1847) van de Ojibway George Copway (1818–1869), dat in één jaar vijf herdrukken beleefde. De eerste roman van een inheemse vrouw is naar men denkt *Cogewea, the half-blood* (1927), van de Okanagan Mourning Dove (1888–

1936). Jeanette Armstrong (1948), ook een Okanagan, publiceerde in 1985 de roman *Slash*. Maria Campbells bestseller *Halfbreed* (1973) beschrijft de problemen van een Métis-vrouw in het moderne Canada. Veel inheemse literatuur is een mix van legenden en een politiek manifest voor de rechten van de oorspronkelijke bevolking, zoals Pauline Johnsons *The white wampum* (1895) en Beatrice Culletons *In search of April Raintree* (1983). Het eerste Inuitwerk in het Engels was *Harpoon of the hunter* (1970), een verhaal over een volwassenwording in het noordelijke poolgebied door Markoosie (1942). Een van de beste toneelschrijvers van het moment is de Cree Thompson Highway (1951). Zijn stukken gaan over de harde realiteit van het leven in de reservaten.

MODERNE FICTIE

Sinds de Tweede Wereldoorlog hebben veel Canadese auteurs internationaal erkenning gekregen: Margaret Atwood (1939) voor haar poëzie, romans en kritieken, Carol Shields (1935) voor *The stone diaries*, waarmee ze in 1996 de Britse Booker Prize won. Mordecai Richler (1931) en Robertson Davies (1913–1995) staan bekend om hun wrange kijk op het hedendaagse Canada. Veel auteurs zijn ook bij een groter publiek bekend geworden omdat hun werk is verfilmd. Gabrielle Roy's *Bonheur d'occasion* (1945) werd in 1982 verfilmd als *The tin flute*. W.P. Kinsella's *Shoeless Joe* (1982) verscheen in 1989 als *Field of dreams* met

Michael Ondaatje, de bejubelde auteur van *The English patient*

Kevin Costner en Michael Ondaatjes *The English patient* (1996) won negen Oscars. Korte verhalen kennen een lange traditie; Alice Munro (1931) is een meester op dit gebied. Historische romans over Canada zijn zeer populair; Pierre Berton heeft er wel 40 op zijn naam staan.

MUZIEK IN CANADA

De Canadese muziek telt grote namen. Leonard Cohen, Kate en Anna McGarrigle, Joni Mitchell en Neil Young komen voort uit de folk- en softrocktraditie. Alanis Morissette en k.d. lang behoren tot een nieuwe generatie zangers/songwriters die de traditie van melodieuze hits vol zelfbespiegeling voortzetten. De Cowboy Junkies en Shania Twain spelen een nieuw soort country. Celine Dion en Bryan Adams hebben succes geoogst in Europa en de VS. Op klassiek gebied zijn het Orchestre Symphonique de Montréal en wijlen Glenn Gould, de pianist, wereldberoemd geworden. Oscar Peterson is een vermaard jazzpianist. In Montréal vindt jaarlijks een van de meest geroemde jazzfestivals ter wereld plaats.

De folkzangeres en songwriter Joni Mitchell

Sport in Canada

D e Canadezen zijn grote sportfans; in de meeste grote en kleine steden zijn het hele jaar door wel wedstrijden te zien. Hoewel het officiële nationale spel lacrosse is – een inheems spel waarbij de bal wordt opgevangen en geworpen met een stok met een leren netje – lopen de Canadezen het snelste warm voor ijshockey. Ook honkbal, basketbal en *Canadian football* (vergelijkbaar met *American football*) trekken veel publiek. In de grote steden maken topsporters hun opwachting bij internationale race-, golf- en tenniswedstrijden. In de kleinere steden kunt u de subtop, amateurs en universiteitsatleten aan het werk zien. Wie zelf wil gaan sporten, kan kiezen uit een groot aantal activiteiten, van skiën tot golfen, vissen en wandelen.

De helden van het ijshockey in actie tijdens een leaguewedstrijd

IJSHOCKEY

I n Canada is ijshockey grenzeloos populair. Elk stadje heeft wel een ijsbaan en elke school en universiteit een team. De Noord-Amerikaanse **National Hockey League** (NHL) werd in 1917 opgericht; de belangrijkste beker, de Stanley Cup, werd in 1892 ingesteld door gouverneur-generaal lord Stanley. Momenteel spelen 30 teams in de competitie, zes daarvan uit Canadese steden: de Montréal Canadiens, Calgary Flames, Edmonton Oilers, Toronto Maple Leafs, Ottawa Senators en Vancouver Canucks. Hoewel de meeste spelers in de VS en Canada Canadees zijn, zijn er in de afgelopen jaren ook Russen, Amerikanen en Zweden bijgekomen. IJshockey is een ruwe sport, waarbij de spelers nogal eens slaags raken, zodat een wedstrijd van 60 minuten soms drie uur duurt. Het seizoen loopt van oktober tot april; dan worden de wedstrijden voor de Stanley Cup gehouden. IJshockeyers als Wayne Gretzky zijn nationale helden. Toen Gretzky er in 1999 na 20 jaar mee ophield, had hij 61 doelpuntrecords op zijn naam staan. Het valt niet altijd mee om aan toegangskaarten voor de belangrijkste wedstrijden te komen. U kunt dan ook beter ruim van tevoren reserveren. Neem contact op met de kaartverkoop van de club of bel **Ticketmaster**. Voor de lagere divisies en universiteitswedstrijden zijn vaak wel kaarten te krijgen; de Universiteit van Toronto en York, Concordia in Montréal en de Universiteit van Alberta in Edmonton hebben goede teams. Toegangs-

kaarten zijn verkrijgbaar in het lokale stadion of direct bij de administratie en zijn doorgaans zeer betaalbaar.

HONKBAL

H oewel honkbal als een Amerikaanse sport wordt beschouwd, kent het ook vele fans in Canada. Eén Canadees team speelt zelfs in de twee hoogste divisies in de Verenigde Staten: de beroemde **Toronto Blue Jays**, winnaars van de World Series in 1992 en 1993. Honkbal wordt in de zomer gespeeld en het seizoen loopt van april tot september (de bekerwedstrijden vallen in oktober). Het is leuk om er met het hele gezin naartoe te gaan. Er is bier, popcorn, een enthousiast publiek en entertainment tussen de wedstrijden door, zodat ook minder enthousiaste fans aan hun trekken komen. De Blue Jays spelen tegen hun rivalen in het Rogers Centre, een architectonisch hoogstandje met een dak dat geheel open kan *(zie blz. 169)*. Goede kaartjes zijn gemakkelijk verkrijgbaar als u twee dagen van tevoren reserveert. Kaartjes voor zitplaatsen op de achterste rijen zijn de dag van de wedstrijd bijna altijd nog te krijgen. Het is ook erg leuk om naar wedstrijden van honkbalclubs uit de lagere divisies te gaan.

Jose Canseco van de Toronto Blue Jays is aan slag

FOOTBALL

Van *Canadian football* (iets anders dan voetbal) wordt gezegd dat het opwindender is dan de Amerikaanse versie. Hoewel de beste Canadese spelers vaak naar de VS vertrekken, waar de salarissen hoger zijn, trekken de wedstrijden in Canada een groot publiek. De Canadian Football League bestaat uit twee divisies van vier teams, die van juli tot november spelen.

Het publiek is levendig – vaak komt men met het hele gezin – en de sfeer goed, vooral rond de finale om de Grey Cup. Deze wordt op de laatste zondag van november gespeeld, na een week van festiviteiten en een grote optocht in de stad die gastheer is. Ook op de meeste universiteiten wordt op zaterdagmiddag *football* gespeeld. De jaarlijkse bekerwedstrijd gaat om de Vanier Cup en wordt gespeeld in het SkyDome in Toronto. Kaarten zijn vrij goed verkrijgbaar en niet al te duur.

BASKETBAL

Wat ooit vooral een Amerikaanse aangelegenheid was, is nu een van de snelst groeiende sporten, die overal ter wereld wordt beoefend. Het spel is in de VS verzonnen door een Canadees, dr. James Naismith, en is inmiddels enorm populair in diens moederland. De **Toronto Raptors** spelen in de National Basketball Association, de hoogste profcompetitie ter wereld, tegen clubs als de Chicago Bulls, Boston Celtics, Los Angeles Lakers en New York Knicks. Het seizoen loopt van oktober tot het eind van het voorjaar. Het is een hele belevenis om een van de wedstrijden bij te wonen in het Air Canada Centre in Toronto. De meeste universiteiten hebben een basketbalteam en hoewel er minder publiek op afkomt dan bij

een profwedstrijd, is de competitie fel en de sfeer uitbundig, vooral tijdens het nationale kampioenschap, dat elk jaar in maart in Halifax plaatsvindt.

Basketbal: de Toronto Raptors spelen tegen de L.A. Clippers

GOLF

In Canada vinden elk jaar in september twee grote golftoernooien plaats, die talloze toeschouwers en de beste spelers ter wereld trekken. Het belangrijkste is de Canadese Open, die meestal op Toronto's Glen Abbey wordt gespeeld, op een door Jack Nicklaus ontworpen terrein. Ook de Greater Vancouver Open is een vaste halte in het profcircuit, hoewel het veld hier wat minder sterk is dan bij de Canadese Open.

Golf is enorm populair en wordt veel beoefend. Canada telt ruim 1700 prachtige terreinen, van de Banff Springs-course in het westen tot de vele fairways van Prins Edwardeiland in het oosten.

WINTERSPORTEN

Canada kan bogen op koude winters met veel sneeuw en zon en is dan ook een wintersportland bij uitstek – zowel voor toeschouwers als beoefenaars. De wintersportplaatsen zijn er minder druk dan in Europa en liggen in enkele van de meest spectaculaire land-

ADRESSEN

National Hockey League
11de verdieping, 50 Bay Street, Toronto. 📞 *416–9812777.*
🅦 *www.nhl.com*

Ticketmaster *(voor ijshockeywedstrijden)* 📞 *416–8708000.*
🅦 *www.ticketmaster.ca*

Honkbal
Toronto Blue Jays
📞 *Kaarten: 416–3411234.*
🅦 *www.bluejays.com*

Football
Canadian Football League
110 Eglinton Avenue W. Toronto
📞 *416–3229650.*
🅦 *www.cfl.ca*

Basketbal
Toronto Raptors
📞 *Kaarten: 416–8155600.*
🅦 *www.raptors.com*

Golf
Royal Canadian Golf Association 📞 *905 8499700.*
🅦 *www.rcga.org*

schappen ter wereld. Er zijn skioorden in het hele land, van Whistler in de Rockies tot Mont Ste-Anne in Québec. Naast alpineskiën kunt u er snowboarden, er met een sneeuwmobiel of hondenslee op uit trekken of zelfs gaan heliskiën op de ongerepte sneeuw *(zie blz. 387).*

Een snowboarder suist een met poedersneeuw bedekte helling af

AGENDA VAN CANADA

De seizoenen verschillen nogal van elkaar in de verschillende delen van het land, maar over het algemeen kan men stellen dat de winters lang en koud zijn en van november tot maart vallen, terwijl het voor- en najaar vrij zacht zijn. Brits-Columbia kent het meest gematigde klimaat, met een gemiddelde temperatuur van 5 °C in januari. Juli en augustus zijn bijna overal warm en zonnig, zelfs in het hoge noorden, en zijn dan ook de maanden waarin de meeste buitenactiviteiten plaatsvinden. 's Winters is er ook van alles te doen, zowel binnen als buiten: de Canadezen weten van het koudste weer nog iets te maken – op de hondenslee, de sneeuwmobiel of de schaats. Culturele feesten weerspiegelen de geschiedenis en gevarieerde bevolking van het land.

Powwow in Calgary

VOORJAAR

Het weer is zeer onvoorspelbaar in maart en april: het kan in één dag sneeuwen en zonnig zijn. In het noorden wordt het einde van de winter verwelkomd, terwijl de lente meer naar het zuiden het startsein is voor allerlei vrolijke festivals.

Hondensleeën tijdens het Caribou Carnival in Yellowknife

MAART

Caribou Carnival *(eind maart)* Yellowknife.
Het begin van de lente wordt gevierd met hondenslee- en sneeuwmobielwedstrijden en heerlijke streekgerechten.

APRIL

Toonik Tyme *(half april)* Iqaluit. Iglo's bouwen, traditionele spelen, gezamenlijke maaltijden en meer tijdens een festival van een week.

Beaches Easter Parade *(april)* Toronto. Deze jaarlijkse parade is een echte traditie geworden. Hij volgt een route langs Queen St. E., tussen Victoria Park en Woodbine Avenue.
Shaw Festival *(april–oktober)* Niagara-on-the-Lake. Theaterfestival met klassieke toneelstukken van George Bernard Shaw en tijdgenoten *(zie blz. 206).*

ZOMER

Tijdens het warmere weer van mei tot en met augustus vinden in vrijwel het hele land tal van festivals, sportevenementen en culturele activiteiten plaats.

MEI

Canadian Tulipfest *(half mei)* Ottawa. Een show van miljoenen kleurrijke tulpen vormt het middelpunt van een reeks evenementen.
Stratford Festival *(mei–november)* Stratford.

Wereldberoemd theaterfestival met toneelstukken van Shakespeare tot heden *(zie blz. 209).*
Shorebirds and Friends' Festival *(eind mei)* Wadena, Saskatchewan. Vogelkijken onder leiding van een gids en excursies in natuurgebieden.
Vancouver International Children's Festival *(laatste weekeinde mei)* Vancouver. Theater, circus en muziek voor kinderen vanaf drie jaar.

JUNI

Prideweek *(begin juni)* Toronto. Een homofestival met een jolige, flamboyante parade.
Grand Prix du Canada *(begin juni)* Montréal. Formule 1-race, toekomst onzeker.
Midnight Madness *(half juni)* Inuvik. Viering van de zonnewende met feesten in de middernachtszon.
Mosaic – Festival of Cultures *(eerste weekeinde van juni)* Regina. Cultureel wereldfestival.

Felgekleurde tulpen op het Canadian Tulipfest in Ottawa

De stier wordt bij de horens gevat tijdens de *Half Million Dollar Rodeo* op de Calgary Stampede

Banff Festival of the Arts
(half juni–half aug.) Banff.
Twee maanden lang opera,
muziek, toneel en dans.
Jazz Fest International
(eind juni–juli) Victoria. Jazz-
en bluesmuzikanten spelen
op podia in de hele stad.
Red River Exhibition *(eind
juni–juli)* Winnipeg. Enorme
tentoonstelling/kermis met
veel amusement.
**Festival International de
Jazz de Montréal** *(eind
juni–juli)* Montréal. Beroemd
jazzfestival met enkele gratis
openluchtconcerten.
**Nova Scotia International
Tattoo** *(eind juni–juli)*
Halifax. Een van de grootste
overdekte taptoes ter wereld
met ruim 2000 deelnemers.

JULI

Folk on the Rocks *(tweede
weekeinde)* Yellowknife.
Trommels, dans en boven-
toonzang van de Inuit.
Klondike Days *(juli)*
Edmonton. Herinnering
aan de frontier.
Calgary Stampede *(half
juli)* Calgary. Tiendaagse wes-
ternshow inclusief een rodeo.
Molson Indy *(half juli)*
Toronto. Indy-races op
Exhibition Place.
**Quebec City Summer
Festival** *(tweede week)*
Québec-stad. Tien dagen
muziek en dans.

Just for Laughs Festival
14–25 juli) Montréal.
Twaalfdaags comedyfestival
met meer dan 600 artiesten
uit de hele wereld.
**Canadian Open Tennis
Championships** *(juli–aug.)*
Montréal. Belangrijk
internationaal tennistoernooi.
Caribana *(juli-aug.)*
Toronto. Een van de grootste
en levendigste Caraïbische
evenementen in Noord-
Amerika. Met parade.
Antigonish Highland Games
(half juli) Antigonish. De
oudste traditionele Hoogland-
spelen van Noord-Amerika,
met doedelzakken en dans.

Een Ford tijdens de Molson Indy-
racewedstrijden in Toronto

AUGUSTUS

Royal St. John's Regatta
(4 aug.) St. John's. Het oudste sportfestival van Noord-
Amerika, met roeiwedstrijden
en een kermis.

Wikwemikong Powwow
(eerste weekeinde) Manitoulin
Island. Festival van de inheemse Ojibway met dans-
en trommelwedstrijden *(zie
blz. 222).*
Discovery Days Festival
(half aug.) Dawson City.
De dagen van de goudkoorts
komen tot leven in optochten
en kanowedstrijden.
First People's Festival *(half
aug.)* Victoria. Drie dagen
met demonstraties, dans en
een *potlach*, een traditionele
inheemse bijeenkomst.
Folklorama *(half aug.)*
Winnipeg. Multicultureel festival met eten, shows en kunst.
**Victoria Park Arts and
Crafts Fair** *(half aug.)* Moncton. De grootste openlucht-
markt van de westkust met
kunst(nijverheid) en antiek.
**Festival Acadien de Cara-
quet** *(5–15 aug.)* Caraquet.
Viering van de Acadische
cultuur en geschiedenis.
**Halifax International
Busker Festival** *(tweede
week)* Halifax. De beste
straatartiesten uit de hele
wereld.
**Canadian National Exhi-
bition** *(aug.–sept.)* Toronto.
Jaartentoonstelling met een
spectaculaire vliegshow,
concerten en een casino.
Folkfest *(half aug.)*
Saskatoon. Viering van de
multiculturele erfenis van
Saskatchewan.

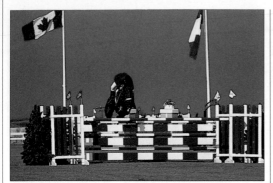

Concours hippique tijdens de Masters-wedstrijden in Calgary

HERFST

D e loofbossen van de oostelijke provincies zijn gehuld in een spectaculaire herfsttooi in rood- en goudtinten; het weer is koel, maar doorgaans zonnig. In Ontario en Québec betekent de herfst het einde van de vochtige zomerdagen en het begin van frisse dagen, die perfect zijn voor buitenactiviteiten.

SEPTEMBER

The Masters *(eerste week)* Calgary. Concours hippique met internationale topruiters.
Molson Indy *(begin sept.)* Vancouver. De twee Molson Indy-races van het jaar vinden plaats in Vancouver.
Toronto International Film Festival *(sept.)* Toronto. Beroemde filmsterren en regisseurs wonen dit prestigieuze festival bij.

Flambée des Couleurs *(half sept.–okt.)* Eastern Townships. Tal van evenementen in glorieuze herfstkleuren.
Niagara Grape and Wine Festival *(laatste week)* Niagara Falls. Druivenoogstfeest met tochten langs wijngaarden, wijnproeverijen en concerten.

OKTOBER

Okanagan Wine Festival *(begin okt.)* Okanagan Valley. Excursies en wijnproeverijen in het hele dal *(zie blz. 315).*
Oktoberfest *(half okt.)* Kitchener-Waterloo. Het grootste Beierse festival buiten Duitsland *(zie blz. 216).*

Beierse klederdracht en muziek tijdens het Oktoberfest

VANCOUVER

°C 23 14 13 14 5 7 6 0

☀ 6 uur | 9 uur | 4 uur | 2 uur
☔ 90 mm | 39 mm | 172 mm | 214 mm

maand april juli okt. jan.

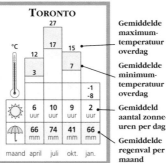

TORONTO

°C 27 12 17 15 3 7 -1 -8

☀ 6 uur | 10 uur | 9 uur | 2 uur
☔ 66 mm | 74 mm | 41 mm | 66 mm

maand april juli okt. jan.

Gemiddelde maximum-temperatuur overdag

Gemiddelde minimum-temperatuur overdag

Gemiddeld aantal zonne-uren per dag

Gemiddelde regenval per maand

Klimaat

Hoewel het bekendstaat om zijn lange, koude winters, kent Canada een gevarieerd klimaat. De meeste Canadezen wonen in het warmere zuiden, dicht bij de grens met de VS. Zuid-Ontario en de zuidelijke en centrale kust van Brits-Columbia zijn het warmst, Midden- en Noord-Canada hebben de koudste winters.

OTTAWA

°C 27 14 10 13 0 3 -6 -1

☀ 6 uur | 9 uur | 4 uur | 3 uur
☔ 69 mm | 82 mm | 67 mm | 62 mm

maand april juli okt. jan.

MONTRÉAL

°C 26 11 17 13 2 6 -5 -13

☀ 5 uur | 8 uur | 4 uur | 3 uur
☔ 83 mm | 98 mm | 84 mm | 87 mm

maand april juli okt. jan.

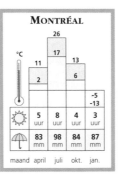

HALIFAX

°C 23 9 14 14 1 7 0 -7

☀ 5 uur | 8 uur | 5 uur | 3 uur
☔ 113 mm | 94 mm | 120 mm | 140 mm

maand april juli okt. jan.

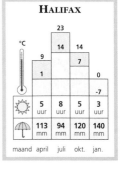

Celtic Colours *(half okt.)*
Kaap Bretoneiland. Internationaal Keltisch muziekfestival op het hele eiland.

WINTER

De Canadese winter is lang en koud, met veel sneeuw, behalve in het kustgebied van Brits-Columbia. Er wordt veel geskied – wintersportplaatsen als Whistler in Brits-Columbia behoren tot de beste ter wereld. Tijdens de kerstvakantie worden de lange, donkere dagen opgevrolijkt met tal van evenementen.

NOVEMBER

Royal Agricultural Winter Fair *(begin–half november)* Toronto. De grootste overdekte landbouwtentoonstelling ter wereld met een paarden- en winteruinshow.
Canadian Finals Rodeo *(half nov.)* Edmonton. Cowboys strijden om het kampioenschap van Canada.
Winter Festival of Lights *(half nov.–half jan.)* Niagara Falls. Spectaculaire lichtshows en concerten.

DECEMBER

Canadian Open Sled Dog Race *(dec.)* Fort St. John en Fort Nelson. Sneeuwsporten, familievermaak en hondensleewedstrijden.

FEESTDAGEN

Nieuwjaarsdag (1 jan.)
Goede Vrijdag (variabel)
Eerste paasdag (variabel)
Tweede paasdag (variabel)
Alleen vrij voor ambtenaren en scholen.
Victoria Day (de maandag voor 25 mei)
Canada Day (1 juli)
Dag van de Arbeid (eerste maandag van september)
Thanksgiving (tweede maandag van oktober)
Remembrance Day (11 november)
Eerste kerstdag (25 dec.)
Tweede kerstdag (26 dec.)

Kerstversieringen in alle soorten en maten

Christmas Carolships Parade *(half dec.)* Vancouver. Prachtig versierde boten met kerstlichtjes varen door de wateren van Vancouver.

JANUARI

Ice Magic *(half jan.)* Lake Louise. Internationale ijssculptuurwedstrijd.
Techni-Cal Challenge – Dog Sled Race *(half jan.)* Minden. Internationale hondensleewedstrijd met ruim 80 teams.
Rossland Winter Carnival *(laatste weekeinde)* Rossland. Snowboardwedstrijden, een fakkeloptocht en veel muziek en dans.
Quebec Winter Carnival *(jan.–febr.)* Québec. De beroemde kanowedstrijd op

de St.-Lawrence is maar één van de evenementen van dit enorme festival.
Jasper in January *(laatste twee weken)* Jasper. Winterse activiteiten zoals skifeesten, wedstrijden en markten met allerlei hapjes.
Banff/Lake Louise Winter Festival *(laatste week)* Banff, Lake Louise. Veel amusement, waaronder schaatsfeesten en een boerenbal.

FEBRUARI

Yukon Quest International Sled Dog Race *(febr.)* Whitehorse. Beroemde hondensleewedstrijd van 1600 km van Fairbanks in Alaska naar Whitehorse.
Yukon Sourdough Rendevous *(febr.)* Whitehorse. Winterfestijn met een 'gekke pelsjagercompetitie' en tal van evenementen voor kinderen.
Frostbite Music Festival *(derde weekeinde)* Whitehorse.
Muziek van jazz tot rock.
Calgary Winter Festival *(tweede week)* Calgary. Veel familieactiviteiten, muziek en lekkere hapjes.
Festival du Voyageur *(half febr.)* Winnipeg. De geschiedenis van de pelsjacht wordt onder meer herdacht met een enorm straatfeest.
Winterlude *(elk weekeinde)* Ottawa. Zeer gevarieerde activiteiten, zoals schaatsen op het Rideaukanaal.

Twee ijssculpturen van adelaars tijdens het Winterlude in Ottowa

GESCHIEDENIS VAN CANADA

*C*anada staat bekend om zijn prachtige, woeste natuur. De Europese kolonisten wisten zich met behulp van de inheemse bevolking aan te passen en bouwden een welvarende natie op. Ondanks constante onenigheid tussen de Engels- en Franstalige groepen geldt Canada als een van de tolerantste landen ter wereld, dat immigranten van over de hele aardbol heeft opgenomen.

Lang voordat de eerste Europeanen in 986 de Atlantische oversteek maakten, was het gebied dat nu Canada heet al bevolkt door allerlei stammen.

Detail van een totempaal van de Haida uit het westen

Nomadische jagers trokken over de landbrug die Azië met Noord-Amerika verbond, toen nog deel van het oercontinent Laurasia. Deze eerste bewoners, de zogenoemde Eerste Volken, ontwikkelden in de loop der tijd de vaardigheden, technologie en cultuur die nodig waren om de ontberingen van het leven in Canada te kunnen doorstaan.

HET BEGIN

In een uitgestrekt gebied van de Yukon tot de Atlantische kust leefden twee hoofdgroepen van nomadische jagers, de Algonquins en de Athapaskans. Ze leefden in kleine troepen, die sneeuwschoenen en kano's van berkenbast ontwikkelden. Ze visten en zetten vallen en kwamen zo aan hun voedsel en kleding. Ook legden ze zo de grondslag voor Canada's lucratieve vis- en bonthandel.

Ten noorden van deze twee groepen leefden de Innu, die zich staande wisten te houden in de donkere, ijzige winters en korte zomers van het pool-gebied. Ten zuiden ervan woonden de Irokezen in hun *longhouses* in dorpen in het bos en verbouwden maïs. De stammen van de westelijke vlakten waren weer afhankelijk van de bizonjacht, die langs de westkust van de visserij en handel. Hun totempalen duiden op een rijke cultuur en spiritueel geloofssysteem.

De Eerste Volken hielden er zeer verschillende levensstijlen op na, maar hadden één ding gemeen: ze zagen zichzelf niet als de onderwerpers, maar als een onderdeel van de natuur. De dieren waarop ze joegen, waren hun spirituele verwanten. Wie zonder reden doodde, beledigde zo'n geest en riep onheil over zichzelf af.

Wellicht hebben de inheemse volken meegewerkt aan hun eigen ondergang. De Canadese historicus Desmond Morton wees er al op: 'Als de inheemse volken de Europeanen niet volledig deelgenoot hadden gemaakt van hun overlevingsmethoden, hun territorium en hun voedselbronnen, waren de eerste verkenners en kolonisten in nog groteren getale omgekomen dan nu het geval was en hadden ze, net als de vikingen 500 jaar eerder, hun pogingen misschien opgegeven.'

TIJDBALK

9000 v.C. Inheemse volken zijn in ieder geval tot aan de Eramosa River bij het huidige Guelph in Ontario gekomen

Vikingschip, ca. 980

986 De viking Bjarni Herjolfsson ziet als eerste Europeaan de kust van Labrador op zijn reis van IJsland naar Groenland

1497 Eerste reis van John Cabot naar Noord-Amerika

30.000 v.C.	20.000 v.C.	10.000 v.C.	AD1	500	1000	1500

30.000–10.000 v.C. Nomadische jagers trekken via een landbrug van Azië naar Noord-Amerika

992 Leif Ericsson bereikt Labrador en L'Anse-aux-Meadows op Newfoundland

1003 Thorfinn Karlsefni vestigt een handelskolonie op Labrador (Vinland), maar deze wordt twee jaar later verlaten na gevechten met een vijandig gestemde inheemse bevolking

◁ *Mah-min of De veer*, schilderij van een Assiniboine-opperhoofd van Paul Kane, ca. 1856

DE EERSTE EUROPEANEN

In Scandinavische sagen wordt verhaald hoe Vikingen uit IJsland in 986 de kust van Labrador bereikten en verschillende mislukte pogingen deden daar een kolonie te vestigen. Leif Ericsson 'de Fortuinlijke' vertrok in 988 uit Groenland, bereikte land in het westen en noemde het Vinland, naar de wilde druiven die er in overvloed groeiden. Rond het jaar 1000 probeerde Thorfinn Karlsefni een kolonie te vestigen in Vinland. Zijn mensen overwinterden er, maar keerden in het voorjaar naar Groenland terug in de overtuiging dat een kolonie niet haalbaar was: er waren te weinig kolonisten en de *skraelings* (inheemsen) waren vijandig. In 1963 werden resten van deze vroege viking-nederzetting aangetroffen op Newfoundland *(zie blz. 67)*.

De Italiaanse zeevaarder John Cabot

DE ENGELSE INVASIE

In 1497 zette de Italiaan Giovanni Caboto (beter bekend als John Cabot, 1450–1498) in opdracht van de Engelse koning Hendrik VII aan boord van de *Matthew* koers naar Amerika. Op 24 juni ging hij aan land bij Newfoundland, dat hij voor de Kroon opeiste. Hij bracht de oostkust in kaart en keerde daarna terug naar Engeland, waar hij als een held werd ontvangen. In mei 1498 voer Cabot nogmaals uit, met vijf schepen en 300 man, om op zoek te gaan naar een noordwestpassage naar China. Zwaar weer dwong hem zijn pogingen op te geven en zuidwaarts te koersen naar Nova Scotia, waar hij een zee vol ijsbergen aantrof. De vloot verging voor de kust van Groenland, waarna Engelands belangstelling voor het nieuwe land taande.

DE KOMST VAN DE FRANSEN

De Franse ontdekkingsreiziger Jacques Cartier (1491–1557) maakte zijn eerste reis naar Canada in 1534. Hij bereikte Labrador, Newfoundland en de Saint Lawrencebaai en ging aan wal op Anticosti Island, dat, zo realiseerde hij zich

Kaart van de reis van Jacques Cartier en zijn volgelingen van Pierre Descaliers, ca. 1534–1541

TIJDBALK

1541 Cartier sticht Charlesbourg-Royal, de eerste Franse nederzetting in Amerika, aan de monding van de Cap Rouge; de plaats wordt verlaten in 1543

1567 Samuel de Champlain, de 'vader van Nieuw-Frankrijk', wordt geboren

1605 Samuel de Champlain en de Sieur de Roberval stichten Port Royal, nu Annapolis, in Nova Scotia

1525   1550   1575   1600

1535 Cartier vaart de St.-Lawrence op tot Stadacona (Québecstad) en Hochelaga (Montréal)

Jacques Cartier

1608 Champlain sticht Québecstad, de eerste permanente Europese nederzetting in Canada

1610 Henry Hudson verkent de Hudsonbaai

al snel, in de monding van een grote rivier lag. Een jaar later keerde hij terug en voer de St.-Lawrence-rivier op tot de plek waar nu Québec-stad ligt, en nog verder naar het inheemse kamp Hochelaga, dat hij Montréal noemde. In 1543 moest hij zijn plannen voor een kolonie opgeven; na een bitterkoude winter keerde zijn groep ontgoocheld naar

Samuel de Champlain in gevecht met de Irokezen

Frankrijk terug. Het zou nog 70 jaar duren voordat Franse kolonisten naar Canada vertrokken om er te blijven.

DE VADER VAN NIEUW-FRANKRIJK

Samuel de Champlain (1567–1635) was een veelzijdig man: zeevaarder, soldaat, ziener. Hij maakte zijn eerste reis naar Canada in 1603. Het schip meerde af bij Tadoussac, waarna Champlain in een kano de St.-Lawrence-rivier opvoer tot aan de Lachine Rapids. Champlains poging om in 1605 een kolonie te stichten bij Port Royal mislukte, maar in 1608 werd de kiem gelegd voor een eerste kleine, Franse kolonie bij Québec-stad. Er werden drie huizen van twee verdiepingen, een binnenplein en een wachttoren binnen een houten omheining gebouwd.

De economische drijfveer van Champlain was de pelshandel. Daarvoor sloot hij verdragen met de Algonquins en de Huron, vocht tegen hun gevreesde vijanden, de Irokezen, reisde naar het Huron-gebied dat nu Centraal-Ontario is en bezocht de Grote Meren. Champlain en de Fransen die hem volgden, stichtten niet alleen permanente nederzettingen in het St.-Lawrence-dal, maar verkenden ook het halve continent. Ze bouwden aan een 'Nieuw-Frankrijk', dat zich op zijn hoogtepunt uitstrekte

van de Hudsonbaai tot New Orleans in Louisiana en van Newfoundland vrijwel tot aan de Rockies. In 1612 stond Champlain aan het hoofd van de eerste Frans-Canadese regering.

Champlains inspanningen leidden ook tot een klimaat waarin religieuze orden als de jezuïeten missieposten konden vestigen. Zijn werk legde echter ook de kiem voor conflicten met de Engelsen, die tot ver in de volgende eeuw, en daarna nog, zouden voortduren.

Hudsons laatste reis

DE HUDSON-BAAICOMPAGNIE

In 1610 ontdekte de Engelse zeevaarder Henry Hudson de baai die nu nog zijn naam draagt. De baai was van vitaal belang voor de pelshandel, omdat hij toegang bood tot vele waterwegen en handelsroutes. De in 1670 opgerichte Hudsonbaaicompagnie verkreeg het bestuur over het gebied dat in de baai afwaterde en had er het monopolie op de pelshandel. De enige dreiging kwam van Schotse kooplieden, die in 1783 in Montréal de North West Company oprichtten. In 1821 gingen ze samen. De HBC is tot op heden de grootste bonthandelsmaatschappij van Canada.

Brits-Franse conflicten

In de 18de eeuw werkten de Brits-Franse conflicten in Europa door in de Nieuwe Wereld. Tegen 1713 regeerde Groot-Brittannië over Nova Scotia, Newfoundland en het gebied rond de Hudsonbaai; vanaf 1763, na de Zevenjarige Oorlog, over heel Frans-Canada. De spanningen tussen de twee groepen werden aangescherpt door godsdienstkwesties: de Engelsen waren veelal protestants, de Fransen katholiek. Dit leidde er in 1791 toe dat Québec werd verdeeld in het overwegend Engelstalige Opper-Canada (nu Ontario) en het Franstalige Neder-Canada (nu Québec). In 1812 hadden de Britten hun handen vol aan Napoleon en vielen de Amerikanen Canada binnen. Ze werden in 1814 verslagen, maar de dreiging van zo'n invasie bleef doorspelen in de geschiedenis van het 19de-eeuwse Canada.

Uittocht van de Acadiërs
Rond 1775 werden de Franstalige Acadiërs van hun land verdreven door de Britten (zie blz. 58–59).

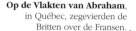

Op de Vlakten van Abraham, in Québec, zegevierden de Britten over de Fransen.

Generaal Isaac Brock
Brocks heldendaden tijdens de Oorlog van 1812, zoals de inname van een Amerikaanse handelspost in Detroit, gaf de Canadezen moed.

Engelse loyalisten
De overgave van de Britse generaal Cornwallis was het feitelijke einde van de Amerikaanse Vrijheidsoorlog (1775–1783). Engelse loyalisten, die trouw bleven aan de Britse kroon, vluchtten van de Verenigde Staten naar Canada, waardoor de bevolking toenam met 50.000 Engelstaligen.

DE ZEVENJARIGE OORLOG
De beroemde slag op de Vlakten van Abraham in 1759 was de laatste confrontatie tussen Britse en Franse troepen in Canada. Bij een Britse verrassingsaanval over de kliffen van de St.-Lawrence-rivier, op de plek die nu Wolfe's Cove heet, werd de Franse generaal Louis Joseph de Montcalm verslagen door Wolfe's leger. Beide generaals sneuvelden, Québec viel in handen van de Britten. De oorlog eindigde in 1763 met het Verdrag van Parijs; al het Frans-Canadese gebied viel daarbij aan de Britten toe.

Louisbourg

Het Franse fort Louisbourg op Kaap Bretoneiland werd tussen 1720 en 1740 gebouwd en was het hoofdkwartier van de Franse vloot, totdat de Britten het in 1758 verwoestten. Nu is het gerestaureerde fort een toeristentrekker (zie blz. 92–93).

Generaal Wolfe

Deze uitmuntende Britse krijgsman, hier dodelijk gewond op de Vlakten van Abraham, nam een jaar vóór zijn zege in Québec (1759) het Franse Fort Louisbourg in.

Generaal Wolfe's leger voer 's nachts de St.-Lawrence-rivier op en wist de vijand bij Québec zo te verrassen.

Wolfe's infanterie beklom de steile, beboste kliffen. Ze moest een Franse voorpost verslaan voordat de in de boten wachtende soldaten zich in de strijd konden mengen.

Franse rechten

In 1774 nam de Britse regering de Québec Act aan. De Frans-Canadezen verwierven vrijheid van godsdienst en taal en het Franse burgerrecht kreeg een officiële status.

	1755 De Acadiërs worden uit Nova Scotia verdreven		**1758** Het Franse fort Louisbourg op Kaap Bretoneiland wordt ingenomen door de Britten	*Sir Alexander Mackenzie*	**1793** De Engelse ontdekkingsreiziger en pelshandelaar Alexander Mackenzie steekt de Rockies over naar de Grote Oceaan
1743 De gebroeders La Vérendrye ontdekken de Rocky Mountains					
1720	**1740**	**1760**		**1780**	**1800**
1713 De Britten beheersen Nova Scotia, Newfoundland en de Hudsonbaai	**1759** Wolfe verslaat De Montcalm in de slag op de Vlakten van Abraham *Medaille voor de Britse inname van Québec*	**1760** Montréal valt in Britse handen	**1774** De Québec Act verleent de Franse kolonisten het recht op hun eigen taal en religie	**1812** De VS zijn in oorlog met de Britten tot het Verdrag van Gent uit 1814	

EEN BRITS DOMINION

Vijfentwintig jaar nadat de oorlog van 1812 in een patstelling was geëindigd, laaide een ander conflict op. De Engelsen streefden naar politiek overwicht en inperking van de invloed van de katholieke Kerk. In 1834 vervulden de Fransen een kwart van de openbare ambten, terwijl ze driekwart van de bevolking vormden. De opstanden in Opper- en Neder-Canada in 1837–1838 werden geïnspireerd door Franse én Britse hervormers, die zelfbestuur en een regering gesteund door een breder electoraat voorstonden. De Britse regering reageerde hierop door de twee koloniën in 1841 samen te voegen tot de Verenigde Provincie Canada. De nieuwe assemblee verkreeg meer onafhankelijkheid toen de meerderheidspartij, de Reform Party, in 1849 een wet aannam die de rebellen van 1837 compensatie bood. Hoewel gouverneurgeneraal lord Elgin het er niet mee eens was, sprak hij geen veto uit. De Provincie Canada kreeg een sterke mate van zelfbestuur en kon wetten aannemen zonder de goedkeuring van de vertegenwoordiger van de Britse regering.

Wat resteerde van Brits Noord-Amerika was een handvol koloniën met zelfbestuur die, ondanks hun economische succes, bevreesd waren voor de ambities van de VS. Die vrees werd versterkt door raids van de Fenians op Canadees grondgebied (1866–1870). Deze Ierse immigranten uit New York probeerden in te spelen op de anti-Britse gevoelens van de Frans-Canadezen om steun te verwerven voor de onafhankelijkheid van Ierland. Vanaf 1864 werd gesproken over een mogelijke federatie: alleen door één front te vormen was er hoop dat de Britse koloniën de invallen het hoofd konden bieden.

Op 1 juli 1867 werd het nieuwe land geboren. Met de British North America Act werden de nieuwe provincies Québec (Canada East) en Ontario (Canada West) gecreëerd, die samen met Nova Scotia en New Brunswick de Dominion of Canada vormden. Het staatsbestel was gebaseerd op het Britse parlementaire systeem, met een gouverneur-generaal (de vertegen-woordiger van de Kroon), een Lagerhuis en een Senaat. Het federale parlement vaardigde wetten van nationaal belang uit (zoals defensie, strafrecht, handel), de provincies gingen over lokale kwesties als het onderwijs.

DE OPSTANDEN VAN DE MÉTIS

Na de federatie kocht de regering grondgebied van de Hudsonbaaicompagnie op, Rupert's Land, dat zich duizenden kilometers landinwaarts uitstrekte ten zuiden en westen van de Hudsonbaai. Hier woonden de

Vertegenwoordigers bespreken de federatie in Londen

Rebellenleider Louis Riel

TIJDBALK

1818 De 49ste breedtegraad wordt de grens tussen de VS en Canada, van Lake of the Woods tot de Rocky Mountains	1839 Lord Durham doet aanbevelingen over de instelling van een sterkere mate van zelfbestuur en de unie van Opper- en Neder-Canada om de assimilatie van de Frans-Canadezen te bespoedigen	1849 De grenslijn op de 49ste breedtegraad wordt doorgetrokken tot de Grote Oceaan
1820	1830	1840	1850
1821 Fusie van de Hudsonbaaicompagnie en de North West Company	1837 Algehele onvrede over het ontbreken van een democratisch bewind leidt in Opper- en Neder-Canada tot gewelddadige, mislukte opstanden	1841 Opper- en Neder-Canada gaan met de Act of Union samen in de Verenigde Provincie Canada

Métis, afstammelingen van Franse pelsjagers en inheemse vrouwen, die zich bedreigd voelden door de verwachte toestroom van Engelstalige kolonisten. In 1869 leidde Louis Riel de eerste van twee opstanden. De Red River Rebellion was een poging van de Métis om wat zij als hun voorouderlijk recht op het land beschouwden, veilig te stellen. In 1870 werd een compromis bereikt en de provincie Manitoba gesticht. Veel Métis trokken echter westwaarts naar de latere provincie Saskatchewan (1905).

De laatste nagel van de Canadian Pacific Railroad (1885)

Riel werd in 1874 in het Lagerhuis gekozen, maar emigreerde in 1875 naar de VS. Toen de regering plannen lanceerde om het westen te koloniseren, riepen de Métis van Saskatchewan Riel in 1884 te hulp bij de North-West Rebellion. De opstand was een kort leven beschoren. In mei werd Riel verslagen in Batoche en van hoogverraad beschuldigd. Op 16 november 1885 werd hij in Regina gehangen.

DE GEBOORTE VAN EEN NATIE

De nederlaag van de Métis en de aanleg van een transcontinentale spoorlijn waren bepalend voor de kolonisatie van het westen. Brits-Columbia, sinds 1858 een kroonkolonie, trad in 1871 toe tot de federatie; het zou een spoorverbinding met de rest van het land krijgen. De eerste trein van Montréal naar Vancouver reed in 1886 en legde het Westen open voor honderdduizenden kolonisten. Prins Edwardeiland, de kleinste provincie van Canada, werd in 1873 lid van de federatie.

In 1898, tijdens de goudkoorts in het Klondike-gebied *(zie blz. 46–47)*, werd het noordelijke territorium Yukon ingesteld, zodat ook hier de Canadese jurisdictie zou gelden. In 1905 werd Rupert's Land opgedeeld in de provincies Saskatchewan en Alberta en de Northwest Territories. Elke provincie kreeg een eigen premier en een gekozen vertegenwoordiging. Tegen 1911 was de bevolking in deze provincies verdubbeld door nieuwe immigranten. Newfoundland gaf er lange tijd de voorkeur aan een Britse kolonie te blijven, maar werd in 1949 de tiende provincie van Canada.

DE MÉTIS

De semi-nomadische Métis van Midden-Canada waren van gemengd inheems-Franse afkomst. Trots als ze waren op hun unieke cultuur, beschouwden ze zichzelf niet als onderdanen van het dominion. Hun sociale structuur en levensstijl was vrijwel geheel afhankelijk van de bizonjacht. De Métis verzetten zich tegen integratie en reageerden op de federatie met twee mislukte opstanden. Ze verwierven geen landrechten en waren zo gedoemd tot een leven van armoede en gedwongen integratie.

Métis op bizonjacht op de prairie

Sir John MacDonald

1867 Dominion of Canada; sir John Macdonald wordt de eerste premier van Canada

1870 De opstand bij de Red River wordt neergeslagen door generaal Wolseley; stichting van de provincie Manitoba

Generaal Wolseley

1886 Goudvondst bij de Forty-Mile River

1860　　　　**1870**　　　　**1880**

1866 De Fenians voeren raids uit in Canada om Britse troepen uit Ierland weg te lokken

1855 Koningin Victoria wijst Ottawa aan als hoofdstad van de Provincie Canada

Canadian Pacific

1885 Riel leidt de opstand in het noordwesten. De Métis worden verslagen bij Batoche, Riel wordt gehangen in Regina. De transcontinentale spoorlijn wordt voltooid

Goudkoorts bij de Klondike

Al rond 1830 gingen er geruchten dat er goud in de Yukon zat, maar het woeste landschap en de Chilkoot-indianen hielden de meeste gelukszoekers op afstand. Op 16 augustus 1896 vonden George Washington Carmack en zijn inheemse vrienden Snookum Jim en Tagish Charlie een goudklomp in de rivier die ze later Bonanza Creek noemden. Dit was het begin van de heftigste *gold rush* in de geschiedenis van Canada. In twee jaar tijd vertrokken minstens 100.000 goudzoekers naar de goudvelden. Slechts 40.000 daarvan kwamen er ook daadwerkelijk. De meeste namen de boot naar Skagway of Dyea aan de kust van Alaska en zwoegden vandaar via de White- of de Chilkoot-pas over het Kustgebergte naar de bovenloop van de Yukon. Daarna was het nog 500 km per boot naar de goudvelden. De *gold rush* leverde in totaal 50 miljoen Canadese dollar op, maar veel goudzoekers verspeelden hun fortuin al snel.

Entrepreneur
Alex McDonald uit Nova Scotia was een sluw zakenman, die de concessies van ontmoedigde goudzoekers opkocht en door ingehuurde krachten liet ontginnen. De 'Koning van de Klondike' verdiende aldus miljoenen.

De hekwieler was een stoomraderboot met één wiel aan de achtersteven

Skagway (Alaska)
Het startpunt voor de Klondike was de tentenstad Skagway, waar het wemelde van de saloons en de zwendelaars, en de kogels je om de oren vlogen. De beroemdste oplichter was Jefferson Randolph 'Soapy' Smith, die in 1898 bij een vuurgevecht om het leven kwam.

De Yukon ontspringt in het Kustgebergte van Brits-Columbia en kronkelt 3000 km lang door Alaska.

De Mounties
De roodgejaste Mounties, de bereden politie, waren de ordebewaarders van de Yukon. Dankzij hen bleef het in de dagen van de goudkoorts relatief rustig. In 1895 waren het er 19, geleid door inspecteur Charles Constantine; in 1898 waren er al 285 Mounties. Hun hoofdkwartier was Fort Herchmer in Dawson.

Klondike-koorts
De buitenwereld hoorde van de Klondike in juli 1897, toen mannen beladen met goud in Seattle en San Francisco van boord gingen. Binnen de kortste tijd brak de goudkoorts uit.

Stoomboten en andere schepen brachten duizenden gelukszoekers over de Yukon naar Dawson, waar de schepen elkaar verdrongen in het dok.

Dawson City
In de loop van 1897 zwol het kleine tentenkamp aan de samenvloeiing van de Klondike en de Yukon aan tot 5000 inwoners. Een jaar later was Dawson City een van de grootste steden van Canada met 40.000 inwoners.

Ruige tijden
De goudkoorts bij de Klondike inspireerde romans zoals Call of the wild *(1903) van Jack London (zie foto) en de bundel* Songs of a sourdough *(1907) van de dichter Robert Service.*

WOELIGE BAREN
De woeste stroomversnellingen van de Yukon in de Miles Canyon maakten wrakhout van zoveel boten dat de Mounties voor alle schepen een loods verplicht stelden. Ervaren loodsen konden wel $ 100 per trip door de canyon verdienen. Na de canyon volgde nog één gedeelte met stroomversnellingen, waarna de Yukon rustig voortstroomde naar Dawson City.

1896 George Carmack en zijn vrienden Tagish Charlie en Snookum Jim vinden goud in Bonanza Creek. De liberaal Wilfred Laurier wordt de eerste Frans-Canadese premier van het land

1896

1897 Stoomboten uit Alaska brengen nieuws over de vondst naar San Francisco en Seattle – het begin van de goudkoorts

De Klondike News *uit 1898*

1898 De Yukon krijgt de status van territorium, deels om het Britse gezag veilig te stellen met het oog op de Amerikanen in Alaska

1898

1899

1899 In Nome in Alaska wordt goud gevonden. Dawson krimpt naarmate de goudzoekers hun droom verder naar het westen proberen te verwezenlijken

NIEUW OPTIMISME

Het effect van de Klondike was in het hele land voelbaar. Steden als Vancouver en Edmonton dijden uit en de Yukon kreeg de status van territorium. Het optimisme werd verwoord door de liberale regering, die in 1896 werd gekozen onder haar voorman Wilfred Laurier, de eerste Frans-Canadese premier van het land. Hij geloofde stellig dat 'de 20ste eeuw de eeuw van Canada zal zijn'. De nieuwe provincies in Midden-Canada trokken talloze Europese immigranten, die graag wilden boeren in de prairie. De piek viel in 1913 met 400.000 immigranten. Canada begon eindelijk te profiteren van de bloeiende wereldeconomie en maakte naam als een industriële en landbouwgrootmacht.

Deze poster uit 1914 roept op tot emigratie naar Canada

STEUN VOOR BONDGENOTEN

De eerste test voor de prille natie kwam in 1899 met het uitbreken van de Boerenoorlog in Zuid-Afrika, de tweede in 1914, het begin van de Eerste Wereldoorlog. Laurier hield in eerste instantie de boot af bij de crisis in Zuid-Afrika, maar de Engelstalige bevolking oefende zoveel druk uit, dat 1000 Canadese soldaten naar Kaapstad werden gestuurd. Tot het einde van de Boerenoorlog in 1902 vochten 6000 Canadezen aan Engelse zijde. Ze keerden terug met een sterker nationaal zelfbewustzijn dan veel van hun landgenoten voor mogelijk hadden gehouden. Dit bracht echter ook tegenstellingen aan het licht: er braken gevechten uit tussen Engels- en Franstalige studenten; conservatieven uit Ontario en Franstalige politici uit Québec voerden felle discussies.

Voordat de zaak kon escaleren deed zich een andere crisis voor. De Canadezen sloten zich aan bij de Geallieerden in Vlaanderen en vonden nieuwe roem tijdens de Eerste Wereldoorlog. De Canadees Billy Bishop was de beste piloot van de Geallieerden, Roy Brown, een andere Canadese piloot, kwam de eer toe de Rode Baron te hebben neergeschoten. De Canadese troepen waren de helden van de grote veldslagen bij Ieper (1915) en Vimy (1917). Toen op 11 november 1918 de vrede werd getekend, waren 175.000 Canadezen gewond geraakt en 60.000 gesneuveld voor hun land.

ONAFHANKELIJKE STATUS

Canada had zo'n belangrijke rol gespeeld tijdens de Eerste Wereldoorlog dat het als een onafhankelijke natie werd beschouwd en als zodanig lid werd van de Volkenbond. Die status werd officieel in 1931: het Statuut van Westminster verleende Canada

Canadese troepen bij Paardeberg tijdens de Boerenoorlog, 1900

TIJDBALK

1899 Canadese soldaten worden naar Zuid-Afrika gestuurd om te vechten in de Boerenoorlog	**1911** Robert Borden en de conservatieven winnen de federale verkiezingen en verslaan de liberaal Wilfred Laurier	**1917** In de haven van Halifax ontploft een munitieschip. Schade: 2000 doden, 9000 gewonden en 5 km² van de stad verwoest	**1918** De Canadezen breken door de Duitse linies bij Amiens – het begin van de 'Honderd dagen van Canada'

1900	1905	1910	1915	1920

1903 Canada verliest een grensgeschil om Alaska wanneer het Britse tribunaal zich aan de zijde van de VS schaart	**1914** Groot-Brittannië verklaart Duitsland de oorlog; Canada raakt automatisch bij het conflict betrokken. Canadezen van Duitse en Hongaars-Oostenrijkse afkomst moeten een identiteitsbewijs dragen	**1922** Charles Best, Frederick Banting en John MacLeod winnen de Nobelprijs voor hun ontdekking van insuline

Dr. Frederick Banting

politieke onafhanke-
lijkheid van Groot-
Brittannië en creëer-
de een gemenebest
van souvereine naties
onder één kroon.

Het nationale opti-
misme ontving een
domper met de Grote
crisis, die in 1929
werd ingeluid door
de beurskrach in
Wall Street. Alberta,
Saskatchewan en
Manitoba werden

Gaarkeuken tijdens de Grote crisis

geteisterd door droogte. Eén op de vier
arbeiders was werkeloos; mensen reisden in goederenwagons het land door
op zoek naar werk dat er niet was.

DE TWEEDE WERELDOORLOG

Canada's economie bloeide op tijdens
de Tweede Wereldoorlog – de Geallieerden moesten immers bevoorraad
worden. De Canadese marine speelde
een vitale rol in de Slag om de Atlantische Oceaan (1940–1943); duizenden
geallieerde piloten
werden in Canada
opgeleid. De Ca-
nadezen ston-
den bekend

om hun moed. Velen
sneuvelden tijdens
de aanval op Dieppe
in 1942. Duizenden
vochten in de hiel van
Italië, terwijl ande-
ren de kust van Nor-
mandië bestormden.
In het gevecht om de
bruggenhoofden op
het strand vielen in
de Tweede en Derde
Divisie meer doden
dan in enige andere
eenheid onder Brits

bevel. De Canadezen bevrijdden ook
grote delen van Nederland. De premier, de liberaal Mackenzie King
(1935–1948), vroeg in een referendum
om toestemming voor het uitzenden
van dienstplichtigen, hield toezicht op
de aanleg van de Alaska Highway *(zie
blz. 260–261)* en leidde samen met
zijn minister van Munitie en Bevoorrading de enorme oorlogsinspanning.

EEN INTERNATIONALE STEM

Toen de vrede werd getekend in
september 1945, beschikte Canada
over de op twee na grootste marine en
de op drie na grootste luchtmacht ter
wereld en een paraat leger van 730.000
man. Hoewel het een hoge prijs had
betaald – 43.000 soldaten
sneuvelden en de nationale
schuld was verviervou-
digd – stond het land er
goed voor. Een grotere
bevolking kon de ver-
liezen beter opvangen.
Bovendien was een flink
deel van de schuld in de
verdubbeling van het
Bruto Nationaal Product
gestoken. Zo werden de
duurzame industrieën

Door de Canadezen gevangengenomen Duitsers, D-day, 6 juni 1944

1926 Het Balfour-rapport verklaart de Britse dominions autonoom en gelijk in status	*Logo van Air Canada*	1937 Trans-Canada Air Lines, nu Air Canada, begint met lijnvluchten	1942 22.000 Japanse Canadezen moeten hun bezittingen achterlaten en worden geïnterneerd	1944 Canadese troepen rukken verder landinwaarts op dan enige andere eenheid op D-day
1925	**1930**	**1935**	**1940**	**1945**
1929 Begin van de Grote crisis	1931 Het Statuut van Westminster verleent Canada volledige wetgevende macht		1941 Hongkong valt in Japanse handen; Cana-dezen worden krijgsgevangen genomen	1945 Einde van de oorlog. Canada lid van de VN. Eerste Canadese kern-reactor in Chalk River in Ontario

Een groot Canadees graanschip nadert de
St.-Lawrence Seaway in het inauguratiejaar 1959

opgezet die de motor werden van de naoorlogse economie.

Na de Tweede Wereldoorlog bleef de Canadese economie groeien. Die groei, tezamen met sociale wetgeving op het gebied van pensioenen, werkloosheid en gezondheidszorg, heeft ertoe geleid dat Canada een van de hoogste levensstandaards ter wereld kent, die immigranten uit de hele wereld trekt. Sinds 1945 zijn dat voornamelijk Zuid-Europeanen, Aziaten, Zuid-Amerikanen en Caribiërs, die het multiculturele karakter van het land verder hebben verrijkt.

Ook Canada's internationale reputatie en invloed is gegroeid. Canada is lid van de Verenigde Naties sinds de oprichting in 1945 en heeft als enige land aan bijna alle VN-vredesoperaties deelgenomen. Het past dan ook wel dat juist een Canadees, de latere premier Lester Pearson, aan de wieg stond van die operaties; in 1957 kreeg hij de

Nobelprijs voor de Vrede voor zijn rol in de Suez-crisis. Canada is een gewaardeerd lid van het Britse Gemenebest, la Francophonie, de G8 (groep van acht industriële grootmachten), de OAS (Organisatie van Amerikaanse Staten) en de NAVO (Noord-Atlantische Verdragsorganisatie).

DE FRANS-ENGELSE KLOOF

In het licht van deze verworvenheden is het ironisch dat de Canadezen de afgelopen 25 jaar zo hebben geworsteld met fundamentele vragen over de nationale identiteit en eenheid. De drijfveer was wederom de Frans-Engelse rivaliteit, de hoofdrolspelers premier Pierre Trudeau van Canada (1968– 1984) en premier René Lévesque van Québec (1968–1987). Toen Jean Lesage in 1960 premier van Québec werd, instigeerde hij de 'Stille revolutie', een reeks hervormingen die de provincie meer macht gaf. Dat was echter niet voldoende voor radicale nationalisten. In oktober 1970 werden de Britse handelsattaché James Cross en de Québecse minister van Arbeid Pierre Laporte gekidnapt door de Frans-Canadese terroristische organisatie Front du Libération de Québec (FLQ). Cross werd door de politie gered, maar

Premier René Lévesque van Québec en premier Pierre Trudeau van Canada tijdens het referendum van 1980

TIJDBALK

1949 Newfoundland lid van de federatie, Canada van de NAVO	1959 Premier John Diefenbaker annuleert het AVRO Arrow-project ten koste van 14.000 banen	De AVRO Arrow Delta-straaljager	1967 Expo '67 in Montréal; Canada viert zijn eerste eeuwfeest
1950 **1955**	**1960**	**1965**	**1970**

1950 Canadese troepen voegen zich bij de VN-vredesmacht in de Koreaanse Oorlog

Lester Pearson

1957 Lester Pearson wint de Nobelprijs voor zijn bemiddelaarsrol in de Suez-crisis

1965 Na een verbitterd politiek debat wordt de nieuwe vlag van Canada ten doop gehouden

1972 Canada wint de eerste ijshockeywedstrijd tegen de Sovjet-Unie; het hele land viert feest

Demonstratie in Montréal voor de afscheiding van Québec, 1990

Laporte werd later vermoord teruggevonden. Trudeau beriep zich op een wet uit de Tweede Wereldoorlog, stuurde troepen naar Montréal en verbood de FLQ. Uiteindelijk werden bijna 500 arrestaties verricht.

Trudeau wijdde zijn politieke leven aan het federalisme, vocht tegen afscheiding en gaf Canada zijn eerste grondwet. Lesages opvolger René Lévesque voerde daarentegen campagne voor een referendum in 1980 over de vraag of Québec onafhankelijk moest worden. De meerderheid stemde tegen, maar de uitslag was verre van overtuigend. Daarmee blijft de kwestie de nationale politiek domineren. In 1982 werd Trudeaus droom vervuld met de Constitution Act, de nieuwe, eigen grondwet waarin federale burgerrechten en -vrijheden zijn vastgelegd.

VERSCHUIVING NAAR RECHTS

In 1984 won de Progressive Conservative Party van Brian Mulroney de algemene verkiezingen met de grootste meerderheid in de geschiedenis van Canada. Mulroney legde de nadruk op nauwere banden met Europa en vooral de VS. In de volgende jaren werd tweemaal gepoogd het staatsbestel te her-

vormen. Het Meech Lake-akkoord van 1987 richtte zich op de erkenning van Québecs claim dat het een speciale status verdiende, maar Mulroney slaagde er niet in het amendement te implementeren: niet alle provincies stemden ermee in. De campagne van de Inuit voor betere vertegenwoordiging in het parlement leidde tot het Charlottetown-akkoord van 1991, dat de kwestie van zelfbestuur van de inheemse bevolking aan de orde stelde. Het akkoord werd in 1992 in een nationaal referendum verworpen. Veel hervormingen zijn inmiddels wel doorgevoerd, wat de eenheid hopelijk ten goede zal komen. Québecs Franse erfenis is officieel erkend en de Inuit regeren over hun eigen territorium Nunavut.

EEN ONAFHANKELIJK NUNAVUT

Op 1 april 1999 werd het nieuwste territorium van Canada een feit: het Inuit-land Nunavut. In de jaren zestig gingen de Inuit ertoe over de roep om een politieke status te koppelen aan inheemse claims

Ondertekening in Iqaluit op 1 april 1999

op het land. De premier van Nunavut, de 34-jarige Paul Okalik, leidt nu de eerste Inuit-meerderheidsregering in een gebied waar 85 procent van de bevolking Inuit is. Het Inuktitut wordt de officiële taal en traditionele Inuit-vaardigheden als de visvangst en de jacht worden opnieuw geïntroduceerd. De federale regering zal tot 2012 ruim $ 1 miljard investeren in openbare voorzieningen voor Nunavut.

1976 Strenge veiligheidsmaatregelen bij de Olympische Spelen van Montréal. René Lévesque en de separatistische *Parti Québécois* winnen de provinciale verkiezingen	1984 Marc Garneau is de eerste Canadees in de ruimte aan boord van de *Challenger*	1989 Het vrijhandelsverdrag tussen de VS en Canada wordt van kracht	*De vlaggen van Canada en Nunavut*	1999 Stichting van het Inuitterritorium Nunavut
1975	1980	1985	1990	1995	2000
	1979 In Mississauga in Ontario worden 225.000 inwoners geëvacueerd na de ontsporing van een giftrein	1988 De 15de Olympische Winterspelen vinden plaats in Calgary	1991 Canadese troepen nemen deel aan de gevechten om Saddam Husseins Irakese troepen uit Koeweit te verdrijven	1997 Opening van de 13 km lange brug tussen Prins Edwardeiland en het vasteland

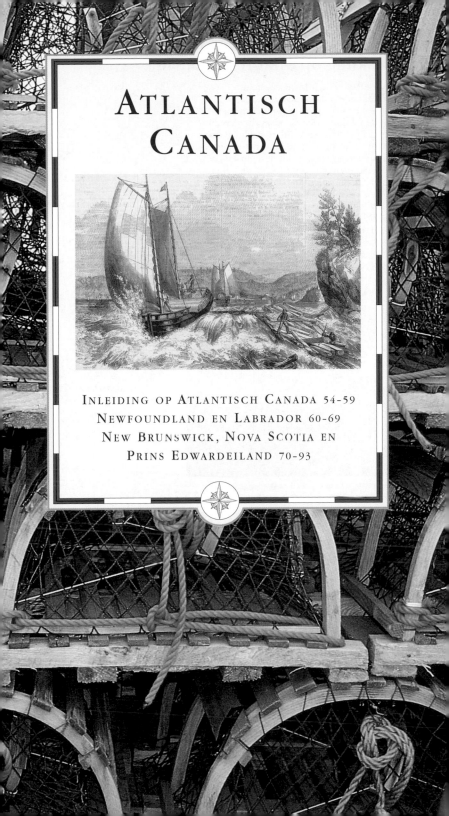

ATLANTISCH CANADA

Inleiding op Atlantisch Canada

De Atlantische provincies staan bekend om hun ruige rotskusten, pittoreske vissersplaatsjes, zonovergoten stranden, knusse plattelandsherbergen en vriendelijke bevolking. Elke provincie heeft een duidelijk eigen cultuur. In het noordoosten van New Brunswick bloeit de Franstalige Acadische cultuur, terwijl de zuidkust de ongerepte, door het getij uitgesleten Fundybaai biedt. Nova Scotia is befaamd om het 18de-eeuwse Fort Louisbourg en het schitterende landschap van de Cabot Trail, maar telt ook historische stadjes als het zeevarende Lunenburg. Prins Edwardeiland kan bogen op smaragdgroene akkers, fraaie zandstranden en een rijke kreeftenvangst. In Newfoundland rijzen de bergen van het Gros Morne National Park 800 m hoog boven de helderblauwe fjorden op. Labrador heeft een schitterende, indrukwekkende kust; aan de einder doemen regelmatig glinsterende ijsbergen op.

LABRADORZEE

●NAIN

LABRADOR

Smallwood Reservoir

500

●CHURCHILL FALLS

●LABRADOR CITY

De Acadische cultuur doet zich na 400 jaar nog steeds voelen, zoals bij deze boerderij in New Brunswick

CAMPBELL

NEW BRUNSWI

2

Two Islands Beach bij Parrsboro in Nova Scotia staat vanwege de twee eilandjes voor de kust ook bekend als 'The Brothers'

VERVOER

Air Canada en WestJet vliegen op veel bestemmingen in deze regio. De Confederation Bridge verbindt Prins Edwardeiland met Cape Tormentine in New Brunswick. Er is ook een veerboot die tussen Woodeiland, Prins Edwardeiland en Pictou, Nova Scotia, vaart. U kunt naar Newfoundland vliegen of de veerboot nemen van Sydney (Nova Scotia) naar Port aux Basques of Argentia. Er vaart ook een veerboot tussen Yarmouth, Nova Scotia en Bar Harbor en Portland (Maine). In alle provincies rijden bussen, maar veel streken zijn afgelegen, dus navraag doen is verstandig.

SYMBOLEN

▭	Snelweg
▭	Hoofdweg
▭	Secundaire weg
═	Rivier

ZIE OOK

- **Accommodatie** blz. 344–346
- **Restaurants** blz. 364–366

Aan de Atlantische kust ligt Quidi Vidi, een van de oudste dorpen van Newfoundland

De natuur van de Atlantische kust

D e kusten van de Atlantische provincies (Nova Scotia, New Brunswick en Prins Edwardeiland) bieden samen met de kust van Newfoundland, de noordoever van de St.-Lawrence-rivier en het schiereiland Gaspé een rijke, gevarieerde leefomgeving voor kust- en zeedieren. Het klimaat wordt beïnvloed door het warme water van de Golfstroom, die van het Caraïbisch gebied naar het noorden stroomt, en het ijskoude water dat uit het poolgebied naar het zuiden stroomt en vaak ijsbergen met zich meevoert. Het kustgebied van Oost-Canada varieert van rotsachtige kapen tot zachte zandstranden. Er leven talloze land- en zeezoogdieren en honderden soorten zeevogels.

De fluitplevier is een klein, bedreigd oevervogeltje dat aan de Atlantische kust van Canada leeft.

DE KUST

De kust bestaat uit kliffen, zandstranden en zoute broeklanden, iets verder landinwaarts volgen moerassen, bossen en weilanden – al met al een uitnodigende leefomgeving voor kleine zoogdieren, zoals wasbeertjes en bevers, en talloze vogelsoorten. Waar kustlijn en water elkaar ontmoeten, liggen vruchtbare gebieden die bij eb droogvallen; hier leven weekdieren, algen en ongewervelde dieren.

De otter leeft in 'families', die de rivieren, meren en baaien afstruinen op zoek naar vis.

De papegaaiduiker is een vriendelijke, nieuwsgierige kustvogel met een opvallend felgekleurde snavel die op de rand van de kliffen leeft.

Het wasbeertje met zijn geringde staart en zwarte masker jaagt op vis, kreeftjes, vogels en hun eieren.

De bever, het symbool van Canada, leeft in de drassige bossen bij de kust. Hij knaagt bomen om, bouwt dammen en burchten en eet de bast.

DE OCEAAN

Het water van de Atlantische Oceaan wordt bij Canada beïnvloed door de koude Labradorstroom uit het noorden, de Golfstroom uit het zuiden en de uitstroom van zoet water in de monding van de St.-Lawrence. Er leven tal van zeedieren. De voedselrijke Fundybaai kent het grootste getijverschil ter wereld. De Newfoundlandbank was ooit een van de rijkste visgronden op aarde, maar de visstand is ernstig aangetast door overbevissing; er gelden nu strenge quota.

Kreeften zijn hier een favoriete lekkernij; ze worden in kreeftenfuiken gevangen. Er gelden strenge regels voor de vangst, omdat hun aantallen afnemen.

De blauwe vinvis is het grootste zoogdier ter wereld; een volwassen exemplaar kan 30 m lang worden. Walviskijken is een populaire vorm van ecotoerisme, vooral aan de oostkust, waar veel soorten komen.

Atlantische zalmen keren tijdens hun leven verschillende keren terug naar hun geboorterivier om er kuit te schieten. Het zijn populaire sportvissen (zie blz. 21).

Tuimelaars zijn te herkennen aan hun lange snuiten en hun brede 'glimlach'. Ze leven voor de kust van New Brunswick en Nova Scotia.

ZEEVOGELS VAN DE ATLANTISCHE KUST

De kustlijn van Oost-Canada is ideaal voor zeevogels. De kliffen en kapen zijn uitstekende nestgebieden. De rijke kustwateren en droogvallende gebieden garanderen een constante voedselaanvoer voor soorten als de aalscholver en de stormvogel. Sommige soorten worden bedreigd door veranderingen in het milieu, maar papegaaiduikers en alken doen het nog bijzonder goed.

De geoorde aalscholver is een bijzonder goede duiker. Hij kan wel 10 m diep gaan om een vis te vangen.

Het vaal stormvogeltje heeft een uitstekend reukvermogen, dat hem in staat stelt zich op zee te oriënteren.

De Acadiërs

E r zijn weinig verhalen over de kolonisatie van de Nieuwe Wereld die met zoveel wel en wee gepaard gaan als dat van de Acadiërs. Aan het begin van de 17de eeuw vestigden 500 Fransen zich in de vruchtbare Annapolis Valley in Nova Scotia. 'Acadie' moest een ideale, pastorale samenleving worden. Tegen 1750 was de Franse enclave van 14.000 zielen de dominante cultuur geworden, wat als een bedreiging werd gezien voor de Britse provincie. In 1755 werden de Acadiërs dan ook verdreven; velen gingen naar de VS.

Acadische vrouwen in traditionele wollen en linnen kledij tijdens zomerfestivals.

Na de Frans-Engelse vrede van 1763 keerden de Acadiërs langzamerhand terug. Hun Franstalige cultuur leeft nog steeds voort in de kustdorpen.

***Ile Sainte-Croix**, de eerste Acadische nederzetting, werd in 1604 in New Brunswick gesticht. De geordende, ruime opzet van het dorp is karakteristiek.*

ACADISCHE BOEREN

De Acadiërs waren nijvere boeren. Ze legden de Annapolis Valley open, bouwden dorpen en legden een heel netwerk van dijken aan om vruchtbaar akkerland te winnen in het getijdengebied. Zomergewassen als aardappelen en groenten werden in kelders opgeslagen, het hooi gedroogd voor de koeien en geiten. Tegen de 19de eeuw verbouwden de Acadiërs ook tabak en vlas.

Hooi was een belangrijk oogstgewas. Het werd in *chafauds*, hooioppers, bijeengeraakt en zo op het land gedroogd.

***De deportatie van de Acadiërs** vond plaats in augustus 1755. Britse troepen dreven meer dan 6000 Fransen samen en dwongen ze tot inscheping op boten die deels de VS als bestemming hadden. Daar werden ze de Cajuns van nu. Anderen keerden later terug; hun nakomelingen leven in dorpjes langs de hele kust van Atlantisch Canada.*

De Acadiërs *kenden eeuwenlang een traditioneel boeren- en vissersleven, dat nu weer herleeft in de Village Historique Acadien (zie blz. 75).*

De St.-Annakerk *in Sainte-Anne-du-Ruisseau is met zijn frisse eenvoud en elegantie typisch Acadisch. Het katholieke geloof was erg belangrijk voor de Acadiërs, die tijdens de diaspora van 1755 steun zochten bij hun priesters.*

De Acadische folkmuziek *wordt gedragen door de viool en de gitaar. Het is een levendige stijl, die bekendstaat om zijn uitgelaten melodieën en balladen over onbeantwoorde liefde en sociale ontworteling.*

Het leven in de Acadische gemeenschappen draaide om de boerderij. De mannen werkten op het land en visten, de vrouwen hielpen bij de oogst.

HENRY WADSWORTH LONGFELLOW

De Amerikaanse dichter Longfellow (1807–1882) was in de VS en Europa zeer geliefd om zijn bitterzoete verhalende gedichten. Voor *Evangeline* (1847) baseerde hij zich op de beproevingen van de Acadische gemeenschap. Het gedicht, nu een klassieker, volgt het pad van een jong Acadisch stel. Het verhaalt van Evangeline's tragische lot in het land dat een idylle had moeten zijn; haar relatie wordt verwoest door de beroeringen en deportaties in de 18de eeuw. 'Vlakbij, vanuit zijn grotten in de rotsen, [klinkt] luid de gapenddiepe oceaan. Luister naar de trieste overlevering die gezongen wordt door de dennen in het Bos... Luister naar een Verhaal van Liefde in Acadië, land der gelukkigen.'

NEWFOUNDLAND EN LABRADOR

Newfoundland en Labrador bieden woeste, open ruimten en een machtige natuur met hoge pieken, uitgestrekte landschappen en een 17.000 km lange ruige kustlijn. In dit intrigerende gebied drijven enorme ijsbergen langs de kust, zwemmen walvissen in sprankelende baaien en grazen elanden op de drassige vlakten. De westkust van Newfoundland telt enkele van de spectaculairste landschappen ten oosten van de Rockies. Het granietgebergte van het Gros Morne National Park herbergt diepe fjorden. Het oosten van het eiland, met de baaien en kreken van het Terra Nova National Park, is meer afgeplat. Het gebied kent een lange geschiedenis van oude beschavingen die er zich vestigden, zoals de indianen van de archaïsche cultuur in Port au Choix, de Vikingen in L'Anse-aux-Meadows en Baskische walvisvaarders bij Red Bay aan Straat Belle Isle.

BEZIENSWAARDIGHEDEN IN HET KORT

Historische steden en dorpen
Gander **9**
Happy Valley-
   Goose Bay **16**

Labrador City **18**
Nain **15**
St. John's **1**
Trinity **6**

Nationale parken
Gros Morne National Park **11**
Terra Nova National Park **7**

Historische plekken en natuurschoon
Avalon Peninsula **2**

Battle Harbour **14**
Bonavista Peninsula **5**
Burin Peninsula **3**
Churchill Falls **17**
Straat Belle Isle **13**
Northern Peninsula **12**
Notre Dame Bay **8**
Saint-Pierre en Miquelon **4**
De zuidwestkust **10**

SYMBOLEN

✈ Internationale luchthaven

▬ Hoofdweg

— Belangrijke spoorlijn

0 km   200

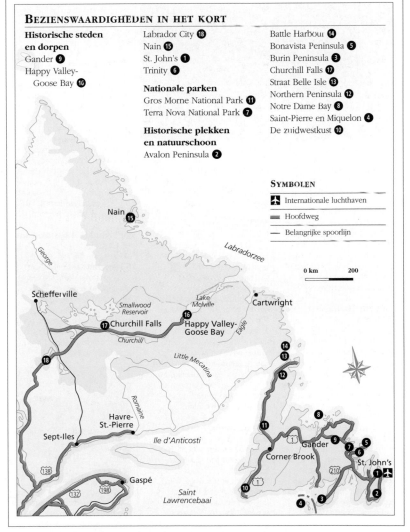

Nain **15**

Labradorzee

George

Schefferville

Smallwood Reservoir

Lake Molville

Cartwright

17 Churchill Falls

16 Happy Valley-Goose Bay

Churchill

Eagle

14
13

Little Mecatina

12

Romaine

Havre-St.-Pierre

8

Sept-Iles

11

Ile d'Anticosti

Gander **9** **7** **5**
Corner Brook **6**
1 St. John's ✈

18

138

132   198

Gaspé

Saint Lawrencebaai

210

10   1

3
4   **2**

St. John's ❶

De ontdekkingsreiziger John Cabot *(zie blz. 40)* maakte bij zijn terugkeer uit Newfoundland in 1497 melding van 'een zee zó vol vis, dat als je een mand overboord gooit en hem weer ophaalt, hij tot de rand toe vol zit met kabeljauw'. Daarmee ontketende hij een stormloop op de Nieuwe Wereld. St. John's werd een centrum van de visindustrie; het is de oudste nederzetting van Noord-Amerika. Ook nu nog speelt de zee een grote rol, met de visvangst, de oliewinning en de dokken, waar schepen uit tal van naties liggen te wachten. De inwoners van St. John's staan bekend om hun vriendelijkheid – een prettig tegenwicht voor het ruige natuurschoon van de omgeving.

Hanger in het streekmuseum

Gezicht op het centrum van St. John's vanaf zee

St. John's verkennen
De hoofdstad van Newfoundland laat zich gemakkelijk te voet verkennen. De meeste bezienswaardigheden liggen vrij dicht bij elkaar als u door Water Street naar het oosten loopt. Vanaf zee hebt u het beste zicht op de haven, met name op de oude, pastelkleurige huizen tegen de steile kliffen aan de oostkant.

🚩 Murray Premises
Hoek Water St. en Beck's Cove.
◯ dag. 8.00–22.30 uur. ♿
Aan het westelijke eind van Water Street liggen de Murray Premises uit 1846. Deze vakwerkgebouwen van baksteen resteren als enige van de grote pakhuizen en visverwerkingsloodsen die aan de waterkant lagen. In de Murray Premises werd kabeljauw verpakt voor verscheping naar de wereldmarkten. In 1892 ontkwam het ternauwernood aan een enorme brand die de stad verwoestte; de gebouwen markeren de westgrens van de vlammenzee. Het gerestaureerde complex is nu een Provincial Historic Site. In de monumen-

ten zijn een boetiek, een hotel, kantoren en een visrestaurant met foto's van de stad rond 1900 gevestigd.

🏛 The Rooms
9 Bonaventure Ave. ☎ 709–7578000.
◯ ma–za 10.00–17.00, (wo, do tot 21.00 uur; museum en Art Gallery ook open zo 12.00–17.00 uur). ◑ half okt.–mei: ma; 25 dec., 1 jan.
ⓦ www.therooms.ca
The Rooms, een kenmerkend nieuw gebouw, huisvest de Provincial Archives, het Museum of Newfoundland dat de geschiedenis van de provincie over de laatste 9.000 jaar in kaart brengt en de Art Gallery of Newfoundland and Labrador dat werk toont van lokale, nationale en internationale kunstenaars.

🚩 The Waterfront
Water St. ☎ 709–5768106. ♿
Langs de kaden van St. John's loopt de oudste openbare verkeersader van Noord-Amerika, Water Street. De weg werd aangelegd tegen het eind van de 16de eeuw, toen de handel op gang kwam. Net als in Duckworth Street wemelde het

er van de kroegen en bordelen. Nu zijn er cadeauwinkels, galeries en enkele van de beste restaurants van Newfoundland. In Harbour Drive, aan de kaden, is het goed wandelen. George Street is het centrum van het uitgaansleven.

🚩 East End
King's Bridge Rd. 🛈 709–5768106.
Het East End is met zijn smalle kasseienstraatjes en elegante huizen een van de fraaiste wijken van St. John's. In het uit 1836 daterende Commissariat House, nu een museum, verbleven Britse functionarissen. Het naburige Government House werd rond 1820 gebouwd en is de ambtswoning van de luitenant-gouverneur van de provincie.

🚩 The Battery
Battery Rd. 🛈 709–5768106.
De kleurige huizen die tegen de steile kliffen aan het begin van de haven zijn gebouwd, behoren tot de meest gefotografeerde plekjes van St. John's. Ze zien eruit alsof ze in een 19de-eeuws vissersdorp thuishoren. De buurt dankt zijn naam aan het geschut en de versterkingen die hier eeuwenlang lagen. In 1763 gebruikten de bewoners de kanonnen om Hollandse piraten te verjagen.

🏞 Signal Hill Historic Site of Canada
Signal Hill Rd. ☎ 709–7725367.
◯ Bezoekerscentrum: juni–sept.: 8.30–20.00; sept.–okt.: 8.30–16.30; okt.–mei. ma–vr 8.30–16.30 uur. ◑ 25, 26 dec., 1 jan. ♿ ♿
Boven op deze heuvel hebt u een schitterend uitzicht op de Atlantische Oceaan, de havenmond en de historische binnenstad van St. John's.

De pittoreske haven van St. John's met daarachter Signal Hill

De Cabot Tower op Signal Hill torent boven de haven uit

🚩 Cabot Tower

Signal Rd. 🕿 *709–7725367.*
◯ *juni–sept.: 8.30–20.00 uur;*
sept.–mei: 8.30–16.30 uur. ♿
In 1897 was het 400 jaar geleden dat Cabot in Newfoundland arriveerde en werd de Cabot Tower op Signal Hill gebouwd. Nu marcheren er in de zomerweekeinden soldaten in 19de-eeuws uniform, die musketten en kanonnen afvuren. Een andere Italiaan, Guglielmo Marconi, ontving hier in 1901 het eerste transatlantische draadloze signaal.

🚩 Quidi Vidi Village

Quidi Vidi Village Rd.
🕿 *709–7292977.* ◯ *dag.*
Aan de andere kant van Signal Hill nestelen de verweerde gebouwen van het oude Quidi Vidi Village zich rondom een kleine haven. U kunt er rondsnuffelen in de electische verzameling antiek die te koop is in Mallard Cottage, een gebouw van rond 1750. Boven het dorp ligt de Quidi Vidi Battery, een versterkt geschutsemplacement uit 1762 dat de havenmond moest bewaken. De barakken waarin de soldaten leefden zijn herbouwd. Gidsen in uniformen uit die tijd vertellen over hun leven en ontberingen.

🍂 Pippy Park

Nagles Place. 🕿 *709–7373655.*
◯ *dag.* ♿
Toeristen staan er soms raar van te kijken dat er elanden rondlopen in St. John's, maar dat gebeurt vaak genoeg in dit 1400 ha grote natuurpark, 4 km van het centrum. Het park biedt ook plaats aan de botanische tuin met zijn vijvers. Verder vindt u hier het enige Fluvarium van heel

Noord-Amerika. Door negen onderwaterramen kunt u de activiteiten in een snel stromende forelrivier gadeslaan.

🚩 Cape Spear Lighthouse Historic Site of Canada

🕿 *709–7725367.* ◯ *half mei–half okt.: dag.* 🏞 ♿
Cape Spear ligt 10 km van St. John's. Het is het meest oostelijke punt van Noord-Amerika, waar de oceaan tegen de kliffen beukt. Boven op de kaap staan twee vuurtorens. Het Cape Spear Lighthouse uit 1836 is al lang het symbool van Newfoundlands onafhankelijkheid; het is de oudste vuurtoren van het eiland. Daarnaast staat de moderne, slanke vuurtoren uit 1955, die geheel geautomatiseerd is.

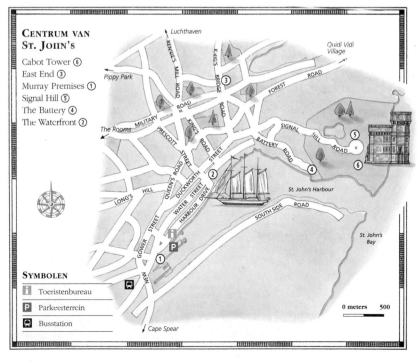

CENTRUM VAN ST. JOHN'S

SYMBOLEN

ℹ Toeristenbureau

🅿 Parkeerterrein

🚌 Busstation

0 meters 500

Walvis- en vogelexcursies bij het Avalon Peninsula

Avalon Peninsula ❷

📷 St. John's. 🚢 Argentia.
ℹ️ Dept. of Tourism, Confederation Building, St. John's, 709–7290862.

Bij Ferryland op het Avalon Peninsula bevindt zich een grootschalige opgraving op de plek waar de Engelse ontdekkingsreiziger lord Baltimore in 1621 met elf medestanders de kolonie Avalon stichtte. Baltimore's eerste onderneming in de Nieuwe Wereld moest zich bedruipen van de visvangst, landbouw en handel en voerde religieuze tolerantie hoog in het vaandel. Eind 1622 waren er 32 kolonisten. De bevolking bleef toenemen; Avalon was jarenlang de enige succesvolle nederzetting in het gebied. Er is pas vijf procent van de kolonie blootgelegd, maar nu al is het een van de rijkste vindplaatsen van artefacten uit de eerste dagen van de Europese kolonisatie van Noord-Amerika. Er zijn meer dan een half miljoen objecten gevonden, zoals aardewerk, stenen pijpen en huishoudelijk gerei. Ook zijn bouwkundige onderdelen blootgelegd, waaronder versterkingen, een smederij en een handelscomplex aan de haven. In het bezoekerscentrum wordt het verhaal van de kolonie verteld. Tijdens de rondleiding kunt u ook archeologen aan het werk zien op het terrein en in het laboratorium.

Logo in Witless Bay

Aan het zuidelijke eind van het schiereiland ligt **Cape St. Mary's Ecological Reserve**, de enige broedkolonie van zeevogels in de provincie die te voet te bereiken is. Een kort pad over spectaculaire kliffen voert naar de plek waar ruim 8000 jan-van-gents nestelen op een rots die een paar meter onder de rand ligt.
In het zuidwesten van het schiereiland kunt u rondkijken op de **Castle Hill National Historic Site**, die uitkijkt over de historische Franse plaats Placentia. Deze Franse verdedigingswerken dateren van 1632. Het kustlandschap is hier schitterend.

🐦 Cape St. Mary's Ecological Reserve
Bij Route 100. 📞 709–2771666.
🕐 gehele jaar. **Bezoekerscentrum**
🕐 mei–okt.: dag. ♿ ♿
🏛 Castle Hill National Historic Site of Canada
Jerseyside, Placentia Bay. 📞
709–2272401. 🕐 sept.–half juni: 8.30–16.30 uur; eind juni–aug.: 8.30–20.00 uur. ♿ ♿ ♿

Burin Peninsula ❸

📷 St. John's. 🚢 Argentia. ℹ️ Columbia Drive, Marystown. Juni–nov.: 709–2791211; dec.–maart 709-2791887.

Het landschap van het Burin Peninsula behoort tot de meest dramatische en indrukwekkende van Newfoundland. Lage, verweerde toppen rijzen uit boven een lappendeken van groene hei en glinsterende meren. In de vissersplaats Grand Bank ligt het **The Provincial Seaman's Museum**, dat de Newfoundlanders die op zee omkwamen herdenkt. In het naburige Fortune kunt u de veerboot nemen naar de Franse eilanden Saint-Pierre en Miquelon.

🏛 The Provincial Seaman's Museum
Marine Drive. 📞 709–8321484.
🕐 mei–okt.: dag. ♿ beperkt. ♿

Saint-Pierre en Miquelon ❹

🏛 6400. ✈️ ⛴ 🚌 ℹ️ 4274 Place de General DeGaulle, 508–412384.
🌐 www.st-pierre-et-miquelon.com

Deze twee eilandjes vallen al sinds 1783 onder Frans bestuur. Saint-Pierre, de enige plaats op het gelijknamige eiland, is een charmant Frans dorp aan zee, met gendarmes, fietsen en Franse bakkerijen, waar men 's morgens in de rij staat voor verse baguettes. In het **Saint-Pierre Museum** wordt de geschiedenis van de eilanden verteld, zoals de periode ten tijde van de Drooglegging, toen Saint-Pierre een paradijs voor dranksmokkelaars was en er jaarlijks ruim 3 miljoen kratten sterke drank

De veerboot van Newfoundland naar Saint-Pierre en Miquelon

Cape Bonavista Lighthouse staat vlak bij de plek waar John Cabot voet aan wal zette in de Nieuwe Wereld

werden verscheept. Veel pakhuizen aan de kaden die toen gebouwd werden, staan er nog steeds.

Dagelijks vertrekt een veerboot van Saint-Pierre naar het dorpje Miquelon. Het eiland Miquelon bestaat uit twee kleinere eilanden, Langlade en Grand Miquelon, die door een 12 km lange landengte met elkaar verbonden zijn. De weg voert langs duinen waar wilde paarden grazen en zandstranden met een stevige branding.

🏛 **Saint-Pierre Museum**
Rue du 11 Novembre. 📞 011–50841 3570. ⏱ dag. 14.00–17.00 uur. 🖼 ♿

Bonavista Peninsula ➎

🚍 St. John's. 🚢 Argentia. ℹ Discovery Trail Tourism Association, 709–4663845. 🌐 www.thediscoverytrail.org

Het Bonavista Peninsula steekt de Atlantische Oceaan in. Het herbergt een ruig landschap van kliffen en baaien en fraaie dorpjes zoals Birchy Cove en Trouty. Het stadje Bonavista ligt waar, naar men denkt, John Cabot (zie blz. 40) voet aan wal zette. Op een rotskaap vlak bij het Cape Bonavista Lighthouse uit 1843 staat zijn monument. Aan de kade van Bonavista liggen de 19de-eeuwse Ryan Premises, een voormalig visverwerkingscomplex, dat nu een National Historic Site

is. Het gerestaureerde complex omvat drie grote loodsen waar vis werd gedroogd, opgeslagen en verpakt, en exposities over de visserijgeschiedenis van Noord-Amerika. In het zoutpakhuis aan het water is de plaatselijke muziek te beluisteren.

Trinity ➏

🏘 300. ℹ Trinity Interpretation Centre, West St., 709–4642042/0592.

Het dorpje Trinity is zonder meer een van de mooiste van Newfoundland. De kleurige 19de-eeuwse gebouwen kijken uit over het diepblauwe water van de baai. U kunt er het beste wat rondwandelen. Naast kunstnijverheidszaakjes en restaurants vindt u er het **Trinity Museum** met 2000 voorwerpen uit het verleden van het dorp. Hiscock House is teruggebracht in zijn staat van 1910. Toen dreef Emma Hiscock hier de winkel, de smederij en het postkantoor van het dorp, terwijl ze ook nog eens even zes kinderen opvoedde.

🏛 **Trinity Museum**
Church Rd. 📞 709–4643599. ⏱ half juni–half sept.: dag. 10.00–18.00 uur. 🖼 🎥

Terra Nova National Park ➐

Trans-Canada Highway. 🚍 vanuit St. John's. ⏱ juni–half okt.: dag. 🖼 ♿ 🎥 beperkt. ℹ Glovertown, 709–5332801. 🌐 www.parkscanada.pch.gc.ca

Het Terra Nova National Park in het noordoosten van Newfoundland bestaat uit begroeide heuvels en diepe fjorden. In het bezoekerscentrum zijn uitstekende exposities te zien over de flora en fauna van de lokale wateren. Een onderwatercamera biedt een blik op de drukte op de bodem van de baai. Er worden ook walvisexcursies georganiseerd.

Uitzicht over het Terra Nova National Park

Notre Dame Bay ❽

🚗 Gander. 🚢 Port-aux-Basques.
ℹ️ Notre Dame Junction, Route 1.
🌐 www.kittiwakecoast.ca

In de traditionele haven-
plaatsjes aan de oostkant
van Notre Dame Bay lijkt het
leven nog erg op dat van vroeger. Het **Twillingate Museum**
is gevestigd in een elegante
laat-19de-eeuwse pastorie in
Twillingate. U vindt er
verschillende stijlkamers,
inheemse bodemvondsten uit
de buurt en memorabilia van
de zeevaartgeschiedenis van
de regio.
U kunt een boottocht maken
in de baai. In het voorjaar en
de zomer drijven er enorme
ijsbergen voorbij, die van
dichtbij te zien zijn. Verder
zwemmen er veel walvissen
onder de kust. Het naburige
Wild Cove en Durrell zijn
romantische dorpjes.

**De elegante pastorie waarin het
Twillingate Museum is gevestigd**

Gander ❾

🐾 10.000. ✈️ ✕ ℹ️ 109 Trans-
Canada Highway, 709-2567110.

In Gander, vooral bekend om
zijn luchtvaartgeschiedenis,
kunt u handig tanken en proviand inslaan. In Grand Falls-
Windsor, 100 km ten westen
van Gander,
ligt het

Een *mamateek* (Beothuk-woning) in het Grand Falls Indian Village

Mary March Regional Museum,
genoemd naar de laatste
overlevende van het Beothuk-
volk. Het behandelt 5000 jaar
menselijke aanwezigheid in
de Exploits Valley. De Beothuk
werden tussen 1750 en 1829 in
heel Newfoundland gedeci-
meerd door ziekten en geno-
cide. U kunt een rondleiding
maken door het historische
dorp achter het museum.

De zuidwestkust ❿

🚢 Aanlegsteiger veerboot. 🚢 Port-
aux-Basques. ℹ️ Port-aux-Basques,
709-6953688.

In het zuiden van New-
foundland voert Route 470
tussen Channel Port-aux-
Basques en Rose Blanche
45 km lang langs gekartelde
groene bergen en een door
de branding uitgesleten rotskust. Vlak bij Rose Blanche is
een plankenpad van 500 m
aangelegd; dwars door een
heidelandschap met vele wilde bloemen loopt u naar de
Barachois Falls. Aan de voet
van deze 55 m hoge waterval
kunt u mooi picknicken. Het
gebied is bekend vanwege
zijn vele scheepswrakken en

daarom troont het Rose
Blanche Lighthouse uit 1873
in volle glorie op de kaap bij
de haven.

Gros Morne
National Park ⓫

📞 709-4582417. 🚗 Corner Brook.
🚢 St. Barbe. ⭕ dag. 📷 ♿ ✔️
🌐 www.parkscanada.pch.gc.ca

Gros Morne is de trots van
Newfoundland. In dit
Werelderfgoedgebied toren-
en de Long Range Mountains
700 m hoog boven de fjorden,
die diep in het kustgebergte
zijn ingesleten. Het gebergte is
pre-Cambrisch – enkele
miljoenen jaren ouder dan de
Rockies – en behoort tot de
oudste ter wereld. U kunt het
park het beste bekijken door
een boottocht te maken over
de Western Brook Pond, een
fjord dat ingeklemd ligt tussen
torenhoge kliffen, waar het
water dat over de rand tuimelt
verdampt voordat het beneden
is. Elanden, kariboes,
arenden en andere
wilde dieren
zijn overal te
horen en
te zien.

De Long Range Mountains in het Gros Morne National Park ontvouwen zich voor uw ogen

Rondrit Northern Peninsula ⓬

Viking Trail

Bord langs Highway 430

Het Northern Peninsula is een land van legenden. Ondernemende toeristen krijgen hier een indruk van meer dan 40 eeuwen beschaving, van de inheemse volken tot de kolonisten en de huidige moderne vissers. De weg naar het noorden voert langs een ruige rotskust en belangrijke historische plekken als L'Anse-aux-Meadows, die het verhaal vertellen van de culturen die dit wilde land als woonplaats kozen.

Tips voor de automobilist

***Lengte van de tocht**: 430 km over Highway 430. **Start**: Deer Lake, bij de afslag van Highway 1. **Tussenstops**: Bezoekerscentrum en plateau van Wiltondale in Gros Morne; Port au Choix National Historic Site; Grenfell Museum in St. Anthony.*

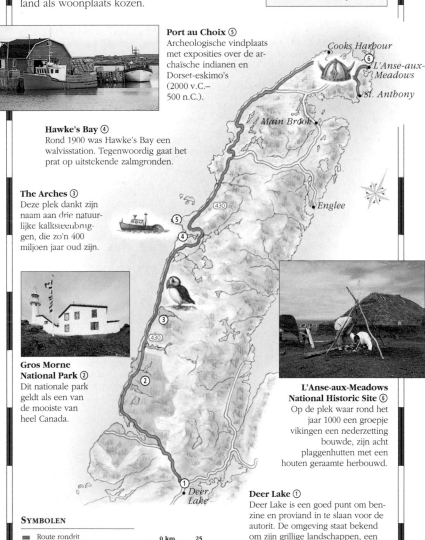

Port au Choix ⑤
Archeologische vindplaats met exposities over de archaïsche indianen en Dorset-eskimo's (2000 v.C.–500 n.C.).

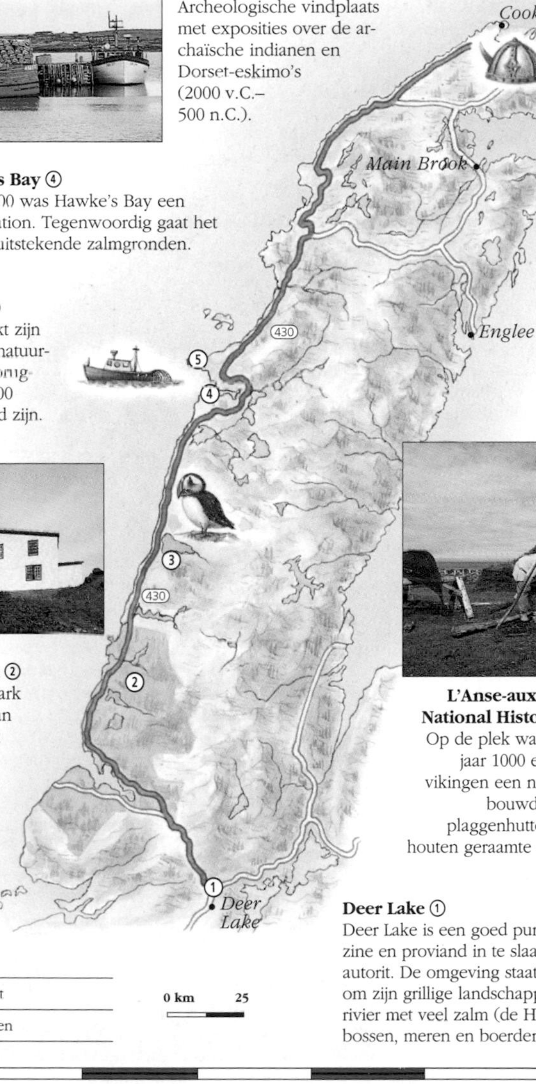
Cooks Harbour
6
L'Anse-aux-Meadows
St. Anthony
Main Brook
Englee
430
5
4
3
430
2
1
Deer Lake

Hawke's Bay ④
Rond 1900 was Hawke's Bay een walvisstation. Tegenwoordig gaat het prat op uitstekende zalmgronden.

The Arches ③
Deze plek dankt zijn naam aan drie natuurlijke kalksteenbruggen, die zo'n 400 miljoen jaar oud zijn.

Gros Morne National Park ②
Dit nationale park geldt als een van de mooiste van heel Canada.

L'Anse-aux-Meadows National Historic Site ⑥
Op de plek waar rond het jaar 1000 een groepje vikingen een nederzetting bouwde, zijn acht plaggenhutten met een houten geraamte herbouwd.

Deer Lake ①
Deer Lake is een goed punt om benzine en proviand in te slaan voor de autorit. De omgeving staat bekend om zijn grillige landschappen, een rivier met veel zalm (de Humber), bossen, meren en boerderijen.

Symbolen

- Route rondrit
- Andere wegen

0 km 25

Vissershutten in het dorp Red Bay aan de kust van Labrador

Straat Belle Isle ⑬

⚓ *Blanc Sablon.* ℹ *Forteau 709–9312013.*
🌐 www.labradorcoastaldrive.com

E en onvergetelijk prachtige kust: daarom is Straat Belle Isle, ofwel de Labrador Straits, zo populair. In de zomer vaart een veerboot van Newfoundland naar Blanc Sablon (Québec), vlak bij de grens met Labrador. Vandaar voert een kustweg 85 km lang door een woest landschap met hoge, schrale heuvels en her en der wat heide en verwaaide sparren. Straat Belle Isle was halverwege de 19de eeuw een belangrijke doorvaartroute voor stoomschepen. Omdat de zee verraderlijk was, werd in 1854 vlak bij L'Anse-Amour het Point Amour Lighthouse gebouwd. Deze vuurtoren, nu een Provincial Historic Site, is met zijn 30 m de op één na hoogste van Canada. U kunt bovenin van een schitterend uitzicht op de kust van Labrador genieten. Langs de weg naar de vuurtoren markeert een gedenksteen de Maritime Archaic Burial Mound National Historic Site. In deze oudste grafheuvel van Noord-Amerika werd 7500 jaar geleden een indiaans kind van de archaïsche cultuur begraven.
Aan het eind van Route 510 ligt de **Red Bay National Historic Site**. Een bootje vervoert u naar het eiland waar Baskische walvisjagers in de 16de eeuw de eerste fabrieken in de Nieuwe Wereld neerzetten. Tijdens de rondleiding ziet u de fundamenten van de keten, scheepswerven en kuiperijen waar elk seizoen

zo'n 1500 arbeiders de walvisblubber verwerkten tot olie voor de Europese lampen.

⋂ Red Bay National Historic Site
Route 510. ☎ 709–9202142.
◷ *half juni–half okt.: dag.* ♨ ♿

Battle Harbour ⑭

☒ ♨ ℹ *Mary's Harbour, Newfoundland, 709–9216216.*
🌐 www.battleharbour.com

B attle Harbour werd van pakweg 1870 tot 1930 beschouwd als de officieuze hoofdstad van Labrador. De kleine nederzetting, die op een eiland net onder de zuidkust van Labrador ligt, was aan het eind van de 18de en in de 19de eeuw een bloeiende vissersgemeenschap. In 1966 werd de afgenomen bevolking geherhuisvest in St. Mary's op het vaste-

Inuit-kinderen in Nain

land, maar alle gebouwen bleven staan. Rond 1990 werden ze gerestaureerd; veel huizen zijn 200 jaar oud. Nu kunt u het eiland bezoeken en een idee krijgen van het leven van 100 jaar geleden in de kuststreek van Labrador.

Nain ⑮

🐟 *1200.* ☒ ♨ ℹ *Town Council, Nain, 709–9222842.*

N ain is de meest noordelijk gelegen gemeenschap van meer dan een paar honderd inwoners. Het plaatsje is bereikbaar met de kustboot, die passagiers en vracht, maar geen auto's vervoert. De meeste inwoners zijn Inuit en in het plaatsje wonen nu veel van Labradors bekende Inuit-kunstenaars. In het Torngasuk Cultural Center is een cadeauwinkel gevestigd die cd's en boeken verkoopt. Het personeel van de winkel kan bezoekers in contact brengen met de plaatselijke zeepsteenbewerkers.
In het nabijgelegen Hopedale lag een van de missieposten van de hernhutters in Labrador. Nu is dit de **Hopedale Mission National Historic Site**. U kunt een missiepost uit 1782, het oudste houten gebouw van Atlantisch Canada, bezichtigen. Het werd net als andere gebouwen van de hernhutters

Het eiland Battle Harbour met ijsbergen op de achtergrond

Een besneeuwde straat in Nain tijdens de lange winter

in Duitsland gebouwd, naar Canada verscheept en daar weer in elkaar gezet.

🚩 Hopedale Mission National Historic Site
Agvituk Historical Society, Hopedale.
❚ 709–9333881. ⭕ dag. 🈳

De Moravische kerk in Happy Valley-Goose Bay

Happy Valley-Goose Bay ⓰

🏘 8600. ✖ 🚋 ❙ Labrador, Lake Melville Tourism Association, 709–8963489. 🔲 reserveren.

Happy Valley-Goose Bay, de grootste plaats in Cen-traal-Labrador, was tijdens de Tweede Wereldoorlog een strategische tussenstop voor transatlantische vluchten. Duit-se, Italiaanse en Britse piloten trainen hier op de NAVO-basis. In het Labrador Heritage Museum vindt u tentoonstel-lingen over zijn fascinerende geschiedenis. Er is speciale aandacht voor het leven van de pelsjagers. Zo ziet u er onder meer dierenhuiden, strikken en een traditionele *tilt*, een eenvoudige blokhut van rechtopstaande stammen.

Churchill Falls ⓱

❙ Churchill Falls Development Corporation, 709–9253335. 🈳
🔲 verplicht; reserveren.

In Churchill Falls kunt u het beste nog eens proviand en benzine inslaan en uw banden laten nakijken, want tussen Happy Valley-Goose Bay en Labrador City is verder geen benzinestation te vinden. De plaats staat bekend om zijn waterkrachtcentrale uit het begin van de jaren zeventig. Dit is een van de grootste ter wereld, een technisch hoog-standje: het enorme water-volume van de grootste rivier van Labrador, de Churchill, drijft ondergrondse turbines aan die 5225 megawatt leve-ren – genoeg om een klein land van energie te voorzien. Er worden rondleidingen gehouden in dit indruk-wekkende complex.

Labrador City ⓲

🏘 9000. ✖ 🚋 ❙ Labrador West Tourism Development Corporation, 709–9447631.

Labrador City ligt midden in de toendra. Het plaatsje toont het moderne, industriële gezicht van Canada: het is grotendeels vanaf eind jaren vijftig ontstaan rond de grootste open ijzermijn ter wereld. Het historische gebouw waarin vroeger de eerste bank van het plaatsje was gevestigd, doet nu dienst als het Height of Land Heritage Centre, een museum met foto's, kunstvoorwerpen en exposities, die de geschie-denis van de ontwikkeling van Labrador aanschouwelijk maakt.
De uitgestrekte wildernis rondom Labrador City telt tal van ongerepte rivieren en meren en staat wereldwijd bekend als een paradijs voor sportvissers en jagers. In maart vindt in dit gebied de Labrador 150 Dogsled Race plaats, een van de topwedstrijden voor hondensleeën. In de wildernis van West-Labrador leven ook de 700.000 kariboes van de George River-kudde. De kudde zwerft het grootste deel van het jaar in kleinere roedels over de toendra. Professionele organisaties nemen groepen toeristen mee de wildernis in om de kudde op te sporen. Veel toeristen maken van die gelegenheid gebruik.

DE LABRADOR COASTAL FERRY
De kustveerboot is het belangrijkste vervoermiddel langs de kust van Labrador. Hij begint in St. Anthony in het noorden van Newfoundland en doet tijdens zijn tocht van twaalf dagen 48 gemeenschappen aan. In elke haven worden goederen, passagiers en proviand verscheept. De helft van de passa-giersruimte is voor toeristen, de rest voor de plaatselijke bevolking. Onderweg doet de boot Battle Harbour aan en vaart hij fjorden in. IJsbergen zult u vaak tegenkomen.

NEW BRUNSWICK, NOVA SCOTIA EN PRINS EDWARDEILAND

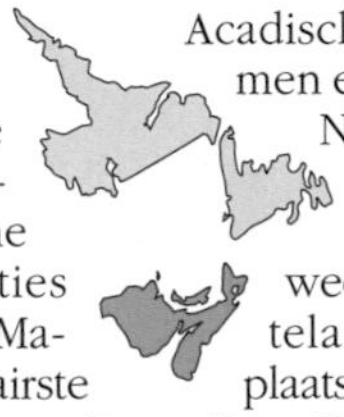

De nabijheid van de zee doet zich hier overal voelen. Het schitterende kustlandschap, de schilderachtige dorpjes, archeologische vindplaatsen en gezinsattracties hebben ervoor gezorgd dat de Maritieme provincies tot de populairste vakantiebestemmingen behoren. De ruige schoonheid van de Fundybaai bij New Brunswick vindt een tegenwicht in het zacht golvende landschap met Acadische dorpjes aan rustige inhammen en langgerekte zandstranden. Nova Scotia belichaamt de romantiek van de zee met zijn glinsterende baaien en verweerde vissersplaatsen. In de plattelandsherbergen en historische plaatsen komt het verleden tot leven. Prins Edwardeiland staat bekend om zijn groene akkers, rode kapen, diepblauwe wateren en golfbanen en is geliefd bij fietsers, vissers en wandelaars.

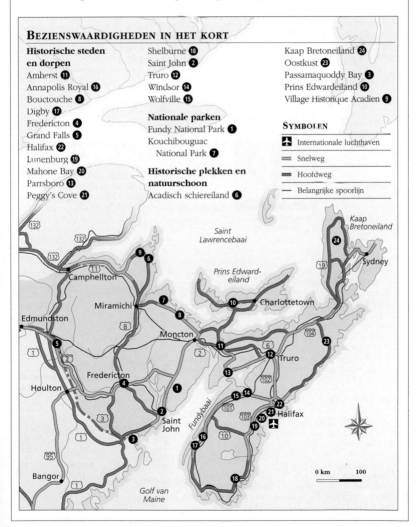

BEZIENSWAARDIGHEDEN IN HET KORT

Historische steden en dorpen

Amherst [11]
Annapolis Royal [16]
Bouctouche [8]
Digby [17]
Fredericton [4]
Grand Falls [5]
Halifax [22]
Lunenburg [19]
Mahone Bay [20]
Parrsboro [13]
Peggy's Cove [21]
Shelburne [18]
Saint John [2]
Truro [12]
Windsor [14]
Wolfville [15]

Nationale parken

Fundy National Park [1]
Kouchibouguac National Park [7]

Historische plekken en natuurschoon

Acadisch schiereiland [6]
Kaap Bretoneiland [24]
Oostkust [23]
Passamaquoddy Bay [3]
Prins Edwardeiland [10]
Village Historique Acadien [9]

SYMBOLEN

✈ Internationale luchthaven
Snelweg
Hoofdweg
Belangrijke spoorlijn

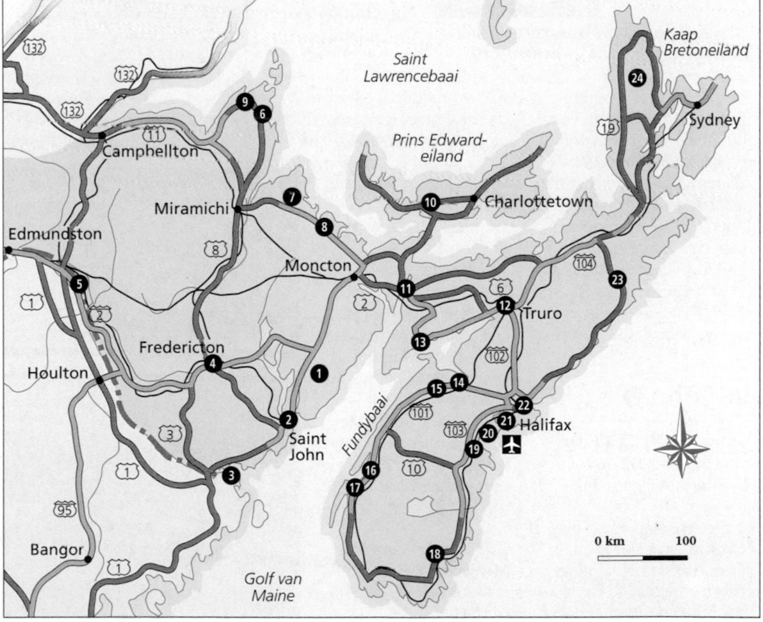

◁ **Het Fisheries Museum of the Atlantic in Lunenburg is gehuisvest in karakteristieke houten vissershutten**

Bultruggen spelen in de Fundybaai

Fundy National Park ❶

🕻 506–8876000. 🚄 Moncton.
🚌 Sussex. 🚢 Saint John.
🕐 dag. 🎫 mei–okt. 🅱 ✂
🌐 www.parkscanada.pch.gc.ca

Het enorme getijverschil van 15 m in de Fundybaai beheerst het leven van alledag aan de zuidkust van New Brunswick. Tweemaal per dag spoelt ruim 100 miljard ton water de baai in en uit; de wervelende stromingen hebben de rotskust grillig uitgesleten.
Een van de beste plekken om deze wereldberoemde getijdenwerking te ervaren is het Fundy National Park, een natuurgebied waar veel wilde dieren leven en met veel trekkerspaden. Bij eb kunt u ruim een kilometer ver naar het water lopen. De baai is populair bij natuuronderzoekers, die de fascinerende diersoorten bestuderen die hun halve leven onder en de andere helft van hun leven boven water leven.

Eland in het Fundy National Park

Saint John ❷

🏙 125.000. ✈ 🚌 🚢 🛈 City Hall, King St., 506–6582990.
🌐 www.tourismsaintjohn.com

De grootste stad van New Brunswick, Saint John, heeft nog steeds het karakter van een kleine plaats. Hij werd in 1785 in minder dan een jaar gebouwd door 14.000 Engelse loyalisten, die de Amerikaanse Revolutie waren ontvlucht. Het historische centrum is gerestaureerd, wat Saint John aantrekkelijk maakt. De Old City Market is nog volop in gebruik. De verse waar, waaronder veel vis, ligt er hoog opgetast en u vindt er cafés en een uitstekend traditioneel visrestaurant. Op het nabijgelegen Market Square zijn de gebouwen die het handelscentrum van de stad vormden, verbonden door een atrium met dure restaurants en winkels. Aan hetzelfde plein ligt het **New Brunswick Museum**, met uitgekiende exposities over de geologische, culturele en natuurlijke historie van de provincie. Kinderen vinden de Hall of Whales erg leuk en de Tidal Tube, een drie verdiepingen hoge zuil waarin de getijdenwerking buiten wordt nagebootst.
Het Loyalist House Museum niet ver hiervandaan is gevestigd in een imposant huis, dat rond 1810 werd gebouwd door de loyalist David Merritt. Het is ingericht met authentiek meubilair, dat typerend is voor de levensstijl van een welgestelde familie uit die tijd.

🏛 New Brunswick Museum
Market Square. 🕻 506–6432300. 🕐 dag.
⬤ 25 dec. 🎫 🅱

Passamaquoddy Bay ❸

🚆 St. Stephen. 🚢 Black's Harbour en Letete. 🛈 St. Andrew's Tourism Bureau 506–5293556.

De plaatsjes aan de Passamaquoddy Bay met zijn vele eilanden ademen een elegante, ouderwetse sfeer. Dat is nergens meer het geval dan in de badplaats St. Andrews-by-the-Sea. Rond 1900 was dit het exclusieve vakantieoord van de rijken – iets waar het prachtig onderhouden Fairmont Algonquin Resort met zijn fraaie gronden en golfbaan met 18 holes nog steeds aan herinnert.
In de oude gebouwen aan weerskanten van Water Street zijn interessante boetiekjes en kunstnijverheidszaken en goede restaurants gevestigd. Bij het stadsdok kunt u allerlei walvis-, zeil- en kano-excursies boeken. In de buurt van het dok ligt ook het elegante huis van de loyalist Harris Hatch uit 1824, waarin zich nu het **Ross Memorial Museum** bevindt. U vindt hier een uitgebreide collectie kunst en antiek, die uit het begin van de 20ste eeuw stamt.
Van het naburige St. George vertrekken twee veerboten naar de eilanden Campobello en Grand Manan, respectievelijk 20 en 30 km ten zuiden van St. Andrews. Campobello Island is de locatie van het Roosevelt Campobello Inter-

Saint John, aan de oever van de Saint John

Victoriaanse gebouwen aan de oever van de Saint John River in Fredericton

national Park, een reservaat van 1135 ha rondom het fraaie zomerhuis van de Amerikaanse president Franklin Delano Roosevelt.

De Roosevelt Cottage, die 34 kamers telt, is gerestaureerd en ingericht met historische en persoonlijke voorwerpen uit het bezit van Roosevelt en zijn familie.

Grand Manan Island staat bekend om zijn ruige kusten met hoge rotskapen, schilderachtige visserssplaatsjes en boten in felle kleuren, die afgemeerd zijn aan verweerde steigers. Het eiland is zeer in trek bij vogelaars, omdat het jaarlijks wordt bezocht door grote aantallen zeevogels.

🏛 The Ross Memorial Museum
188 Montague St. **☎** 506–5295124. **◯** eind juni–sept., ma–za; sept. en okt.: di–za.

Fredericton ❹

🏠 44.000. **✕ 🚌 ℹ** Carlton Tourism Division, 506–4602041.
W www.tourismfredericton.ca

Fredericton, de hoofdstad van New Brunswick, ligt aan weerskanten van de Saint John River. Deze voormalige Britse legerpost is een van de mooiste kleine steden van Atlantisch Canada, met 19deeeuwse huizen en een kerk aan het water. In de **Beaverbrook Art Gallery** is een indrukwekkende collectie 19deen 20ste-eeuwse schilderkunst te zien, waaronder Salvador Dali's meesterwerk *Santiago el*

Grande (1957). In de **King's Landing Historical Settlement**, 37 km ten westen van Fredericton, wordt het dagelijkse leven in een plattelandsdorpje in het New Brunswick van de 19de eeuw nagespeeld door meer dan 100 acteurs.

🏛 Beaverbrook Art Gallery
703 Queen St. **☎** 506–4588545. **◯** juni okt.: dag.; eind okt.–mei: di–zo. **▨ ♿ ✔**
🎪 King's Landing Historical Settlement
Route 2, ten westen van Fredericton. **☎** 506–3634999. **◯** juni–half okt.: dag. 10.00–17.00 uur. **▨**
♿ gedeeltelijk.

Grand Falls ❺

🏠 6100. **🚌 ℹ** Malabeam Reception Centre. **▨**

De Saint John River stroomt van Fredericton naar Edmundston door een pastoraal landschap met golvende heuvels, bossen en bouwland.

Grand Falls bestaat uit één fraai aangelegde hoofdstraat en is een prettige plek om even te pauzeren. Het plaatsje dankt zijn naam aan de stroomversnelling op het punt waar de Saint John zich de Grand Falls Gorge in perst. Het water stort hier meer dan 25 m naar beneden en heeft in de loop der tijd een kloof van 1,5 km lang uitgeslepen. De steile wanden zijn her en der 70 m hoog.

Verder stroomopwaarts in het dal ligt het stadje Edmundston met de **New Brunswick Botanical Garden**. De paden voeren hier door acht thematuinen en twee arboretums, die de zintuigen bestoken met felle kleuren en delicate geuren. Uit verborgen hoeken klinkt zelfs zachtjes klassieke muziek op.

🌷 New Brunswick Botanical Garden
Saint-Jacques, Edmundston. **☎** 506–7375383. **◯** juni–okt.: dag. 9.00–zonsondergang. **▨**
W www.umce.ca/jardin

De door de waterval diep uitgeslepen Grand Falls Gorge

Zandstranden zo ver als het oog reikt in het Kouchibouguac National Park

Acadisch schiereiland ❻

🚗 Bathurst. ✈ Bathurst. 🚢 Dalhousie. ℹ️ juni–sept.: Water St., Campbellton, 506–7892367; okt.–mei: Campbellton Chamber of Commerce, 506–7597856

Vredige kustplaatsjes, stranden en een rustige zee: het Acadisch schiereiland is een populaire vakantiebestemming. De Acadiërs vestigden zich hier rond 1600 en genieten de reputatie goede boeren te zijn. Hun volksmuziek kent een lange traditie *(zie blz. 58–59)*. In Shippagan, een vissersplaats op het puntje van het schiereiland, bevindt zich het **Marine Centre and Aquarium**. In grote bassins leven ruim 3000 diersoorten uit de Atlantische Oceaan. Ook zijn er exposities over de plaatselijke visindustrie. De eilanden Lamèque en Miscou zijn door middel van dammen verbonden met het vasteland. Op Miscou voert een 1 km lange plankier voorzien van bordjes over dit unieke ecosysteem door natte veengronden. Het 35 m hoge Miscou Lighthouse is de oudste houten vuurtoren in Canada die nog in bedrijf is.Caraquet, de woonplaats van veel Acadische kunstenaars, is het drukke culturele centrum van het schiereiland. Langs het water vindt u buitensportcentra, die kanotochten met gids in de Baie des Chaleurs aanbieden. In het **Acadian Wax Museum** kunt u terecht voor een audiotour langs taferelen uit de Acadische geschiedenis, te beginnen met de stichting van de zogenoemde Orde der Goede Tijden in Annapolis Royal in 1604. Speciale nadruk ligt op de deportaties in 1755.

🐟 Marine Centre and Aquarium
100 Aquarium Street, Shippagan. 📞 506–3363013. 🕐 half mei–half okt.: dag. 10.00–18.00 uur. 🅿️ ♿
🏛 Acadian Wax Museum
Route 11, Caraquet. 📞 506–2842591. 🕐 juni–sept.: dag. 🅿️ ♿

Kouchibouguac National Park ❼

📞 506–8762443. 🚗 Newcastle. ✈ Newcastle. 🚢 Miramichi. 🕐 dag. 🖥 www.parkscanada.pch.gc.ca

De naam van dit park is ontleend aan het inheemse Mi'kmaq-woord voor 'rivier van lange getijden'. Het 238 km² grote gebied omvat door de wind gevormde duinen, zoutmoerassen waar het wemelt van het leven, 25 km zandstrand en uitstekend fietsterrein. Een populaire activiteit is de Voyager Marine Adventure, een kanotocht van drie uur naar zandbanken onder de kust, waar honderden grijze zeehonden in de zon liggen.

Bouctouche ❽

🏃 2350. 🚗 ℹ️ juni–sept.: 14 Acadia St., 506–7438811; okt.–mei: Bouctouche Chamber of Commerce, 506–7597856. 🖥 www.bouctouche.org

Bouctouche is op en top Acadisch. Hier ligt het themadorp **Le Pays de la Sagouine**, genoemd naar de wijze wasvrouw La Sagouine, een creatie van de schrijfster Antonine Maillet (1929). Haar verhalen worden in het dorp nagespeeld. In het nabijgelegen Irving Eco-Centre bestudeert en beschermt men het prachtige, 12 km lange netwerk van duinen, zoute broeklanden en stranden langs de ingang van Bouctouche Harbour.

🍴 Le Pays de la Sagouine
57 Acadia St. 📞 800–5619188. 🕐 half juni–sept.: dag. 10.00–18.00 uur.

De plankieren in het Irving Eco-Centre, La Dune de Bouctouche

Village Historique Acadien ❾

TIPS VOOR DE TOERIST

Route 11, 10 km ten westen van
Caraquet. 📞 506–7262600. 🚌
vanuit Bathurst. ⏰ juni–okt.:
dag. 10.00–18.00 uur. ● eind
okt.–mei. 🈲 ♿ 📷 🅿 🍴

Na de deportaties van 1755–1763 *(zie blz. 58–59)*
keerden de Acadiërs langzamerhand terug naar de
Maritieme provincies en bouwden hun leven weer op.
In het Village Historique Acadien (364 ha) wordt een
Acadische plattelandsgemeenschap uit 1770–1939
geportretteerd. Tot de 45 gerestaureerde authentieke
gebouwen behoren enkele in bedrijf zijnde boerderijen.
Tweetalige gidsen in 19de-eeuwse kostuums brengen
het dagelijkse leven in beeld. U kunt een ritje maken
met paard en wagen, een smidse, drukkerij en moutmo-
len bekijken en een bezoek brengen aan de boerderijen
en aan huizen waar vrouwen spinnen, weven en koken.

School en kerk
*In woelige tijden was het
katholieke geloof een
belangrijke steunpilaar
voor de Acadiërs. Priesters
waren ook leraren; de
gemeenschap hechtte veel
belang aan het onderwijs.*

KUIPERIJ
TINGIETERIJ
KREEFTENVIJVER

De kapel werd door
pionierende Acadiërs
gebouwd en dateert
van 1831.

Paard en wagen
*Op de boerderijen wordt op
traditionele wijze geboerd.
De oogst wordt met paard
en wagen naar de opslag-
schuren vervoerd.*

Doucet Farm dateert van 1840
en is geheel in de oorspronkelijke staat teruggebracht.

In de Mazerolle Farm
verkoopt men dagelijks
vers brood, dat wordt
gebakken in de grote
oven van de boerderij.

**Poirier-
taveernc**

**Schuur
van Robin**

**Savoie House
Education Centre**

**Huis van
Godin**

Smederij
*In Acadische dorpen vormde de
smidse in veel opzichten het middelpunt van de gemeenschap. Hier
werden landbouwwerktuigen
gerepareerd en paarden beslagen.*

0 m   100

**In het bezoekers-
centrum** vindt u een
audiovisuele presentatie
en een restaurant dat Acadische gerechten serveert.

Prins Edwardeiland ❿

P rins Edwardeiland is beroemd om zijn
weelderige landschappen. Waar u ook kijkt,
wisselen de volle kleuren van het eiland,
smaragdgroene landerijen, wegen van rode klei
en een saffierblauwe zee elkaar telkens weer af.
Het eiland is ook populair bij golfspelers, die
hier een balletje komen slaan op enkele van de
beste golfterreinen van Canada. Zonaanbidders
kunnen hun hart ophalen op de zandstranden
die het eiland omringen. Prins Edwardeiland lijkt
geschapen voor verkenningstochten in een
rustig tempo: kronkelende kustwegen bieden
steeds een ander uitzicht op de zee, het zand en
de lucht. In historische plaatsjes
vindt u elegante herbergen en
galeries. En 's avonds wacht
u een diner met vers
gevangen kreeft uit de
Atlantische Oceaan.

Green Gables House
*In dit 19de-eeuwse huis op een lom-
merrijk terrein is het populaire*
Anne of Green Gables *gesitueerd.*

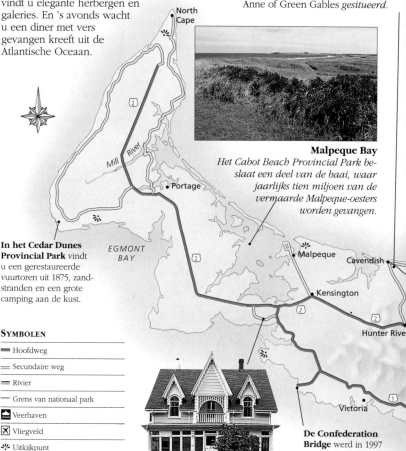

Malpeque Bay
*Het Cabot Beach Provincial Park be-
slaat een deel van de baai, waar
jaarlijks tien miljoen van de
vermaarde Malpeque-oesters
worden gevangen.*

**In het Cedar Dunes
Provincial Park** vindt
u een gerestaureerde
vuurtoren uit 1875, zand-
stranden en een grote
camping aan de kust.

North
Cape

Mill River

Portage

EGMONT
BAY

Malpeque

Cavendish

Kensington

Hunter Rive

Victoria

Symbolen

▬ Hoofdweg

═ Secundaire weg

▬ Rivier

— Grens van nationaal park

⬛ Veerhaven

☒ Vliegveld

☀ Uitkijkpunt

Sterattracties

★ **PEI National Park**

★ **Charlottetown**

Main street, Summerside
*In dit rustige stadje met zijn
lommerrijke straten vindt in juli
het Lobster Carnival plaats.*

**De Confederation
Bridge** werd in 1997
geopend. De brug
kostte 900 miljoen
Canadese dollar en
is 13 km lang.

0 km   100

★ Prince Edward Island National Park

Dit park kan bogen op een 40 km lange kust met rode kliffen, roze en witte zandstranden en een rustige zee en is daarmee een onverslaanbare buitensport- en vakantiebestemming. In het bezoekerscentrum komt u meer te weten over de natuur in het park.

TIPS VOOR DE TOERIST

Water St., Charlottetown, 902–3684444 of 1-800-4634734. Charlottetown. & naar Wood Islands, Borden-Carleton en boot naar Souris. www.peiplay.com

East Point Lighthouse
Op de oostpunt van het eiland staat een 19de-eeuwse vuurtoren (nu geautomatiseerd) met een gerestaureerd zendstation, die te bezichtigen is.

★ Charlottetown

Elegante 19de-eeuwse rijtjeshuizen zijn typerend voor dit ingeslapen stadje, de kleinste provinciehoofdstad in Canada. In 1867 kreeg de federatie van Canada hier haar beslag.

St. Peter's · Souris · NAAR DE MAGDALEN ISLANDS · Hillsborough River · Georgetown · Orwell · Valleyfield River · STRAAT

Red Point Beach
Rode rotsen voeren omlaag naar stranden, waar het zand, tot groot plezier van de kinderen, een merkwaardig piepend geluid maakt onder de voeten.

Het Brudenell River Provincial Park biedt rotskusten en prachtige zeepanorama's.

NAAR NOVA SCOTIA · Panmure Island

Prins Edwardeiland verkennen

Prins Edwardeiland is de kleinste provincie van het land en is zeer toegankelijk. Het centraal gelegen Charlottetown, de geboorteplaats van Canada, vormt met zijn lommerrijke straten een rustige start voor een verkenning van de omgeving. Wegen van rode klei voeren langs boerderijen en vissersplaatsjes naar kleine provinciale parken her en der op het eiland. Langs de noordkust ontvouwt zich het prachtige heuvellandschap van het PEI National Park met zijn vermaarde stranden, terwijl in het zuiden warme zwemplekken te over zijn.

Vissershutten aan de French River bij Cavendish

Cavendish

Dit stadje is zo druk dat het niet meevalt om er het rustige, landelijke plaatsje van de *Anne of Green Gables*-boeken in te herkennen. De authentieke sfeer valt nog het beste te proeven in **Lucy Maud Montgomery's Cavendish Home**, het eenvoudige huis waar de schrijfster lange tijd woonde. In het stadje ligt ook **Green Gables**, het 19de-eeuwse huis waar de romans zijn gesitueerd.

🏛 Lucy Maud Montgomery's Cavendish Home
Route 6. **[** *902–9632231.* **⬤** *half mei–half okt.: dag. 10.00–17.00 uur.* 🖼 🅿

🏛 Green Gables
Route 6. **[** *902–9637874.*
⬤ *dag. op afspraak.* 🅿
Cavendish
Route 6 en 13. **ℹ** *902–9637830.*

Prince Edward Island National Park
Green Gables hoort bij het Prince Edward Island National Park; de westelijke ingang bevindt zich in Cavendish. Dit is de drukste kant van het park. Cavendish Beach is een van de populairste stranden van het eiland; de zee is er kalm. De kustweg voert naar North Rustico Beach, nog zo'n favoriete plek. In het uiterste

westen van het park loopt de Homestead Trail, een 8 km lang pad door groene bossen en weiden.
Aan de rustiger oostkant van het park vindt u lange, ongerepte stranden en duinen en een fraaie kustweg. De Reeds and Rushes Trail is een mooi, kort plankenpad dat naar een zoetwatermoeras voert, waar lokale ganzen- en eendensoorten fourageren en nestelen.

🦆 Prince Edward Island National Park
🅿 *Charlottetown.* 🚢 *Wood Islands.* **ℹ** *902–6726350.* **⬤** *dag.* 🖼 🅿
[w] *wwww.parkscanada.pch.gc.ca*

De zuidkust
De wegen aan de zuidkust bieden prachtige uitzichten, tussen Confederation Bridge en Charlottetown. Hier ligt ook Victoria-by-the-Sea, een dorpje dat enkele van de interessantste kunstnijverheidszaken van het eiland telt. Onderweg naar Charlottetown kunt u een korte omweg maken naar de **Fort Amherst-Port-la-Joye National Historic Site**. In 1720 bouwden de Fransen hier de eerste permanente nederzetting van het eiland, die in 1758 door de Britten werd veroverd. Zij bouwden Fort Amherst om de toegang tot de haven van Charlottetown te beschermen. Het fort bestaat niet meer, maar de aarden wallen zijn nog te zien.

🏛 Fort Amherst-Port-la-Joye National Historic Site of Canada
Rocky Point. **[** *902–5667626.*
⬤ *half juni–aug.: dag.* 🖼 🅿

De rode kapen van Cavendish Beach, een van de populairste plekken van het PEI National Park

De 19de-eeuwse kerk in Orwell Corners Historic Village

Panmure Island

Op Panmure Island, ten zuiden van Georgetown, kunt u genieten van het natuurschoon in het oostelijke deel van de provincie. Het vlakke landschap is populair bij fietsers. 's Zomers kunt u het achthoekige houten **Panmure Island Lighthouse** beklimmen. Bovenin hebt u een weids uitzicht op stranden, zoutwatermoerassen en bossen. De vuurtoren, die van 1853 dateert, doet nog steeds dienst.

🛉 Panmure Island Lighthouse

Panmure Island. 📞 902-8383568.
⬭ juli-aug.: dag. 9.00-19.00 uur. 🖼

Orwell Corners Historic Village

Even buiten Orwell ligt Orwell Corners Historic Village, waar het leven van een kleine 19de-eeuwse gemeenschap op een kruispunt van wegen aan bod komt. Orwell Corners was tot in de 20ste eeuw een bloeiende nederzetting, maar veranderingen in transport en handel maakten daar een eind aan. Het dorpje werd gerestaureerd en in 1973 heropend. Er is een smidse, een kerk, een school en de winkel van Clarke, het trefcentrum van het dorp. Boven de winkel ligt het naaiatelier van Clarke, waar japonnen werden gemaakt voor dames uit de omgeving. Een kilometer verderop ligt de **Sir Andrew Macphail Homestead**. Dit 19de-eeuwse huis met omringend terrein was het geliefde eigendom van de arts, journalist, leraar en krijgsman Macphail, die premiers en beroemde schrijvers als Rudyard Kipling tot zijn vriendenkring

rekende. Binnen ziet u zaken die met Macphails leven te maken hebben, buiten voeren paden door dichte bossen.

🛉 Orwell Corners Historic Village

Orwell. 📞 902-6512013.
⬭ mei-okt.: dag. 🖼 🛉

🛉 Sir Andrew Macphail Homestead

Bij Route 1, Orwell. 📞 902-6512789. ⬭ juni-sept.: dag. 10.00-17.00 uur. 🖼 🛉

Charlottetown

De geboorteplaats van Canada is een charmant stadje. Langs Peake's Quay liggen zeilboten afgemeerd, in de gebouwen aan de kade zijn intrigerende winkels en restaurants gevestigd. In het **Confederation Centre of the Arts** worden uitvoeringen gegeven, waaronder de populaire musical *Anne of Green Gables*. De conferentie van Charlottetown, die leidde tot de federatie van

Canada, werd in 1864 gehouden in het **Province House**, nu een National Historic Site. Verschillende kamers zijn in hun 19de-eeuwse staat teruggebracht. De **Ardgowan National Historic Site** was vroeger de woning van William Pope, een van de Vaders van de Federatie.

🏛 Confederation Centre of the Arts

145 Richmond St. 📞 902-6281864.
⬭ dag. 🛉
🛉 Province House National Historic Site of Canada

165 Richmond St. 📞 902-5667626.
⬭ dag.; bel voor openingstijden. 🛉
🛉 Ardgowan National Historic Site

Mount Edward Rd. 📞 902-6518510. ⬭ dag. 🛉
Charlottetown

ℹ Water St., 902-3684444.
🅆 www.visitcharlottetown.com

Historische huizen in Great George Street, Charlottetown

LUCY MAUD MONTGOMERY

De beroemdste auteur van het eiland, Lucy Maud Montgomery, werd in 1874 in Cavendish geboren. Het nabijgelegen Green Gables House werd de plaats van handeling van haar internationale bestseller *Anne of Green Gables* (1908), die zich aan het eind van de 19de eeuw afspeelt. Het manuscript werd pas bij de zesde poging geaccepteerd. Tot op heden zijn er miljoenen exemplaren van het boek in 16 talen gepubliceerd. In 1911 trouwde Montgomery en verhuisde naar Ontario, waar ze twee zoons kreeg. Ze schreef nog 17 boeken, waaronder 10 over Anne, die zich op één na op Prins Edwardeiland afspelen. Montgomery werd in 1942 begraven in haar geliefde Cavendish, het Avonlea van haar boeken.   **Lucy Maud Montgomery**

Amherst ⓫

🏛 9700. 🚌 ℹ Route 104, afslag 1, 902–6678429.

Amherst, een druk handels- en landbouwstadje in het hart van Atlantisch Canada, kijkt uit over het grootste moeras- gebied ter wereld, Tantramar. Aan de rand ligt hooiland binnen de Acadische om- dijking uit de 18de eeuw. Het **Cumberland County Museum** is gevestigd in het huis van senator R.B. Dickey, een van de Vaders van de Federatie. De nadruk ligt hier op de industriële ontwikkeling van de regio en de lokale en natuurlijke historie. U vindt er voorbeelden van de goederen die vroeger in de fabrieken werden gemaakt.

🏛 **Cumberland County Museum**
150 Church St. 📞 902–6672561.
🔲 mei–sept.: ma–za 9.00–17.00; okt.– april: di–za 9.00–17.00 uur. 📷 ♿

Truro ⓬

🏛 11.700. 🚉 🚌 ℹ Victoria Square, 902–8932922.

Truro is een welvarende stad op het knooppunt van de belangrijkste transport- routes van Nova Scotia. Het is ook de plek waar zich een uniek geografisch fenomeen voordoet, de getijgolf. Als de vloed opkomt in de Fundybaai en het Minas Basin in stroomt, ontstaat er een getijgolf of 'bore', die kilometers ver bin- nendringt in de rivieren die afwateren in het bassin. Bij de Salmon River wordt op borden uitgelegd hoe dat in zijn werk

De voorgevel van Haliburton House in Windsor

gaat en staan de vloedstanden aangegeven. Op de Shubena- cadie River kunt u wildwater- varen. De golven kunnen met name bij nieuwe en volle maan 2 m hoog worden en zorgen voor stroomversnellingen, die de boten kilometers landin- waarts met zich meevoeren.

Parrsboro ⓭

🏛 1600. ℹ Main St., 902–2543266.

Parrsboro, aan de noord- oever van het Minas Basin, staat bekend om het grootste getijverschil ter wereld: ruim 15 m. Fossielenjagers struinen de stranden van het Minas Basin af op zoek naar half- edelstenen en fossielen. De uitstekende collectie van het **Fundy Geological Museum** in Parrsboro bevat onder meer schitterende exemplaren van plaatselijk gevonden amethisten en botten en voetafdrukken van dinosauriërs.

Schedel van een dinosauriër in het Fundy Museum

🏛 **The Fundy Geological Museum**
6 Two Islands Rd. 📞 902–2543814.
🔲 juni–half okt.: dag.; eind okt.–mei: di–zo. 📷 ♿

Windsor ⓮

🏛 3600. 🚌 ℹ Highway 101, afslag 6, 902–7982275.

Windsor, een rustige plaats met Victoriaanse huizen aan de Avon River, was de woonplaats van Thomas Chandler Haliburton, rechter, geschiedkundige en auteur van de Canadese 'Sam Slick'- verhalen, die halverwege de 19de eeuw enorm populair waren. Haliburton was een van de eerste komische schrijvers van naam in Noord- Amerika. Zijn personage Sam Slick is een Amerikaanse klokkenventer, een mooiprater. Hij bezigt uitdruk- kingen als 'it's raining cats and dogs' ('het regent pijpen- stelen'), die tot het dagelijkse Engelse taal- gebruik zijn gaan behoren. Haliburtons woning is nu het **Haliburton House Provincial Museum**. Het is ingericht met 19de-eeuws antiek en veel persoonlijke bezittingen van Haliburton, zoals zijn schrijfbureau.

🏛 **Haliburton House Provincial Museum**
414 Clifton Ave. 📞 902–7982915.
🔲 juni–half okt.: dag. 📷 ♿ beperkt.

Two Islands Beach in Parrsboro staat bekend om twee rotsformaties, 'The Brothers'

Wolfville ⓯

🏠 *3800.* 🛈 *Willow Park, 902–5427000.*

Wolfville, de vestigings-plaats van de Acadia University, ligt op de plek waar de vruchtbare Annapolis Valley en de oevers van het Minas Basin elkaar ontmoeten. Landweggetjes voeren langs weelderige landerijen, zon-overgoten boomgaarden, kwelders en zoutwater-moerassen met tal van dieren. Veel bouwland in deze vallei werd rond 1700 drooggelegd door de Acadiërs, die dijken bouwden. Nadat de Acadiërs in 1755 waren gedeporteerd, werd het land aangeboden aan boeren uit New England, op voorwaarde dat het hele dorp zou meeverhuizen. Deze kolonisten, de zogenoemde Planters, hadden veel succes en brachten de steden in de Annapolis Valley tot bloei. Wolfville is een mooi stadje met lommerrijke straten en uitnodigende winkels en restaurants. Het bezoekers-centrum is het startpunt van een prachtig pad van 5 km over de Acadische dijken naar de fraaie kerk op de **Grand Pré National Historic Site**. Toen de Britten in augustus 1755 het dorp Grand Pré binnenmarcheer-den, was dat het begin van *Le grand dérangement* (de grote ontworteling): de deportatie van duizenden vrede-lievende Acadiërs uit Nova Scotia *(zie blz. 58–59)*. In 1921 verrees ter nagedachtenis aan deze tragedie een stenen kerk, naar het voorbeeld van een Frans plattelandskerkje, op de plek waar het dorp Grand Pré lag. In de tuinen ziet u een beeld van Evangeline, de heldin van Longfellows epos over de Acadiërs, die op haar geliefde Gabriel staat te wachten. In het informatiecentrum bij de kerk is een tentoonstelling te zien over de Acadiërs, hun deportatie en hun uiteindelijke terugkeer naar de Maritieme provincies. Veel families hielden zich schuil in de omgeving, maar ook veel

Longfellows Evangeline

Acadiërs die gedeporteerd werden, keerden in de loop van de 18de eeuw weer terug.

🏛 Grand Pré National Historic Site
Highway 101, afslag 10. 📞 *902–5423631.* ◷ *mei–okt.: dag.* 🅿️ ♿

Annapolis Royal ⓰

🏠 *630.* 🖳 🛈 *Prince Albert Rd., 902–5322562.*

Aan het oosteinde van de Annapolis Valley ligt het historische, schilderachtige plaatsje Annapolis Royal. Hier vlakbij bouwde Samuel de Champlain in 1605 de bont-handelspost Port Royal *(zie blz. 41)*. Deze puur commerciële onderneming was de eerste Europese nederzetting in de Nieuwe Wereld ten noorden van Florida. De **Port Royal Natio-nal Historic Site**, een exacte kopie van de oorspron-kelijke kolonie, is gebaseerd op de door Champlain

Toegangsbord van Kejimkujik Park

getekende landkaarten. Op een uur rijden van Anna-polis Royal ligt het **Kejim-kujik National Park**, een wildernis van 381 km² in het binnenland met sprankelende rivieren en meren. Het park telt talloze kanoroutes in 15 wandelpaden, die uiteenlopen van korte trips tot een 60 km lange route door een wildernis met een rijk dierenleven.

🏛 Port Royal National Historic Site
15 km ten westen van Annapolis Royal. 📞 *902–5322898.* ◷ *mei–okt.: 9.00–17.00 uur.* 🅿️ ♿
🌲 Kejimkujik National Park
Highway 8. 📞 *902–6822772.* ◷ *dag.* 🅿️ *half mei–okt.* ♿ 🖥 www.parkscanada.pch.gc.ca

Digby ⓱

🏠 *2300.* ✈ 🖳 ⛴ 🛈 *Shore Rd, 902–2455714.*

De nijvere vissersplaats Digby wordt in één adem genoemd met de vette, sap-pige sint-jakobsschelpen die de voornaamste vangst van de grote vissersvloot vormen. De prachtige omgeving van Digby vormt een mooi startpunt voor een route met veel landschap-pelijk schoon langs Digby Neck naar de rotskusten van Long Island en Brier Island. De kustwateren zitten vol met vinvissen, dwergvinvissen en bultruggen, dus het mag wei-nig verbazing wekken dat wal-visexcursies zeer populair zijn. Als u geluk hebt, krijgt u zelfs de noordkaper te zien: 200 van de 350 overgebleven exem-plaren brengen de zomer door in het warme water van de Fundybaai, waar ze ook paren.

Kinderen kanoën in het Kejimkujik National Park

▷ **Huizen aan het water in Bridgewater bij Lunenburg (Nova Scotia)**

Het Dory Shop Museum in Shelburne, een centrum van scheepsbouw

Shelburne ⑱

🏛 2250. 🚗 🛈 Dock St., 902–
8754547.

Shelburne, een vredig stadje
aan de oever van een diepe
haven, werd in sneltreinvaart
gebouwd door 3000 Brits-
gezinden (loyalisten), die na de
Amerikaanse Revolutie in 1775
het land ontvluchtten. In de
volgende jaren arriveerden nog
meer loyalisten. Shelburne
telde 16.000 inwoners en was
daarmee de grootste stad in
Brits Noord-Amerika. Veel
nieuwelingen waren rijke
kooplieden, die niet opgewas-
sen waren tegen de primitieve
omstandigheden. In de loop
der tijd verhuisden velen naar
Halifax of naar Engeland, met
achterlating van hun fraaie
18de-eeuwse huizen.
Via Water Street wandelt u
langs enkele van de aantrekkelijkste oude huizen naar het
Dory Shop Museum. Dit
gebouw is al sinds 1880 een
scheepswerf, waar dory's (sloe-
pen) worden gebouwd. In de
hoogtijdagen van de New-
foundlandbank waren de
dory's van Shelburne ver-
maard om hun kracht en
zeewaardigheid. De stad telde
destijds zeven werven, die duizenden boten per jaar aflever-
den. Het museum herbergt een
expositie over de kabeljauw-
visserij en de visindustrie. Op
de eerste verdieping demonstreren scheepstimmerlieden
de techniek van het dory-
bouwen, die in 100 jaar tijd
weinig veranderd is.

🏛 **Dory Shop Museum**
Dock St. 🕿 902–8753219.
🕐 juni–sept.: dag. 🎦 🕭 beperkt.

Lunenburg ⑲

🏛 2800. 🚗 🛈 mei–sept.: 902–
6348100; okt.–april: 902-6343170.
🆆 www.explorelunenburg.ca

Geen plaats belichaamt de
romantiek van de zeevaart
in Nova Scotia zo zeer als
Lunenburg. Halverwege de
18de eeuw planden de Britten
hier een nieuwe Britsgezinde
nederzetting. De grond werd
aangeboden aan protestantse
kolonisten uit Duitsland, voornamelijk boeren, die zich
echter al snel toelegden op de
scheepsbouw en het vissen.
In 1996 werd Lunenburg op
de Werelderfgoedlijst van de
UNESCO gezet. Lunenburg
is ook de thuishaven van
Bluenose II, een replica van
Canada's beroemdste
schoener.
Het **Fisheries Museum of
the Atlantic** beslaat verschillende gebouwen aan het
water. In de dokken ligt de
Theresa E. Conner, de laatste
schoener van de Newfound-
landbank, en de zijtrawler
Cape Sable.

🏛 **Fisheries Museum of the
Atlantic**
Bluenose Dr. 🕿 902–6344794.
🕐 half mei–half okt.: dag.; eind
okt.–half mei: ma–vr. 🎦 🕭 beperkt.

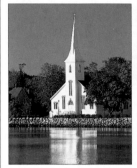

**Een van de drie kerken aan het
water in Mahone Bay**

Mahone Bay ⑳

🏛 1100. 🚗 🛈 South Shore
Tourism Association 902–6348844.
🆆 www.mahonebay.com

Mahone Bay, aan de oever
van de gelijknamige baai,
wordt wel het mooiste plaatsje
van Canada genoemd. Aan de
waterkant staan oude huizen,
die teruggaan tot het begin
van de 18de eeuw, en aan het

Het Fisheries Museum of the Atlantic ligt aan de romantische waterkant van Lunenberg

eind van de haven weerspiegelen drie kerken zich in het rustige water. Kunst en kunstnijverheid kennen hier een bloeiend bestaan; aan weerskanten van de hoofdstraat liggen kleurrijke winkeltjes. In het **Settlers Museum** zijn exposities en kunstvoorwerpen te zien die te maken hebben met de stichting van het plaatsje in 1754 door buitenlandse protestanten en met de scheepsbouw. Er is ook een collectie 18de- en 19de-eeuws keramiek en antiek.

🏛 **Settlers Museum**
578 Main St. ☎ *902–6246263.*
🕐 *juni–sept.: di–zo.*

Peggy's Cove ㉑

🎫 *60.* 🍴 *Sou'wester Restaurant, 902–8232561 en 8231074.*

De vuurtoren van Peggy's Cove, een van de meest gefotografeerde plekken van Canada, staat boven op granieten rotsen die door de golven zijn verweerd. Hij staat symbool voor de eeuwenoude band van Nova Scotia met de zee. Het dorpje geldt als een van de meest schilderachtige vissersplaatsjes, en dat is niet voor niets: tegen de rotsen zijn kleurrijke huisjes gebouwd en het haventje heeft verweerde pieren en vissloodsen. U kunt er heerlijk ronddwalen, maar 's zomers kan het hier midden op de dag erg druk zijn, als de touringcars het dorp aandoen. 's Ochtends vroeg en in de namiddag kunt u echter in alle rust genieten van de gladde, granieten kaap. Even buiten het dorp staat een monument voor de slachtoffers van de Swissair-ramp in 1998. Het dorp was de woonplaats van de zeeschilder en beeldhouwer William E. deGarthe (1907–1983). In de deGarthe Gallery, die net boven de haven ligt, is een permanente tentoonstelling ingericht van 65 van zijn bekendste schilderijen en sculpturen. Buiten ziet u het 30 m hoge Memorial, een in de plaatselijke rotsen uitgehakt eerbetoon van deGarthe aan de vissers van Nova Scotia. Het beeldhouwwerk stelt 32 vissers met hun vrouwen en kinderen

Hét symbool van Atlantisch Canada: Peggy's Cove Lighthouse

voor. De grote engel in de groep is de Peggy waaraan het dorp zijn naam dankt. Peggy was in de 19de eeuw de enige overlevende van een vreselijke schipbreuk.

Halifax ㉒

Zie blz. 86–87.

De oostkust ㉓

🚉 *Halifax.* 🚌 *Antigonish.* 🚢 *Pictou.* 🍴 *Canso, 902–3662170.*

Wie een tocht maakt langs de oostkust van Novia Scotia, maakt een tocht door het verleden van de provincie, langs stadjes en dorpen waar in de afgelopen 100 jaar weinig is veranderd. Het kleine boerderijtje waarin het Fisherman's Life Museum in Jeddore, Oyster Ponds (60 km ten oosten van Halifax) is gevestigd, was rond 1900 de woning van een kustvisser, zijn vrouw en hun dertien

dochters. Nu is het een museum, waar gekostumeerde gidsen (veelal de echtgenotes van lokale vissers) het sobere dagelijkse leven van een kustvissersfamilie verbeelden – een levensstijl die het hart van de cultuur van Nova Scotia vormt. Als u rond het middaguur arriveert, wordt u wellicht uitgenodigd op de warme lunch, die op een houtfornuisje wordt bereid. Dagelijks zijn er ook handwerkdemonstraties (kleden haken, quilts maken, breien) en kunt u de stellages zien waarop de gezouten vis werd opgeslagen.

Sherbrooke Village is het grootste openluchtmuseum van Nova Scotia. Tussen 1860 en 1890 groeide het plaatsje dankzij het goud en het hout enorm, maar toen de goudader uitgeput raakte, werd Sherbrooke weer een ingeslapen plattelandsdorpje. Rond 1970 werden 25 van de oudste gebouwen in Sherbrooke gerestaureerd. Tal van gekostumeerde gidsen brengen er het 19de-eeuwse Nova Scotia tot leven. U kunt een tochtje maken in een huifkar; de menners vertellen intussen over de geschiedenis van het dorp. In de apotheek kunt u zien hoe medicijnen worden bereid. In de Ambrotype Studio kunt u in 19de-eeuws kostuum héél stil poseren, terwijl de antieke camera uw beeltenis op glas vastlegt. Net buiten het plaatsje draait het enorme waterrad van de Lumber Mill.

🏛 **Sherbrooke Village**
Bij Highway 7. ☎ *902–5222400.*
🕐 *juni–okt.: dag.* ♿

De apotheek in het openluchtmuseum Sherbooke Village

Halifax ㉒

Koopvaardij-matroos

Halifax is een romantische, fascinerende stad met een fraaie kade, mooie parken en een unieke mengeling van moderne en oude architectuur. De beschaafde façade verhult dat de stad 250 jaar geleden van start ging als een rumoerige legerplaats. Halifax werd in 1749 gesticht door generaal George Cornwallis en 2500 Engelse kolonisten; het moest het centrum van de Britse militaire macht ten noorden van Boston worden. Stoere kaperkapiteins – legale piraten – deelden hier hun buit met de Kroon, en kooplieden vergaarden een enorm fortuin met de handel overzee. De stad is nu een van de meest vooraanstaande centra van hoger onderwijs in Canada en telt tal van hogescholen en vijf universiteiten.

Halifax verkennen

Deze stad laat zich goed te voet verkennen: de meeste goede musea, historische bezienswaardigheden, winkels en restaurants liggen in het oude centrum. De wijk ten westen van Brunswick Street is heuvelachtig en groen en nodigt uit tot een wandeling langs de oude architectuur. Vanaf Citadel Hill hebt u een schitterend uitzicht op de stad.

🏛 Historic Properties

1869 Upper Water St. **[** *902–4290530.* ⬜ *dag.* &

De Historic Properties zijn een aantal elegante gebouwen van natuursteen met veel hout. Ze werden in de 19de eeuw aan de werf neergezet als opslagplaatsen voor de buit van de kaperkapiteins. Nu herbergen ze een interessante verzameling speciaalzaken en souvenirwinkels, pubs en goede restaurants. Op warme zomeravonden mag men er graag flaneren onder de lichtjes van de havenbuurt, terwijl uit de pubs flarden muziek voorbijdrijven, of waagt men een gokje in het Nova Scotia Casino.

🏛 Maritime Museum of the Atlantic

1675 Lower Water St. **[** *902–4247490.* ⬜ *mei–okt.: dag.; nov.–april: di–zo.* 🅿 & 🎦 *op verzoek.*

Dit museum aan de kade biedt uitgebreide informatie over de zeevaartgeschiedenis van Nova Scotia. Binnen vindt u onder meer kleine schepen, buiten ligt het onderzoeksschip *Acadia* uit 1913. Verreweg het populairst is de afdeling over de *Titanic* met voorwerpen uit het schip. Er zijn zowel delen van de staatsietrap als wandgrote foto's, waarop de staatsietrap in zijn originele staat is afgebeeld. Nadat het schip in 1912 zonk, werden veel van de geborgen lichamen naar Halifax overgebracht; 150 slachtoffers zijn er begraven.

🏛 Harbourfront

ℹ *902–4905946.*

Aan de Harbourfront Walkway liggen souvenirwinkels, cafés en restaurants in oude gebouwen. De leuke promenade voert naar de Dartmouth Ferry, het oudste stadsveer van Noord-Amerika. Een tochtje in de haven is een goedkope manier om te genieten van de aanblik van de stad.

🏛 Government House

1200 Barrington St.

De huidige woning van de luitenant-generaal van Nova Scotia is niet open voor publiek, maar de buitenkant is het aanzien waard. De *Georgian* façade zou niet misstaan in een grote stad. Government House werd in 1807 voltooid. Het kostte ruim $ 72.000, een enorm bedrag voor wat toen nog een nederig vissersplaatsje was.

Bloemen, beeld en muziektent in de Halifax Public Gardens

🏛 Pier 21

1055 Marginal Road **[** *902–4257770.* ⬜ *mei–okt.: dag.; nov.–april: wo–za.* 🅿 & 🅆 *www.pier21.ca*

Deze toegang tot Canada voor meer dan een miljoen immigranten en vluchtelingen is nu een National Historic Site. Pier 21 geeft met zijn fascinerende, interactieve tentoonstelling een unieke indruk van de Canadese geschiedenis.

🌿 Halifax Public Gardens

Spring Garden Rd. **[** *902–4358327.* ⬜ *dag.* & *beperkt.*

De Public Gardens werden aangelegd in 1836. Het park (7 ha) is een prachtige oase van groene en andere kleuren

Gezicht op de kade van Halifax vanaf de veerboot

midden in de drukke stad. U kunt er heerlijk wandelen: de paden kronkelen zich langs vijvers, fonteinen en bloemperken. Midden in het park staat een muziektent, waar op zondag concerten plaatsvinden. Doordeweeks kunt u buiten de gietijzeren hekken van het park kraampjes vinden waarop allerhande kunstnijverheid is uitgestald.

🏛 Halifax Citadel National Historic Site

Citadel Hill. ☎ *902–4265080.* 🕐 *mei–okt.: dag.* 🗣 *'s zomers.* ♿ 💲
Dit enorme, stervormige fort beheerst de toegang tot de op één na grootste natuurlijke haven ter wereld. De citadel en omliggende versterkingen werden tussen 1828 en 1856 aangelegd. Nu kunt u tweemaal daags zien hoe het in kilts gehulde 78ste regiment Highlanders de musket presenteert op het exercitieterrein.

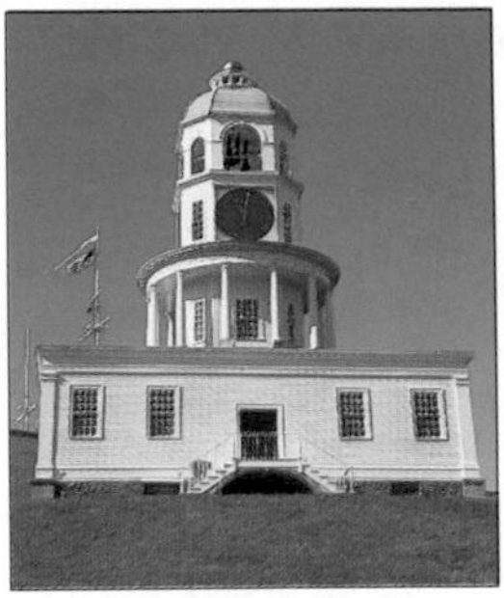

De stadsklok van Halifax, een Britse koninklijke gift uit 1803

🏛 Old Town Clock

Citadel Hill.
Aan de voet van Citadel Hill staat het bekendste baken van de stad, de Old Town Clock. De klok werd in 1803 aan de stad geschonken door de toenmalige commandant, Edward, hertog van Kent, die zeer punctueel was. Hij heeft vier wijzerplaten, voor elke windrichting één, opdat zowel soldaten als burgers op tijd hun bestemming zouden bereiken.

Tips voor de toerist

👥 *385.000.* ✈ *35 km ten noorden van de stad.* 🚆 🚌 *6040 Almon St.* ℹ *1595 Barrington St., 902–4905946.* 🎭 *Nova Scotia International Tattoo (juli); Atlantic Jazz Festival (juli); International Busker's Festival (aug.).* [W] www.destinationhalifax.com

🏛 Province House

1726 Hollis St. ☎ *902–4244661.*
💲 *juli–aug.: wo–vr 9.00–17.00; sept.–juni: ma–vr 9.00-16.00 uur.* ♿
Het provinciehuis van Nova Scotia werd tussen 1811 en 1819 gebouwd en is het oudste regeringsgebouw in Canada. In 1864 vergaderden de Vaders van de Federatie hier over de vorming van de staat Canada *(zie blz. 44)*. U kunt rondkijken in de zalen waarin de besprekingen plaatsvonden.

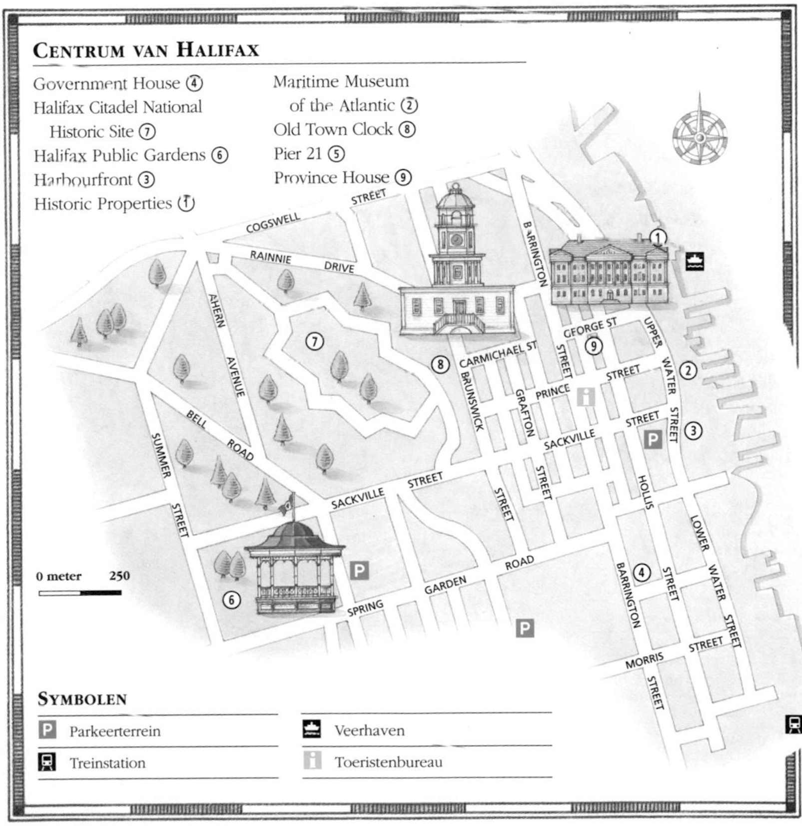
CENTRUM VAN HALIFAX
Government House ④
Halifax Citadel National Historic Site ⑦
Halifax Public Gardens ⑥
Harbourfront ③
Historic Properties ①
Maritime Museum of the Atlantic ②
Old Town Clock ⑧
Pier 21 ⑤
Province House ⑨
COGSWELL STREET
RAINNIE DRIVE
AHERN AVENUE
BELL ROAD
SUMMER STREET
SACKVILLE STREET
SPRING GARDEN ROAD
BARRINGTON
CARMICHAEL ST
BRUNSWICK STREET
GRAFTON STREET
GEORGE ST
PRINCE STREET
UPPER WATER STREET
HOLLIS STREET
BARRINGTON STREET
LOWER WATER STREET
MORRIS STREET
0 meter 250
SYMBOLEN
[P] Parkeerterrein
Treinstation
Veerhaven
Toeristenbureau

Kaap Bretoneiland 🄮

Glenora-whisky

Kaap Breton staat bekend om zijn prachtige natuur. Elk jaar reizen duizenden bezoekers over de Cabot Trail door het ruige hoogland van het Cape Breton Highlands National Park *(zie blz. 90–91)*. De schoonheid van Kaap Breton beperkt zich echter niet tot deze bekende attracties, maar is ook te vinden langs binnenwegen en in de uithoeken van het groene eiland. Ronduit schitterend zijn de Mabou Highlands met Lake Ainslee in hun midden, Bras d'Or Lake, waar arenden over de schilderachtige kusten scheren, en romantische kustplaatsjes als Gabarus. Ook het gereconstrueerde 18de-eeuwse Fort Louisbourg, een Franse garnizoensplaats, is uiterst populair.

Cabot Trail Highway
Van deze prachtige weg (300 km) door het noordwesten van het eiland maken steeds meer bezoekers gebruik.

St.-Pierre-kerk in Cheticamp
Met zijn zilverkleurige spits is dit een typisch katholieke kerk (1883). Hij ligt in Cheticamp, waar walvisexcursies worden georganiseerd, en vormt het brandpunt van de 3000 zielen tellende Acadische gemeenschap.

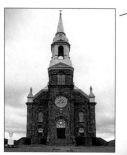

Lake Ainslee
Rondom dit vredige meer lopen landelijke wegen. Het meer trekt tal van vogels, waaronder visarenden en ijsduikers.

SYMBOLEN

▬	Hoofdweg
═	Secundaire weg
▭	Secundaire weg
—	Rivier
ℹ	Toeristenbureau
✳	Uitkijkpunt
✈	Vliegveld
—	Grens van nationaal park
⛴	Veerhaven

Margaree Harbour

Mabou

105

Port Hastings

St. Pe

104

Isle Madame

0 km   15

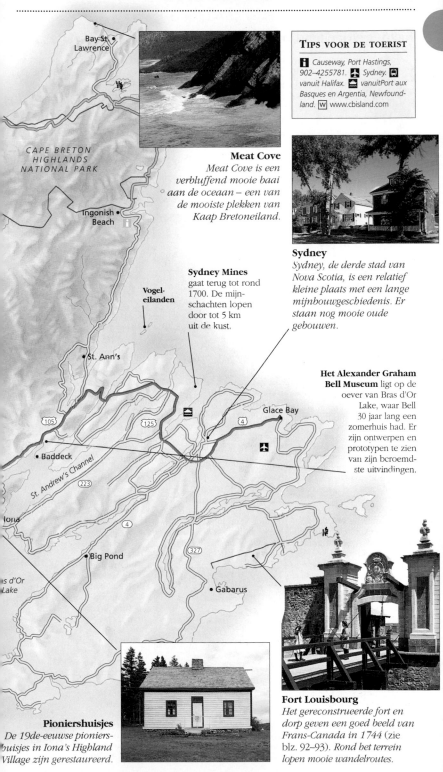

Bay St. Lawrence

CAPE BRETON HIGHLANDS NATIONAL PARK

Ingonish Beach

Meat Cove
*Meat Cove is een
verbluffend mooie baai
aan de oceaan – een van
de mooiste plekken van
Kaap Bretoneiland.*

Sydney
*Sydney, de derde stad van
Nova Scotia, is een relatief
kleine plaats met een lange
mijnbouwgeschiedenis. Er
staan nog mooie oude
gebouwen.*

Sydney Mines
gaat terug tot rond
1700. De mijn-
schachten lopen
door tot 5 km
uit de kust.

Vogel-
eilanden

St. Ann's

**Het Alexander Graham
Bell Museum** ligt op de
oever van Bras d'Or
Lake, waar Bell
30 jaar lang een
zomerhuis had. Er
zijn ontwerpen en
prototypen te zien
van zijn beroemd-
ste uitvindingen.

Glace Bay

Baddeck

St. Andrew's Channel

Iona

Big Pond

Gabarus

as d'Or Lake

Fort Louisbourg
*Het gereconstrueerde fort en
dorp geven een goed beeld van
Frans-Canada in 1744 (zie
blz. 92–93). Rond het terrein
lopen mooie wandelroutes.*

Pioniershuisjes
*De 19de-eeuwse pioniers-
huisjes in Iona's Highland
Village zijn gerestaureerd.*

Kaap Bretoneiland verkennen

Verse kreeft van Kaap Breton

K aap Breton, het grootste eiland van Nova Scotia, heeft een woeste schoonheid en grandeur die tot de indrukwekkendste van Canada behoren. De 300 km lange Cabot Trail voert van de golvende hooglanden met hun snelstromende beekjes naar fraaie zandstranden – een schitterende tocht. Andere uitnodigende landwegen leiden naar de prachtige Mabou Hills, die Lake Ainslee omringen, en naar romantische plaatsjes als Baddeck en de Acadische nederzetting Cheticamp bij de groene Margaree Valley.

Kreeftvissersboten in de haven van Main à Dieu

Cape Breton Highlands National Park

In 1936 reserveerde de Canadese regering 366 km² hoogland op de noordpunt van Kaap Bretoneiland voor het Cape Breton Highlands National Park. Het landschap behoort tot de mooiste in Canada, met bergen, een groene wildernis en door de wind gebeukte kusten. Het bekendst is het 106 km lange stuk van de Cabot Trail dat in een lus langs de noordgrens van het park van Cheticamp naar Ingonish loopt.

De Cabot Trail is de hoofdroute door het park; bijna alle bezienswaardigheden liggen langs deze weg. Eerst voert de weg omhoog langs de flanken van het kustgebergte. Op dit stuk liggen 24 uitkijkpunten, waar u een weids vergezicht hebt over de hooglanden die uit zee oprijzen. Dan gaat de weg het binnenland in, over de hoogvlakte naar French Lake. Vlak hierna bereikt u de Bog Walk, een kort plankierpad door drassig land. Onderweg wordt op panelen informatie gegeven over dit veenmoeras, waar zeldzame orchideeën groeien. Met een beetje geluk ziet u hier zelfs een van de elanden van het park grazen.

De weg steekt de French en Mackenzie Mountains over en daalt dan steil af naar de oude gemeenschap Pleasant Bay. Daarna voert hij weer het hoogland in, over de North Mountain, die met zijn 457 m de hoogste van het eiland is.

Het schilderachtige Ingonish Beach op Kaap Bretoneiland

Vervolgens daalt de weg af naar de Aspy River Valley, waar een grindweg naar de voet van de Beulach Ban Falls, een 30 m hoge waterval, loopt. Bij Cape North voert weer een andere zijweg naar het schilderachtige Bay St. Lawrence net buiten de grenzen van het park, waar walvisexcursies worden georganiseerd. Een schitterend weggetje leidt naar Meat Cove. Wat verderop splitst de Scenic Loop zich af van de Cabot Trail en volgt de kust naar White Point; het uitzicht onderweg is indrukwekkend. Ten oosten van White Point komt de weg weer uit op de Cabot Trail, die naar de badplaats Ingonish voert. De Highland Links Golf Course hier behoort tot de topgolfbanen van Canada.

♣ Cape Breton Highlands National Park
🛈 Cheticamp. 📞 902–2242306. 🕐 dag. 🖼 ♿ beperkt.

Baddeck
Op de noordwestelijke oever van Bras d'Or Lake, waar ook het landgoed van Alexander Graham Bell ligt, vindt u Baddeck. Het vriendelijke plaatsje wordt omringd door vruchtbare akkers en is het belangrijkste vakantieoord van het eiland; het trok in de 19de eeuw al bezoekers. Alle voorzieningen liggen op loopafstand van elkaar. De hoofdstraat volgt de oever en is omzoomd met winkels, cafés en restaurants. Van de kade bij Water Street vertrekken bootjes voor een tocht rond het meer.

De topattractie van het stadje is de **Alexander Graham Bell National Historic Site**. Het museum hier herbergt 's werelds grootste collectie foto's, objecten en documenten die met de beroemde uitvinder te maken hebben. U vindt er verschillende telefoons en een aantal van Bells latere uitvindingen, zoals zijn draagvleugelboot.

Baddeck
🛈 Chebucto St., 902–2951911.
🏛 **Alexander Graham Bell National Historic Site**
559 Chebucto St. 📞 902–2952069.
🕐 dag. 🖼 ♿

Een vliegvisser beproeft zijn geluk in de zalm- en forelrijke Margaree River

Margaree River Valley

De nauwe, smaragdgroene Margaree River Valley is een wereld op zich. Halverwege de 19de eeuw trok het dal al grote aantallen zalm- en forelvissers, maar tegenwoordig weten ook wandelaars, antiekjagers en dagjesmensen het dal te vinden. Het charmante **Margaree Salmon Museum** in het plaatsje North East Margaree toont fraai, historisch visgerei, dat ook voor nietvissers interessant is.
Verharde en halfverharde wegen volgen de Margaree River stroomopwaarts naar de Big Intervale, waar het water van de bovenloop uit het hoogland tevoorschijn komt. Dit is een ideaal gebied voor wandel- of fietstochten of om te vissen, vooral wanneer de bomen op de hellingen een vurige najaarstooi hebben.

🛶 Margaree Valley
🛈 Margaree Fork, 902–2482803.
🏛 Margaree Salmon Museum
60 E. Big Interval Rd. 📞 902–2482848. 🕐 half juni–half okt.: dag. 9.00–17.00 uur. 📷 ♿ beperkt.

Cheticamp

Dit plaatsje is de grootste Acadische gemeenschap in Nova Scotia. De mooie Saint Pierre-kerk is mijlenver uit de kust nog te zien. De Acadiërs van Kaap Breton zijn vaardige handwerkslieden; in de zeven coöperaties worden aarde-

werk en gehaakte kleden gemaakt. De bekendste handwerkster van Cheticamp was Elizabeth LeFort; haar grote, bewerkelijke kleden verbeelden belangrijke historische momenten en hebben in het Vaticaan en het Witte Huis gehangen. In het **Dr. Elizabeth LeFort Museum** in Les Trois Pignons zijn enkele van haar mooiste werken te zien. Cheticamp is ook populair bij walviskijkers. Tijdens de excursies ziet u vele soorten walvissen.

🏛 Dr. Elizabeth LeFort Museum
15584 Main St. 📞 902–2242642. 🕐 mei–okt.: dag. 📷

Sydney

Sydney is de enige echte stad op Kaap Bretoneiland en de op twee na grootste plaats van Nova Scotia. Het is het industriële centrum van de regio met de grootste staalfabriek van Noord-Amerika. Niettemin is de kleine oude wijk rond de Esplanade zeer aantrekkelijk. U vindt er gerestaureerde gebouwen als Cossit House en Jost House, beide van rond 1870. Boetieks, grotere winkels en restaurants vindt u in Charlotte Street in het centrum.

🛶 Sydney
🛈 Sydney, 902–5399876.

ALEXANDER GRAHAM BELL

Alexander Graham Bell werd in 1847 in Schotland geboren. Zijn moeder was doof en als kind al was Bell gefascineerd door spraak en communicatie. In 1870 emigreerde de familie Bell naar Ontario (*zie blz. 216*). Bell hield zich bezig met de elektronische overbrenging van spraak en experimenteerde met technieken die in de telegrafie werden gebruikt. In 1876 verzond hij het eerste telefonische bericht: 'Watson, kom hier, ik heb je nodig.'

Alexander Graham Bell

Hij vroeg patent aan op zijn uitvinding en werd daarmee officieel een van de mensen die de wereld veranderden. In 1877 trouwde Bell met Mabel Hubbard, een van zijn dove studenten. Het paar bezocht Kaap Breton in 1885 en bouwde er later een fraai landgoed, Beinn Bhreagh, aan Bras d'Or Lake. Daar woonde en werkte Bell elke zomer tot zijn dood in 1922. Het Alexander Graham Bell Museum in Baddeck is gewijd aan zijn leven en werk.

Fort Louisbourg

Het imposante Fort Louisbourg werd tussen 1713 en 1744 gebouwd. Het was een van belangrijkste Franse bastions in de Nieuwe Wereld. Nu is het het grootste gereconstrueerde militaire complex van Noord-Amerika. Wie door de poort loopt, treedt het jaar 1744 binnen; Frankrijk en Engeland hebben elkaar net de oorlog verklaard. Tientallen

Gids in het fort gidsen in historische kostuums brengen de drukte van een 18de-eeuwse Franse handelspost tot leven. De straten en gebouwen zijn bevolkt met kooplieden, soldaten, vishandelaars en wasvrouwen. Alles is tot in de puntjes verzorgd, van het eenvoudigste visserswoninkje tot het elegante huis van de hoogste genie-officier. De gidsen vertellen u meer over de geschiedenis van het fort en het leven van de mensen die ze uitbeelden.

Gezicht op het fort
In het fort zetelden de regering en het opperbevel van de Franse legermacht in de Nieuwe Wereld. Het stadje in het fort telde duizenden inwoners.

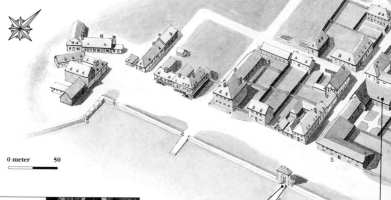

0 meter   50

De Quay en Frederic Gate
De Quay was het commerciële centrum van het stadje. Ook nu nog vinden tal van activiteiten plaats bij de imposante gele boog van de poort.

STERATTRACTIES

★ **King's Bastion**

★ **Engineer's Residence**

★ **De Engineer's Residence**
De hoogste officier van de genie was verantwoordelijk voor alle openbare bouwwerken in het fort en was dan ook een machtig man.

TIPS VOOR DE TOERIST

Route 22 ten zw van Louisbourg. 902–7332280. mei, juni, sept. en okt.: dag. 9.30–17.00; juli en aug.: 9.00–18.00 uur. 11 W www.louisbourg.ca/fort

★ King's Bastion

De King's Bastion Barracks is het grootste gebouw in het fort. Het was het kwartier van 500 Franse soldaten, die er woonden, aten en sliepen.

In de ijskelder werd vers voedsel voor de dis van de gouverneur bewaard.

Officiers-vertrekken

King's Bakery

U kunt vers brood kopen in deze bakkerij, waar het brood voor de soldaten werd gebakken.

De smederij

In de smidse demonstreren gekostumeerde handwerkslieden traditionele, 18de-eeuwse technieken en vaardigheden.

In het wachtgebouw werden de soldaten ingekwartierd die de poort moesten bewaken.

Dauphin Gate

Soldaten in historisch uniform vragen de bezoeker naar zijn naam, net zoals dat in 1744 gebeurde. De versieringen zijn gebaseerd op restanten van de originele poort, die in de jaren zestig werden ontdekt.

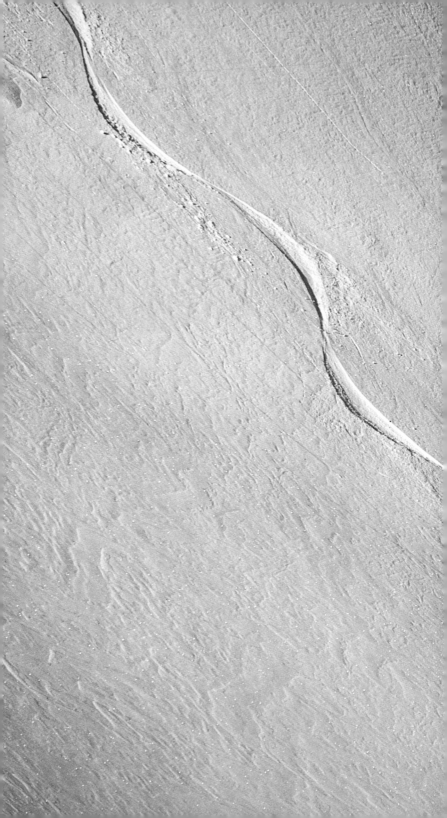

QUÉBEC

Inleiding op Québec

Québec is de grootste provincie van Canada en het omvangrijkste Franstalige gebied ter wereld, met zeven miljoen inwoners die de taal en de cultuur van hun Franse voorvaderen hoog in het vaandel dragen. Het landschap loopt uiteen van lieflijke dalen langs de Amerikaanse grens tot een uitgestrekt toendragebied aan de oevers van de Hudsonbaai. Midden door Québec stroomt de St.-Lawrence-rivier. Ten noorden ervan ligt het mooie Charlevoix-gebied, dat grenst aan een wildernis met meren, bossen en toendra, die tot de Straat Hudson loopt, langs 's werelds grootste energiecentrales bij James Bay. Ten zuiden ligt het bergachtige schiereiland Gaspé. De twee grote steden zijn Montréal en de provinciehoofdstad Québec-stad.

Het mooie stadje St-Jovite in het Laurentidegebergte tegen een achtergrond van schitterende herfstkleuren

In de grootste stad van Québec, Montréal, komt het centrum 's nachts tot leven

Str Hud

Hudson Baai

James Bay

RADIS

⑪

VAL D'OR

0 km   100

SYMBOLEN

Snelweg	
Hoofdweg	
Rivier	

ZIE OOK

- *Accommodatie* blz. 346–350
- *Restaurants* blz. 366–370

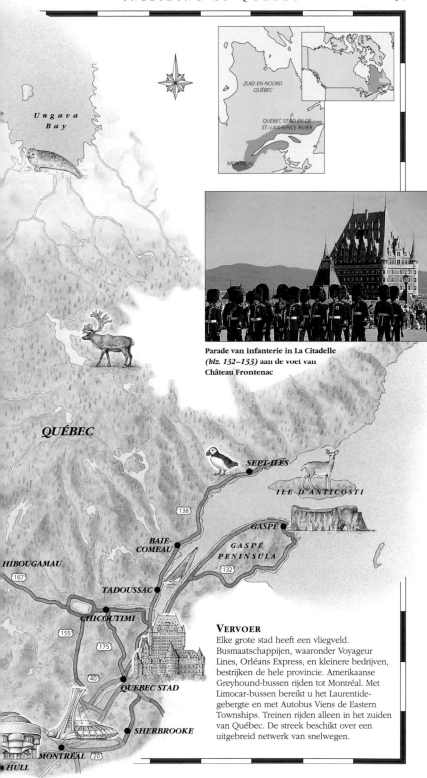

Parade van infanterie in La Citadelle (blz. 132–133) aan de voet van Château Frontenac

VERVOER

Elke grote stad heeft een vliegveld. Busmaatschappijen, waaronder Voyageur Lines, Orléans Express, en kleinere bedrijven, bestrijken de hele provincie. Amerikaanse Greyhound-bussen rijden tot Montréal. Met Limocar-bussen bereikt u het Laurentide-gebergte en met Autobus Viens de Eastern Townships. Treinen rijden alleen in het zuiden van Québec. De streek beschikt over een uitgebreid netwerk van snelwegen.

Esdoornbossen

**Canada's rode
esdoornblad**

Canada's oeroude esdoornbossen zijn de trots van Québec en Ontario en dat komt niet alleen door hun jaarlijkse bladerpracht. Elke herfst kleuren de bossen in het zuiden rood en oranje, maar in de lente wordt de beroemde *maple syrup* geoogst. Opvangtechnieken die door inheemse volken zijn ontwikkeld, gingen in de 17de eeuw op de Europeanen over. De traditionele methoden veranderden weinig tot rond 1940 een deel van het proces werd gemechaniseerd. Er bestaan nog veel eeuwenoude technieken, waaronder het laatste roeren van de siroop, dat met de hand gebeurt. Esdoorns, de rode esdoorn *(Acer rubrum)* of de suikeresdoorn *(Acer saccharum),* worden wel 30 m hoog en hun stammen een meter dik. Ze brengen vooral siroop voort, maar hun harde hout wordt ook voor meubels gebruikt. Hun blad is het nationale symbool van Canada en staat sinds 1965 ook op de vlag.

Het opvangen van het sap *door de stammen af te tappen is de eerste stap. Dat gebeurt in het voorjaar.*

Het vervoeren van het sap *door besneeuwde bossen in grote vaten op sleden met paarden ervoor is een traditie. Rond 1970 kwam hiervoor een netwerk van plastic buizen in de plaats dat het sap direct naar de suikerhutten brengt.*

Suikerhutten *staan midden in het suikerbos, de groep esdoorns die sap produceren. Mannen en vrouwen maken er lange dagen, terwijl ze het sap langzaam laten inkoken tot siroop. Inwoners van Québec hebben hun eigen lenteritueel: als de eerste siroop klaar is, wordt hij op de verse sneeuw buiten gegoten om er lekkere, bevroren toffees van te maken.*

PRODUCTEN VAN *MAPLE SYRUP*

Hoewel 80 procent van de jaarlijkse esdoornoogst in Canada wordt verwerkt tot *maple syrup*, wordt er nog meer van het sap gemaakt. Als hij langer wordt gekookt, stolt de siroop tot een lichtbruine suiker die in de koffie wordt gebruikt of als snoep wordt gegeten. Ook *maple butter*, dat met suiker wordt geklopt, is populair. Ook hartige gerechten kunnen ermee worden bereid; ham of spek, bereid met siroop, is heerlijk. Zoetekauwen in Québec maken met *maple*

Maple syrup wordt in allerlei gerechten gebruikt, zowel zoete als hartige

syrup een zogenaamde *sugar pie*, een taart met een zoete caramelvulling. De siroop wordt geclassificeerd naar kwaliteit; een heldere, goudkleurige vloeistof, die aan het begin van het seizoen wordt gemaakt, is het duurst. De latere, donkere siroop wordt in de keuken gebruikt en de laatste, donkerste partij is de basis voor synthetische smaakstoffen of siropen.

Maple syrup

HET VERHAAL VAN *MAPLE SYRUP*

De eerste esdoornsuikerboeren waren inheemse Canadezen. Lang voordat in de 16de eeuw de eerste Europese kolonisten arriveerden, zoetten stammen in heel Noordoost-Amerika hartige gerechten met siroop. Een legende van de Irokezen vertelt hoe een opperhoofd een bijl in een stam sloeg, waarna er de volgende dag een zoete vloeistof uit de boom druppelde. Zijn vrouw kookte de vangst van die dag erin en de siroop was een feit. Hoe dit ook zij, het is zeker dat inheemse volkeren het sap en de technieken om het te raffineren hebben ontdekt, welke kennis ze aan de Europeanen overdroegen.

Bij het koken van esdoornsap is 40 liter sap nodig voor één liter siroop. De gouden kleur en de smaak ontwikkelen zich tijdens het distilleren. De vroegste, lichte siroop is het duurst.

Het verwerken van het sap tot maple syrup *is een langzaam proces. Het sap borrelt boven een houtvuur (het liefst esdoornhout) tot 98 procent van het vocht is gecondenseerd. Tegenwoordig wordt het sap machinaal ingekookt, maar zelfs na een hightech behandeling moet de siroop ten slotte met de hand worden geroerd.*

De St.-Lawrence Seaway

Van de St.-Lawrencebaai aan de kust van de Atlantische Oceaan tot Duluth aan de westkant van het Bovenmeer in Minnesota strekken de St.-Lawrence Seaway en het Great Lakes System zich meer dan 3700 km over Noord-Amerika uit. De St.-Lawrence Seaway zelf meet 553 km van Montréal tot Lake Erie en heeft een oppervlakte van 245.750 km^2 bevaarbaar water. Hij is open van maart tot december en is de langste binnenlandse waterweg ter wereld. Schepen vervoeren enorme hoeveelheden vracht naar binnenlandse bestemmingen, maar 60 procent reist tussen overzeese havens, in Europa, het Midden-Oosten en Afrika. Tussen de supergraanschepen is er ook ruimte voor pleziervaart.

ORIËNTATIEKAART

◼ *De St.-Lawrence Seaway*

GESCHIEDENIS VAN DE SEAWAY

De Seaway is al oud: in 1680 begon de Franse monnik Dollier de Casson een campagne om een kanaal aan te leggen tussen het Lac St.-Louis en Montréal. Dit werd in 1824 geopend als het Lachine Canal. In 1833 volgde het eerste Welland Canal (van Lake Ontario tot Lake Erie). Het vierde Welland Canal was het eerste moderne deel van de Seaway, uit 1932. Na 1951 werkten de VS en Canada samen aan een nieuwe waterweg, die in 1954 in Canada werd begonnen. Op 25 april 1959 werd de Seaway geopend en verbond de Grote Meren met de wereld.

Plezierboten bevaren de Seaway rond de Thousand Islands bij Kingston, (Ontario). 's Zomers profiteren kleine boten van de uitstekende zeil- en waterskimogelijkheden in dit deel van de Seaway.

De *D'Iberville*, het eerste schip op de Seaway

Ottav

ONTARIO

Kingston

Toronto

Lake Ontario

↑ LAKE HURON

VERENIGDE

STATEN

Lake Erie

0 km   100

SYMBOOL

 Schutsluis

Montréal *is van oudsher het begin van de Seaway. Hier werd in de 18de eeuw de eerste aansluiting met de meren aangelegd, waardoor het midden van Noord-Amerika bereikbaar werd. De Seaway is negen maanden per jaar open.*

ST.-LAWRENCEBAAI

Québec-stad

QUÉBEC

Montreal

Vrachtschepen *vervoeren ijzererts, graan, kolen en andere stortgoederen over de waterweg: er is sinds 1959 meer dan 2 miljard ton vracht vervoerd. De industrie in Canada zou zonder de Seaway ten dode zijn opgeschreven.*

De St.-Lambertsluis *overbrugt de Lachine Rapids ten westen van Montréal. De Seaway is een watertrap naar Amerika. Daarbij worden schepen omhoog en omlaag gebracht over een hoogte van 60 verdiepingen.*

AANLEG VAN DE SEAWAY

In 1895 stelden de Amerikaanse en de Canadese regeringen een *Deep Waterways Commission* aan om de haalbaarheid te bestuderen van wat nu de St.-Lawrence Seaway is; twee jaar later bracht deze een positief advies uit. Na 50 jaar touwtrekken werd op 10 augustus 1954 met het door beide landen gefinancierde project begonnen – in de woorden van de Canadese premier Louis St.-Laurent 'eerder een bondgenootschap dan een barrière tussen beide landen'. Tijdens de onderneming kwam men onvoorziene problemen tegen, met name de ontdekking van oeroude rotsen die zo hard waren dat er nieuwe machines moesten worden gemaakt om ze te doorboren. Al het werk, ook het verplaatsen van dorpen en het uitbaggeren van bestaande kanalen, moest zonder verstoring van het dagelijks verkeer van en naar de grote steden worden uitgevoerd.

Welland Canal

Lake St.-Francis

Lake St. Louis   St.-Lawrence-rivier

Lake Erie

Lake Ontario

Een doorsnee van de Seaway met schutsluizen en waterniveaus

MONTRÉAL

*ontréal is de op een na grootste stad van Canada. De vrome
17de-eeuwse stichters van deze bruisende metropool zouden
raar opkijken als ze wisten dat hun stad zich zo op zijn joie
de vivre liet voorstaan, maar hun gebouwen staan tenminste nog
overeind; de spitsen van enkele van de mooiste kerken van Canada
sieren de skyline.*

Montréals ligging, op de plaats waar de rivieren de St.-Lawrence en de Ottawa samenkomen, maakten de stad tot het eerste handelscentrum van Canada. Hij is in 1642 door een groep Franse katholieken gesticht als christelijke gemeenschap en haven. De economische belangen zijn nu naar Toronto verplaatst en Montréal trekt vooral door zijn culturele versmelting. Zo'n 70 procent van zijn 3 miljoen inwoners is van Franse afkomst, 15 procent is van Engelse origine en in de rest is bijna iedere grotere etnische groep vertegenwoordigd. Velen spreken drie of meer talen. De gemeenschappen vormen een soort mozaïek: de Engelstaligen in het westen, de Franstaligen in het oosten en de andere etnische groepen daartussenin. Deze scheiding is allerminst star: Engelstaligen eten en drinken in de restaurants en bistro's van de historische Franse wijk en de Franstaligen bezoeken net zo graag de traditionele Engelse wijk. De interessantste buurten liggen tegen de zuidhelling van Mont-Royal – de 234 m hoge berg, waaraan de stad zijn naam ontleent. Het netwerk van smalle klinkerstraatjes van Vieux-Montréal ligt vlak aan het water, terwijl het belangrijkste winkelgebied iets noordelijker ligt, aan de Rue Sainte Catherine. Het strekt zich ook ondergronds uit in het labyrint van tunnels dat de Underground City verbindt, het complex van huizen, winkels en horecabedrijven dat onder de stad ligt. Andere moderne attracties zijn het Olympic Park-stadion en het Musée d'Art Contemporain, dat kort na 1990 de historische musea van Montréal aanvulde.

Bezoekers bewonderen de skyline van Montréal

◁ **Obers buiten een typisch Franse, traditionele bistro in de binnenstad van Montréal**

Montréal verkennen

Montréal beslaat een 50 km lang eiland bij de samen-stroom van de St.-Lawrence- en de Ottawa-rivier. De stadskern, met vele trekpleisters, is compact en ligt ten zuiden en oosten van Mont Royal, het belang-rijkste herkenningspunt van Montréal. Vieux Montréal, de oude stad, ligt aan de kust van de St.-Lawrence; het moderne stadscentrum ligt tussen Mont-Royal en de oude stad. De straten zijn in een recht patroon aangelegd, waardoor de stad erg overzichtelijk is.

De wolkenkrabbers in het centrum bij avond

SYMBOLEN

	Onder de loep: *zie blz. 106–107*
✈	Internationale luchthaven
	Treinstation
	Busstation
	Veerhaven
𝗶	Toeristenbureau
P	Parkeerterrein
	Metrostation
▬	Snelweg
▬	Hoofdweg
	Voetgangersgebied

BEZIENSWAARDIGHEDEN IN HET KORT

Historische gebouwen en wijken
Château Ramezay ❸
Chinatown ❼
Lachine ㉗
McGill University ⓭
Place des Arts ❾
Plateau Mont-Royal ❽
Sir George Etienne-Carter National Historic Site ❹
Square Dorchester en Place du Canada ⓰
Rue Sherbrooke ⓲
Underground City ⓯
Vieux Port ❶

Parken en tuinen
Jardin Botanique de Montréal ㉓
Olympic Park blz. 120–121 ㉒
Parc Mont-Royal ㉑

Eilanden
Ile Notre-Dame ㉕
Ile Sainte-Hélène ㉔

Kerken en kathedralen
Basilique Notre-Dame-de-Montréal blz. 108–109 ❷
Cathédrale Marie-Reine-du-Monde ⓱
Christ Church Cathedral ⓫
Oratoire St-Joseph ⓴

Musea
Centre d'Histoire de Montréal ❻
Centre Canadien d'Architecture ⓲
Maison Saint-Gabriel ㉖
McCord Museum of Canadian History ⓬
Musée d'Art Contemporain blz. 112–113 ❿
Musée des Beaux-Arts blz. 114–115 ⓮
Musée Marc-Aurèle Fortin ❺

Mont Royal

PARC MONT-ROYAL

Parc Jeanne-Mance

Parc Rutherford

Lac aux Castors

㉑

⓮

⓲

⓳

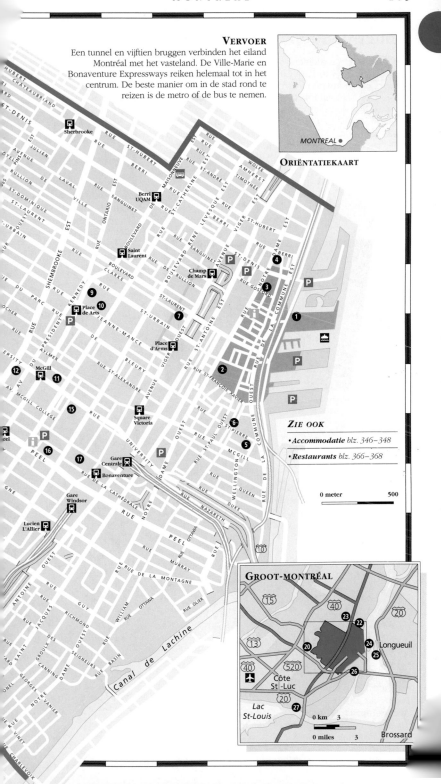

VERVOER

Een tunnel en vijftien bruggen verbinden het eiland Montréal met het vasteland. De Ville-Marie en Bonaventure Expressways reiken helemaal tot in het centrum. De beste manier om in de stad rond te reizen is de metro of de bus te nemen.

MONTREAL ●

ORIËNTATIEKAART

ZIE OOK

• *Accommodatie* blz. 346–348

• *Restaurants* blz. 366–368

0 meter   500

GROOT-MONTRÉAL

Longueuil

Côte St -Luc

Lac St-Louis

Brossard

0 km   3

0 miles   3

Onder de loep: Vieux-Montréal

Bord in Rue St.-Paul

De stichters van Montréal, onder leiding van Paul Chomédy de Maisonneuve, bouwden in 1642 aan de St.-Lawrence-rivier het katholieke dorp Ville Marie, dat later Montréal zou worden. Het missiewerk wilde niet vlotten, maar de nederzetting ontwikkelde zich tot een welvarende pelshandelsstad met mooie huizen en een stenen omheining. Toen Montréal zich in het midden van de 20ste eeuw uitbreidde, raakte de oude stad, Vieux-Montréal, in verval. In 1980 bloeide hij echter weer op. De overgebleven 18de-eeuwse huizen werden tot restaurants, bistro's en winkels omgetoverd. Vooral die aan Rue Notre-Dame en Rue St.-Paul zijn populair.

Gezicht vanaf de rivier
De op de St.-Lawrence-rivier uitkomende oude straten vormen een wijk vol romantiek en charme, midden in deze moderne stad.

★ Basilique Notre-Dame
Dit katholieke paradepaardje uit 1829, een van de mooiste kerken in Noord-Amerika, bezit een rijk versierd, kleurrijk interieur ➋

Pointe-à-Callière Archeologisch Museum
Tijdens een ondergrondse rondleiding zien bezoekers opgegraven ruïnes en een waterleiding uit de 17de eeuw.

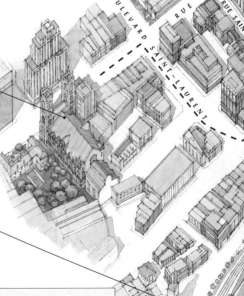

BOULEVARD SAINT-LAURENT

RUE NOTRE-DA

RUE SAINT-

STERATTRACTIES

★ **Basilique Notre-Dame**

★ **Château Ramezay**

Hôtel de Ville
*Het stadhuis is in 1872–1878 in
Franse Empire-stijl gebouwd en
in 1922 gerestaureerd. In de
marmeren hal staat
een beeld van de
eerste burgemeester.*

ORIËNTATIEKAART
Zie kaart Montréal blz. 104–105

RUE BONSECOURS

RUE SAINT-CLAUDE

RUE NOTRE DAME

PLACE JACQUES CARTIER

RUE SAINT-VINCENT

RUE SAINT-PAUL

RUE DE LA COMMUNE

PROMENADE DES ARTISTES

Chapelle Notre Dame-de-Bonsecours
*Dit was lang het godshuis
van de zeelieden van
Québec. Vanaf de toren is
het uitzicht schitterend.*

Marché Bonsecours
*De neorenaissancistische gevel van dit
elegante gebouw verhult een woelige
geschiedenis, van parlementsgebouw in de
19de eeuw tot een bedrijvige groentemarkt.*

★ Château Ramezay
*Dit 18de-eeuwse
gebouw, ooit de
zetel van het
stadsbestuur van
Montréal, eert de
geschiedenis van
Québec in een fraai
museum met oude
werktuigen* ❸

0 meter   100

Vieux-Port ❶

333 Rue de la Commune. 🕿 514–4967678. 🚆 Central Station. 🚌 55. 🚍 Terminus Voyager. Ⓜ Square Victoria. 🅆 www.oldportofmontreal.com

In zijn gloriedagen in de 19de eeuw was de Vieux-Port van Montréal een van de belangrijkste binnenlandse havens in Noord-Amerika, maar na de komst van de supertankers en het vliegtuig in het begin van de 20ste eeuw raakte hij in verval. Kort voor 1990 is de Canadese regering begonnen hem tot een van de mooiste parken van Montréal om te toveren. De 12,5 km paden en open grasvelden aan het water gaan

Fietsers op de promenade langs het water, Vieux-Port

haast naadloos over in de leuke straatjes van Vieux-Montréal.
In de haven is het een gezellige drukte. Op zomerse middagen ontmoet u er toeristen en inwoners, die wandelen, fietsen of skaten over de Promenade du Vieux Port.

Château Ramezay ❸

280 Rue Notre Dame E. 🕿 514–8613708. 🚆 VIA Rail. 🚌 14, 55. 🚍 Terminus Voyager. Ⓜ Champ-de-Mars. 🕐 jun i–sept.: dag. 10.00– 18.00 uur; okt.–mei: di–zo 10.00– 16.30 uur. ● 25 dec., 1 jan. 🎫 🅖 🅆 www.chateauramezay.qc.ca

Toen de 11de gouverneur van Montréal, Claude de Ramezay, in 1702 in de stad aankwam, had hij heimwee naar Normandië en besloot een residentie te bouwen die zou herinneren aan zijn châteaux thuis, met stenen muren, dakkapellen en een koperen dak. De plompe ronde torens die in de 19de eeuw zijn toegevoegd, versterken

Basilique Notre-Dame-de-Montréal ❷

Midden op de Place d'Armes staat de Basilica, Montréals imposantste katholieke kerk. Het oorspronkelijke gebouw is 17de-eeuws, maar in 1829 werd een nieuw gebouw besteld. De Amerikaanse architect James O'Donnell overtrof zichzelf met een enorme overwelfde ruimte die elementen van Neoclassicisme en Neogotiek combineert en 3000 plaatsen biedt in het schip en op de balkons. De kerk is rond 1870 gerestaureerd. Het houtsnijwerk is van de Canadees Victor Bourgeau.

Het hoofdaltaar is omgeven door fijn grenen en noten houtsnijwerk.

Het schip wordt verlicht door een roosvenster onde een blauw plafond.

★ **Retabel**
Deze blikvanger staat voor een blauwe achtergrond onder een gouden hemel.

STERATTRACTIES

★ **Retabel**

★ **Kansel**

★ **Kansel**
Deze fraaie constructie is gebeeldhouwd door Philippe Hébert. De profeten Ezechiel en Jeremia dragen hem.

het effect nog.

Veel van De Ramezay's opvolgers als gouverneur hebben hier gewoond en de West-Indische Compagnie was hier ook gehuisvest. Château Ramezay is een van de indrukwekkendste herinneringen aan het Franse regime die in Montréal te bezoeken zijn. Het château is gerestaureerd in de oorspronkelijke stijl. Let vooral op de Nantes Salon, met zijn 18de-eeuwse besneden panelen door de Franse architect Germain Boffrand. Uniforms, documenten en meubels tonen hoe de nieuwe Franse heersende klasse leefde, terwijl in de kelders het leven van de gewone kolonist wordt getoond.

Sir George-Etienne Cartier National Historic Site ❹

458 Rue Notre Dame E. ☎ 514–2832 282. 🚇 Central Station. 🚌 Terminus Voyager. 🚇 Champ-de-Mars. 🕐 april–mei, sept.–dec.: wo–zo 10.00–12.00 en 13.00–17.00; juni–aug.: dag. 10.00–18.00 uur. ⬤ jan.–maart. 📷 ♿ 🎁

Ormolu-klok in het Etienne-Cartier

George-Etienne Cartier (1814–1873) was een van de Vaders van de Federatie *(zie blz. 44)* en een van de belangrijkste Frans-Canadese politici van zijn tijd. Deze nationale historische plaats bestaat uit twee aanpalende natuurstenen huizen aan de oostrand van de oude stad, vroeger eigendom van de Cartiers. Het ene is gewijd aan Cartiers loopbaan als advocaat en politicus. Hier kunt u aan een ronde tafel zitten en luisteren naar een zeer goed verslag over de politieke grondslagen van het moderne Canada. In het tweede huis wordt aandacht besteed aan het huiselijk leven van Cartier en het functioneren van een 19de-eeuwse familie uit de hogere klasse. In de formeel ingerichte kamers vol rijk meubilair kunt u naar bandjes luisteren waarop 'personeel' over hun leven vertelt.

De torens zijn 69 m hoog en zijn boven de oude stad zichtbaar.

Het Vieux Séminaire stamt uit 1685 en behoort nog aan de sulpicianen, de priesters die de basiliek beheren. Het is een van de oudste gebouwen in Montréal.

Pijporgel
De beroemde orgelbouwer Casavant bouwde het orgel in 1891 boven de noordelijke deur. Het wordt nog vaak bespeeld.

Glas-in-loodramen
De prachtige ramen zijn in 1930 uit Limoges geïmporteerd. Elk vertelt een verhaal uit Montréals verleden; dit toont de pionier Maisonneuve die in 1643 de Mont Royal beklom.

Musée Marc-Aurèle Fortin ❺

118 Rue Saint-Pierre. **C**
514–8456108. 🚇 *Central Station.* 🚌
Terminus Voyager. 🚇 *Square Victoria.*
🔲 *di–zo 11.00–17.00 uur.* 📷 ♿

Dit in een oud pakhuis ondergebrachte museum, eigendom van een oude orde van nonnen, bezit een grote collectie van het werk van Fortin en organiseert ook exposities van nieuwe schilderijen van lokale kunstenaars. Marc-Aurèle Fortin had grote invloed op het landschapsschilderen in Canada. Hij werd geboren in 1888, toen Europese stijlen de Noord-Amerikaanse kunst domineerden. Fortin hield van het licht van zijn land en gebruikte allerlei ongewone technieken. Om het 'warme licht van Québec' te treffen, schilderde hij soms op een grijze ondergrond. Bij zijn dood in 1970 liet hij niet alleen veel schilderijen na, maar ook een nieuwe kijk op de natuur van de landelijke gebieden van Québec.

Natuurstenen gevel van het Musée Marc-Aurèle Fortin

Centre d'Histoire de Montréal ❻

335 Place d'Youville. **C** *514–8723207.* 🚌 *61.* 🚇 *Square Victoria.*
🔲 *half mei–aug.: dag.; sept.–mei: di–zo.* ⬛ *half dec.–half jan.* 📷

Dit museum is ondergebracht in een mooie brandweerkazerne met zadeldak uit 1903. Het is gewijd aan de geschiedenis van Montréal van de eerste nederzettingen van de indianen tot de moderne tijd, met de nadruk op het dagelijks leven. Er zijn twee verdiepingen met permanente tentoonstellingen. "Montréal, 5 Times", op de begane grond, belicht vijf reizen

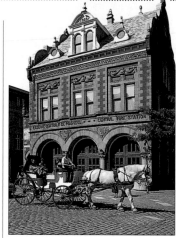

Centre d'Histoire de Montréal

uit de Canadese geschiedenis. Het begint met de ontmoeting tussen de eerste volken en de Europese ontdekkingsreizigers en eindigt met de culturele explosie uit de jaren 60. Op de eerste verdieping is "Montréal of 1000 Faces", waar de nadruk wordt gelegd op handel en immigratie in de geschiedenis van de stad. De nieuwsbeelden uit de jaren 30, 40 en 50 zijn leuk en informatief. Op de tweede verdieping heeft u een mooi uitzicht over de stad.

Chinatown ❼

🚇 *Champ-de-Mars; Place des Arts.*

De naam is allang niet meer toepasselijk. Veel restaurants en winkels in deze wijk van achttien woonblokken ten noordoosten van de oude stad zijn in handen van

Vietnamese en Thaise immigranten, die als gevolg van de 20ste-eeuwse onrust in Zuidoost-Azië naar Canada trokken. De Chinezen zaten hier echter het eerst. Ze kwamen voor het eerst na 1880, samen met veel Europese immigranten, en zochten elkaar op in dit hoekje van de stad in een poging discriminatie te ontlopen. Toen ze welvarender werden, trokken veel afstammelingen van de eerste immigranten naar rijkere buurten en lieten Chinatown aan de ouderen en de pas gearriveerden. In het weekeinde komen ze op bezoek en wemelen de straten van de mensen die op zoek zijn naar zijde, souvenirs, groenten, muziek en geroosterd vlees. De restaurants zijn gespecialiseerd in een reeks stijlen, van Sichuan, Kantonees, Thais, Vietnamees tot Koreaans, en overal hangt de geur van pittig geroosterd varkensvlees en noedels.

Wie genoeg heeft van de drukte, kan naar een kleine tuin gaan, gewijd aan de charismatische Chinese leider Soen Jat-sen, aan Clarke Street. Ook mooi zijn de twee grote Chinese bogen die de De la Gauchetière Street overspannen en een paar authentieke pagodes op het dak van het moderne Holiday Inn-hotel.

Een kleurige marktkraam in het bruisende Chinatown

Een picknick in de ontspannen omgeving van het Parc Lafontaine in Plateau Mont-Royal

Plateau Mont-Royal ❽

[Tourisme Montreal: 514–8445400.
▯ Sherbrooke; Mont-Royal.

Geen buurt is zo kenmerkend voor Montréal als de Plateau. De doorgaande straten zitten vol bistro's, boekwinkels, boetieks en terrassen. De nachtclubs variëren van extreem tot klassiek en de eethuizen van snackbars en broodjeswinkels tot vijfsterrenrestaurants. Ook jazzbars zijn hier populair en lopen uiteen van deftige clubs tot rokerige kelders.

De inwoners van deze buurt vormen een mengelmoes van studenten, Franstalige arbeiders, yuppen en immigrantenfamilies met wortels in Europa en Latijns-Amerika. Ze spreken elkaar ofwel in het Parc Lafontaine, een plaatselijk park met een openluchttheater, of op 'Balconville', een instelling die typerend is voor Montréal en die te maken heeft met de ietwat krakkemikkige onderkomens waarin de meeste inwoners wonen.

Om binnen ruimte te sparen zijn deze flats in ruime mate voorzien van balkons die met de straat in verbinding staan via fraaie, smeedijzeren trappen. In de winter zijn ze verraderlijk, maar 's zomers staan ze vol bloemen, wordt er gebarbecued en worden er feesten, familiebijeenkomsten en picknicks gehouden.

De grote arbeidersgezinnen voor wie deze woningen aan het begin van de 20ste eeuw zijn gebouwd, leefden erg bescheiden, maar spaarden zo veel geld dat ze de bouw van grote, fraai gedecoreerde parochiekerken konden financieren, met name de Église Saint-Jean-Baptiste. De katholieke bourgeoisie woonde iets zuidelijker, in elegante Second-Empire-woningen aan Rue Saint-Denis of Carré Saint-Louis, een van de mooiste pleinen van de stad.

Place des Arts ❾

183 Rue Ste-Catherine W. **[**
514–8422112. **▯** Place des Arts.
W www.pdarts.com

Dit complex van zalen en theaters is het belangrijkste centrum voor uitvoerende kunsten in Montréal. Zowel de Opéra de Montréal (Montreal Opera) als het Orchestre Symphonique de Montréal (Montreal Symphony Orchestra) hebben de Salle Wilfrid Pelletier, de grootste van de vijf zalen, als thuishaven. Het Place des Arts deelt een modern centraal plein met het uitstekende Musée d'Art Contemporain (zie blz. 112–113).

Place des Arts, hét podium voor uitvoerende kunsten in Montréal

Musée d'Art Contemporain ❿

Het in 1964 geopende Museum of Contemporary Art is het enige museum in Canada dat uitsluitend aan moderne kunst is gewijd. Het is gevestigd in het centrum van Montréal en meer dan 60 procent van de 6000 schilderijen, tekeningen, foto's, video's en installaties in de vaste collectie is van de hand van kunstenaars uit Québec. Het oudste werk stamt uit 1939, maar de nadruk ligt op hedendaagse kunst. Er zijn ook werken te zien van vernieuwende internationale kunstenaars, zoals de controversiële Bill Viola, Louise Bourgeois en Andrès Serrano. De zalen zijn ruim en goed verlicht; het Musée heeft er de Grand Prix van de gemeente Montréal mee gewonnen. De tentoonstellingsruimten liggen rond een centrale hal die over alle verdiepingen loopt.

Les dentelles de Montmirail
Dit landschap uit 1995, van de jonge schilderes Natalie Roy, behoort tot een grote collectie kunst uit Québec.

Eerste verdiep

★ **Niagara sandstone circle** *(1981)*
Het werk van de Engelse beeldhouwer Richard Long is zeer opvallend. Hij gebruikt materialen uit de natuur, die zelf weer het thema vormt voor zijn kunst; de geometrische opstelling zet tot denken aan.

Begane grond

SYMBOLEN

- ☐ Permanente tentoonstellingen
- ☐ Tijdelijke tentoonstellingen
- ☐ Beelden van Pierre Granche
- ☐ Filmtheater
- ☐ Videoruimte
- ☐ Multimediaruimte
- ☐ Theater/congreszaal
- ☐ Ateliers
- ☐ Geen tentoonstellingsruimte

Entree
Het museum gebruikt deze moderne ruimte, gesierd met werken uit de collectie, voor speciale gelegenheden en recepties. Een restaurant op de bovenverdieping kijkt erop uit.

STERATTRACTIES

★ **Pierre Granche**

★ **Richard Long**

MUSEUMWIJZER

Slechts een klein deel van het museumbezit wordt permanent getoond. Het is te zien op de bovenverdieping, samen met wisselende exposities. Er is ook een beeldentuin, toegankelijk vanuit het hoofdgebouw, met wisselende objecten; dit is een heerlijke plek om uit te rusten als u moe bent van het drentelen.

★ **Comme si le temps ... de la rue** *(1991–1992)*
Pierre Granche's vaste installatie buiten is gebaseerd op Egyptische mythologische figuren, waarvan de vormen symbolisch zijn voor Montréal. Het werk straalt humor en poëzie uit.

Hoofdingang

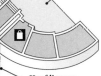

Museumgevel
Het in de jaren negentig gebouwde MAC toont 320 werken uit zijn veel grotere collectie.

Christ Church Cathedral ⓫

1444 Union Ave. 514–8436577. Central Station. 15. McGill. dag. 8.00–17.30 uur.

De architect Frank Wills voltooide Christ Church in 1859 als zetel van de anglicaanse bisschop van Montréal. Het sierlijke, gotische kalkstenen gebouw, met een drievoudig portiek en een hoge, slanke toren, bezit met waterspuwers gesierde buitenmuren. De kerk was te zwaar voor de bodem; de stenen torenspits is in 1940 vervangen door een met aluminium afgewerkte spits. Er worden lunchconcerten gegeven in het koele, duistere interieur met schitterende glas-in-loodramen, waarvan sommige uit de werkplaats van William Morris in Londen.

Christ Church Cathedral, volgens een 14de-eeuws Engels ontwerp

McCord Museum of Canadian History ⓬

690 Rue Sherbrooke W. 514–3987100. Central Station. 24. McGill. di–vr 10.00–18.00 uur; za en zo 10.00–17.00 uur. ma. www.mccord-museum.qc.ca

De advocaat David Ross McCord (1844–1930) verzamelde werkelijk alles wat met het leven in Canada te maken had, boeken, foto's, sieraden, meubels, kleding, documenten, papieren, schilderijen, speelgoed, porselein. In 1919 schonk hij zijn collectie aan de McGill University met de bedoeling een museum voor de sociale geschiedenis van Canada op te richten. Die collectie, nu meer dan 90.000 voorwerpen, zit in een chic kalkstenen gebouw, vroeger een ontmoetingscentrum voor de studenten van McGill. Het museum bezit een afdeling over de vroegste geschiedenis, maar ook prachtige volkskunst. De Inuit- en indianenafdeling toont kleding, wapens, sieraden, huiden en aardewerk. Een aparte zaal is gewijd aan de sociale geschiedenis van Montréal. Beroemd is de collectie van 700.000 foto's waarop het dagelijks leven in het 19de-eeuwse Montréal is vastgelegd.

Inuit-schoenen in het McCord Museum

McGill University ⓭

845 Rue Sherbrooke W. 514–398 4455. Central Station. 24. McGill. ma–vr 9.00–18.00 uur. reserveren. www.mcgill.ca

Toen zij in 1821 werd gesticht, werd de oudste universiteit van Canada gebouwd op land dat voor dat doel was nagelaten door de pelshandelaar en speculant James McGill (1744–1813). De hoofdingang wordt gesierd door een klassiek Roddick-hek. Erachter voert een laan naar het overkoepelde neoclassicistische Arts Building, het oudste gebouw op het terrein. De andere 70 gebouwen variëren van sierlijk Victoriaans tot recht-toe-recht-aan beton. Een van de mooiste is het **Redpath Museum of Natural History**, dat een excentrieke collectie toont. Fossielen, waaronder een skelet van een dinosaurus, liggen naast Afrikaanse kunst, Romeinse munten en een verschrompeld hoofd.

🏛 Redpath Museum of Natural History

859 Rue Sherbrooke W. 514–3984086. ma–do 9.00–17.00 uur, zo 13.00–17.00 uur. vr, za.

Musée des Beaux Arts ⑭

De oudste en grootste kunstverzameling in Québec is ondergebracht in twee zeer verschillende gebouwen aan weerszijden van de Rue Sherbrooke. Het Michal en Renate Hornstein-paviljoen met vier witmarmeren zuilen staat tegenover de enorme betonnen boog en schuine glazen gevel van het Jean-Noël Desmarais-paviljoen. In het Michal en Renate Hornstein-paviljoen ligt de nadruk op Inuit-kunst en voorwerpen van vroege kolonisten en schilderijen van de 18de eeuw tot de jaren zestig. De zalen van het Desmarais-paviljoen (zie illustratie) zijn gewijd aan Europese kunst van de Middeleeuwen tot de 20ste eeuw, met name de Renaissance. Tussen de twee paviljoens ligt de zaal voor antieke culturen, met collecties Romeinse vazen en Chinese wierookdoosjes.

Gevel van het Jean-Noël Desmarais-paviljoen
Het grootste paviljoen, uit 1991, bevat een collectie die inmiddels uit 26.000 kunstwerken bestaat.

★ **Portret van een jonge vrouw** *(ca. 1665)*
Dit beroemde schilderij van Rembrandt is geschilderd in zijn kenmerkende realistische stijl; de peinzende blik van de vrouw wordt versterkt door de diepzwarte achtergrond.

MICHAL EN RENATE HORNSTEIN-PAVILJOEN

Deze zaal is toegespitst op Amerika van voor 1960 met onder andere Meso-Amerikaanse, Inuit en indiaanse kunst, maar ook vroeg-Europese meubelen, huishoudzilver en decoratieve kunsten en verbonden met het Desmarais-paviljoen door een ondergrondse tunnel waarin een tentoonstelling van oude culturen is ondergebracht. In andere zalen wordt Canadese schilderkunst getoond, van religieuze kunst tot vroege werken van Paul Kane en het Impressionisme van James Wilson Morrice. De 20ste eeuw wordt vertegenwoordigd door de Group of Seven en Paul-Emile Borduas.

18de-eeuwse zilveren theepot

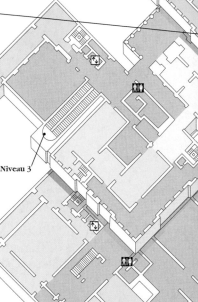

Niveau 3

Niveau S2

STERATTRACTIES

★ *Man van het Huis Leiva* **door El Greco**

★ *Portret van een jonge vrouw* **door Rembrandt**

Toegang tot het Michal en Renate Hornstein-paviljoen

TIPS VOOR DE TOERIST

1379–1380 Rue Sherbrooke W. ☎
514–2852000. 🚊 Central Station.
🚌 24. Ⓜ Guy Concordia. ◯ di,
do–zo 11.00– 17.00 uur; wo
11.00–21.00 uur. ● ma. 🎦 voor
speciale tentoonstellingen. ♿ 📷
🆆 www.mbam.qc.ca

Niveau 4

★ **Man van het Huis
Leiva** *(1590)*
*De fascinerende
portretten door El
Greco van de
Spaanse aris-
tocratie zijn
een hoogtepunt.*

MUSEUMWIJZER

*De schilderijencollecties
zijn te vinden op niveau
3 en 4 van het Desmarais-
paviljoen. Op niveau 2 zit een
leuk café. Op niveau 1 zitten
de museumwinkel en de
hoofdingang. Het lagere
niveau S2 heeft zalen
met moderne kunst
en biedt toegang
tot de verbindings-
tunnel met het
Michal en Renate
Hornstein-paviljoen.*

SYMBOLEN

☐ Moderne kunst

☐ Kunst van antieke culturen

☐ 19de-eeuwse Europese kunst

☐ 20ste-eeuwse Europese kunst

☐ Europese decoratieve kunsten

☐ Oude meesters

☐ Tijdelijke exposities

☐ Geen tentoonstellingsruimte

**Ingang op straatniveau van de
doolhofachtige Underground City**

Underground
City ⑮

🚊 Central Station. Ⓜ Terminus
Voyager. 🚊 Place des Arts.

Toen Montréal in 1966 zijn
eerste metrolijn opende,
ontstond er en passant een
geheel nieuwe laag van stedelijk leven de Underground
City. Het is theoretisch mogelijk een goed leven te leiden in
Montréal zonder een stap in de
buitenlucht te zetten.
De eerste metrostations sloten
alleen aan op de twee grote
stations, enkele hotels en het
winkelcentrum onder het
kantorencomplex aan de

Place Ville-Marie. Tegenwoordig is het een enorm netwerk
van meer dan 30 km gangen
met zo'n 1600 winkels, 200
restaurants, hotels, bioscopen
en concertzalen.

Square Dorchester
en Place du
Canada ⑯

🅷 1001 Rue Square Dorchester.
☎ 514–8732015. 🚊 Central
Station. Ⓜ Terminus Voyager.

Deze twee open pleinen
vormen een groene oase in
het centrum van Montréal. Aan
de noordzijde van Boulevard
René-Lévesque staan beelden,
waaronder dat van de eerste
Frans-Canadese premier sir
Wilfrid Laurier, samen met een
oorlogsmonument in de schaduw van de bomen op Square
Dorchester. Op de Place du
Canada kijkt een beeld van de
eerste premier van het land, sir
John A. Macdonald, uit op de
de boulevard. De gebouwen
rond het park vertonen alle
stijlen, van een gotische kerk
en een glimmend zwart bank-
gebouw tot het Sun Life
Building (1933), een fort
waarin de Britse kroonjuwelen
tijdens de Tweede Wereld-
oorlog werden bewaard.

De gebouwen aan Square Dorchester zijn heel gevarieerd

Het silhouet van Montréal bij nacht ▷

De Marie-Reine-du-Monde met beelden van Montréals patroonheiligen

Cathédrale Marie-Reine-du-Monde ⑰

1085 Rue Cathédrale. 📞 514–8661661. 🚇 Central Station. 🚌 Terminus Voyager. 🚇 Bonaventure. ⏰ ma–vr 6.30–19.30 uur, za 7.30–20.30 uur, zo 8.30–19.30 uur. ♿

Toen in 1852 de eerste katholieke kathedraal in Montréal afbrandde, besloot bisschop Ignace Bourget het belang van de katholieke Kerk in Canada te onderstrepen door een nieuwe te laten bouwen in een op dat moment door de Engelse protestantse handelselite gedomineerde wijk. Om de trouw van zijn kudde aan de paus te demonstreren, nam hij de St.-Pieter in Rome tot voorbeeld.
De in 1894 voltooide kathedraal is eenkwart kleiner dan de St.-Pieter. De beelden op het dak zijn van de patroonheiligen van de parochies die in 1890 de diocees van Montréal uitmaakten.
De magnifieke altaarhemel, een replica dat Bernini voor de St.-Pieter heeft gemaakt, is in koper en bladgoud uitgevoerd. Nog een verwijzing naar Bourgets trouw aan Rome ziet u op de zuil op de noordoosthoek van de kerk. Op een marmeren plaquette staan de namen van alle Montréalers die in het pauselijk leger dienden tijdens de Italiaanse Onafhankelijkheidsoorlog in de jaren vijftig van de 19de eeuw.

De altaarhemel in de kathedraal

Centre Canadien d'Architecture ⑱

1920 Rue Baille. 📞 514–9397000. 🚇 Central. 🚌 Terminus Voyager. 🚇 Guy Concordia. ⏰ di–zo 11.00–18.00 uur. ● ma. 📷 ♿ 🎫 reserveren.

De bezoekers komen binnen door een onopvallende glazen deur in de grijze, kalkstenen, vrijwel raamloze gevel van dit grote U-vormige gebouw. In de goedverlichte zalen worden de exposities afwisselend tentoongesteld.
De belangrijkste onderwerpen zijn architectuur, ontwerp en landschapsarchitectuur.
De twee vleugels van het moderne gebouw omarmen het elegante Shaughnessy Mansion, dat uitziet op de Boulevard René-Lévesque Ouest. Het huis maakt nu deel uit van het Centre, maar is in 1874 gebouwd voor de directeur van de Canadian Pacific Railway, sir Thomas Shaughnessy. De art-nouveauserre bezit een prachtig plafond.
Het Centre is ook een belangrijk opleidingsinstituut. De collectie architectuur, tekeningen, maquettes en foto's is de belangrijkste in zijn soort ter wereld. De bibliotheek alleen al telt meer dan 165.000 boeken over architectuur.

Rue Sherbrooke ⑲

🚇 Central Station. 🚌 Terminus Voyager. 🚇 Sherbrooke.

In de tweede helft van de 19de eeuw was Montréal een van de belangrijkste steden van het British Empire. Kooplieden en industriëlen hadden ongeveer 70 procent van Canada's rijkdom in handen en velen bouwden prachtige huizen voor zichzelf op de hellingen van Mont Royal in de wijk die later de Golden of Square Mile werd genoemd. Rue Sherbrooke, tussen Rue Guy en Rue University, was er de hoofdstraat en de winkels, hotels en kerken daar waren de deftigste van het hele land. Iets van deze elegantie heeft de bulldozers van de jaren zestig getrotseerd. Holt Renfrew, Montréals chique warenhuis, en het Ritz-Carlton Hotel staan er nog, evenals twee prachtige kerken, de presbyteriaanse St.-Andrew and St.-Paul en de Erskine American United op de hoek van de Avenue du Musée, die glas-in-loodramen van Tiffany bezit. De grijze huizenblokken zitten vol modezaken, boekwinkels en galeries.
Miljonairs die net niet rijk genoeg waren om aan de Square Mile te wonen, bouwden mooie rijtjeshuizen aan de Rue de la Montagne, Rue Crescent, en de Rue Bishop, daar vlakbij. Daarin zitten nu dure winkels en bistro's. Meer naar het westen staat het Grande Seminaire, waar nog altijd priesters worden opgeleid.

Oud huis aan de Rue Sherbrooke, de 'Golden Square Mile'

De grootste kerk in Montréal, het Oratoire Saint-Joseph, met de elk jaar door pelgrims beklommen trappen

Oratoire Saint-Joseph ⑳

3800 Chemin Queen Mary. 514–7338211. Central Station. Terminus Voyager. Côte-des-Neiges. dag.

Elk jaar beklimmen twee miljoen pelgrims op hun knieën de 300 treden naar de ingang van deze enorme kerk. Broeder André (1845–1937), verantwoordelijk voor de bouw van deze aan de echtgenoot van Maria gewijde kerk, zou trots op hen zijn. Het begon toen hij in zijn vrije tijd een aan St.-Jozef gewijde kapel op de berghelling bouwde. De zieken en gehandicapten van Montréal kwamen bij hem bidden en al gauw werden er verhalen verteld over wonderbaarlijke genezingen. Broeder André begon pelgrims aan te trekken en in het huidige oratorium werd gebouwd om hen te ontvangen. Hij ligt hier begraven en werd in 1982 zalig verklaard.

De achthoekige koperen koepel van de kerk is een van de grootste ter wereld – 44,5 m hoog en 38 m in doorsnee. Het interieur is modern; de langgerekte houten beelden van de apostelen in de zijbeuken zijn van de hand van Henri Charlier, die ook het hoofdaltaar en het grote kruisbeeld heeft gemaakt. De glas-in-loodramen zijn van Marius Plamondon. In het hoofdgebouw zit een museum over André's leven. Naast de ondergrondse kerk staat een kapel met honderden kaarsen, aangestoken door pelgrims.

Parc Mont-Royal ㉑

514–8720582. Central Station. 11. Mont-Royal. dag. 6.00–24.00 uur.

De steile groene bult die boven het stadscentrum uitrijst, is slechts 234 m hoog, maar de Montréalers noemen hem kortweg 'de berg' of 'la montagne.' Jacques Cartier gaf de heuvel zijn naam toen hij er in 1535 arriveerde en gaf zijn naam weer aan de stad. De berg werd in 1876 een park, toen de stad het land kocht en Frederick Law Olmsted, de man die New Yorks Central Park ontwierp, opdracht gaf het aan te leggen.

Olmsted probeerde het natuurlijk te houden en bouwde enkele uitkijkplaatsen, verbonden door voetpaden. Latere generaties hebben een vijver gegraven (Beaver Lake), een 30 m hoog kruis van stalen balken opgericht en de Voie Camilien Houde aangelegd, een pad dat van oost naar west door het park loopt.

De 101 ha velden en loofbossen op de heuvel geven de inwoners van Montréal een zeer gewaardeerde mogelijkheid om aan het drukke stadsleven te ontkomen, en bieden een spectaculaire blik op de stad. Het ruime terras voor het Chalet du Mont-Royal-paviljoen biedt uitzicht op de wolkenkrabbers in het centrum. Aan de noordgrens van het park liggen twee begraafplaatsen, de katholieke Notre-Dame-Des-Neiges en de oude protestantse Mount Royal Cemetery, met vele beroemde graven.

Uitzicht op Montréal vanaf Parc Mont-Royal

Olympic Park ②

Het Olympic Park in Montréal is ontworpen voor de Olympische Spelen van 1976 en bezit opvallende moderne gebouwen. De Parijse architect Roger Taillibert ontwierp het stadion dat door de Montréalers 'The Big Owe' wordt genoemd, niet alleen om zijn ronde vorm, maar ook om de 695 miljoen dollar die het heeft gekost. Het heeft 56.000 zitplaatsen en wordt tegenwoordig zowel gebruikt voor grote popconcerten als voor exposities. Naast het stadion verheft zich de Montreal Tower. In het milieumuseum het Biodome zijn vier wereldklimaten nagebootst.

Pinguïn in de Biodome

Het Olympic Park vanuit de lucht
Deze bijzondere toeristische attractie kan in één dag worden bekeken. Men komt hier ook graag voor een popconcert of sportwedstrijd.

Het Biodome is aangelegd als wielerbaan voor de Olympische Spelen van 1976 – daarom heeft het dak de vorm van een fietshelm.

★ **Biodome**
Hier zijn klimaten nagebootst: een dampig regenwoud, een ijskoude poolwereld, de vruchtbare bossen van het Laurentidegebergte en de met vis gevulde St.-Lawrence-rivier.

...ntre
*...ie geïnspireerd raken door de
...rt die in het stadion wordt getoond,
...itleven in dit goed geoutilleerde
...t met een 15 m diep duikbassin.*

★ Montreal Tower

Met 175 m is dit de hoogste hellende toren ter wereld. Hij buigt zich in een sierlijke boog over het stadion. Een kabelbaan brengt bezoekers in minder dan twee minuten naar het uitzichtterras boven op de toren.

TIPS VOOR DE TOERIST

3200 Viau St. █ 514–2524737.
▣ Viau Station. ◯ juni–sept.: dag. 9.00–20.00 uur; okt.–mei: dag. 9.00–17.00 uur.
▨ ▤ ▤ ▤ ▤
W www.rio.gouv.qc.ca

Het dak van het stadion kon eerst open en dicht. Het is echter in 1998 vervangen door een zwevend, permanent gesloten dak.

★ Olympic Stadium

De eerste gebeurtenis in deze spelonkachtige ruimte was de spectaculaire openingsceremonie van de Olympische Zomerspelen van 1976.

Uitzichtterras
Dit glazen platform biedt een prachtig uitzicht op de stad. Borden verwijzen naar speciale punten die wel 80 km ver kunnen liggen.

Een kabelbaan
loopt langs de zijkant van de toren; een kaartje geeft ook recht op een rondleiding door het Stadion of Biodome.

0 meter   50

STERATTRACTIES

★ Olympic Stadium

★ Montreal Tower

★ Biodome

PLATTEGROND VAN HET TERREIN VAN OLYMPIC PARK

1 Sportveld
2 Pierre-Charbboneau Centre
3 Maurice-Richard Centre
4 Biodome
5 Olympic Stadium
6 Sports Centre
7 Botanische tuinen

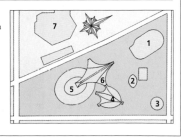

In de Jardin Botanique kunt u de stadsdrukte ontvluchten

Jardin Botanique de Montréal ㉓

4101 Rue Sherbrooke E. 📞
514–8721400. 🚇 Pius-IX. ⭕ mei–okt.: dag. 9.00–18.00 uur; nov.–april: di–zo 9.00–17.00 uur. 🎨 ♿ ♿

De botanische tuin van Montréal behoort tot de grootste van de wereld, een enorme prestatie voor deze noordelijke stad met zijn ruige klimaat.
Op 75 ha vindt u 30 perken, tien kassen, een "hof van de zintuigen" waar blinde gidsen de bezoekers het aanraken en ruiken van de exotische bloemen helpen ontdekken, en een Insectarium in de vorm van een kever.
De stilste plekjes zijn de 2,5 ha grote Montréal–Shanghai Dream Lake Garden, een goed geslaagde replica van een 14de-eeuwse Ming-tuin, en de verrukkelijke Japanse tuin.

Bonsai-boom in de Jardin Botanique

Ile-Sainte-Hélène ㉔

20 Chemin Tour de Lille.
📞 514–8726120. 🚇 Jean Drapeau. ⛴ Vieux-Port. ⭕ dag. 6.00–24.00 uur. ♿

Dit kleine beboste eiland midden in de St.-Lawrence-rivier heeft een grote rol gespeeld in de opkomst van Montréal als moderne stad. Het is genoemd naar de vrouw van Samuel de Champlain (zie blz. 41) en was het terrein van Expo '67, de wereldtentoonstelling die in de zomer van 1967 miljoenen bezoekers naar de stad trok.
Nog veel herinnert aan deze periode – met name La Ronde, het pretpark van de tentoonstelling, en de koepel die dienst deed als paviljoen van de VS. Hierin zit nu de Biosphere, een onderzoekscentrum waar de Grote Meren en de St.-Lawrence-rivier worden bestudeerd.
Tussen de koepel en de achtbanen ligt het Fort de l'Ile-Sainte-Hélène, in 1825 gebouwd om Montréal tegen een Amerikaanse aanval te beschermen. De stenen muren omsluiten een met gras begroeide paradeplaats, die tegenwoordig wordt gebruikt door leden van de Olde 78th Fraser Highlanders en de Compagnie Franche de la Marine, nagespeelde 18de-eeuwse regimenten die tot 1759 met elkaar vochten over de toekomst van Nieuw-Frankrijk. In het fort zit het **Musée David A. Stewart**, gewijd aan sociale en militaire geschiedenis.

🏛 **Musée David A. Stewart**
20 Chemin Tour de Lille. 📞
514–8616701. ⭕ wo–ma 10.00–17.00 uur. ● di; 1 jan., 25 dec. 🎨

Ile-Notre-Dame ㉕

110 Rue Notre-Dame. 📞 514–8726120. 🚉 Central Station. 🚌 Terminus Voyager. 🚇 Place d'Armes. ⭕ dag. 6.00–24.00 uur. ♿

Dit 116 ha grote stuk land, omringd door de St.-Lawrence Seaway, bestond niet voor 1967, toen het werd op-geworpen met stenen die voor het metrostelsel van Montréal waren opgegraven. Samen met het Ile-Sainte-Hélène vormde het het terrein van de Expo '67; tegenwoordig vormen de eilanden samen het Parc-des-Iles.
De populairste attractie is het monumentale Casino de Montréal, een provinciale gokhal in de voormalige paviljoens van Frankrijk en Québec. Elke dag komen duizenden mensen af op de goktafels en gokautomaten. Het casino sluit nooit. Tot het verhevener vermaak behoren een roeibaan, uitgegraven voor de Olympische Spelen van 1976, mooie tuinen en het enige strand van de stad.
Op het Circuit Gilles Ville-

De voor de Expo '67 gebouwde Biosphere

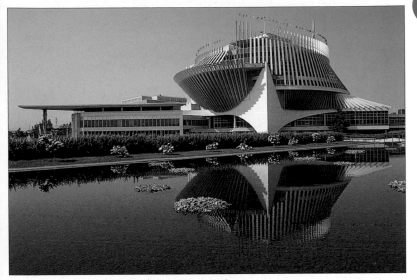

Het Casino op het Ile-Notre-Dame is 24 uur per dag geopend

neuve, genoemd naar de Canadese kampioen, wordt elk jaar in juni de formule-1 Grand Prix van Canada verreden.

Maison Saint-Gabriel ㉖

2146 Place de Dublin. **[**
514–9358136. 🚇 *Charlevoix.* 🚌 *57.*
○ *eind juni–aug.: dag.; sept.–juni: di–zo.* 📷 **&** 📷 *verplicht.*

Dit geïsoleerde stukje Nieuw-Frankrijk lijkt op het eerste gezicht wat verloren tussen de flatgebouwen van de arbeiderswijk Pointe-Saint-Charles. Het was een boerderij toen Marguerite Bourgeoys, Montréals eerste onderwijzeres en nu een officiële heilige, het in 1668 kocht om de religieuze orde te huisvesten die zij in 1655 had gesticht.
Het huis werd in 1698, na een brand, herbouwd en is een fraai voorbeeld van 17de-eeuwse architectuur, met dikke stenen muren en een steil dak op een geraamte van originele houten balken.
Marguerite Bourgeoys en haar onvermoeibare nonnen dreven de boerderij en beheerden een school op het land voor in-heemse en immigrantenkinde-ren. Ze boden ook de *filles du*

roy ('dochters van de koning') onderdak, weesmeisjes die naar het buitenland werden gestuurd om vrouwen van de nieuwe kolonie te worden. De huiskapel, keuken, slaapzaal en woonkamers staan vol 17de-eeuwse voorwerpen, waaronder de schrijftafel van de heilige zelf en een misge-waad dat is geborduurd door een rijke kluizenaar die in en hut op het land woonde.

Lachine ㉗

Blvd. St. Joseph. **[** *514–8732015.*
🚇 *Lionel Groulx.* 🚌 *191.*

Lachine is een voorstad ten zuidwesten van Montréal en omvat een gelijknamig eilandje ten westen van de Lachine Rapids, waar de St.-Lawrence-rivier zich verbreedt tot het Lac-Saint-Louis. Lachine maakt nu deel uit van Montréal, maar was lang zelfstandig. Het oude stadje aan de Boulevard Saint-Joseph is heel charmant. Veel van de mooie oude huizen zijn nu restaurants en bistro's met terrassen die uitzien op het Parc René-Lévesque en het meer. In een van de oudste huizen, uit 1670, zit het **Musée de Lachine**, een historisch museum en galerie. De **Fur Trade at Lachine National Historic Site** is gewijd aan de

bonthandel, jarenlang de voor-naamste bron van inkomsten. Het Lachine Canal, in de 19de eeuw aangelegd om de stroom-versnelling te omzeilen, ver-bindt de stad direct met de Vieux-Port. Het kanaal zelf wordt niet meer bevaren, maar het aangrenzende land is in een park met fietspaden veranderd.

🏛 **Musée de Lachine**
110 Chemin de LaSalle.
[*514–6343471, doorkiesnr. 346.*
○ *maart–dec.: wo–zo 11.30–16.30 uur.* 📷 *reserveren.*
🏛 **Fur Trade at Lachine National Historic Site**
1255 Blvd. St. Joseph. **[** *514–6377433.*
○ *april–half okt.: dag; half okt.–nov.: wo–zo.* 📷 **&** 📷

Gezicht op het Musée de Lachine vanaf het kanaal

QUÉBEC-STAD EN DE ST.-LAWRENCE-RIVIER

Québec-stad, het hart van Frans-Canada, ligt boven de St.-Lawrence-rivier op de rotskust van Cap Diamant. Als provinciehoofdstad is de stad de zetel van het regionaal bestuur en tegenwoordig het centrum van Frans-Canadees nationalisme. De sfeer is er Parijs, elk straatje is een kijkje waard en bijna iedereen spreekt Frans. De Europese ambiance, de architectuur en het historische belang van de stad hebben ertoe bijgedragen dat hij in 1985 op de Werelderfgoedlijst van de VN is gezet. In de St.-Lawrence-rivier, een van de grootste rivieren ter wereld, leven zeldzame zeedieren. Noordkapers en dwergvinvissen zwemmen stroomopwaarts tot Tadoussac en fourageren aan de monding van de Saguenay. Het Laurentidegebergte rijst hoog op aan de noordoever van de St.-Lawrence. Dichter bij Québec-stad behoort de rijke natuur van het Charlevoix-gebied tot de mooiste van het land en vormt een scherp contrast met de hoge kliffen en de woestheid van het Gaspé Peninsula. Voor de kust ligt het natuurreservaat Ile d'Anticosti.

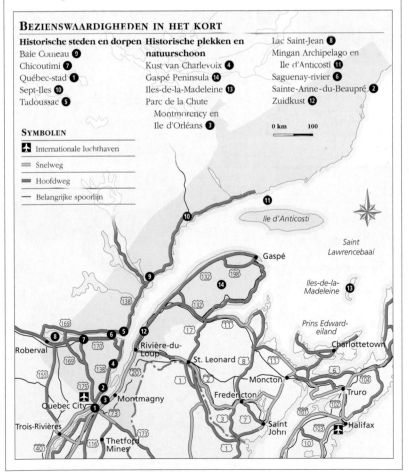

BEZIENSWAARDIGHEDEN IN HET KORT

Historische steden en dorpen
Baie Comeau ❾
Chicoutimi ❼
Québec-stad ❶
Sept-Iles ❿
Tadoussac ❺

Historische plekken en natuurschoon
Kust van Charlevoix ❹
Gaspé Peninsula ⓮
Iles-de-la-Madeleine ⓭
Parc de la Chute Montmorency en Ile d'Orléans ❸

Lac Saint-Jean ❽
Mingan Archipelago en Ile d'Anticosti ⓫
Saguenay-rivier ❻
Sainte-Anne-du-Beaupré ❷
Zuidkust ⓬

SYMBOLEN

✈ Internationale luchthaven
═ Snelweg
▬ Hoofdweg
─ Belangrijke spoorlijn

0 km   100

Ile d'Anticosti

Saint Lawrencebaai

Gaspé

Iles-de-la-Madeleine ⓭

Prins Edward-eiland

Charlottetown

Rivière-du-Loup

St. Leonard

Roberval

Moncton

Fredericton

Truro

Quebec City

Montmagny

Trois-Rivières

Thetford Mines

Saint John

Halifax

◁ **Oude huizen in de Benedenstad in Québec-stad**

Onder de loep: Québec-stad ❶

Québec-stad, een van de oudste gemeenschappen op het Amerikaanse continent, is als Irokees dorp ontdekt door de Franse ontdekkingsreiziger Jacques Cartier en in 1608 als stad gesticht door Samuel de Champlain *(zie blz. 41)*. De Engelsen kregen in 1759 het gezag over de stad en de rest van de provincie tijdens de Slag op de Vlakten van Abraham, vlak voor de stadsmuren. Tegenwoordig staat de stad bekend als hart van Frans-Canada. Het oudste deel, Basse-Ville of Benedenstad, is in de jaren zeventig gerenoveerd. Met zijn wenteltrappen en cafés is het een leuke bestemming.

★ **Basilique Notre-Dame-de-Québec**
Deze kathedraal uit 1647 bevat relieken uit de vroegste Franse tijd in Québec en schilderijen van oude meesters.

Musée du Fort
Militaire geschiedenis wordt hier tot leven gebracht in shows waarbij zes beleggen en veldslagen worden nagespeeld.

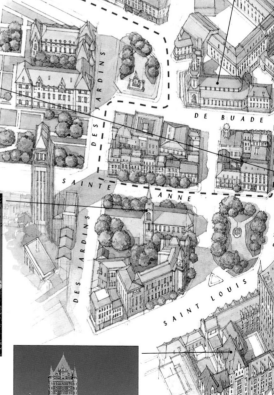

Anglicaanse Holy Trinity-kathedraal
Een elegante neoklassieke gevel uit 1804 verhult een Engels eiken interieur.

Château Frontenac
Het herkenningspunt van Québec-stad verrijst sinds 1893 boven de stad. Het bevat 600 luxeverblijven.

0 meter 100

SYMBOOL

— — Aanbevolen route

Musée de la Civilisation

De geschiedenis van de mensheid komt aan bod in dit moderne gebouw, vastgebouwd aan oude huizen, waaronder Maison Chevalier.

★ Place Royale

Place Royale, een ware microkosmos van de Canadese geschiedenis, beleeft een ware renaissance, en de omringende straten, met hun 18de- en 19de-eeuwse huizen, zijn in hun oude glorie hersteld.

De funiculaire loopt van het Terrasse Dufferin naar de Benedenstad en biedt een prachtig zicht op het oude centrum.

Maison Chevalier

In dit voor een 18de-eeuwse koopman gebouwde huis, verbonden met het Musée de la Civilisation, worden decoratieve kunsten getoond. Meubels en het befaamde zilverwerk van Québec zijn in elk vertrek te zien, evenals voorwerpen die het rijke leven in de 18de en 19de eeuw illustreren.

STERATTRACTIES

★ **Place Royale**

★ **Basilique Notre-Dame**

Québec-stad

Québec-stad, dat de enige ommuurde stad ten noorden van de Rio Grande herbergt, bezit smalle klinkerstraatjes en 18de-eewse gebouwen die deze kleine provinciehoofdstad (krap 55 km²) een Europese sfeer verlenen. De meeste attracties bevinden zich in één hoek van de stad, boven en onder de rotsen van Cap Diamant, terwijl de Citadel daar beschermend bovenuit rijst. Als hoofdstad van Québec is de stad zetel van het provinciale parlement, de Assemblée Nationale, waar de debatten vrijwel uitsluitend in het Frans worden gevoerd in schitterende zalen achter de vroeg-19de-eeuwse gevel van het grandiose Hôtel du Parlement.

Château Frontenac beheerst het silhouet van Québec-stad

Québec-stad verkennen

De meeste bezienswaardigheden zijn gemakkelijk te voet te bereiken. De stad valt uiteen in drie delen. Basse-Ville of Benedenstad, het oudste deel, ligt aan de St.-Lawrence-rivier aan de voet van Cap Diamant. Daarboven ligt de ommuurde stad, Haute-Ville of Bovenstad. Deze buurt zit vol winkels en restaurants, net als Basse-Ville, maar hier staan zowel de katholieke als de protestantse kathedraal en het imposante Château Frontenac. Achter de muren strekt zich de Grande Allée uit, met het Hôtel du Parlement waar het provinciale parlement zetelt.

🏛 Terrasse Dufferin

Deze promenade loopt langs de top van Cap Diamant, van Château Frontenac tot de rand van de Citadel, en is goed voorzien van bankjes en kraampjes. U hebt er een onnavolgbaar uitzicht op de St.-Lawrence-rivier, het Laurentidegebergte, en het Ile d'Orléans. 's Winters wordt er een ijsglijbaan voor tobogans op de promenade geïnstalleerd, die Les Glissades de la Terrasse wordt genoemd.

♣ Parc des Champs-de-Bataille

835 Ave. Wilfrid Laurier.
📞 418–6484071. ⭕ dag. ♿
Het Park van de Nationale Slagvelden was ooit echt een slagveld waarop de toekomst van Canada werd uitgevochten, maar nu is het een plezierig recreatieterrein, waar monumenten en een fontein met opschrift de enige verwijzingen zijn naar de bloedige geschiedenis van deze plek. Op 13 september 1759 versloegen Britse militairen onder generaal James Wolfe het Franse leger op de hooggelegen Vlakten van Abraham, even buiten de muren van Québec (*zie blz. 42–43*), waarmee het Britse gezag in Canada werd bezegeld. In 1908 werd het 100 ha grote slagveld tot stadspark aangelegd.

Jeanne d'Arc in Parc-des-Champs de Bataille

🏛 Assemblée Nationale

Ave. Honoré-Mercier en Grande Allée E.
📞 418–6437239. ♿ 📷 dag.
De Assemblée Nationale, Québecs provinciale parlement, vergadert vlak buiten de muren van de Oude Stad in dit elegante Second-Empire-gebouw dat in 1886 werd voltooid. Nissen langs de fraaie gevel en aan weerszijden van de hoge toren bevatten 22 bronzen beelden, die elk een figuur uit de geschiedenis van Québec weergeven. De eerste bewoners van het gebied worden geëerd in een bronzen voorstelling van een First Nations (eerste volken)-familie bij de hoofdingang. Binnen is de blauwe zaal het brandpunt van de politiek in Québec.

🏛 Fortifications de Québec

📞 418–6487016. ⭕ april–okt.: dag. 📷 ♿
Na een eeuw rust zijn de verdedigingswerken die Québec sinds hun voltooiing door de Engelsen in 1760 hebben beveiligd, rond 1870 van een barse militaire noodzaak veranderd in een populaire attractie. Op de noord- en de oostgrens van de stad verdedigen lage wallen met kanonnen de rotspunt, terwijl de muren aan de westkant 2,5 m hoog zijn. Twee sierlijke hekken, het Saint-Jean en het Saint-Louis, verschaffen doorgang door de westelijke muur. U kunt 4 km over de muren lopen.

De 18de-eeuwse verdedigingswerken in het Parc d'Artillerie

De groentestallen trekken veel publiek op de markt in de Vieux Port

⚏ Vieux Port
🛈 100 Quai Saint Andre.
📞 418–6483300. ♿

Deze prettige wijk ligt rond de oude haven ten noordoosten van de ommuurde stad. In tegenstelling tot de krap bebouwde rest van de Benedenstad, is de Vieux Port een ruim wandelgebied aan de rivier, vol

nieuwe en gerestaureerde moderne attracties. U kunt een boottochtje maken naar de Chute Montmorency-watervallen *(zie blz. 135)*. Wandelpaden voeren langs chique modewinkels, appartementen, de stedelijke concertzaal en trendy warenhuizen.

🏛 Musée de la Civilisation
85 Rue Dalhousie. 📞 *418–6432158.*
⭘ *eind juni–begin sept.: dag.; eind sept.–begin juni: di–zo.* ♿
W www.mcq.org

De moderne Canadese toparchitect Moshe Safdie ontwierp dit moderne gebouw van kalksteen en glas in de Basse-Ville om het museum van geschiedenis en cultuur van Québec te huisvesten. Het voelt hoogstmodern aan, maar heeft enkele prijzen gewonnen omdat het zo mooi opging in de oude omgeving. Drie beschermde gebouwen maken deel uit van het museum, waaronder het Maison d'Estebe, een 18de-

eeuws koopmanshuis. Het museum gebruikt een ander 18de-eeuws huis, het Maison Chevalier, om architectuur en meubels in gepaste entourage te tonen. Het museum toont onder andere "Ontmoetingen met de Eerste Volken" en de restanten van een 250 jaar oude Franse platbodem. Veel van de voorwerpen mag u aanraken en deelnemers aan een workshop voor families worden aangemoedigd kostuums van de verschillende tijdperken aan te trekken.

Oude en moderne architectuur van het Musée de la Civilisation

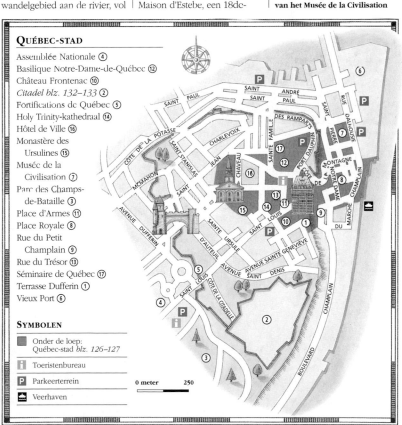

⊞ Place Royale
Rue Saint Pierre. ☏ 418–6463167.

Van alle pleinen in Canada heeft de Place Royale ongetwijfeld het meeste meegemaakt. Samuel de Champlain, de stichter van Québec, legde zijn tuin op deze plaats aan en de Franse koloniale gouverneur Frontenac maakte er in 1673 een markt van. In 1686 werd er een borstbeeld van Lodewijk XIV neergezet en werd het plein Place Royale genoemd. Nu ziet het er nauwelijks anders uit dan in de 18de eeuw; het ademt een sfeer van elegantie en verfijnde grandeur. Het wordt omringd door vroeg-18de-eeuwse huizen, met steile daken en pastelkleurige luiken, waar vroeger rijke kooplieden woonden. Het plein raakte in de 19de eeuw in verval, maar is nu gerestaureerd en vormt een podium voor straatartiesten.

Het herkenningspunt van de stad: hotel Château Frontenac

De drukke Rue du Petit Champlain

🏛 Rue du Petit Champlain
Onder Dufferin Terrace in de Oude Stad.
☏ 418–6922613. 🚹 gedeeltelijk.
🖥 www.quartierpetitchamplain.com

De toepasselijk zo genoemde Escalier Casse-Cou of Nekbreektrap, loopt omlaag van de Haute-Ville en eindigt in dit smalle voetgangersstraatje in het oudste deel van de stad. Franse ambachtslieden bouwden hier al in de jaren tachtig van de 17de eeuw hun huizen en Ierse havenarbeiders trokken in de 19de eeuw naar deze buurt. Er zijn veel oude gebouwen bewaard gebleven, maar de buurt raakte begin 20ste eeuw in verval. De arbeidershuisjes zijn omgetoverd tot 50 kunst- en specialiteitenwinkels en restaurants, en het korte voetgangersstraatje is een van de gezelligste van Québec-stad geworden. Er zijn interessante winkels te vinden.

⊞ Place d'Armes
Franse koloniale troepen gebruikten dit mooie, met gras begroeide plein ten noorden van Château Frontenac als paradeplaats. Tegenwoordig wachten open koetsjes op passagiers voor een ritje dat het plein in al zijn glorie toont. In het midden herinnert het Monument de la Foi aan de 300ste verjaring van de aankomst in 1615 van katholieke Recollet-missionarissen. Op de zuidwesthoek, naast de mooie anglicaanse kathedraal, staat het fraaie, vroeg-19de-eeuwse Palais de Justice. Het Musée du Fort ertegenover bevat een grote maquette van Québec-stad in de 19de eeuw.

⊞ Château Frontenac
1 Rue des Carrières. ☏ 418–6923861. 🚹

Het van steile, groenkoperen daken voorziene baken in het silhouet van het oude Québec is een luxehotel, dat door de Canadian Pacific Railway is gebouwd op de hoogvlakte boven de St.-Lawrence-rivier. De Amerikaanse architect Bruce Price ontwierp het hotel in de 19de eeuw als kasteel in Franse stijl, met tientallen torens en een hoog koperen dak met rijen dakkapellen. De bouw duurde nog bijna een eeuw nadat het eerste deel van het hotel in 1893 was geopend; het laatste deel werd in 1983 voltooid. Het hotel is opgetrokken uit natuur- en baksteen en telt meer dan 600 kamers. De gemeenschappelijke ruimten zijn zeer elegant; Salon Verchère en het Champlain worden veel bezocht.

⛪ Basilique Notre-Dame-de-Québec
Place de l'Hôtel de Ville. ☏ 418–6940665. ◯ dag. 7.30–16.00 uur. 🚹

Deze schitterende kathedraal is de zetel van de rooms-katholieke aartsbisschop van Québec, wiens diocees zich ooit uitstrekte van hier tot Mexico. De eerste twee kerken op deze plek werden voor 1640 door brand verwoest en de eerste kathedraal werd in 1759 door de Engelsen verwoest. Een vierde versie brandde in 1922 af. De huidige kathedraal is gebouwd in de stijl van het origineel uit 1647. Er zijn moderne materialen, zoals beton en staal, gebruikt om het lichte effect te bereiken; glas-in-loodramen, vergulde versieringen en een elegante hemel boven het hoofdaltaar versterken dat alleen nog maar.

De gevel van de Basilique-Notre-Dame-de-Québec

🏛 Rue du Trésor

Achter Place d'Armes.

Dit straatje tegenover de Rue de Buade bij de Holy Trinity-kathedraal is een waar instituut. Auto's mogen er niet komen en 's zomers wemelt het er van de toeristen die hun portret willen laten tekenen door een van de straatartiesten die zich hier verzamelen. Het is bijzonder leuk om hier naar tekeningen en aquarellen van Québec te zoeken.

🏛 Anglicaanse Holy Trinity-kathedraal

31 Rue des Jardins. 📞 *418–6922193.* 🕐 *dag.* ♿

Nadat ze een eeuw lang gebruik hadden gemaakt van de katholieke kerken in de stad, lieten de anglicanen van Québec in 1804 eindelijk op staatskosten hun eigen kathedraal bouwen. Het was de eerste anglicaanse kerk buiten Engeland, gemodelleerd naar de neoklassieke St.-Martin-in-the-Fields in Londen. Er zijn nog altijd giften uit Engeland te zien, waaronder het gebedenboek en de bijbel die de Engelse koning George III heeft geschonken. Het eikenhout van de kerkbanken komt uit het koninklijke Windsor Forest in Engeland en het klokkenspel is het oudste van Canada.

Reliekschrijn uit het ursulinenconvent

🏛 Monastère des Ursulines

Rue Donnacona. 📞 *418–6940694.* 🕐 *dag.* ♿

In 1639 bracht mère Marie de l'Incarnation de kloosterorde van de ursulinen naar Québec en in 1641 verrees een nonnenklooster, dat later afbrandde. De huidige Saint-Augustin- en Saint-Famille-vleugels dateren van de nieuwbouwperiode tussen 1686 en 1721. Het fraaie complex wordt door fruitboomgaarden omringd en heeft zich in de afgelopen vier eeuwen geleidelijk uitgebreid. In een van de gebouwen zit de oudste meisjesschool van Noord-Amerika.

Er leven en werken hier nog zo'n 100 nonnen, vandaar dat de toegang beperkt is. De mooi gedecoreerde kapel en het Franse antiek, waaronder Louis XIII-meubels, wetenschappelijke instrumenten, schilderijen en borduurwerk worden tentoongesteld in het Musée des Ursulines binnen het klooster. Hier wordt ook verteld wat de nonnen op het gebied van onderwijs en missie hebben bereikt. Mère Marie stelde de eerste Huron, Algonquin en Irokese woordenboeken samen, waarvan kopieën worden tentoongesteld.

🏛 Hôtel de Ville

Côte de la Fabrique. 📞 *418–6914606.* 🕐 *bezoekerscentrum: eind juni–sept.: dag.; okt.–juni: di–zo.* ♿

Dit imposante gebouw staat in het westeinde van de Rue de Buade, waar veel kunstenaars uit Québec hun producten verkopen. Het is in 1833 gebouwd en fungeert nog steeds als stadhuis. Vooral het park trekt veel mensen. Daar worden 's zomers theatervoorstellingen gehouden en ontmoeten de festivalbezoekers elkaar.

🏛 Séminaire de Québec

2 Côte de la Fabrique. 📞 *418–6922843.* 🕐 *'s zomers.* 📷 *verplicht.* 🎧 ♿

In 1663 bouwde François Laval, de eerste bisschop van Québec, een seminarium naast zijn kathedraal om katholieke priesters op te leiden voor zijn uitgestrekte diocees. Het is door de eeuwen heen gegroeid en vormt nu een elegant complex van 17de-, 18de- en 19de-eeuwse gebouwen rond een gazon.

Binnen het seminarium kunt u de 18de-eeuwse lambrisering van de kapelmuren bewonderen. Het Musée de l'Amérique Française maakt deel uit van het complex en toont een uiteenlopende collectie, waaronder een kapel met houten *trompe l'oeils*.

Het Hôtel de Ville, gezien vanuit het park ervoor

Het 19de-eeuwse interieur van de kapel van het Séminaire de Québec

La Citadelle

Zowel de Franse als de Engelse legers hebben meegewerkt aan de bouw van dit magnifieke fort. De Fransen begonnen in 1750 met de bouw en het werk werd in 1831 door de Engelsen voltooid. Het fort was bedoeld om Québec te beschermen tegen

Regimentsteken van een bever

een Amerikaanse aanval die nooit is gekomen. Tegenwoordig bieden de verdedigingswerken een plezierige wandeling rond het stervormige fort. De Citadelle is de thuishaven van het befaamde Frans-Canadese regiment de Royal 22-ste (Van Doos). Bezoekers kunnen dit regiment aan het werk zien en hun militaire parades bijwonen.

De verdedigingswerken
Sinds halverwege de 19de eeuw vormde de Citadelle de oostflank van de verdediging van Québec-stad.

Oude militaire gevangen

Cap Diamant is het hoogste punt van de Cape Diamond-kliffen, waaronder de Benedenstad ligt.

Residentie van de gouverneur-generaal
Dit herenhuis met dubbele trap en marmeren hal is sinds de 19de eeuw de officiële woning van de gouverneurs-generaal van Canada.

Loopgraven
rond de Citadelle zijn altijd belangrijk geweest in de verdediging.

Het Vimy Cross eert de Canadezen die tijdens de Eerste Wereldoorlog vielen bij de Slag bij Vimy in 1917.

Schans Cape Diamond
Het oudste gebouw op de Citadelle, de schans, dateert van 1693. Hij is gebouwd in opdracht van de Franse graaf Frontenac als eerste citadel voor Québec. Nu zijn er oorlogsherinneringen te zien en biedt de schans een prachtige blik op de St.-Lawrence-rivier.

Kapel
Deze particuliere kapel was in gebruik als Brits buskruitmagazijn en heeft nu een ceremoniële functie.

★ Wisselen van de wacht, Parade Square
Van juni tot Labour Day wordt dagelijks het Wisselen van de wacht opgevoerd. Het ceremoniële uniform van het 22-ste, rode tuniek en blauwe broek, is van Engels ontwerp.

TIPS VOOR DE TOERIST

1 Cote de la Citadelle. 📞 *418–6942815.* 🕐 *dag.* 🖼️ 👤 ∅ 📷 🎬 W www.lacitadelle.qc.ca

De barrakken
In de barakken is Canada's meest prestigieuze regiment gehuisvest, het 22-ste, dat in beide wereldoorlogen moedig heeft gestreden.

Plains of Abraham

Het Prince of Wales-bastion bevat een niet meer gebruikt buskruit-magazijn uit 1750, waar ooit 2388 vaten bus-kruit lagen opgeslagen.

rtverkoop

0 meter — 25 **Toegang tot de Citadelle**

STERATTRACTIES

★ Wisselen van de wacht

★ Dalhousie-poort

★ Dalhousie-poort
Deze poort is een van de originele bouwwerken uit de 19de eeuw. Hij wordt omringd door geschutpoorten en schietgaten, waardoor het stervormige fort zijn noord-, zuid- en westflanken met vuurwapens kon verdedigen.

Sainte-Anne-de-Beaupré ❷

Een van de meest gewijde plaatsen van Canada, het
heiligdom van de moeder van Maria, is in de 17de
eeuw gebouwd. In 1650 kwam een groep dankbare zeelieden hier aan land na een schipbreuk en beloofde een
kapel te bouwen ter ere van de H. Anne, de beschermhei-
lige van drenkelingen. Het heiligdom trekt elk jaar meer
dan 1,5 miljoen bezoekers, onder andere op de naamdag
van de heilige in juli. De basiliek in middeleeuwse stijl is
in de jaren twintig gebouwd en is de vijfde kerk op deze
plaats. In het portiek staan twee
zuilen van krukken, die getuigen
van het geloof van generaties rooms-
katholieken. Het plafond is voorzien
van gouden mozaïeken over het
leven van de H. Anna. In het tran-
sept staat een verguld beeld van
haar met Maria in haar armen.

Beeld van de H. Anna
*Centraal staat op de boven-
verdieping het rijkversierde
beeld voor het reliek
van de H. Anna, dat
in 1960 door paus
Johannes XXIII is
geschonken.*

**Glas-in-lood-
ramen** tonen hoe
de pelgrims door
het heiligdom
trekken, met het
roosvenster als
hoogtepunt.

PLATTEGROND

1 Basiliek   4 Museum
2 Klooster   5 Zegeningen-
3 Kerkmagazijn   kantoor

DE BASILIEK

*In 1876 werd de H. Anna uit-
geroepen tot patroonheilige
van Québec en in 1887 kreeg
de bestaande kerk de status
van basiliek. De orde van
redemptoristen
kreeg in 1878 het
heiligdom onder
zijn hoede.*

**Ingang tot de
bovenverdieping
van de basiliek**

**Mozaïekvloer
in zelfde
patroon als
plafond**

★ **De basiliek**
*Er heeft sinds 1658 een kerk op
deze plaats gestaan. In 1922
brandde de vorige basiliek af. De
huidige versie stamt uit 1923 en is
in 1976 gewijd.*

STERATTRACTIES
★ De basiliek
★ Pietà

★ **Pietà**
*Een getrouwe kopie van
het origineel van Michel-
angelo in de
St.-Pieter in
Rome.*

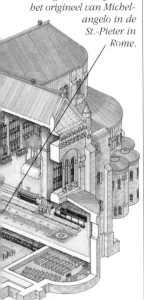

Chute Montmorency bij Ile d'Orléans, de mooiste waterval van Québec

Parc de la Chute Montmorency en Ile d'Orléans ❸

Chute Montmorency, 418–6633330.
dag. 8.30–23.00 uur. half
april–okt. toeristenbureau Ile
d'Orléans, 490 Cote du Pont, St.-Pierre,
418–8289411.

Chute Montmorency, op
7 km afstand van Québec-
stad, is de beroemdste waterval van heel Québec. Hij is
hoger dan de Niagara Falls en
ontstaat doordat de Mont-
morency-rivier zich in de St.-
Lawrence-rivier stort over een
afstand die 30 m hoger is dan
de duik van 56 m die de rivier
de Niagara in Lake Ontario
maakt. In het park rond de
waterval kunt u de Chute op
verschillende manieren bekijken; van een hangbrug, in
een kabelbaan en, voor de
onverschrokkenen, via een
recks paden over de erom-
heengelegen kliffen.
Een moderne brug voert over
de rivier naar het Ile d'Orléans.
Dit vruchtbare eiland is overdekt met bloemen, aardbeien-
velden en akkers. Het biedt
een goed inzicht in het
boerenleven in Québec.

Charlevoix-kust ❹

166 Blvd. de Comporte, La
Malbaie, 418–6654454.
W www.tourisme-charlevoix.com

De kust van Charlevoix
strekt zich 200 km uit
langs de noordoever van de
St.-Lawrence-rivier, van Sainte-
Anne-de-Beaupré in het westen tot de monding van de
Saguenay. Het is een UNESCO
World Biosphere Reserve vanwege het boreale woud dat
hier groeit en vormt een smalle strook natuurschoon aan de
zuidgrens van de toendra die
naar het noorden loopt. Aan
de rivier liggen oude stadjes in
groene dalen en dorpjes
schuilen onder hoge rotsen. In
een vruchtbare vallei ligt het
wonderschone Baie-Saint-Paul,
met straten die omzoomd zijn
met oude huizen en kroegen.
Ongeveer 35 km ten noorden
van Baie-Saint-Paul ligt het
Parc des Grands Jardins,
een complex van meren en
een taigabos met een kudde
kariboes. In de heuvels kunt u
wandelen en kamperen. Meer
stroomafwaarts ligt het eilandje Ile-aux-Coudres. De akkers
zijn bezaaid met oude boerderijen en een windmolen.

Parc des Grands Jardins
Route 381. 418–8462057. mei–
okt.: dag.; nov.–april: za en zo.

Moulin de L'Ile-aux-Coudres, in
het Charlevoix-gebied

Interieur
*Het roze en gouden interi-
eur, verlicht door de zon die
door de ramen stroomt, is
van boven tot onder versierd.*

De stad Tadoussac op het punt waar de rivieren de St.-Lawrence en de Saguenay samenstromen

Tadoussac ❺

🏛 *850.* 🚗 🚢 🛈 *197 Rue des Pionniers, 418–2354977.*

De met winkels omzoomde oude straten van deze kleine stad vormen een goed uitgangspunt voor het verkennen van dit deel van de St.-Lawrence-rivier. In 1600 kozen Franse kooplieden het dorp om hun eerste pelshandelsbasis in Canada te vestigen, omdat de inheemse bevolking hier al generaties lang samenkwam om te handelen. In de 19de eeuw, toen de pelshandel nog in volle gang was, brachten stoomboten welgestelde toeristen naar het dorp om van de woeste natuur te genieten. De natuur is dan ook van een overweldigende schoonheid. De kade van Tadoussac, tegen een achtergrond van hoge kliffen en huizenhoge duinen, kijkt uit over de samenloop van de St.-Lawrence en de Saguenay. In de stad worden de nagebouwde 17de-eeuwse pelshandelpost en de oudste houten kerk van Canada, de Petite Chapelle uit 1747, veel bezocht.

De grootste attractie van Tadoussac ligt er echter buiten. Tijdens walvisexcursies kunt u in de riviermonding veel walvissoorten van dichtbij bekijken. Door de goede omstandigheden in het estuarium leeft hier een kolonie witte dolfijnen, in de zomer vergezeld door dwergvinvissen en vinvissen.

Saguenay ❻

🚗 *Jonquière.* 🚌 *Chicoutimi.* 🛈 *455 Rue Racine Est, 418–5439778.* Ⓦ www.tourismesaguenaylacsaintjean.net

De rivier de Saguenay stroomt door de meest zuidelijke natuurlijke fjord ter wereld. Deze ontstond toen een zich terugtrekkende gletsjer een diepe spleet in de aardkorst trok tijdens de laatste IJstijd, 10.000 jaar geleden. Inktzwart water, op sommige plaatsen 300 m diep, stroomt 155 km ver langs rotsen van gemiddeld 450 m hoog. Dankzij de uitzonderlijke diepte kunnen oceaanstomers helemaal tot aan Chicoutimi varen. De Saguenay loopt van Lac St.-Jean tot de monding van de St.-Lawrence en is bekend om zijn weelderige oevers en de dieren die er leven. Een groot deel van de Bas Saguenay, de zuidelijke helft van de rivier, bestaat uit een federaal natuurgebied, waar een kolonie van duizenden walvissen kan worden geobserveerd.

Vanaf de westoever, op Cap Trinité, een klif die 320 m hoog oprijst boven de zee-engte, hebt u een mooie blik over de hele fjord. Op de laagste richel staat een bekend 10 m hoog beeld van Maria.

Chicoutimi ❼

Saguenay 🏛 *64.600.* 🚗 *Jonquière.* 🚌 *Chicoutimi.* 🛈 *455 Rue Racine Est 418–5439778.*

Verstopt in de kromming van de bergen aan de westoever van de Saguenay ligt Chicoutimi, een van de omvangrijkste steden van Québec. Ondanks het bescheiden inwonertal is dit het culturele centrum van het Saguenay-gebied. De kadebuurt van Chicoutimi is gerenoveerd. Tijdens een wandeling langs de rivier is het uitzicht op de bergen en de plek waar de rivieren de Chicoutimi, de Du-Moulin en de Saguenay samenstromen schitterend. Chicoutimi was vroeger het centrum van de papierhandel en bezit nog altijd een pulpmolen, de **Pulperie de Chicoutimi**. Hij is niet meer in bedrijf, maar kan worden bezocht en een aanpalend museum toont de bezoekers alles over deze oude industrie, die ooit vrijwel heel Noord-Amerika van papier voorzag.

🏭 **Pulperie de Chicoutimi** 300 Dubuc. 📞 *418–6983100.* 🕐 *eind juni–sept.: dag. 9.00–18.00 uur.* ♿

Gezicht op een deel van de diepe Saguenay-fjord

Rondrit langs Lac-Saint-Jean [8]

Te midden van de rotsige, met sparren overdekte woestenij die centraal-Québec kenmerkt, is Lac-Saint-Jean een oase van rust. Veehouderijen, mooie dorpjes, zoals Chambord, en warme zandstranden liggen aan het meer, dat een oppervlakte beslaat van 1350 km^2. Het meer en het omringende landschap liggen in een kom die is achtergelaten door oprukkende gletsjers aan het eind van de laatste IJstijd. Kleine rivieren stromen naar het meer en storten zich van de rotsen in het blauwe water, waarna ze weer tevoorschijn komen als de bron van de Saguenay.

VOOR DE AUTOMOBILIST

Beginpunt: *Chambord.*
Lengte: *230 km.*
Wegen: *Dit is een lange, maar ontspannen autorit. De weg is goed. Onderweg zijn in de meeste steden en dorpen cafés en restaurants om uit te rusten, ook in Mashteuiatsh. Over zijweggetjes kunt u omwegen maken.*

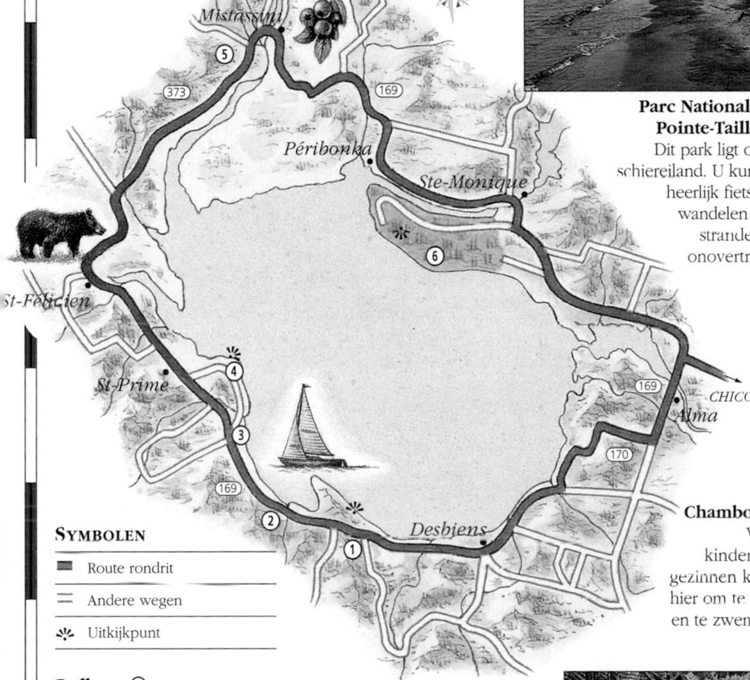

SYMBOLEN

- Route rondrit
- Andere wegen
- Uitkijkpunt

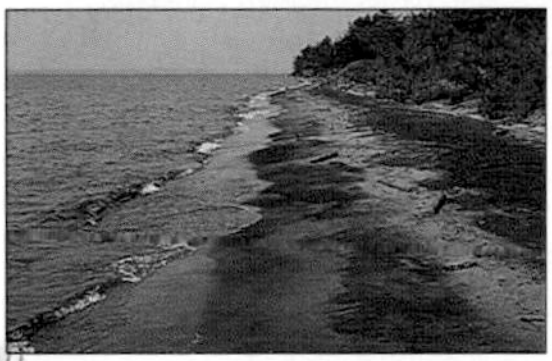

Parc National de la Pointe-Taillon (6)
Dit park ligt op een schiereiland. U kunt hier heerlijk fietsen en wandelen en de stranden zijn onovertroffen.

Chambord (1)
Vooral kinderen en gezinnen komen hier om te zeilen en te zwemmen.

Dolbeau (5)
De meeste mensen die Dolbeau bezoeken, komen in juli voor het tiendaagse Western Festival, met rodeo's en cowboys.

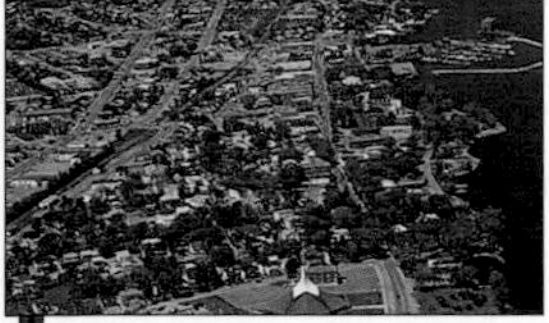

Mashteuiatsh, Pointe-Bleu (4)
Dit dorp van de Montagnais-indianen is open voor bezoekers die hier eeuwenoude houtsnij-, jacht-, weef- en kookmethoden kunnen zien.

Roberval (3)
In dit dorpje kunnen toeschouwers vanaf de kade de finish zien van de zwemwedstrijd over het meer, die sinds 1946 elk jaar in juli wordt gehouden.

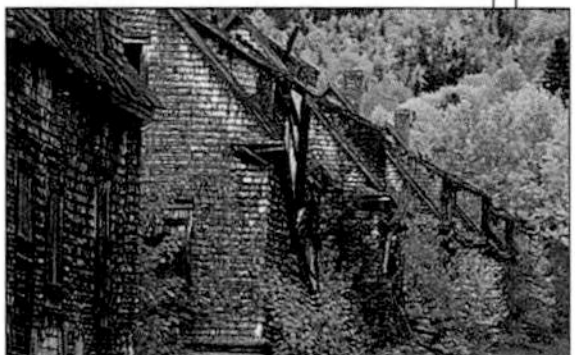

Village Historique de Val-Jalbert (2)
Dit openluchtmuseum wordt gedomineerd door de 70 m hoge Ouiatchouan-waterval, die in de jaren twintig de pulpmolen aandreef.

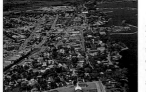

Daniel Johnson-stuwdam, ten noorden van Baie-Comeau

Baie-Comeau ❾

🏠 *26.700.* ✈ 🚌 ⛴ ℹ *337 La Salle, 418–2942876.*

Dit stadje dankt zijn bestaan volledig aan een Amerikaanse krant, de *Chicago Tribune*, die in 1936 een papiermolen liet bouwen bij de monding van de rivier de Manicougan om de persen van de krant van papier te voorzien. De oudste wijk van Baie-Comeau, het Quartier Amélie, is in 1985 tot monument uitgeroepen. Er staan rijen deftige huizen en een indrukwekkend hotel uit de jaren dertig.

De papierproductie is nog steeds een belangrijke industrie in dit gebied, maar het belang van Baie-Comeau ligt nu toch vooral in de nabijheid van het enorme Manic-Outardes-waterkrachtcomplex, aan Highway 389, 22 km tot 200 km noorden van de stad. Het spectaculairste deel ervan is Manic-5, 190 km van Baie-Comeau. De sierlijke Daniel Johnson Dam houdt een reservoir in bedwang in een krater die enkele millennia geleden door een meteoriet zou zijn gevormd.

Sept-Iles ❿

🏠 *29.000.* 🚉 🚌 ⛴ ℹ *1401 Boulevard l'Aure, 418–9621238.*

Tot de jaren vijftig leidde Sept-Iles een rustig bestaan als oud, ingeslapen vissersdorp. Na de Tweede Wereldoorlog begon deze kleine nederzetting aan de kust van een ronde baai de aandacht te trekken van bedrijven die het als basis gingen gebruiken voor de uitbreiding van de ijzermijnbouw in Noord-Québec. Nu is Sept-Iles de grootste stad aan de noordkust van de St.-Lawrencebaai en de op één na grootste haven van Canada, als onderdeel van de St.-Lawrence Seaway. Een promenade langs de kade biedt bezoekers een kans de grote schepen langs te zien varen en het werk op een drukke scheepswerf te observeren. Hoewel de stad over de modernste scheepvaarttechnologie beschikt, is de geschiedenis er niet vergeten. Vieux Poste, vlak bij het stadscentrum, is een reconstructie van een inheemse handelspost, waar de oorspronkelijke bewoners van de streek bont verhandelden met Franse kooplieden. In een museum met inheemse kunst en voorwerpen wordt kunstnijverheid verkocht. Ondanks het belang van de

Sept-Iles vanuit de lucht, met zijn bedrijvige scheepswerf

industrie is Sept-Iles een gebied met veel natuurschoon. De kustlijn bestaat uit kilometers zandstrand en de met zalm gevulde rivier de Moisie stroomt 20 km ten oosten van de stad de St.-Lawrencebaai in. De zeven rotseilanden die de stad zijn naam gaven, vormen het Sept-Iles Archipelago Park. Een van de zeven eilanden, het Ile Grand-Basque, is een populaire plek om te kamperen. Van een ander eiland, het Ile du Corossol, is een vogelreservaat gemaakt, waar meeuwen, sternen en papegaaiduikers leven, en dat met een gids kan worden bezocht. Ook boottochtjes zijn mogelijk.

Mingan Archipelago en Ile d'Anticosti ⓫

🚌 *Sept-Iles.* ⛴ *Sept-Iles.* ℹ *1401 Boulevard l'Aure, 418–9621238.*

Dit ongerepte en onbewoonde gebied werd tot voor kort nauwelijks bezocht, maar wint aan populariteit vanwege het ruige landschap en ongestoorde ecosystemen. In 1984 werden de eilanden van de Mingan Archipelago het eerste nationale eilandpark van Canada. Papegaaiduikers, sternen en verschillende meeuwensoorten leven in het Mingan Archipelago Wildlife Park, dat alle 40 Mingan-eilanden voor de noordkust van de St. Lawrencebaai omvat. Grijze en gewone zeehonden en zadelrobben verzamelen zich in de baaien en ook vinvissen worden gesignaleerd. De eilanden zijn bovendien beroemd om hun bizarre monolieten. Deze kalksteenformaties, eeuwenlang door de zee geërodeerd, hebben surrealistische vormen. De bekendste lijken precies op bloempotten waaruit grassen groeien. U kunt dit unieke natuurverschijnsel tijdens een boottocht bewonderen.

Tot 1974 was het Ile d'Anticosti, ten oosten van de archipel, particulier bezit – 8000 km^2 maar liefst. De laatste eigenaar, de Franse chocoladefabrikant Henri Menier, kocht het eiland

'Bloempot'-kalksteenformaties in het Mingan Archipelago National Park

in 1895 en zette er een kudde witstaartherten uit om op te jagen met zijn vrienden. De kudde telt inmiddels 120.000 exemplaren, zit goed verborgen, maar er kan nog altijd op worden gejaagd. Er leven meer dan 150 vogelsoorten in de bossen en aan de kust. In het dorp op Port Menier wonen 300 mensen. Het fungeert als plaaslijke veerhaven en u kunt er overnachten.

Zeehond op Ile d'Anticosti

Zuidkust ⑫

🚂 *Rivière-du-Loup.* 🚌 *Rivière-du-Loup.* ⛴ *Rivière-du-Loup.* ℹ️ *Rivière-du-Loup, 418–8673015, 1–888–8259125.* Ⓦ www.riviereduloup.ca

De gemeenschappen hier stammen rechtstreeks af van de 18de-eeuwse kolonisten van Nieuw-Frankrijk. De nederzettingen liggen verspreid over het vlakke, vruchtbare akkerland van de zuidoever van de St.-Lawrence-rivier ten westen van Gaspé en landinwaarts richting Montréal, in het gebied tussen de grootste steden van de streek, Montmagny en Rimouski. Rivière-du-Loup, een op het eerste gezicht kleurloze stad, is voor velen het ware Québec. Een oude kerk verheft zich hoog boven de stad, die verder uit steile straatjes bestaat. De 18de-eeuwse huisjes zijn echt Frans van karakter. Van het hoogste punt in de oude stad is het uitzicht over de rivier erg mooi. In andere dorpen in dit gebied vindt u ongebruikelijke attracties. Verderop langs de Route 32 ligt Trois-Pistoles, waarvan de geschiedenis teruggaat tot 1580, toen Baskische walvisvaarders arriveerden. Het voor de kust gelegen Ile-aux-Basques was in de 16de eeuw een walvisvaardersstation en is nu een natuurreservaat. Vlak voor het handelscentrum van de streek, Rimouski, ligt Parc Bic, een klein reservaat van 33 km², gewijd aan de twee woudzones, bladverliezend en boreaal, die het bevat en de gevarieerde natuur langs de kust.

Iles-de-la-Madeleine ⑬

ℹ️ *128 Chemin du Debarcadere, Cap aux-Meules, 418–9862245.* Ⓦ www.tourismeilesdelamadeleine.com

De weinige vissergezinnen die op deze afgelegen archipel midden in de enorme St.-Lawrencebaai wonen, beschilderen hun huizen in een scala van paarsen, gelen en roden. Vanaf de rivier hebt u een spectaculair uitzicht op de kleine nederzettingen op deze laaggelegen, winderige eilanden, maar de eilanden zelf hebben de bezoeker die er een boottocht heen maakt, nog meer te bieden. Behalve de aardige oude dorpjes zijn er de heerlijkste stranden van heel Canada te vinden, die beroemd zijn om hun fijne zand en beschutte ligging.

Beschilderd vissershuisje op L' Ile-du-Havre-Aubert, Iles-de-la-Madeleine

Rondrit over Gaspé ⑭

Het schiereiland Gaspé, in de volksmond La Gaspésie genoemd, strekt zich ten noorden van New Brunswick uit en biedt de wildste en overdonderendste natuur van Québec. Naar het oosten toe veranderen losse groepjes bomen in dichte dennenbossen en wordt het landschap ruw en rotsig; kliffen langs de noordkust bereiken hoogten van 500 m. In de 1300 m hoge Chic-Choc-bergen kunt u heerlijk wandelen. Aan de door de bergen beschutte zuidkust liggen 18de-eeuwse vissersdorpjes, fruitboomgaarden, exotische tuinen en natuurreservaten.

Parc National de la Gaspésie ③
Hier vormt het meer dan 800 km² grote ruwe, terrein een afwisseling voor het boreale tot subalpiene woud.

Cap Chat ②
Cap Chat is genoemd naar een rots in de vorm van een kat en bezit de grootste windmolen ter wereld (110 m).

Grand Métis ①
Dit stadje bezit een van de mooiste tuinen van Canada, een exotisch paradijs met meer dan 1000 zeldzame soorten.

QUÉBEC-STAD

Sainte-Flavie

Matane

132

RESERVE FAUNIQUE DE MATANE

Amqui

132

Causapscal

Routhierville

9

0 km   20

Vallée de la Matapédia ⑨
Deze schilderachtige vallei op de plaats waar twee zalmrivieren samenstromen wordt links en rechts overgestoken door overdekte bruggen. In de iepen- en esdoornbossen met hun prachtige herfstskleuren gaan fruitboomgaarden schuil.

Carleton ⑧
Carleton is in 1766 door Acadiërs gesticht die uit Nova Scotia waren verdreven (zie blz. 58–59). Het is nu een plezierig vakantieoord. Langs de brede straten staan degelijke hotels en restaurants en de vele bezoekers genieten van het milde klimaat.

Sainte-Anne-des-Montes [4]
Dit 19de-eeuwse dorp, toegang tot het Gaspépark en de natuurreservaten van de Chic-Chocs, bezit goede restaurants en u kunt er op zalm vissen.

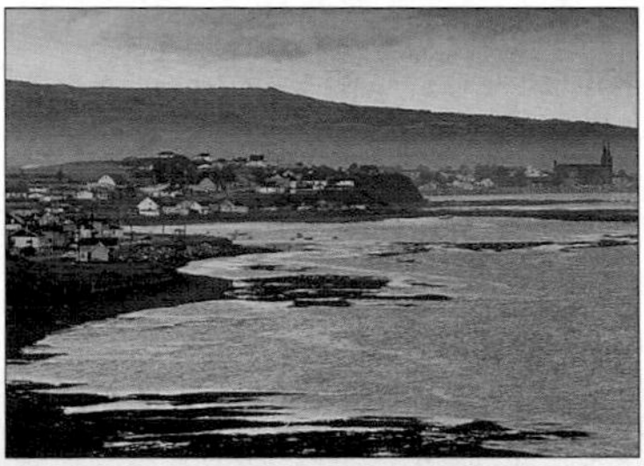

VOOR DE AUTOMOBILIST

U volgt op deze rondrit Highway 132, die langs de kustlijn van het schiereiland loopt vanaf Grand Métis. De tocht is te lang om in één dag te voltooien en kan worden onderbroken in een van de dorpen. De secundaire weg 299 brengt u naar het binnenland, waar u de rotsige wildernis kunt bezoeken.

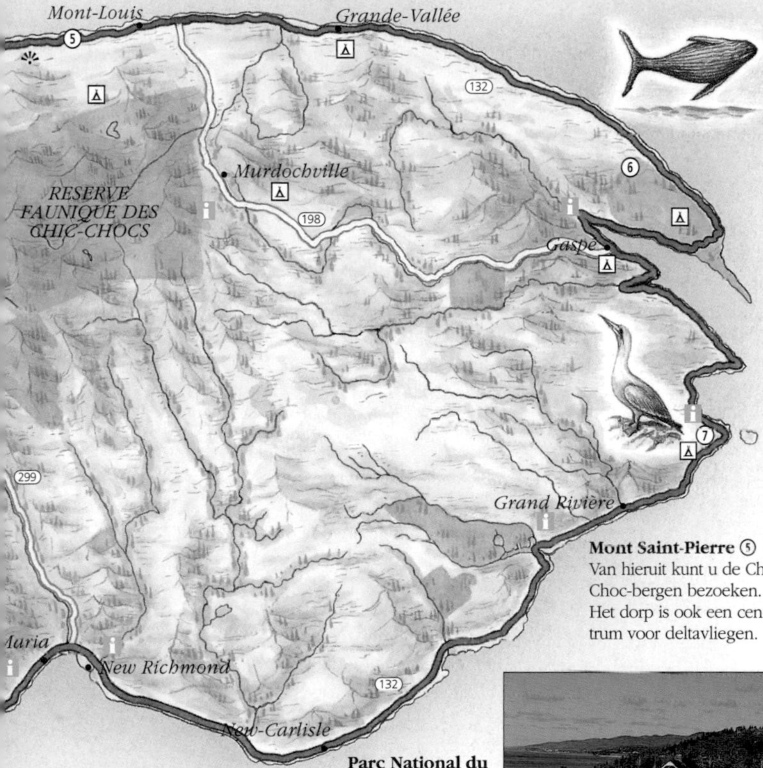

Mont Saint-Pierre [5]
Van hieruit kunt u de Chic-Choc-bergen bezoeken. Het dorp is ook een centrum voor deltavliegen.

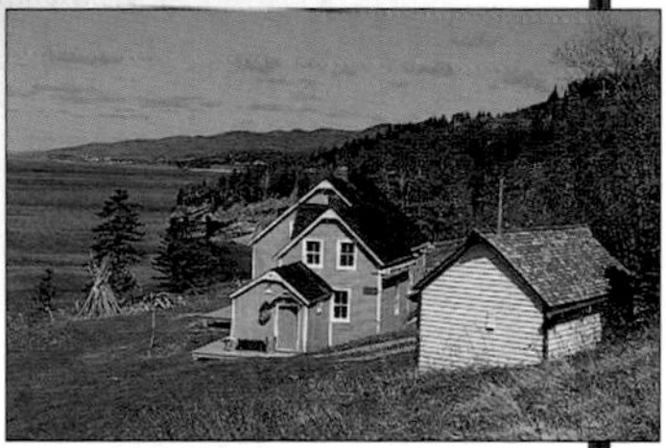

Parc National du Canada Forillon [6]
In dit park ligt een uitloper van de Appalachen, die door de zee in ruwe vormen is geslepen.

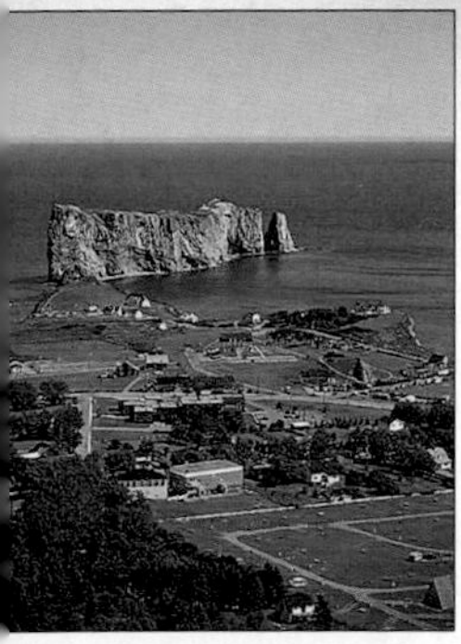

Rocher Percé [7]
Deze bekende doorboorde rots ten zuiden van het stadje Percé is het resultaat van erosie. Rond 1930 werd Percé populair bij Canadese kunstenaars en er zijn nog steeds veel galeries te vinden.

SYMBOLEN

- Route rondrit
- Andere wegen
- ⛺ Kampeerterrein
- ℹ Toeristenbureau
- ✱ Uitkijkpunt

Zuid- en Noord-Québec

H et enorme gebied dat zich over Québec uitstrekt van de grens met Ontario tot Québec-stad biedt veel afwisseling. In het zuiden trekken de heuvelachtige akkers van de Appalachen en de roodgekleurde esdoornbossen elk jaar veel bezoekers, terwijl de strenge schoonheid van de noordelijke coniferenbossen van Nunavikin in het voorjaar tot bloei komt, vlak naast de grootste waterkrachtprojecten ter wereld. Het centrum van de streek wordt gevormd door het Laurentidegebergte, een ongerept landschap vol meren, waar op oude bergen kan worden geskied. Het gebied werd door inheemse volken bewoond tot de Europeanen in de 16de eeuw arriveerden; de Fransen en de Engelsen vochten erom tot de Engelsen het in 1759 veroverden. De meeste mensen spreken er Frans.

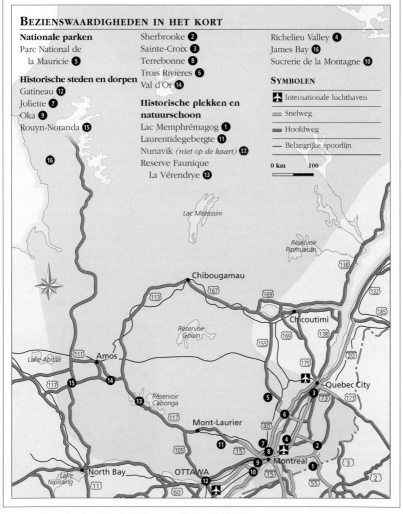

Bezienswaardigheden in het kort

Nationale parken
Parc National de
  la Mauricie ❺

Historische steden en dorpen
Gatineau ⓬
Joliette ❼
Oka ❾
Rouyn-Noranda ⓯

Sherbrooke ❷
Sainte-Croix ❸
Terrebonne ❽
Trois Rivières ❻
Val d'Or ⓮

Historische plekken en natuurschoon
Lac Memphrémagog ❶
Laurentidegebergte ⓫
Nunavik *(niet op de kaart)* ⓱
Reserve Faunique
  La Vérendrye ⓭

Richelieu Valley ❹
James Bay ⓰
Sucrerie de la Montagne ❿

Symbolen

✈ Internationale luchthaven
Snelweg
Hoofdweg
Belangrijke spoorlijn

0 km   100

◁ **Kleurige huizen in St.-Jovite, met het Laurentidegebergte erachter**

Kerk aan het Lac Memphrémagog

Lac Memphrémagog ❶

🏠 Magog. 🚢 Magog. 🛈 55 Cabana St., Magog 1, 800–2672744. 🌐 www.tourismememphremagog.com

Dit gebied behoort tot de Eastern Townships, of de 'Tuin van Québec', die zich uitstrekt van het dal van de rivier de Richelieu tot de grenzen van Maine, New Hampshire en Vermont in de VS. De Townships, gelegen tussen glooiende heuvels, akkers, bossen en meren in een landschap dat lijkt op de Appalachen, behoren tot de grootste producenten van *maple syrup* in Canada *(zie blz. 98–99)*. Lac Memphrémagog zelf is lang, smal en omringd door bergen. Het heeft zijn eigen monster, genaamd Memphré, dat voor het eerst in 1798 werd gezien. Het zuidelijke deel van het meer ligt in de staat Vermont, en het is dan ook geen wonder dat de eerste kolonisten hier Britse loyalisten waren die vluchtten voor de Amerikaanse Revolutie. Hun invloed is zichtbaar in de laat-19de-eeuwse bakstenen huizen in de dorpen aan de oever, zoals Georgeville en Vale Perkins, en in het vakantieoord Magog aan de noordoever.
Benedictijner monniken uit Frankrijk kochten in 1912 een van de mooiste plekjes aan het meer en vestigden zich daar de Abbaye Saint-Benoît-du-Lac. De monniken produceren cider en de beroemde blauwe kaas l'Ermite. Ze zijn ook beroemd om hun Gregoriaans gezang.

Sherbrooke ❷

🏠 140.000. ✈ 🚆 🚌 🛈 2964 King St. W. 1, 800–5618331, 819–8211919. 🌐 www.sdes.ca

Sherbrooke, de zelf uitgeroepen 'Koningin van de Eastern Townships', is het industriële, commerciële en culturele centrum van de streek. De stad ligt in een diepe vallei en het oude centrum bevindt zich midden tussen de glooiende akkers aan de rivieren de Saint-François en de Magog. De eerste bewoners waren Britse loyalisten uit de staten van New England. Hun erfgoed is nog altijd zichtbaar in de mooie oude huizen en tuinen van Sherbrooke's North Ward en in de straatnamen, maar tegenwoordig is de stad voornamelijk Franstalig. In het centrum begint de Riverside Trail, een park aan het water met 20 km fiets- en wandelpaden langs de oevers van de rivier de Magog.

Sainte-Croix ❸

🏠 2600. 🛈 6375 Rue Garneau, 418–9262620.

Een houten herenhuis met brede stoep, zuilen en krullen van houtsnijwerk is het indrukwekkendste oude huis in dit mooie stadje aan de rivier. Het is het middelpunt van **Domaine Joly-De-Lotbinière**, een in 1851 door de plaatselijke landheer *(seigneur)* aangelegd landgoed. Rond het huis liggen perken met geraniums en terrassen met notenbomen die zich naar de rivier uitstrekken. Er staan 20 Amerikaanse eiken die meer dan 250 jaar oud zouden zijn. De tuinen zijn echter het bekendst om hun aardappelen.

🏛 Domaine Joly-De-Lotbinière
Rte. de Pointe-Platon. 📞 418–9262462. 🕐 jun i–sept.: dag.; okt.–mei: za, zo 11.00–17.00 uur. 🅿 ♿ gedeeltelijk.

Richelieu-vallei ❹

🛈 1080 Chemin des Patriotes Nord, Mont Saint-Hilaire, 450–5360395, 1–888–7360395. 🌐 www.vallee-du-richelieu.ca/tourisme

Deze vruchtbare vallei volgt de 130 km lange rivier de Richelieu naar het noorden, van Chambly tot Saint-Denis. **Fort Chambly**, ook Fort St.-Louis genoemd, in de industriestad Chambly op de hoogvlakte van Montréal, is het best bewaard gebleven van een reeks forten die de Fransen oprichtten om deze belangrijke waterweg tegen de Hollanders en de Engelsen te beschermen. Het werd in 1709 uit steen opgetrokken als vervanging van de houten verdedigingswerken die de kolonisten in 1655 hadden gebouwd.
Een museum in Saint-Denis herdenkt de patriotten uit Québec die in 1837 vergeefs tegen het Britse gezag in opstand kwamen.
De rivier stroomt langs leuke dorpjes, omringd door boomen wijngaarden; vanaf Mont Saint-Hilaire is het uitzicht op Montréal prachtig. De 19de-eeuwse kerk is in 1965 tot monument verklaard en bevat schilderingen van de Canadees Ozias Leduc *(zie blz. 28)*.

Bord van Fort Chambly in het Richelieudal

🏛 Fort Chambly
2 Richelieu St., Chambly. 📞 1–800–4636769. 🕐 maart–half juni: wo–zo 10.00–17.00 uur; half juni–sept.: dag. 10.00–17.00 uur. ● nov.–febr. ♿

Mont Saint-Hilaire, Richelieu-vallei

Kanovaarders op het Lac Wapizagonke in het Parc National de la Mauricie

Parc National de la Mauricie ❺

Bij Highway 55 N. Shawinigan. ☎ 819–5383232. ☷ Shawinigan. ○ dag. ☒ ♿ gedeeltelijk. ☒ tegen betaling. Ⓦ www.parkscanada.pch.gc.ca

Kampeerders, wandelaars, kanovaarders en langlaufers zijn dol op dit 536 km² grote gebied vol bossen, meren en roze graniet uit het Precambrium. Het park omvat delen van het Laurentide-gebergte (zie blz. 147), dat tot het Canadese Schild behoort en 950 tot 1400 miljoen jaar geleden is ontstaan. De rauwe schoonheid van La Mauricie is ook toegankelijk voor automobilisten, die de bochtige, 63 km lange weg van Saint-Mathieu naar Saint-Jean-de-Piles kunnen volgen. Een andere rit begint bij Saint-Jean-de-Piles en biedt een fraaie blik op de smalle Lac Wapizagonke-vallei. In dit paradijs voor hengelaars leven ook rendieren en beren.

Trois-Rivières ❻

🏚 52.000. ✈ ☷ ☷ ⛴ 🛈 1457 Rue Notre Dame 819–3751122, 1–800–3131123.

Québec is een van de grootste papierproducenten van Noord-Amerika en Trois-Rivières is het middel-punt van die industrie in de provincie. Hierdoor wordt het rijke verleden van Trois-Rivières wat overschaduwd. De eerste kolonisten kwamen in 1634 uit Frankrijk aan en, hoewel er niet veel over is van de vroegste nederzetting, bezit het oude centrum toch een aantal 18de- en 19de-eeuwse huizen en winkels, waarvan er vele tot cafés zijn verbouwd. Sinds 1697 werken er ursulinen in de stad en de kern van de oude stad wordt gevormd door het **Monastère des Ursulines**, een uitgebreid complex met een centrale koepel, een kapel en een kleine tuin die nu een openbaar park is. In de Rue des Ursulines staan enkele oude huizen in wisselende stijlen die u kunt bewonderen op een wandeling door deze buurt.

De kerk van het **Monastère des Ursulines in Trois-Rivières**

Er is ook een 18de-eeuws landhuis, het Manoir Boucher-de-Niverville uit 1730, met de plaatselijke Kamer van Koophandel, waar exposities worden gehouden over de geschiedenis van de streek rond de Eastern Townships.

🏛 **Monastère des Ursulines**
734 Ursulines. ☎ 819–3757922. ○ maart en april: wo–zo; mei–okt.: di–zo; nov.–febr.: op afspraak. ☒

Joliette ❼

🏚 31.100. ☷ 🛈 500 Rue Dollard, 450–7595013.

Twee katholieke priesters hebben de industriestad Joliette aan de rivier de Assomption tot een cultureel centrum gemaakt. In de jaren twintig stichtte pater Wilfrid Corbeil het Musée d'Art de Joliette, waarvan de collectie loopt van middeleeuwse religieuze kunst tot moderne werken. In 1974 begon pater Fernand Lindsay het Festival International de Lanaudière, een reeks zomerconcerten door wereldberoemde musici. De nabijgelegen stad Rawdon, 18 km naar het westen, bezit een terechte reputatie als plaats met veel natuurschoon. Paden lopen van het stadje, langs de rivier de Ouareau, naar de schilderachtige, ruisende Dorwin-waterval.

Terrebonne **8**

🏛 36.680. 🔲 🔁 🚊 ❓ 🛈 *3645 Queen Street, 1866–9640681.*

Even ten noordwesten van Montréal is in 1673 dit stadje aan de rivier de Mille-Iles gesticht, maar in 1922 vernietigde een brand veel van de oorspronkelijke gebouwen. Enkele elegante 19de-eeuwse huizen staan echter nog overeind aan de Rue Saint-François-Xavier en de Rue Sainte-Marie, waarvan vele zijn verbouwd tot restaurants en bistro's. Het hoogtepunt van de stad is echter **Ile-des-Moulins**, een pre-industrieel openluchtmuseum midden in de Mille-Iles, met watermolens om graan te malen, wol te kaarden en hout te zagen. Een van de grootste gebouwen op het terrein is de drie verdiepingen tellende eerste broodfabriek van Canada. Deze was in 1803 gebouwd door de Northwest Company om de zoutloze scheepsbeschuit te maken voor de *voyageurs* die elk jaar naar het westen peddelden om bont op te halen. Terrebonne is ook het centrum voor de paardencultuur van Québec. Er worden regelmatig rodeo's gehouden.

🚌 Ile-des-Moulins
Autoroute 25, afslag 22 E. ❓
450–4710619. ⏱ *juni–sept.: dag. 13.00–21.00 uur.* ♿
Ⓦ www.ile-des-moulins.gc.ca

Het Oka-veer steekt het Lake of Two Mountains over

Oka **9**

🏛 3840. 🔲 🔁 🛈 *183 Rue des Anges, 450–4798337.*

De mooiste manier om dit dorp ten noorden van Montréal te naderen is op de veerboot die vanuit Hudson het Lake of Two Mountains oversteekt. Het ligt te midden van bergen en boomgaarden en vanaf het water is de kleine neoromaanse kerk uit 1878 door de bomen te zien. Oka's bekendste religieuze gebouw is de **Abbaye Cistercienne**, gesticht door een groep monniken die in 1881 uit Frankrijk naar Canada waren gekomen. Het interieur van de abdijkerk is sober, in de cisterciënzer stijl, maar het neoromaanse gebouw is sierlijk en de tuinen ademen een vredige sfeer. In de abdijwinkel verkoopt men de zachte Oka-kaas die de monniken hebben ontwikkeld. Vlakbij ligt het Parc d'Oka, 20 km² vennen en bossen, met het beste strand en kampeerterrein in de omgeving van Montréal, dat het hele jaar door bezoekers trekt.

🛈 Abbaye Cistercienne
1600 Chemin d'Oka. ❓ *450–4798361.* ⏱ *ma–za 8.00–20.00 uur.* ⏺ *lunchtijd; zo.*
Ⓦ www.abbayeoka.com

Sucrerie de la Montagne **10**

10 km ten zuiden van van Rigaud. 🚉 ❓ *450– 4510831.* ⏱ *hele jaar, eerst bellen.* ♿ 🎞 *verplicht.* 🎦
Ⓦ www.sucreriedelamontagne.com

Deze echt Canadese attractie is gesitueerd in een esdoornwoud van 50 ha op de top van de Rigaud Mountain, vlak bij Rang Saint-Georges, Rigaud. Zij is volledig gewijd aan de vele genuegten van het beroemdste product van Québec, de esdoorn en de *maple syrup (zie blz. 98–99).* Op het terrein staat een gereconstrueerde 19de-eeuwse suikerhut, waar het verzamelde esdoornsap wordt gedestilleerd en gekookt in grote ketels om de wereldberoemde siroop te produceren. In meer dan 20 rustieke gebouwen zitten een bakkerij, een winkel en comfortabele kamers voor gasten. Centraal staat een enorm restaurant met 500 zitplaatsen dat traditionele banketten serveert met ham, erwtensoep, witte bonen in tomatensaus, zwoerd *(oreilles du Christ* of christusoren) en ingelegde uien, en allerlei producten van *maple syrup.* De braspartij wordt begeleid door volksmuziek. Tijdens de rondleiding leert u hoe *maple syrup* wordt gemaakt, een proces dat teruggaat op de oorspronkelijke bewoners. Later deelden ze hun geheimen mee aan Europese kolonisten, die nog steeds hun methoden toepassen.

Maple syrup uit Québec

De Rue-St-Louis-kerk in Terrebonne

Rondrit door het Laurentidegebergte ⓫

Hier fietsen

Dit hele gebied, van het drukke vakantieoord Saint-Sauveur-des-Monts in het zuiden tot ten noorden van Sainte Jovite, is een soort natuurpretpark, vol schitterende meren, rivieren, wandel- en fietspaden, en skipistes die het hele jaar open zijn. De bergen maken deel uit van het oude Laurentideschild en zijn een miljard jaar oud. Het gebied is bezaaid met mooie steden met een Franse sfeer en is ideaal voor ontspanning of de beoefening van vele inspannende sporten.

VOOR DE AUTOMOBILIST

Hoewel de rondrit van 175 km door het Laurentidegebergte vanuit Montréal in een dag kan worden gemaakt over Highway 15, ziet u meer als u de minder snelle, maar mooiere, Highway 117 neemt. In drukke tijden (juli–augustus en december–maart) moet u rekening houden met verkeersopstoppingen.

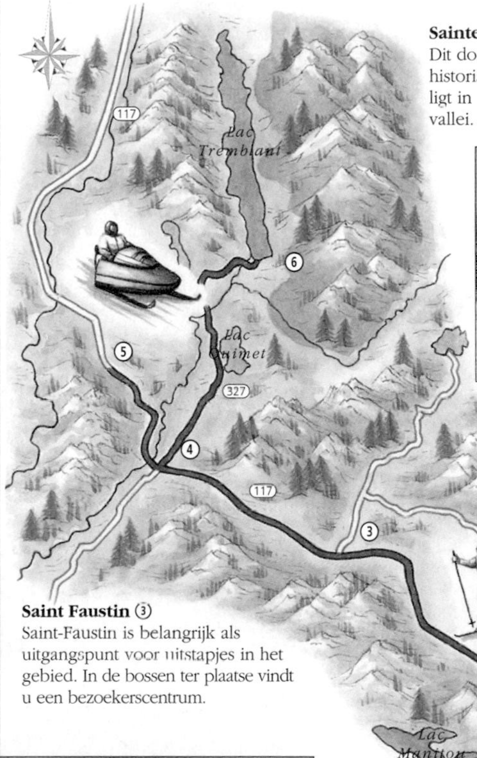

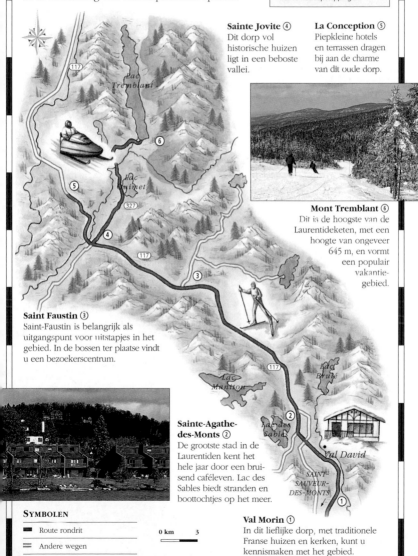

Sainte Jovite ④
Dit dorp vol historische huizen ligt in een beboste vallei.

La Conception ⑤
Piepkleine hotels en terrassen dragen bij aan de charme van dit oude dorp.

Mont Tremblant ⑥
Dit is de hoogste van de Laurentideketen, met een hoogte van ongeveer 645 m, en vormt een populair vakantiegebied.

Saint Faustin ③
Saint-Faustin is belangrijk als uitgangspunt voor uitstapjes in het gebied. In de bossen ter plaatse vindt u een bezoekerscentrum.

Sainte-Agathe-des-Monts ②
De grootste stad in de Laurentiden kent het hele jaar door een bruisend caféleven. Lac des Sables biedt stranden en boottochtjes op het meer.

Val Morin ①
In dit lieflijke dorp, met traditionele Franse huizen en kerken, kunt u kennismaken met het gebied.

SYMBOLEN

- Route rondrit
- Andere wegen

0 km 3

De indrukwekkende schoonheid van Québecs donderende Montmorency-waterval ▷

Gatineau ⑫

**Meditatie-
centrum**

Gatineau, tot voor kort bekend als Hull, is gelegen in de provincie Québec. Het wordt alleen door de rivier van Ottawa gescheiden en daarom hebben vele federale instanties er hun hoofdvestiging. Jarenlang was Gatineau een meer ontspannen en op plezier gerichte tegenhanger van de hoofdstad, wat uit de kleinste dingen blijkt – het stadhuis bezit bijvoorbeeld een meditatiecentrum. Sinds de stichting van Hull in 1800 waren de drankwetten in de stad soepeler dan die van Ottawa. Daarom kwamen de politici van Ottawa hier feestvieren (de stad heeft nog steeds een lagere leeftijdsgrens voor alcohol). In Gatineau staat een van Canada's beste musea, het Musée Canadien des Civilisations, gewijd aan 1000 jaar Canadese geschiedenis.

🍁 Gatineau Park
Highway 5. 📞 819–8272020, 1–800–4651867. ◯ dag.
Deze 360 km² grote oase van meren en glooiende heuvels tussen de rivieren de Gatineau en de Ottawa is een recreatiegebied voor stedelingen. Het park bevat delen van gotische gebouwen, verzameld door de voormalige premier, William Lyon MacKenzie-King.

Casino du Lac Leamy
1 Casino Blvd. 📞 819–7722100, 1–800–6652274. ◯ dag. 9.00–16.00 uur. ♿
Er worden elk jaar 4 miljoen bezoekers naar dit glimmende casino gelokt, dat is uitgerust met 1300 gokautomaten en 45

Speelhal in het casino

speeltafels. Het casino is eigendom van de overheid, ging in 1996 open en ligt in een mooi park.

🏛 Alexandra Bridge
Deze elegante stalen brug uit 1900 overspant de rivier de Ottawa en verbindt Ontario met

TIPS VOOR DE TOERIST

🏙 228.000. ✈ Ottawa International, 12 km ten zuiden van de stad. 🚌 200 Tremblay Rd, Ottawa. ℹ La Maison du Tourisme, 103 Rue Laurier, 819–7782222, 1–800–2657822. 🎭 Fall Rhapsody (sept./okt.). Ⓦ www.outaouais-tourism.ca

Québec. Vanaf voetpaden, rijbanen en fietspaden biedt de brug een mooi uitzicht op de rivier, het Musée Canadien des Civilisations en de parlementsgebouwen in Ottawa.

🏛 Maison du Citoyen
25 Laurier St. 📞 819–5957100. ◯ ma–vr 8.30–16.30 uur. ● officiële feestdagen. ♿
Het hart van dit moderne complex bestaat uit een grote hal, de Agora, bedoeld als verzamelplaats voor de burgers van Gatineau, maar ook als meditatiecentrum voor de ambtenaren. Het stadhuis, een bibliotheek, een theater en een galerie komen erop uit.

🏛 Promenade du Portage
Deze hoofdroute tussen de stadsbruggen is een winkelstraat met grote warenhuizen en drukke cafés. 's Avonds zijn deze buurt en het nabije Place Aubry het middelpunt van het uitgaansleven.

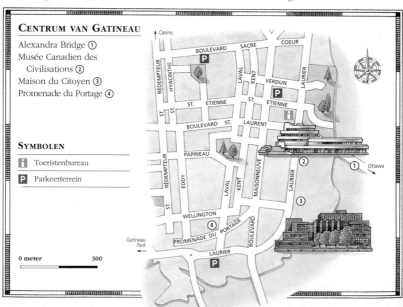

CENTRUM VAN GATINEAU

Alexandra Bridge ①
Musée Canadien des
   Civilisations ②
Maison du Citoyen ③
Promenade du Portage ④

SYMBOLEN

ℹ Toeristenbureau

P Parkeerterrein

0 meter   300

Musée Canadien des Civilisations

Dit museum aan de rivier de Ottawa is kort na 1980 gebouwd als verzamelplaats van de Canadese beschavingsgeschiedenis. De architect, Douglas Cardinal, liet in de golvende gevels van beide gebouwen het Canadese landschap terugkomen. In de meer gebogen hal zijn de kantoren ondergebracht en in het Pavillon de Glacier is het museum gehuisvest. De entree is adembenemend; in de Grote Zaal staat een woud van totempalen. De Canadazaal vertelt het verhaal van het Canadese volk, van de vikingen, via de eerste kolonisten tot de dag van vandaag. Het Kindermuseum is een feest. Er wordt momenteel een vierde verdieping tegevoegd.

TIPS VOOR DE TOERIST

100 Laurier St. 🔲 819–7767000,
1–800–5555621. 🔲 mei–half
okt.: dag. 9.00–18.00 uur, half
okt.–mei: di–zo 9.00–18.00 uur
🔲🔲🔲🔲🔲🔲
🔲 www.civilization.ca

De gevel is een afspiegeling van het Canadese landschap

In de **Canadazaal** wordt in een soort doolhof de geschiedenis verteld vanaf de Noorse kolonisten tot Victoriaanse dorpen.

Het Kindermuseum
In deze populaire ruimte kan een 'wereldreis' worden gemaakt langs onder meer een internationale markt en deze fraaie Pakistaanse bus.

Boven-
verdieping

David M.
Stewart-
zaal

Begane
grond

Hoofdingang

Kelder-
verdieping

Bibliotheek

★ De Grote Zaal
Verlicht door hoge ramen staan totempalen van de westkust in de Grote Zaal; elke paal vertelt een mythe in houtsnijwerk.

STERATTRACTIE

★ De Grote Zaal

SYMBOLEN PLATTEGROND

☐ Canadazaal

☐ Kindermuseum

☐ Canadees Postaal Museum

☐ Eerste Volken Zaal

☐ Pacifische Kust Aboriginal Expositie

☐ W.E. Taylor Salon

☐ Grote Zaal

☐ IMAX/OMNIMAX™-filmtheater

☐ Speciale tentoonstellingsruimte

☐ Geen tentoonstellingsruimte

Het wildreservaat La Vérendrye, uit de lucht gezien

Reserve Faunique La Vérendrye 🔞

📞 *819-7367431*. 🚉 *Maniwaki*. ⭘ *'s zomers.* ♿ *gedeeltelijk.*

Dit wildreservaat ligt ongeveer 471 km ten noordwesten van Montréal aan Highway 117. Het is beroemd om zijn lange, meanderende rivieren en beken en door zijn duizenden kilometers lange kanotrajecten is het een legende onder kanovaarders. De rivieren zijn gewoonlijk kalm. In het 13.000 km² grote gebied leven grote aantallen elanden, beren, herten en bevers. Het landschap is vrijwel ongerept, maar er zijn wel enkele kampeerterreinen voor mensen die verlangen naar een echt rustige vakantie. In het visseizoen kunnen hengelaars hun geluk beproeven op Amerikaanse snoekbaars, snoek, meerforel en baars. Highway 117 doorkruist het park en biedt toegang tot meren, rivieren en wandelpaden.

Eland in La Vérendrye

Val d'Or 🔞

📣 *35.000.* 🚉 🛈 *1070 3rd Ave. E., 819-8249646.*

Val d'Or is in de eerste plaats een mijnstad en het middelpunt van het noordwestelijke deel van Québec. Hier moet u niet heengaan om de architectuur, meer om de tastbare geschiedenis van mijnen en oude dorpjes die uit de tijd stammen toen de houthandel en de mijnbouw in dit gebied nog hoogtij vierden. Er is hier sinds de jaren twintig goud, zilver en koper uit de grond gehaald. Op de top van de 18 m hoge Tour Rotary aan de rand van de stad ziet u veel mijnen die nog in bedrijf zijn. "La Cité de l'Or" is een populaire attractie, gebouwd rond de verlaten Lamaque Goudmijn, vroeger een van de rijkste bronnen van goud in het gebied. Op zijn hoogtepunt, begin 20ste eeuw, bezat de mijn een eigen stadje met een ziekenhuis, een kosthuis voor alleenstaande arbeiders en keurige straten, omzoomd met blokhutten voor getrouwde mannen en hun gezinnen. De bazen woonden in grotere huizen in de buurt en er was een luxueus hotel voor bezoekende directeuren. Een groot deel van dit stadje, het **Village Minier de Bourlamaque**, is nog intact en werd in 1979 tot monument uitgeroepen. Het dorp, de werkplaatsen, het keuringskantoor en de mijningang kunnen worden bezocht. Tegen bijbetaling kunt u een interessante rondleiding volgen door de 90 m diepe mijnschacht. Daarbij krijgt u een helm op en een overall aan.

🏛 La Cité de l'Or
90 Ave. Perrault. 📞 *819–8257616.* ⭘ *juni–sept.: dag. 9.00–18.00 uur.* 🎦 ♿ *gedeeltelijk.*

Rouyn-Noranda 🔞

📣 *26.450.* 🚉 🛈 *191 Ave. du Lac, 819-7973195, 1-888-7973195.*

Net als in andere ontwikkelde gebieden in het noorden van Québec, zijn de steden hier ontstaan rond zware industrie. Rouyn en Noranda verrezen heel plotseling in de jaren twintig, toen goudzoekers koper in de omgeving ontdekten. Ze werden in 1986 één, maar zijn toch erg verschillend. Noranda, aan de noordoever van Lake Osisko, is een zorgvuldig aangelegde bedrijfsstad met eigen kerken en scholen, gebouwd om de werknemers van de nu opgeheven Noranda-kopermijn te huisvesten. De gazons en met bomen omzoomde straten ademen een Engelse sfeer. Nu werken de bewoners in mijnen in de omgeving. De Horne Smelter, een van de grootste ter wereld, ligt even buiten het centrum en kan op afspraak worden bezocht. Rouyn, aan de zuidoever van het meer, is minder gestructureerd en commerciëler. Hier gingen de inwoners van Noranda heen voor hun vermaak, en wie de noordelijke wildernis in trekt, kan hier tanken en inkopen doen. In het **Maison Dumulon**, een reconstructie van het eerste postkantoor en winkel van Rouyn, zijn exposities over de eerste kolonisten te zien.

🏛 Maison Dumulon
191 Ave. du Lac. 📞 *819–7977125.* ⭘ *juni–sept.: dag.; okt.–juni: ma–vr.* ● *25 dec., 1 jan.* 🎦 ♿

Koper wordt tot enorme klompen gesmolten voor de export, Noranda

Kuddes kariboes trekken in de zomer naar het zuiden over het gebied van de Hudsonbaai naar Nunavik

James Bay ⑯

🛈 *Tourisme Quebec 877-2665687*

De dunbevolkte gemeente James Bay is ruwweg het formaat van Duitsland, veel groter dus dan de meeste andere gemeenten in de streek – ongeveer 350.000 km². Het landschap, met meren, struikachtige boompjes en rotsen uit het vroege Precambrium, is niet bepaald stedelijk te noemen; het verandert van woud in taiga en dan weer in toendra en wordt steeds ontoegankelijker in de bevroren noordelijke gebieden. Wat de streek mist aan infrastructuur, wordt ruimschoots goedgemaakt in energiecapaciteit. De zes grote rivieren, die allemaal in de baai uitmonden, zijn goed voor genoeg elektriciteit om heel Noord-Amerika te verlichten. Tot nog toe heeft de regering van Québec meer dan 20 miljard dollar uitgegeven aan de bouw van een derde van de dammen van wat nu al een van de grootste waterkrachtcentrales ter wereld is. Vijf centrales produceren bijna 16.000 megawatt aan elektriciteit voor Québec en delen van Noordoost-Amerika. Le Grand 2 (kortweg, LG 2) is de grootste dam en opwekstation ter wereld. De grootste stad in het gebied is de kleine nederzetting Radisson. Het is een handig centrum voor toeristen en biedt een mooi uitzicht op het land eromheen. Niet alle 215 dammen en dijken in de baai zijn te zien, maar de reusachtige dammen en reservoirs, met name LG 2, ten oosten van de stad, wel.

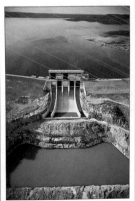

Een van de energiecentrales in James Bay

Nunavik ⑰

🛈 *Association touristique du Nunavik, 819–9642002, 1–888–5943424.* 🖥 *www.nunavik-tourism.com*

In het verre noorden van Québec beslaat de gemeente Nunavik een oppervlak dat net iets groter is dan Spanje. Er wonen ongeveer 7000 mensen, bijna allemaal Inuit, die in veertien gemeenten langs de oevers van de Hudsonbaai, Straat Hudson en Ungava Bay leven. Nunavik is Québecs laatste grens, een wild gebied dat vrijwel ontoegankelijk is, behalve per vliegtuig. Kuddes kariboes, ijsberen en muskusossen bevolken de naaldwouden van de taiga en de met ijs bedekte arctische toendra in dit gebied. Zeehonden en witte dolfijnen zwemmen in het ijskoude water.
Kuujjuaq, bij Ungava Bay, is het grootste district van Nunavik, met een bevolking van meer dan 1400. Dit is een goede uitvalsbasis voor expedities naar de Kangiqsujuaq-vallei bij Wakeham Bay en de woeste bergen rond Salluit. Nunavik en Kuujjuaq worden voornamelijk bezocht om er de vele wilde dieren te observeren die er vrij rondtrekken in hun natuurlijke milieu. De zomer is de beste tijd voor een bezoek; de temperatuur stijgt, maar de grond blijft het hele jaar door bevroren. De streek kent geen spoorlijnen (en nauwelijks wegen) en kan alleen worden verkend in het gezelschap van een betrouwbare gids. Veel Inuit-gemeenschappen bieden hun diensten aan, waarbij je meteen het leven van de gezinnen kunt meemaken. Bezoekers worden hier warm onthaald en op traditionele Inuit en gastvrijheid.

ONTARIO

Inleiding op Ontario

Alleen al de grootte van Ontario is ontzagwekkend. Het is de op een na grootste provincie van Canada: zij beslaat 2,5 miljoen km² en strekt zich uit van de Grote Meren op de grens met de VS tot de met ijs bedekte oevers van de Hudsonbaai. Noord-Ontario is slecht toegankelijk, maar dit adembenemende gebied vol wilde rivieren, diepe wouden en arctische toendra is per vliegtuig te bezoeken of via een sporadische mooie weg of spoorlijn. Het noorden is schaars bevolkt, in tegenstelling tot de vruchtbare streken meer naar het zuiden die aan Lake Ontario grenzen en vele duizenden immigranten aantrokken. Zowel Toronto, de grootste stad van Canada, en de Niagara Falls, dé toeristische attractie van het land, zijn hier te vinden.

Het hoogste vrijstaande gebouw ter wereld, de CN Tower in Toronto, verlicht bij avond

WOODLAND CARIBOU NATIONAL PARK

PICKLE LAKE

RED LAKE

105

Lac Seul

599

Lake Nipigon

DRYDEN

17

NIPIGON

THUNDER BAY

11

La Supe

0 km   150

Een toeristenboot nadert de spectaculaire Horseshoe Falls bij Niagara

VERVOER

De belangrijkste snelwegen langs de noordoever van Lake Ontario zijn Highway 401, van Toronto naar Montréal in het oosten en Windsor in het Westen, en de Queen Elizabeth Way (QEW), in zuidelijke richting van Toronto naar de Niagara Falls. De Niagara Falls, Toronto en Ottawa zijn per bus en spoor verbonden. Highway 69/400 loopt van Toronto naar het noorden tot de Trans-Canada Highway bij Highway 17. Er rijden ook bussen naar het noorden.

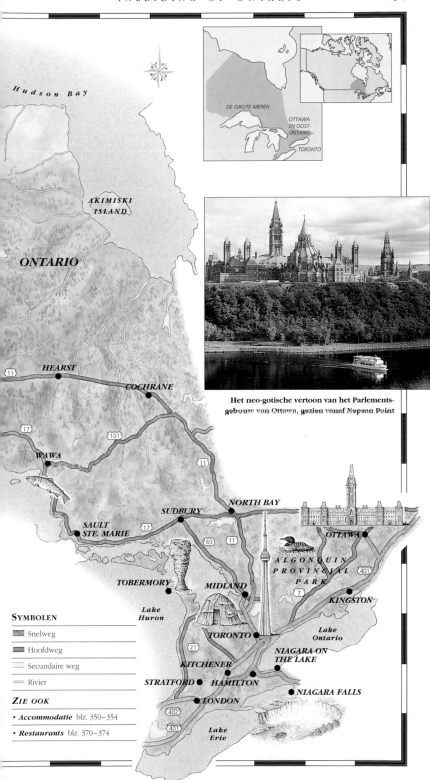

Hudson Bay

DE GROTE MEREN

OTTAWA EN OOST-ONTARIO

TORONTO

AKIMISKI ISLAND

ONTARIO

(11) **HEARST**

COCHRANE

(17)

(101)

WAWA

SAULT STE. MARIE (17)

SUDBURY (69) (11)

NORTH BAY

(11)

OTTAWA

ALGONQUIN PROVINCIAL PARK (401)

(7)

TOBERMORY

MIDLAND

KINGSTON

Lake Huron

Lake Ontario

TORONTO (21)

NIAGARA ON THE LAKE

KITCHENER

STRATFORD **HAMILTON**

LONDON (402)

NIAGARA FALLS

(401)

Lake Erie

Het neo-gotische vertoon van het Parlementsgebouw van Ottawa, gezien vanaf Nepean Point

SYMBOLEN

▭ Snelweg

▭ Hoofdweg

= Secundaire weg

= Rivier

ZIE OOK

• *Accommodatie* blz. 350–354

• *Restaurants* blz. 370–374

De Hudsonbaaicompagnie

Wapen van de compagnie

De Hudsonbaaicompagnie is op 2 mei 1670 door koning Karel II van Engeland gesticht. Hij had hiertoe besloten na de succesvolle reis van het Britse schip *Nonsuch*, dat van de pas ontdekte Hudsonbaai terugkeerde met zijn ruim volgepakt met beverhuiden. De koning schonk de nieuwe compagnie vérstrekkende soevereiniteit en het handelsmonopolie in een enorm gebied langs de baai, dat Rupert's Land werd genoemd. De Compagnie kreeg de opdracht betrekkingen aan te knopen met de inheemse volken op Rupert's Land, waarna de handel snel op gang kwam. De mode speelde hier een grote rol: in het 18de-eeuwse Europa waren hoge hoeden van beverbont zeer in trek en de vraag naar beverhuiden haast onverzadigbaar.

Europese
pelshandelaren
handelden met
inheemse pelsjagers die
jaagden volgens een
seizoenenpatroon.

Fort Yukon
1846-1869

Fort Good
Hope 1821

Fort Simpson
1821

Fort St. James
1821

Edmonton
1795

Cumberland
House 1774

Fort Victoria
1843

LAND EN HANDELSPOSTEN

Sinds 1670 werd handelswaar uit Engeland verscheept naar de belangrijkste handelsposten rond de Hudsonbaai, omheinde nederzettingen waar de koopwaar veilig kon worden opgeslagen. Grotere nederzettingen werden geleidelijk aan onafhankelijk en bevoorraadden nieuwe, kleinere handelsposten, terwijl de Compagnie meer naar het westen trok. Tegen 1750 stonden er HBC-posten aan de mondingen van alle grote rivieren die in de Hudsonbaai stromen. Fort Albany, aan James Bay, had een gevangenis, een ziekenhuis, een smidse, een kuiperij, een kanowerf en stallen voor schapen en runderen, terwijl pogingen werden ondernomen om gewassen te verbouwen. Grote handelsposten bedienden een netwerk van kleinere. In 1870 werden de rechten aan het nieuwe Canada overgedragen.

SYMBOLEN

 Handelspost

— — Handelsroute

～～～ Grens van Rupert's Land in 1670

De Sevenoaks-slachting in
Ontario, in juni 1816, was een
veldslag tussen de HBC en de
concurrerende North-West
Company, waarbij twintig man
sneuvelden. In 1820 gingen de
twee samenwerken.

Engelse kooplieden *verzamelden allerlei goederen om met de plaatselijke stammen te ruilen voor hun wintervoorraad pelzen. In het voorjaar werden er per schip snuisterijen aangevoerd, maar ook dekens, messen en geweren.*

DE LOTGEVALLEN VAN DE HBC

Tot 1840 was de HBC oppermachtig in Canada, maar de Engelsen moesten hun aanspraken op Washington State en Oregon in 1846 opgeven, waardoor de grens met de VS ontstond. De HBC kon haar monopolie niet langer afdwingen en verkocht in 1869 haar land aan Canada. Alleen de grond rond de handelsposten bleef behouden. De HBC werd in de 20ste eeuw groot in grondbezit en detailhandel en is nu een van de grootste warenhuisketens in Canada.

The Bay in Vancouver, een van de moderne warenhuizen van HBC

Fort Chimo
1830

Churchill
1717

ork Factory
1682-1857

Rupert's House
1668

Albany
1679

Moose Factory
1673

Winnipeg
1813

Montreal

0 km   500

De pels van de bever *is 's winters het dikst. Dan trokken de inheemse volken eropuit om het dier in sneeuw en ijs in de val te lokken. In de lente droegen ze de zachte pelzen over aan de Compagnie, in ruil voor goederen.*

Zeilschepen van de Compagnie *voerden goederen aan om handel te drijven. Terwijl de Compagnie groeide, brachten ze bouwmateriaal, voedsel en zaden. Ze keerden terug met soms wel 16.000 beverhuiden.*

De Group of Seven

Tom Thomson,
(1877–1917)

De in 1920 gevormde Group of Seven zorgde voor een doorbraak in de Canadese kunst. Het waren grotendeels kunstenaars die voor een bedrijf in Ontario werkten en zich lieten inspireren door een collega, Tom Thomson. Thomson werkte graag buiten en trok sinds 1912 de natuur van Noord-Ontario in waar hij tientallen kleurige impressionistische schetsen maakte.

Zijn vrienden begrepen zijn vernieuwende invloed op de Canadese kunst – zijn landschappen waren bevrijd van het starre Europese karakter waar de schilderkunst tot dan toe van doortrokken was geweest en er begon een nationalistische beweging. Na de Eerste Wereldoorlog en de dood van Thomson in 1917 begonnen deze vrienden met de Group. Hun eerste tentoonstelling werd in 1920 in Toronto gehouden. De schilderijen verbeelden de natuur van Nova Scotia, Ontario en Québec en gaven de Canadezen een gevoel van trots op hun land.

The red maple *van A.Y. Jackson, 1914, droeg bij aan de nationale bewustwording, een van de doelen van de Group.*

Edge of the forest (1919) *door Frank Johnston is een van de werken die de doelstelling van de Group onderstreept: 'Kunst moet in een land groeien en bloeien voor een volk zich er werkelijk thuis voelt.' De schilders van de Group ontwikkelden een heel spontane techniek.*

Above Lake Superior *is in 1922 door Lawren Harris gemaakt. Harris staat bekend om zijn simpele, heroïsche beelden en treft hier het rauwe klimaat van de Grote Meren in de winter, ook wel 'het mystieke noorden' genoemd. Harris geloofde dat spirituele vervulling het best kon worden bereikt door het landschap te bestuderen. De Group vond ook dat een schilderij alleen indruk kon maken als het onderwerp door toeschouwer en kunstenaar werd gedeeld, zoals het landschap.*

Falls, Montreal River
*(1920) van J. E. H.
MacDonald, die het liefst
in Algoma werkte. Elk lid
van de Group had een
eigen gebied waar hij
inspiratie opdeed,
voornamelijk in Ontario.
In de zomer werden
tekenreizen gemaakt,
waarop de schilders elkaar
hun favoriete gebieden
lieten zien.*

DE GROUP OF SEVEN

Ze hadden hun basis in een verbouwde treinwagon en reisden te voet of per boot naar hun favoriete plekken in Algonquin Park, Georgian Bay, Algoma en aan het Bovenmeer om nieuwe kunst voor hun land te produceren. Na de tentoonstelling van 1920, genaamd The Group of Seven, werden hun opvallende schilderijen meteen populair en hield de groep bijna elk jaar een expositie. Inspiratie in eigen land was waar het bij de onderwerpen en de techniek van de groep om draaide. De schijnbaar rauwe methoden waren een reactie op de zware, realistische olieverfschilderijen die in Europa werden gemaakt. Heldere kleuren en zichtbare penseelstreken deden een criticus opmerken dat de schilders 'hun verfpotten in het gezicht van het publiek hadden gegooid'. Ze hielden in 1931 hun laatste tentoonstelling en gingen het jaar daarop uiteen om plaats te maken voor een bredere groep Canadese schilders, de Canadian Group of Painters. De Group of Seven legde de grondslag voor Canadese kunst, gebaseerd op liefde voor de natuur in het eigen land. Hun schilderijen zijn nog altijd beroemd in Canada.

Deze foto, in 1920 genomen in de Arts & Letters Club in Toronto, toont, van links naar rechts: Varley, Jackson, Harris, Barker Fairley (een bevriende schrijver), Johnston, Lismer en MacDonald. Carmichael was niet aanwezig.

De Group of Seven in 1920

AUTUMN, ALGOMA *(1920)*

Dit doek toont de buitengewone avondkleuren van de herfst in Ontario. J.E.H. MacDonald schilderde het liefst in Algoma, een Canadees paradijs in Noord-Ontario waar hij regelmatig heen trok om te schetsen. MacDonald legde typisch Canadese onderwerpen vast in dit schilderij; het felrode bladerdak en de donkere naaldbomen vormden samen een Canadese identiteit. Beïnvloed door de sobere landschappen die rond 1900 in Scandinavië werden geschilderd, gebruikte MacDonald de tegenstellingen om de grootsheid van de natuur te benadrukken.

TORONTO

....

Toronto heeft zijn stijve koloniale imago afgelegd en is een van de meest dynamische steden van Noord-Amerika geworden, waar de bijna 4 miljoen inwoners afkomstig zijn uit meer dan 100 etnische groepen. Als rijkste stad in het meest welvarende gebied van het land is Toronto het financiële en commerciële centrum van Canada, met mooie musea, prettige cafés en luxueuze winkels.

Toronto is een ondernemende stad. Oorspronkelijk was deze stad op de oevers van Lake Ontario een inheemse nederzetting uit de 17de eeuw, en na 1720 een Franse pelshandelspost. In de Oorlog van 1812 *(zie blz. 41)* werd om de stad gevochten door de VS en Engeland, maar later werd het een rustige stad die na de Tweede Wereldoorlog enorm groeide, met de komst van 500.000 immigranten, vooral Italianen en, meer recent, Chinezen. Bezoek allereerst de CN Tower, het hoogste vrijstaande gebouw ter wereld en de beroemdste attractie van Toronto. Vanaf de top kunt u alle bezienswaardigheden in de stad aanwijzen. Op loopafstand liggen het Skydome-stadion en de financiële wijk. Ten noorden van het centrum vindt u het drukke Chinatown en de uitnemende schilderijen van de wereldberoemde Art Gallery van Ontario. Daarachter ligt de Universiteit van Toronto met op haar terrein het fraaie Royal Ontario Museum en nog twee gespecialiseerde collecties, het historische Gardiner Museum of Ceramic Art en het moderne Bata Shoe Museum. Na een kort ritje in de ondergrondse bereikt u zowel Casa Loma, een excentriek vroeg-20ste-eeuws landhuis, dat u in elk geval moet bezoeken, als Spadina House, de elegante 19de-eeuwse villa ernaast. Er liggen nog veel meer bezienswaardigheden in de directe omgeving van Toronto, waaronder Toronto Zoo en het Ontario Science Centre. De McMichael Art Collection, in het nabijgelegen Kleinburg, bevat een goede collectie schilderijen van de Group of Seven.

Cafégangers in Toronto doen hier wat ze het best in het centrum van Toronto kunnen doen

◁ **De CN Tower, weerspiegeld in de ramen van een kantoorgebouw**

Toronto verkennen

Toronto is een uitgestrekte metropool die een gebied van 259 km² beslaat aan de noordzijde van Lake Ontario. Het centrum biedt een combinatie van kantoorblokken, woonhuizen aan lommerrijke straten en winkelgebieden. De buitenwijken, zoals North York en Scarborough, zijn ruimer opgezet. Het stadscentrum, waar het zakencentrum en Chinatown liggen, is begrensd door College en Front in het noorden en zuiden, en Jarvis en Spadina in het oosten en westen.

BEZIENSWAARDIGHEDEN IN HET KORT

Historische wijken en gebouwen
Casa Loma **21**
Chinatown **12**
First Post Office **8**
Fort York **23**
Little Italy **24**
Parlementsgebouw van Ontario **15**
Royal Alexandra Theatre **7**
Royal York Hotel **3**
Spadina House **22**
Stadhuis van Toronto **11**
Universiteit van Toronto **14**

Parken en tuinen
The Beaches and Scarborough Bluffs **27**
Ontario Place **25**
Queen's Park **16**
Toronto Island **26**
Toronto Zoo **28**

Moderne architectuur
CN Tower blz. 168 **1**
Rogers Centre **2**

Musea
Art Gallery of Ontario blz. 174–175 **10**
The Bata Shoe Museum **19**
Black Creek Pioneer Village **30**
George R. Gardiner Museum of Ceramic Art **17**
Hockey Hall of Fame **4**
Hummingbird Centre for the Performing Arts **5**
McMichael Art Collection **29**
Ontario Science Centre **29**
Royal Ontario Museum blz. 182–183 **18**
Toronto Dominion Gallery of Inuit Art **6**

Winkelbuurten
Kensington Market **13**
Queen Street West **9**
Yorkville **20**

VERVOER
Het openbaar vervoer in Toronto is uitstekend. De metrolijnen volgen de hoofdverkeersroutes: Bloor/Danforth (oost-west) en Yonge/universiteit (noord-zuid). Bussen en trams brengen u verder de wijk in. In het centrum is het in het spitsuur bijzonder druk.

TORONTO EN OMGEVING

De CN Tower beheerst het silhouet van de stad

ORIËNTATIEKAART

TORONTO

SYMBOLEN

Centrum *blz. 172–173*

Haven *blz. 166–167*

✈ Internationale luchthaven

⛴ Veerhaven

🚆 Treinstation

Ⓜ Metrostation

ℹ Toeristenbureau

Ⓟ Parkeerterrein

━━ Snelweg

━━ Hoofdwegen

━━ Voetgangersgebied

ZIE OOK

• *Hotels* *blz. 350–352*

• *Restaurants* *blz. 370–372*

0 meter   500

Onder de loep: de haven

De haven van Toronto kent een roerige geschiedenis. Lake Ontario strekte zich ooit uit tot Front Street, maar in de 19de eeuw werd er 3 km van gedempt om er spoorwegemplacementen en pakhuizen op te bouwen. Tot de jaren zestig, toen de handel afnam, speelden de export en import van Ontario zich op dit stuk industrieterrein af. Twintig jaar later kreeg de havenbuurt een nieuwe bestemming, toen projectontwikkelaars de herinrichting van wat inmiddels 10 km² was geworden aankondigden. Nu zien we er groene parken, promenades, dure appartementen, hotels en toeristische attracties in en rond het Harbourfront Centre.

★ **Zicht van de CN Tower**
De hoogste vrijstaande toren ter wereld kijkt uit over een afstand van 160 km rond Ontario. Pas op! Hij heeft een glazen vloer... ❶

Convention Centre
Dit in een zuid- en noordhal verdeelde centrum wordt gebruikt voor grootschalige bedrijfsshows en jaarbeurzen.

★ **Rogers Centre**
Een voorstelling in het enorme Rogers Centre-stadion verbruikt zo veel elektriciteit dat heel Prins Edwardeiland ermee kan worden verlicht ❷

Boottochten
Op een boottocht op Lake Ontario en rond de drie Toronto Islands hebt u mooi uitzicht op de stad. Er zijn kleine zeilboten en ...rboten te huur.

FRONT ST. W.

LAKE SHOR...

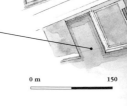

0 m   150

SYMBOOL

– – – Aanbevolen route

Toronto-haven
De haven is een plezierige, ontspannende aanvulling op de stad. Moderne attracties bevestigen Toronto's naam als het op twee na grootste uitgaanscentrum ter wereld.

ORIËNTATIEKAART
Zie blz. 164–165

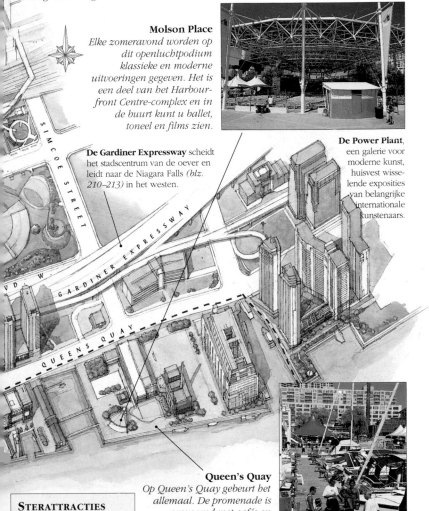

Molson Place
Elke zomeravond worden op dit openluchtpodium klassieke en moderne uitvoeringen gegeven. Het is een deel van het Harbourfront Centre-complex en in de buurt kunt u ballet, toneel en films zien.

De Gardiner Expressway scheidt het stadscentrum van de oever en leidt naar de Niagara Falls *(blz. 210–213)* in het westen.

De Power Plant, een galerie voor moderne kunst, huisvest wisselende exposities van belangrijke internationale kunstenaars.

Queen's Quay
Op Queen's Quay gebeurt het allemaal. De promenade is omzoomd met cafés en restaurants en biedt uitzicht op het meer, maar ook straatartiesten en souvenirwinkels.

STERATTRACTIES

★ **Rogers Centre**

★ **CN Tower**

CN Tower ●

De CN Tower is maar liefst 553 m hoog, en daarmee het hoogste gebouw ter wereld. In de jaren zeventig besloot de Canadian Broadcasting Company (CBC) een nieuwe zendmast op te richten, in samenwerking met Canadian National (CN), het spoorwegconcern. De CN Tower was niet bedoeld als de hoogste toren ter wereld, maar de bezoekers aan de stad waren zo onder de indruk dat hij al spoedig de belangrijkste toeristische attractie was. In de toren zit het grootste ronddraaiende restaurant ter wereld, dat in 72 minuten helemaal ronddraait.

TIPS VOOR DE TOERIST

301 Front St. W. 🄲 416–8686937. Ⓦ www.cntower.ca ◯ dag. 10.00–22.00 uur. ● 25 dec. 🄵 🄳 🄲 🄷 🄳 🄳

De Sky Pod is met de lift bereikbaar. Het is het hoogste toegankelijke punt op de toren (447 m).

Het 360 Restaurant
Onderscheiden restaurant dat ronddraait; de bezoekers genieten van hun maaltijd én het uitzicht.

Het uitzichtpunt buiten is beschermd met stalen hekken; u voelt goed hoe onbeschut de toren is, vooral als het hard waait.

Het uitzichtpunt binnen biedt bezoekers de kans de stad comfortabel, uit de wind, te bewonderen; op borden staan herkenningspunten in Toronto aangegeven.

De CN Tower vanaf het meer
De toren biedt een fantastisch uitzicht naar alle kanten. Op een heldere dag kunt u de Niagara Falls (blz. 210–213) zien.

Glazen vloer
De begane grond ligt 342 m beneden deze laag gewapend glas. Zelfs mensen zonder hoogtevrees voelen zich hier niet prettig.

De liften aan de buitenkant hebben een glazen voorkant en vervoeren de bezoekers razendnel langs de toren omhoog. De snelheid beneemt u de adem en doet uw oren knappen; u bent in minder dan een minuut boven.

De trap aan de binnenkant is de hoogste ter wereld, met 1776 treden. De trap beklimmen voor liefdadigheidsdoelen is een populaire manier van fondsenwerving in Toronto.

Gezicht op de stad vanaf het uitzichtplatform
Op 346 m boven de stad biedt het uitzichtplatform vergezichten over Toronto vanaf uitkijkpunten binnen en buiten.

Rogers Centre ❷

1 Blue Jay Way. 📞 416–3413034.
🚇 Union. 🕐 dag. 🈂️ ♿ ✓
🌐 www.rogerscentre.com

Het in 1989 geopende Rogers Centre was het eerste stadion ter wereld met een volledig wegschuifbaar dak. Bij goed weer hebben de elementen vrij spel, maar als het weer omslaat, schuift het dak op zijn plaats en beschermt spelers en toeschouwers. Dit technische hoogstandje is gebaseerd op eenvoudige principes; vier reusachtige dakdelen zijn op rails gemonteerd en doen er maar twintig minuten over het speelveld te overdekken. Het ontwerp is zeker vernieuwend en praktisch, maar het eindresultaat ziet eruit als een enorme hazelnoot. Het exterieur van het gebouw wordt gedeeltelijk goedgemaakt door een bijpassend stel reusachtige stripfiguren op de buitenmuur, die toeschouwers bij een denkbeeldige wedstrijd voorstellen, gemaakt door de populaire moderne kunstenaar Michael Snow.

Het Rogers Centre wordt bespeeld door twee grote sportclubs, de Toronto Argonauts van de Canadian Football League, en de Toronto Blue Jays van het Major League Baseball. Het Rogers Centre wordt ook gebruikt voor grote evementen en concerten. Tijdens rondleidingen kunt u zien hoe het dak werkt.

Het weelderige interieur van de lobby van het Royal York

Royal York ❸

100 Front St. W. 📞 416–3682511.
🚇 Union. ♿

Het uit 1929 daterende Royal York is lange tijd Toronto's meest vooraanstaande hotel geweest. De luxe overtrof de concurrentie met gemak. Het is gebouwd tegenover het grootste treinstation van de stad ten behoeve van bezoekende hoogwaardigheidsbekleders, maar voor de duizenden immigranten was dit hotel het eerste wat ze van hun nieuwe stad zagen en zo kreeg het een extra dimensie die niets met zijn functie te maken had. Het Royal York is ontworpen door de architecten Ross en Macdonald uit

Portier van het Royal York

Montréal, in de moderne Beaux Arts-stijl met een onregelmatige gevel die lijkt op een groot Frans château. Binnen zijn de openbare ruimten weelderig ingericht. Sierlijke galerijen verlenen ze extra charme. Het hotel is kort geleden gerenoveerd en is nog altijd favoriet bij voorname bezoekers, inclusief koninklijke bezoekers.

Union Station, tegenover het Royal York, is ook door Ross en Macdonald ontworpen. Het is ouder dan het hotel, maar vertoont dezelfde Beaux Arts-stijl. Het lange, imposante exterieur wordt geaccentueerd door natuurstenen zuilen en binnen ziet u een overwelfde hal met een cassettenplafond, gedragen door 22 marmeren zuilen.

Het schuifdak van het Rogers Centre verheft zich boven het veld, waar vele beroemde wedstrijden zijn gespeeld

Het Hummingbird Centre, thuisbasis van het National Ballet en de Opera

Hockey Hall of Fame ❹

BCE Place, 30 Yonge St. ☎ 416–3607735. ⊟ *Union Station.* ○ *ma–za 9.30–18.00 uur, zo 10.30–18.00 uur.* ● *25 dec., 1 jan.* 📷 ♿

De Hockey Hall of Fame is een uitgebreid eerbetoon aan de nationale sport van Canada, ijshockey *(zie blz. 32).* Zowel ijshockey als veldhockey is in Canada ontstaan; wat als eenvoudig ijsvermaak op bevroren meren en vijvers begon, zet nu de harten in Canada als niets anders in vuur en vlam. De ultramoderne tentoonstellingsruimte van de Hall of Fame bevat verschillende sectoren, gewijd aan allerlei aspecten van de sport. Er is hier van alles te zien, van de shirts van beroemde spelers, onder wie Wayne Gretzky en Mario Lemieux, tot een replica van de kleedkamer van de Montréal Canadiens in het oude Forum. Ook wordt de ontwikkeling van het masker van de doelman gevolgd, van het begin tot de uitvoerige, beschilderde versies van nu. Overal zijn interactieve attracties en de bezoekers kunnen pucks stoppen, afgevuurd door virtuele spelers. In een theatertje zijn films te zien van de beroemdste wedstrijden. Voor de Great Hall staan de bekers uitgestald, waaronder de Stanley Cup, die in 1893 door lord Stanley is geschonken.

De Stanley Cup in de Hockey Hall of Fame

Hummingbird Centre for the Performing Arts ❺

1 Front St. E. ☎ 416–8722262. ⊟ *Union Station.* ♿

Het Hummingbird Centre is een van de grootste podia van Canada, met meer dan 3200 zitplaatsen in één theater. Het theater heette aanvankelijk het O'Keefe Centre, tot in 1996 Hummingbird Inc. enkele miljoenen dollars schonk om het op te knappen. Nu bezit het een modern interieur en is het de thuisbasis van de Canadian Opera Company en het National Ballet of Canada.
Het Hummingbird biedt een uitgebreid programma, waaronder komedies en kindertheater, om maar niet te spreken van de wereldberoemde muziekuitvoeringen. Tot de recente optredens en producties behoren Robin Williams, Elvis Costello en Puccini's *Tosca.* Topartiesten komen uit de hele wereld om hier op te treden – popartiesten en klassieke musici treden er regelmatig op. Toch is er vaak kritiek op de akoestiek van de zaal en is het niet echt aan te bevelen op de voorste rijen te zitten.

Toronto Dominion Gallery of Inuit Art ❻

39 Wellington St. West. ☎ 416–9828473. ⊟ *Union Station.* ○ *ma–vr 8.00–18.00 uur, za en zo 10.00–16.00 uur.* ♿

Het Toronto Dominion Centre bestaat uit vijf inktzwarte wolkenkrabbers, een modern eerbetoon aan de verdiensten van de Toronto Dominion Bank. In de zuidelijke toren wordt een fraaie collectie Inuit-kunst getoond op twee niveaus in de hal. De voorwerpen werden in de jaren zestig voor het 100-jarig jubileum verzameld. Ze kochten meer dan 100 stukken in allerlei materialen, waaronder kariboegewei en walrusivoor, maar de kern van de collectie bestaat uit beeldhouwkunst. Speksteen beelden, de meeste 35–60 cm hoog, tonen mythologische figuren en scènes uit het dagelijks leven. De mooiste zijn van Johnny Inukpuk (1911), wiens werken *Mother feeding child* (1962) en *Tattooed woman* (1958) een elementaire kracht bezitten.

Royal Alexandra Theatre ❼

260 King St. W. ☎ 416–8721212. ⊟ *St. Andrew.* 🚋 *King 504/503* ♿

In de jaren zestig stond het Royal Alexandra Theatre op de nominatie te worden platgegooid door de bulldozers van de vooruitgang, toen een spraakmakende detailhandelaar in

Gevel van het Royal Alexandra Theatre

Toronto's trendy uitgaansleven in Queen Street West

Toronto, genaamd 'Honest Ed' Mirvish, de koning van de uitverkoop, te hulp schoot. Mirvish redde dit mooie Edwardiaanse theater, dat met zijn luxe-interieur van rood fluweel, groen marmer, goudbrokaat en sierlijk krulwerk ooit een bijzonder geliefde plek was in Toronto. Tegenwoordig worden er in Royal Alex bekende toneelstukken en grote Broadwaymusicals opgevoerd, die vaak maanden lopen. Avondvoorstellingen zijn bijzonder in trek, zowel om het interieur te bewonderen, als vanwege de voorstellingen. Tijdig reserveren is noodzakelijk. Vroegkomers kunnen de Edwardiaanse details in de bar bewonderen.

First Post Office ❽

260 Adelaide St. E. **☎** 416–8651833. **Ⓜ** King, Queen. **🚋** 501, 504. **🚌** Jarvis 141. **◷** ma–vr 9.00–16.00 uur, za en zo 10.00–16.00 uur. **♿ 📷** op afspraak.

In de 19de eeuw had het Britse Rijk goede verbindingen nodig binnen al zijn kolonies. In 1829 stelde het British House of Commons de eerste koloniale posterijen in en vestigde vijf jaar later een postkantoor in een afgelegen gewest in de pas gestichte stad Toronto.

Vreemd genoeg bestaat het First Post Office van Toronto nog steeds, ondanks vele gemeentelijke pogingen het te slopen. Het First Post Office is het enige overgebleven voorbeeld in de wereld van een postkantoor van vóór het Brits-Noord-Amerikaanse posterijenstelsel en het is nog altijd in bedrijf. Toeristen gaan erheen om een brief te schrijven met een kroontjespen en deze zelf met rode was te verzegelen. De moderne post wordt echter verwerkt door de nationale posterijen, Canada Post. Na een brand in 1978 is het gebouw gerestaureerd en in stijl ingericht, met behulp van oude documenten uit vroege stedelijke archieven.

Jong bezoek aan Queen Street West

Queen Street West ❾

Ⓜ Osgoode. **🚋** Queen 501.

Overdag en 's avonds tot in de kleine uurtjes is het een drukte van belang in Queen Street West. Studenten en trendsetters bliezen deze oude pakhuizenbuurt in de jaren tachtig nieuw leven in, maar tegenwoordig biedt de straat een meer gevarieerde aanblik, met chique winkels, coole bars en stijlvolle cafés tussen het meer alledaagse winkelaanbod. De meeste goedkope restaurants en cafés vindt u tussen University en Spadina.

Een werkneemster bij Toronto's First Post Office stempelt de post

Onder de loep: het centrum

In de 19de eeuw was Yonge Street het commerciële centrum van Toronto, omzoomd door rijen winkels en bedrijven. Hij verdeelde de stad ook etnisch. In 1964, toen de nieuwe City Hall en het Nathan Phillips Square tegenover de Old City Hall werden gebouwd, verschoof Toronto's zwaartepunt naar Queen Street. Ten zuiden van Queen Street lag de financiële wijk, waar de oude 19de-eeuwse gebouwen na de jaren zestig zijn vervangen door glimmende blokken van beton en glas. Het vernieuwde havengebied, met zijn jachthavens en cafés, biedt een rustige afwisseling. Yonge Street is nu vooral bekend om het reusachtige winkelcentrum Eaton Centre.

Textielmuseum
Deze in een kantoorgebouw in het centrum gevestigde collectie bevat stoffen, borduurwerk en kleding uit alle tijden.

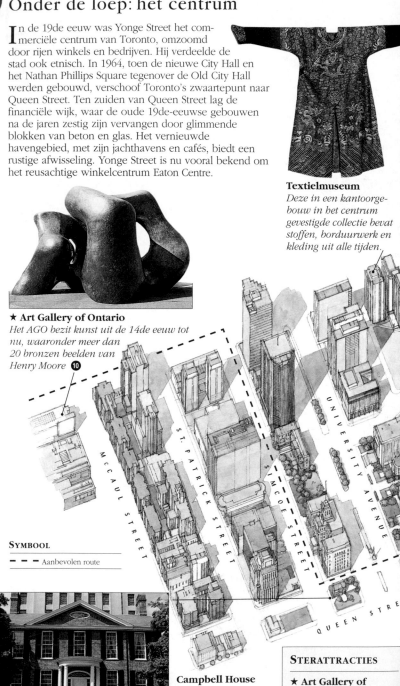

★ **Art Gallery of Ontario**
Het AGO bezit kunst uit de 14de eeuw tot nu, waaronder meer dan 20 bronzen beelden van Henry Moore ❿

McCAUL STREET

ST PATRICK STREET

SIMCOE STREET

UNIVERSITY AVENUE

QUEEN STREET

Symbool

− − − Aanbevolen route

Campbell House
Dit 19de-eeuwse huis stamt uit de dagen van de 19de-eeuwse bourgeoisie.

Sterattracties

★ **Art Gallery of Ontario**

★ **Toronto City Hall**

Eaton Centre

Als Toronto al een echte kern heeft, moet die buiten het winkelcentrum Eaton Centre liggen, op het kruispunt van Yonge Street en Dundas Street. In het Eaton Centre wordt alles verkocht.

ORIËNTATIEKAART
Zie kaart van Toronto, blz. 164–165

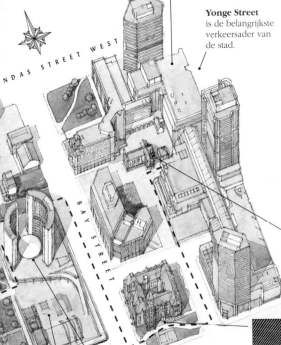

Yonge Street
is de belangrijkste verkeersader van de stad.

Church of the Holy Trinity

Deze aardige anglicaanse kerk is in de 19de eeuw gebouwd en bezit een elegant interieur.

Nathan Phillips Square is een centrum van stedelijke activiteit en een trefpunt voor jongeren.

★ Toronto City Hall

Dit controversiële gebouw uit 1964 is populair bij de plaatselijke bevolking, die 's winters op het plein komt schaatsen ⓫

Old City Hall

De elegante, 19de-eeuwse Old City Hall staat in scherp contrast tot de uiterst moderne nieuwbouw aan de overkant. Nu zitten de rechtbank en het departement van Justitie erin.

Art Gallery of Ontario ❿

De in 1900 gestichte Art Gallery of Ontario bevat een van Canada's grootste collecties schone kunsten en modern beeldhouwwerk. In dit moderne gebouw zijn werken te vinden van Rembrandt, Gainsborough, Van Gogh en Picasso, evenals een prachtige collectie Canadese kunst, inclusief werken van de Group of Seven (*zie blz. 160–161*), Inuit-kunst, en 's werelds grootste collectie werken van de Britse beeldhouwer Henry Moore. Momenteel wordt het gebouw, ontworpen door architect Frank Gehry, uitgebreid om een weergaloze schenking van 2000 werken uit een privé collectie te kunnen huisvesten. De renovatie duurt tot medio 2008.

Hina en Fatu **(1892), Paul Gauguin**

Henry Moore Sculpture Centre

Bovenverdieping

Begane grond

Ingang op de begane grond

★ Beelden van Henry Moore

Het in 1974 geopende Henry Moore Sculpture Centre bevat de grootste collectie ter wereld, waaronder Draped reclining figure *(1952–1953).*

Floor burger *(1962)*

Claes Oldenburgs reuzenhamburger is gemaakt van beschilderd zeildoek en schuimrubber en is een icoon van de Pop Art-beweging.

Museumgevel

Het museum werd in 1993 heropend na vier jaar renovatie, die een reeks stijlen verenigde, van vroeg-19de-eeuws tot modernistisch. Buiten beheerst een sculptuur van Henry Moore, Large two forms *(1966–1969), het voorplein.*

STERATTRACTIES

★ *The west wind* van **Tom Thomson**

★ **Henry Moore Sculpture Centre**

★ **Inuit-collectie**

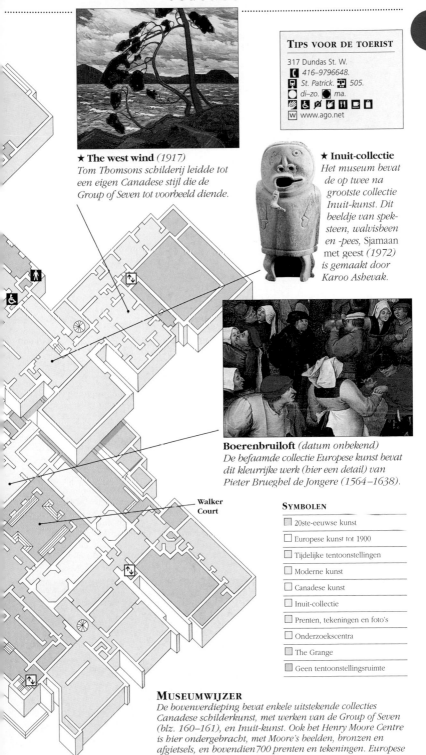

★ The west wind *(1917)*
Tom Thomsons schilderij leidde tot een eigen Canadese stijl die de Group of Seven tot voorbeeld diende.

TIPS VOOR DE TOERIST

317 Dundas St. W.
416–9796648.
St. Patrick. 505.
di–zo. ma.
www.ago.net

★ Inuit-collectie
Het museum bevat de op twee na grootste collectie Inuit-kunst. Dit beeldje van spek-steen, walvisbeen en -pees, Sjamaan met geest *(1972) is gemaakt door Karoo Ashevak.*

Boerenbruiloft *(datum onbekend)*
De befaamde collectie Europese kunst bevat dit kleurrijke werk (hier een detail) van Pieter Brueghel de Jongere (1564–1638).

Walker Court

SYMBOLEN

- 20ste-eeuwse kunst
- Europese kunst tot 1900
- Tijdelijke tentoonstellingen
- Moderne kunst
- Canadese kunst
- Inuit-collectie
- Prenten, tekeningen en foto's
- Onderzoekscentra
- The Grange
- Geen tentoonstellingsruimte

MUSEUMWIJZER
De bovenverdieping bevat enkele uitstekende collecties Canadese schilderkunst, met werken van de Group of Seven (blz. 160–161), en Inuit-kunst. Ook het Henry Moore Centre is hier ondergebracht, met Moore's beelden, bronzen en afgietsels, en bovendien 700 prenten en tekeningen. Europese kunst is op de begane grond te vinden.

Het ultramoderne gebouw van Toronto City Hall uit de jaren zestig was zeer omstreden

Toronto City Hall ⓫

Queen St. W. en Bay St. [416-
3928016. 🚇 Queen, Osgoode.
🚋 Queen 501.🕐 ma–vr 8.30–
16.30 uur. ♿

De in 1964 voltooide City
Hall van Toronto is ont-
worpen door de gelauwerde
Finse architect Viljo Revell.
Bij de officiële opening zei
premier Lester Pearson: 'Dit
gebouw is zo modern als de
toekomst', maar voor veel
stedelingen was de toekomst
te vroeg gekomen en er kwam
veel kritiek uit verschillende
hoeken. Zelfs nu, veertig jaar
later, ziet het gebouw er
genadeloos modern uit.
Het is de belichaming van de
stadsvernieuwing uit de jaren
zestig, met twee gebogen
torens van glas en beton rond
een centraal cirkelvormig gebouw waar de gemeenteraad
van de stad vergadert. De
Old City Hall, vlakbij, is een
19de-eeuw neoromaans
gebouw met versierde
torens en zuilen.

Chinatown ⓬

🚋 Dundas 505, College 506,
Spadina 510.

De Chinese gemeenschap
van Toronto telt ongeveer
400.000 mensen, bijna 10 procent van de totale bevolking
van de stad. De immigratie uit
China is in verschil-
lende golven verlo-
pen, de eerste naar
Brits-Columbia
rond 1860, tijdens
de Goudkoorts. De
eerste Chinezen in
Toronto kwamen
eind 19de eeuw als
arbeiders aan de
Canadian Pacific
Railway. Ze vestig-
den zich in steden
langs de spoorlijn.
De Chinezen von-
den werk in wasse-
rijen en fabrieken in
Toronto en aan de
spoorlijn. Tijdens
de laatste immigra-
tiegolf in de jaren
negentig vestigden
zich rijke Hong-
kong-Chinezen in Toronto.
Chinese Canadezen wonen
overal in de stad, maar vooral
in vier Chinatowns,
waarvan de drukste
aan Spadina Avenue
ligt, tussen Queen
Street en College
Street, en aan
Dundas Street, ten
westen van de Art
Gallery of Ontario.
Deze paar woon-
blokken verschillen
opvallend van de
rest van de stad. De
aanblik, de geluiden
en de geuren doen
onmiddellijk aan
Hongkong denken. Winkels
en kramen stallen hun waren
op straat uit; ze bieden een
verwarrende hoeveelheid
Chinese specialiteiten aan.
's Avonds wijzen felle neonlichten de weg naar de vele
restaurants.

**Vrolijke reclamebor-
den in Chinatown**

Kensington Market ⓭

Baldwin St. en Augusta Ave.
🚋 Dundas 505, College 506,
Spadina 510.

Kensington Market is een
van de bijzonderste en
etnisch meest diverse woon-
wijken in Toronto. Hij is rond
1900 aangelegd door Oost-
Europese immigranten, die
hutje bij mutje woonden in
deze lappendeken van huisjes
bij het kruispunt van Spadina
Avenue en Dundas Street en
in de smalle straatjes hun
waren ventten. De bazaar die
ze in hun kleine jaren-dertig-
woninkjes hielden, is nog
altijd een kenmerk van deze
wijk. Tegenwoordig staan
joodse, Poolse en Russische
marktkooplieden zij aan zij
met Portugese, Jamaicaanse,
Oost-Indische, Chi-
nese en Vietnamese
handelaars in een
levendige straat-
markt die de zintui-
gen altijd prikkelt.
Deze openlucht-
markt concentreert
zich op Kensington
Avenue, waar aan
het laagste deel,
vlak achter Dundas
Street, veel uit-
dragerijen te
vinden zijn met
allerlei trendy
zaken, van originele punk-
spullen tot broeken met wijde
pijpen. Het hoogste deel van
Ken-sington Avenue zit vol
levensmiddelenwinkels met
producten uit alle delen van
de wereld, van vis tot kaas en
exotische vruchten.

Exotische noten keuren in de bazaar in Kensington Market

Gevel van het parlementsgebouw van Ontario, waar sinds 1893 het provinciaal bestuur zetelt

Universiteit van Toronto ⑭

27 King's College Circle. 416–9782011. St. George, Queen's Park. College 506.

De universiteit van Toronto ontgroeide een Royal Charter, verleend door Koning George IV aan Toronto's King's College. De kerk beschouwde de Universiteit als ondermijnend voor haar controle op de opvoeding. De nieuwe instelling wees beschuldigingen van goddeloosheid van de hand, slokte haar tegenstanders op en werd een van de meest prestigieuze universiteiten van Canada.

Deze ongewone geschiedenis verklaart de rommelige opzet van het terrein, een groen gebied, bezaaid met universiteitsgebouwen. De mooiste staan aan de westzijde van Wellesley Street. Aan Hart House Circle staat Hart House (1919), gebouwd in de stijl van de universiteitsgebouwen van Oxford en Cambridge in Engeland, en de Soldiers' Tower, een neogotisch monument voor studenten die in beide wereldoorlogen zijn gevallen. Aan de nabijgelegen King's College Circle staan University College, een indrukwekkend neoromaans gebouw uit 1859, Knox College met zijn ruwe metselwerk van grijs zandsteen, en de Convocation Hall. Op het terrein kunt u over de Philosophers' Walk wandelen, die naar Bloor Street West voert.

De universiteit van Toronto doet denken aan Engelse universiteiten

Parlementsgebouw van Ontario ⑮

Queen's Park. 416–3257500. Queen's Park. College 506. ma–vr 8.30–17.00 uur, za en zo 9.00–16.30 uur. 10.00–16.00 uur.

Er is niets bescheidens aan het parlementsgebouw van Ontario, een enorm roze zandstenen gebouw geopend in 1893 dat het eind van University Avenue beheerst. De parlementsleden van Ontario wilden zich duidelijk kenbaar maken.

De provincie was een klein, maar uitermate trouw deel van het Britse Rijk. Men schreeuwde om zijn eigen identiteit en had geld genoeg om die tot uiting te brengen. De Members of Provincial Parliament (MPP's) gaven dus opdracht voor de bouw van dit peperdure gebouw in neoromaanse stijl. De in 1892 voltooide voorgevel is een weelde van torens, bogen en roosvensters, versierd met reliëfs, onder een rij steile daken. Het interieur is al even imposant. Vergulde klassieke zuilen staan rond de hoofdtrap en enorme glas-in-loodramen verlichten de lange, rijkbetimmerde galerijen. De vergaderzaal is ook weelderig, met een overdaad aan houtsnijwerk met opschriften die oproepen tot goed gedrag, zoals 'Boldly and Rightly', en 'By Courage, not by Craft'. In 1909 is de westvleugel door brand verwoest en in Italiaans marmer herbouwd. Dit was bijzonder duur en de MPP's vonden het dan ook erg vervelend dat een groot deel van het marmer werd ontsierd door dinosaurusfossielen, die in de westhal nog te zien zijn. Het is soms mogelijk zittingen bij te wonen.

Het parlementsgebouw gezien vanuit Queen's Park

Queen's Park ⓰

College St. en University Ave.
〖 416–3257500. 🚋 College 506.
🚇 Queen's Park. ♿

O ndanks dat het omringd is door een weg die twee van de drukste straten in het centrum met elkaar verbindt, is Queen's Park een vredige plek. Het is ideaal om een luchtje te scheppen als u de dicht bijeengepakte attracties in het omliggende gebied bekijkt. In het westen wordt het park omzoomd door de 19de-eeuwse gebouwen van de Universiteit, en in het noorden door het Royal Ontario Museum en het George R. Gardiner Museum of Ceramic Art. Aangezien de Legislative Buildings in het park liggen, wordt de stilte af en toe doorbroken door politieke demonstranten en belangengroeperingen, die luid hun ongenoegen kenbaar maken.

George R. Gardiner Museum of Ceramic Art ⓱

111 Queen's Park. 〖 416–5868080.
🚇 Museum. ⃝ ma, wo en vr 10.00–18.00 uur, di en do 10.00–20.00 uur, za en zo 10.00–17.00 uur.
⬤ 1 jan., 25 en 31 dec. 📷 ♿
🆆 www.gardinermuseum.on.ca

H et in 1984 geopende Gardiner Museum of Ceramic Art is het enige in Noord-Amerika dat volledig is gewijd aan aardewerk en porselein. De fraai opgestelde collectie vertelt de geschiedenis van keramiek, met de nadruk op de belangrijkste stadia in de ontwikkeling. Allereerst zien we pre-columbiaans aardewerk, een fascinerende verzameling oeroude stukken uit Peru en Mexico met verschillende grijnzende vruchtbaarheidsgoden. Voorbeelden van felgekleurd majolica (geglazuurd, poreus aardewerk) zijn beschilderde potten die tussen de 13de en 16de eeuw eerst op Mallorca en later in Italië werden gemaakt. Vrolijk versierde gebruiksvoorwerpen maken hun opwachting naast latere stukken uit de Renaissance, waarop klassieke mythes staan afgebeeld. Delfts aardewerk (met tinglazuur) uit Engeland is ook goed vertegenwoordigd in de collectie, maar de opvallendste stukken zijn Renaissance-beeldjes uit Italië,

De groetende harlekijn, Meissner porselein

Duitsland en Engeland – met name de collectie *commedia dell'arte*-beeldjes. Deze zijn gebaseerd op de Italiaanse theatertraditie van komische improvisatie met een aantal vaste karakters, allereerst de altijd grappenmakende harlekijn. De in felle kleuren beschilderde beeldjes werden bij de aristocratie tijdens diners op tafel gezet om de gasten te amuseren. De collectie porselein is schitterend, met veel voorbeelden van het fraaie Meissner porselein uit 1700–1780.

Iets heel bijzonders is het versierde thee- en chocoladeservies uit het begin van de 18de eeuw, met zijn eigen leren draagtas om door een deftige dame op reis te kunnen worden meegenomen. Op elk kopje staat een andere zeilscène afgebeeld.
De porseleincollectie bevat ook meer dan 100 reukflesjes uit heel Europa.

Royal Ontario Museum ⓲

Zie blz. 182–183.

Bata Shoe Museum ⓳

327 Bloor St. W. 〖 416–9797799.
🚇 St. George. ⃝ di–za 10.00–17.00 uur, zo 12.00–17.00 uur. ⬤ 1 jan., Goede Vrijdag, 1 juli, 25 dec. 📷 ♿
🆆 www.batashoemuseum.ca

H et Bata Shoe Museum is in 1995 geopend om de enorme collectie schoenen te tonen die is verzameld door Sonja Bata, een lid van het beroemde familiebedrijf dat in meer dan zestig landen schoenen verkoopt. Om er zeker van te zijn dat haar collectie goed tot haar recht kwam, liet zij de prestigieuze Canadese architect Raymond Moriyama het gebouw ontwerpen, een modern geval met allerlei onverwachte hoeken en gaten, dat er als een

De moderne gevel van het Bata Shoe Museum

chique schoenendoos moest uitzien. De collectie is over meerdere ruimten verspreid en er worden zowel drie speciale exposities rond een bepaald thema als een enorme vaste collectie getoond, in roulerende opstellingen.

Het museum benadert schoenen niet zozeer als mode-artikelen, maar als belangrijke ethnologische stukken, die niet alleen veranderingen in de technologie aantonen, maar ook wisselende waarden en houdingen belichten. De hele manier van leven kan van het ontwerp worden afgezien, van het klimaat, het beroep of het geslacht tot de religie van de drager.

Een vast aspect van het museum is de tentoonstelling 'Alles over schoenen', die de bezoeker een overzicht biedt van de functies en de evolutie van schoenen. Hij begint met een afgietsel van de eerste bekende voetafdruk, die na 4.000.000 jaar in Tanzania werd ontdekt, en een interessante afdeling over middeleeuwse puntschoenen.

Ook permanent is de afdeling met schoenen van beroemdheden. Hier zijn allerlei excentrieke showmodellen te zien, inclusief Marilyn Monroe's rode naaldhakken, een paar plateauzolen van Elton John en de goudlamé hardloopschoenen van Michael Johnson.

Er is ook een uitstalling van allerlei vreemd schoeisel, waaronder unieke Franse laarzen om kastanjes te pletten, Venetiaanse cothurnen uit de 16de eeuw en een paar

Traditioneel Indiaas *Paduka* schoeisel, Bata Shoe Museum

Een lome zondagmiddag bij Café Nervosa in Yorkville

Amerikaanse legerlaarzen voor gebruik in Vietnam, waarvan de zool de voetafdruk nabootst van een Vietcong-soldaat.

Yorkville ⑳

🚇 Bay.

In de jaren zestig was het kleine Yorkville, in het centrum van de stad, het favoriete trefpunt van de hippies van Toronto. Alternatieve figuren als Joni Mitchell werden er regelmatig gesignaleerd en het leek nogal op Chelsea in Londen of Greenwich Village in New York. De hippies zijn verdwenen en de houten cafés zijn in bezit genomen door chique winkels en modieuze restaurants of verbouwd tot piepkleine appartementen. Modewinkels, gespecialiseerde boekwinkels, particuliere galeries, juweliers en kwaliteitsschoenwinkels zitten dicht opeen in deze buurt en trekken klanten bij bosjes. Het is heerlijk om hier op een terrasje te zitten met een cappuccino en naar mensen te kijken. In Yorkville Avenue en Cumberland Avenue gebeurt het allemaal, maar ook in de elegante winkelcentra die eraan liggen, vooral het luxe Hazelton Lanes, op de hoek van Yorkville Avenue, en The Avenue, met zijn vestigingen van Ralph Lauren en Versace. De alternatieve stijl is volledig vervangen door zeer dure winkels – enkele van de meest exclusieve winkels van het land zijn hier gevestigd. Hoewel de recessie in de jaren negentig niet ongemerkt voorbij is gegaan, is de buurt nog altijd welvarend. Het caféleven komt hier 's avonds goed op gang, maar het is wel duur om hier uit te gaan.

Nagebouwde kleedkamer in de BCE Hockey Hall of Fame, Toronto ▷

Royal Ontario Museum

Het in 1912 gestichte Royal Ontario Museum (ROM) bevat een enorme en uiterst gevarieerde collectie op het gebied van de schone en toegepaste kunsten, natuurwetenschappen en archeologie. Hoogtepunten zijn de dinosaurusafdeling, nu op de eerste verdieping, en een nieuwe afdeling Aziatische kunst, waar Chinese beeldhouwwerken en architectuur te zien zijn, en Japanse kunst en cultuur. Tot medio 2008 ondergaat het ROM een grote transformatie, waarbij bestaande afdelingen worden gerenoveerd en de nieuwe Michael Lee-Chin Crystal, een grote kristallen formatie, ontworpen door architect Daniel Libeskind, wordt gebouwd. Hierin komen de nieuwe hoofdingang van het museum, fonkelnieuwe afdelingen en een tentoonstellingsruimte.

Tweede verdieping

Eerste verdieping

Begane grond

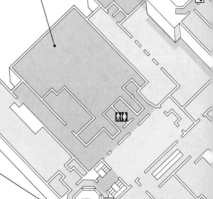

The Green Room

Deze elegante Engelse salon dateert uit de jaren 50 van de 18de eeuw. Een van de ingerichte kamers in de Samuel European Galleries, heeft oorspronkelijke groene panelen tegen de muur, populair bij de lagere adel in die tijd.

★ Dinosaurusafdeling

De populairste afdeling in het ROM verhuist naar de op de eerste verdieping gelegen afdeling Natuurhistorie, met dinosaurusskeletten in opstellingen die het Juratijdperk nabootsen en animatietechnieken, zoals in de film Jurassic Park.

Canadese afdeling: inheemse volkeren

Deze ruime afdeling roemt de Canadese cultuur, met een levendige benadering van de inheemse tradities van het land. Veel van de unieke en kleurrijke inheemse voorwerpen zijn hier voor het eerst te zien.

Rotunda Café

Griekse kop van Zeus
Zeus, de baas van de goden, waakt over 50 beelden in de zaal met klassieke beelden.

TIPS VOOR DE TOERIST

100 Queen's Park.
📞 416–5868000. 🚇 Museum.
🕐 dag. 10.00–18.00 uur;
vr tot 21.30 uur.
⬤ 25 dec., 1 jan.
🎫♿🅿️🚻☕🛍️
W www.rom.on.ca

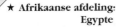

★ Afrikaanse afdeling: Egypte
De Egyptische collectie bevat een groot aantal mummies, grafmaskers en huishoudelijke artikelen. We zien de resten van een begraven hofmuzikant in een beschilderde kist die zo fijn is dat de wetenschappers hem niet durven te openen.

MUSEUMWIJZER
Vanwege uitgebreide renova-tiewerkzaamheden zijn delen van het originele gebouw thans gesloten voor bezoekers. De ge-restaureerde afdeling Erfgoed, met daarin een deel van de Canadese afdeling, is geopend op de begane grond. De afde-lingen Biowetenschappen en Wereldculturen op de eerste en tweede verdieping blijven toe-gankelijk voor het publiek. De Kristalzalen, met de populaire Dinosaurusafdeling, worden in de loop van 2006 geopend.

Vleermuisgrot
In een nauwgezet nagebootste, 4 km diepe Jamaicaanse vleermuisgrot vliegen zo'n 3000 vleer-muizen van was en vinyl de bezoekers om de oren.

Opgezette albatros
Deze enorme vogel heeft een span-wijdte van 3 m. Op de vogelafdeling, met wisselende exposities, valt hij meteen op.

STERATTRACTIES

★ **Dinosaurusafdeling**

★ **Afrikaanse afdeling: Egypte**

SYMBOLEN

☐ Samuel Hall Currelly-afdeling

☐ Aziatische kunst

☐ Natuurhistorie

☐ Kristal

☐ Canadese afdeling

☐ Wereldculturen

☐ In aanbouw tot begin 2007

☐ Geen tentoonstellingsruimte

Spadina Museum, Historic House & Gardens ㉑

285 Spadina Rd. 416–3926910.
77+, 127. Dupont.
jan.–april: za en zo 12.00–17.00 uur;
mei–aug.: di–zo 12.00–17.00 uur;
sept.–dec.: di–vr 12.00–16.00 uur, za
en zo 12.00–17.00 uur. ma; 25, 26
dec., 1 jan. verplicht.

James Austin, eerste president-directeur van de Toronto Dominion Bank, liet in 1866 het elegante victoriaanse huis bouwen op de rots boven Spadina Avenue. Anna, de laatste van de Austins, verliet het huis in 1982. Zij liet het gebouw, met meubels en tuin, na aan de Historical Board of Toronto. Het is een authentiek woonhuis dat de leefstijl van vier generaties rijke Canadezen illustreert. De hele sfeer spreekt tot de verbeelding, maar let vooral op de art-nouveaufries in de Biljartkamer en een verstopte deur in de Palmroom, waardoor tuinlieden, zonder dat de familie hen zag, de planten konden verzorgen.

De voordeur van Spadina House met 19de-eeuwse zuilen

Fort York ㉓

100 Garrison Rd. 416–3926907.
511, 509. dag. Goede
Vrijdag, omstreeks 18 dec.–2 jan.

De Engelsen bouwden Fort York in 1793 om hun controle over Lake Ontario te versterken en hieruit ontstond Toronto. De zwakte van het fort bleek toen de Amerikanen het na een lange strijd in de Oorlog van 1812 (zie blz. 43) onder de voet liepen. Na deze oorlog versterkten de Engelsen het; de garnizoenen stimuleerden de plaatselijke economie. Fort York is zorgvuldig gerestaureerd en de militaire gebouwen zijn leuk om te bezoeken. Het is 's lands grootste collectie oorspronkelijke gebouwen uit de Oorlog van 1812.

Casa Loma ㉒

Dit opmerkelijke gebouw is ontworpen door E. J. Lennox, die ook Toronto's Old City Hall op zijn naam heeft staan. Met zijn combinatie van architectonische elementen is dit gebouw een opmerkelijk eerbetoon aan sir Henry Pellatt (1859–1939), een van de invloedrijkste industriëlen van Canada aan het begin van de 20ste eeuw. Hij had een fortuin verdiend met waterkracht, door de energie van de Niagara Falls voor elektriciteit te bundelen. In 1906 besloot hij een kasteel te bouwen. Drie jaar en 3,5 miljoen Canadese dollars later werd de bouw stilgelegd wegens het uitbreken van de eerste WO.

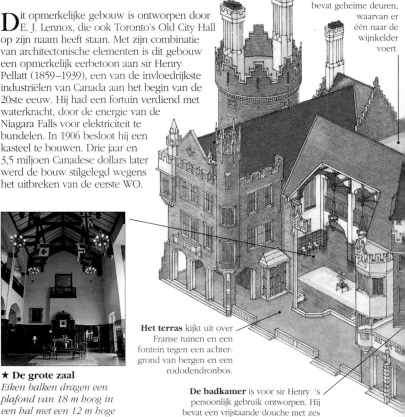

De studeerkamer bevat geheime deuren, waarvan er één naar de wijnkelder voert.

★ De grote zaal
Eiken balken dragen een plafond van 18 m hoog in een hal met een 12 m hoge erker.

Het terras kijkt uit over Franse tuinen en een fontein tegen een achtergrond van bergen en een rododendronbos.

De badkamer is voor sir Henry 's persoonlijk gebruik ontworpen. Hij bevat een vrijstaande douche met zes koppen en weelderige decoratie.

Verse groenten te koop in Little Italy

Little Italy ㉔

St. Clair Ave. W. 🚋 512. 🛈 207
Queen's Quay W., 416-2032500.

Er wonen een half miljoen
mensen van Italiaanse
afkomst in Toronto. De eerste
grote golf Italiaanse immigranten arriveerde tussen 1885 en
1924, maar er leefden al sinds
1830 Italianen in Toronto.
Hun gemeenschapszin leidde,
samen met de instabiliteit in Italië na de
Tweede Wereldoorlog,
tot een tweede grote
stroom in de jaren
veertig en vijftig.
Italianen wonen en
werken overal in de
stad, maar ze concentreren zich in het gezellige 'Corso Italia'
of Little Italy, waar
langs de St. Clair Avenue West
winkels, cafés en restaurants
zich aaneenrijgen.
De architectuur is weinig
opvallend, maar de huizen zjn
beschilderd in de traditionele
kleuren rood, groen en wit.
Verder zijn er opmerkelijk veel
espressobars en bioscopen
waar Italiaanse films draaien.
Het echt Italiaanse eten dat in
de vele cafés wordt geserveerd is verrukkelijk.

Ontario Place ㉕

955 Lakeshore Blvd. W. 📞 416-314
9900. 🚇 Union Station. 🚋 509, 511.
⭘ half mei-sept.: 10.00-24.00 uur.
🅿 ♿ 🅦 www.ontarioplace.com

Dit prachtige pretpark is erg
leuk voor families met
jonge kinderen. Het ligt op drie
kunstmatige eilandjes in Lake
Ontario en biedt vrij rustig
vermaak op het water, met
roeibootjes, wildwaterbanen,
waterglijbanen en kleuterbadjes. 's Avonds verandert de
sfeer wanneer er grote popconcerten worden gegeven in
het Molson Amphitheatre. In
de koepelvormige Cinesphere
is het eerste permanente
IMAX-theater gevestigd. Deze
grootformaat bioscooptechniek
is ontwikkeld in Toronto door
de IMAX Corporation in 1967.

**Gevel van het huis en
Franse tuin**
*Meer dan 20 km² tuin
sieren het landgoed met
borders vaste planten,
rozen, gazons en
bossen.*

TIPS VOOR DE TOERIST

1 Austin Terrace. 📞 416-9231171.
🚇 Dupont. ⭘ 9.30-16.00 uur.
⭘ 25 dec., 1 jan. 🅿 ♿ 🛗 🍴
📷 🅦 www.casaloma.org

★ **Serre**
*Witte muren contrasteren
met de glas-in-loodkoepel.
Verborgen stoompijpen
verbogen de temperatuur.*

STERATTRACTIES

★ De grote zaal

★ Serre

Toeristen op de fietspaden van de Toronto Islands

The Toronto Islands ㉖

🚢 *Queen's Quay.* ℹ️ *207 Queen's Quay W., 416–2032500.* Ⓦ *www.torontoisland.org*

In Lake Ontario, vlak voor de stad, bieden de drie Toronto Islands, via voetgangersbruggen met elkaar verbonden, beschutting voor de haven en ontspanning en vermaak in een autoloze omgeving. In de verkoelende bries van het meer kunnen de bezoekers even ontsnappen aan de hoge temperaturen in de zomer, die kunnen oplopen tot 35 °C. Bij mooi weer kunt u de CN Tower *(zie blz. 168)* zien liggen.

U wandelt in een half uurtje van het ene eind van de eilanden naar het andere. In het oosten ligt Ward's Island, een stille woonwijk met veel groen; Centre Island, met het Centreville Amusement Park voor kinderen, ligt in het midden en in het westen ligt Hanlan's Point, met het beste strand.

The Beaches en Scarborough Bluffs ㉗

Beaches 🚋 *Queen 501.* **Bluffers Park** 🚆 *Victoria Park.* 🚌 *Kingston Rd. 12+.* ℹ️ *207 Queen's Quay W., 416–2032500.*

The Beaches is een van Toronto's bekoorlijkste wijken; de smalle, lommerrijke straten lopen van de oever van het meer omhoog en zijn omzoomd met mooie bakstenen huizen met veranda's. De buurt ligt ten oosten van het centrum tussen Woodbine Avenue en Victoria Park Avenue. Aan Queen Street East, de doorgaande weg, zitten overal uitstekende cafés en modewinkels. Tot voor kort was The Beaches een rustige buurt, maar het lange zandstrand en de promenade maken hem zeer populair – de grondprijzen zijn de afgelopen jaren enorm gestegen. Skaten en fietsen zijn hier erg in trek – een 3 km lang pad voert door de buurt en wordt in de zomer veel gebruikt, evenals het grote openbare zwembad. Het vervuilde water van Lake Ontario is niet geschikt om in te zwemmen, maar toch nemen velen het risico en kunt u hier overal windsurfplanken huren. In het oosten grenst The Beaches aan Scarborough, de grote voorstad, die vooral aantrekt door de rotsige oever. Hier strekken zich over een afstand van 16 km de Scarborough Bluffs uit langs Lake Ontario, rotsige uitsteeksels van oeroud zand en klei. Een reeks parken biedt toegang: in de parken Scarborough Bluffs en Cathedral Bluffs hebt u prachtig uitzicht op de ruwe kliffen en Bluffers Park is ideaal voor picknicks en strandwandelingen. Lagen

afzettingsgesteenten uit vijf verschillende geologische perioden zijn in de rotsen rond het park te ontdekken.

Toronto Zoo ㉘

361A Old Finch Ave., Scarborough. 📞 *416–3925900.* 🚇 *Kennedy.* 🚌 *86A/B* ○ *mei–sept.: dag. 9.00–19.00 uur; sept.–april: dag. 9.00–18.00 uur.* ● *25 dec.* ♿ 📷 Ⓦ *www.torontozoo.com*

Toronto kan zich verheugen in een van de beste dierentuinen ter wereld. Hij beslaat een groot deel van de Rouge River Valley en is goed bereikbaar per openbaar vervoer en auto. De dieren zijn gerangschikt volgens hun natuurlijk leefmilieu, zowel buiten, in de bossen en op het vlakke land van het rivierdal, als binnen, in een reeks grote paviljoens. Bezoekers kunnen de dierentuin bekijken door de zorgvuldig uitgestippelde paden af te lopen, of instappen in de Zoomobile, die u een halfuur lang rondrijdt en een goed overzicht biedt. Het kost ongeveer vier uur om alle dieren te zien, waaronder Canadese soorten als de eland, de kariboe en de grizzlybeer. Splash Island biedt een plek voor jonge bezoekers om in het water af te koelen, tussen walrus- en beverbeelden.

Moeder en kind orang-oetang in Toronto Zoo

Een tinnegieter voor zijn winkel in Black Creek Pioneer Village

Ontario Science Centre ㉙

770 Don Mills Rd. 📞 416 6963177
🚇 Eglinton of Pape, dan. 🚌
Eglinton 100 of Don Mills 25. 🔵 dag.
10.00–17.00 uur. ⬤ 25 dec. 🏷️ ♿
🌐 www.osc.on.ca

Het Ontario Science Centre, een van de populairste attracties in Toronto, trekt massa's kinderen. Ze komen vooral af op de interactieve mogelijkheden in het centrum, die ze de kans geven om onderzoek te doen naar allerlei verschijnselen. Er zijn elf categorieën, waaronder de Levende Aarde, Wetenschap, de Informatieve snelweg en Sport. Bezoekers kunnen een maanlanding maken, naar het eind van het universum reizen, of lachen bij de vandegraaffgenerator.

Black Creek Pioneer Village ㉚

Hoek Steeles Ave. W. en Jane St. 📞
416–7361733. 🚇 Jane Finch. 🚌 35+,
36+. 🔵 mei en juni: ma–vr 9.30–16.30
uur, za en zo 10.00–17.00 uur; juli–
sept.: dag. 10.00–17.00 uur; okt.–dec.:
ma–vr 9.30–16.00 uur, za en zo 10.00–
16.30 uur. ⬤ jan.–mei; 25 dec. 🏷️ ♿

In de loop der jaren zijn zo'n veertig 19de-eeuwse gebouwen uit andere delen van Ontario overgebracht naar het historische Black Creek Pioneer Village, ten noordwesten van de stad. Het resultaat is niet erg realistisch – geen dorp in Ontario heeft er ooit zo uitgezien – maar toch is dit openluchtmuseum erg leuk. Medewerkers in historische kledij demonstreren oude ambachten, zoals kaarsenmaken, broodbakken en drukken. Tot de interessantste gebouwen behoren het elegante Doctor's House uit 1860 en het Lasky Emporium, een winkel waar producten uit de bakkerij worden verkocht. De Tinsmith Shop wordt door ervaren tinnegieters bemand en is ook een vergaderruimte van de vrijmetselaars.
Vier gebouwen worden toegeschreven aan Daniel Stong, een 19de-eeuwse pionier: zijn varkensstal, rokerij en twee huizen – het eerste een ruwe blokhut en het tweede een beschaafd woonhuis met een bakstenen haard en buiten een kruidentuin.

McMichael Art Collection ㉛

10365 Islington Ave., Kleinburg.
📞 905–8931121. 🚇 Islington.
🚌 37. 🔵 di–zo ⬤ 25 dec. 🏷️ ♿
🌐 www.mcmichael.on.ca

Aan de rand van Kleinburg, op een halfuur rijden ten noorden van het centrum van Toronto, hebben Robert en Signe McMichael een mooi woonhuis gebouwd met uitzicht op de bossen van de Humber River Valley. De McMichaels waren ijverige verzamelaars van Canadese kunst en in 1965 schonken ze hun huis en schilderijen aan de overheid. Sindsdien is de verzameling aanzienlijk uitgebreid en behoort nu, met meer dan 6000 stukken, tot de grootste in de provincie. Het McMichael is voornamelijk gewijd aan de werken van de Group of Seven (zie blz. 160–161); een groot aantal vertrekken is gevuld met een uiteenlopende selectie van hun schilderijen. De toonaangevende schilderijen zijn ruw opgezette landschappen die de schoonheid van het Canadese landschap benadrukken. Elk lid van de groep heeft een eigen ruimte gekregen en zowel voortrekker Tom Thomson als Lawren Harris zijn goed vertegenwoordigd. Er zijn ook fascinerende afdelingen met moderne Inuit-kunst, waaronder het beeld *Bases stolen from the Cleveland Indians and a captured Yankee* (1989) door de beroemde moderne kunstenaar Gerald McMaster (1953).

Bill Vazans *Shibagau shard* in het McMichael

De gevel van het gebouw van de McMichael Art Collection

Ottawa en Oost-Ontario

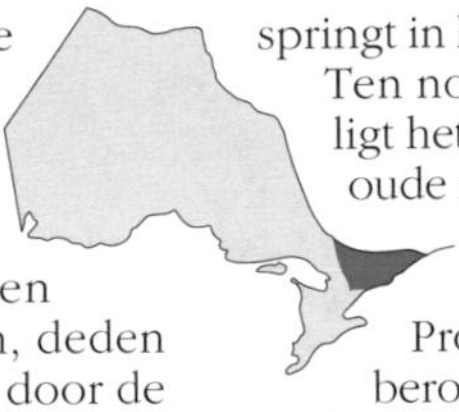

Oost-Ontario, een van de meest bezochte gebieden in Canada, is terecht beroemd om zijn geschiedenis en natuurschoon. De vele meren en waterlopen die het landschap beheersen, deden ooit dienst als handelsroutes door de wildernis voor bevolking en ontdekkingsreizigers. Nu vormen ze een prachtig natuurgebied, met spectaculaire mogelijkheden voor buitensporten, zoals zeilen, vissen, wandelen en skiën. De St.-Lawrence, een van de grootste rivieren ter wereld, ontspringt in het oude stadje Kingston. Ten noorden van Lake Ontario ligt het Canadees Schild, met de oude meren, rotsen en wouden die kenmerkend zijn voor Canada. Algonquin Provincial Park is een van de beroemdste ongerepte natuurgebieden van het land. Ook heel populair zijn de Kawartha Lakes. Ottawa, de hoofdstad van Canada, verheft zich trots boven de gelijknamige rivier. Deze schatkamer van nationale geschiedenis en architectuur trekt jaarlijks meer dan vijf miljoen bezoekers.

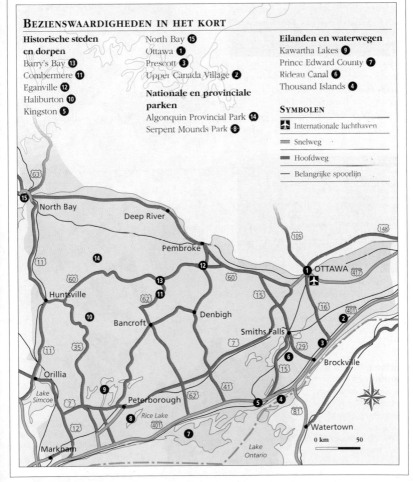

Bezienswaardigheden in het kort

Historische steden en dorpen
Barry's Bay 13
Combermere 11
Eganville 12
Haliburton 10
Kingston 5
North Bay 15
Ottawa 1
Prescott 3
Upper Canada Village 2

Nationale en provinciale parken
Algonquin Provincial Park 14
Serpent Mounds Park 8

Eilanden en waterwegen
Kawartha Lakes 9
Prince Edward County 7
Rideau Canal 6
Thousand Islands 4

Symbolen
✈ Internationale luchthaven
Snelweg
Hoofdweg
Belangrijke spoorlijn

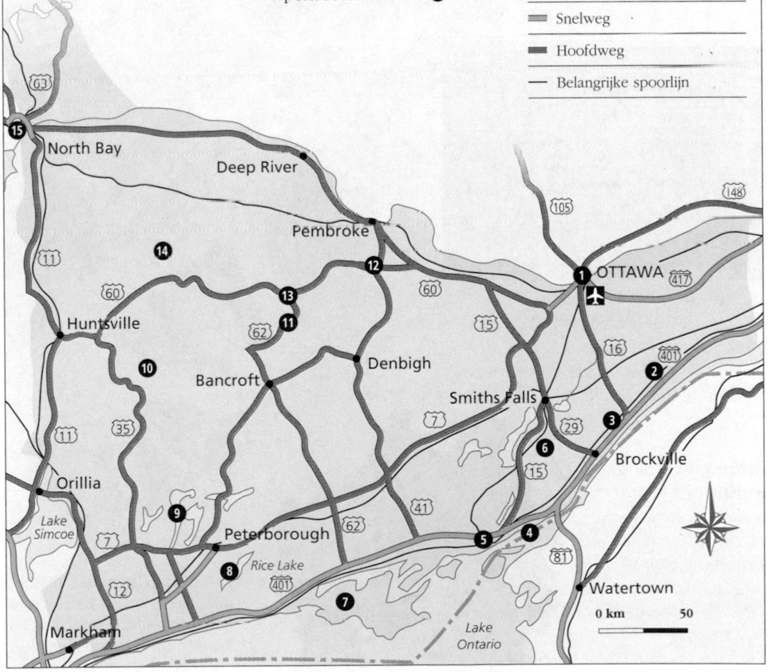

◁ **Plezierboten op het Rideau Canal, onder het toeziend oog van Ottawa's parlementsgebouw**

Onder de loep: Ottawa ❶

Ottawa werd als compromis tot hoofdstad van Canada gekozen, vanwege de rivaliteit tussen de Engelsen en de Fransen en de tegenwoordige metropolen Toronto en Montréal. Dit compromis is, sinds de stichting in 1826, uitgegroeid tot een stad met een geheel eigen identiteit. Ottawa, in 1855 tot hoofdstad van het overzeese gebiedsdeel Canada uitgeroepen, is prachtig gelegen op de oevers van de Ottawa en de Rideau. Veel meer dan alleen de politieke hoofdstad is Ottawa een mengel van Franse en Engelse inwoners en historische en moderne gebouwen met genoeg attracties om de zes miljoen bezoekers per jaar te boeien.

Een lid van de RCMP leidt zijn paard langs het parlementsgebouw

De eeuwige vlam *werd in 1967 ontstoken ter ere van een eeuw federatie. Hij brandt continu.*

★ Parlementsgebouw
Het wisselen van de wacht gebeurt van juni tot augustus dagelijks. Deze spectaculaire ceremonie draagt bij aan de grootsheid van dit regeringsgebouw.

Rideaukanaal
Het begin 19de eeuw aangelegde kanaal wordt nu gebruikt om te spelevaren. Op de oevers liggen fiets- en wandelpaden.

Nationaal Oorlogs-monument
Elk jaar op 11 november wordt hier een herdenkingsdienst gehouden ter ere van de oorlogsveteranen van Canada.

Fairmont Chateau Laurier is een luxe-hotel en zonder twijfel het beroemdste van Canada. Het biedt sinds de opening in 1912 onderdak aan de groten der aarde die Canada bezoeken.

Nepean Point

Dit uitzichtpunt wordt gesierd door een beeld van een indiaan aan de voet van een monument ter ere van Samuel de Champlain (blz. 41). Heel Ottawa is vanaf dit punt te zien.

TIPS VOOR DE TOERIST

785.000. 18 km ten zuiden van de stad. 265 Catherine St.
200 Tremblay Rd. Canada's Capital Information Centre, 14 Metcalfe St., 613-2395000.
Winterlude (feb.), Canadian Tulip Festival (mei).
W www.canadascapital.gc.ca

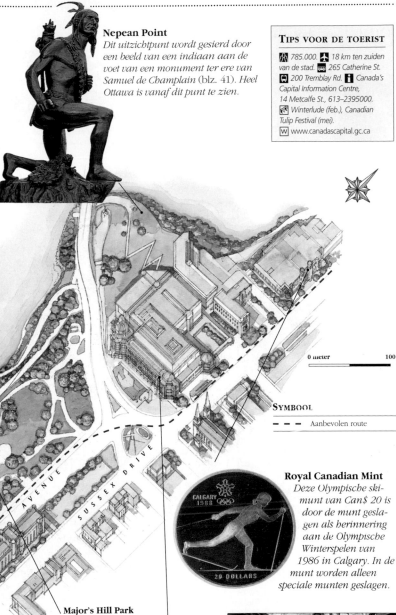

0 meter   100

SYMBOOL

– – – Aanbevolen route

Royal Canadian Mint

Deze Olympische ski-munt van Can$ 20 is door de munt geslagen als herinnering aan de Olympische Winterspelen van 1986 in Calgary. In de munt worden alleen speciale munten geslagen.

Major's Hill Park

is een rustig stukje groen in het hart van een bruisende stad.

★ National Gallery

De grootste collectie schone kunsten van het land, met 25.000 werken, is ondergebracht in een opmerkelijk granieten en glazen gebouw.

STERATTRACTIES

★ **National Gallery**

★ **Parlements-gebouw**

Ottawa verkennen

Het hart van de stad is niet zo groot en veel van de topattracties zijn gemakkelijk te voet bereikbaar. Het Rideaukanaal dat Ottawa doorkruist, is het hele jaar door een bron van vermaak: er wordt 's zomers in bootjes gevaren en gewandeld en 's winters op het ijs geschaatst. Het National Arts Centre is een centrum voor toneel, opera en ballet; liefhebbers van geschiedenis en kunst kunnen hun hart ophalen in grote en kleine musea en galeries. Ottawa is ook een stad van festivals, met name Winterlude, een drie weekeinden durend feest in februari, terwijl in de lente het Canadian Tulip Festival de stad omtovert in een zee van bloemen. De festiviteiten op Canada Day, 1 juli, trekken ook duizenden bezoekers. Buiten het centrum lijkt het soms of de voorsteden in de National Capital Region vol zitten met musea op elk gebied. Tot de attracties behoren de Central Experimental Farm en het Canada Aviation Museum.

Antieke poppen-jurk, Bytown

Kassa uit een 19de-eeuwse winkel in het Bytown Museum

Ottawa's neogotische parlementsgebouw verheft zich trots boven de stad

🏛 Parlementsgebouw
Parliament Hill. ☎ 613–9924793. ◯ dag. ● 1 juli.
De regeringsgebouwen van het land beheersen het silhouet van de stad en kijken neer op het centrum. Onaangedaan door de hoge gebouwen die in de 150 jaar dat ze het machtscentrum van Ottawa vormen, om hen heen zijn verrezen, verspreiden het East en het West Block een groene glans over de stad met hun koperen daken. Het neogotische zandstenen gebouw is in 1860 voltooid. Het ligt op een 50 m hoge

heuvel en kijkt uit over de rivier de Ottawa. Het parlementsgebouw lijkt sterk op de Westminster in Londen, zowel wat de Victoriaanse, neogotische stijl betreft als de ligging. Het gebouw is in 1916 gedeeltelijk door brand verwoest, maar is geheel in oude glorie hersteld. Het parlementsgebouw kan gedurende het hele jaar worden bezocht, zelfs als de regering, het Lagerhuis en de Senaat vergaderen. Gebeeldhouwd zand- en kalksteen kenmerkt het interieur van de vergaderzalen. In de zomer patrouilleren Mounties op de keurig aangeharkte gazons buiten het parlement, waar toeristen op politici loeren.

🏛 Bytown Museum
Ottawa Locks. ☎ 613–2344570. ◯ mei–okt.: dag. 🅿
Bytown, de oorspronkelijke naam van de hoofdstad, werd in 1855 gewijzigd in Ottawa. Het Bytown Museum, ten oosten van Parliament Hill en naast het Rideaukanaal, in het oudste

0 meter 500

stenen gebouw van Ottawa (1827), is de aangewezen plaats om meer te weten te komen over de plaatselijke geschiedenis. Kolonel John By, onder wiens leiding het Rideaukanaal is aangelegd, richtte in 1826 hier zijn hoofdkwartier in. Tijdens de werkzaamheden werd het gebouw, ook Bytown genoemd, gebruikt om militair materieel en geld op te slaan.

De elegante Zoë's Lounge in het Château Laurier Hotel

Op de begane grond zit een expositie over de aanleg van het Rideaukanaal. Ook interessant is de afdeling over het dagelijks leven, met veel huishoudelijke artikelen.

en bevat grote zalen met hoge plafonds, gesierd met reproducties in Louis XV-stijl. Het hotel trekt deftig publiek en is een bezoek waard om beroemde en machtige gasten van nabij te zien. Zoë's Lounge, een restaurant met hoge zuilen, kroonluchters en palmen, verlicht door een atrium – is een heerlijke plek om te lunchen, net als het grotere Wilfred's.

🏛 **Canadian War Museum**
1 Vimy Pl. 📞 819–7768600, 1–800–5555621. ⏱ 9 mei–11 okt.: dag. 9.00 18.00 (do tot 21.00; 1 juli–6 sept. ook vr tot 21.00 uur). 🎫 1 juli gratis. ♿ 🖥 www.warmuseum.ca
Canadezen hebben dan wel de reputatie een vredig volk te zijn, maar ze hebben de veldslagen van de wereld van nabij meegemaakt. Het museum, ondergebracht in een prachtig modern gebouw nabij Parliament Hill, belicht de militaire geschiedenis van het land en de wijze waarop deze de natie en zijn bevolking heeft gevormd. Er zijn voorwerpen van de eerste oorlogen op Canadees grondgebied tussen de Fransen en de Britten, tot de Amerikaanse invasie van 1812, de Boerenoorlog van 1899, en de rol van Canada in beide wereldoorlogen. In de LeBreton Gallery is een uitgebreide collectie van militaire technologie ondergebracht. Ook is er een collectie oorlogskunst uit beide wereldoorlogen. De Regeneration Hall, met een nauwe kijk op de Peace Tower, verbeeldt de hoop op een betere toekomst.

National Museum of Science & Technology

🏨 **Fairmont Château Laurier Hotel**
1 Rideau St. 📞 613–2411414. FAX 613–5627031. ♿
Deze geslaagde natuurstenen replica van een Frans château is een fraai voorbeeld van het soort gebouwen dat begin 20ste eeuw door spoorwegondernemingen werd neergezet. Het heeft veel beroemdheden gehuisvest sinds het in 1912 als hotel werd ingericht. Het is centraal gelegen aan de voet van Parliament Hill,

Demobilisatie-bord, War Museum

🏛 Royal Canadian Mint

320 Sussex Dr. 📞 613–9938990.
⭘ dag. 🎥 🔵 ☎ verplicht.
De in 1908 als filiaal van de
British Royal Mint opgerichte
Royal Canadian Mint produceert geen gewoon Canadees
geld meer, maar slaat speciale
munten en investeringsmun-
ten van Maple Leaf zilver. De
munt verwerkt 70 procent van
het nationale goud in zijn
raffinaderij, die de grootste is
in Noord-Amerika.
Het gebouw is in de jaren
tachtig volledig opgeknapt en
is nu toegankelijk voor publiek.
Er zijn elke dag rondleidingen,
maar wie het hele proces van
het munten wil volgen, moet
ruim op tijd reserveren.

**De gevel van de imposante
Cathédrale Notre Dame van Ottawa**

🏛 Cathédrale Notre Dame

Hoek Sussex Dr. en St. Patrick St.
📞 613–2417496. ⭘ dag. 🔵
De in 1839 gebouwde Notre
Dame, met zijn twee torens, is
Ottawa's bekendste katholieke
kerk. Hij ligt in het Byward
Market-gebied en bezit een
spectaculair neogotisch plafond. De ramen, het houtsnijwerk en het enorme orgel zijn
ook heel mooi om te zien (en te
horen). Philippe Parizeau
(1852–1938) bewerkte het
mahoniehout. In nissen rond
het altaar zitten houten reliëfs
van profeten en apostelen,
gemaakt door Louis-Philippe
Hebert (1850–1917). Ze zijn
nu beschilderd om op steen te
lijken. Joseph Eugene Guiges,
de eerste bisschop van
Ottawa, leidde de bouw van
de Notre Dame; zijn beeld
staat voor de kerk.

**Byward Market staat in Ottawa
bekend als een drukke buurt**

🏛 ByWard Market

Byward St. 📞 613–2444410.
⭘ dag. 🔵 25, 26 dec.,1 jan.
🔵 beperkt.
In deze buurt heerst het
hele jaar door bedrijvigheid,
's winters binnen, 's zomers
buiten. Hij ligt iets ten oosten
van Parliament Hill, over het
Rideaukanaal, en bevat een
kleurrijke verzameling souvenirwinkels, cafés, mode-
zaakjes, bistro's, nachtclubs
en boerenmarktkramen.
Aanraders zijn de etenswaren-
markt in het Byward Market
Building aan George Street en
de met klinkers geplaveide
Sussex Courtyards. De cafés
hier zijn een populaire plek
om te lunchen.

⚓ Laurier House

335 Laurier Ave E. 📞 613–9928142.
⭘ di–za 9.00–17.00 uur; zo
14.00–17.00 uur. 🔵 ma. 🎥 🔵
Het is nu een nationaal monument, maar het Laurier House,
een Victoriaans herenhuis uit
1878 diende ooit als residentie
van twee Canadese premiers,
sir Wilfrid Laurier en

Mackenzie King. Het is fraai
gerestaureerd en bevat
memorabilia, documenten en
persoonlijke bezittingen van
beide politici.

Rideaukanaal

ℹ 1–800–2300016.
Het halverwege de 19de eeuw
aangelegde Rideaukanaal is
een kunstmatige waterweg die
door meren en kanalen loopt
van Ottawa tot de stad
Kingston *(zie blz. 198)*. Het
kanaal stroomt door de
hoofdstad en geeft deze een
landelijk accent met zijn
wandel- en fietspaden langs
het water. Vroeger was het een
vaarweg, maar nu is het een
recreatiegebied. 's Zomers
wandelen mensen over de
oevers en in de winter is het
kanaal de stedelijke ijsbaan,
waar de plaatselijke inwoners
veel gebruik van maken.

🌿 Central Experimental Farm

Experimental Farm Dr. 📞 613–
9913044. ⭘ dag. 9.00–17.00 uur.
🔵 25 dec. 🎥 🔵 ☎
De CEF is een nationaal project waarin alle aspecten van
land- en tuinbouw worden
onderzocht. Er zijn prachtige
bloemenshows te zien,
waaronder een spectaculaire
chrysantenshow in november.
Er is ook een sierbloemen-
show te zien in een arboretum met meer dan 2000 soorten bomen en struiken. De
stallen op de boerderij en de
kudden vee zijn zeer populair
bij kinderen, en iedereen is
gek op het ritje over het
500 ha grote terrein in door
grote Clydesdale-paarden
getrokken karren.

Nauw contact met de dieren op de Central Experimental Farm

Het restaurant aan de waterkant bij het National Arts Centre, gezien vanaf het Rideaukanaal

🏛 National Arts Centre

53 Elgin St. 📞 613–9477000.
🕐 dag. 🈳 🈵 verplicht. ♿
🌐 www.nac-cna.ca

Het National Arts Centre is in 1969 voltooid; het bezit drie podia, een mooi restaurant aan het kanaal en een terras in de zomer. Het door de bekende Canadese architect Fred Neubold ontworpen gebouw bestaat uit drie in elkaar grijpende zeshoeken die een goed zicht bieden op de rivier de Ottawa en het Rideaukanaal. Veel vertolkers van Canadese en internationale dans, toneel en muziekvormen, onder wie het National Arts Centre Orchestra, treden hier regelmatig op. Het Opera auditorium heeft plaats voor 2300 toeschouwers; in het Theater passen er 950 en in de Studio, een podium voor experimentele producties, 350. Het centrum is zeer populair en reserveren wordt dan ook aanbevolen, met name voor internationale topproducties.

🏛 National Currency Museum

245 Sparks St. 📞 613–7828914.
🕐 ma–vr 10.30–17.00, zo 13.00–17.00 uur.
🌐 www.currencymuseum.ca

Het National Currency Museum, dat in de Bank of Canada is gehuisvest, vertelt de geschiedenis van het geld door de eeuwen heen. Hier zijn de uiteenlopende dingen te zien die in het verleden door de Canadezen als geld werden gebruikt, zoals walvistanden, glazen kralen, graan, papier en metaal. De nadruk van ligt op Canadees geld in al zijn vormen. De National Bank is ook te bezichtigen.

🏛 National Museum of Science and Technology

1867 St. Laurent Blvd. 📞 613–9913044. 🕐 mei–sept.: dag. 9.00–18.00 uur; okt.–april: di–zo 9.00–17.00 uur 🈳
🌐 www.sciencetech.technomuses.ca

Ontdek in dit interactieve museum een nieuwe wereld met permanente opstellingen waarin de Canadese ruimtevaarthistorie, het vervoer door de eeuwen heen en moderne en industriële technologie aan bod komen. U kunt een kijkje nemen in een oude stoomlocomotief en in een mini-controle kamer en op de knoppen bedienen om een raket te lanceren. Kinderen en volwassenen kunnen ook meehelpen een kolonie op Mars te redden. Op de biologieafdeling ziet u echte kuikens uit het ei komen.

🏛 Canada Aviation Museum

Aviation en Rockcliffe Parkways.
📞 613–9932010. 🕐 mei–sept.: dag.; okt.–april: wo–zo. 🈳
🌐 www.aviation.technomuses.ca

Dit reusachtige gebouw bij Rockcliffe Airport herbergt meer dan 100 vliegtuigen die zowel in oorlogstijd als in vredestijd hebben gevlogen. De Silver Dart uit 1909, het eerste vliegtuig in Canada, is hier te zien, evenals de neus van de Avro Arrow, het supersonische gevechtsvliegtuig dat een politieke crisis ontketende, toen de regering de ontwikkeling in de jaren vijftig stopzette. De Spitfire, trouwe vriend van de geallieerden in de Tweede Wereldoorlog, staat naast oude oerwoudvliegtuigen als de Beaver en vroege passagiersvliegtuigen. Er is aandacht voor oorlogshelden als Billy Bishop en langs de Walkway of Time wordt interactief de geschiedenis van de luchtvaart verteld.

Model van een raket in het National Museum of Science and Technology

National Gallery of Canada

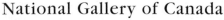

De National Gallery of Canada werd in 1988 geopend. Het is een spectaculair onderkomen voor het indrukwekkende kunstbezit van het land. Het gebouw van roze graniet en glas van architect Moshe Safdie staat vlak bij het centrum van de stad en is een kunstwerk op zich. De National Gallery is een van de drie grootste musea in het land en is het belangrijkste kunstmuseum van Canada, met uitgebreide collecties nationale en internationale kunst. Het museum ligt vlak bij het Rideaukanaal en het Major's Hill Park.

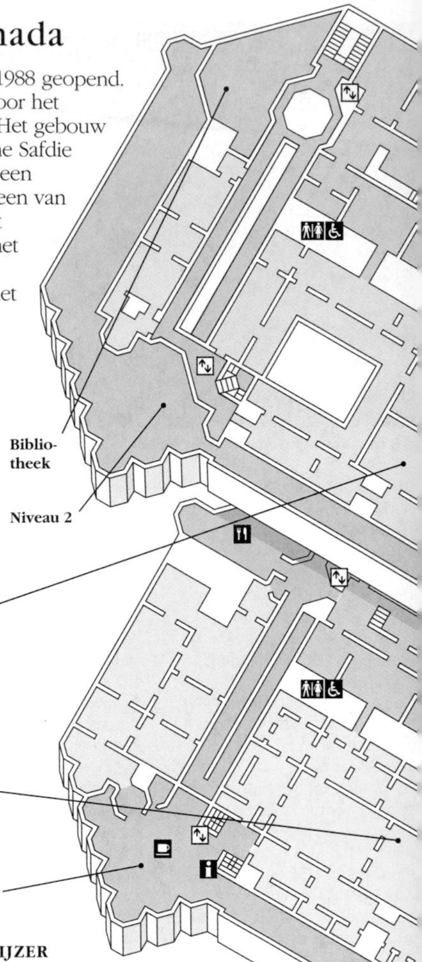

Biblio-theek

Niveau 2

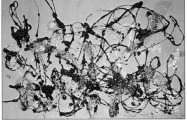

No. 29 *(1950)*
Een goed voorbeeld van Jackson Pollocks idiosyncratische druppeltechniek. Het was onderdeel van een enorm doek dat in stukken is gesneden, vandaar No. 29.

Café

★ **Kapel uit Rideau Street**
Op een rustige binnenplaats staat deze kapel uit 1888 die van de sloop is gered en hier in veiligheid is gebracht.

MUSEUMWIJZER

Op het eerste niveau is de grootste collectie Canadese kunst ter wereld te zien. Er worden ook internationale exposities en grote reizende exposities getoond. Het tweede niveau bevat de Europese en Amerikaanse afdelingen, en de afdeling prenten, tekeningen en foto's. Bezoekers kunnen uitrusten op een van de twee binnenplaatsen en in het café.

STERATTRACTIES

★ **Kapel uit Rideau Street**

★ *The jack pine* **door Tom Thomson**

SYMBOLEN

- ☐ Speciale tentoonstellingen
- ☐ Canadese afdeling
- ☐ Moderne kunst
- ☐ Europese en Amerikaanse afdeling
- ☐ Prenten, tekeningen en foto's
- ☐ Inuit-kunst
- ☐ Geen tentoonstellingsruimte

Inuit-beeldhouwkunst
Dit is in oude en moderne vorm aanwezig; Aurora Borealis decapitating a young man *dateert van 1965.*

Gevel van de National Gallery
Naast exposities van schilderijen, prenten, architectuur en fotografie, is het museum een platform voor de uitvoerende kunsten, in de vorm van films, lezingen en concerten.

★ The jack pine *(1916)*
Tom Thomson, de instigator van de Canadese nationalistische kunstbeweging in de vroege jaren twintig, de Group of Seven, trok de aandacht met zijn snelle, impressionistische schilderijen van het landschap van Ontario; hier een kleurig doek van een boom in de natuur.

Niveau 1

Blanche *(ca. 1912)*
Een van de voorlopers van de Group of Seven, James Wilson Morrice, vertrok naar Parijs, waar hij zijn favoriete model Blanche Baume schilderde in een postimpressionistische stijl, onder invloed van Bonnard en Gauguin.

Begane grond

Hoofdingang

Collegezaal

Water Court
Deze heerlijke ruimte staat in scherp contrast met de schatten uit het verleden die in de rest van het museum te zien zijn. Het Water Court wordt gebruikt om beeldhouwwerk in uit te stallen.

Upper Canada Village ❷

🗺 *Cornwall.* 🚌 ℹ️ *Morrisburg,
1–800–4372233.* Ⓦ *www.upper
canadavillage.com*

D it herbouwde 19de-
eeuwse stadje bestaat uit
40 authentieke gebouwen uit
de tijd voor de federatie (1867).
Zij werden verhuisd uit het omliggende gebied om ze te redden van overstromingen tijdens
de aanleg van de St. Lawrence
Seaway in de jaren vijftig. Het
is nu een toeristische attractie
en een kleurrijke herinnering
aan de sociale geschiedenis
van de provincie. Gekostumeerde dorpelingen werken
bij de smidse en de houtzaag-
molen, terwijl tinnegieters en
schrijnwerkers nog 19de-
eeuws gereedschap hanteren.
De geschiedenis komt tot leven
in het **Battle of Crysler's
Farm Visitor Centre**, waar de
slachtoffers van de Oorlog van
1812 worden herdacht.

🏛 Battle of Crysler's Farm Visitor Centre
Afslag 758 van Highway 401. ☎️
613–5433704. ⏰ *half mei– half okt.:
dag. 9.30– 17.00 uur.* 🅿️ ♿

Prescott ❸

🏙 *4000.* 🚌 ℹ️ *360 Dibble St.,
613–9251861.*

W at dit 19de-eeuwse stadje
zo aantrekkelijk maakt,
zijn de architectuur en de
ligging aan de St.-Lawrence. De
onlangs heringerichte haven
van Prescott en zijn drukke
jachthaven nodigen uit tot een

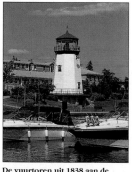

**De vuurtoren uit 1838 aan de
jachthaven van Prescott**

wandeling langs de ka-
de. Het Shakespearean
Festival trekt bezoekers
uit heel de wereld. Ook
kunt u hier fantastisch
duiken. Er zijn 22 wrak-
ken, gezonken tussen
eind 19de en midden
20ste eeuw, die binnen
een uur te bereizen zijn.
**Fort Wellington
National Historic Site**,
ten oosten van het cen-
trum, trekt veel bezoe-
kers. Het fort stamt uit
de Oorlog van 1812 en
is in 1838 herbouwd.
Er staan nog vier muren
en enkele gebouwen
overeind. In een stenen
bunker zit nu een
legermuseum, met een
gerestaureerd officie-
renverblijf.

🏛 Fort Wellington
Prescott. ☎️ *613–9252896.*
⏰ *eind mei– half okt.: dag.* ♿

Thousand Islands ❹

ℹ️ *2 King St. East, Gananoque,
613–3823250.*

D e St.-Lawrence, een van de
grootste rivieren ter wereld,
is een doorgang voor schepen
die over de Grote Meren naar
de oceaan varen. Weinig stukken van de vaart zijn mooier
dan dat door de Thousand
Islands, een gebied met meer
dan duizend eilanden dat
zich net onder Kingston
uitstrekt tot de aan de
rivier grenzende
plaatsen Gananoque,
Brockville, Ivy Lea en
Rockport. Vanuit
Kingston kunt u er een
boottochtje heen maken.
Vanaf de rivier ziet u het
merkwaardige Boldt's
Castle, dat door
miljonair/hotelier Boldt op
een van de eilanden is
gebouwd en in 1904 door
hem werd verlaten toen
zijn vrouw was gestorven.
Oscar, Boldts chef-kok in het
Waldorf Astoria, bedacht, toen
hij voor gasten op het kasteel
kookte, de Thousand Islands
saladedressing. Landrotten
kunnen van het landschap
genieten vanaf de Thousand

Een zeilboot tussen de Thousand Islands

Islands Parkway, die van
Gananoque tot Mallorytown
Landing loopt.

Kingston ❺

🏙 *141.000.* ✈️ 🚂 🚌 ⛴
ℹ️ *209 Ontario St., 613–5484415.*
Ⓦ *www.tourism.kingstoncanada.com*

K ingston was vroeger een
centrum voor scheeps-
bouw en de pelshandel en
korte tijd (1841–1844) de
hoofdstad van de Verenigde
Provincie Canada *(zie blz. 45)*.
De mooie kalkstenen gebouwen die door generaties
scheepsbouwers zijn
neergezet, verraden een
deftige komaf. Hier
werden in 1976 de
Olympische roei-
wedstrijden
gehouden. Kingston
is nog altijd een van
de belangrijkste
watersportplaatsen van
Noord-Amerika.
De stad bezit meer
musea dan welke andere
stad in Ontario ook. Het
gerestaureerde Engelse
bastion **Old Fort Henry
National Historic Site
of Canada** is een legermuseum
waarin de geschiedenis tot
leven wordt gebracht door
wachten in rode uniforms die
zijn getraind in marsen, artil-
lerieoefeningen en traditionele
pijp- en trommelmuziek uit de

**Wacht, Old
Fort Henry**

19de eeuw. De militaire academie van Canada zit ook in deze stad en het Royal Military College Museum, gehuisvest in een Martello-toren uit 1846, vertelt het verhaal van de moderne kadetten en hun voorlopers. Ten westen van het centrum ligt het **Marine Museum of the Great Lakes**. Hier ziet u vitrines over de geschiedenis van de Grote Meren en de schepen die ze bevoeren, waaronder het eerste schip dat hier voor de Meren werd gebouwd, in 1678. Het museum toont ook een ijsbreker van 3000 ton, die nu een bed-and-breakfast is. De moderne technologie wordt belicht in Kingston Mills, de sluis aan het zuideind van het Rideaukanaal, waar boten 4 m worden omhooggebracht.

Oud huis aan de hoofdstraat van Picton op het rustige Quinte's Isle

🏰 Old Fort Henry

Kingston. ☎ 613–5427388. ☐ half mei– eind sept.: dag. 🏛 ⛔
🌐 www.forthenry.com

🏛 Marine Museum of the Great Lakes

55 Ontario St. ☎ 613–5422261. ☐ april–okt.: dag. 10.00–17.00 uur; nov– mei: ma–vr 10.00– 16.00 uur. 🏛 ⛔
🌐 www.marmus.ca

Rideaukanaal ❻

🏠 34a Beckwith St. South, Smiths Falls, 613–2835170.

Het Rideaukanaal was oorspronkelijk bedoeld als verdedigingslinie tegen de Amerikanen. Het werd in 1832 voltooid en is meer dan 200 km lang. De beste manier om deze fonkelende waterweg te

Het Rideaukanaal waar het door het dorp Westport stroomt

beleven is per boot. Op dit wonder van 19de-eeuws vernuft, met 47 schutsluizen en 24 dammen, drijven boten tussen rustige bossen en akkers door, over mooie meren naar verstilde dorpjes en naar het **Canal Museum** in Smith's Falls. Ten noorden van Kingston stroomt het kanaal door enkele provinciale parken waarin kanotochten mogelijk zijn. Ook heel geliefd is het 400 km lange Rideau Trail, een voetpad dat Kingston verbindt met Ottawa.

🏛 Canal Museum

J4 Beckwith St. S. ☎ 613–2840505. ☐ half juni–half okt.: dag.; half okt.–half juni: za–zo. 🏛 ⛔

Prince Edward County ❼

🏠 116 Main St., Picton, 613– 4762421. 🌐 www.pec.on.ca

Het aardige en om zijn ontspannen sfeer en ouderwetse gastvrijheid bekend staande Prince Edward County wordt omringd door Lake Ontario en de Bay of Quinte, en wordt ook wel Quinte's Isle genoemd. Het eiland biedt twee kampeerterreinen en stranden in het Sandbanks Provincial Park. Daar rijzen de duinen van fijn zand 25 m hoog op; ze worden beschouwd als een van de belangrijkste zoetwaterduingebieden in de wereld. Engelse loyalisten *(zie blz. 42)* vestigden zich hier na de Amerikaanse Revolutie (1775) en stichtten mooie kleine stadjes

en een sterke landbouwindustrie. Geniet van de fraaie architectuur als u over de landwegen en de Loyalist Parkway rijdt, op de fiets of per auto, en hier en daar halt houdt om het landschap in u op te nemen.

Serpent Mounds Park ❽

Rural route 3. ☎ 705–2956879. 🚌 Coburg. 🚌 Peterborough. ☐ half mei–half okt.: dag. 9.00–20.00 uur. 🏛 ⛔

Serpent Mounds, aan de oever van Rice Lake, is een oude indiaanse begraafplaats. Een groep oude eiken waakt over negen grafheuvels van een oeroud volk dat hier meer dan 2000 jaar geleden samenkwam. De grootste grafheuvel, de enige in zijn soort in Canada, heeft een wonderlijke zigzagvorm die een bewegende slang zou uitbeelden. De plek is nog altijd heilig voor de inheemse bevolking. Rice Lake, met zijn lommerrijke picknickplaatsen en goede vismogelijkheden, vormt een aangename achtergrond. Aan de kleine Indian River, 9 km verderop, ligt Lang Pioneer Village, een meer oubollige herinnering aan het verleden van Canada, met 20 gerestaureerde 19deeeuwse gebouwen, heemtuinen en boerderijdieren. Een oude gerestaureerde korenmolen is weer in bedrijf en er worden oude ambachten gedemonstreerd. Smeden en tinnegieters vertonen hun kunsten in een authentieke smidse en geven ook les.

Riet groeit rond een ven in het Petroglyphs Provincial Park

Kawartha Lakes ❾

🛈 *Peterborough, 705–7422201.*
🚉 *Peterborough.* 🚌 *Cobourg.*
W *www.thekawarthas.net*

De Kawartha Lakes maken deel uit van de 386 km lange Trent-Severn Waterway die van Lake Ontario tot de Georgian Bay loopt en in de 19de eeuw is aangelegd. Tegenwoordig is het een recreatiegebied voor vakantiegangers, die op het water kunnen spelevaren en vissen. Een boot huren in een van de dorpen langs de kust is een leuke manier om de omgeving te verkennen. Midden in het gebied ligt de stad Peterborough, bekend om zijn universiteit, gezellige parken aan het water en de grootste hydraulische schutsluis ter wereld. Op 34 km naar het noorden ligt de beroemde Whetung Gallery van het Curve Lake-indianenreservaat, een van de beste plaatsen om souvenirs te kopen.
Petroglyphs Provincial Park, 30 km ten noorden van Peterborough, is bij de plaatselijke bevolking beter bekend als de *teaching rocks*, vanwege de meer dan 900 rotstekeningen die in de witmarmeren rotsformaties zijn gekrast. Deze in 1954 herontdekte symbolen en figuren van dieren, boten, geesten en mensen zijn door geestelijke leiders gemaakt om hun droomvisioenen vast te leggen. Tegenwoordig zijn de stenen ondergebracht in een groot glazen gebouw, dat in 1984 om de stenen is

gebouwd om ze te beschermen tegen vorst. De stenen worden door de inheemse volken nog altijd met respect bejegend.

🍁 **Petroglyphs Provincial Park**
Northey's Bay Rd. bij Highway 28.
📞 *705–8772552.* ⏹ *mei–okt.: dag. 10.00–17.00 uur.* ♨ ♿

De Haliburton Highlands ❿

🛈 *Haliburton, 705–2861777.*
W *www.haliburtoncounty.ca*

Haliburton Highlands is een van Ontario's natuurgebieden die het hele jaar aantrekkelijk zijn, befaamd om bossen, meren en een prachtig landschap. In de zomer komen er duizenden mensen varen, vissen en zwemmen. In de herfst worden busladingen toeristen aangevoerd om de herfstkleuren te bewonderen en wordt er ook gejaagd. De winter is het seizoen voor de skiërs en snowboarders.
Het dorp Haliburton ligt aan de mooie Highway 35, die zich door een schitterend landschap slingert van Minden naar Dorset. De vuurtoren boven op een rotspunt boven het dorp biedt een spectaculair uitzicht op het Lake of Bays en het gebied eromheen.

Hier kunt u de herfstkleuren van de bomen van Ontario, met hun fraaie rode en oranje tinten, heel goed zien.

Combemere ⓫

🚍 *250.* 🛈 *Ottawa Valley Tourist Association, 9 International Dr., Pembroke, 613–7324364.*
W *www.ottowavalley.org*

In het dorp Combemere verzamelen zich mensen die naar de provinciale parken in Oost-Ontario trekken, waaronder het Algonquin *(zie blz. 202–203)*, Carson Lake, en Opeongo River. Het is een goed punt om brandstof en voorraden in te slaan. Enkele kilometers ten zuiden van Combemmere staat het
Madonna House Pioneer Museum, gewijd aan de door Catherine Doherty gestichte gemeenschap van lekenpriesters, die nu missieposten over de hele wereld bezit. Het wordt beheerd door vrijwilligers die leven van de coöperatieve boerderij en veel aan fondsenwerving doen. Sinds 1963 brengt een recycleproject geld op voor de armen.

De Madonna in het Pioneer Museum

🏛 **Madonna House Pioneer Museum**
Highway 517. 📞 *613–7563713.* ⏹ *half mei–half okt.: di-za 10.00–17.00 uur.*

Pauze tijdens het golfen op Haliburton Highlands

Vakantiehuisjes buiten Barry's Bay, waar veel handwerkslieden wonen

Eganville ⑫

🏛 *1300.* ℹ️ *Ottawa Valley Tourist Association, 9 International Dr., Pembroke, 613-7324364.*

Dit dorp aan Highway 60, met zijn kleine restaurants en benzinestation, vormt een handige basis voor mensen die deze streek willen bezoeken. Tot de plaatselijke attracties behoren de **Bonnechere Caves**, 8 km verderop. De grotten lagen 500 miljoen jaar geleden op de bodem van een tropische zee. Ze zijn geleidelijk aan omhoog gekomen en bedekt met fossielen van primitieve levensvormen. Ze zijn particulier bezit.

⋔ Bonnechere Caves
🎫 *613-6282283.* ⬜ *mei-begin sept.: dag.; eind sept.-okt.: za en zo.* 📷

Barry's Bay ⑬

🏛 *1.250.* ℹ️ *Ottawa Valley Tourist Association, 9 International Dr., Pembroke, 613-7324364.*

Het aardige kleine stadje Barry's Bay bezit een flink aantal Poolse inwoners, net als zijn buurman Wilno, waar de eerste Polen zich in Canada vestigden. In de omgeving wonen veel handwerkslieden die hun waren in de dorpen verkopen. In Barry's Bay zitten ook veel winkels met wandelkleding en watersportbenodigdheden. Het hele jaar door kan er sport worden beoefend op het nabijgelegen Kamaniskeg Lake en in de Redcliffe Hills, waar huisjes kunnen worden gehuurd. Het hooggelegen Wilno kijkt uit over het rivierdal en bezit de mooie Mariakerk en -grot.

Algonquin Provincial Park ⑭

Zie blz. 202-203.

North Bay ⑮

🏛 *56.000.* ✈️ 🚌 🚗 ℹ️ *1375 Seymour St., 705-4728480.*

North Bay, dat zichzelf de Poort naar het noorden noemt, ligt aan de oostkant van Lake Nippissing, 350 km ten noorden van Toronto. De beroemdste inwoners van dit gebied moeten wel de Dionnevijfling zijn. Het oorspronkelijke, simpele huis van de in 1934 geboren vijfling is verplaatst en ingericht als het populaire **Dionne Homestead Museum**.
Het nabijgelegen Lake Nippissing is beroemd als vis- en natuurgebied. Boottochten over het meer volgen de route van de vroegere Franse ontdekkingsreizigers. North Bay is een goed beginpunt voor tochten naar een van de vele vakantiekampen.

🏛 Dionne Homestead Museum
1375 Seymour St. 🎫 *705-4728480.* ⬜ *half mei-half okt.: dag.* 📷 ♿

DE DIONNE-VIJFLING

Het gehucht Corbeil beleefde op 28 mei 1934 een wonder: de geboorte van de Dionne-vijfling Annette, Emilie, Yvonne, Cecile en Marie, de vijf identieke dochters van Oliva en Elzire Dionne. Het gezamenlijke geboortewicht van de vijfling was slechts 6,1 kg, en de longen van de baby's waren zo klein dat steeds kleine beetjes rum nodig waren om ze te helpen met ademhalen. De kans om een identieke vijfling te krijgen werd op 1 op 57 miljoen geschat. De meisjes werden internationale sterren en trokken in de jaren dertig talloze bezoekers naar North Bay. Er ontstond een vijflingindustrie en nieuwsgierigen kwamen kijken hoe de meisjes speelden. Het Dionne-huis werd in 1985 naar North Bay verplaatst. Bezoekers kunnen 60 jaar teruggaan in de tijd en zich weer verwonderen over de geboorte van de vijfling in dit kleine huisje.

Algonquin Provincial Park ⑭

'Overstekende
eland'

Voor veel Canadezen is Algonquin, met zijn esdoorn- en sparrenbossen, glinsterende meren en vele wilde dieren, net zo'n symbool voor Canada als de Niagara Falls. Het is in 1893 gesticht en daarmee het oudste en beroemdste park in Ontario, met een oppervlak van 7725 km² ongerepte natuur.
Er zit een overvloed aan wild; bezoekers kunnen bevers, rendieren en beren observeren in hun natuurlijke omgeving en het park weerklinkt van de melancholieke roep van de ijsduiker, die veel in Noord-Ontario wordt gehoord. In augustus wordt op donderdagnachten 'wolfsgehuil' georganiseerd, waarbij bezoekers een antwoord proberen te ontlokken aan deze dieren door hun gehuil te imiteren. U kunt dit gebied op allerlei manieren verkennen, bijvoorbeeld tijdens een kanotocht door het beboste binnenland.

Killarney Lodge
Deze rustieke vakantiewoningen in het park zijn heel populair in de zomer en de herfst.

In de Algonquin Gallery
zijn verschillende internationale exposities te zien, met de nadruk op de natuur. Er is werk getoond van onder anderen Tom Thomson, voorloper van de Group of Seven *(blz. 160–161).*

Eland bij Highway 60
Bezoekers zien meestal wel enkele elanden per dag, vooral bij meren en brakke poelen langs de weg, waar deze reusachtige dieren gek op schijnen te zijn.

Kiosk

Three Mile Lake

North Tea Lake

Big Trout Lake

Tim River

Petawawa River

60

Smoke Lake

Kanomeer
Er lopen meer dan 1500 km kanoroutes door het park. Ze variëren van routes voor het hele gezin, die soms maar 6 km lang zijn, tot tochten van 70 km voor gevorderden. De routes zijn goed aangegeven.

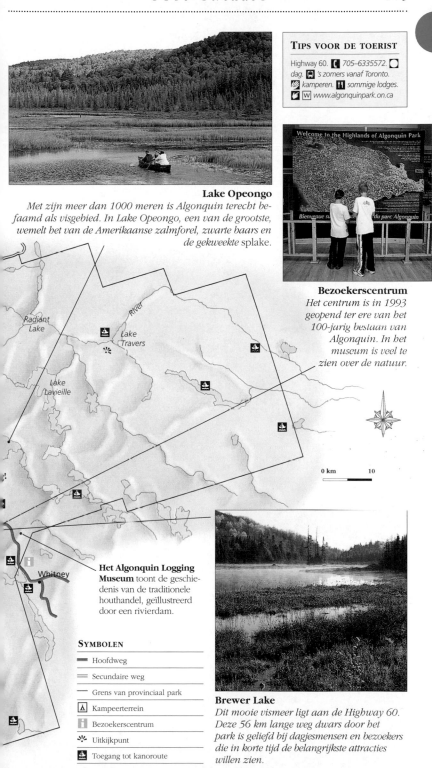

Lake Opeongo

Met zijn meer dan 1000 meren is Algonquin terecht befaamd als visgebied. In Lake Opeongo, een van de grootste, wemelt het van de Amerikaanse zalmforel, zwarte baars en de gekweekte splake.

Bezoekerscentrum

Het centrum is in 1993 geopend ter ere van het 100-jarig bestaan van Algonquin. In het museum is veel te zien over de natuur.

Radiant Lake

River

Lake Travers

Lake Lavieille

0 km 10

Het Algonquin Logging Museum toont de geschiedenis van de traditionele houthandel, geïllustreerd door een rivierdam.

Whitney

SYMBOLEN

━━ Hoofdweg

═══ Secundaire weg

──── Grens van provinciaal park

🅰 Kampeerterrein

🛈 Bezoekerscentrum

☼ Uitkijkpunt

⛵ Toegang tot kanoroute

Brewer Lake

Dit mooie vismeer ligt aan de Highway 60. Deze 56 km lange weg dwars door het park is geliefd bij dagjesmensen en bezoekers die in korte tijd de belangrijkste attracties willen zien.

De Grote Meren

De charmes van het Canadese Grote Meren-gebied lopen uiteen van stille boerendorpjes aan Lake Erie tot de met eilandjes bezaaide baaien van Lake Huron en de ongerepte natuur rond het Bovenmeer, maar de roem van de Niagara Falls slaat natuurlijk alles. Deze wereldberoemde waterval in de rivier de Niagara stort zich 50 meter omlaag tussen Lake Erie en Lake Ontario. Ooit woonden er inheemse stammen op het vruchtbare land aan de meren en rivieren in dit gebied, maar pelshandelaars zagen in de meren een belangrijke transportroute.

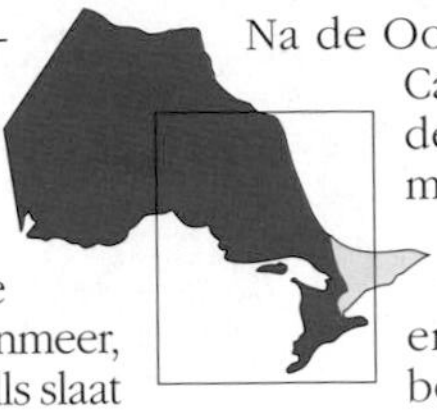

Na de Oorlog van 1812 had Brits-Canada handelsrechten aan de noordoevers van de meren verworven. Tussen 1820 en 1850 bouwden kolonisten er boerderijen en bloeiden mijn- en bosbouw in de toen rijkste provincie van Canada. Tegenwoordig loopt de Trans-Canada Highway over een afstand van 1000 km langs de noordoevers van Lake Huron en het Bovenmeer, door de woeste natuur van Killarney Park, langs mooie oude stadjes als Sault Ste. Marie, tot de drukke haven van Thunder Bay.

Bezienswaardigheden in het kort

Nationale en provinciale parken
- Georgian Bay Islands National Park 14
- Killarney Provincial Park 22
- Point Pelee National Park 6

Historische steden en dorpen
- Brantford 11
- Goderich 17
- Hamilton 1
- Kitchener-Waterloo 10
- London 8
- Niagara-on-the-Lake 2
- Sainte-Marie among the Hurons 16
- Sault Ste. Marie 24
- Stratford 9
- Temagami 23
- Thunder Bay 26
- Orillia 12
- Windsor 7

Natuurschoon
- Bruce Peninsula 20
- Lake Erie 5
- Lake Huron 19
- Bovenmeer 25
- Manitoulin Island 21
- Muskoka 13
- Niagara Falls 3
- Nottawasaga Bay 15
- Sauble Beach 18
- Welland en het Wellandkanaal 4

Symbolen
- ✈ Internationale luchthaven
- Snelweg
- Hoofdweg
- Belangrijke spoorlijn

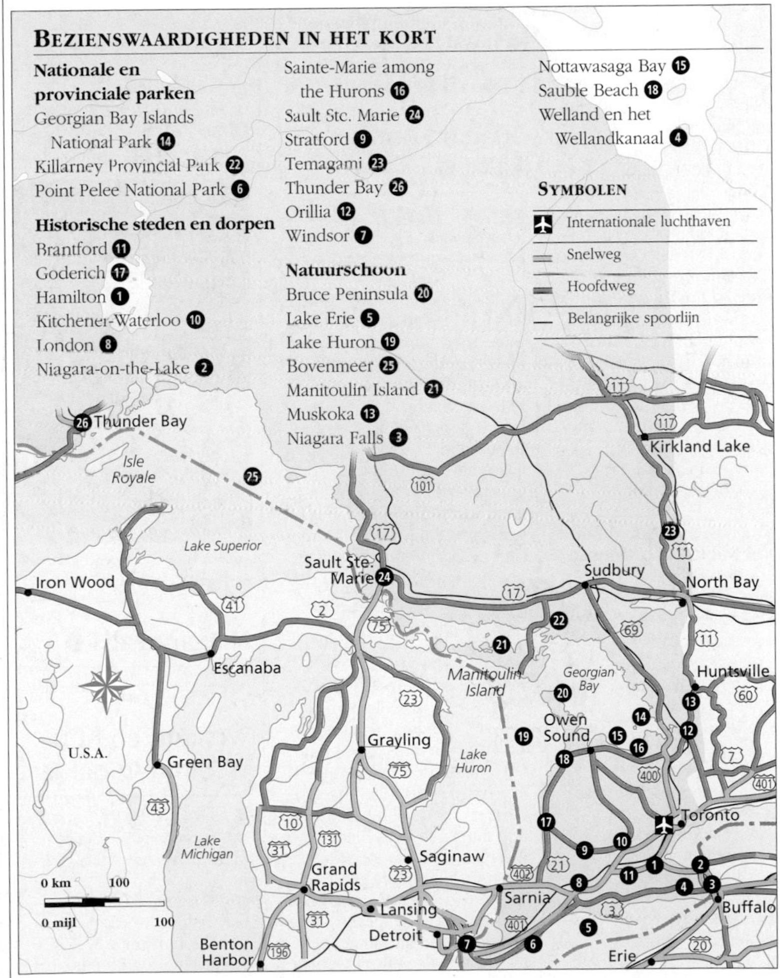

◁ De warme kleuren van Killarney Provincial Park, weerspiegeld in het stille water van Cranberry Lake

De indrukwekkende gevel van Dundurn Castle in Hamilton

Hamilton ❶

🏙 324.000. ✕ 🛆 🚊 🚉 ℹ 34
James St. S., 905–5462666, 1–800–
2638590. 🌐 www.hamilton
undiscovered.com

De stad Hamilton ligt aan de uiterste westpunt van Lake Ontario, ongeveer 70 km van Toronto. De specialiteit is hier staal; de staalfabriek levert ongeveer 60 procent van de totale staalproductie van Canada. Ondanks de nadruk op industrie, bezit de stad toch enkele leuke attracties.
Dundurn Castle is een Regency-villa uit ongeveer 1830, ingericht met authentieke meubels. Hij is gebouwd voor de familie McNab, een van de invloedrijkste families in Ontario, die onder anderen sir Allan Napier McNab, premier van Canada in 1854–1856, heeft voortgebracht.
Ook een bezoek waard zijn de **Royal Botanical Gardens**, die op een gebied van 1093 ha aan de noordzijde van de haven bossen, moerassen en kleine meertjes omvatten. Bijzondere tuinen zijn onder andere de mooie Rose Garden, de Laking Garden, met pioenrozen en irissen, en de sterk geurende Lilac Garden. De Mediterranean Garden is ondergebracht in een grote kas en bevat planten uit deze klimaatzone.
Het Canadian Warplane Heritage Museum toont gevechtsvliegtuigen uit de tijd van de Tweede Wereldoorlog tot nu.

🏛 Dundurn Castle
610 York Blvd. 📞 905–5462872.
🕐 half mei–begin sept.: dag. 10.00–
16.00 uur; eind sept.–half mei: di–zo
12.00–16.00 uur. 📷 ♿ gedeeltelijk.
🌺 Royal Botanical Gardens
680 Plains Rd. West. 📞 905–5271158.
🕐 dag. 📷 ♿ gedeeltelijk.

Niagara-on-the-Lake ❷

🏙 13.000. 🚢 ℹ 26 Queen St.,
905–4684263.
🌐 www.niagaraonthelake.com

Niagara-on-the-Lake is een aardig stadje met elegante huizen met luiken en schaduwrijke straten. Het ligt op de plek waar de rivier de Niagara zich in Lake Ontario stort. De stad heette oorspronkelijk Newark en werd in 1792 onder deze naam de hoofdstad van Opper-Canada (zoals Ontario toen werd genoemd). Dit was echter van korte duur. Slechts vier jaar later besloten de Engelsen de hoofdstad verder van de Amerikaanse grens te plaatsen en verkozen York (nu Toronto). Dat was een wijs besluit. In 1813 staken de Amerikanen de Niagara over en verwoestten Newark in de Oorlog van 1812 *(zie blz. 42–43)*. De Engelsen keerden na de oorlog terug om hun huizen te herstellen en de Georgian stad die toen verrees, is nauwelijks veranderd. Tegenwoordig verkennen bezoekers graag de mooie straten van de stad, maar de belangrijkste attractie is **Fort George**, een zorgvuldig gerestaureerd

Roos in de Royal Botanical Gardens

Brits fort dat rond 1790 ten zuidoosten van de stad werd gebouwd. De wallen van aarde en hout liggen rond tien gereconstrueerde gebouwen, waaronder drie blokhutten, de kazernes, een wachthuis en het officiersverblijf. Er is ook een kruitmagazijn, waar al het beslag van hout of koper was en de mannen speciale schoenen zonder gespen droegen om de kans op een ongewilde explosie te verkleinen. Gidsen in oude Engelse uniforms vertellen over het leven in het fort in de 19de eeuw.
In Niagara-on-the-Lake wordt van april tot november het Shaw Festival gehouden, een in aanzien staand toneelfestival, waar stukken van George Bernard Shaw en andere schrijvers worden gespeeld.

🏛 Fort George
Queen's Parade, Niagara Pkwy.
📞 905–4684257. 🕐 dag. 10.00–
17.00 uur. 📷 ♿

Tuinen voor een vroeg-19de-eeuwse herberg, Niagara-on-the-Lake

Niagara Falls ❸

(zie blz. 210–213)

Welland en het Welland Canal ❹

🏙 48.000. ✕ 🚉 ℹ Seaway Mall,
800 Niagara St, 905–7358696.
🌐 www.wellandcanal.com

De belangrijke staalstad Welland wordt doorsneden door het befaamde Welland Canal, aangelegd om het probleem van de Niagara Falls op

Het dorpje Long Point aan de oever Lake Erie, uit de lucht gezien

te lossen. De waterval vormde een obstakel dat scheepvaart tussen Lake Ontario en Lake Erie onmogelijk maakte Goederen moesten aan de ene kant van de waterval worden uitgeladen en over land naar de andere kant gebracht, een tijdrovende en dure klus. Daarom groeven plaatselijke ondernemers begin 19de eeuw een kanaal door de 45 km brede landengte tussen de meren. Het eerste **Welland Canal** was nog wat grof, maar de verbeteringen die volgden leidden tot het kanaal zoals het er nu ligt, met acht enorme schutsluizen die de schepen maar liefst 99 m omlaag brengen. Dit wonder van techniek kan de grootste schepen verwerken. Het is mogelijk langs de noordelijke helft van het kanaal te rijden, over Government Road, van Lake Ontario

naar Thorold, waar zeven van de acht sluizen liggen. Op het uitzichtplatform op sluis nr. 3 kunt u alles goed zien. Er is een informatiecentrum met details over de geschiedenis van het kanaal.
In Welland zelf sieren 28 muurschilderingen enkele van de gebouwen in het centrum.

Lake Erie ❺

🛈 660 Garrison Rd., Fort Erie, 905-8711332, 1-888-2709151.

Lake Erie is genoemd naar het inheemse volk dat vroeger aan de oevers woonde. De Erie, of katmensen, waren beroemde vissers. Het meer is ongeveer 400 km lang en gemiddeld 60 km breed. Het is het ondiepste van de Grote Meren en scheidt

Canada van de VS. De noordoever is een van de rustigste gebieden van Ontario, met een reeks stille plattelandsstadjes en kleine havens in een glooiend landschap. Uit de Canadese oever steken drie schiereilanden, waarvan één wordt beschermd als het Point Pelee National Park, met een maagdelijk bos, dat in het voorjaar en de zomer wordt bezocht door duizenden trekvogels.
Ongeveer 30 km ten zuiden van Niagara Falls ligt het stadje Fort Erie, waar de rivier de Niagara in Lake Erie stroomt, tegenover het uitgestrekte Amerikaanse Buffalo. De enorme Peace Bridge verbindt de steden en de meeste mensen passeren de grens zonder Fort Erie een blik waardig te keuren. Dan missen ze een van de mooiste gereconstrueerde Engelse forten langs de Canadees-Amerikaanse grens. Het oude **Fort Erie** is een replica van het in de Oorlog van 1812 door de Amerikanen verwoeste origineel. U treedt binnen over de ophaalbrug, waarachter barakken, een kruitmagazijn, officiersverblijven en een kamer voor de wacht te zien zijn.
Tijdens het beleg in 1814 van het fort, in de Oorlog van 1812, heeft hier een van de bloedigste veldslagen plaatsgevonden.

🏛 **Fort Erie**
350 Lakeshore Rd. 📞 905–8710540.
◯ half mei–sept.: dag.
♿ gedeeltelijk.

Een koopvaardijschip in het Welland Canal bij de stad Welland

Point Pelee National Park ❻

℡ 519–3222365. **▤** Windsor. **🚌** Windsor. **○** dag. 🖼 ♿ 🚹

Point Pelee National Park, een landengte in de vorm van een vinger, strekt zich over een afstand van 20 km uit in Lake Erie en vormt de zuidelijkste punt van het vasteland van Canada. Het park bevat uiteenlopende habitats als moerassen, open velden en oeroud, bladverliezend bos. Dat is een zeldzaamheid, want dit is een van de weinige plekken in de Noord-Amerikaanse Carolinian Lifezone waar de bomen nooit zijn gekapt. De vele boomsoorten vormen samen een oerwoudachtig geheel: ceder virginia, zwarte walnoot, witte sassafras, hickory, esdoorn en sumak strekken zich om strijd uit naar het licht. Bovendien trekt deze gevarieerde begroeiing duizenden vogels die er tijdens de voor- en najaarstrek neerstrijken. Meer dan 350 soorten zijn hier gesignaleerd en kunnen vanaf uitkijkpunten en bospaden worden geobserveerd. Elke herfst worden wolken monarchvlinders in het park gezien. Een houten vlonder door het moeras biedt goede observatiepunten. Er kunnen aan het begin fietsen en kano's worden gehuurd. Verderop in het park vindt u een bezoekerscentrum met exposities over de plaatselijke flora en fauna.

Een waterpartij bij de hoofdingang van het casino in Windsor

Windsor ❼

🏙 191.450. **🚶 ✈ 🚉 🚌 ℹ** 333 Riverside Drive W., 519–2556530, 1–800–2653633.

In deze stad worden auto's gemaakt, net als in de Amerikaanse buurstad Detroit. De fabrieken in Windsor produceren elke dag honderden quasi-Amerikaanse auto's. De straten zijn schoon, met bomen omzoomd en langs de rivier loopt een promenade, maar het bekendst is het casino, dat dag en nacht duizenden bezoekers trekt. De beste cafés zitten in de eerste drie blokken van de hoofdstraat, Ouellette. Ook interessant is de nabijgelegen **Art Gallery of Windsor**, bekend om zijn uitstekende exposities. Het is mogelijk om de dagen te herbeleven waarin Windsor een smokkelparadijs was door deel te nemen aan een rondlei-

Modern schilderij in Windsor Art Gallery

ding door de Hiram Walker Distillery: tijdens de drooglegging zijn miljoenen flessen sterke drank van Windsor de VS in gesmokkeld over de rivier de Detroit.

Vanaf Windsor is het een ritje van 20 km naar het zuiden langs de Detroit naar het door de Engelsen gebouwde Fort Malden in Amherstburg. Er is weinig van het fort over, maar de barakken uit 1819 zijn gerestaureerd en in de oude wasserij zit nu een bezoekerscentrum, waarin de rol van het fort tijdens de Oorlog van 1812 (*zie blz. 42–43*) wordt belicht.

🏛 Art Gallery of Windsor
401 Riverside Dr. W. **℡** 519–9770013. **○** di.–zo. 🖼 donatie. ♿

London ❽

🏙 350.000. **🚶 ✈ 🚉 🚌 ℹ** 267 Dundas St., 519–6615000, 1–800–2652602. **Ⓦ** www.londontourism.ca

London ligt in het vruchtbaarste deel van Ontario en is de belangrijkste stad in het gebied. De Universiteit van West-Ontario is hier gehuisvest, met een museum voor moderne kunst en een campus met tientallen 19de-eeuws huizen. Bovendien zijn de enkele blokken die het stadscentrum vormen bijzonder verfijnd en goed onderhouden. De mooiste gebouwen in het centrum zijn de twee 19de-eeuwse kathedralen St.-Paul's, een neogotisch baksten gebouw dat in 1846 voor de Anglicanen werd neergezet, en de rijker versierde St.-Peter's Catholic Cathedral.

Kajakkers langs de promenade in Point Pelee National Park

In het noordwesten van de stad besteedt het London Museum of Archeology aandacht aan de 11.000-jarige bewonings-geschiedenis van de streek. Het Lawson Indian Village is een reconstructie van een dorp van 500 jaar geleden, vroeger bewoond door de Neutrale indianen die in 1650 door de Irokezen zijn uitgeroeid.

Reconstructie van een huis in Lawson Indian Village

Stratford ❾

🏛 28.000. 🚉 🛈 88 Wellington St., 519-2715140.

In 1830 opende een William Sargint genaamde kroeg-baas de 'Shakespeare Inn' aan een van de landweggetjes die toen kriskras door Ontario liepen. De boeren die zich in

---

DE UNDERGROUND RAILROAD

De 'Underground Railroad' (UGRR) is noch een ondergrond-se, noch een spoorlijn, maar rond 1820 door de abolitionis-ten gesticht om slaven uit de zuidelijke VS te helpen naar Canada en de vrije noordelijke staten te ontsnappen. Het was een geheime organisatie, zeker in het zuiden, waar de straffen op het helpen ontsnappen van slaven streng waren. Slaven werden van huis tot huis naar het noorden gebracht tot het eind van de Amerikaanse Burgeroorlog in 1865. Reverend Josiah Henson ontsnapte met hulp van de UGRR, en stichtte later een school voor ex-slaven. Harriet Beecher Stowe's boek *De negerhut van oom Tom* uit 1851 is gebaseerd op zijn leven.

Reverend Josiah Henson

---

de buurt vestigden, noemden de plaatselijke rivier de 'Avon' en het stadje dat zich ontwik-kelde 'Stratford', naar de ge-boorteplaats van William Shakespeare.
In 1952 besloot Tom Patterson, een plaatselijke journalist, een Shakespeare Festival te organi-seren. Eerst was het een klein-schalig evenement in een tent, maar het festival is inmiddels uitgegroeid tot een van de belangrijkste theaterseizoenen in Canada en duurt van mei tot begin november. Nog steeds worden er vooral stukken van Shakespeare gespeeld, maar ook andere toneelschrijvers ko-men aan bod – ook moderne.

Stratford is een mooi stadje met veel gazons en parken vol zwanen. Het is helemaal inge-steld op toeristen en biedt meer dan 250 pensions en enkele restaurants. In het toeristenbureau is een brochu-re verkrijgbaar met informatie en foto's van alle bed-and-breakfasts. Ze organiseren ook wandelingen door de stad langs de vele oude gebouwen die er staan. Een van de bouwkundige hoogtepunten is het 19de-eeuwse stadhuis met zijn torentjes. Stratford bezit een overvloed aan musea. De centraal gelegen Gallery Indígena toont een fraaie collectie inheemse kunst.

De Shakespearean Gardens aan de Avon in Ontario, met het gerechtsgebouw van Stratford erachter

Niagara Falls ❸

Hoewel het donderen van de waterval kilometers verderop te horen is, is het toch een schok als u hem ineens ziet; een enorme boog van schuimend water dat over een 57 m hoge rots omlaagstroomt, te midden van een dichte nevelwolk. Eigenlijk ziet u twee watervallen, want de snelstromende rivier wordt in tweeën gedeeld door Goat Island. Aan de ene kant van het eilandje stort de Canadian Horseshoe Falls naar beneden en aan de andere kant, over de grens, de kleinere American Falls. U kunt de watervallen van dichtbij bekijken vanaf de Maid of the Mist-boten. Nog mooier is een wandeling naar beneden door de rotsige tunnels achter de Horseshoe Falls langs, waar het geluid van het neerstortende water oorverdovend is.

American Falls
De rivier de Niagara vormt hier de 260 m brede American Falls.

Rainbow Bridge
Vanaf de sierlijke Rainbow Bridge hebt u een panoramisch uitzicht op de waterval. De brug ligt over de kloof die tussen Canada en de VS loopt. Op zonnige dagen ontstaan er regenbogen in de nevel.

Douane

Niagara Falls Aviary
is de enige binnenvolière in Canada. Hier zijn zo'n 300 exotische vogels te zien.

Clifton Hill
In deze straat zitten allerlei attracties. Ripley's Believe it or Not Museum toont een hond met mensentanden, om maar iets te noemen.

STERATTRACTIES

★ **Horseshoe Falls**

★ **Maid of the Mist-boottocht**

TIPS VOOR DE TOERIST

130 km ten zuidwesten van Toronto. 🚌 vanaf Toronto. 🚆 vanaf Toronto. ℹ️ Niagara Falls Tourism, 5515 Stanley Ave., Niagara Falls, 905–3566061 of 1–800–5632557.
W www.discoverniagara.com

★ Horseshoe Falls
Deze hoefijzervormige waterval is de grootste van de twee in Niagara: hij is ongeveer 670 m breed en 57 m hoog.

De Minolta Tower biedt, net als de Skylon Tower, een weids uitzicht op het gebied. Drie observatieplatforms kijken uit over de waterval.

0 meter 250

Journey Behind the Falls
Vanaf de Horseshoe Falls brengt een lift u achter de waterval, waar een reeks tunnels de bezoekers achter een muur van water leidt die zo dik is dat hij het daglicht tegenhoudt.

Skylon Tower
De toren bezit een observatie-platform dat van boven op de waterval kijkt. Hij is ook 's avonds open. Dan is de waterval verlicht.

★ Maid of the Mist-boottocht
Deze onverschrokken bootjes komen dicht onder de waterval. Er worden regenjassen verstrekt, want nat worden is verzekerd.

Niagara Falls verkennen

Niagara Falls is een gastvrij stadje dat zich over een afstand van 3 km langs de rivier de Niagara uitstrekt. Het is befaamd als bestemming voor een huwelijksreis en volledig ingericht om in de behoeften te voorzien van de 14 miljoen mensen die de waterval jaarlijks bezoeken. De plaats bestaat uit drie delen. In het zuiden ligt de waterval zelf, geflankeerd door een smalle groenstrook die zich langs de rivier uitstrekt tot Clifton Hill, de meest blitse straat in heel Ontario, vol kermisachtige attracties. In het westen ligt de hotelzone, Lundy's Lane. In het noorden, aan Bridge Street, bevinden zich de zakenbuurt en trein- en busstations.

Horseshoe Falls
De naar zijn hoefijzervorm genoemde, 800 m brede en 50 m hoge Horseshoe Falls wordt gevormd door het woest stromende water van de rivier de Niagara, dat zich over een halfronde klif omlaagstort in de bruisende diepte. Op deze manier overbrugt de Niagara het hoogteverschil tussen Lake Erie en Lake Ontario, die hij verbindt. De waterval biedt een machtig schouwspel, ondanks het feit dat de rivier in banen is geleid door waterkrachtbedrijven die een belangrijk deel van de rivier omleiden om hun turbines aan te drijven. Een van de gevolgen daarvan is een vermindering van de erosie. Rond 1900 sleep de waterval de klif met een snelheid van 1 m per jaar af. Tegenwoordig is dat teruggebracht tot 30 cm per jaar.

De Maid of the Mist-boottocht

🚢 Maid of The Mist
River Rd. 📞 905–3585781.
🕐 half mei–okt.: dag. 🎦 ♿
🅦 www.maidofthemist.com
Beleef de kracht van de waterval door een boottocht met Maid of the Mist te maken. De boten vertrekken aan de voet van Clifton Hill en varen dan stroomopwaarts tot bijna onder de waterval. Op deze indrukwekkende maar natte tocht wordt regenkleding verstrekt.

Een wassenbeeldenmuseum is een van de attracties aan Clifton Hill

Clifton Hill
Deze korte, steile straat, die omhoog loopt van de rand van de kloof van de rivier de Niagara, zit vol fast-food-restaurants en toeristische attracties. Neonlichten en reclameborden wijzen de weg naar bezienswaardigheden als het Guinness Book of World Records, het House of Frankenstein, het That's Incredible Museum, het Houdini's Museum en Ripley's Believe it or Not! Museum, waar u met een geest in een fles kunt praten en curiositeiten kunt zien als een man met meer dan een pupil in zijn ogen.

White Water Walk
4330 River Road. 📞 905–3741221.
🕐 dag. 🎦 ♿ 🅦 www.niagara
parks.com
De machtige stortvloed van de rivier de Niagara maakt de meeste indruk op de bodem van de kloof. De White Water

Een imposante boog van donderend water: Horseshoe Falls

Een houten promenade langs de Niagara in de White Water Walk

Walk biedt u een blik van nabij, met behulp van een lift en een tunnel die naar een houten promenade langs de rivier leidt. De draaikolken en stroomversnellingen behoren tot de mooiste en gevaarlijkste ter wereld.

The Old Scow

Vlak voor de waterval, gestrand op de rotsen in het midden van de rivier, ligt de Old Scow, een schouw die in augustus 1918 verging. Hij werd door een sleepboot over de Niagara getrokken, maar de kabels braken. Het schip schoot op de waterval af, tot 750 m voor de rand, en het leek gedaan met de tweekoppige bemanning. Gelukkig liep de boot net op tijd vast op een rotsrichel. Voor de bemanning was het echter nog niet over: ze moesten nog 29 uur wachten voor ze met een lier aan land konden worden gebracht. Sinds die tijd ligt de Old Scow op de rotsen weg te roesten.

☆ Niagara Glen Nature Reserve

3050 River Road. ☎ 905–3588633.
○ dag.
Het kleine Niagara Glen Nature Reserve ligt 7 km stroomafwaarts vanaf de waterval. Dit stuk van de kloof is nog ongerept, met struiken en kleine boompjes die tegen de rotswand aan groeien. Zo moet het er voor de komst van de Europeanen hebben uitgezien. Zeven verschillende wandelpaden leiden langs zwerfkeien, grotten en wilde bloemen. Omhoog lopen is bijzonder inspannend.

Whirlpool Aerocar

3850 River Road. ☎ 905–3545711.
○ dag., als het weer het toelaat. ☒
W www.niagaraparks.com
De Niagara maakt op ongeveer 4,5 km na de waterval een scherpe bocht, waardoor een woeste draaikolk ontstaat, die dit tot een van de gevaarlijkste stukken rivier in heel Noord-Amerika maakt. Het effect ontstaat als de rivier tegen de noordwestkant van de kloof aan stroomt en dan in tegenovergestelde richting wordt gedwongen. De mooiste blik op de draaikolk hebt u vanuit de Spanish Aerocar, een speciaal ontworpen

Vlinder in de Botanic Gardens and Conservatory

kabelbaan, die de kloof hoog boven de rivier oversteekt. Hier ziet u de waterval in een heel ander perspectief.

☆ Niagara Parks Botanical Gardens and Butterfly Conservatory

2565 River Road. ☎ 905–3580025.
○ dag. ☒ voor de kas. ♿
W www.niagaraparks.com
De Niagara Parks Botanical Gardens liggen op 9 km voorbij de waterval. Op een gebied van meer dan 40 ha zijn deze schitterend onderhouden tuinen verdeeld in verschillende zones. 's Zomers is een van de mooiste delen de rozentuin waar meer dan 2000 variëteiten te zien zijn.

In de grote tuin met vaste planten, die veel zeldzame soorten uit de hele wereld bevat, is het hele jaar door veel moois te zien. Het arboretum toont voorbeelden van veel verschillende boomsoorten, van beuk en moerbei tot magnolia en taxus.

De vlinderkas is bijzonder populair. Aan het begin van uw bezoek wordt in het theater een video getoond, waarin de levenscyclus van de vlinder wordt uitgelegd, van eitje en rups tot het ontstaan van de volwassen vlinder. De vlinders zijn met duizenden ondergebracht in een enorme verwarmde koepel waar ze vrij rondvliegen – het is een van de grootste collecties ter wereld. Een serie paden loopt door de koepel, die langs weelderige tropische bloemen voeren, waarop de vlinders leven.

De Whirlpool Rapids ziet u het best vanuit de Spanish Aero Car

Toeristen bekijken hier het imposante schuimende water van de Horseshoe Falls van nabij ▷

Studeerkamer van Alexander Graham Bell in Bell Homestead in Brantford

Kitchener-Waterloo ⑩

🏠 *300.000.* 🚉 🚌 ℹ️ *185 King St. W., 519–7453536, 1–800–2656959.* 🌐 *www.kw-visitor.on.ca*

Deze stad werd oorspronkelijk Berlin genoemd door de Duitse immigranten die zich hier rond 1820 vestigden, maar in de Eerste Wereldoorlog hernoemd naar de Britse generaal Kitchener. Nu is de stad bevoorradingscentrum van de omringende boerengemeenschappen, waaronder religieuze groeperingen als de mennonieten *(zie kader)*. Hier kunt u de traditioneel geklede mennonieten in hun koetsjes zien rondrijden. Elk jaar organiseren deze afstammelingen van Duitse immigranten het negen dagen durende **Oktoberfest**, waarbij de Duitse cultuur, van *sauerkraut* met worst tot *lederhosen* en lagerbier, wordt geëerd.

Brantford ⑪

🏠 *86.000.* ✈️ 🚉 🚌 ℹ️ *399 Wayne Gretzky Parkway, 519–7519900.*

Brantford is een pretentieloos industriestadje dat is genoemd naar Joseph Brant (1742–1807), leider van een confederatie van stammen die zich de Six Nations noemden. Zelf was hij opperhoofd van de Irokezen en vestigde zich hier in 1784. Hij besloot al snel dat de belangen van zijn volk bij de Engelsen lagen en zijn mannen vochten aan de zijde van de Redcoats tijdens de Onafhankelijkheidsoorlog (1775–1783). Hij had echter op het verliezende paard gewed en zijn groep moest naar Canada uitwijken, waar de Engelsen hen een stuk land schonken. De Irokezen leven hier nog steeds; ze organiseren in augustus de Six Nations Pow Wow, met traditionele dansen en ambachten.

Brantford is ook bekend om zijn band met de telefoon. In 1876 werd het allereerste telefoongesprek gevoerd tussen Brantford en het naburige dorp Paris door Alexander Graham Bell (1847–1922), die in 1870 uit Schotland naar Ontario was geëmigreerd. Bells huis, nu ingericht als het **Bell Homestead National Historic Museum**, ligt op het platteland aan de rand van de stad. Er staan twee gebouwen op het terrein: in Bells woonhuis, ingericht met authentieke meubelen, worden exposities gehouden over zijn uitvindingen en de geschiedenis van de telefoon verteld; het andere bevat het kantoor van de eerste Bell Company en is in 1969 uit Brantford overgebracht.

Fruitkraam in Brantford

🍴 **Bell Homestead National Historic Museum**
94 Tutela Heights Rd. 📞 *519–7566220.* 🕐 *di–zo 9.30–16.30 uur.* 🚫 *25 dec., 1 jan.* 📷 ♿

Orillia ⑫

🏠 *29.000.* 🚉 ℹ️ *150 Front St. S., 705–3264424.*

In het aardige stadje Orillia woonde de schrijver en humorist Stephen Leacock (1869–1944). In zijn enorm populaire boek *Sunshine sketches of a little town* stak hij de draak met het provinciale leven in Ontario in het fictieve stadje Mariposa. Zijn huis aan het meer is bewaard als het **Stephen Leacock Museum** en bevat originele meubelen en memorabilia.

Orillia ligt aan een smalle strook water die Lake Couchiching met Lake Simcoe (ooit visgebied van de Huron) verbindt en is een goede uitvalsbasis voor tochtjes op beide meren. Aan de oever liggen in Orillia's Centennial Park een jachthaven en een lange promenade die helemaal naar het Couchiching-strand voert.

🏛 **Stephen Leacock Museum**
50 Museum Drive, Old Brewery Bay. 📞 *705–3291908.* 🕐 *dag.* 📷 ♿

Bethune Memorial House in het stadje Gravenhurst, Muskoka

Muskoka ⑬

🏠 *55.000.* 🚉 *Gravenhurst.* 🚉 *Huntsville.* ℹ️ *1342 Hwy 11 North RR #2, Kilworthy 705–6890660, 1–800–2679700.*

Muskoka is een gebied ten noorden van Orillia, tussen de steden Huntsville en Gravenhurst. In de zomer komen de stadsbewoners hier naar hun zomerhuisjes. Het centrum van dit merengebied is Gravenhurst, een plaatsje aan het zuideind van Lake Muskoka. Een klein museum is gewijd aan Norman Bethune (1890–1939), een arts die een mobiele bloedtransfusiedienst opzette tijdens de Spaanse Burgeroorlog. Bethune Memorial House, zijn geboortehuis, is gerestaureerd in 19de-eeuwse stijl.

Windsurfen voor Turgean Bay Island in de Georgian Bay

Georgian Bay Islands National Park ⑭

🎫 705–5269804. 🚌 Midland.
🕐 dag. 🏷️ zomer. ♿ 🚻
🌐 www.pc.gc.ca

Het diepblauwe water van Georgian Bay is bezaaid met duizenden eilandjes, vaak niet meer dan een brok steen met daarop een dunne, door de wind geteisterde den. De weidse baai stroomt Lake Huron in. Zestig eilanden vormen samen het Georgian Bay Islands National Park. Het centrum van dit park is Beausoleil Island,

DE MENNONIETENGEMEENSCHAP

De christelijke mennonietensekte is begin 16de eeuw in Europa gesticht. De mennonieten werden vervolgd omdat ze weigerden de eed af te leggen of wapens te dragen. In de 17de eeuw splitste zich af een groep af die een nog strengere sekte vormde. Deze ammanieten (of amish) emigreerden naar Amerika en in 1799 naar Ontario. De amish kennen geen privé-bezit en zijn tegen moderne machines en kleding. Ze rijden rond in karakteristieke koetsjes met paarden ervoor, gekleed in traditionele kostuums.

Amish-echtpaar in een koetsje

het middelpunt met veel faciliteiten.
Op Beausoleil vindt u mooie wandelpaden, maar het is belangrijk dat u goed bevoorraad bent, want het is een afgelegen plek. De enige manier om het eiland te bereiken is per watertaxi vanaf het dorp Honey Harbour. De tocht duurt zo'n 40 minuten. U kunt ook een dagtocht rond de eilanden maken met de "Day-Tripper's Ferry".

Nottawasaga Bay ⑮

🚌 Barrie. 🚇 Wasaga Beach. ℹ️ 550 River Rd. W., Wasaga Beach, 705–429 2247. 🌐 www.wasagabeach.com

Nottawasaga Bay, deel van de mooie Georgian Bay, is een van de populairste vakantiebestemmingen in dit gebied. Het vakantieoord Wasaga Beach kent kilometers zandstranden en talloze vakantiehuisjes. Als u moe bent van het zwemmen en zonnebaden, kunt u de Nancy Island Historic

Site bezoeken, achter Beach Area 2. Hier bevindt zich een museum dat de HMS *Nancy* bevat, een van de weinige Britse schepen die de Oorlog van 1812 hebben overleefd *(zie blz. 42–43)*.
In Penetanguishene, ten oosten van Nottawasaga Bay, kunt u meer oude schepen zien: Discovery Harbour is een uitstekende reconstructie van de Britse marinebasis die hier in 1817 werd gevestigd. Aan de inham liggen replica's van barakken, smidsen, huizen en de oorspronkelijke officiersverblijven uit 1840. In de haven ligt een stel zeilschepen, de *Tecumseh* en de *Bee*, naar 19de-eeuws model gebouwd. In de zomer organiseren vrijwilligers zeiltochten voor toeristen die tijdens de reis volop moeten meewerken.
Ten westen van Nottawasaga Bay ligt Owen Sound. In dit rustige plaatsje zit een Marine-Rail Museum, gewijd aan het verleden van deze voormalige havenstad.

...very Harbour, de gerestaureerde Britse marinebasis in Nottawasaga Bay

ante-Marie among the Hurons ⑯

17de-eeuwse Irokese kan

Sainte-Marie among the Hurons is een van de boeiendste attracties van Ontario. Op 5 km ten oosten van de stad Midland ligt deze reconstructie van de nederzetting die jezuïeten hier in 1639 midden in het Huron-gebied stichtten. Het dorp bestaat uit twee delen, één voor Europeanen (compleet met kapel en werkplaatsen) en één voor Huron, met een paar met schors bedekte *longhouses*. De grens tussen beide delen wordt gevormd door het kerkje van St.-Jozef, een eenvoudig houten gebouwtje, vanwaaruit de jezuïeten probeerden de Huron tot het christendom te bekeren. De reacties hierop waren verschillend. De relatie tussen beide culturen wordt hier uitgebreid belicht.

Longhouse
Een longhouse *had met schors bedekte muren die rustten op een gebogen frame van cederstammen.*

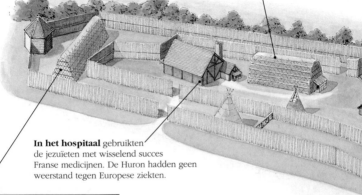

In het hospitaal gebruikten de jezuïeten met wisselend succes Franse medicijnen. De Huron hadden geen weerstand tegen Europese ziekten.

★ Rond het kampvuur
In het longhouse *werden vis, huiden en tabak aan het plafond te drogen gehangen. 's Winters brandde er een open vuur. De rook maakte de Huron ziek.*

De kerk van St.-Jozef
Dit is het graf van twee jezuïeten, Jean de Brébeuf en Gabriel Lalement, die door de Irokezen werden gevangen, op een staak gebonden en doodgemarteld.

Ojibway-wigwam langs de palissaden
Deze wigwam is gebouwd op de manier van de Ojibway ⬤ *staat naast de houten palissade rond de missie. De jezuïe zetten deze neer opdat de Ojibway zich zouden thuisvoe*

STERATTRACTIES

★ **Rond het kampvuur** in het *longhouse*

★ **Oude ambachten**

★ Oude ambachten
De gekostumeerde gidsen zijn opgeleid in de oude ambachten die zowel de Huron als de Fransen uitoefenden, waaronder het 17de-eeuwse koken en smidswerk.

De smidse was belangrijk, omdat Sainte-Marie behoefte had aan zaken als scharnieren en spijkers, vaak gemaakt van oud ijzer.

De timmermanswerkplaats had altijd hout genoeg. Timmerlieden uit Frankrijk waren door de jezuïeten aangesteld om de missie te bouwen.

Interieur van de kapel
De oude kapel is zorgvuldig nagebouwd. Het licht schijnt door het hout heen en het is niet moeilijk zich voor te stellen hoe de priesters hier voor het ochtendgloren samenkwamen om de mis te lezen.

Ingang

0 meter 25

Verdedigingswerken beschermden de missie tegen aanvallen. De stenen torens werden ook als uitkijkposten gebruikt.

De moestuin
In Sainte-Marie worden gewassen gekweekt zoals de Huron het deden: koren, bonen en pompoenen in wisselbouw, waardoor er het hele jaar voedsel was, dat werd aangevuld met vlees en vis.

Goderich ⓱

🏛 *7500.* ✈ 🛈 *hoek Hamilton St. en Highway 21, 519–5246600, 1–800–2807637.*

Goderich is een aardig stadje dat uitziet op Lake Huron, aan de monding van de rivier de Maitland. Het is in 1825 gesticht door de Engelse Canada Company, die de regering van Ontario had overgehaald 1 miljoen ha vruchtbaar land in hun provincie af te staan voor slechts 12 cent per *acre*, een zo ondenkbare transactie dat er gesproken werd van corruptie. Het bedrijf wilde zo graag kolonisten aantrekken dat ze de Huron Road lieten aanleggen van Cambridge, in het oosten, naar Goderich. De stad werd op een formele manier ontworpen, met hoofdstraten die allemaal uitkomen op het achthoekige centrum. Goderich bezit twee uitstekende musea. Het eerste, het **Huron County Museum**, bevat een enorme collectie antieke landbouwmachines, een militaire afdeling en een reconstructie van een stadsstraatje uit de 19de eeuw, met winkelpuien en een echte locomotief. Er staat ook een enorme stoomdorsmachine. De **Huron Historic Jail**, gebouwd tussen 1839 en 1842, is een authentieke 19de-eeuwse gevangenis. Er worden rondleidingen gehouden door de bedompte cellen, de verblijven van de bewaarders en het huis van de gouverneur. De stad is befaamd om zijn zonsondergangen, die u het best kunt bekijken van de oever van Lake Huron.

Het goudgele Sauble Beach aan de oever van Lake Huron

🏯 **Huron Historic Jail**
181 Victoria St. N. 🕿 *519–5242686.* ◐ *mei–sept.: ma–za 10.00–16.30 uur, zo 13.00–16.30 uur.* 📷

🏛 **Huron County Museum**
110 North St. 🕿 *519–5242686.* ◐ *mei–sept.: ma–za 10.00–16.30 uur, zo 13.00–16.30 uur.* 📷 ♿

Sauble Beach ⓲

📷 *Owen Sound.* 🛈 *RR1, Sauble Beach, 519–4221262, open mei–sept.* ⓦ *www.saublebeach.com*

Het goudgele zand van Sauble Beach, een van de mooiste stranden in heel Ontario, strekt zich over een afstand van 11 km uit langs de oever van Lake Huron. Achter het strand ligt een lange, smalle strook met kampeerterreinen en vakantiehuisjes. Het centrum van dit vakantieoord is het piepkleine dorp Sauble Beach, waar 500 mensen wonen. In het dorpje vindt u pensions en bed-and-breakfasts. De mooiste en rustigste camping bevindt zich in Sauble Falls Provincial Park, ten noorden van het strand.

Lake Huron ⓳

🛈 *Sarnia, zuidoever, 519–3363232.* 🛈 *Barrie, Georgian Bay, 705–725 7280, 1–800–2637745.* ⓦ *www. georgianbaytourism.on.ca* 🛈 *Sault Ste. Marie, noordoever, 705–9456941.*

Van alle Grote Meren bezit Lake Huron het meest gevarieerde landschap langs de oevers. In het zuiden versmalt het meer zich en stroomt als door een trechter langs de industriesteden Sarnia en Windsor naar Lake Erie, terwijl in het zuidoosten de oever wordt begrensd door een glooiende rotswand die het einde markeert van een van de vruchtbaarste landbouwgebieden in Ontario. Meer naar het noorden steekt de smalle landengte van het Bruce Peninsula in Lake Huron en verandert het karakter van de oever ingrijpend. Hier gaat het vlakke land van het zuiden over in het ruigere, door gletsjers gevormde gebied van het Canadees Schild. Deze overgang is goed te zien in het gebied van Georgian Bay. De oeverlijn wordt hier bepaald door meren, bossen, stranden en dorpen die veel toeristen trekken. Het meer is heel populair bij watersporters. U kunt hier zwemmen, wandelen en vissen.

Oude winkelpui in het leuke stadje Goderich

Rondrit op Bruce Peninsula [20]

Het 100 km lange Bruce Peninsula deelt het water van Lake Huron vanaf Georgian Bay in tweeën. U vindt er het mooiste landschap van dit hele gebied. Bruce Peninsula National Park ligt aan de oostoever en bevat steile kapen en kalkstenen kliffen waarover diverse paden lopen. Voorbij de haven Tobermory, aan de punt van het schiereiland, bestaat Fathom Five Marine National Park uit negentien onbewoonde eilanden. Het is geliefd bij duikers, vanwege het heldere water en de mooie rotsformaties.

VOOR DE AUTOMOBILIST

Route: *De route volgt Route 9 en Highway 6, bereikbaar van Owen Sound in het zuiden en Tobermory in het noorden.*
Lengte: *100 km.*
Stopplaatsen: *U kunt duiktochten en rondvaarten maken naar Flowerpot Island vanaf Tobermory, dat ook onderdak biedt.*

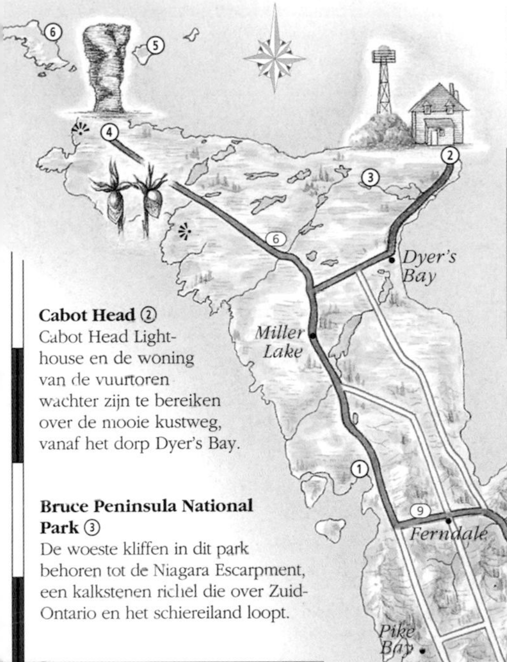

Stokes Bay ①
Het gehucht Stokes Bay, met zijn zandstranden en goede vismogelijkheden, is kenmerkend voor de dorpen hier. Het ligt vlak bij de topattracties.

Fathom Five Marine Park ⑥
Een gebied van negentien eilanden voor de noordpunt van het schiereiland valt binnen de grenzen van het park. Duikers komen af op het heldere water en de wrakken.

Cabot Head ②
Cabot Head Lighthouse en de woning van de vuurtoren wachter zijn te bereiken over de mooie kustweg, vanaf het dorp Dyer's Bay.

Bruce Peninsula National Park ③
De woeste kliffen in dit park behoren tot de Niagara Escarpment, een kalkstenen richel die over Zuid-Ontario en het schiereiland loopt.

Tobermory ④
Dit vissersdorpje aan de noordpunt is het centrum van toerisme in het gebied. Hier vertrekken veerboten naar Flowerpot Island.

Flowerpot Island ⑤
Het enige eiland in Fathom Five Marine Park met enige faciliteiten is bekend om de rotszuilen die de kustlijn markeren.

0 km 5

SYMBOLEN

- Route rondrit
- Andere wegen
- Uitkijkpunt

Manitoulin Island ㉑

🏚 *5000.* 🔲 **ℹ** *Little Current, 705–3683021.*

Manitoulin Island ligt vlak tegen de noordoever van Lake Huron en is, met zijn oppervlakte van 2800 km², het grootste eiland in een meer ter wereld. Het is een rustig gebied met kleine dorpen, glooiende akkers, bossen en meren, omzoomd door lange verlaten stranden. Het North Channel scheidt Manitoulin van het vasteland. Het trekt 's zomers zeilers, terwijl wandelaars de paden op het eiland komen verkennen.
Meer dan 10.000 jaar geleden waren de Ojibway de eerste bewoners van het eiland. Ze noemden het naar de Grote Geest – Manitou (Manitoulin betekent Gods Eiland). Leden van de Eerste Volken maken nog altijd meer dan een kwart van de eilandbevolking uit. In augustus organiseren ze een van Canada's grootste powwows, de Wikwemikong (Beverbaai).
Aan de noordoever bevat Gore Bay vijf kleine musea die aan de eerste kolonisten op het eiland zijn gewijd. Little Current is een rustig stadje met wat motels en restaurants. Van mei tot september verbindt de veerboot Chi Cheeman Tobermory met Manitoulin Island.

Gore Bay op Manitoulin Island

Het spiegelende water van George Lake, Killarney Provincial Park

Killarney Provincial Park ㉒

(*705–2872900.* 🔲 *Sudbury.* 🔵 *dag.* 🖼 *voor enkele faciliteiten.*

Killarney Provincial Park is een prachtig stuk wildernis met kristalblauwe meren, dennen- en loofbossen en de spectaculaire La Cloche Mountains, die bekendstaan om hun opvallend witte kwartsietrichels. Het schitterende landschap heeft veel kunstenaars geïnspireerd, met name leden van de Group of Seven *(zie blz. 160–161)*, van wie er één, Franklin Carmichael, het park beschouwde als het meest 'uitdagende en dankbare' landschap van Ontario. Het 100 km lange La Cloche Silhouette Trail kan in zeven tot tien dagen worden afgelegd en trekt vele serieuze wandelaars vanwege het adembenemende uitzicht op de bergen en Georgian Bay. Kanovaarders kunnen op de vele meren en rivieren in het park een netwerk van goed aangegeven routes volgen.

Temagami ㉓

🏚 *1000.* 🔲 🔲 **ℹ** *Chamber of Commerce, Lakeshore Rd., 705–5693344.*

Het kleine plaatsje Temagami en zijn omgeving trekken sinds jaar en dag pelshandelaars, jagers, schilders en schrijvers aan, van wie de beroemdste toch wel Grey Owl *(zie blz. 248)* is, de opmerkelijke Engelsman die zich voordeed als een indiaan en in de jaren dertig beroemd werd als strijder voor het milieu. De plaats ligt aan het vreemd gevormde Lake Temagami, een diep meer met

Een van de vele kanoroutes op Lake Temagami

diepe fjorden en baaien en bovendien 1400 eilanden, waarover talloze kanoroutes, wandel- en fietspaden lopen. Nog afgelegener is het Lady Evelyn Smoothwater Wilderness Park, verder naar het westen. Het is alleen toegankelijk per kano of watervliegtuig vanuit Temagami, maar u wordt wel beloond met het spectaculairste landschap van Ontario. Gemakkelijker bereikbaar is de 30 m hoge Temagami Fire Tower, die een mooi overzicht biedt over de dennenbossen, en het fraaie Finlayson Provincial Park, een populaire plek om te kamperen; beide liggen aan de rand van Temagami.

Sault Ste. Marie ㉔

🏠 81.500. ✕ 🚌 🚆 ℹ hoek Huron St. en Queen St. W, 705-9456941.

Waar de stroomversnellingen van de rivier de St.-Mary het Bovenmeer verbinden met Lake Huron ligt de mooie stad Sault Ste. Marie, een van de oudste Europese gemeenschappen in Ontario. De stad is in 1688 door de Fransen gesticht als jezuïetenmissiepost en pelshandelspost. De handelspost werd 'Sault' (spreek uit 'Soo') genoemd naar het Franse woord voor stroomversnelling en kwam na 1798, toen er een kanaal werd aangelegd, pas goed tot bloei. Sindsdien is het kanaal steeds weer verbeterd en kan het tegenwoordig de grootste containerschepen naar het binnenland aan. Hoewel er regelmatig boottochten over het kanaal worden georganiseerd, komen toeristen vooral naar Sault Ste. Marie voor de **Algoma Central Railway**, waarop een dag durende treinreizen van de stad naar de wildernis kunnen worden gemaakt. De trein baant zich een weg door dichte bossen, langs meren en over gapende ravijnen tot hij eindelijk het adembenemende landschap van Agawa Canyon bereikt, waar twee uur wordt gestopt voor de lunch. In de stad is het Roberta Bondar Pavilion, met muurschilderingen over de geschiedenis van Sault, genoemd naar

Schutsluizen bij Sault Ste. Marie

Canada's eerste vrouwelijke astronaut, die in 1992 aan boord was van de *Discovery*.

🚂 Algoma Central Railway
129 Bay St. 📞 705-9467300. 🕐 juni-half okt.: eenmaal per dag. 🅿 ♿

Bovenmeer ㉕

ℹ Ontario Travel Information Centre, Sault Ste. Marie, 705-9456941.

Het Bovenmeer is het minst vervuilde en meest westelijke van de Grote Meren. Het is het grootste meer ter wereld, met een oppervlakte van 82.000 km². Het is bekend om zijn plotselinge hevige stormen, die plaatselijke zeelieden veel angst aanjoegen. De noordoever van het meer is een door weer en wind

geteisterde strook ongerepte wildernis, beheerst door imposante granietrotsen en eindeloze bossen. Het landschap ziet u het best in Pukaskwa National Park en het Lake Superior Provincial Park, beide bereikbaar via de Trans-Canada Highway (Highway 17) die langs de noordkust loopt.

Thunder Bay ㉖

🏠 114.000. 🛬 ✕ 🚌 ℹ Terry Fox Information Centre, Highway 11/17 E., 807-9832041, 1-800-6678386.

Aan de noordoever van het Bovenmeer ligt Thunder Bay, de op twee na grootste binnenhaven van Canada, met enorme graanelevators die de kade beheersen. Graan wordt naar Thunder Bay gebracht uit de prairies in het westen en dan via de Grote Meren naar de rest van de wereld verscheept. De stad ontstond in 1679 als Franse handelspost. De geschiedenis komt tot leven in Old Fort William, een replica van de oude pelshandelspost, vol gekostumeerde handelaars, Franse ontdekkingsreizigers en indianen. Fort William is in 1970 samen met het naburige Port Arthur Thunder Bay geworden.

🏛 Old Fort William
Bij Broadway Ave. 📞 807-4732333. 🕐 half mei-half okt.: dag. 9.00-18.00 uur. 🅿 ♿

Het Bovenmeer, het grootste binnenwater ter wereld

MIDDEN-
CANADA

Midden-Canada verkennen

Midden-Canada strekt zich uit over de provincies Manitoba, Saskatchewan en Oost-Alberta. In dit deel van het land staan landbouw en de winning van energie centraal. Het landschap bestaat voornamelijk uit prairie (de meeste mensen denken hierbij aan onafzienbare velden). Een groot deel van het westelijke binnenland, dat ongeveer even groot is als Mexico, bestaat uit prairie. Maar deze streek heeft meer te bieden: van de essenbossen ten westen en noorden van de vlakten tot de toendra van Noord-Manitoba en de rotsige *badlands* in het zuiden.

De Broadway Bridge en het centrum van Saskatoon vanaf de South Saskatchewan-rivier

Het Canadese graan wordt vanuit de silo's rechtstreeks in speciale treinen gespoten

VERVOER

Winnipeg, Edmonton, Regina en Saskatchewan, de vier grootste steden in dit gebied, zijn goed te bereiken. Vanuit Brits-Columbia en andere provincies zijn er goede verbindingen per vliegtuig, trein en bus. Alle vier de steden beschikken over een internationaal vliegveld. Vanuit Winnipeg kunt u via de Trans-Canada Highway, die in de 19de eeuw langs de Canadian Pacific Railway is aangelegd, de 1333 km naar Calgary afleggen. De schilderachtiger Yellowhead Highway begint bij de Forks in Winnipeg en voert door Yorkton in Saskatoon om na 1301 km Edmonton te bereiken. De weg gaat verder door Jasper National Park en Brits-Columbia.

SYMBOLEN

▬▬	Snelweg
▬▬	Hoofdweg
—	Rivier
– –	Provinciegrens

CHURCHILL

H u d s o n b a a i

MANITOBA

LYNN LAKE

THOMPSON

106

FLIN FLON

THE PAS   6

60

3

10

Lake Winnipeg

Manitoba is een van de belangrijkste landbouwgebieden van Canada

0 km   150

YORKTON

DAUPHIN

16

6

INA

PORTAGE LA PRAIRIE   WINNIPEG

1

ZIE OOK

• **Accommodatie** blz. 352–353

• **Restaurants** blz. 372–373

Canada in de Prehistorie

Dat de woestijnachtige *badlands* van de Red Deer River Valley in Midden-Canada ooit werden bevolkt door gangsters en coyotes is nog wel te bevatten, maar dat er hier dinosauriërs leefden, ligt minder voor de hand. Meer dan 75 miljoen jaar geleden was dit gebied een tropisch moeras, vergelijkbaar met de Everglades in Florida. De dinosauriërs, die 160 miljoen jaar oppermachtig waren op aarde, waren in dit gebied helemaal in hun element. Alle dinosaurusresten die hier gevonden zijn, stammen uit het Krijt (144–65 miljoen jaar geleden). Door een sterke klimaatsverandering, van vochtig en tropisch tot zeer droog, zijn er veel dinosaurusskeletten bewaard gebleven. Het Dinosaur Provincial Park is een Werelderfgoedgebied.

ORIËNTATIEKAART

Bij deze Triceratops-schedel *is de 'kraag' goed te zien, die de nek van de dinosauriër moest beschermen. De twee horens waren maar liefst 1 m lang. In Alberta zijn meer dinosauriërs met horens gevonden dan op enige andere plek.*

Gekwalificeerd personeel graaft het skelet stuk voor stuk uit. Nadat een onderdeel verwijderd is, wordt het zorgvuldig bij het ernaastgelegen bot bewaard.

De magnolia *zou een van de oudste bloeivormen op aarde zijn geweest. Deze bloem kwam in het Krijt veel voor.*

Joseph Burr Tyrrell *vond in 1884 als eerste delen van dinosaurusskeletten in de Red Deer River Valley (Alberta). De geoloog ontdekte tijdens onderzoek bij toeval de schedel van een 70 miljoen jaar oude Albertosaurus. Vele paleontologen trokken vervolgens naar het gebied. Het Royal Tyrrell Museum of Palaeontology in Drumheller is naar hem genoemd (zie blz. 246).*

Deze artistieke impressie van een landschap in het Krijt toont de flora uit die periode. De boomvarens waren wijdverspreid en de bossen werden wel 18 m hoog. Sommige van deze planten groeien nog in tropische streken.

Horseshoe Canyon ligt langs de Red Deer River. De heuvels aan weerszijden zijn opgebouwd uit verschillende zeer oude lagen. Erosie veroorzaakt door gletsjers uit de IJstijd heeft de resten van dinosauriërs en planten aan het licht gebracht. Dit maanlandschap bevat veel skeletten, versteend hout en andere fossielen.

Dit dinosaurusnest, te zien in het Royal Tyrrell Museum, werd gevonden in Devil's Coulee, Alberta, in 1987. Het bevat embryo's en eieren van de plantenetende Hadrosaurus.

Het Royal Tyrrell Field Station in het Dinosaur Provinciaal Park bestaat sinds 1987. Bezoekers worden er geïnformeerd over de dinosauriërs die er vroeger leefden.

OPGRAVINGEN VAN DINOSAURUSSEN

Het Royal Tyrrell Museum biedt bezoekers van 10 jaar en ouder de mogelijkheid om te ervaren hoe spannend het is om een skelet van een dinosaurus op te graven. Met gebruik van gereedschap en technieken van paleontologen en onder leiding van museumwetenschappers kan men dinosaurusbotjes opgraven, de vindplaats documenteren en leren hoe fossielen worden geïnterpreteerd. Er is ook een wandeling van 90 minuten door de Badlands, waar bezoekers op zoek kunnen gaan naar fossielen.

Het dijbeen van deze dinosauriër is nog helemaal gaaf. Het stuk bot eronder is afgedekt met gips om het tijdens het transport naar het laboratorium te behoeden voor beschadiging.

De reconstructie van het skelet van een Albertosaurus is te zien in de Dinosaurus-zaal van het Royal Tyrrell Museum. De eerste dinosauriër die in deze streek werd gevonden, de Albertosaurus, was een woest roofdier. Ondanks zijn lengte van 8 m en gewicht van 2032 kg kon het beest een snelheid bereiken van 40 km/u.

De Mounties

De Canadezen zijn trots op hun Royal Canadian Mounted Police. De eerste premier van Canada, sir John A. Macdonald, stichtte de North West Mounted Police in 1873 in Ontario toen de onlusten in het westen van het land (tussen drankhandelaars en de inheemse bevolking) uitmondden in het Cypress Hills Massacre *(zie blz. 245)*. De Mounties trokken naar het westen tot de Oldman River, Alberta, 70 km ten westen van Cypress Hills. In 1874 bouwden ze er Fort Macleod. Ze zetten zich in voor goede betrekkingen met de oorspronkelijke bewoners van de Prairies en handhaafden de orde onder de pioniers in de regio. De Mounties dwongen respect af met hun diplomatieke kwaliteiten. Ze hielden toezicht tijdens het werk aan de Canadian Pacific Railroad en de Klondike Gold Rush in de Yukon (rond 1890). Het predikaat Royal werd hen verleend in 1904.

Mountie in vol ornaat

Een bloedbad in de Cypress Hills vormde de aanleiding tot de oprichting van de North West Mounted Police.

De mars naar het westen ging van Fort Dufferin, Manitoba, naar Zuid-Alberta (3135 km). Een macht van 275 mannen, 310 paarden en vee moest een einde maken aan de illegale whiskyhandel in het westen. De door extreme temperaturen, insecten en voedseltekorten geplaagde Mounties bereikten Oldman River in 1874.

DE LANGE MARS

Inspecteur James M. Walsh legde de basis voor de spreekwoordelijke moed van de Mounties, door slechts zes mannen mee te nemen tijdens een ontmoeting met Sioux-opperhoofd Sitting Bull. De Sioux hadden zich in het gebied teruggetrokken na hun overwinning op de Amerikaanse bevelhebber Custer tijdens de Slag bij Little Big Horn in 1876. Sinds de komst van de Mounties hebben de Sioux, de Zwartvoeten en de Cree niet meer met elkaar gevochten. Walsh bewaarde de orde in het middenwesten van Canada. Zwartvoetopperhoofd Crowfoot prees de onpartijdigheid: 'Ze beschermden ons zoals een verenkleed de vogel tegen de kou beschermt.'

Sitting Bull, Sioux-leider

James M. Walsh

De lotgevallen van de moedige Mounties zijn sinds jaar en dag een bron van inspiratie voor veel schrijvers en filmregisseurs. De eerlijke mannen in hun vuurrode jasjes waren de perfecte helden. Een van de bekendste Mountie-films was Rose Marie (1936) met Nelson Eddy en Jeanette MacDonald.

De ruiters die meedoen aan de Musical Ride zijn langer dan twee jaar bij de Mounties. Na hun selectie trainen ze zeven maanden lang intensief.

DE MUSICAL RIDE

Tijdens de Musical Ride voeren 32 ruiters een reeks traditionele oefeningen uit op muziek. Deze oefeningen worden nog op dezelfde manier uitgevoerd als langer dan een eeuw geleden in het Britse leger. De paarden lopen netjes in het gelid en tonen hoe goed ze zijn afgericht. Dit fraaie schouwspel is 's zomers te zien op verschillende plaatsen in Canada en de VS.

De Mounties, een van de symbolen van Canada, zijn afgebeeld op uiteenlopende zaken, van postzegels tot bankbiljetten. Bovenstaande poster maakt reclame voor Lake Louise in Banff National Park.

32 speciale paarden nemen deel aan de Musical Ride. Het ras is een kruising van volbloedhengsten met Hannoveraanse merries. Hun training duurt twee jaar.

Er zijn tegenwoordig 20.000 Mounties. Ze vormen een politiemacht die in heel Canada toeziet op naleving van de federale wetten. Om hun sterk uiteenlopende taken uit te voeren staan de Mounties vliegtuigen, helikopters en auto's ter beschikking.

MIDDEN-CANADA

Midden-Canada bestaat grotendeels uit boreale bossen en vruchtbaar grasland, de Prairies. Het gebied strekt zich uit over Manitoba, Saskatchewan en een stuk van Alberta. De oorspronkelijke bewoners waren afhankelijk van de bizons. Ze aten het vlees, gebruikten de huiden en maakten werktuigen van de botten. Tegen het einde van de 19de eeuw waren de bizons echter zo goed als uitgeroeid. Europese pioniers stichtten steden en bouwden boerderijen. Degenen die inheemse vrouwen kozen, vormen de voorouders van de Métis. In de 20ste eeuw dreef de economie op gas, olie en tarwe. De Prairies staan bekend om het gevarieerde landschap en de rijke geschiedenis van de steden.

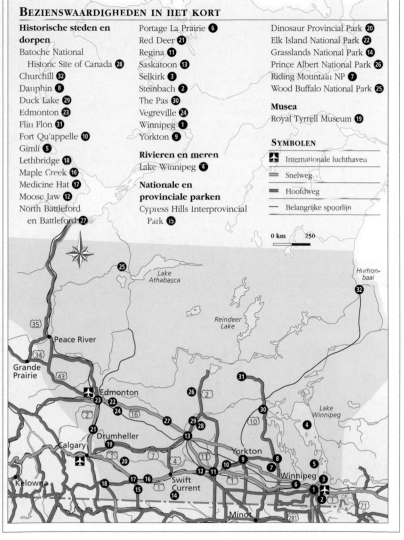

BEZIENSWAARDIGHEDEN IN HET KORT

Historische steden en dorpen

Batoche National Historic Site of Canada 28
Churchill 32
Dauphin 8
Duck Lake 29
Edmonton 23
Flin Flon 31
Fort Qu'appelle 10
Gimli 5
Lethbridge 18
Maple Creek 16
Medicine Hat 17
Moose Jaw 12
North Battleford en Battleford 27
Portage La Prairie 6
Red Deer 21
Regina 11
Saskatoon 13
Selkirk 3
Steinbach 2
The Pas 30
Vegreville 24
Winnipeg 1
Yorkton 9

Rivieren en meren
Lake Winnipeg 4

Nationale en provinciale parken
Cypress Hills Interprovincial Park 15
Dinosaur Provincial Park 20
Elk Island National Park 22
Grasslands National Park 14
Prince Albert National Park 26
Riding Mountain NP 7
Wood Buffalo National Park 25

Musea
Royal Tyrrell Museum 19

SYMBOLEN

✈ Internationale luchthaven
━ Snelweg
━ Hoofdweg
━ Belangrijke spoorlijn

0 km   250

◁ **Een jonge, in traditioneel gewaad geklede danser voert in Alberta een eeuwenoude dans uit**

Winnipeg ❶

Winnipeg is een kosmopolitische stad, die precies in het midden van Canada ligt. Hier woont meer dan de helft van de inwoners van Manitoba. Het merendeel leeft in de voorsteden, die de culturele diversiteit van de stad weerspiegelen. Winnipeg ligt op het punt waar de Red en de Assiniboine samenvloeien. Het was daardoor al 6000 jaar geleden een belangrijke handelspost voor de oorspronkelijke bewoners. In de 17de eeuw vestigden zich hier Europese pelsjagers. Rond 1880 richtte het westen zich op de graanhandel. Het spoorwegnetwerk voerde door Winnipeg. Tegenwoordig is het een mooie stad met historische gebouwen, musea en goede restaurants.

Winnipeg verkennen

De meeste bezienswaardigheden bevinden zich op loopafstand van het centrum. Het uitmuntende Manitoba Museum of Man and Nature en het Ukrainian Cultural Centre liggen ten oosten van het Exchange District. Op het snijpunt van de Red en de Assiniboine vindt u The Forks, een leuk attractiepark voor het hele gezin. Op de kruising van Portage en Main Street vindt u de financiële instellingen en winkelcentra van de stad.

🏨 St. Boniface

Riel Tourism, 219 Provencher Blvd.
📞 1866–8088338. ⏰ ma–za. ♿
De op één na grootste Franstalige gemeenschap buiten Québec woont in de historische wijk St. Boniface. Deze rustige voorstad, die uitkijkt op The Forks en de Red River, werd in 1818 gesticht door priesters die zich bekommerden om de Métis *(zie blz. 45)* en de Fransen in het gebied. In 1844 bouwden nonnen een ziekenhuis, nu het St. Boniface Museum. Priesters stichtten er in 1818 de Basilica of St. Boniface, die in 1968 door brand werd verwoest. De fraaie witte gevel bleef echter gespaard. Métis-leider Louis Riel werd hier begraven, nadat hij werd geëxecuteerd na de opstand in Batoche in 1881.

🏛 Manitoba Children's Museum

The Forks. 📞 204–9244000.
⏰ dag. 🎫 ♿
Dit museum is gevestigd in The Forks-complex. Kinderen van 3 tot 11 jaar vermaken zich uitstekend met de interactieve opstellingen. In de All Aboard-zaal ervaren kinderen hoe het is om een trein te besturen. In een reconstructie van een dieseltrein uit 1952 leren ze van alles over de geschiedenis van het spoor in Canada. Verder kunnen ze surfen op Internet en rondkijken in een tv-studio.

🚩 The Forks National Historic Site

201-One Forks Market Rd. 📞 204–9577618. ⏰ terrein: dag.; kantoor: ma–vr. 🏛 evenementen. ♿
W www.theforks.com
The Forks National Historic Site informeert over de geschiedenis van de stad. De haven, de pakhuizen en de stallen van dit ooit zo bloeiende spoorwegstadje zijn prachtig gerenoveerd. De stallen, met hun hoge plafonds, daklichten en inpandige bruggen, bieden plaats aan een drukbezochte markt, waar verse waar te koop is (ook vlees en vis). Kunstnijverheid en sieraden zijn te koop op de verbouwde hooizolder. Op het 23 ha grote terrein van The Forks

De ingang van het Manitoba Children's Museum belooft veel goeds

0 meter   500

SYMBOLEN

🚉 Spoorwegstation

🅿 Parkeerterrein

ℹ️ Toeristenbureau

In de haven van The Forks zijn boten en kano's te huur.

vindt u ook een amfitheater en een toren die een prachtig uitzicht biedt op de skyline van Winnipeg. Vanaf de boulevard langs de rivier kijkt u uit over het centrum en St. Boniface.

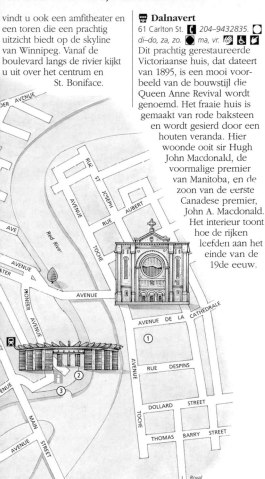

TIPS VOOR DE TOERIST

670.000. 12 km van de stad. hoek Main St. en Broadway. Greyhound Canada Station, hoek Portage Ave. en Colony St. Destination Winnipeg, 285 Portage Ave. 204–9431970, 1–800–6650204. Red River Exhibition (juni); Winnipeg Intl Children's Festival (juni); Folklorama (aug.); Festival Voyageur (febr.).

Dalnavert

61 Carlton St. 204–9432835. di–do, za, zo. ma, vr.

Dit prachtig gerestaureerde Victoriaanse huis, dat dateert van 1895, is een mooi voorbeeld van de bouwstijl die Queen Anne Revival wordt genoemd. Het fraaie huis is gemaakt van rode baksteen en wordt gesierd door een houten veranda. Hier woonde ooit sir Hugh John Macdonald, de voormalige premier van Manitoba, en de zoon van de eerste Canadese premier, John A. Macdonald. Het interieur toont hoe de rijken leefden aan het einde van de 19de eeuw.

De koepel van het Legislative Building met zijn 'Golden Boy'

Legislative Building

Hoek Broadway en Osborne. 204–9455813. rondleidingen ma–vr.

Het Legislative Building is gemaakt van een zeldzame en dure kalksteen, waarin mooie fossielen te zien zijn. Het gebouw wordt omringd door een prachtige tuin (12 ha), waarin beelden staan van dichters als de Schot Robert Burns en de Oekraïner Taras Ahevchenko, die de etnische diversiteit van de provincie bezingen.

Winnipeg Art Gallery

300 Memorial Blvd. 204–7866641. di–zo. za gratis.

Dit museum bezit de grootste collectie moderne Inuit-kunst ter wereld, met meer dan 10.000 houtsneefiguren, prenten, tekeningen en stoffen. Het uit vier delen bestaande wandkleed *Vier seizoenen op de toendra* van Inuit-kunstenares Ruth Qaulluaryuk is een van de topstukken. Er zijn ook altaarstukken in gotische en renaissancestijl en kleden van de Ierse burggraaf Gore te zien.

CENTRUM VAN WINNIPEG

⊞ Exchange District en Market Square

Albert St. 📞 204–9426716.
🌐 www.exchangedistrict.org

De Canadian Pacific Railway besloot in 1881 om de trans-continentale spoorweg door Winnipeg te laten lopen. Dit had een bloeiperiode tot gevolg, waarin verschillende goederenmarkten ontstonden. In deze wijk, die zijn naam dankt aan de Winnipeg Grain Exchange, verrees een fraaie mengeling van hotels, banken, pakhuizen en theaters. Het Exchange District is uitgeroepen tot National Historic Site en is in zijn oude luister hersteld. In de winkels vindt u kleding, kunstnijverheid en antiek. Verder telt de wijk musea, ateliers en appartementen. Op Old Market Square, in het hart van de wijk, worden regelmatig festivals gehouden en openluchtconcerten gegeven.

🏛 Ukrainian Cultural and Educational Centre

184 Alexander Ave. E.
📞 204–9420218. 🕐 ma–za 10.00–16.00, zo 14.00–17.00 uur.
♿

In een fraai gebouw uit de jaren dertig, gelegen in het Exchange District, is het Ukrainian Cultural and Educational Centre gevestigd. Het centrum is gewijd aan de geschiedenis en cultuur van de op één na grootste bevolkingsgroep van Canada. Het museum, de galerie en de wetenschappelijke bibliotheek zijn bekend om de collectie fraaie stoffen, houtsnijwerk en prachtig beschilderde *pysanky* (paaseieren). Hopelijk worden er binnenkort nog meer tentoonstellingen geopend.

Lower Fort Garry wordt omringd door de originele muren (19de eeuw)

⊞ Lower Fort Garry

5981 Highway 9. 📞 204–7856050, 1–877–5343678. 🕐 mei–sept. dag. 9.00–17.00 uur. 🈳 ♿ 🌐 www.pc.gc.ca

Op 32 km ten noorden van Winnipeg ligt aan de Red River Lower Fort Garry. Dit is de enige handelspost voor de pelshandel die er in Canada nog te vinden is. Het Fort is in 1830 gebouwd door George Simpson, commandant van de noordelijke divisie van de Hudsonbaaicompagnie. Zijn huis is een van de belangrijkste bezienswaardigheden van het fort. In het bezoekerscentrum wordt een film vertoond over het fort en de pelshandel. Binnen zijn verschillende gebouwen, waaronder het administratiekantoor en de winkel met de pelzen, gerestaureerd.

🏛 Royal Canadian Mint

520 Lagimodière Blvd. 📞 204–983 6429, 1–866–8226724. 🕐 sept.–mei: ma–za 10.00–14.00; mei–aug.: ma–vr 9.00–17.00 uur. 🈳 ♿ 🈳

De Royal Canadian Mint is gehuisvest in een opvallend, uit roze glas opgetrokken gebouw. Hier worden jaarlijks meer dan vier miljard munten geslagen, niet alleen voor Canada maar voor 60 andere landen.

🍃 Assiniboine Park

2355 Corydon Ave. 📞 204–9865537. 🕐 dag. ♿

Dit park (153 ha), dat zich langs de zuidelijke oever van de Assiniboine River uitstrekt, is een van de grootste stadsparken van Midden-Canada. Een van de hoogtepunten van een bezoek aan Assiniboine Park is de Leo Mol Sculpture Garden, waar zo'n 50 bronzen beelden van deze plaatselijke kunstenaar te zien zijn. In de kassen genieten de bezoekers van de prachtige aanblik van een keur aan bloemen en bloeiende heesters. Het park omvat ook een Engelse tuin, een miniatuurspoorlijn en een mooie geometrische tuin in Franse stijl. De Pavilion Gallery toont werk van lokale kunstenaars. Er is buiten een grote muziektent met live muziek. In de Assiniboine Park Zoo worden 275 verschillende diersoorten gehouden. De nadruk ligt op dieren uit de noordelijke en bergachtige gebieden van Canada: ijsberen, poema's, wapiti's en Amerikaanse zeearenden. In het park staat een groot beeld van Winnie the Bear, die geïnspireerd zou zijn op Winnie-the-Pooh uit de boeken van A.A. Milne.
Van de vele wandel- en fietspaden in het park wordt in de zomermaanden veel gebruik gemaakt. 's Winters kan er gelanglauft, geschaatst en gesleed worden.

Beeld in de Leo Mol-tuin, Assiniboine Park

In deze piramide van roze getint glas is Canada's Royal Mint gevestigd

Het Manitoba Museum

Dit museum, dat in 1970 werd gesticht, bevat tot de verbeelding sprekende opstellingen over de geografie en de bewoners van deze streek. Tijdens een rondgang door de chronologisch geordende zalen lopen de bezoekers van de Prehistorie naar het heden. Ieder gebied heeft een eigen zaal, van natuurlijke geschiedenis met wel 500 miljoen jaar oude fossielen, tot een reconstructie van Winnipeg in de jaren twintig, met onder meer een bioscoop en een tandartspraktijk. Een van de topstukken van het museum is de *Nonsuch*, een levensgrote replica van een 17de-eeuwse tweemaster.

SYMBOLEN

☐ Algemene informatie

☐ Natuurlijke historie

☐ Arctische/subarctische gebieden

☐ Boreale bossen

☐ Graslanden

☐ Ontdekkingen

☐ Stedelijke gebieden

☐ *Nonsuch*-zaal

☐ Hudsonbaaicompagniezaal

☐ Parklandschap/gemengde bossen

☐ Tijdelijke tentoonstellingen

☐ Geen tentoonstellingsruimte

Elanden
Deze eland en haar jong maken deel uit van een afdeling waar Cree te zien zijn bij het beschilderen van rotsen en het verzamelen van voedsel voor het invallen van de winter.

Boreale bossen

Natuurlijke historie

MUSEUM-WIJZER
De zalen zijn verspreid over twee verdiepingen. In een drie verdiepingen tellend bijgebouw uit 1999 is de collectie over de Hudsonbaaicompagnie te bezichtigen.

Hoofdingang

Nonsuch-zaal
In deze zaal is een replica (gemaakt in 1968) te zien van de Nonsuch, waarmee in 1688 pelsjagers aankwamen in de Hudsonbaai.

Jacht op de bizons
In het museum staat de relatie tussen de mens en de natuur centraal. Deze Métis-jager illustreert dit thema.

De prairie van Midden-Canada biedt 's zomers een kleurrijke aanblik ▷

Paarden trekken een ploeg in het Mennonite Heritage Village in Steinbach

Steinbach ❷

🐴 *11.350.* ⊠ 🚉 ❢ *Highway 12N.
204–3269566.*

Op ongeveer een uur rijden ten zuidoosten van Winnipeg ligt Steinbach, een hechte samenleving met veel vervoersbedrijven, drukkerijen, fabrieken en autodealers. De meeste van deze bedrijven worden gerund door de mennonieten. Dit zijn leden van een protestantse sekte, die bekendstaat om zijn eerlijke manier van handeldrijven.

**Stoommachine in het
Mennonite Heritage Village**

De mennonieten trokken in 1874 Steinbach binnen op hun ossenkarren. Ze waren gevlucht uit Rusland, waar ze vanwege hun geloofsovertuiging werden vervolgd. Hoewel het plaatsje niet aan het spoor lag, kwam Steinbach toch tot bloei, doordat de mennonieten goede boeren waren en zich later met succes toelegden op de autohandel. Het nabijgelegen **Mennonite Heritage Village** geeft een beeld van een 19de-eeuws mennonitisch dorp. Er zijn enkele authentieke gebouwen te zien, waaronder en kerk en een school. In het restaurant kunt u borsjtsj bestellen, gemaakt volgens traditioneel recept, en er is Victoriaans snoepgoed te koop.

🍴 **Mennonite Heritage
Village**
Hwy 12 North. ⭐ *204–3269661,
1–866–2808741.* ◯ *mei–sept.: dag.*
📷 ♿ 🆆 www.mennoniteheritage
village.com

Selkirk ❸

🐴 *9800.* 🚉 ❢ *Red River Tourism,
18 Main St. 204–4822022, 1–800–894
2621.* 🆆 www.interlaketourism.com

Selkirk dankt zijn naam aan de vijfde graaf van Selkirk, Thomas Douglas, wiens familie actief was in de Hudsonbaaicompagnie. De plaats werd gesticht in 1882 door kolonisten. Het 7,5 m hoge beeld van een meerval op Main Street onderstreept het belang van de visserij voor de plaatselijke economie. Sportvissers uit heel Noord-Amerika kunnen hier het hele jaar door hun hart ophalen. In het Marine Museum of Manitoba zijn zes historische gerestaureerde schepen te zien, waaronder de S.S. *Keenora* (1897), het oudste stoomschip van Manitoba.

Lake Winnipeg ❹

🚉 *Winnipeg.* 🚉 *Winnipeg.* ❢ *Travel
Manitoba, 204–9453777, 1–800–665
0040.* 🆆 www.travelmanitoba.com

Lake Winnipeg is een enorme watermassa met een lengte van 350 km, die het zuiden van Manitoba via de Nelson River verbindt met de Hudsonbaai. De plaatsen aan de oevers van het meer zijn in trek bij toeristen en de plaatselijke bevolking.
Langs de zuidoostelijke kant van het meer liggen prachtige stranden, waaronder Winnipeg Beach, dat veel windsurfers trekt. In het zuidelijke park is een indrukwekkend beeld te zien van een hoofd. Het houten beeld, *Fluisterende reus*, is gemaakt door de indiaanse kunstenaar Peter 'Wolf' Toth. Het beeld is opgericht voor de Ojibway, Cree en Assiniboine, de oorspronkelijke bewoners van Manitoba. Grand Beach in het **Grand Beach Provincial Park** bestaat uit witte zandstranden en duinen met een hoogte van meer dan 8 m. In het moerasachtige deel van het park, dat bekendstaat als de *lagoon*, leven veel vogelsoorten, waaronder de zeldzame en bedreigde fluitplevieren.
Iets verder ten westen van het meer ligt **Oak Hammock Marsh**, het leefgebied van zo'n 280 vogel- en andere diersoorten. In dit natuurgebied met zijn uitgestrekte prairie, grasland en bossen leven vogelsoorten als de zomertaling (een eenden-

Historische schepen in het Marine Museum of Manitoba in Selkirk

In het park bij Winnipeg Beach staat een cederhouten beeld

soort) en de *Ammospiza caudacuta*, een mussensoort. **Hecla Provincial Park**, dat verder naar het noorden ligt, is verspreid over een aantal eilanden in het meer. Hecla Island, dat oorspronkelijk werd bewoond door de Anishinabe (Ojibway), is via een plankier bereikbaar. In 1875 vestigden zich hier de eerste kolonisten, afkomstig uit IJsland. In het stadje Hecla is een mooi openluchtmuseum gevestigd met verschillende goed onderhouden gebouwen uit de 19de eeuw. Hecla vormt een goede uitvalsbasis voor wandel- en fietstochten, die voeren langs de leefgebieden van bijzondere watervogels.

🦆 **Grand Beach Provincial Park**
Highway 12, bij Grand Marais.
📞 204–7545040. 🕐 dag. 📷
♿ deels.
🦆 **Hecla Provincial Park**
Highway 8, bij Riverton. 📞 204–3782945. 🕐 dag. ♿

Gimli ❺

🏙 2100. 🚉 🛈 Centre St., 204–6427974.

Op de westelijke oever van Lake Winnipeg ligt Gimli, de thuisbasis van de grootste IJslandse gemeenschap buiten IJsland. Kolonisten vestigden zich in 1875 in het nabijgele-

gen Willow Creek en het duurde niet lang of ze riepen een onafhankelijke staat uit. Deze hield stand tot 1897, toen onder druk van de regering ook andere immigranten zich in Gimli mochten vestigen. Het **New Iceland Heritage Museum** vertelt de interessante geschiedenis van Gimli. Er is een pittoreske haven met een houten aanlegsteiger. Tijdens het Icelandic Festival of Manitoba, dat in augustus gehouden wordt, kunnen bezoekers zich verkleden als vikingen, meedoen aan activiteiten, luisteren naar muziek en genieten van de IJslandse specialiteiten. Zo'n 25 km ten westen van Gimli ligt het Narcisse Wildlife Management Area, dat is

Beeld van een viking in het plaatsje Gimli

ingesteld om het leefgebied van duizenden kousenbandslangen veilig te stellen. Deze dieren zijn 's zomers te zien langs een speciale wandelroute.

🏛 **New Iceland Heritage Museum**
Betel Waterfront Centre, Unit 108, 94 First Ave. 📞 204–6424001.
🕐 wo–vr 9.00–17.00 uur, za en zo 11.00–17.00 uur. 📷 ♿

Portage la Prairie ❻

🏙 13.400. 🚉 🚌 🛈 11 Second St. NE 204–8577778.

Portage la Prairie ligt in het hart van een landbouwgebied waar tarwe, gerst en koolzaad worden verbouwd. De naam van het plaatsje verwijst naar de Franse term voor een omweg over land. Portage la Prairie ligt tussen Lake Manitoba en de Assiniboine River, vroeger een belangrijke verkeersader. Bezienswaardigheden in dit bloeiende landbouwcentrum zijn het Fort La Reine Museum en Pioneer Village, dat ligt op de plek waar de Franse ontdekkingsreiziger La Vérendrye in 1738 een fort bouwde. Werktuigen en foto's geven een beeld van het leven op de prairie in de 19de eeuw. In het spoorwegmuseum zijn onder meer een personeelswagon en de wagon van sir Van Horne, oprichter van de Canadian Pacific Railroad, te zien. Pioneer Village is een geslaagde reconstructie van een 19de-eeuwse nederzetting.

Pioneer Village ligt in het Fort La Reine-complex in Portage la Prairie

Riding Mountain National Park ●

Highway 10 en 19. 🎫 *204–8467275.*
⭕ *dag.* 🏷 ♿ *gedeeltelijk.*
🌐 *www.pc.gc.ca*

Dit nationale park is een van de drukstbezochte bezienswaardigheden van Manitoba. Het is een ongerept gebied met een oppervlakte van 3000 km². De mooiste wandelroutes en enkele van de indrukwekkendste landschappen zijn te vinden in het midden van het park, waar zich een hoogvlakte met bossen en meren bevindt. Ten oosten hiervan vormt een groenblijvend sparren- en dennenbos het leefgebied voor elanden en wapiti's. In het park bij Lake Audy leeft een kleine kudde van zo'n 30 bizons. Deze zijn in de jaren dertig weer uitgezet in het gebied, nadat ze aan het einde van de 19de eeuw waren uitgeroeid. Het meest ontwikkelde gebied ligt rond de kleine plaats Wasagaming, waar informatie wordt verstrekt over de fiets-, wandel- en ruiterpaden. Het grootste meer van het park, Clear Lake, kan met een gehuurde kano worden verkend. Wasagaming is

In Riding Mountain National Park leeft een kleine kudde bizons

de belangrijkste plaats in het park en biedt verschillende faciliteiten, zoals hotels, restaurants en campings.

Dauphin ●

🏛 *8800.* ✈ 🚌 🚍 ℹ *3rd Ave., 204–6223140.*

Dit aangename stadje is door de Franse ontdekkingsreiziger La Vérendrye genoemd naar de oudste zoon van de Franse koning. Dauphin ligt ten noorden van Riding Mountain National Park en is een handelscentrum voor de boerderijen in het vruchtbare roomdal van de Vermilion ver. Het Fort Dauphin seum is een replica van 18de-eeuwse handelspost.

De collectie omvat de kano van een *trapper* (pelsjager) en verder enkele gebouwen van de eerste kolonisten, waaronder een school, een kerk en een smidse. De opmerkelijke, uivormige koepel van de Church of the Resurrection is een eerbetoon aan de Oekraïense immigranten die zich hier in 1891 begonnen te vestigen. Een traditionele Oekraïense maaltijd maakt onderdeel uit van een rondleiding door de kerk.

Yorkton ●

🏛 *17.000.* ✈ 🚌 ℹ *Kruising Highway 9 en 16, 306–7838707, 1–877–250 6454.* 🌐 *www.tourismyorkton.com*

Toen Yorkton in 1882 werd gesticht, was het een agrarische gemeenschap. Het plaatsje ligt in het midden van Saskatchewan. De architectuur van de kerken, met name de katholieke kerk St. Mary's, maakt duidelijk dat er sterke banden zijn met de Oekraïne. Deze kerk dateert van 1914. De 21 m hoge koepel, de iconen en de schilderingen zijn prachtig. Het **Western Development Museum** van Yorkton is gewijd aan de immigratie naar deze streek.

🏛 **Western Development Museum**
Yellowhead Hwy. 🎫 *306–7838361.* ⭕ *mei–half sept.: dag.* 🏷 ♿

De schitterende koepel van Saint Mary's Catholic Church in Yorkton

De fraaie gevel van Motherwell Homestead

Fort Qu'Appelle ●

🏛 *2000.* ℹ *Regina, 306–7895099.*

De schilderachtige plaats Fort Qu'Appelle is genoemd naar een handelspost voor bont van de Hudsonbaaicompagnie en ligt tussen Regina en Yorkton aan Highway 10. Het **Fort Qu'Appelle Museum** is verrezen op de plek van een ouder fort en omvat nog een klein buitengebouw dat deel uitmaakte van het oorspronkelijke gebouw. De collectie bestaat uit antiek kralenwerk en een verzameling foto's uit de tijd van de kolonisten.
De 430 km lange Qu'Appelle River stroomt door tweederde van Saskatchewan. Bij Fort Qu'Appelle verbreedt de rivier zich tot een reeks van acht meren, waaraan provinciale parken liggen. In deze omgeving kunt u prachtige autoritten maken.
Zo'n 30 km ten oosten van Fort Qu'Appelle ligt de **Motherwell Homestead National Historic Site**. Dit fraaie huis met een uitgestrekte siertuin is gebouwd door de politicus William R. Motherwell. Motherwell bedacht verschillende verbeteringen op het gebied van de landbouw. Na 14 jaar in armoede te hebben geleefd, werd hij minister van Landbouw van Saskatchewan (1905–1918).

🏛 **Fort Qu'Appelle Museum**
Hoek Bay Ave. en Third St. 🎫 *306–3326033.* ⭕ *Bel voor informatie.* 🏷 ♿ *beperkt.*
🏚 **Motherwell Homestead**
Bij Highway 22. 🎫 *306–3332116.* ⭕ *mei–okt.: dag.* 🏷 ♿ *beperkt.*

Regina ⓫

🏠 300.000. 🛬 ✈️ 🚌 ℹ️ Highway
1 E, 306–7895099, 1–800–6615099.
🌐 www.tourismregina.com

Regina, de hoofdstad van Saskatchewan, is een gezellige, drukke stad, die zijn naam kreeg van prinses Louise, een dochter van koningin Victoria. Zij was getrouwd met de gouverneur-generaal van Canada. Regina werd gesticht in 1882. Tot die tijd was het een tentenkamp met de naam Pile O'Bones. Deze naam was afgeleid van *oskana* (een Cree-woord dat 'bizonbotten' betekent), naar de hoop botten die overbleef na de bizonjacht. Tegenwoordig is Regina een moderne stad met hoogbouw, die in scherp contrast staat met Wascana Centre. Dit is een groot stadspark (930 ha) met 350.000 aangeplante bomen en een enorm kunstmatig meer. Willow Island ligt in dit meer en is per boot bereikbaar. In het park leven 60 verschillende soorten watervogels, waaronder de Canadese gans. Het **Royal Saskatchewan Museum** is gevestigd in het park. Het is gewijd aan de oorspronkelijke bewoners van de streek en behandelt het tijdvak van de Prehistorie tot heden. Stamoudsten houden er voordrachten over het gebied en zijn kostbare grondstoffen en er zijn uiteenlopende kunstuitingen te bezichtigen.

In Wascana Centre Park leven ganzen

In Moose Jaw zijn op verschillende plekken muurschilderingen te zien

Het oorspronkelijke hoofd-kwartier van de North West Mounted Police ligt ten westen van het centrum. In de Royal Canadian Mounted Police Barracks worden alle Canadese Mounties opgeleid en het biedt tevens plaats aan het **RCMP Centennial Museum**. Hier komt de geschiedenis van de Mounties aan bod, van het Cyprus Hills Massacre in 1873 *(zie blz. 245)* tot heden. Op gezette tijden worden er demonstraties gegeven door speciaal getrainde Mounties, waarbij de Sergeant Major's Parade, de Musical Ride en de Sunset Retreat Ceremonies te zien zijn.

🏛 **Royal Saskatchewan Museum**
Hoek Albert St. en College Ave. 📞 306–7872810. ⭕ dag. 🔴 25 dec. ♿
🌐 www.royalsaskmuseum.ca
🏛 **RCMP Centennial Museum**
Dewdney Ave. W. 📞 306–7805838.
⭕ dag. ♿ 🌐 www.rcmpmuseum.com

Moose Jaw ⓬

🏠 34.500. ✈️ 🚌 ℹ️ 99 Diefenbaker Dr., 306–6938097, 1–866–6938097.

De rustige plaats Moose Jaw werd in 1882 aangewezen als eindpunt van de Canadian Pacific Railroad. Niet veel later vormde het plaatsje ook het eindstation voor de American Soo Line uit Minneapolis, Minnesota. Het leven van de eerste spoorwegpioniers en boeren wordt verbeeld in muurschilderingen op 29 gebouwen in de omgeving van 1st Avenue in het centrum. In River Street, hier vlakbij, verraden de vele hotels en pakhuizen de dubieuze reputatie die Moose Jaw genoot als 'zondige stad' in de jaren twintig – toen mensen als Al Capone rijk werden met de smokkel van drank van Canada naar Chicago. De vestiging van het Western Development Museum in Moose Jaw richt zich voornamelijk op het vervoer, met name de spoorweg.

Cadetten van de Royal Canadian Mounted Police Academy in Regina tijdens een oefening

Uitvoering van traditionele dans in Wanuskewin Park, Saskatoon

Saskatoon ⑬

🏛 231.420. 🏃 ☒ 🚉 🚌
ℹ 6306 Idylwyld Dr. N., 306–242 1206, 1–800–5672444.
ⓦ www.tourismsaskatoon.com

Deze plaats werd in 1882 gesticht door de uit Ontario afkomstige methodist John Lake als een kolonie voor geheelonthouders. Saskatoon ligt in het hart van de prairie en is tegenwoordig een levendig handelscentrum voor veehouders en graanboeren uit de wijde omgeving. De geschiedenis van de streek komt uitgebreid aan bod in de vestiging van het Western Development Museum van Saskatoon, dat zich voornamelijk richt op de bloeiperiode rond het begin van de 20ste eeuw. U ziet er

een reconstructie van de drukke hoofdstraat van een typisch prairiestadje. Langs de South Saskatchewan River, die zich door de stad slingert, liggen verschillende parken, waaronder het fraaie, 120 ha grote **Wanuskewin Heritage Park**. Hier wordt aandacht besteed aan de geschiedenis van de oorsponkelijke bewoners. Opgravingen hebben uitgewezen dat er 6000 jaar geleden al jager-verzamelaars leefden in dit gebied. Enkele opgravingen zijn voor publiek geopend. Leden van de volken van de Northern Plains, die als gids fungeren, leggen bezoekers uit dat de beboste heuvels en de kreken van het park in de ogen van hun volk heilig zijn. Bezoekers kunnen voetpaden volgen langs tipi's, bizonpaden en een *buffalo jump (zie blz. 294)*. Langs de rivieroever staan ook twee musea: het Ukrainian Museum of Canada met felgekleurde traditionele stoffen, en de Mendel Art Gallery, met authentiek keramiek en glaswerk van First Nations en Inuit.

🦃 Wanuskewin Heritage Park
Bij Highway 11. ☎ 306–9316767. 🕐 dag. ● Goede Vrijdag, 25 dec. 🎦 🛗 gedeeltelijk. ⓦ www.wanuskewin.com

Grasslands National Park ⑭

Kruising Highway 4 en 18. ℹ Val Marie 306–2982257. 🚉 Val Marie. 🕐 dag. 🛗 gedeeltelijk. ⓦ www.pc.gc.ca

Het in het zuidwestelijke deel van Saskatchewan gelegen Grasslands National Park is gesticht in 1988 om een van de laatste authentieke graslanden van Noord-Amerika te beschermen. De temperatuur in het park loopt sterk uiteen, van 40 °C in de zomer tot wel -40 °C in de winter. In dit natuurgebied leven tal van zeldzame diersoorten, waaronder korthoornpadhagedissen en roofvogels. Het onherbergzame landschap in het dal van de Frenchman River is het laatst overgebleven leefgebied van de zwartstaartprairiehond in Canada.

Zwartstaartprairiehond

Wandelen en kamperen is toegestaan in het park, maar de voorzieningen zijn sober. Ten oosten van het park liggen de door een gletsjer gevormde, grillige **Big Muddy Badlands**. Aan het begin van de 20ste eeuw verscholen veedieven als Butch Cassidy en Dutch Henry zich in de grotten en de diepe ravijnen.

🏜 Big Muddy Badlands
Bij Highway 34. ☎ 306–2673312. 's Zomers tochtjes vanuit Coronach.

Buttes (heuvels met een afgevlakte top) in de Big Muddy Badlands, gezien vanuit het Grasslands National Park

Cypress Hills Interprovincial Park ⑮

Highway 41. 📞 *403–8933777.*
🚌 *Maple Creek.* ⏰ *dag.* ♿ *deels.*
🌐 www.cypresshills.com

Het Cypress Hills Interprovincial Park, dat de grens tussen Saskatchewan en Alberta overschrijdt, biedt vanaf de 1400 m hoge toppen een prachtig uitzicht over het vlakke land. Het landschap lijkt met zijn dennenbossen en wilde bloemen op de uitlopers van de Rocky Mountains. Tijdens een wandeltocht door het park kunt u elanden, wapiti's en witstaartherten zien, en ruim 200 soorten trekvogels, die hier tijdelijk verblijven, zoals de zeldzame trompetzwaan en de rotsgebergtemees.
In het oostelijke deel van het park, in Saskatchewan, kunt u **Fort Walsh National Historic Site** bezoeken. Dit is een reconstructie van Fort Walsh, dat in 1875 werd gebouwd door de Mounties, die wilden voorkomen dat de whiskyhandelaars de inheemse bevolking overlast zouden bezorgen. Hier vlakbij zijn reconstructies te zien van de handelsposten Farwells en Solomons, waar de drank werd verkocht. Gekostumeerde gidsen vertellen over het Cypress Hills Massacre.

🏛 **Fort Walsh National Historic Site**
Cypress Hills Interprovincial Park.
📞 *306–6622645.* ⏰ *mei–okt.: dag. 9.00–17.00 uur.* ♿

Maple Creek ⑯

🏠 *2300.* 🚌 ℹ *Highway 1 West, 306–6622244.*

Dit dorp aan de rand van de Cypress Hills wordt liefkozend 'Old cow town' genoemd. Het werd in 1882 gesticht als een centrum voor de ranchers uit de omgeving. De sfeer lijkt nog wel op die in het Wilde Westen, met vrachtwagens, veewagens en ranchers met Stetsons. Een van de mooiste authentieke 19de-eeuwse gevels in Maple Creek is die van het

De Iron Bridge over de Oldman River in Lethbridge

Commercial Hotel, met een marmeren vloer in de lobby. Het oudste museum in de provincie is het Saskatchewan Old Timers' Museum, met een collectie die is gewijd aan de Mounties, de inheemse bevolking en de eerste kolonisten.

Medicine Hat ⑰

🏠 *52.000.* ✈ 🚌 ℹ *8 Gehring Rd. SW, 403–5276422, 1–800 4812822.*
🌐 www.tourismmedicinehat.com

Het zuidelijke deel van de Saskatchewan River Valley vormt de pittoreske omgeving van Medicine Hat, het centrum van de gaswinning in Alberta. De plaats, gesticht in 1883, trekt veel bezoekers vanwege Seven Persons Coulee. Dit was een inheemse nederzetting met een *buffalo jump*. De opgravingen, waarbij werktuigen, pijlpunten en botten zijn gevonden, wijzen uit dat het gebied al meer dan 6000 jaar geleden bewoond was. Er worden rondleidingen gegeven.

Lethbridge ⑱

🏠 *72.000.* ✈ 🚌 ℹ *2805 Scenic Dr. S, 403–3310022, 1–866–2134070.*
🌐 www.lethbridgecvb.com

Steenkool, olie en gas vormen de basis voor de welvaart van Lethbridge. De op twee na grootste stad van Alberta, gesticht in 1885, dankt zijn naam aan William Lethbridge. Eerste Volken, waaronder de Zwartvoet-indianen, bewoonden dit gebied al sinds de Prehistorie. In het aan de Oldman River gelegen Lethbridge ligt het beruchte Fort Whoop-up, dat in 1869 werd gebouwd door twee handelaars, die munt wilden slaan uit de handel in illegale en vaak dodelijke whisky. Hun brouwsel bevatte ingrediënten als tabak en rode inkt. Het is dan ook niet verwonderlijk dat het spul veel inheemsen vergiftigde en zelfs doodde. In een replica van Fort Whoop-up, met bezoekerscentrum, komt de geschiedenis van deze handelspost uitgebreid aan de orde.

CYPRESS HILLS MASSACRE

Op 1 juni 1873 vielen whiskyhandelaars een Assiniboine-kamp binnen en doodden er verschillende krijgers, vrouwen en kinderen omdat de indianen paarden gestolen zouden hebben. Veel inheemsen hadden het drinken van de whisky, waarin inkt en strychnine was verwerkt, al met de dood moeten bekopen. Het bloedbad vormde de aanleiding voor de oprichting van de North West Mounted Police. De Mounties richtten meteen twee posten in, Fort Macleod (1874) en Fort Walsh (1875), en maakten zo een einde aan de whiskyhandel.

Twee Assiniboine-indianen op een gravure uit 1844

Royal Tyrrell Museum ⑲

Museumlogo met de Albertosaurus

H et interessante Royal Tyrrell Museum werd geopend in 1985. Het is het enige museum in Canada dat is gewijd aan de 4,5 miljard jaar dat de aarde bestaat. Het museum is zo ingericht dat u tijdens uw rondgang langs de dinosauriërs en fossielen een reis maakt door de tijd. Het museum bezit interactieve computers, video's en driedimensionele voorstellingen, die samen een beeld geven van de wereld waarin deze prehistorische dieren leefden en de paleontologische wetenschap.

TIPS VOOR DE TOERIST

Hwy 838, 6 km ten noordwesten van Drumheller. ☎ 403–8237707, 1–888–4404240. ☒ Calgary. ○ mei–okt.: dag.; nov.–april: di–zo. ✉ ♿ Ⓦ www.tyrellmuseum.com

SYMBOLEN

- ☐ Alberta in de krijttijd
- ☐ Lords of the Land
- ☐ Ontdekkingen
- ☐ Burgess Shale-fossielbedden
- ☐ Dinosauruszaal
- ☐ De Bearpaw-zee
- ☐ Tijdperk der reptielen
- ☐ Tijdperk der zoogdieren
- ☐ Krijttijdtuin
- ☐ Het Paleozoïcum te land
- ☐ Ontdekkingsruimte
- ☐ IJstijdzaal
- ☐ Geen tentoonstellingsruimte

Dinosauruszaal
In de Dinosauruszaal torent een Tyrannosaurus hoog uit boven 35 complete skeletten.

De IJstijdzaal toont skeletten en fossielen van de enorme wollige mammoeten, mastodonten, bizons en sabeltijgers die in Noord-Amerika leefden.

MUSEUM-WIJZER

De collectie is verspreid over met bruggen verbonden verdiepingen. Iedere afdeling is gewijd aan een geologisch tijdperk. Na een inleidende zaal met informatie over fossielen en dinosaurussen, komt u veel te weten over prehistorische zoogdieren en de IJstijden. De Dinosauruszaal trekt altijd de meeste bezoekers.

GEORGANISEERDE WANDELINGEN

Wandeltocht door de Badlands

De meeste skeletten in het Royal Tyrrell Museum zijn gevonden in de Alberta Badlands, een dor landschap met diepe ravijnen. Tijdens de door het museum georganiseerde wandeltochten komen bezoekers meer te weten over de dieren en de natuur van het oude Alberta. Deelnemers kunnen op een nagebootste vindplaats botten opgraven.

Schedel van Black Beauty
Deze T-rex werd gevonden in Crowsnest Pass in zuidwest-Alberta. De zwarte verkleuring was het gevolg van een chemische reactie tijdens het verstenen van het skelet.

Rond Astotin Lake, het grootste meer van Elk Island National Park, loopt een veelgebruikt voetpad

Dinosaur Provincial Park ⑳

Route 544. 📞 403–3784342.
⭕ dag. 🖼 ♿ gedeeltelijk.

Op twee uur rijden ten zuidoosten van het plaatsje Drumheller, richtte de UNESCO in 1955 het Dinosaur Provincial Park op. Dit Werelderfgoedgebied bevat de rijkste fossielbedden ter wereld. De meeste dinosaurusskeletten in het park, dat ligt in de Red Deer River Valley, dateren van het late Krijt, ongeveer 75 miljoen jaar geleden *(zie blz. 228–229)*. Hier zijn meer dan 300 grotendeels intacte ontdekkingen gedaan. De vondsten worden in meer dan 30 musea over de hele wereld tentoongesteld. Drumheller vormt het beginpunt van de 48 km lange **Dinosaur Trail**, die voert door de 'Dinosaurusvallei', waar fossielen en opstellingen te zien zijn die informatie geven over het leven op aarde tijdens de Prehistorie. Horseshoe Canyon biedt een indrukwekkend uitzicht op het vreemde landschap dat de *badlands* vormen. Bellen voor bus- en wandeltochten geadviseerd.

🎪 **Dinosaur Trail**
ℹ️ *Drumheller, 403–8231331.*

Red Deer ㉑

🏛 72.000. 🚌 ℹ️ *Sports Hall of Fame, Highway 2: 403–3460180.*
ⓦ www.tourismreddeer.net

Halverwege Calgary en Edmonton ligt deze levendige stad, die in 1882 werd gesticht door Schotse kolonisten als pleisterplaats voor reizigers. Red Deer is een moderne stad, waar cultuur en recreatie hoog in het vaandel staan. Het plaatsje is het middelpunt van het golvende parklandschap van Alberta. Er zijn enkele interessante gebouwen te zien, zoals de bekroonde St. Mary's Church en de Water Tower, die de 'Green Onion' wordt genoemd. Langs de Red River ligt Waskasoo Park.

Elk Island National Park ㉒

Highway 16. 📞 780–9925790.
⭕ dag. 🖼 ♿ gedeeltelijk.
ⓦ www.pc.gc.ca

Elk Island, in 1906 opgericht als eerste dierenreservaat van Canada, werd in 1913 bestempeld tot nationaal park. Dit ongerepte natuurgebied ligt op minder dan een half uur rijden van Edmonton. In dit park, met een oppervlakte van 194 km², leven grote zoogdieren als de wapiti, de steppebizon en de met uitsterven bedreigde bosbizon en rendier. De natuur in het park bestaat uit een parklandschap met essen (een gebied met glooiende weiden, bossen en *wetlands*) en is volgens het Wereldnatuurfonds een van de meest bedreigde habitats van heel Noord-Amerika.
Op de heuvels groeien overwegend essen, terwijl balsembomen, populieren en berken vooral in de nattere delen voorkomen. Zegge en wilgen gedijen goed in de *wetlands*, net als een groot aantal vogelsoorten, waaronder de gouden zanger.
Veel mensen bezoeken het park als dagexcursie uit Edmonton, maar ook de plaatselijke bevolking komt er graag. Er zijn 13 wandeltochten mogelijk, die in lengte en moeilijkheid variëren. In de zomer kunnen bezoekers er zwemmen, kanoën en kamperen, 's winters wordt er gelanglauft.

De rotstorens of *hoodoos* bij Drumheller zijn ontstaan door erosie

Ice Palace in West Edmonton Mall

Edmonton ㉓

🏛 *900.000.* 🛬 ✈ 🚌 🚊 ℹ *9797 Jasper Ave., 780–4968400, 1–800–463 4667.* W *www.edmonton.com/tourism*

Edmonton ligt in het stroom-dal van de North Saskatche-wan River en is de hoofdstad van de provincie Alberta. Deze stad ontstond in 1795 als han-delspost van de Hudsonbaai-compagnie, maar is nu het cen-trum van de bloeiende olie-industrie van Canada.
Het centrum van Edmonton wordt gevormd door Jasper Avenue en Sir Winston Chur-chill Square, waar moderne hoogbouw, winkels en restau-rants elkaar afwisselen. De grote **West Edmonton Mall** herbergt meer dan 800 win-kels, een kermis- en waterpark, meer dan 100 restaurants, een

golfbaan, een bowlingcentrum, een ijsbaan en 27 bioscopen. Een contrast hiermee vormt een van de oudste gebouwen van Alberta, het prachtige Al-berta Legislature, geopend in 1913. Het staat op de plek van het oorspronkelijke Fort Ed-monton vlak bij de rivier en wordt omringd door een fraai ingericht terrein.
Ten zuidwesten van het cen-trum ligt Fort Edmonton Park, waar de tijd van het fort van de Hudsonbaaicompagnie her-leeft. Bezoekers kunnen rond-kijken in replica's van straten uit 1885 en 1920, met winkels, bedrijfjes, koetsen, stoomtrei-nen en trams. Ten westen van het centrum ligt het natuur-wetenschappelijke Royal Alberta Museum. Ten noord-westen het Odyssium met een IMAX-bioscoop, een observa-torium en het Star Theatre.

🏛 **West Edmonton Mall**
170th St. en 87th Ave.
☎ *780–4445200.* ◯ *dag.* ♿

Vegreville ㉔

🏛 *5300.* 🚊 ℹ *bij de reusachtige Py-sanka, 780–6326800 of 780–6323100.*

Langs de Yellowhead High-way, wanneer u vanuit Edmonton in oostelijke richting rijdt, bereikt u het stadje Vegreville, waar voornamelijk Oekraïners wonen. Deze gemeenschap staat bekend om

de traditionele Oekraïense paaseieren of *pysanki* die er worden vervaardigd. Vanaf de weg is een enorme *pysanka* te zien. De eieren vertellen de ge-schiedenis van de Oekraïense kolonisten en bezingen hun geloof, de overvloedige oogs-ten en de bescherming die ze genoten van de Mounties. Dit ei is 7 m hoog en bestaat uit 3500 stukjes aluminium.

Een enorm paasei, vervaardigd door de Oekraïners in Vegreville

Wood Buffalo National Park ㉕

Hoofdingang: Fort Smith, NWT.
☎ *867–8727900.* ◯ *dag.* 🖼
W *www.pc.gc.ca*

Het grootste nationale park van Canada, Wood Buffa-lo, is ongeveer even groot als Denemarken en heeft een oppervlakte van 44.807 km². Het park is in 1983 door de UNESCO uitgeroepen tot Werelderfgoedgebied omdat er zeldzame dieren leven als de bosbizon.
Het gebied omvat drie soorten landschap: een door bosbran-den getekend hoogland, een groot, slecht afwaterend plateau met beken en moerassen en de rivierdelta van de Peace en de Athabasca, vol zeggevelden, moerassen en ondiepe meer-tjes. Hier leven slechtvalken en de Amerikaanse zeearend. Het park is de enige natuurlijke broedplaats van de zeldzame trompetkraanvogel ter wereld.

HET VERHAAL VAN GREY OWL

De bekende natuurliefhebber Grey Owl zette zich in voor na-tuurbehoud in een tijd dat haast niemand hier nog aandacht aan besteedde. Hiertoe geïnspireerd door zijn Mohawk-vrouw Anahareo schreef hij zijn bestseller *Men of the last frontier*. Dit was in 1931, het jaar waarin hij officieel werd benoemd tot beheerder van Prince Albert National Park. Hij bouwde een huisje aan de oever van Lake Aja-waan en leidde vanaf die plek een project ter be-scherming van de bevers. Nadat Grey Owl in 1938 aan een longontsteking was over-leden, ontstond er tumult doordat een krant berichtte dat hij een Engelsman was. Archibald Stansfield Belaney, geboren in 1888 in Hastings, noemde zich Grey Owl nadat hij na WO I naar Canada was teruggekeerd. Hij kleedde zich in dieren-vellen en had vlechten in het haar. Hij heeft veel betekend voor de natuur in Canada.

Grey Owl voert een bever

Prince Albert National Park

Dit nationale park, dat in 1927 werd opgericht, beslaat een oppervlakte van 3875 km². Het landschap loopt uiteen van de glooiende heuvels met essen in het zuiden tot een boreaal bos met sparren en dennen in het noorden. Beide soorten terrein trekken verschillende diersoorten aan: in de bossen leven elanden, wolven en kariboes en het parkachtige landschap wordt bevolkt door wapiti's, bizons en dassen. Het midden van het park en de wandel- en kanoroutes rond de meren Kingsmere en Waskesiu zijn de meest toegankelijke delen van dit gebied. Het plaatsje Waskesiu vormt een ideale uitvalsbasis.

TIPS VOOR DE TOERIST

Bij Hwy 2. 306–6634522.
Natuurcentrum open:
juli–aug.: dag. 10.00–17.00;
juni, sept.: za, zo 12.00–16.00
uur; Victoria Day weekend.
W www.parkscanada.gc.ca

SYMBOLEN

— Hoofdweg

= Secundaire weg

-- Wandelroute

– Rivieren

Ⓐ Kampeerterrein

Picknickplaats

Bezoekerscentrum

Grey Owls hut aan Ajawaan Lake
Een 40 km lange wandeltocht voert langs Beaver Lodge, het huisje van Grey Owl.

Kingsmere Lake

Crean Lake

0 km   3

Strandvertier aan Lake Waskesiu
Het plaatsje Waskesiu biedt veel faciliteiten, waaronder winkels, hotels en een zandstrand langs het meer.

De Hanging Heart Lakes
vormen een doorgang naar Lake Crean – dit is een van de populairste kanoroutes in het park.

Lakeview Drive Nature Centre
informeert bezoekers.

Waskesiu Lake

Waskesiu

PRINCE ALBERT

Kingfisher Trail is een geliefde wandeling (13 km) langs het meer Waskesiu.

Gezicht op Waskesiu Lake
Kingsmere Road biedt een mooi uitzicht op het herfstige bos rond het meer.

Dit kanon is te bezichtigen in Fort Battleford National Historic Site

North Battleford en Battleford 🐵

🏃 *19.500.* 🚌 ℹ️ *Bezoekerscentrum, kruising Highway 16 en 40, 306–4452000, 1–800–2430934.* 🆆 *www.tourism.battlefords.com*

North Battleford en Battleford, ook bekend als The Battlefords, liggen aan weerszijden van de North Saskatchewan River Valley. Dit gebied, genoemd naar een doorwaadbare plaats in de Battle River, vormde de inzet van een slepend conflict tussen de Zwartvoeten en de Cree. Battleford, een belangrijke vroege nederzetting in het westen, was van 1876 tot 1882 het bestuurscentrum van de North-West Territories. Nu zijn de plaatsen bloeiende industriestadjes. De vestiging van het Western Development Museum in North Battleford is gewijd aan het leven op het platteland. De **Allan Sapp**

Gallery toont werk van Allan Sapp, een van de populairste hedendaagse Canadese kunstenaars. Zijn eenvoudige, subtiel gekleurde schilderijen en tekeningen zijn gewijd aan de tradities van de Cree in de Northern Plains.

Tussen de Saskatchewan- en de Battle-rivier ligt **Fort Battleford National Historic Site**. Deze fraai gerestaureerde post van de North-West Mounted Police omvat authentieke gebouwen, zoals het uitkijkpunt in het verblijf van de commandant, officiersverblijven en barakken, die nu een museum huisvesten. De gidsen vertellen over de 500 pioniers die hier bescherming zochten tijdens de North-West Rebellion.

🏛 **Allan Sapp Gallery**
1 Railway Ave. 🎦 *306–4451760.* ◯ *dag. 13.00–17.00 uur.* ♿

🏰 **Fort Battleford National Historic Site**
Bij Highway 4. 🎦 *306–9372621.* ◯ *Bel voor informatie.* 📷 ♿

Batoche National Historic Site of Canada 🐵

Route 225 bij Highway 312. 🎦 *306–4236227.* ◯ *mei–okt.: dag.* 📷 ♿

In het dorp Batoche vond in 1885 onder aanvoering van Louis Riel en Gabriel Dumont de laatste opstand van de Métis tegen de Canadian Militia plaats *(zie blz. 45)*.

Sinds de 17de eeuw trouwden blanke bonthandelaars in het westen met inheemse vrouwen, wiens taal en gebruiken ze overnamen. Zo ontstond een volk van gemengde afkomst, de Métis. Zij waren in 1869 bij Winnipeg in opstand gekomen tegen inbeslagname van hun land. Toen in 1885 hetzelfde gevaar dreigde, haalden Métis-rebellen Riel terug uit ballingschap in Montana en vroegen hem in Batoche een voorlopige regering te vormen. Op 9 mei 1885 braken de gewelddadigheden uit die bekend zouden worden als de North-West Rebellion. Riel gaf zich over, werd schuldig bevonden aan hoogverraad en werd in Regina opgeknoopt. In Batoche National Historic Site of Canada zijn het dorp en het slagveld nog te zien. Het 648 ha grote park bevat de met kogels doorzeefde St. Antoine de Padou Church en predikantswoning. Op het kerkhof liggen de Métis-leiders begraven. In het bezoekerscentrum wordt de geschiedenis van Batoche belicht.

St. Antoine de Padou Church en predikantswoning in Batoche National Historic Park

IJSBEREN

Deze indrukwekkende dieren kunnen een gewicht bereiken van zo'n 650 kg. Tegen het invallen van de herfst trekken de beren naar de baai ten oosten van Churchill. Daar begint zich dan de ijslaag te vormen die ze nodig hebben om op zeehonden te kunnen jagen. Een ijsbeer kan geuren oppikken over een afstand van wel 32 km en hij ruikt een zeehond ook door een 1 m dikke laag sneeuw en ijs. In dit jaargetijde trekken er zo'n 150 ijsberen door Churchill. De beste manier om deze dieren te bekijken is vanuit een speciale *tundra buggy*, een warm en veilig vervoermiddel.

Een imposante ijsbeer

jes, is al eeuwenlang een [...] delsroute, eerst van de inhe[...] se bevolking en later van Eu[...] ropese ontdekkingsreizigers en pelshandelaars, die van de bossen in het noorden naar de prairie voeren. Met een gids kunt u per kano langs deze historische route varen of een mooi visuitstapje maken.

Churchill ㉜

🏛 1100. ✕ 🚊 ℹ 211 Kelsey Blvd., 204–6752022.

Dit plaatsje, gelegen aan de monding van de Churchill River aan de Hudsonbaai, ziet er nog altijd uit als een sober pioniersstadje. Er zijn geen luxueuze hotels, geen verharde wegen en zodra u ziet er nauwelijks. Deze streek is sneeuwvrij van juni tot eind augustus. Er voeren geen wegen naar Churchill; bezoekers arriveren per vliegtuig of per trein uit Winnipeg, Thompson of The Pas. In de 18de eeuw kwamen veel vroege Europese ontdekkingsreizigers en pelshandelaars hier Canada binnen. De Hudsonbaaicompagnie opende hier in 1717 een post voor de bonthandel. Tegenwoordig trekt Churchill bezoekers die geïnteresseerd zijn in de ijsberen, witte dolfijnen en de schitterende flora van de toendra in dit gebied. In de lente en de herfst vormen het mos, de korstmossen en de piepkleine bloemetjes een tapijt in rood-, paars- en geeltinten. 's Zomers zijn er in dit gebied witte dolfijnen te zien, die via de rivier naar warmere wateren trekken.

Duck Lake ㉙

🏛 670. 🚊 ℹ 301 Front St., 306–4672057. 🌐 www.louisrieltrail.com.

Even ten westen van het boerendorp Duck Lake herinnert een plaquette aan de North-West Rebellion. Op 26 maart 1885 liepen onderhandelingen tussen een politietolk en een afgezant van de Cree uit op een gevecht, waarbij de agent omkwam. Dit incident kostte 12 NWMP-agenten en zes Métis het leven. In het bezoekerscentrum is de Battle of Duck Lake in muurschilderingen weergegeven.

The Pas ㉚

🏛 15.000. 🚊 🚊 ℹ 324 Ross Ave., 204–6237256.

Zo'n 300 jaar geleden was The Pas een belangrijke handelspost voor de bonthandel en het is uitgegroeid tot het distributie- en vervoerscentrum voor het noordwesten van Manitoba. Het nabijgelegen Clearwater Lake Provincial Park dankt zijn naam aan het meer zelf, dat zo helder is dat de bodem op 11 m diepte nog te zien is. Een van de wandelroutes in het park loopt langs 'de grotten', een geologisch verschijnsel waarbij rotsmassa's zich losmaken van de rotswand en zo diepe kloven doen ontstaan, waar zwarte beren, rendieren, wolven en vossen leven.

Flin Flon ㉛

🏛 7200. ✕ 🚊 ℹ Highway 10A, 204–6874518.

De steile straten wijzen erop dat Flin Flon is gebouwd op steen uit het Precambrium (deze is even oud als de aardkorst, zo'n 3,8 miljard jaar). De streek staat bekend om zijn groensteen. De naam van deze plaats is ontleend aan de hoofdpersoon van de veelgelezen roman *The sunless city* van J.E.P. Murdock. Een goudzoeker die hier in 1915 een stuk land claimde was dit boek aan het lezen. In Flin Flon wordt nog altijd koper en goud gedolven, maar de meeste bezoekers komen voor de uitgestrekte wildernis van het nabijgelegen Grass River Provincial Park. De opmerkelijke Grass River, met zijn vele meren met ontelbare eilandjes,

Dit bord bij Churchill waarschuwt voor de aanwezigheid van ijsberen

BRITS-COLUMBIA EN DE ROCKIES

Inleiding op Brits-Columbia en de Rockies

Het indrukwekkende natuurschoon van Brits-Columbia en de bergen, bossen en meren van de Rockies trekken talloze bezoekers. Het landschap loopt uiteen van de kale pieken in het noordelijke deel van de Rockies tot de zuidelijker gelegen Okanagan Valley met zijn boom- en wijngaarden. In het gematigde klimaat van Brits-Columbia leven meer planten- en diersoorten dan in welk ander deel van Canada dan ook. De miljoenen bezoekers die jaarlijks naar dit gebied komen, kunnen tal van buitenactiviteiten ondernemen. Op Vancouver Island in het westen kunnen ze eeuwenoud regenwoud en het Pacific Rim National Park verkennen. Vancouver, tussen de Grote Oceaan en het Kustgebergte, is een verrassend levendige stad, met goede verbindingen met de rest van de streek en met het iets verder naar het oosten gelegen Calgary.

Eeuwenoud regenwoud in Gwaii Haanas National Park, gelegen op de Koningin Charlotte-eilanden

De 3000 lampjes die de Parliament Buildings in Victoria sieren, worden weerspiegeld in de Inner Harbour op Vancouver Island

KUSTGEBERGTE

TELEGR CRE

PRINCE RUPERT   HAZELTON

KONINGIN CHARLOTTE EILANDEN

16

KITMA   37

Grote Oceaan

BELLA COOL

KUSTGEBERGTE

PORT HARDY

VANCOUVER ISLAND

19

PORT ALBERNI   PEMBERT

WH

1   VANCOUVER

VICTORIA

Zie ook

- *Accommodatie* blz. 355–359
- *Restaurants* blz. 375–379

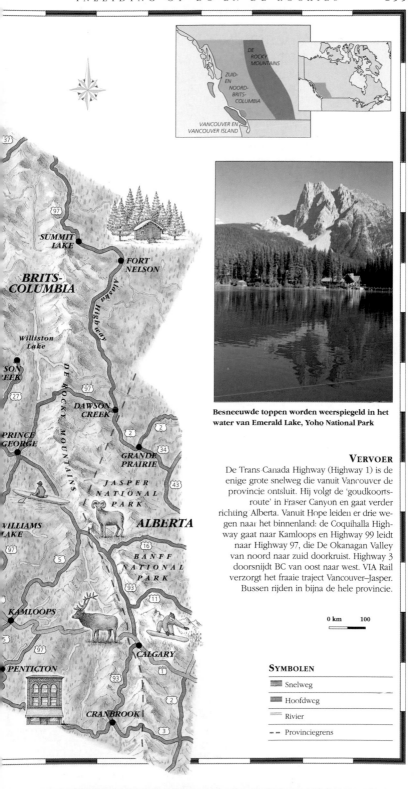

DE ROCKY MOUNTAINS

ZUID-
EN
NOORD-
BRITS-
COLUMBIA

VANCOUVER EN
VANCOUVER ISLAND

37

97

SUMMIT LAKE

FORT NELSON

BRITS-COLUMBIA

Williston Lake

Alaska High way

SON EEK

27

DE ROCKY MOUNTAINS

97

DAWSON CREEK

2

2

PRINCE GEORGE

34

GRANDE PRAIRIE

43

J A S P E R
N A T I O N A L
P A R K

VILLIAMS LAKE

ALBERTA

97

16

5

B A N F F
N A T I O N A L
P A R K

93

11

KAMLOOPS

5

97

CALGARY

1

PENTICTON

93

2

CRANBROOK

3

Besneeuwde toppen worden weerspiegeld in het water van Emerald Lake, Yoho National Park

VERVOER

De Trans-Canada Highway (Highway 1) is de enige grote snelweg die vanuit Vancouver de provincie ontsluit. Hij volgt de 'goudkoortsroute' in Fraser Canyon en gaat verder richting Alberta. Vanuit Hope leiden er drie wegen naar het binnenland: de Coquihalla Highway gaat naar Kamloops en Highway 99 leidt naar Highway 97, die De Okanagan Valley van noord naar zuid doorkruist. Highway 3 doorsnijdt BC van oost naar west. VIA Rail verzorgt het fraaie traject Vancouver–Jasper. Bussen rijden in bijna de hele provincie.

0 km   100

SYMBOLEN

Snelweg

Hoofdweg

Rivier

- - Provinciegrens

De Rocky Mountains

De Canadese Rocky Mountains zijn het jongere deel van de West-Cordillera, een brede, bergachtige strook, die loopt van Mexico tot Canada. Het gebergte ontstond tussen 120 en 20 miljoen jaar geleden en het omvat enkele van de hoogste toppen van heel Canada, het 389 km² grote Columbia Icefield en gletsjermeren. In de zomer staan de bergweiden vol wilde bloemen en in de winter beoefenen bezoekers en plaatselijke bevolking wintersporten op de besneeuwde berghellingen. De flora en fauna van de Canadese Rockies genieten bescherming in nationale parken als Banff, Jasper en Yoho *(zie blz. 298–309)*, waar zich de vermaarde Burgess Shale-fossielbedden bevinden.

Orchidee uit de Rockies

BRITS COLUMBIA   ALBERTA

Vancouver Grens VS-Canada

ORIËNTATIEKAART

■ *De Canadese Rockies*

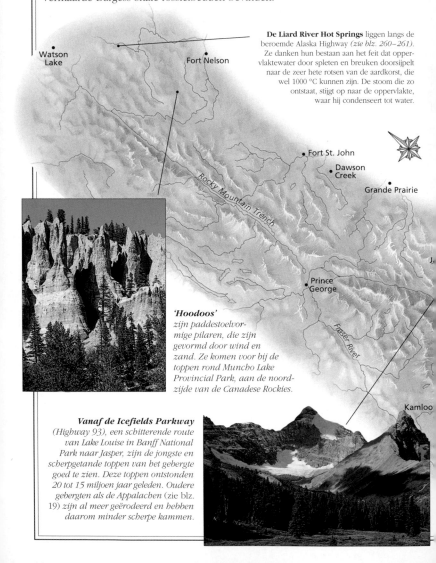

Watson Lake

Fort Nelson

De Liard River Hot Springs liggen langs de beroemde Alaska Highway *(zie blz. 260–261)*. Ze danken hun bestaan aan het feit dat oppervlaktewater door spleten en breuken doorsijpelt naar de zeer hete rotsen van de aardkorst, die wel 1000 °C kunnen zijn. De stoom die zo ontstaat, stijgt op naar de oppervlakte, waar hij condenseert tot water.

Fort St. John

Dawson Creek

Grande Prairie

Rocky Mountain Trench

Prince George

Fraser River

J.

Kamloo

'Hoodoos'
zijn paddestoelvormige pilaren, die zijn gevormd door wind en zand. Ze komen voor bij de toppen rond Muncho Lake Provincial Park, aan de noordzijde van de Canadese Rockies.

Vanaf de Icefields Parkway
(Highway 93), een schitterende route van Lake Louise in Banff National Park naar Jasper, zijn de jongste en scherpgetande toppen van het gebergte goed te zien. Deze toppen ontstonden 20 tot 15 miljoen jaar geleden. Oudere gebergten als de Appalachen (zie blz. 19) zijn al meer geërodeerd en hebben daarom minder scherpe kammen.

De Maligne Canyon *is een 50 m diep kalksteenravijn in Jasper National Park. Deze canyon is uitgeslepen door het smeltwater van een gletsjer die de vallei ooit bedekte. De Maligne River stroomt door de smalle doorgang, die ook een reeks ondergrondse grotten bevat.*

De Lewis Overthrust *in Waterton Lakes Natio-nal Park is een bijzonder geologisch verschijnsel. Toen rotsen tijdens het vormingsproces van de Rockies naar het oosten werden gestuwd, kwam de laagste afzettingslaag, Lewis Thrust, op de prairie te liggen.*

0 km 100

Field • Banff • Calgary

NT
ON
COLUMBIA
CEFIELDS

lowna

De fossielbedden van Burgess Shale in Yoho Natio-nal Park zijn door de VN uitgeroepen tot Werelderfgoed. Hier zijn fossielen te vinden uit de periode van het Cambrium tot het Perm (570–290 miljoen jaar geleden). Er zijn twee lagen: Walcott's Quarry en Mt. Stephen, met zijn vele trilobieten (zeedieren uit het Cambrium).

HET VORMINGSPROCES VAN DE ROCKY MOUNTAINS

Aan het ontstaan van de Rocky Mountains liggen drie krachten ten grondslag. Grote stukken van de aardkorst (tektonische pla-ten) schoven onophoudelijk langs elkaar, waardoor een stuwende kracht ontstond. Vervolgens schoof de Pacifische plaat onder de Amerikaanse plaat, waardoor vulkanen ontstonden uit de gesmolten steen van de zeebodem. Sedimenten werden tijdens de ijstijden door rivieren en de wind naar de Amerikaanse plaat verplaatst, die tussen 25 en 50 miljoen jaar geleden nog sterker werd geplooid en opgestuwd. Dat het een relatief jong gebergte is, valt af te leiden uit het feit dat bergkammen zeer scherp getand zijn.

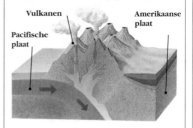

Vulkanen Amerikaanse plaat
Pacifische plaat

1 150 miljoen jaar geleden bewoog de Pacifische plaat naar het oosten en stuwde gesmolten steen van de Amerikaanse plaat voort. Zo ontstond de West-Cordillera.

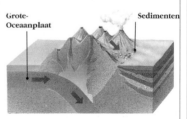

Grote-Oceaanplaat Sedimenten

2 De Cordillera stond miljoenen jaren bloot aan erosie (er gingen verschillende ijstijden voor-bij). Sedimenten kwamen terecht in de wigvormi-ge verzakking van de aardkorst aan de oostzijde.

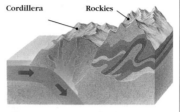

Cordillera Rockies

3 50 miljoen jaar geleden schoof de Pacifische plaat nog steeds naar het oosten en stuwde de Cordillera verder op. Geplooide en opgestuwde afzettingen vormden zo de Rockies.

Bossen en dieren in het kustgebied van Brits-Columbia

Geen enkel deel van Canada kent een zo rijke natuur als de kuststreek van Brits-Columbia, van de grens met de Verenigde Staten tot het noordelijkste puntje van de Koningin Charlotte-eilanden. Het noordelijke deel van de Grote Oceaan zorgt met zijn warme water voor een gematigd klimaat, waar een gematigd regenwoud groeit. Hier komen het zwartstaarthert, de zwarte beer en de poema voor. Veel eilanden en baaien bieden nog altijd plaats aan talloze planten- en diersoorten en enkele van de hoogste bomen van heel Canada. Douglassparren kunnen wel 91 m hoog worden.

Trompetzwanen worden zo genoemd vanwege hun 'trompetterende' roep. Ze leven in moerassen, meren en rivieren.

HET GEMATIGD REGENWOUD

De combinatie van een zacht klimaat en zware regenval deed deze weelderige wouden ontstaan met ceders, (douglas)sparren en dennen. Onder dit vochtige bladerdak groeien talloze varens, mossoorten en wilde bloemen, waaronder orchideeën. De milieubeweging stelt alles in het werk om dit gebied te behoeden voor houtkap.

De Amerikaanse zeearend, met zijn karakteristieke witte kop, komt hier in grote aantallen voor. Hij vist in zee rond de Koningin Charlotte-eilanden. Hier leeft de grootst populatie van heel Brits-Columbia.

De zilverbeer komt alleen voor langs de kust van BC. Hij is verwant aan de zwarte beer en is zeer bedreven in het vangen van zalm.

Harlekijneenden zijn klein en schuw. De mannetjes vertonen een opvallende tekening. Het is een goede zwemmer, die te vinden is in snelle rivieren en in de branding.

Zwartstaartherten komen voor langs de noordelijke kust van de Grote Oceaan. Deze kleinste soort van de muildierhertfamilie vormt een goede prooi voor de poema.

ZALM

In de Grote Oceaan bij BC komen vijf verschillende soorten zalm voor: pink, coho, chinook, sockeye en chum. Deze vijf soorten vormen de pijlers onder de grootste commerciële vissersvloot ter wereld. Alle soorten Grote-Oceaanzalmen paaien eenmaal in hun leven in de zoetwaterrivieren en sterven dan. Hun nageslacht zakt de rivier af en verblijft enkele jaren in zee, waar het uitgroeit tot vissen van 7 tot 45 kg. Zijn de vissen volwassen, dan zwemmen ze de rivier weer op naar hun geboortegrond.

Een chinook zwemt stroom-opwaarts naar een paaigebied.

De sockeyes zijn bij vissers in BC geliefd wegens hun stevige, smaakvolle vlees.

HET KUSTGEBIED

Het warme water van de noordelijke Grote Oceaan vormt het leefgebied van meer diersoorten dan welke andere gematigde kust dan ook. Deze streek telt duizenden eilandjes en baaien, waar tal van dieren leven. Hier komen bultruggen en orka's voor, evenals zeeotters, zeehonden en zeeleeuwen.

Steller-zeeleeuwen leven in kolonies langs de kust van BC. Deze logge dieren bewegen zich op land voort met behulp van hun 'onderarmen'.

De grote burgemeester is een grote grijs-witte meeuw die nestelt op de rotswanden en op de vele eilandjes langs de kust.

Orka's komen voor bij de beschutte oostkust van Van-couver Island en langs de kust langs het vasteland van BC. Orka's voeden zich onder meer met andere zoogdieren.

De zeeotter was bijna uitgeroeid vanwege zijn mooie, dichte vacht. Gelukkig komt dit speelse dier nu weer veelvuldig voor bij de kust van BC en Vancouver Island.

De Alaska Highway

Het aanleggen van de Alaska Highway was een uitzonderlijke prestatie. De eerste weg, die zich over een afstand van 2451 km een weg baande door bergen, *muskeg* (een met mos begroeid moeras) en bossen, werd in 1942 na slechts acht maanden en twaalf dagen voltooid. Na de Japanse aanval op Pearl Harbor in 1941 ontstond er behoefte aan een weg die de Verenigde Staten via Brits-Columbia met Alaska zou verbinden. De weg moest het vervoer van troepen en voorraden mogelijk maken en zou het leger in staat stellen Alaska te verdedigen. De oorspronkelijke weg is inmiddels vrijwel overal vervangen door een tweebaans asfaltweg. Na het rechttrekken van veel bochten bedraagt de totale lengte van de weg nu nog 2394 km.

ORIËNTATIEKAART

■ *Gebied op de kaart*

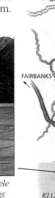

YUKON

FAIRBANKS

Destruction Bay

Haines Junction

Johnson's Crossing

KLUANE NATIONAL PARK

LLEWELLYN GLACIER PROVINCIAL PARK

In Kluane National Park vindt u enkele van de indrukwekkendste gebieden langs de snelweg. De Kluane Mountains behoren tot de hoogste bergen van Canada en de helft van het park is met ijs bedekt.

Whitehorse is de hoofdstad van de Yukon en vormt het centrum van de bos- en mijnbouw van de streek. In deze plaats, bij mijlpaal 910 van de snelweg, klinkt 's nachts nog altijd het gehuil van de coyotes.

Mijlpaal 836 markeert het Canol Project. Deze oliepijp werd naast de snelweg aangelegd om het werk van het leger te vergemakkelijken. De pijpleiding is maar liefst 965 km lang en eindigt bij een olieraffinaderij in Whitehorse.

Teslin Lake ontleent zijn naam aan de Tlingit-taal, waarin het 'lang en smal water' betekent. De snelweg loopt langs het 130 km lange meer, waarlangs besneeuwde toppen te zien zijn. Het gebied trekt veel vissers, die op forel, vlagzalm en snoek vissen, en jagers op zoek naar wild.

De Alaska Highway gaat in de winter vaak schuil onder een laag ijs en sneeuw. Sinds de weg in 1949 voor het publiek werd opengesteld, zorgen wegwerkers ervoor dat hij het hele jaar door begaanbaar is.

HOE DE WEG WERD AANGELEGD

De Alaska Highway is in minder dan negen maanden aangelegd door ingenieurs van het Amerikaanse leger en Canadese bouwvakkers. De posters waarmee men mankracht wierf, bevatten deze waarschuwing: 'Het wordt geen feest... Arbeiders gaan het gevecht aan met moerassen, rivieren, ijs en koude. Vliegen en muggen zullen niet alleen hinderlijk aanwezig zijn, maar ook lichamelijk letsel veroorzaken. Wie niet bereid is onder deze ...condities te werken, WORDT VERZOCHT NIET TE SOLLICITEREN.' De arbeiders leefden in legerkampen, die werden verplaatst naarmate het werk vorderde. Vaak bleven er voertuigen in de drassige bodem steken. Men legde dan een reeks boomstammen naast elkaar en bedekte deze met grind.

Een vastgelopen voertuig wacht tot de weg is verhard

Watson Lake

(37)

MUNCHO LAKE PROVINCIAL PARK

Fort Nelson

Kechika River

BRITISH COLUMBIA

KWADACHA WILDERNESS PROVINCIAL PARK

SPATSIZI PLATEAU WILDERNESS PROVINCIAL PARK

EDZIZA VINCIAL ARK

Fort St. John

Dawson Creek

Peace River

(97)

Het deel van de route door Peace River Valley voert door het vruchtbare akkerland tussen Dawson Creek en Fort St. John. Voordat in 1943 de brug over de Peace River werd voltooid, moest men per veerboot overvaren.

0 km — 100

Bij mijlpaal 588, ofwel 'Contact Creek', ontmoetten in 1942 de arbeiders uit het noorden die uit het zuiden.

Sign Post Forest bij Watson Lake bestaat uit zo'n 10.000 borden. Het eerste werd in 1942 opgericht door een soldaat uit Danville, Illinois.

SYMBOLEN

— Alaska Highway

— Andere wegen

▢ Nationale en provinciale parken

-- Provinciegrens

VANCOUVER EN VANCOUVER ISLAND

S lechts weinig steden op aarde liggen op zo'n schitterende plek als Vancouver, de stad die uitkijkt over de Straat Johnstone en Straat Georgia. De glazen kantoortorens en wolkenkrabbers steken mooi af tegen het Kustgebergte. Kapitein James Cook kwam in 1778 aan wal in Nootka Sound op Vancouver Island en riep het uit tot Brits grondgebied. Tot die tijd leefden hier al 10.000 jaar de Coast Salish-volken, waarvan het culturele erfgoed wordt getoond in twee van de

mooiste musea van Canada: het UBC Museum of Anthropology in Vancouver en het Royal BC Museum. Nadat het plaatsje Granville in 1886 door brand was verwoest, werd op deze plek de stad Vancouver gesticht. Niet ver van deze stad, met zijn sfeervolle historische wijken en weelderige parken, liggen enkele nationale parken. De walvissen bij het wereldberoemde Pacific Rim National Park Reserve op het nabijgelegen Vancouver Island trekken veel publiek.

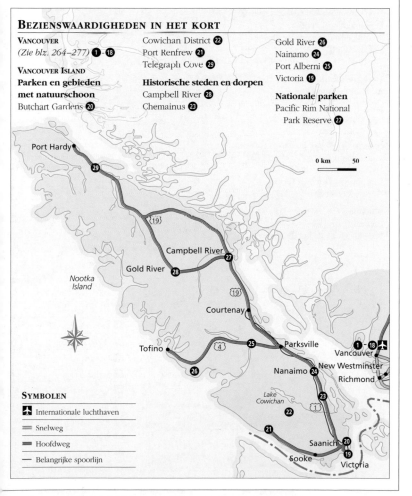

BEZIENSWAARDIGHEDEN IN HET KORT

VANCOUVER
(Zie blz. 264–277) **1** - **18**

VANCOUVER ISLAND
Parken en gebieden
met natuurschoon
Butchart Gardens **20**

Cowichan District **22**
Port Renfrew **21**
Telegraph Cove **29**

Historische steden en dorpen
Campbell River **28**
Chemainus **23**

Gold River **26**
Nainamo **24**
Port Alberni **25**
Victoria **19**

Nationale parken
Pacific Rim National
Park Reserve **27**

Port Hardy
29

19

Campbell River
27
Gold River **28**

Nootka Island

19

Courtenay

Tofino
4
25
Parksville
26
Nanaimo **24**

1 - **18**
Vancouver
New Westminster
Richmond

Lake Cowichan
23
22

21

Saanich **20**
Sooke
Victoria **19**

0 km   50

SYMBOLEN

Internationale luchthaven

Snelweg

Hoofdweg

Belangrijke spoorlijn

◁ **Detail van een cederhouten Haida-totempaal die een tweekoppige slang voorstelt**

Vancouver verkennen

Het centrum bestaat uit een landtong, die wordt omringd door de English Bay. Het hart van de stad waaiert uit vanaf Robson Square. Het 404,7 ha grote Stanley Park beslaat het puntje van het schiereiland, vlak bij het West End. De historische wijken Chinatown en Gastown liggen niet ver van Main Street, die de stad van noord naar zuid doorsnijdt.

BEZIENSWAARDIGHEDEN

Historische wijken en gebouwen
Chinatown **2**
Old Hastings Mill Store **12**

Parken en tuinen
Capillano Suspension Bridge **17**
Dr. Sun Yat-sen Chinese Garden **1**
Grouse Mountain **16**
Lighthouse Park **18**
Lynn Canyon Park en Ecology Centre **15**
Queen Elizabeth Park
  en Bloedel Conservatory **9**
Stanley Park **13**
Van Dusen Botanical Garden **10**

Moderne architectuur
BC Place Stadium **4**

Musea
Maritime Museum **6**
Science World **3**
*University of British Columbia Museum
  of Anthropology blz. 274–275* **11**
Vancouver Art Gallery **5**
Vancouver Museum en Pacific
  Space Centre **7**

Winkelen
Granville Island **8**
Lonsdale Quay Market **14**

SYMBOLEN

	Waterfront en Gastown: *zie blz. 266–267*
	Internationale luchthaven
	SkyTrain-station
	Busstation
	SeaBus-station
	Spoorwegstation
	Toeristenbureau
	Parkeerterrein
	Snelweg
	Hoofdweg
	Voetgangersgebied

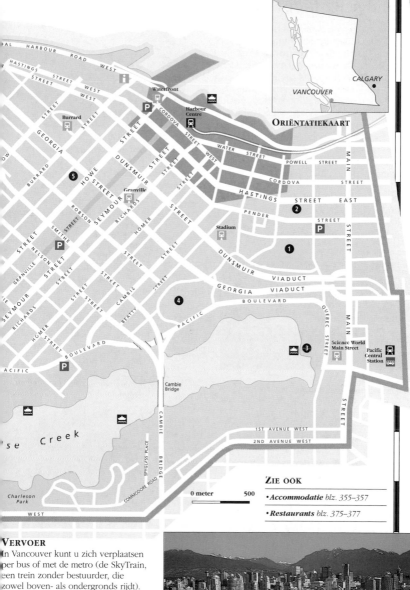

ORIËNTATIEKAART

CALGARY

VANCOUVER

ZIE OOK

• *Accommodatie* blz. 355–357

• *Restaurants* blz. 375–377

VERVOER

In Vancouver kunt u zich verplaatsen per bus of met de metro (de SkyTrain, een trein zonder bestuurder, die zowel boven- als ondergronds rijdt). Aangezien het grootste deel van het centrum wordt omringd door water, omvat het fijnmazige openbaar-vervoersnetwerk ook de SeaBus. De SeaBus vaart tussen Lonsdale Quay in Noord-Vancouver en het Waterfront Station in het centrum, waar u kunt overstappen op de bus en de SkyTrain. Tijdens de doorgaans zeer drukke spitsuren is het centrum van Vancouver moeilijk te bereiken.

De haven van Vancouver met het Kustgebergte op de achtergrond

Onder de loep: Waterfront en Gastown

Gastown, een van de oudste wijken van Vancouver, ligt aan Burrard Inlet, met Columbia Street aan de oostzijde en Burrard Street aan de westzijde. Deze wijk is ontstaan rond een *saloon*, die in 1867 werd geopend door *gassy* (breedsprakige) Jack Deighton, wiens standbeeld is te zien op Maple Tree Square. Gastown is een leuke wijk met klinkerstraten en goed onderhouden 19de-eeuwse gebouwen en gevels. Langs Powell, Carrall en Cordova Street zijn veel musea en chique boetieks te vinden. Op de binnenplaatsen en in de mooie straatjes zijn tal van restaurants en cafés gevestigd. Waar ooit de eerste gevangenis van de stad stond, is nu een drukbezocht café geopend. Op de hoek van Water en Cambie Street klinkt ieder kwartier de muziek van de stoomklok.

★ Canada Place

Canada Place is met zijn witte zeilen en glas een architectonisch sprookje, dat plaats biedt aan een hotel, twee congrescentra en een terminal voor cruiseschepen.

De SeaBus

De SeaBus is een catamaran die passagiers vervoert over Burrard Inlet. Van het centraal gelegen Waterfront Station maakt hij de oversteek naar Lonsdale Quay in Noord-Vancouver.

HOWE STREET

SEYMOUR STREET

HAST

Het Waterfront Station is gevestigd in het 19deeeuwse gebouw van de Canadian Pacific Railroad.

★ Harbour Centre Tower

Het Harbour Centre is een modern gebouw, met een beroemde toren. Op een heldere dag biedt de toren met zijn 167 m een mooi uitzicht, dat reikt tot Victoria op Vancouver Island.

STERATTRACTIES

★ **Canada Place**

★ **Harbour Centre Tower**

Water Street
Hier ziet u het authentieke Gastown: gasverlichting en kinderkopjes, maar ook winkels, cafés, en de bekende stoomklok.

ORIËNTATIEKAART
Zie kaart blz. 264–265

Stoomklok
Op de hoek van Water en Cambie Street staat de eerste door stoom aangedreven klok (ca. 1870). De klok geeft ieder kwartier een fluitsignaal.

Standbeeld 'gassy' Jack
Gastown is genoemd naar 'gassy' Jack Deighton, een Engelse zeeman die bekendstond als zeer breedsprakig. In 1867 opende hij een café voor de arbeiders van de houtzagerij.

De Inuit Gallery
in Water Street bezit een collectie Inuit-kunst, waaronder sieraden en schilderijen.

Winkelen in Powell Street
is een heerlijke ervaring: u vindt er tal van trendy boetieks.

0 meter 100

SYMBOLEN

- - - Aanbevolen route

Triangular Building
Dit opvallende bouwwerk op de hoek van Alexander en Powell Street doet denken aan Flatiron Building in New York. Het werd in 1908–1909 gebouwd als hotel, maar bevat nu appartementen.

Paviljoen in de Dr. Sun Yat-sen Classical Chinese Garden

Dr. Sun Yat-sen Classical Chinese Garden ❶

578 Carrall St. 604–6623207.
en Central Station. 19, 22.
Downtown terminal. dag.
10.00–16.30 uur. ma, 5 dec., 1 jan.
www.vancouverchinesegarden.com

Dit was de eerste klassieke Chinese tuin in Ming-stijl buiten China, aangelegd in 1986. Hier kunnen bezoekers het drukke centrum even ontvluchten. De vredige tuin is ingericht volgens taoïstische principes, die de contrasterende krachten tussen de mens en de natuur in evenwicht proberen te brengen.
Voor het aanleggen van de tuin zijn meer dan 50 vaklieden overgekomen uit Suzhou, de Tuinstad van China. Ze werkten volgens traditionele technieken. De paviljoens en plankiers zijn gemaakt met uit China afkomstige materialen. Veel planten en bomen symboliseren deugden: de wilg staat voor vrouwelijke gratie, de pruimenbomen en de bamboestruiken staan voor de kracht van de man. Bij de prijs inbegrepen Chinese thee maakt de sfeer compleet.

Chinatown ❷

Pender St. routes East Hastings en East Pender St.

De Chinese wijk van Vancouver is ouder dan de stad zelf. In 1858 kwam de eerste stroom Chinese immigranten naar Canada, op zoek naar goud. De aanleg van de Canadian Pacific Railroad in de jaren 1880 had de instroom van een tweede groep Chinese arbeiders tot gevolg. Chinatown, dat zich uitstrekt van Carrall tot Gore Street, neemt ook nu nog veel Aziatische immigranten op.
In 1970 werd Chinatown uitgeroepen tot historisch erfgoed, waardoor het mogelijk bleek veel van de fraaie huizen met rijkbewerkte houten daken en balkons te restaureren. In Pender Street ziet u met hoeveel oog voor detail de bovenste verdiepingen van de gebouwen zijn gemaakt.

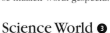

Tweetalig bord in Chinatown

Vooral de beschilderde houten balkons zijn zeer fraai. Ook de Chinese karakters op de straatnaamborden vormen een exotisch element in de wijk. Of u zich nu vergaapt aan de Pekingeend of de pittige *dim sum* die in sneltreinvaart wordt bereid of plaatsneemt in een van de vele uitstekende restaurants, u zult ontdekken dat het in Chinatown om eten draait. De wijk telt ook talloze leuke winkels, variërend van bakkerijen waar snoepgoed en zoete broodjes te koop zijn, tot traditionele kruidenhandelaren en in jade gespecialiseerde juweliers.
In tegenstelling tot de markten heerst er in de tearooms een serene rust, evenals in de Dr. Sun Yat-sen Chinese Garden, waar in de zomer 's avonds, bij het zachte licht van lantaarns, Chinese muziek wordt gespeeld.

Science World ❸

1455 Quebec St. 604–4437443.
Central Station. Central Station. ma–vr 10.00–17.00, za en zo 10.00–18.00 uur. 25 dec.
www.scienceworld.bc.ca

De geodetische koepel aan False Creek, vlak bij het Main Street Railway Station, herbergt tegenwoordig Science World, het wetenschapsmuseum van Vancouver. De 47 m hoge, stalen koepel is

Het interactieve centrum Science World in Vancouver wordt gesierd door een opvallende geodetische koepel

ontworpen voor Expo '86 door de Amerikaanse uitvinder R. Buckminster Fuller en is een van de oriëntatiepunten in de stad. Het interactieve wetenschapsmuseum is sinds 1989 in de koepel gevestigd. In de Eureka Gallery kunnen bezoekers hun eigen uitvindingen doen en een ritje maken op de Vancouver Flyer, een propellor-aangedreven draaimolen. In de Sara Stearn Search Gallery kunnen bezoekers bont en botten van dieren aanraken, en de Illusions Gallery pijnigt de hersenen met vele optische trucs en exposities. De KidSpace Gallery biedt twee- tot zesjarigen een veilige en kleurrijke omgeving om te leren en te spelen.
Het museum staat bekend om zijn Omnimax-bioscoop, die boven in de koepel is gevestigd. Op een reusachtig scherm worden prachtige films vertoond van rond vluchten over de Mount Everest en de Grand Canyon.

BC Place Stadium ❹

777 Pacific Blvd. ☎ *604–6692300.* 🚉 *Stadium.* 🕒 *wisselend, afhankelijk van evenementen.* 💳 ✋ *mei–okt.: di–vr.* ♿ [W] www.bcplacestadium.com

De witte overkapping van het BC Place Stadium, dat wel omschreven is als een grote marshmallow, neemt in de skyline van Vancouver een opvallende plaats in. Toen het stadion in 1983 werd geopend, was het het eerste overdekte stadion van Canada en de grootste niet-gesteunde koepel ter wereld. Het stadion kan binnen enkele uren worden veranderd van een voetbalstadion met 60.000 zitplaatsen tot een iets minder massale ruimte met plek voor 30.000 muziekliefhebbers.
Het stadion is bezocht door beroemde mensen als koningin Elizabeth II en paus Johannes Paulus II. Bezoekers hebben kans een beroemdheid tegen het lijf te lopen tijdens een rondleiding langs de kleedkamers, de sportvelden of de persruimten. Het stadion herbergt tevens de **BC Sports Hall of Fame and Museum**, dat de sporthelden uit de streek in het zonnetje zet.

De grote witte overkapping van het BC Place Stadium

🏛 **BC Sports Hall of Fame and Museum**
BC Place Stadium. ☎ *604–6875520.* 🕒 *dag. 10.00–17.00 uur.* 💳 ♿

Vancouver Art Gallery ❺

750 Hornby St. ☎ *604–6624719.* 🚉 *Central Station.* 🚌 *Central Station.* 🚍 *3.* 🕒 *ma, wo, vr–zo 10.00–17.30, di en do tot 21.00 uur.* 💳 ♿ [W] www.vanartgallery.bc.ca

In het gebouw dat ooit het gerechtshof van Brits-Columbia huisvestte, is nu de Vancouver Art Gallery gevestigd. Het is in 1906 ontworpen door Francis Rattenbury, de architect die verantwoordelijk was voor het parlementsgebouw en het Empress Hotel in Victoria *(zie blz. 279)*. Het interieur is in 1983 gemoderniseerd door Arthur Erikson, een al even bekende architect, die het UBC Museum of Anthropology *(zie blz. 274–275)* ontwierp.

Victoriaanse elementen op de gevel van de Vancouver Art Gallery

Het museum bezit een omvangrijke collectie nationale en internationale kunst van vernieuwende moderne kunstenaars en belangrijke historische figuren, inclusief de belangrijkste stukken van de Brits-Columbiaanse kunstenares Emily Carr. Het museum huisvest een permanente collectie van 8.000 kunstwerken. U kunt meedoen aan discussies en rondleidingen. Daarnaast wordt er uitleg gegeven over achtergronden en zijn er educatieve centra. U kunt ook het Gallery Café en de Gallery Store bezoeken.

Maritime Museum ❻

1905 Ogden Ave. ☎ *604–2578300.* 🚉 *en* 🚌 *Central Station.* 🕒 *eind mei– aug.: dag.; sept.– half mei: di–zo.* ⬤ *25 dec.* 💳 ♿ [W] www.vmm.bc.ca

Het Maritime Museum is gewijd aan de geschiedenis van Vancouver als haven- en handelsstad. De topattractie is de schoener de *St. Roch,* die permanent wordt tentoongesteld. Dit schip werd in 1928 gebouwd om de Mounties te kunnen bevoorraden. In 1940–1942 was de *St. Roch* het eerste schip dat de noordwestelijke doorgang in beide richtingen bevoer.
Verder besteedt het museum aandacht aan de Britse kapitein George Vancouver en de bemanningen van de *Chatham* en de *Discovery*, die in 1792 de kust van Brits-Columbia in kaart brachten. In het Children's Maritime Discovery Centre kunt u met een telescoop rondkijken in de drukke haven.

De skyline van Vancouver weerspiegelt in False Creek, met het Kustgebergte op de achtergrond ▷

Stalen kunstwerk voor de bijzondere gevel van het Vancouver Museum

Vancouver Museum en Pacific Space Centre ❼

1100 Chestnut St., Vanier Park. **☎** *604–7364431.* 🚇 *Central Station.* 🚌 *Central Station.* 🚎 *22.* ◯ *ma–wo, vr–zo 10.00–17.00, do tot 21.00 uur.* 📷 ♿ Ⓦ *www.vanmuseum.bc.ca*

Het Vancouver Museum, gelegen in het Vanier Park bij het Maritime Museum *(zie blz. 269)*, vormt een opvallend onderdeel van de skyline van Vancouver. Het gekromde, betonnen dak van dit uit 1967 daterende gebouw is gebaseerd op een hoed van de Eerste Volken. De stalen sculptuur in de fontein aan de zuidzijde van het museum doet denken aan een reusachtige krab. In de Orientation Gallery, een van de permanente opstellingen, krijgt u een beeld van de rotsige kust en het bergachtige binnenland van Brits-Columbia. De geschiedenis van Vancouver, vanaf de cultuur van de oorspronkelijke bewoners van dit gebied tot de pioniersperiode, komt aan bod in een reeks interessante zwart-witfoto's. Het museum geef een goed beeld van het vroegere leven van alledag in deze stad. Zo vindt u er een wagon van rond 1880 van de Canadian Pacific Railroad, kleren uit 1930 en een tentoonstelling over de jaren rond 1950, met een nostalgische Ford Thunderbird en een werkende jukebox.

Een onderdeel van het museum, het Pacific Space Centre, spreekt vooral kinderen aan. In het Archeological Discovery Center kunnen bezoekers deelnemen aan een nagespeelde archeologische opgraving.

Granville Island ❽

1398 Cartwright St. **☎** *604– 6665784.* 🚇 *en* 🚌 *Central Station.* 🚎 *51.* ◯ *Markt: dag. 9.00–18.00; andere winkels: dag. 10.00–18.00 uur.* ♿ Ⓦ *www.granvilleisland.bc.ca*

In de in vrolijke kleuren beschilderde pakhuizen en loodsen van dit voormalige industriegebied zijn nu winkels, musea en ateliers gevestigd. Tijdens een grote brand in 1886 werd het piepjonge Vancouver vrijwel helemaal verwoest. Veel inwoners trokken naar het zuiden, naar Granville Island en verder. De eerste gebouwen verrezen op

Logo van de Granville Island Brewing Company

land dat in 1915 werd ontgonnen voor de snelgroeiende hout- en metaalindustrie. Er zijn geen winkelketens op het eiland en de kleine winkeltjes staan bekend om hun gevarieerde en originele aanbod. U kunt er terecht voor kunstnijverheid, zoals kleden, sieraden en stoffen. Op het eiland worden regelmatig muziek-, dans- en toneelvoorstellingen gegeven. De etenswaren op de dagelijks gehouden markt weerspiegelen de etnische diversiteit van Vancouver. Langs de False Creek Shore, waar ooit de houtzagerijen stonden, zijn nu cafés en restaurants gevestigd.

Queen Elizabeth Park en Bloedel Conservatory ❾

Cambie St. **☎** *Kas: 604–2578584.* 🚎 *15.* ◯ *Kas: dag. 10.00–17.00 uur.* 📷 *voor kas.* ♿

Queen Elizabeth Park ligt op Little Mountain, de hoogste heuvel van Vancouver (152 m), en biedt een fraai uitzicht over de stad. Het park is aangelegd op de plek waar zich vroeger twee steengroeven bevonden. In de vroege lente strekt zich hier een kleurrijk bloemtapijt over de heuvel uit. In de Bloedel Conservatory, boven op de heuvel, groeit vegetatie uit alle windstreken, variërend van planten en bomen tot woestijncactussen. Er vliegen tropische vogels rond en er zijn vijvers met Japanse karpers.

De plastic koepel van de Bloedel Conservatory in Queen Elizabeth Park

In de herfst, wanneer de bomen prachtig rood en oranje kleuren, biedt Stanley Park een mooie aanblik

Van Dusen Botanical Garden ⑩

5251 Oak St. 604–8789274. Central Station. Central Station. 17. dag.; bel voor openingstijden. www.vandusengarden.org

Dit park (22 ha) in het centrum van Vancouver werd geopend in 1975. In 1960 wilde de voormalige eigenaar, de Canadian Pacific Railroad, er appartementen bouwen. De plaatselijke bevolking wist dit plan te verijdelen, hierbij geholpen door een donatie van W.J. Van Dusen, een rijke zakenman uit Vancouver. Het hele jaar door kunnen bezoekers genieten van de meer dan 7500 soorten planten uit zes continenten en van de marmeren beelden. In het park zijn verschillende meren te vinden. In de lente groeien er krokusjes en staan de duizenden rododendrons in bloei. In de Perennial Garden bloeien 's zomers de rozen en in september overheersen hier de oranje- en roodtinten van de herfst.

Marmeren beeld, Botanical Gardens

University of British Columbia Museum of Anthropology ⑪

Zie blz. 274–275.

Old Hastings Mill Store ⑫

1575 Alma Rd. 604–7341212. 4th Ave.-route juli en aug.: di–zo 11.00–16.00; sept.-juni: za en zo 13.00–16.00 uur. **Donatie.**

De Old Hastings Mill Store, het eerste warenhuis en postkantoor van Vancouver, is een van de weinige houten gebouwen die de Grote Brand van 1886 hebben overleefd. Het van 1865 daterende gebouw is in 1930 per schip verplaatst van de oorspronkelijke locatie in Gastown naar Jericho Beach en van daar naar de huidige plek in Alma Street, op de hoek van Point Grey Road. In de jaren veertig begonnen inwoners van Vancouver een aantal historische objecten te schenken en nu herbergt het gebouw een interessant, klein museum.

De collectie omvat voorwerpen uit de Victoriaanse tijd, zoals een huurkoetsje, antieke naaimachines en een

Old Hastings Mill Store, een van de oudste gebouwen van Vancouver

omvangrijke hoeveelheid door de oorspronkelijke bevolking vervaardigde manden.

Stanley Park ⑬

2099 Beach Ave. 604–2578400. Central Station. Central Station. 135, 123. Horseshoe Bay. dag.

Dit park (404 ha), dat vlak bij het centrum ligt, bestaat uit een stuk ongerepte natuur, dat oorspronkelijk werd bewoond door inheemse Canadezen, namelijk door de Musqueam en de Squamish. Het is genoemd naar lord Stanley, gouverneurgeneraal van Canada. In 1886 werd de grond door de gemeenteraad bestempeld tot park. Het heeft activiteiten te bieden die typerend zijn voor Vancouver: er zijn stranden, wandelroutes en bossen en het park biedt een mooi uitzicht op de haven, English Bay en het Kustgebergte. Fietsen kunnen worden gehuurd om de fietstocht rond het schiereiland af te leggen (10 km). In het park is het **Vancouver Aquarium Marine Science Center** gevestigd, waar bezoekers orka's en witte dolfijnen kunnen zien.

Vancouver Aquarium Marine Science Center Stanley Park. 604–6593474. juni–sept.: dag. 9.30–20.00; okt.–april: dag. 9.30–17.00 uur. www.vanaqua.org

University of British Columbia Museum of Anthropology ⓫

Dit museum, dat werd opgericht in 1947, herbergt een bijzondere collectie kunstwerken van de inheemse volken van de noordwestelijke kust van Canada. Het is gevestigd in een spectaculair gebouw, dat in 1976 werd ontworpen door de Canadese architect Arthur Erickson. Het kijkt uit over de bergen en de zee. De hoge deuren en grote ramen van de Grote Zaal zijn geïnspireerd op de architectuur van Haida-huizen en vormen een mooie omlijsting voor de collectie totempalen, kano's en keramiek. Via de ramen van de Great Hall kijkt u uit over de beeldentuin, waarin twee huizen staan die zijn ontworpen door de hedendaagse Haida-kunstenaar Bill Reid.

★ **De Grote Zaal**
Deze imposante, uit glas en beton opgetrokken ruimte vormt een perfecte omlijsting voor de totempalen, kano's en beeldhouwwerken.

HAIDA-HUIZEN EN TOTEMPALEN

Deze Haida-huizen, die uitzien over het water, bevatten een collectie totempalen. Ze zijn gebouwd volgens de artistieke tradities van de Haida en andere stammen uit het noordwesten van Canada, zoals de Salish, Tsimshan en Kwakiutl. De figuren die de totempalen en de huizen sieren, verbeelden de verschillende stammen. Ze werden tussen 1959 en 1963 gemaakt door de Haida-kunstenaar Bill Reid en de Namgis-kunstenaar Doug Cranmer.

Totempalen van rood cederhout

Klimmende figuren
Vermoedelijk sierden de oorspronkelijke bewoners hun huizen met deze klimmende figuren. Ze zijn kenmerkend voor de beeldhouwkunst van de Coast Salish.

STERATTRACTIES

★ **De Grote Zaal**

★ *De raaf en de eerste mensen* **door Bill Reid**

Kan
Deze prachtig gedecoreerde kan is in 1674 vervaardigd in Midden-Europa door wederdopers. De gedetailleerde weergave van de bloemen staat in scherp contrast met die van de rennende dieren eronder.

★ De raaf en de eerste mensen *(1980)*
Dit in geel cederhout uitgevoerde beeld werd vervaardigd door kunstenaar Bill Reid. Het is een interpretatie van een Haida-mythe. De sluwe raaf probeert de mensheid uit een grote schelp de wereld in te lokken.

TIPS VOOR DE TOERIST

6393 NW Marine Drive. 604–8225087. 4 UBC, 10 UBC. juni–sept.: wo–ma 10.00–17.00, di 10.00–21.00; okt.–mei: wo–zo 11.00–17.00, di 11.00–21.00 uur. ma, 25–26 dec. www.moa.ubc.ca

MUSEUMWIJZER
De collectie is uitgestald op één verdieping. Via de Ramp-zaal komt u in de Grote Zaal, waar beelden staan van volken van de noordwestelijke kust. Het Openbaar depot bevat kunstvoorwerpen uit andere culturen. In de Koerner keramiekcollectie ziet u Europese keramiek uit de 15de tot de 19de eeuw.

Voorhoofdsband
Deze fraai bewerkte houten hoofdband werd gedragen tijdens officiële ceremonies, bijvoorbeeld bij geboorten en huwelijken.

Bewerkte deuren in rood cederhout
Een detail van de schitterende cederhouten deuren, die de ingang van het museum vormen. Ze zijn in 1976 vervaardigd door een groep inheemse kunstenaars uit het culturele centrum 'Ksan bij Hazelton. Ze verbeelden de geschiedenis van de stam van de Skeena River uit BC.

SYMBOLEN

☐ De Ramp-zaal

☐ De Grote Zaal

☐ De Ronde Zaal

☐ Openbaar depot/Onderzoekscentrum

☐ Archeologie

☐ Koerner keramiekcollectie

☐ Tijdelijke tentoonstellingen

☐ Theater

☐ Geen tentoonstellingsruimte

Lonsdale Quay Market ⑭

123 Carrie Cates Ct, North Vancouver.
(*604–9852191.* **≋** *Lonsdale.*
○ *za–do 9.30–18.30; vr 9.30–21.00
uur (nov.–maart tot 20.00 uur).* **&**
W *www.lonsdalequay.com*

Dit opmerkelijke gebouw
van glas en beton uit 1986,
maakt deel uit van de terminal
van de North Shore SeaBus.
Op één verdieping van de
Lonsdale Quay Market is van
alles te koop – van brood tot
bosbessen – en in de vele
cafés en restaurants wordt eten
uit alle windstreken verkocht.
Op de tweede verdieping zijn
handgemaakte producten te
koop, zoals sieraden, aardewerk en stoffen. Kids Alley is
een serie op kinderen gerichte
winkels. Het complex herbergt
een vijfsterrenhotel, een café
en een nachtclub.

**De moderne fontein bij
Lonsdale Quay**

Lynn Canyon Park en Ecology Centre ⑮

3663 Lynn Canyon Park Rd. **(** *604–
9813103.* **◰** *Hastings.* **≋** *Lonsdale
Quay, dan bus 228 of 229.* **○** *dag.*
Ecology Centre *juni–sept.: dag. 10.00–
17.00; okt.–mei: ma–vr 10.00–17.00,
za, zo en feestdagen 12.00–16.00 uur.*
● *25, 26 dec., 1 jan.* **⊘ Donatie** **⊘**
W *www.dnv.org/ecology*

Lynn Canyon Park, gelegen
tussen Mount Seymour en
Grouse Mountain, is een populair wandelgebied, bekend

vanwege het weelderige jonge
regenwoud. De oorspronke-
lijke, 90 meter hoge bomen
zijn in het begin van de 20ste
eeuw gekapt en een paar grote stronken, met een omtrek
tot 11 meter, liggen nog op de
bosgrond. Op sommige stronken zijn de inkepingen van de
velplank nog te zien.
De canyon wordt doorkruist
door verschillende gemarkeerde paden, waarvan sommige
over steil en ruig terrein, en er
leiden langere wandeltochten
door het omliggende gebied.
Er zijn ook eenvoudiger tochten door bossen met douglassparren, scheerlingsdennen en
reuzenlevensbomen. Wie diep
genoeg doordringt in het bos,
kan zwarte beren, poema's en
zwartstaartherten aantreffen.
De meeste bezoekers blijven
echter op de drukkere paden
en zien daar eekhoorns,
Vlaamse gaaien, spechten en
grote naaktslakken, die 26 cm
lang kunnen worden.
De 50 m hoge hangbrug over
de canyon biedt een prachtig
uitzicht. Vanaf hier is het een
korte wandeling naar de
30 Foot Pool, een populaire
plek waar u kunt
zwemmen en
zonnebaden. Een
wandeling van
40 minuten voert
de wandelaar naar
de prachtige Twin
Falls.
In het nabijgelegen
Ecology Centre, dat
wandelingen met
gidsen organiseert,
komt u veel te
weten over de rijke
natuurlijke geschie-
denis van dit
gebied.

Panoramisch uitzicht over Vancouver vanaf Grouse Mountain

Grouse Mountain ⑯

6400 Nancy Greene Way. **(** *604–
9840661.* **≋** *Lonsdale Quay.* **🚌** *236.*
○ *dag. 9.00–22.00 uur.* **📷** **&** **🍴**
⊡ **W** *www.grousemountain.com*

Vanaf de top van Grouse
Mountain kijken bezoe-
kers uit over het indrukwekkende landschap van Brits-
Columbia en over Vancouver.
Op een heldere dag omvat het
uitzicht Vancouver Island in
het westen, het Kustgebergte
in het noorden en de Columbia Mountains in het oosten.
Het is een zware klim naar de
top van de 1211 m hoge berg
(3 km), dus de meeste be-
zoekers nemen de Skyride-
kabelwagen. 's Zomers zijn
hier allerlei activiteiten zoals
mountainbiketochten, natuur-
wandelingen en deltavlieg-
wedstrijden. Een bijzondere
vrijetijdsbesteding vormen de
'chain-saw sculpture shows'.
In de winter vindt u op de top
alle faciliteiten van een skioord, waaronder skischolen,
een aantal skipistes, winkels
waar ski- en snowboard-
materiaal wordt
verhuurd en ver-
lichte pistes waar u
's avonds kunt
skiën.
Bij de Refuge for
Endangered Wild-
life, een omheind
gebied, leven twee
verweesde beren
en boswachters
geven er dagelijks
voorlichting. Het
Theatre in the Sky
toont een video
van Brits Columbia
in vogelvlucht.

**De Skyride cable-car,
Grouse Mountain**

Capilano Suspension Bridge ⑰

3735 Capilano Rd, North Vancouver.
⛶ 604–9857474. 🚌 Highlands 246.
⭘ dag. (openingstijden wisselen per
seizoen). ⬤ 25 dec. 📷🎫 mei–okt.
🚻 🅿 🆆 www.capbridge.com

D e Capilano Suspension
Bridge werd gebouwd in
1889 en is altijd een drukbezochte toeristische attractie
geweest. De Schotse pionier
George Grant Mackay, die
zich thuisvoelde in de wilde
schoonheid van dit gebied,
had een hutje gebouwd dat
uitkeek op Capilano Canyon.
Vanaf die plek was de rivier
moeilijk te bereiken. Men zegt
dat Mackay de brug heeft gebouwd zodat zijn zoon, een
fervent visser, de Capilano
River goed kon bereiken. De
huidige brug, uit 1956, is de
vierde op deze plek is gebouwd. Hij hangt 70 m boven
de canyon en met een over-
spanning van 137 m is het een
van de langste bruggen van
zijn soort ter wereld. Natuur-
liefhebbers worden aange-
trokken door het uitzicht. Een
wandeling door de *old-growth
woods* (met oude bomen die
nooit zijn gerooid), langs
forelvijvers en een 61 m hoge
waterval is onvergetelijk. Bezoek ook het Big House, waar
plaatselijke artiesten totempalen kerven en vertellen over
hun technieken en erfgoed.

**Atkinson Lighthouse, de oudste
bemande vuurtoren van Canada**

Lighthouse Park ⑱

Bij Beacon Lane, West Vancouver. ⛶
604–9257200. ⭘ dag. 6.00–22.00 uur.

L ighthouse Park is genoemd
naar de zeshoekige vuur-
toren die in 1910 is gebouwd
aan de monding van Burrard
Inlet. De vuurtoren moest
schepen veilig door de mist
loodsen. Het park bestaat uit
een 75 ha groot stuk ongerepte natuur en een ruige kust.
De bomen hier zijn nooit
gerooid en sommige van de
majestueuze douglassparren
zijn meer dan 500 jaar oud.

Het park wordt doorkruist
door verschillende voetpaden,
bijvoorbeeld naar het uitkijkpunt bij het 18 m hoge Point
Atkinson Lighthouse.
Op een heldere dag is er uitzicht dat reikt van de Strait of
Georgia tot Vancouver Island.
Een wandeling van twee uur
door ongeveer 5 km oerbos
leidt de wandelaar door ruig
terrein met mossige geulen en
steile rotspartijen, met adembenemende uitzichten over
de zee en het omringende gebied. Draag goede schoenen
of laarzen, blijf op de paden
en wees bedacht op slecht
weer. De rit naar het park is
spectaculair. De sprookjes-
achtige **Marine Drive** slingert
langs de westkust van
Vancouver langs stranden,
overhangende rotsen en langs
een van de duurste vastgoed-
gebieden van Canada.
Onderweg komt u een paar
dorpjes tegen die de moeite
waard zijn om er te stoppen.
Bij **Ambleside** ligt een lang
strand, dat bij gezinnen erg in
trek is, maar op 's zomerse
weekends erg druk. Hier hebt
u een prachtig uitzicht op
Stanley Park en de Lion's Gate
Bridge. Een wandeling over
de promenade leidt naar
Dundarave Pier, met een
panoramisch uitzicht van
Vancouver tot de Strait of
Georgia. **Dundarave** zelf is
een klein stadje met een leuk
winkelcentrum, cafés en restaurants, en een strand dat
niet zo druk is als Ambleside.

De indrukwekkende Capilano Suspension Bridge hangt hoog boven de groene Capilano Canyon

Victoria

D e kalme sfeer in deze stad, waarvan men
zegt dat deze doet denken aan een badplaats in lang vervlogen tijden, wordt in de
zomermaanden versterkt door de overvloed aan
bloemen waarmee de vensterbanken, lantaarn-
palen en etalages worden versierd. Victoria werd
in 1843 door James Douglas gesticht als een
handelspost van de Hudsonbaaicompagnie en
beleefde roerige tijden in de periode 1858–1863,
toen duizenden goudzoekers zich bedronken in
de 60 cafés aan Market Square. Victoria werd in
1871 provinciehoofdstad van Brits-Columbia,
maar werd in grootte al gauw voorbijgesneld door
Vancouver, nu de grootste stad van BC.
Het bij toeristen geliefde Victoria is nog altijd
het politieke hart van de provincie.

Vissersboten en plezierjachten in de Inner Harbour van Victoria

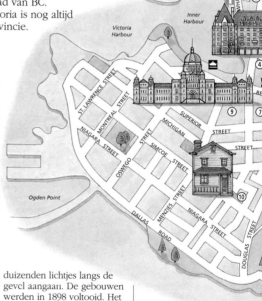

Victoria verkennen

Tijdens een wandeling langs
de Inner Harbour passeert u
een groot deel van de be-
zienswaardigheden van de
stad, zoals het Royal British
Columbia Museum, dat een
beeld schetst van de geologie
en de inheemse bevolking van
deze streek. Twee laat-19de-
eeuwse gebouwen springen
direct in het oog: het Fairmont
Empress Hotel en de Parliament Buildings. Ze werden
ontworpen door de beroemde
architect Francis Rattenbury.
Tussen Fort en View Street ziet
u het Eaton Centre, een vier
verdiepingen tellend warenhuis. Bastion Square, met zijn
restaurants en boetieks, ligt
ten zuiden van Market Square.

🏛 Parliament Buildings

501 Belleville St. 📞 250–3873046.
⭕ dag. 8.30–17.00 uur. ● 25 dec.,
1 jan. ♿ 📷
Victoria's Parliament Buildings
met de vele koepels bieden
een indrukwekkende aanblik,
vooral wanneer 's avonds de

duizenden lichtjes langs de
gevel aangaan. De gebouwen
werden in 1898 voltooid. Het
ontwerp was van Francis
Rattenbury, een 25-jarige
Britse architect die pas een
jaar in Brits-Columbia woonde. Hij had de provinciale
ontwerpwedstrijd voor de parlementsgebouwen gewonnen.

De lichtjes van de Parliament Buildings weerspiegeld in de Inner Harbour

Hij ontwierp nog verschillende andere gebouwen, waaronder het nabijgelegen Fairmont Empress Hotel en The BC Experience, de voormalige Crystal Garden. De geschiedenis van Brits-Columbia komt in de gebouwen aan de orde; op de centrale koepel staat een beeld van kapitein George Vancouver en ook muurschilderingen besteden aandacht aan het verleden.

🏨 Fairmont Empress Hotel
721 Government St.
📞 250–3848111. ☐ dag. ♿
Het Empress, dat in 1905 werd voltooid, is een van de meest geliefde bezienswaardigheden van Victoria. Dit ontwerp van Francis Rattenbury staat vlak bij de Parliament Buildings en biedt uitzicht over de Inner Harbour. Het met klimop begroeide bouwwerk drukt een stempel op de skyline van de

Bastion Square trekt rond lunchtijd veel inwoners en toeristen

Fort Victoria had gestaan, een handelspost van de Hudsonbaaicompagnie. Een van de gebouwen aan dit autovrije plein, het MacDonald Block (1863), wordt gesierd door gietijzeren zuilen en fraaie ramen. In de voormalige rechtszaal (1889) is het BC Maritime Museum gevestigd. 's Zomers lunchen veel mensen in een van de cafés in de buurt.

🏨 Market Square
560 Johnson St. 📞 250–3862441.
☐ dag. 10.00–17.00 uur.
⬤ 25 dec., 1 jan. ♿ gedeeltelijk.
🖥 www.marketsquare.ca
Market Square, dat twee huizenblokken ten noorden van Bastion Square ligt, op de hoek van Johnson Street, biedt plaats aan enkele van de fraaiste Victoriaanse gevels van Victoria. De meeste gebouwen dateren van het einde van de 19de eeuw, het hoogtepunt van de goudkoorts in Klondike. In 1975 werd de verwaarloosde wijk grondig gerenoveerd. Het plein is een paradijs voor wie van winkelen houdt: u vindt er boeken, sieraden, muziekinstrumenten en kunstnijverheid.

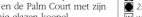

stad. De bars en lobby's zijn voor publiek geopend, zoals de Empress Room en de Palm Court met zijn fraaie glazen koepel.

🏨 Bastion Square
Government St. 📞 250–9525690.
☐ dag. ♿
Dit gerestaureerde plein aan de schilderachtige haven van Victoria biedt plaats aan enkele van de oudste 19de-eeuwse gebouwen van de stad. In de voormalige luxehotels en kantoren, die verrezen tijdens de bloeiperiode aan het einde van de 19de eeuw, zijn nu boetieks en cadeauwinkels gevestigd. In 1963 ontdekte men dat op deze plek het in 1843 gebouwde

PANDORA STREET AVENUE
JOHNSON STREET
YATES STREET
VIEW STREET
FORT STREET
QUADRA STREET
VANCOUVER STREET
PANDORA AVENUE
COOK STREET
HOWE STREET
MOSS STREET
RICHARDSON STREET
FAIRFIELD ROAD
VANCOUVER STREET
HAYWARD STREET
COOK STREET
OXFORD STREET
MAY STREET
COOK STREET
HOWE STREET
OLIVE STREET
MAY STREET
ARNOLD AVENUE
DALLAS ROAD
ROAD
Clover Point
⑪ ⑫ ⑬ ⑭

0 meter 500

SYMBOLEN

🚆	Treinstation
🚌	Busstation
🅿	Parkeerplaats
⛴	Veerhaven
ℹ	Toeristenbureau

Een van de torenhoge totempalen in Thunderbird Park

🍁 Thunderbird Park

Hoek Belleville en Douglas Street.
Dit niet al te grote park ligt bij de ingang van het Royal British Columbia Museum *(zie blz. 282–283)* en bezit een indrukwekkende collectie totempalen. In de zomermaanden kunt u inheemse kunstenaars in de Thunderbird Park Carving Studio aan het werk zien. De motieven op de totempalen zijn ontleend aan de legenden van de stammen die oorspronkelijk de noordwestelijke kust van Canada bewoonden.

🏛 Helmcken House

10 Elliot St. Square. 📞 *250–356 7226, 1–888–4477977.* 🕐 *mei–okt.: dag. 11.00–17.00 uur; nov.–april: do–ma 12.00–16.00 uur.* 📷 ♿ 📷
Aan Elliot Square, in de wijk rond de Inner Harbour, staat het huis van een medewerker van de Hudsonbaaicompagnie, dr. John Sebastian Helmcken. Het werd gebouwd in 1852 en wordt beschouwd als het oudste huis van Brits-Columbia. Het is gebouwd met douglassparren uit het nabijgelegen bos. Het eenvoudige, maar elegante huis bevat nog veel van de originele meubels, waaronder de piano. U ziet er een collectie antieke poppen

en persoonlijke bezittingen van de familie, zoals kleren, schoenen en toiletartikelen.

🏛 The BC Experience

713 Douglas St. 📞 *250–9532033 (Tourism Victoria).* 🕐 *dag.* ♿ 📷 📷
📶 www.bcexperience.info
Deze multimediatentoonstelling is gevestigd in de voormalige Crystal Garden Conservation Centre, een tachtig jaar oud historisch gebouw, ontworpen door architect Francis Rattenbury als zoutwaterzwembad. Interactieve voorwerpen geven bezoekers de kans aardrijkskunde, geologie, klimaat, wilde dieren en de geschiedenis van Brits-Columbia te verkennen. Het opvallendste voorwerp van de tentoonstelling is een 372 m² grootte maquette van BC, de grootste ter wereld.

Papegaai in de Crystal Gardens

🚇 The Bay Centre

Government St. 📞 *250–9525690.* 🕐 *ma, di en za 9.30–18.00, wo–vr 9.30–21.00, zo 11.00–17.00 uur.* ♿
Het winkelcentrum The Bay Centre ligt op loopafstand van de Inner Harbour. Het gaat schuil achter de gevels van verschillende historische gebouwen in Government Street. Het Driard Hotel, dat in 1892 werd ontworpen door

John Wright, heeft dankzij een publieke campagne kunnen ontsnappen aan de slopershamer, evenals het van 1910 daterende Times Building en het fraaie, 19de-eeuwse Lettice and Sears Building. In de winkels achter de elegante gevels kunt u terecht voor modieuze kleding, cadeautjes, lekkere chocolade en delicatessen.

🚇 Carr House

207 Government St. 📞 *250–3835843.* 🕐 *half mei–half okt.: dag. 11.00–16.00 uur.* ⬤ *ma in mei en okt.* 📷 ♿ 📷
📶 www.emilycarr.com
Emily Carr, een van de beroemdste Canadese kunstenaars *(zie blz. 28–29),* kwam in 1871 ter wereld in dit gele houten huis. Het is in 1864 gebouwd door de befaamde architecten Wright en Saunders. Dit gebeurde in opdracht van Emily's vader, Richard Carr. Zowel het huis als de Engelse tuin, gelegen op loopafstand van Inner Harbour zijn voor publiek toegankelijk. Alle kamers zijn ingericht in de stijl van het einde van de 19de eeuw en er staan nog enkele familiestukken. Bezoekers mogen de eetkamer binnengaan, waar Emily schilderles gaf aan kinderen uit de buurt. De tekening die ze van haar vader maakte staat nog op de schoorsteenmantel in de zitkamer.

In Carr House werd de beroemde kunstenares Emily Carr geboren

🌿 Beacon Hill Park

Douglas St. **C** 250–3610600. ○
dag. **⛔** **W** www.beaconhillpark.ca
Aanvankelijk werd dit
prachtige park gebruikt voor
het stallen van paarden, maar
in 1888 richtte John Blair, een
Schotse landschapsarchitect,
het park opnieuw in. Hij
voegde twee meren toe en liet
veel bomen planten. Het
74,5 ha grote park was een
van de lievelingsplekken van
kunstenares Emily Carr. Er
staan zeldzame eiken
(Quercus garriana), waarvan
sommige ouder zijn dan
400 jaar. Verder vindt u er
een 100 jaar oud cricketveld.

🏛 Art Gallery of Greater Victoria

1040 Moss St. **C** 250–3844101.
○ zo–wo, vr en za 10.00–17.00, do
10.00–21.00 uur. 🎫
W www.aggv.bc.ca
Dit populaire moderne mu-
seum is onlangs gerenoveerd.
Het is gevestigd in de oude
wijk Rockland, een eindje ten
westen van Craigdarroch
Castle.
Binnen vinden de
bezoekers zeer
uiteenlopende
tentoonstellingen.
Zo vindt u hier
onder andere
moderne kunst,
Canadese kunst
en cultuurgoed,
evenals nationale
reizende exposities.
In een permanente
tentoonstelling
vindt u werk van de
Brits-Colombiaanse topartieste
Emily Carr, waaronder haar
schilderijen van de Brits-
Columbiaanse beboste kust,
de voorstellingen van het
leven van het inheemse volk,
uittreksels van haar boeken en
archieffoto's.
In de tuin in de binnenplaats
is het enige authentieke
Shinto-altaar van heel Noord-
Amerika te zien.

Detail van Shinto-altaar, Art Gallery

🏰 Craigdarroch Castle

1050 Joan Cres. **C** 250–5925323.
○ juni–sept.: dag. 9.00–19.00;
okt.–mei: dag. 10.00–16.30 uur.
● 25 en 26 dec., 1 jan. 🎫
W www.craigdarrochcastle.com
Craigdarroch Castle, dat werd
voltooid in 1889, was het troe-
telkind van de gerespecteerde

plaatselijke miljonair
Robert Dunsmuir. Het
is niet echt een kasteel,
maar het ontwerp van
dit grote huis is geba-
seerd op dat van zijn
voorvaderlijk huis in
Schotland. Het ver-
toont een mengeling
van bouwstijlen.
In 1959 gingen er stem-
men op om het kasteel
te slopen, maar een
aantal burgers vormde
een vereniging die zich
met succes inzette voor
behoud en restauratie
van dit gebouw. Het
gerenoveerde interieur
van het huis is nu een
museum. Het biedt
inzicht in de levens-
wijze van een rijke
Canadese zakenman.
Het kasteel bevat de
mooiste verzameling
glas-in-loodramen in art-
nouveaustijl van Noord-Amerika. In veel kamers en gangen
zijn authentieke elementen,
zoals de parketvloeren en de
fraaie lambrisering in
eiken-, ceder- en
mahoniehout, nog
intact. De inrichting
bestaat uit Victori-
aanse meubels in
de oorspronkelijke
kleuren, waaronder
donkergroen, roze
en roesttinten. Van
het plafond in de
zitkamer zijn voor-
zichtig verschillende
verflagen verwijderd
om de originele, met
de hand geschilderde decoraties van onder meer leeuwen
en vlinders weer aan het licht
te brengen.

Een van de torens van Craigdarroch Castle, dat lijkt op een Frans kasteel

🏛 Government House

1401 Rockland Ave. **C** 250–
3872080. ○ dag. (alleen tuin). **⛔**
W www.ltgov.bc.ca
Het huidige Government
House is voltooid in 1959. Het
oorspronkelijke gebouw, dat
dateerde van 1903, was ontworpen door de vooraanstaande architect Francis Rattenbury. Het ging in vlammen op.
Het gebouw is de officiële residentie van de luitenant-
gouverneur van Brits-Columbia, de vertegenwoordiger van
de koningin op provinciaal
niveau, en is daarom niet voor
publiek toegankelijk. U kunt
wel een kijkje nemen in de
5,6 ha grote tuin, met gazons,
vijvers en een Victoriaanse
rozentuin. Vanaf de Pearke's
Peak, hebben bezoekers een
prachtig uitzicht over het
terrein.

Het Government House werd in 1959 in roze en wit graniet opgetrokken

Het Royal British Columbia Museum

In het Royal British Columbia Museum krijgen bezoekers aan de hand van de natuurlijke geschiedenis, geologie en inwoners van deze streek een goed beeld van BC. Het wordt algemeen beschouwd als een van de beste musea van Canada. Op vindingrijke wijze worden op de eerste verdieping (Natuurlijke historie) bijvoorbeeld de natuur, de geluiden en zelfs de geuren van de Grote-Oceaankust en het regenwoud nagebootst. Op de tweede verdieping komen alle aspecten van de geschiedenis van de streek aan bod, onder meer in de reconstructie van een stadje aan het begin van de 20ste-eeuw. U ziet er een *saloon* en een bioscoop voor stomme films. De prachtige verzameling inheemse kunst en cultuur omvat een zogeheten *Big House*.

Tweede verdieping

Chinatown in de 19de eeuw
Deze kruidenwinkel hoort bij de replica van een straat in 1875. In de traditionele Chinese geneeskunst staan kruiden centraal.

★ Eerste Volken-zaal
Op deze hoed, in 1897 gemaakt van cederschors en sparren-wortel, is een berggeit af-gebeeld – het symbool van de ravenclan.

Ceremoniële maskers
Deze Mungomaskers verbeelden de muis, de wasbeer en de ijsvogel. Ze werden gedragen tijdens ceremoniële bijeenkomsten.

Symbolen plattegrond

- ☐ Eerste Volken
- ☐ Moderne geschiedenis
- ☐ Speciale tentoonstellingen
- ☐ Natuurlijke historie
- ☐ National Geographic IMAX theater
- ☐ Geen tentoonstellingsruimte

Exterieur van het museum
Het hoofdgebouw werd in 1968 geopend. Tot die tijd was de collectie te zien in en rond de Legislative Buildings. Het museum herbergt tevens een archief en een Heritage Court.

Moderne geschiedenis

Op deze afdeling vindt u replica's van winkels en openbare gebouwen uit de periode 1700 tot 1990. Op de afbeelding ziet u het Grand Hotel met een authentieke houten stoep.

TIPS VOOR DE TOERIST

675 Belleville St. 【 1–888–4477977 of 250–3567226. ▦ 5, 28, 30. ☐ dag. 9.00–17.00 uur. ● 25 dec., 1 jan. 📷 ⴺ 🖻 🖻 ☐ Ⓦ www.royalbcmuseum.bc.ca

Eerste verdieping

★ Natuurlijke historie

De ingang van de afdeling Natuurlijke historie wordt bewaakt door een mammoet op ware grootte. U krijgt hier een goed beeld van de natuur van Brits-Columbia sinds de laatste IJstijd.

★ De Grote-Oceaankust

Diorama met geluid, film en net echt lijkende dieren, zoals deze Steller-zeeleeuwen.

MUSEUMWIJZER

De belangrijkste afdelingen vindt u op de eerste en tweede verdieping. Op de eerste verdieping ziet u diorama's van verschillende natuurgebieden, van de zeekust tot het oerbos. Op de tweede verdieping komen de oorspronkelijke bewoners en de hedendaagse geschiedenis aan bod.

Begane grond

Hoofdingang

STERATTRACTIES

★ **Replica van de Grote-Oceaankust**

★ **Natuurlijke historie**

★ **Eerste Volkenzaal**

De lelievijver in de geometrische Italiaanse tuin Butchart Gardens

Butchart Gardens ❷⓪

800 Benvenuto Ave., Brentwood Bay.
📞 250–6524422, 1–866–6524422.
🚌 Victoria. 🚢 Victoria. ⏰ dag. 9.00 uur; sluitingstijd varieert per seizoen. 🍴
♿ 🌐 www.butchartgardens.com

De aanzet voor deze prachtige tuinen werd in 1904 gegeven door Jennie Butchart, vrouw van een cementfabrikant. Toen haar echtgenoot naar het westen trok om bij Victoria zandsteen te gaan winnen, begon mevrouw Butchart met het ontwerp voor een nieuwe tuin, die tot aan het water bij Tod Inlet zou reiken. Toen de zandsteenlagen waren uitgeput, breidde ze de tuin verder uit door van de steengroeve een verzonken tuin te maken, waar nu een met wilgen en andere bomen omzoomd meer te vinden is. In de lente staat de tuin in bloei. Een grote rots, die in de steengroeve was achtergebleven, is veranderd in een rotstuin. Wie naar de top klimt, wordt beloond met een mooi uitzicht. Naarmate de tuinen meer bezoekers trokken, werden er steeds meer zeldzame planten gepoot, die mevrouw Butchart over de hele wereld verzamelde. De tuinen zijn nu ingedeeld in gebieden: er is een Italiaanse tuin met een lelievijver met daarin een fontein die de Butcharts in 1924 in Italië kochten. In de rozentuin bloeien meer dan 100 soorten rozen. In de zomermaanden zijn de tuinen verlicht en worden er muziekvoorstellingen gegeven.

Port Renfrew ❷①

🏠 300. ℹ️ 2070 Phillips Rd., Sooke, 250–6426351.

Port Renfrew is een vriendelijk vissersdorp, waar men vroeger leefde van de houtkap. Het is het doel van veel dagexcursies uit Victoria. U kunt een bezoek brengen aan Botanical Beach. Hier heeft een unieke zandstenen richel rotspoelen gevormd waar bij laag water onder meer zeesterren te zien zijn.
Verder kunt u tochten maken langs oude houtkapgebieden. De Sandbar Trail voert door douglassparrenaanplant naar een drempel in de rivier, waar bij laag water gezwommen kan worden. De 48 km lange Juan de Fuca Marine Trail vanuit Port Renfrew naar China Beach is zwaarder. Het dorp is een van de vertrekpunten voor de West Coast Trail in het Pacific Rim National Park Reserve (zie blz. 286–287).

Cowichan District ❷②

🚌 en 🚢 vanuit Duncan. ℹ️ 381A Trans-Canada Hwy, Duncan, 250–7464636, 1–888–3033337. 🌐 www.cowichan.net

Cowichan District ligt in het midden van de zuidkust van Vancouver Island, zo'n 60 km ten noorden van Victoria. Het omvat de Chemainus- en de Cowichan-valleien. Cowichan betekent 'warm land' in de taal van de Cowichan, een van de grootste Eerste Volken in Brits-Columbia. Het klimaat is mild en er kan in de zomer dan ook gezwommen worden in Lake Cowichan.

Het meer, het grootste zoetwatermeer op het eiland, nodigt uit tot vissen en kanoën. Tussen het plaatsje Duncan en het meer ligt het Valley Demonstration Forest, waar uitkijkpunten en panelen met uitleg over het bosbeheer te vinden zijn. Duncan staat bekend als de 'City of Totems' omdat er langs de snelweg totempalen te zien zijn. In het Cowichan Native Village worden films vertoond over de geschiedenis van de Cowichan-stam. Er is een ruime keuze aan kunstnijverheid in de winkel.
In de grote werkplaats maken beeldhouwers totempalen, terwijl een gids vertelt over de achtergrond van de decoraties.

Magnifiek uitzicht over Lake Cowichan in de Cowichan Valley

Chemainus ❷③

🏠 4200. 🚌 🚢 🚕 ℹ️ 9796 Willow St., 250–2463944.

Toen de plaatselijke houtzagerij in 1983 voorgoed zijn deuren sloot, veranderde het pittoreske dorp Chemainus zichzelf in een toeristische attractie. Er werden reusachtige muurschilderingen geplaatst die de geschiedenis van de streek verbeelden. Er bevinden zich nu meer dan 34 panelen op de buitenmuren van locale gebouwen. De sterk uitver-

Muurschilderingen in Chemainus beelden episode uit het verleden uit

In de haven van Nanaimo liggen vissersboten en jachten afgemeerd

grote afbeeldingen van de inheemse Cowichan, pioniers en houthakkers voeren de boventoon in Chemainus en hebben een verfrissend effect. Er zijn veel antiekwinkels en gezellige cafés, espressobars en tearooms in Chemainus.

OMGEVING: Zo'n 70 km ten zuiden van Chemainus ligt Swartz Bay, het vertrekpunt op Vancouver Island voor veerboten naar de Southern Gulf Islands. De meeste van de 200 eilanden zijn onbewoond. Het natuurschoon op de eilanden trekt veel bezoekers. Tijdens wandelingen langs de verlaten stranden kunt u zeearenden en kalkoengieren waarnemen. Wie graag eens op zalm of kabeljauw wil vissen, kan een excursie boeken. Het is ook mogelijk per kano de verlaten kusten te verkennen, waar otters, zeehonden en watervogels leven. Salt Spring is het drukstbevolkte eiland. Het telt zo'n 10.000 inwoners. 's Zomers wandelen bezoekers door het mooie Ganges Village, met een drukke jachthaven. In het dorp vindt u winkels, cafés, museumzalen en enkele kleurrijke markten.

Nanaimo ㉔

🚶 78.800. 🚆 🚌 🚏 ⛴ ℹ️ 2290 Bowen Rd., 250–7560106, 1–800–663 7337. W www.tourismnanaimo.bc.ca

Nanaimo, waar vroeger vijf dorpen van de Coast Salish gevestigd waren, is rond 1850 gesticht als een mijnbouwstadje. Het is de op

één na grootste stad op Vancouver Island en langs de Island Highway zijn dan ook tal van winkelcentra en bedrijven gevestigd, maar de bezoekers genieten het meest van het Old City Quarter aan de kade, in het hart van het centrum van Nanaimo. In deze wijk staan veel 19de-eeuwse gebouwen, waaronder het Nanaimo Court House, in 1895 ontworpen door Francis Rattenbury. Het **Nanaimo District Museum** is gevestigd in Piper's Park en toont een replica van het Chinatown van Victoria in de 19de eeuw, compleet met houten stoepen, een kruidenier en een schooltje. Er is ook een dorpsdiorama te zien.

Houtsnede, Port Alberni Pier

🏛 Nanaimo District Museum
100 Cameron Rd. ☎ 250–7531821. 🕙 dag. 10.00–17.00 uur. 📷 ♿ 🎟 reserveren.

Port Alberni ㉕

🚶 26.800. ✈ 🚌 ⛴ ℹ️ Site 215, C10, RR2, 250–7246535.

Port Alberni ligt bij de kop van Alberni Inlet, die zich over een afstand van 48 km vanuit het binnenland van Vancouver Island uitstrekt tot aan de Grote Oceaan in het westen. De plaatselijke economie drijft op de houthandel en de visserij. Veel mensen komen speciaal hierheen om op zalm te vissen. Tijdens de jaarlijkse Salmon Derby and Festival kan degene die in het laatste weekeinde van augustus de grootste zalm vangt een prijs van duizenden Canadese dollars winnen. In de zomer rijdt er een antieke trein (1929) van het Port Alberni Railway Station uit 1912 naar de gerestaureerde stoomaangedreven McLean zaagmolen. Veel bezoekers komen naar Port Alberni om een tochtje te maken op een van de 40 jaar oude vrachtschepen, de *Lady Rose* en de *Frances Barkley*. Deze schepen brengen post en verzorgen uitstapjes naar Ucluelet, Bamfield en andere plaatsen bij het Pacific Rim National Park. Verder vervoeren ze kano's, waarmee rond de Broken Group Islands *(zie blz. 286)* gevaren kan worden. Ten oosten van Port Alberni kunt u wandelen tussen de douglassparren en ceders in het prachtige MacMillan Cathedral Grove Provincial Park.

Deze locomotief uit 1929 rijdt langs de waterkant in Port Alberni

Gold River **26**

🏛 1900. ℹ️ *Highway 28, 250–2832418.*

Gold River ligt aan het einde van de schilderachtige Highway 28, bij Muchalat Inlet. Dit dorp, dat drijft op de houtkap, is geliefd bij speleologen; er zijn meer dan 50 grotten in de omgeving. De bijzondere kristallen in de Upana Caves en de dieper gelegen grotten van White Ridge, slechts 16 km ten westen van Gold River, trekken 's zomers veel toeristen. In dit jaargetijde worden er excursies georganiseerd op de *Uchuck III,* een mijnenveger uit

WO II. Deze vaart naar Friendly Cove, waar kapitein Cook in 1778 als eerste Europeaan contact zou hebben gehad met de inheemse bevolking. Gold River vormt een goede uitvalsbasis voor een bezoek aan het in 1911 opgerichte **Strathcona Provincial Park**, in het hart van Vancouver Island. Dit ruige natuurgebied is het oudste provinciepark

Panorama in Strathcona Provincial Park

van BC. Het 250.000 ha grote park omvat imposante bergen, maar ook meren en oude bossen. Het leeuwendeel van het park kan alleen verkend worden door ervaren wandelaars.

🌿 **Strathcona Provincial Park**
Bij Highway 28. 📞 *250–3372400.* 🕐 *dag.* 🏕 *voor de campings.* ♿ *beperkt.* 📅 *juli en aug.: bel voor info.*

Campbell River **28**

🏛 30.000. ℹ️ *1235 Shoppers Row, 250–2861616, 1–800–4634368.* 🖥 *www.campbellrivertourism.com*

Campbell River, op de noordoostelijke kust van Vancouver Island, is bekend wegens de zalmvisserij. Disco-

Pacific Rim National Park Reserve **27**

Het Pacific Rim National Park Reserve omvat drie gebieden: Long Beach, de West Coast Trail en de Broken Group Islands, die in een 130 km lange sliert langs de westkust van Vancouver Island liggen. Het reservaat dankt zijn faam aan het feit dat er walvissen te zien zijn. Het Wickaninnish Interpretive Centre langs Highway 4 houdt nauwgezet bij waar deze dieren zich bevinden. Long Beach biedt goede wandelmogelijkheden. U vindt parkeerplaatsen bij alle stranden en aan het begin van iedere route. De moeilijkste is de 77 km lange West Coast Trail, tussen Port Renfrew en Bamfield. Rond de Broken Group Islands kunt u uitstekend kanoën.

De Broken Group Islands
Deze archipel, die bestaat uit zo'n 100 eilandjes, is geliefd bij kanoërs en duikers.

De Schooner Trail is een van de negen mooie en gemakkelijk te volgen routes langs Long Beach.

Het Wickaninnish Interpretive Centre beschikt over uitzichtplatforms en telescopen.

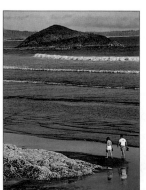

Long Beach
De ruige en winderige stranden van Long Beach staan bekend om hun woeste schoonheid. In de ondiepe poelen ziet u zeedieren en drijfhout en op de golven tonen surfers hun kunsten.

De waterval Elk Falls bij Campbell River stort zich ontstuimig omlaag

very Passage ligt op de route waarlangs vijf soorten zalm migreren, waaronder de quinnat. Tijdens een boottocht kunt u de vissen volgen terwijl

ze de rivier op zwemmen. Bezoekers kunnen een vissersboot huren, of proberen een vis te vangen vanaf de 200 m lange Discovery Pier in de stad. Elk Falls Provincial Park, op slechts 10 km van Campbell River, omvat wouden van douglassparren en verschillende watervallen, waaronder de indrukwekkende Elk Falls.

Telegraph Cove 🄯

🏠 100. 🚌 Port McNeill.
🛈 Port Hardy, 250–9497622.

Telegraph Cove, gelegen op het noordelijke deel van Vancouver Island, is een klein en schilderachtig dorpje met opmerkelijk hoge, houten paalwoningen die uitzien over

Johnstone Strait. In de zomer leven in dit gebied zo'n 300 orka's. De dieren, die worden aangetrokken door de migrerende zalmen, spelen in het water en schuren hun buiken langs de ruwe bodem van de ondiepe Robson Bight, sinds 1982 beschermd gebied. U kunt de orka's waarnemen vanaf speciale boten of vanaf de steiger in het dorp.

Orka's in het water van Johnstone Strait, Vancouver Island

WALVISKIJKEN

Migrerende grijze walvissen

Langs de kust van Brits-Columbia leven meer dan 20 soorten walvissen. Ieder jaar trekken zo'n 17.000 grijze walvissen van de rijke visgronden van de Noordelijke IJszee naar de kust van Mexico om te paren. De walvissen blijven doorgaans dicht bij de kust en zijn dan ook veelvuldig te zien vanaf de westkust van Vancouver Island. Van maart tot augustus vertrekken er dagelijks walvisexcursies vanuit Tofino en Ucluelet.

TIPS VOOR DE TOERIST

Highway 4. 📞 250–7267721. 🚌
vanuit Port Alberni. 🕐 dag. ♿ ⬛
maart–sept. 🍽 🏪 🆆 www.pc.gc.ca

SYMBOLEN

— Hoofdweg

═ Secundaire weg

-- West Coast Trail

— Grens van nationaal park

— Rivieren

🅰 Kampeerterrein

🏕 Picknickplaats

🛈 Toeristenbureau

🌟 Uitkijkpunt

West Coast Trail
Deze tocht voert langs veel natuurschoon, zoals met mos begroeid regenwoud en diepe rotskloven.

Bamfield

0 km   10

Wie de West Coast Trail volgt, moet bij Nitinat Narrows de veerboot naar de overkant nemen. De route kan gevolgd worden van mei tot september.

Port Renf

DE ROCKY MOUNTAINS

De Canadese Rockies beslaan een groot deel van Brits-Columbia en Alberta. Het bijna 850 km brede gebergte bestrijkt een gebied dat loopt van Mexico tot aan Canada. Tussen 65 en 100 miljoen jaar geleden werd de aardkorst langzaam maar zeker opgestuwd. Zo ontstonden de scherpe pieken van de Rocky Mountains, waarvan er maar liefst 30 hoger zijn dan 3048 m. De ongekend mooie natuur wordt gekenmerkt door besneeuwde bergtoppen, gletsjers en heldere gletsjermeren. Grote delen van de Rockies genieten bescherming als nationale parken. Nadat er in 1883 natuurlijke warme bronnen waren ontdekt in Banff, benoemde de federale regering dit gebied tot het eerste nationale park van Canada. In 1985 zijn de parken Banff, Jasper, Yoho en Kootenay door de UNESCO uitgeroepen tot werelderfgoedgebieden.

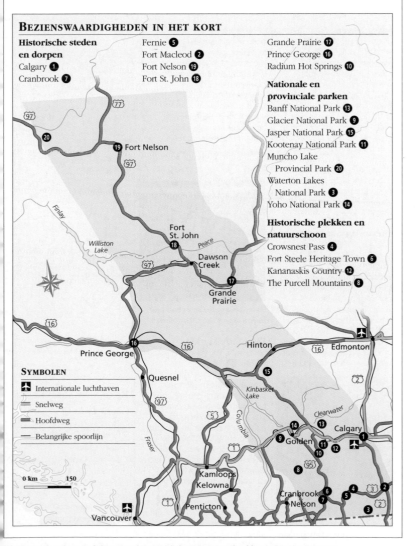

BEZIENSWAARDIGHEDEN IN HET KORT

Historische steden en dorpen
Calgary ❶
Cranbrook ❼

Fernie ❺
Fort Macleod ❷
Fort Nelson ⓳
Fort St. John ⓲

Grande Prairie ⓱
Prince George ⓰
Radium Hot Springs ❿

Nationale en provinciale parken
Banff National Park ⓭
Glacier National Park ❾
Jasper National Park ⓯
Kootenay National Park ⓫
Muncho Lake
  Provincial Park ⓴
Waterton Lakes
  National Park ❸
Yoho National Park ⓮

Historische plekken en natuurschoon
Crowsnest Pass ❹
Fort Steele Heritage Town ❻
Kananaskis Country ⓬
The Purcell Mountains ❽

SYMBOLEN

✈ Internationale luchthaven

═ Snelweg

▬ Hoofdweg

— Belangrijke spoorlijn

0 km   150

◁ **Tijdens de Calgary Exhibition and Stampede kunt u onverschrokken ruiters in actie zien**

Calgary ❶

Zwartvoet-kleding, Glenbow Museum

Deze stad werd gesticht in 1875. Calgary verwierf bekendheid door het organiseren van de Olympische Winterspelen van 1988, maar was eerder al bekend vanwege de Stampede. De stad ligt tussen de oostelijke uitlopers van de Rockies en de Prairies in. De grootste stad van Alberta is een verfijnd geheel met wolkenkrabbers, musea en theaters, maar met de sfeer van een afgelegen plek, waar *pick-up trucks* en cowboylaarzen niet uit de toon vallen. Dat Calgary toch westers aandoet, komt door de moderne skyline, die verrees tijdens de *oil boom* in de jaren zestig. Banff ligt 120 km ten oosten van Calgary *(zie blz. 301)*.

De Calgary Tower, omringd door de wolkenkrabbers van de stad

Calgary Tower

9th Ave. en Centre St. SW. ☎ *403–2667171.* 🕒 *dag.* 💳 ♿
[W] www.calgarytower.com

De Calgary Tower is de op twee na hoogste toren van de stad. Er zijn 2 liften in het gebouw, die in 62 seconden naar de bovenste verdieping schieten en twee noodtrappen, elk met 802 treden. De toren is 191 m hoog. Op de bovenste verdieping vindt u twee restaurants en een panoramaruimte met een fabelachtige uitzicht over de Rockies en, aan de oostzijde, over de uitgestrekte Prairies.

♠ Devonian Gardens

317 7th Ave. SW. ☎ *403–2214274.*
🕒 *dag. 9.30–18.00 uur.* ♿

Devonian Gardens is een overdekte tuin met een oppervlakte van 1 ha, op de derde verdieping van het Toronto Dominion Square-complex. U komt hier met de glazen lift op 8th Avenue. De tuin trekt tussen de middag veel kantoorpersoneel, dat er de drukte van de stad even vergeet. Het is leuk om een rustig wandelingetje te maken tussen de meer dan 135 soorten tropische en inheemse planten over de slingerende paden. De tuin omvat watervallen, fonteinen, beelden en maandelijkse kunsttentoonstellingen.

Een rustig plekje met fonteinen en vijvers in de Devonian Gardens

Shopping at a designer boutique in downtown Eau Claire Market

Eau Claire Market

Einde 3rd St. SW. ☎ *403–2646450.*
🕒 *dag.* ♿

Eau Claire Market, dat is gevestigd in een kleurrijk pakhuis, vormt een welkome tegenhanger voor de omringende kantoortorens van het nabijgelegen centrum. Het ligt aan de Bow River, tegenover Prince's Island Park. U vindt er delicatessenwinkels, hedendaagse kunstvoorwerpen, straatartiesten, kunstnijverheidsmarkten, bioscopen, cafés en restaurants met terrasjes. Een netwerk van loopbruggen voert naar een voetgangersbrug naar Prince's Island Park.

BEZIENSWAARDIGHEDEN

Calgary Tower ⑤
Calgary Centre for Performing Arts ③
Calgary Chinese Cultural Centre ⑦
Devonian Gardens ⑥
Eau Claire Market ⑧
Fort Calgary ②
Glenbow Museum ④
Prince's Island Park ⑨
Saint George's Island ①

♣ Prince's Island Park

Het fraaie Prince's Island Park ligt dicht bij het centrum, aan de oever van de Bow River. Dit eilandje is met de stad verbonden via een voetgangersbrug (aan het einde van 4th Street SW). Bij warm zomerweer genieten inwoners en toeristen van een picknick in de schaduw. Er zijn wandel- en fietspaden op het eiland.

⊞ Calgary Chinese Cultural Centre

197 1st St. SW. ☎ 403–2625071. ◯ dag. 📷 museum. ♿ 🆆 www.culturalcentre.ca

Het centraal gelegen Chinese Cultural Centre werd voltooid in 1993. De vorm is afgeleid van de uit 1420 daterende Tempel van de Hemelse Vrede in Peking, waartoe uitsluitend keizers toegang hadden. Het centrum is door Chinese vaklieden volgens

Blauwe tegels in de koepel van het Calgary Chinese Cultural Centre

traditionele technieken gemaakt. De Dr. Henry Fok Cultural Hall, met zijn 21 m hoge plafond en een indrukwekkende koepel versierd met draken en feniksen, is de kroon op dit prachtige gebouw. De vier zuilen waarop de koepel rust, zijn alle rijkelijk met goud gedecoreerd en stellen de vier seizoenen voor.

TIPS VOOR DE TOERIST

🏃 904.987. ✈ 17 km ten NO van de stad. 🚌 Greyhound Bus Station, 877 Greyhound Way SW. 🛈 Tourism Calgary 200, 238 11th Avenue SE 403–2638510, 1–800–6611678. 🎪 Calgary Stampede (juli); Calgary Folk Festival (juli); Taste of Calgary (aug.). 🆆 www.tourismcalgary.com

⛪ Glenbow Museum

130 9th Ave. SE. ☎ 403–2684100. ◯ dag. 📷 ♿ 🆆 www.glenbow.org

Het Glenbow Museum, in het centrum van Calgary, is het grootste museum van West-Canada. Het museum heeft jaarlijks drie belangrijke tijdelijke tentoonstellingen, naast de 20 permanente afdelingen. De uitstekende collectie omvat zowel Europese en moderne kunst als een omvangrijke collectie voorwerpen die de geschiedenis van het westen van Canada belichten. De uitgebreide militaire collectie bevat onder andere middeleeuwse wapens en Samuraizwaarden. Het nieuwe galeischip van Glenbow, de Nitsitapiisinni, vertelt op interactieve wijze de geschiedenis van het Blackfoot-volk.

🎭 EPCOR Centre for the Performing Arts

205 8th Ave. SE. ☎ 403–2947455. ◯ dag. 📷 🆆 www.epcorcentre.org

In dit grote complex, dat in 1985 werd gebouwd, zijn vier theaterzalen en een concertzaal gevestigd. Het centrum, dat in het hart van de stad aan Olympic Plaza gevestigd is, biedt plaats aan tal van concerten en aan de High Performance Rodeo.

SYMBOLEN

🅿	Parkeerterrein
🚆	Treinstation
🛈	Toeristenbureau

Centrale hal van het EPCOR Centre for the Performing Arts

Mounties-hut in het Interpretive Centre, Fort Calgary Historic Park

🏚 Hunt House
en Deane House

806 9th Ave. SE. ☎ 403–2901875.
◌ *Deane House: dag.* 🖼

Hunt House ligt aan Elbow River, tegenover het Fort Calgary Interpretive Centre. Dit kleine houten huis is een van de weinige gebouwen die ons nog resten van het Calgary van rond 1880.
Het nabijgelegen Deane House werd in 1906 gebouwd voor Richard Burton Deane, hoofdinspecteur van Fort Calgary. Het is tegenwoordig een in de stijl uit die periode ingericht restaurant.

🏚 Fort Calgary
Historic Park

750 9th Ave. SE. ☎ 403–2901875.
◌ *mei–okt.: dag.* 🖼 ♿

Fort Calgary werd gesticht door de North West Mounted Police in 1875 bij de samen-loop van de rivieren Bow en Elbow. De Grand Trunk Pacific Railway (later ver-smolten met de CPR) bereikte het dorpje in 1883 en het in-woneraantal schoot binnen een jaar omhoog tot 400.
In 1887 gingen enkele belangrijke gebouwen in vlammen op. Ze werden herbouwd met het minder brandgevaarlijke zandsteen. In 1914 werd de grond aange-kocht door de Grand Trunk Pacific Railway en werd het fort gesloopt. Bij opgravingen in 1970 werden er resten gevonden en in 1978 was de replica van het fort voltooid. Het bevat een bezoekerscen-trum met een nagebouwde kwartiermeestersruimte en een timmerwerkplaats. Ge-kostumeerde gidsen spelen gebeurtenissen uit het verleden na.

🍁 Saint George's Island

Saint George's Island ligt aan de Bow River, vlak bij het centrum van Calgary. Het biedt plaats aan de Calgary Zoo, de Botanical Garden en het Prehistoric Park.
De dierentuin is erg trots op de dierenverblijven, die de oorspronkelijke habitat van de dieren zo dicht mogelijk benaderen. 'The Canadian Wilds' geeft een goed beeld van de diversiteit van de Canadese natuur en de dieren die er leven. In het bos hier komt de met uitsterven bedreigde West-Canadese boskariboe voor en bezoekers kunnen tijdens een wandeling door het boreale bos misschien een trompetkraanvogel zien in het ondiepe *wetland*-gedeelte.
In de Botanical Gardens, die rond de dierentuin liggen, staat een kas met planten uit de verschillende klimaatzones over de hele wereld. In het Prehistoric Park is een recon-structie van het Mesozoïcum gemaakt, waar 22 levensechte dinosauriërs te zien zijn.

Een trompetkraanvogel in Calgary Zoo op Saint George's Island

🍁 Stampede Park

1410 Olympic Way SE. ☎ 403–2610125. ◌ *dag.* 🖼 *sommige evenementen.* ♿

Dit park biedt plaats aan de beroemde Calgary Stampede. Het terrein is het hele jaar door geopend voor recreatie en conferenties. Verder vindt u hier een renbaan en twee ijshockeystadions. Op het terrein worden ook beurzen gehouden, bijvoorbeeld op het gebied van antiek of doe-het-zelfproducten.

CALGARY STAMPEDE

De Calgary Stampede is een uitbundig festival, dat alles koes-tert wat met *western* te maken heeft. Het wordt ieder jaar in juli gehouden in Stampede Park. Het festival vindt zijn oor-

sprong in 1886, toen het een land-bouwbeurs was. De Stampede van 1912 trok 14.000 bezoekers. Sinds de jaren twintig maken gevaarlijke maar spannende huifkarrenraces onderdeel uit van de show.
Dit festival houdt de herinnering aan het ruige verleden van dit we-relddeel levend. Het begint met een bonte parade door de stad en men gaat verder met stierrijden, het vangen van kalveren en het tegen de grond dwingen van koeien. De hoofdattracties zijn de *Half-Million Dollar Rodeo* en de proviandwa-genrace, met een gecombineerde prijzenpot van zo'n 1 miljoen dollar.

Heritage Park Historic Village omvat ongeveer 70 historische gebouwen

♣ Fish Creek Provincial Park

Bow Bottom Trail SE. **C** *403–2975293*. ◯ *dag.* ♿ *gedeeltelijk.*
Het in 1975 opgerichte Fish Creek Provincial Park is een van de grootste stadsparken ter wereld. Het omvat 1348 ha bos en wildernis langs de Fish Creek. De opzichters vertonen dia's die een beeld geven van de ecologie en geschiedenis van de streek, met gedetailleerde informatie over de vele archeologische vindplaatsen, zoals *buffalo jumps* uit de periode 750 v.C.–1800 n.C. Het bos bestaat uit witte sparren, espen en andere boomsoorten. In de winter wordt er gelanglauft over veel van de wandelpaden. De Canadese gans en de Amerikaanse zeearend zijn twee voorbeelden van de vele vogelsoorten die zowel 's zomers als 's winters in het park te zien zijn.

♛ Heritage Park Historic Village

1900 Heritage Drive SW. **C** *403–2688500*. ◯ *mei–aug.: dag.; sept.–okt.: alleen weekeinde.* ● *nov.–april.*
🅿 ♿ Ⓦ www.heritagepark.ca
Heritage Park Historic Village ligt aan de oever van Glenmore Reservoir en herbergt meer dan 150 historische gebouwen, variërend van bijgebouwtjes tot een groot hotel. De gebouwen zijn afkomstig uit heel West-Canada en ze zijn per tijdvak bij elkaar geplaatst in wijken, van een pelshandelspost uit 1880 tot de winkels en woonhuizen van een kleine stad tussen 1900 en 1914. De meeste van de 45.000 voorwerpen die de sfeer in het dorp verlevendigen zijn giften van inwoners van Calgary en omgeving. Deze donaties lopen uiteen van theekopjes tot stoomtreinen. Een van de meest opwindende onderdelen is het 19de-eeuwse pretpark, dat deels in gebruik is, en drie werkende stoomtreinen. In een replica van de mooie raderboot *Moyie* kunt u een 30 minuten durende rondvaart maken over Glenmore Reservoir. Het is ook leuk om een ritje te maken in een van de elektrische trams naar de ingang van het park. Het geluid van paardenhoeven, de geuren uit de bakkerij en de smidse geven bezoekers al snel het gevoel dat zij in het verleden zijn beland. In het dorp lopen gekostumeerde gidsen rond.

Victoriaanse drankhouder, Heritage Park

♣ Canada Olympic Park

88 Canada Olympic Rd. SW. **C** *403–2475452*. ◯ *ma–vr 9.00–22.00 uur, za en zo 9.00–17.00 uur.* 🅿 ♿
In het Canada Olympic Park werden in 1988 de 15de Olympische Winterspelen gehouden. Hier werden de onderdelen bobsleeën en schansspringen afgewerkt. Tegenwoordig maken de inwoners van Calgary en toeristen gebruik van de faciliteiten. De 90 m hoge Olympic Ski Jump Tower biedt een mooi uitzicht op de Rockies en over Calgary. Simulators in de Olympic Hall of Fame and Museum geven u een idee hoe het is om in een bobslee of op ski's naar beneden te suizen.

⛩ Calgary Science Centre

701 11th St. SW. **C** *403–2688300*. ◯ *juni–sept.: dag.; sept.–mei: di–zo.* 🅿 ♿ Ⓦ www.calgaryscience.ca
Calgary Science Centre is een interactief museum, waar meer dan 35 wetenschappelijke wonderen te zien zijn, zoals het boek van spiegels, het muziekgebied en de menselijke zonnewijzer. In de Discovery Dome worden met behulp van de laatste multimediatechnieken levendige filmbeelden geschapen, die worden getoond op een koepelvormig scherm. U zult geboeid kijken naar de gedetailleerde weergave van bijvoorbeeld een achtertuin of het zonnestelsel. Op vrijdagavond kan het publiek de sterrenhemel bekijken door sterke telescopen.

⛩ Museum of the Regiments

4520 Crowchild Trail SW. **C** *403–9742850*. ◯ *dag. 10.00–16.00 uur.* ● *wo.* 🅿 *Donatie.* ♿
Ⓦ www.museumoftheregiments.ca
Het Museum of the Regiments, dat in 1990 werd geopend, is gewijd aan de geschiedenis van de Canadian Armed Forces. Het besteedt aandacht aan vier regimenten en er zijn realistische opstellingen te zien van gevechtssituaties.

Deze tank is te zien in het Museum of the Regiments

Lake Waterton in Waterton Lakes National Park is omgeven door bergen

Fort Macleod ❷

🏛 3100. 🚉 ℹ️ *Fort Macleod Museum, 25th St., 403–5534703.* 🌐 www.fortmacleod.com

Fort Macleod, de oudste nederzetting van Alberta, is in 1874 gesticht als de eerste buitenpost van de North West Mounted Police. De Mounties hadden tot taak de illegale whiskyhandel bij de handelspost Fort Whoop-up aan banden te leggen (*zie blz. 245*). Er zijn nog 30 historische gebouwen intact. De replica van het fort werd in 1957 voltooid. Er is een museum gevestigd dat is gewijd aan de tocht van de Mounties naar het westen. De oudste *buffalo jump* ligt 16 km ten noordwesten van Fort Macleod. **Head-Smashed-In-Buffalo Jump** is sinds 1987 een Werelderfgoedgebied. De *buffalo jump* was een uitvinding van de Zwartvoeten. Een grote groep mannen, gehuld in bizonhuiden, joeg een kudde op en dreef deze naar een steile klif, zodat de bizons te pletter vielen. De plek is genoemd naar de krijger die de jacht van beneden af gadesloeg en dit met de dood moest bekopen.

⋔ Head-Smashed-In-Buffalo Jump
Route 785, bij Highway 2. 🚉 *403–5532731.* 🌅 *dag.* 🎞 ♿

Waterton Lakes National Park ❸

🚉 *Calgary.* ℹ️ *Park Info Centre, ge-opend half mei–sept., 403–8592224.* 🌅 *dag.* 🎞 ♿ *gedeeltelijk.* 🌐 www.pc.gc.ca

Het natuurschoon van het Waterton Lakes National Park is even indrukwekkend als dat in andere reservaten in de Rockies, en toch is dit park minder bekend. Het ligt in de zuidwestelijke hoek van Alberta, langs de grens met de VS. Het natuurgebied is een International Peace Park, dat aansluit op het Glacier National Park in de VS.
Het park bevat unieke formaties als de Lewis Overthrust, die meer dan een miljoen jaar geleden ontstond (nog voor de Rockies werden gevormd) doordat oude rotsen over nieuwere lagen werden geduwd. De toppen van de bergen rijzen hoog op uit de prairie. Doordat Waterton een mengeling van laagland en bergen omvat, bezit het de rijkste fauna van alle Canadese parken, van beren tot dikhoornschapen en van watervogels tot sapspechten.

Crowsnest Pass ❹

ℹ️ *Frank Slide Interpretive Centre, 403–5627388.* 🌐 www.frankslide.com

Crowsnest Pass ligt aan Highway 3 in Alberta, dicht bij de grens met Brits-Columbia. Net als de meeste andere passen in de Rocky

Bezoekers krijgen een rondleiding in de Bellevue Mine, Crowsnest Pass

Mountains wordt hij omgeven door besneeuwde bergen. Tegen het begin van de 20ste eeuw, toen de mijnbouw in dit gebied sterk vertegenwoordigd was, vond hier een ernstige mijnramp plaats. In 1903 gleed een rotspartij van Turtle Mountain de vallei in richting het plaatsje Frank. Er kwamen 70 mensen om. Het Frank Slide Interpretive Centre maakte twee bekroonde audio-visuele presentaties, 'In the Mountain's Shadow' en 'On the Edge of Destruction'. Er loopt een bewegwijzerd pad door de vallei, waarlangs nog puin te zien is van de ramp. Bij de Bellevue Mine kunnen bezoekers een rondleiding krijgen door de nauwe tunnels waar tussen 1903 en 1961 de mijnwerkers werkten. Er zijn ook rondleidingen in de Leitch Collieries, een interessant mijnbouwcomplex.

Het plaatsje Fernie, met de Rocky Mountains op de achtergrond

Fernie ❺

🏨 4877. �︎ 🛈 Highway 3 en Dicken Rd., 250–4239207. 🆆 www.fernie.com

Fernie is een aangenaam plaatsje in een bosrijke omgeving. Het wordt omringd door de scherpe toppen van de Crowsnest Pass, aan de zijde van Brits-Columbia. In 1908 brandde het dorp tot de grond toe af, waarna de huizen in steen weer werden opgebouwd. Een van de mooiste historische gebouwen is het van 1911 daterende gerechtsgebouw. Fernie is een bekend wintersportplaatsje en gaat er prat op de mooiste poedersneeuw van de Rockies te bieden. Het skiseizoen loopt van november tot april. Het nabijgelegen Fernie Alpine Resort is zo groot dat er ieder uur 12.300 skiërs naar de top van de bergen vervoerd kunnen worden. In de zomermaanden kan er in de prachtige natuur van Mount Fernie Provincial Park flink gewandeld worden. Bezoekers kunnen boottochtjes maken op of vissen in de vele meren en rivieren in deze omgeving. U kunt de toppen per helikopter dicht naderen en zo de granieten rotsen, die kenmerkend zijn voor dit deel van de Rockies, van dichtbij te bekijken.

Fort Steele Heritage Town ❻

Hwy 95. 🚻 250–426/352. 🕓 dag. 🅿 ♿ 🆆 www.fortsteele.bc.ca

Dit dorp, een reconstructie van een 19de-eeuws bevoorradingsstadje, werd gesticht in 1864, toen er in Wild Horse Creek goud gevonden werd. Duizenden goudzoekers stroomden binnen via de Dewdney Trail, die Hope en de goudvelden met elkaar verbond. De plaats is genoemd naar de hoofdinspecteur van de North West Mounted

Een 19de-eeuwse kapperszaak in Fort Steele Heritage Town

Police, Samuel Steele, die in 1887 kwam om vrede te stichten tussen de inheemse Ktunaxa en de Europeanen. De plaats beleefde een korte bloeiperiode nadat men lood en zilver had gevonden. Het besluit dat de spoorweg via Cranbrook zou gaan lopen, betekende het einde; tegen het begin van de 20ste eeuw was Fort Steele een spookstad. Nu zijn er meer dan 60 gerestaureerde gebouwen en replica's te zien en loopt er gekostumeerd personeel rond. U kunt een kijkje nemen in de kruidenierswinkel, de stallen en de barakken van de Mounties, waar persoonlijke bezittingen als foto's, zwaarden en uniformen de indruk wekken dat de vertrekken nog bewoond zijn. Tijdens een rondleiding door de nabijgelegen Wild Horse Creek Historic Site kunt u goudzoeken.

DE BIZON

De grote, ruige dieren die in Canada *buffalo* worden genoemd, zijn Noord-Amerikaanse bizons. Deze ogenschijnlijk nogal lompe dieren (een volwassen mannetje kan wel 900 kg wegen) zijn wendbaar, snel en onvoorspelbaar. Voordat de Europese kolonisten in de 18de en 19de eeuw naar het westen trokken, leefden de bizons in immens grote kudden van honderdduizenden dieren. Naar schatting leefden er 60.000.000 bizons in Canada. Aanvankelijk werden ze alleen bejaagd door de Plains Indians. Zij gebruikten de bizon als een bron van voedsel, huiden en werktuigen, maar de Europeanen roeiden deze diersoort bijna uit: in 1900 waren er nog maar 1000 bizons over. In 1874 fokte de boer Walking Coyote een kudde van 716 steppebizons, waarvan de nazaten zijn losgelaten in veel nationale parken.

Een Noord-Amerikaanse steppebizon

Een luxueuze restauratiewagon in het spoorwegmuseum in Cranbrook

Cranbrook ❼

🏛 18.050. ✈ 🚌 🚆 2279
Cranbrook St. N., 250–4265914.

Cranbrook is de grootste plaats in het zuidoosten van BC. Het ligt tussen twee gebergten in, te weten de Purcell en de Rocky Mountains. Cranbrook is een belangrijk vervoersknooppunt en het ligt niet ver van prachtige alpiene bossen en de groene valleien van de voorgebergten. Tijdens een tocht in de omgeving hebt u kans wapiti's, wolven, poema's en grizzly's te zien (hier leven meer grizzly's dan in welk ander deel van de Rockies dan ook).
In het gerestaureerde station, dat dateert van 1900, is het **Canadian Museum of Rail Travel** gevestigd. Het bezit een uitgebreid archief en talloze foto's die de geschiedenis van het spoor illustreren. Bezoekers mogen rondkijken in de prachtige oude treinstellen die het museum rijk is.

🏛 **The Canadian Museum of Rail Travel**
57 Vanhorne St. S. ☎ 250–4893918. ◯ april–half okt.: dag.; eind okt.–april: di–za. 🈴 🈳

De Purcell Mountains ❽

🚆 Kamloops. 🚌 Highway 95, Golden, 250–3447125.

De ruige en mooie Purcell Mountains kijken over de brede Columbia River Valley uit op de Rockies. Dit is een van de meest afgelegen delen van de Rockies, dat skiërs aantrekt van over de hele wereld. Bergbeklimmers kunnen hun hart ophalen op de granieten toppen, die de Bugaboos worden genoemd. Het Purcell Wilderness Conservancy ligt in het noorden van het Purcell-gebergte.
Het is een van de weinige gebieden (32.600 ha) die wat toegankelijker zijn. Hier is op zeer beperkte schaal de jacht op beren, berggeiten en wapiti's toegestaan.
Vanuit het nabijgelegen, mooie stadje Invermere, bereikt u een van de moeilijkste wandelpaden van Canada: de Earl Grey Pass Trail. Dit 56 km lange pad voert over de Purcell Mountains. Het is genoemd naar graaf Grey, van 1904 tot 1911 gouverneur-generaal van Canada, die in 1909 in de Purcell-bergen een vakantiewoning liet bouwen voor zijn gezin. Het pad dat hij koos, liep langs een route van de Kinbasket-stam van het Shuswap-volk. Het is een gevaarlijke route, waar u alles kunt verwachten, van beren en lawines tot omgevallen bomen. Alleen zeer ervaren wandelaars kunnen overwegen deze route te volgen.

Glacier National Park ❾

🚆 Revelstoke/Golden. 🚌 Revelstoke 250–8377500. ◯ dag. 🈴 🈳
🆆 www.pc.gc.ca

Glacier National Park beslaat een ongerept gebied van 1350 km² in de Selkirk Range in de Columbia Mountains. Het park is gesticht in 1886. Naarmate het spoor, dat in 1885

De Purcell Mountains worden gekenmerkt door rivieren, bossen en bergen

Illecillewaet Glacier, een van de 420 gletsjers in Glacier National Park

door Roger's Pass werd aangelegd, langer werd, groeide ook de oppervlakte van het park. Veel van de gemakkelijkste wandelroutes lopen langs in onbruik geraakte spoorlijnen. Andere tochten bieden prachtig uitzicht op de 420 gletsjers in het gebied, waaronder de Great Glacier, die nu Illecillewaet Glacier wordt genoemd. Het park staat bekend om de weersomstandigheden: 's zomers veel regen en 's winters vrijwel dagelijks een sneeuwbui (er valt per seizoen zo'n 23 m sneeuw). Bezoekers zouden vanwege het grote lawinegevaar het Roger Pass Center moeten bezoeken voor actuele informatie. Vanwege het lawinegevaar liet de CPR de lijn over Roger's Pass voor wat hij was en bouwde er een tunnel onder. De Trans-Canada Highway (Highway 1), die het park doorsnijdt, loopt langs de pas en voert naar Revelstoke. Dit is een goede uitvalsbasis voor een bezoek aan de bossen en bergkammen van Mount Revelstoke National Park.

Radium Hot Springs ⑩

🏨 1000. 🛈 Chamber of Commerce, 250–3479331, 1–800–3479704.
🌐 www.radiumhotsprings.com

Het kleine plaatsje Radium Hot Springs is beroemd om zijn bronnen en vormt een goed startpunt voor verkenningstochten door het nabijgelegen Kootenay National Park. In de zomer zijn de vele koffiehuizen en cafés langs de hoofdstraat met bloemen versierd en telt het dorp meer bezoekers dan inwoners. Jaarlijks wordt deze plaats bezocht door 1,2 miljoen bezoekers, waarvan een groot deel komt om te baden in het heilzame bronwater. Het warme bad is er voor de ontspanning en in het koelere bad wordt gezwommen. Kleedhokjes, douches en handdoeken zijn hier te huur en ook massages behoren tot de mogelijkheden. Verder kunt u de Columbia Valley Wetlands bezoeken. De Columbia River, die wordt gevoed door smeltwater uit de Purcell en Rocky Mountains, slingert door dit moerasgebied, waar meer dan 250 soorten watervogels leven, zoals de Canadese gans.

Baden in de Radium Hot Springs

Kootenay National Park ⑪

📍 Banff. 🛈 Park Info Centre, open mei–sept., 250–3479615. ⭘ dag.
♿ 🅿 🌐 www.pc.gc.ca

Kootenay National Park is 1406 km² groot en staat bekend vanwege zijn ecologie, klimaat en diversiteit van het landschap. De 94 km lange Kootenay Parkway (Hwy. 93S) doorsnijdt het park van noord naar zuid. Hij kronkelt door de nauwe Sinclair Canyon, langs de wereldbekende Radium Hot Spring Pools, langs de diepe rode kliffen van Redwall Fault en over de Sinclair Pass. Vervolgens leidt hij naar de Kootenay River Valley langs Hector Gorge in de Vermilion River Valley. Langs korte paadjes komt u bij de magische Paint Pots, ijzerhoudende bronnen met roestkleurige oevers. Vervolgens ziet u de Marble Canyon, met 35 m diepe dolomieten ravijnen, ingesleten door het gletsjerwater van Tokumm Creek. Het Fireweed Trail bij de Vermilion Pass laat na branden herstellende bossen zien, die groeien langs de Continental Divide.

De okerkleurige Paint Pot-vennen in Kootenay National Park

Kananaskis Country ⑫

📍 Canmore. 🛈 Suite 201, 800 Railway Ave., Canmore, 403–6785508.
🌐 www.kananaskisalberta.ca

Kananaskis Country is een groen gebied in de uitlopers van de Rocky Mountains met meren, rivieren en alpenweiden. Het ligt ten zuidwesten van Calgary, op de grens van Banff National Park. Dit ongerepte natuurgebied, met een oppervlakte van 5000 km², is aantrekkelijk om te wandelen en wilde dieren te bekijken, zoals arenden, wolven en beren. Het plaatsje Canmore vormt het middelpunt van dit recreatiegebied. U vindt er accommodatie en informatie over activiteiten, waaronder tochten door de natuur.

Banff National Park ⓭

Banff is het bekendste nationale park van de
Rockies. In 1883 ontdekten drie arbeiders van
de Canadian Pacific Railroad warme bronnen in
het gebied, dat in 1885 werd uitgeroepen tot het
eerste Canadese natuurreservaat. Eeuwen voor de
aanleg van de spoorlijn leefden er in de valleien
rond Banff leden van de Zwartvoeten, Stoney en
Kootenay. Banff National Park beslaat een gebied
van 6641 km² en omvat enkele van de mooiste
gebieden van het hele land. Het park bevat
indrukwekkende pieken, bossen, gletsjermeren
en machtige rivieren. De miljoenen bezoekers die
het park jaarlijks trekt, ondernemen tal van
activiteiten, van wandelen en kanoën tot skiën.

Peyto Lake
*Een van de mooiste wandelingen is
die van de Icefields Parkway, vlak
bij Bow Summit, naar een plek
waar u uitkijkt over het felblauwe
water van Peyto Lake.*

Parker Ridge

JASPER

93

0 km   5

**Saskatchewan
River Crossing**
ligt op het snij-
punt van drie
rivieren, langs
de route van de
19de-eeuwse
pionier David
Thompson.

Uitzicht vanaf de Icefields Parkway
*Deze 230 km lange weg, die bekend-
staat om zijn schitterende uitzicht op
toppen, bossen, meren en gletsjers,
ligt tussen Lake Louise en Jasper.*

REGELS VOOR DE OMGANG MET BEREN

In de nationale parken in de Rockies leven zowel grizzly-
beren als zwarte beren. Hoewel de kans klein is dat u
oog in oog komt te staan met een beer, dient u acht te
slaan op *The Mountain Guide*, een publicatie met
veiligheidstips van Parks
Canada, gratis voor alle
parkbezoekers. De basis-
regels zijn: nader de beren
niet, voer ze niet, sla niet op de
vlucht wanneer u er een tegenkomt en blijf kalm. Beren hebben
een uitstekende neus, dus bewaar
alle proviand in de auto of in de
speciale beerbestendige kastjes.

Grizzlybeer in Banff

Valley of the Ten Peaks
*Vanaf Lake Louise voert een
prachtige weg naar Moraine
Lake, dat wordt omringd door
3000 m hoge toppen.*

Johnston Canyon

Dit spectaculaire ravijn bevat twee imposante watervallen en één van de drukstbezochte wandelpaden van het park. U bereikt het pad vanaf de Bow Valley Parkway (zie blz. 300). Er zijn paden die vlak langs de watervallen lopen. Langs de paden staan bordjes met uitleg over het gebied.

TIPS VOOR DE TOERIST

Highway 1 en 93. *Banff Visitor Centre, 224 Banff Ave., Banff, 403–7628421.* *Brewster Bus Depot, 100 Gopher St.* *dag.* W www.banfflakelouise.com

SYMBOLEN

▬▬	Snelweg
▬	Hoofdweg
—	Rivieren
Ⓐ	Kampeerterrein
ⓘ	Toeristenbureau
ᛃ	Uitkijkpunt

Lake Minnewanka

is het grootste meer van Banff. Het is een uitstekende plek voor picknicks en bootwochtjes

Bankhead

Rond dit verlaten mijnstadje loopt een wandelroute waarlangs historische foto's staan opgesteld.

YOHO NP
VANCOUVER

Lake Louise

Het blauwe water van Lake Louise is slechts een voorproefje van de schoonheid van de Rockies. Hier werd een van de eerste stadjes van Banff gesticht. De eerste bezoekers kwamen hier al in 1885.

Banff National Park verkennen

**Berggeit bij de
Icefields Parkway**

I edereen, maar dan ook iedereen die Banff National Park bezoekt, is onder de indruk. Er zijn zo'n 25 bergen met een hoogte van meer dan 3000 m en deze worden weerspiegeld in het turkooizen water van de vele meren die het park rijk is. In het plaatsje Banff staan de bezoeker tal van faciliteiten ter beschikking, inclusief de weldadige warme bronnen die de aanleiding vormden tot de oprichting van het park. Het is tevens een goede uitvalsbasis voor verkenningstochten door de omgeving. Zelfs de snelweg hier wordt gezien als een bezienswaardigheid. De Icefields Parkway (Highway 93) verbindt Banff met Jasper National Park.

Icefields Parkway (Highway 93)

De Icefields Parkway is een 230 km lange weg, die zich slingerend een weg baant langs de scherpe bergkammen van de Rocky Mountains. De weg is op zichzelf al iets heel bijzonders; tijdens de klim van Lake Louise tot aan Jasper krijgt u na iedere bocht wéér een fraai vergezicht te zien. De weg werd bij wijze van werkgelegenheidsproject aangelegd tijdens de Grote crisis in de jaren dertig en had een puur recreatief doel. In 1960 kreeg de weg zijn huidige lengte. Er zijn tal van parkeerstroken, zodat automobilisten de vergezichten in zich kunnen opnemen. Bow Summit is met 2068 m het hoogste punt van de weg. Een zijweg voert naar het uitkijkpunt **Peyto Lake**, met uitzicht over een felblauw meer, waarin de besneeuwde toppen zich weerspiegelen. In de zomer staan de bergweiden van Bow Summit prachtig in bloei. Vanaf hier is ook de Crowfoot Glacier te zien, een indrukwekkende strook ijs in de vorm van een kraaienpoot. Verder naar het noorden leidt een pad vanaf een parkeerplaats omlaag naar **Mistaya Canyon** met zijn steile wanden en een natuurlijk gevormde boog. De weg voert dicht langs de Icefields (die de parkgrenzen overschrijden tot in Jasper National Park), en de Athabasca Glacier is vanaf de weg goed te zien. Langs de weg worden regelmatig berggeiten en dikhoornschapen waargenomen.

De Bow Valley Parkway voert door een prachtig natuurgebied

De Bow Valley Parkway

De Bow Valley Parkway is een 55 km lang alternatief voor de Trans-Canada Highway, die loopt tussen Banff en Lake Louise. De weg volgt de Bow River Valley, waarlangs borden staan die de bezoeker informeren over dit gebied. Er zijn ook talloze uitkijkpunten.

Vanaf de weg krijgt u ook een indruk van de fauna van dit gebied: er leven beren, wapiti's en coyotes.
Zo'n 19 km ten westen van Banff voert een van de beste wandelroutes van de kant van de weg naar het **Johnston Canyon**-pad. Een verhard pad voert naar de canyon en twee indrukwekkende watervallen. Het pad naar de lagere waterval is toegankelijk voor rolstoelgebruikers. De wandeling naar de bovenste waterval bedraagt 2,7 km. Een plankier voert langs de rotswand naar de canyon en biedt tussen de bergen door uitzicht op de spoorlijn. De Ink Pots, een aantal meertjes waarin blauwgroen water opborrelt uit ondergrondse bronnen, behoren tot de bijzonderste natuurverschijnselen in de canyon. Informatieborden verklaren hoe deze fascinerende canyon heeft kunnen ontstaan.

Lake Minnewanka Drive

Deze smalle, slingerende rondweg met een lengte van 14 km begint bij de afslag Minnewanka aan de Trans-Canada Highway. De weg voert langs picknickplaatsen, voetpaden en drie meren. Het 20 km lange Lake Minnewanka is Banffs grootste meer. Een leuke, korte wandeling brengt u bij **Bankhead**, een verlaten kolenmijn, die halverwege de 19de eeuw volop in bedrijf was. Langs het pad zijn oude foto's en informatieborden geplaatst die een beeld geven van het leven dat de mijnwerkers leidden.

Lake Minnewanka, het grootste meer in Banff National Park

Het fraaie Banff Springs Hotel is gebouwd in de stijl van een Schots kasteel

Banff

Het stadje Banff ontstond rond de warme bronnen die hier rond 1880 werden ontdekt. De directeur van de Canadian Pacific Railroad, William Cornelius Van Horne, verwachtte dat er een toeristenstroom op gang zou komen en bouwde daarom in 1888 het fraaie Banff Springs Hotel. Het stadje was zeer in trek en breidde zich al snel uit. Op de **Cave and Basin National Historic Site**, aan de voet van Sulphur Mountain, werd in 1883 de eerste bron ontdekt door spoorwegarbeiders. Het museum hier besteedt aandacht aan de ontstaansgeschiedenis van Banff. De **Upper Hot Springs Pool**, eveneens aan de voet van Sulphur Mountain, is een drukbezochte plek, waar bezoekers zich verpozen in het weldadige water. Sulphur Mountain, 2295 m boven de zeespiegel, biedt een spectaculair uitzicht over het omliggende gebied. Er voert een 5 km lang pad naar de top, maar er is ook een gondel die bezoekers in acht minuten naar de top brengt. Vanaf uitzichtplatforms kunt u de Rockies bewonderen. Het is het hele jaar door druk in Banff. In de winter kunt u er skiën en er zelfs met een hondenslee op uit trekken. In de zomer komen hier wandelaars, fietsers en bergbeklimmers. In het in 1903 gebouwde **Banff Park Museum** zijn onder meer vogels en insecten te zien.

🏛 Banff Park Museum
93 Banff Ave. 📞 403-7621558. ⬤ dag. ⬤ 25 dec., 1 jan. 📷 ♿

Deze gondels vervoeren passagiers naar de top van Sulphur Mountain

Lake Louise
🛈 bij Samson Mall, 403-7620270.
Het schitterende Lake Louise is een van de grootste publiekstrekkers van Banff National Park. Het is zelfs het symbool van de Rockies geworden. Het meer is beroemd wegens zijn turkooizen kleur en de besneeuwde bergen eromheen. U ziet er ook de Victoria Glacier, die zich bijna tot aan het water uitstrekt. Langs de wandelroutes om het meer wordt op borden uitgelegd hoe het zo'n 10.000 jaar geleden, tegen het einde van de laatste IJstijd, is ontstaan. De opmerkelijke kleur van het water van dit en van andere meren wordt veroorzaakt door gletsjerslib, dat vlak onder het wateroppervlak blijft hangen. Aan het meer staat het in 1894 gebouwde hotel Château Lake Louise. In de zomer kunt u met een gondel Mount Whitehorn op, waar u het prachtige uitzicht over de gletsjer en het meer kunt bewonderen. 's Winters komen hier vooral skiërs en bergbeklimmers. In het dorp Lake Louise kunt u proviand inslaan en benzine tanken.

Moraine Lake
Moraine Lake is minder bekend dan Lake Louise, maar is even prachtig. Aan het meer staat een fraaie *lodge*, waar u terecht kunt voor accommodatie, maaltijden en het huren van een kano. Het meer vormt het startpunt van verschillende wandelroutes: een van de paden volgt de noordoever over een lengte van meer dan 1,5 km. Het steile pad naar Larch Valley-Sentinel Pass eindigt bij een van de hoogste passen van het park en biedt enkele mooie vergezichten.

Yoho National Park ⑭

Het woord Yoho betekent in de taal van de Cree 'ontzag en verwondering' en wie de schoonheid van de bergen, meren, watervallen en opmerkelijke rotsformaties ziet, begrijpt waarom het nationale park deze naam heeft gekregen. Yoho National Park ligt aan de westzijde van de Rockies in BC, naast de reservaten Banff en Kootenay. Bezoekers kunnen er klimmen, wandelen, varen en skiën of anders een kijkje nemen bij Burgess Shale, waar perfect bewaard gebleven fossielen van zeedieren te zien zijn. Deze dieren leefden tijdens het Cambrium, zo'n 500 miljoen jaar geleden. De excursie (maximaal 15 personen) is altijd onder begeleiding.

Dodecatheon meadia

WAPTA ICEFIELD

Emerald Lake
De rustieke Emerald Lake Lodge (zie blz. 357) *biedt accommodatie op deze rustige, afgelegen plek, in het midden van het park. Het meer en de omgeving lenen zich uitstekend voor kanoën, wandelen en paardrijden.*

Natural Bridge
Natural Bridge, in het midden van het park, overspant het water van de Kicking Horse River. Eeuwenlange erosie heeft een doorgang doen ontstaan in de harde rots.

VANCOUVER, GLACIER NATIONAL PARK

Symbolen

▬	Snelweg
▬	Hoofdweg
▬	Rivieren
🅰	Kampeerterrein
🏕	Picknickplaats
ℹ	Toeristenbureau
🌿	Uitkijkpunt

Hoodoo Creek
Deze fantastische torens zijn het resultaat van erosie. U bereikt deze 'kunstwerken' via een kort, maar erg steil pad.

TIPS VOOR DE TOERIST

Highway 1. ℹ *Park Info Centre, Field*, 250–3436783. ◯ dag.
🏠 🍴 🚻 📷 🅰
Ⓦ www.parkscanada.gc.ca/yoho

De Yoho Valley staat bekend om zijn natuurschoon, waaronder de Takakkaw Falls.

Takakkaw Falls

In de taal van de oorspronkelijke bewoners betekent Takakkaw 'het is prachtig' en dit is dan ook een van de indrukwekkendste watervallen van Canada (hij stort zich 254 m omlaag). U komt hier via de Yoho Valley Road, geopend in het seizoen.

Burgess Shale, een Werelderfgoedgebied, omvat twee fossielbedden. Voor de rondleiding is reserveren verplicht.

CALGARY, BANFF NATIONAL PARK

Kicking Horse River
Deze onstuimige rivier stroomt door Yoho langs de uit 1880 daterende spoorweg. Over het spoor rijden goederentreinen en de Rocky Mountaineer *(blz. 407).*

Lake O'Hara
Dit schitterende meer ligt in de schaduw van Mount Victoria en Mount Lefroy. In dit kwetsbare natuurgebied wordt slechts een beperkt aantal bezoekers toegelaten, dus wie hier een wandeltocht wil maken, moet tijdig reserveren.

0 km 3

De Valley of the Ten Peaks wordt weerspiegeld in het felturkooizen water van Moraine Lake ▷

Jasper National Park ⓑ

Jasper, het grootste en het meest noordelijke van de vier nationale parken in de Rocky Mountains, is ook het meest ongerepte park. Het heeft een oppervlakte van 10.878 km² en omvat een bergachtig gebied met valleien met gletsjermeren en het Columbia Icefield (*zie blz. 308*). Dit is een 400 jaar oude ijszee met een dikte van zo'n 900 m. Vanaf deze ijszee strekken zich kille ijsvingers uit in de valleien van het nationale park. Enkele van de gemakkelijkste voetpaden beginnen bij Maligne Lake en Canyon en in Jasper. Deze plaats ligt ruwweg in het hart van het park en vormt het beginpunt voor veel van de meest geliefde wandelingen en bezienswaardigheden, zoals de Miette Hot Springs.

Pyramid Lake
Zowel het Pyramid Lake als het nabijgelegen Patricia Lake liggen dicht bij Jasper.

De Jasper Tramway
Op slechts enkele kilometers buiten de plaats Jasper loopt de Jasper Tramway, die bezoekers naar een platform bij de top van Whistler's Mountain (2285 m) brengt. Hier kijkt u uit over de bergen, bossen en meren in het park.

Snake Indian River

VICTORIA CROSS RANGE

PRINCE GEORGE

16

Ja La

0 km   20

SYMBOLEN

━ Hoofdweg

═ Secundaire weg

━ Rivieren

🅐 Kampeerterrein

 Picknickplaats

ℹ️ Toeristenbureau

☀️ Uitkijkpunt

Mount Edith Cavell
U kunt omhoog rijden tot aan Cavell Lake. Vanaf daar leidt er een pad naar Angel Glacier en de Cavell Meadows.

Maligne Canyon
Dit is een van de mooiste canyons van de Rockies. De steile kalkstenen wanden en de donderende watervallen kunt u bekijken vanaf de vele loopbruggen die er in dit gebied te vinden zijn.

TIPS VOOR DE TOERIST

Highway 93 en 16. ■ *409 Patricia St, Jasper, 780–8523858.* ■ *VIA Rail, Connaught St.* ■ *Greyhound Bus Station.* ○ dag. ♿ 🚗 🚻 W www. jaspercanadianrockies.com

Miette Hot Springs
Bezoekers genieten van een bad in het warmste bronwater van de Rockies. Het water heeft een hoog mineraalgehalte en zou een heilzame werking hebben.

EDMONTON

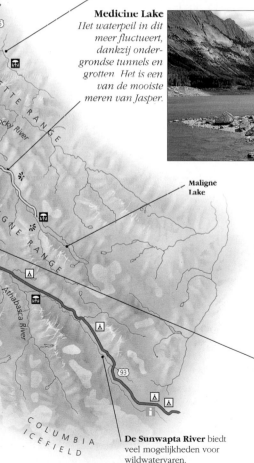

Medicine Lake
Het waterpeil in dit meer fluctueert, dankzij ondergrondse tunnels en grotten. Het is een van de mooiste meren van Jasper.

Maligne Lake

Athabasca Falls
De Athabasca River perst zich door een zeer smalle opening en stort zich dan ook met donderend geweld naar beneden.

De Sunwapta River biedt veel mogelijkheden voor wildwatervaren.

Jasper verkennen

H et natuurschoon in het in 1907 gestichte Jasper National Park is even indrukwekkend als dat in andere
delen van de Rockies. Dit zeer afgelegen gebied is nog
ongerepter dan andere nationale parken; grote delen
van het park kunnen alleen te voet, te paard of per kano
worden verkend. Rugzaktoeristen die langer dan één
dag door het park willen trekken, dienen te beschikken
over een vergunning van het Park Trail Office.
In Jasper worden vaker beren, elanden en wapiti's
waargenomen dan in andere parken in de Rockies.
Hoewel de meeste faciliteiten tussen oktober en Pasen
gesloten zijn, kunnen dappere wintersporters in deze
periode langlaufen op adembenemende paden langs de
bevroren meren, maar ze kunnen ook gaan vissen op
een bevroren meer, skiën of met een gids over het ijs
wandelen. In de zomer zijn er tal van dagexcursies
mogelijk vanuit het centraal gelegen stadje Jasper.

**Skiën is slechts één van de vele
sporten die u in Jasper kunt doen**

Columbia Icefield en
Icefield Centre

Icefields Parkway. 📞 *780–8526288.*
🅾 *mei–okt.: dag.* ♿
🌐 www.columbiaicefield.com
Het Columbia Icefield, dat in de
nationale parken Banff en
Jasper ligt, is de grootste
ijsvlakte van de Rockies. Het
werd gevormd tijdens de
laatste IJstijd en heeft een
oppervlakte van 325 km².
Zo'n 10.000 jaar geleden ging
deze streek schuil onder een
laag ijs die brede valleien, steile bergen en scherpe richels
heeft uitgeslepen. De gletsjers
hebben zich in de afgelopen
eeuw enigszins teruggetrokken, maar in de eerste jaren van
de 20ste eeuw was het gebied
waar nu de Icefields Parkway
loopt, nog met ijs bedekt.
Het informatiecentrum be-

steedt aandacht aan de IJstijd
en de sporen die de gletsjers
in de Rockies hebben nagelaten. Bij het Icefield Centre kunt
u informatie inwinnen over de
wandelroutes in het gebied en
er vertrekken Sno-coaches
voor excursies naar de
Athabasca Glacier.

Athabasca Falls

Op het kruispunt van Highway
93 en 93A, waar de Athabasca
River een vrije val van 23 m
maakt, bevindt zich een van
de spectaculairste watervallen
van het park.
Het is niet de hoogste
waterval van de Rockies, maar
de Athabasca River wordt hier
met zoveel kracht door een
nauwe doorgang geperst dat
er een machtige, schuimende
en kolkende stroom ontstaat.

Jasper

Het plaatsje Jasper werd in
1911 gesticht als een station
voor arbeiders die in de
Athabasca River Valley werkten
aan de Grand Trunk Pacific
Railroad. Net als in Banff ging
de aanleg van het spoor
gepaard met een uitbreiding
van het park. Het plaatjse
Jasper breidde zich uit: er
verrezen hotels, restaurants en
een bezoekerscentrum.
De belangrijkste publiekstrekkers liggen dicht bij de
stad, die in het midden van
het park ligt, aan Highway 16
en de Icefields Parkway
(Highway 93).
Op 7 km van de stad brengt
de Jasper Tramway u binnen
zeven minuten bijna tot de top
van **Whistlers Mountain**.
Het eindpunt ligt op 2285 m,
vanwaar er een duidelijk ge-
markeerd pad naar de top op
2470 m voert. Op een heldere

De woest kolkende Athabasca River leent zich uitstekend voor het wildwatervaren

dag krijgt u vrijwel nergens een fraaier uitzicht. Wie liever op eigen kracht naar boven gaat, kan het 2,8 km lange pad naar de top van de berg nemen. Het slingerende pad biedt daarbij een mooi uitzicht op de valleien van de Miette en Athabasca. In juli gaan de grazige alpenweiden schuil onder een kleurrijk bloemtapijt.

Patricia Lake en Pyramid Lake

Ten noorden van Jasper liggen Patricia Lake en Pyramid Lake tegen de 2763 m hoge Pyramid Mountain aan. Ze vormen een perfect doel voor een dagtochtje en lenen zich voor windsurfen en zeilen; materiaal is te huur bij de twee *lodges*.

Het diepblauwe water van Pyramid Lake bij Pyramid Mountain

Maligne Lake Drive

Maligne Lake Drive begint 5 km ten noorden van het plaatsje Jasper, splitst zich af van Highway 16 en loopt verder door de vallei tussen de bergketens Maligne en Queen Elizabeth. Langs deze prachtige route volgt het ene mooie uitzicht het andere op (er zijn veel uitzichtpunten), en bezoekers krijgen een mooi beeld van de Maligne Valley. De indrukwekkende Maligne Canyon bereikt u via een 4 km lang pad, waarlangs uitleg wordt gegeven over de ontstaansgeschiedenis van deze kloof. Maligne Canyon, een van de mooiste canyons van de Rockies, heeft kalkstenen wanden van wel 50 m hoog en de vele loopbruggen bieden uitzicht op

Een boot op Maligne Lake, het grootste natuurlijke meer van de Rockies

watervallen. De weg eindigt bij het mooie Maligne Lake, dat 22 km lang is en wordt omringd door besneeuwde bergen. Er lopen verschillende paden rond het meer, waarvan er één naar de Opal Hills voert. In Jasper kunt u een tocht onder leiding van een gids boeken. Het is mogelijk om visgerei en kano's of kajaks te huren, zodat u het meer ook van iets dichterbij kunt bewonderen.

Medicine Lake

Medicine Lake, dat bekendstaat om zijn fluctuerende waterpeil, bereikt u via een zijweg van Maligne Lake Drive. In de herfst bevat het meer weinig water, maar tegen de lente, wanneer de Maligne River veel water aanvoert, stijgt het waterpeil weer. De verschillen worden veroorzaakt door ondergrondse grotten en kanalen.

Miette Springs

780–8663939, 1–800–7671611.
half mei–sept.: dag.
Deze bronnen, gelegen op 61 km ten noorden van Jasper aan de mooie Miette Springs

Road, zijn de heetste die er in de Rockies te vinden zijn: er worden temperaturen gemeten van 53,9°C. De thermale baden voor de bezoekers worden afgekoeld tot zo'n 39°C. Het water zou een ontspannende en een heilzame werking hebben – het bevat calcium, sulfaten en kleine beetjes waterstofsulfide (die naar rotte eieren ruiken). In het vakantieoord Miette Springs zijn twee nieuwe baden, waarvan er één geschikt is voor kinderen. Het complex omvat verder zowel restaurants als hotels.

Mount Edith Cavell

Deze berg, die is genoemd naar een heldhaftige verpleegster uit WO II, ligt 30 km ten zuiden van de plaats Jasper. De prachtige autorit omhoog zal u nog lang bijblijven. De weg eindigt bij Cavell Lake, aan de noordzijde van de berg. Vanaf hier leidt een bewegwijzerd pad naar een meertje onder de Angel Glacier. Tijdens de drie uur durende wandeling door de Cavell-weiden ziet u de gletsjer liggen.

Een 'ijsvinger' van Angel Glacier, gezien vanaf Mount Edith Cavell

Deze keuken (begin 20ste eeuw) is te zien in het Grande Prairie Museum

Prince George **⓰**

🏙 *70.000.* ✈ 🚆 🚌 🛈 *1198
Victoria St., 250–5623700.*
🌐 *www.tourismpg.com*

Prince George, de grootste
stad in centraal Brits-
Columbia, is het levendige
vervoers- en handelscentrum
van de streek. Het ligt aan twee
belangrijke wegen, Yellowhead (Highway 16) en Highway 97, die bij Dawson Creek
overgaat in de Alaska Highway. De plaats werd in 1807
gesticht als Fort George, een
pelshandelcentrum bij het punt
waar de Nechako en de Fraser
samenvloeien. Prince George
vormt een goed vertrekpunt
voor uitstapjes in de omgeving.
U vindt er alle faciliteiten die u
in een grote stad kunt verwachten, inclusief een in de
geschiedenis en cultuur van de
Eerste Volken gespecialiseerde
universiteit, een symfonie-
orkest en enkele musea. Het
**Fort George Regional Mu-
seum** ligt op de plek van het
oorspronkelijke Fort. Het
wordt omringd door het 26 ha
grote Fort George Park en bezit een collectie objecten van
inheemse stammen en
Europese pioniers.
Tijdens een gratis rondleiding
bij de plaatselijke pulpmolens
komen bezoekers veel te weten over de houtproductie, van
de velden vol jonge aanplant
tot huizenhoge stapels
planken en onbewerkt hout.

🏛 **Fort George Regional
Museum**
20th Ave. en Queensway. ☎ *250–
5621612.* ◯ *dag.* ● *25 dec.,
1 jan.* 🎦 **donatie.** ♿

Grande Prairie **⓱**

🏙 *40.000.* ✈ 🚆 🛈 *11330 106th
St., 780–5397688.*
🌐 *www.northernvisitor.com*

Grande Prairie is een grote,
moderne stad in de noord-
westelijke hoek van Alberta.
De stad wordt omringd door
akkerland en is een geliefde
pleisterplaats voor reizigers
op weg naar Dawson Creek
en de Alaska Highway (*zie
blz. 260–261*).
De stad vormt het middelpunt
van de Peace River-regio;
de reusachtige winkelcentra
en de gespecialiseerde winkels in het centrum bieden
alle gelegenheid tot winkelen.
Er wordt in deze provincie
geen provinciale belasting
geheven op uw aankopen
(*zie blz. 380*).
Het centrum van de stad
wordt gesierd door het prachtige Muskoseepi Park, met een
oppervlakte van 45 ha. Hier
kunt u wandelen, fietsen en
langlaufen. In het park is ook
het **Grande Prairie Museum**

gevestigd. Het museum be-
staat uit tien gebouwen, die
samen meer dan 16.000
historische objecten bevatten.
Er zijn verschillende replica's
te zien, waaronder een school
uit 1911, een postkantoor en
een kerk. Ook de beroemde
dinosaurusbotten die in de
Peace River Valley zijn gevonden, worden in het
museum tentoongesteld.
Bear Creek, de rivier die door
Muskopeesi Park stroomt,
heeft een magnetische aan-
trekkingskracht op vogel-
kenners, omdat de arend hier
veel gezien wordt. De Grand
River *wetlands,* vooral die bij
Crystal Lake gelegen in de
noordoostelijke hoek van de
stad, vormen een van de
weinige broedplaatsen voor
de zeldzame trompetzwanen.

🏛 **Grande Prairie Museum**
hoek 102nd St./102nd Ave.
☎ *780– 5325482.* ◯ *mei–sept.:
dag.; okt.– april: zo–vr.*
● *25 dec., 1 jan.* 🎦 ♿

Fort St. John **⓲**

🏙 *17.000.* ✈ 🚆 🛈 *9923
96th Ave., 250–7856037.*

Fort St. John ligt bij mijlpaal 47 aan de Alaska
Highway, te midden van de
glooiende heuvels van de
Peace River Valley. In 1942,
toen de Highway werd
aangelegd, groeide het
inwoneraantal snel van 800 tot
6000. Toen de weg eenmaal
was voltooid, werd Fort St.
John het drukke hart van de
regio. Er verblijven toeristen
die de streek verkennen en

Weelderig akkerland langs de Peace River in noordelijk Brits-Columbia

Het groene water van het door bergen omringde Muncho Lake in Muncho Lake Provincial Park

het levert goederen en diensten voor de vele boerenbedrijven in de omgeving. Toen in de jaren vijftig het grootste olieveld van de provincie werd gevonden, beleefde de stad een bloeiperiode. Fort St. John is trots op zijn industriële en pioniererfgoed en besteedt aandacht aan de geschiedenis van de oliewinning in het plaatselijke museum, waarvan de ingang wordt geflankeerd door een 43 m hoge boortoren.

Fort Nelson ⓲

🏛 *6000.* ✈ 🚌 🛈 *5319 50th Ave. S., 250–7742541.*

O danks het feit dat de olie-, gas- en houtindustrie in de jaren zestig en zeventig een sterke groei doormaakten, heeft Fort Nelson de gemoedelijke sfeer van vroeger weten te bewaren. Vóór de aanleg van de Alaska Highway, in de jaren veertig, was Fort Nelson een belangrijke pleisterplaats op weg naar de Yukon en Alaska. Pas in de jaren vijftig deden de telefoon, stromend water en elektriciteit hier hun intrede. Vroeger was de bont-

handel de belangrijkste bron van inkomsten en zelfs nu nog wordt er gejaagd op wolven, bevers en lynxen, waarbij het zowel om de pels als om het vlees te doen is. U kunt hier per bus en per vliegtuig komen en er staan bezoekers goede faciliteiten ter beschikking. De bevolking staat bekend om haar vriendelijkheid en in de zomer worden er gratis lezingen gegeven over het leven in het noorden. Aan de hand van foto's en andere voorwerpen geeft het museum een beeld van de bouw van de 2394 km lange Alaska Highway.

Lynx bij Fort Nelson

Muncho Lake Provincial Park ⓴

Bij Highway 97.
⭘ *half mei–sept.: dag.*

D it is een van de drie provinciale parken die na de voltooiing van de Alaska Highway in 1942 werden ingesteld (net als Stone Mountain en Liard Hot Springs). Door Muncho Lake loopt het mooiste

stuk van de weg, langs de kale pieken van de noordelijke Rockies. De kalkstenen hellingen vertonen duidelijke sporen van duizenden jaren van erosie door de gletsjers. Er zijn ook *hoodoos* te zien. De weg gaat langs de oostelijke oever van het 12 km lange Muncho Lake en voert vervolgens naar de overkant van Liard River, waar de Mackenzie Mountains beginnen. Vroeg in de zomer is de kans groot dat u elanden ziet grazen op de weiden vol wilde bloemen.

De moerassen van het park zijn zeer geliefd bij botanici, die hier de zeldzame orchideeënsoort *Cypipedium* komen bewonderen. Langs de weg zijn verder geiten, schapen en kariboes te zien, die afkomen op de natriumafzettingen.

Bezoekers kunnen overnachten in het 88.000 ha grote park op campings of in een van de lodges. Het diepe water van het Muncho Lake is rijk aan forel en is zeer in trek bij vissers.

ZUID- EN NOORD-BRITS-COLUMBIA

Zuid-Brits-Columbia beslaat het gebied ten zuiden van Prince George tot aan de Amerikaanse grens. De natuur in dit gebied wordt gekenmerkt door een grote variatie, met onder meer de bossen en watervallen van Wells Gray Provincial Park en weelderige valleien, wijngoederen en de meren in de Okanagan Valley. Noord-Brits-Columbia ligt ten noorden van Prince Rupert. Het gebied wordt begrensd door de Yukon, het Kustgebergte (in het westen) en de Rockies (in het oosten). Dit indrukwekkende landschap, van het vulkanische gebied rond Mount Edziza tot de bevroren bossen van Atlin Provincial Park, bereikt u via de Cassiar Highway. Tijdens een boottocht naar de Koningin Charlotte-eilanden zult u zeer van het uitzicht genieten. Gedurende 10.000 jaar werd deze eilandengroep bewoond door de Haida-stam, die bekendstaat om zijn totempalen.

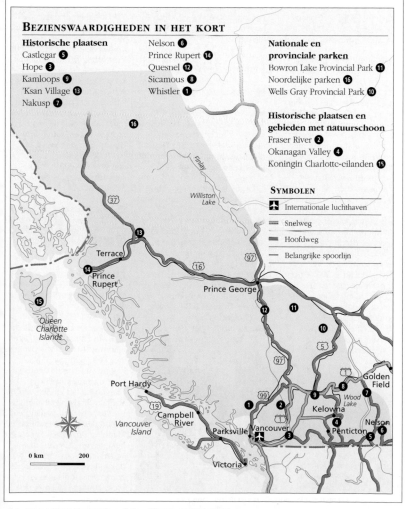

BEZIENSWAARDIGHEDEN IN HET KORT

Historische plaatsen
Castlegar ❺
Hope ❸
Kamloops ❾
'Ksan Village ⓭
Nakusp ❼

Nelson ❻
Prince Rupert ⓮
Quesnel ⓬
Sicamous ❽
Whistler ❶

Nationale en provinciale parken
Bowron Lake Provincial Park ⓫
Noordelijke parken ⓰
Wells Gray Provincial Park ❿

Historische plaatsen en gebieden met natuurschoon
Fraser River ❷
Okanagan Valley ❹
Koningin Charlotte-eilanden ⓯

SYMBOLEN

✈ Internationale luchthaven

══ Snelweg

▬ Hoofdweg

— Belangrijke spoorlijn

Finlay
Williston Lake
Terrace
Prince Rupert
Queen Charlotte Islands
Prince George
Golden Field
Wood Lake
Port Hardy
Campbell River
Vancouver Island
Kelowna
Parksville
Vancouver
Penticton
Nelson
Victoria

0 km   200

◁ **De Fraser River stroomt door de bosrijke Fraser River Canyon**

De Trans-Canada Highway biedt uitzicht op de Fraser Canyon en de Fraser River

Whistler ➊

🏔 *10.000.* 🚉 ℹ️ *4010 Whistler Way, 604–9302769, 1–877–9919988.* ⓦ *www.tourismwhistler.com*

Whistler is de grootste wintersportplaats van Canada. Dit plaatsje, gelegen in het Kustgebergte op slechts 120 km ten noorden van Vancouver, bestaat uit vier delen: Whistler Village, Village North, Upper Village en Creekside. De afdalingen op de bergen van Whistler en Blackcomb behoren tot de steilste van heel Noord-Amerika. Het milde klimaat en de sneeuwzekerheid zorgen voor perfecte weersomstandigheden. In de zomer kan er gekiesd worden op de Hortsman Glacier in Blackcomb. Whistler Village bestaat nog niet zo lang (de eerste skilift werd geopend in 1961), maar biedt veel faciliteiten. De accommodatie loopt uiteen van comfortabele B&B's tot luxueuze vijfsterrenhotels. De vele gezellige cafés en restaurants in dit vriendelijke

bergdorp bieden voor elk wat wils, terwijl de winkels alles verkopen van skibenodigdheden tot inheemse kunstnijverheid.

Fraser River ➋

ℹ️ *Vancouver 1800–6673306.*

De majestueuze Fraser River stroomt over een lengte van 1368 km door een van de mooiste delen van BC. De rivier ontspringt in het Yellowhead Lake, bij Jasper, en stroomt naar de Strait of Georgia, bij Vancouver. Hij stroomt in noordelijke richting door het dal van de Rocky Mountains alvorens bij de plaats Prince George naar het zuiden af te buigen. Hij vervolgt zijn weg langs het Kustgebergte, richting Hope door de Fraser Canyon en verder naar Yale. De legendarische pionier Simon Fraser, die de hele rivier in 1808 afzakte, beschouwde Fraser Canyon als het gevaarlijkste punt.

Toen er 50 jaar later goud werd gevonden bij de plaats Yale, trokken er duizenden goudzoekers naar de vallei. Yale is nu een dorp met 200 inwoners. U vindt er het leuke **Yale Museum**, waar aandacht wordt besteed aan de goudkoortsperiode en de aanleg van de Canadian Pacific Railroad. Dit deel leent zich uitstekend voor wildwatervaren. U kunt zich hiervoor aanmelden in het kleine plaatsje Boston Bar. Bij Hell's Gate baant de rivier zich bulderend een weg tussen de smalle canyonwanden, waar slechts 34 m tussen zit.

🏛 **Yale Museum**
31187 Douglas St. 📞 *604–8632324.* 🕐 *juni–sept.: dag. 10.00–17.00 uur.* ♿ ⓦ *www.historicyale.ca*

Hope ➌

🏔 *3150.* 🚉 ℹ️ *919 Water Ave., 604–8692021.*

Hope ligt aan de zuidkant van Fraser Canyon, aan Highway 1 (de Trans-Canadaweg) en Highway 3. De ligging van Hope is gunstig voor uitstapjes in Fraser Canyon en het zuiden van BC. Vanhieruit zijn verschillende provincieparken gemakkelijk te bereiken. Het prachtige Manning Provincial Park staat bekend om de vele buitenactiviteiten – zwemmen, wandelen, vissen en zeilen in de zomer, en langlaufen en cross-countryskieën in de winter.

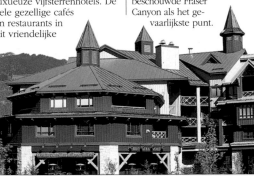

Whistler is de grootste wintersportplaats van Brits-Columbia

Rondrit Okanagan Valley [4]

Okanagan-wijn

De Okanagan Valley, die zich over een lengte van 250 km uitstrekt van Osoyoos in het zuiden tot Vernon in het noorden, bestaat eigenlijk uit een reeks valleien, die door een aantal meren met elkaar verbonden zijn. Highway 97 doorsnijdt het woestijnlandschap bij Osoyoos en gaat dan verder door de groene boom- en wijngaarden waaraan de vallei zijn bekendheid dankt. De Okanagan is een van de populairste vakantiebestemmingen van Canada.

Voor de automobilist

Beginpunt: *Vernon of Osoyoos, beide gelegen aan Highway 97.*
Lengte: *230 km.*
Hoogtepunten: *In de lente en zomer worden er vele festivals gehouden en staan er fruitstalletjes langs de weg. Rondleidingen langs de wijnhuizen: het hele jaar.*

Kelowna ④
Dit is de grootste stad in de Okanagan. Kelowna ligt aan de oever van Lake Okanagan, tussen Penticton en Vernon in, en is het centrum van de wijn- en fruitindustrie.

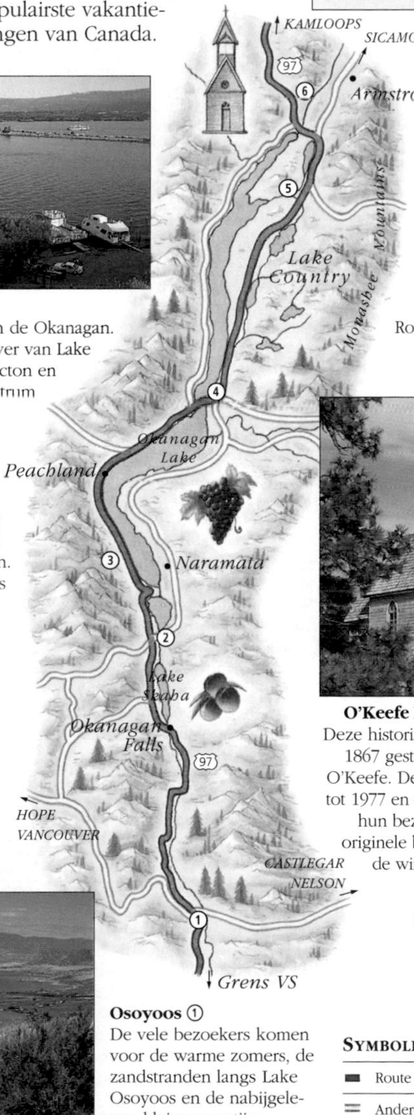
KAMLOOPS
SICAMOUS
97
6
Armstrong
5
Monashee Mountains
Lake Country
4
Okanagan Lake
Peachland
3
Naramata
2
Lake Skaha
Okanagan Falls
97
HOPE
VANCOUVER
CASTLEGAR
NELSON
1
Grens VS
0 km 25

Vernon ⑤
Het gebied rondom Vernon, met boerderijen en boomgaarden, wordt door middel van irrigatie bevloeid. Rond de meren liggen andere dorpen.

Summerland ③
In dit sfeervolle plaatsje aan het meer staan veel 19de-eeuwse gebouwen. Vanaf de top van Giant's Head Mountain hebt u een mooi uitzicht.

O'Keefe Historic Ranch ⑥
Deze historische hoeve werd in 1867 gesticht door de familie O'Keefe. De familie woonde er tot 1977 en er zijn nog veel van hun bezittingen te zien. De originele blokhut, de kerk en de winkel zijn nog intact.

Penticton ②
Dit zonnige plaatsje heeft veel te bieden: het Okanagan Beach, windsurfen, rondleidingen in wijnhuizen en het Peach Festival (augustus).

Osoyoos ①
De vele bezoekers komen voor de warme zomers, de zandstranden langs Lake Osoyoos en de nabijgelegen kleine woestijn.

Symbolen

▬ Route rondrit
═ Andere wegen

In het mooie plaatsje Nelson ziet u indrukwekkende, historische gevels

Castlegar ❺

🏚 7000. ✗ 🚗 ℹ 1995 6th Ave.
📞 250-3656313.

Het verkeersknooppunt Castlegar ligt in het zuidoosten van BC. De plaats wordt doorkruist door twee wegen, Highway 3 en Highway 22, en ligt op het snijpunt van de rivieren Kootenay en Columbia. Aan het begin van de 20ste eeuw kwam er een gestage instroom van doukhobors (een opgejaagde Russische sekte) op gang.
De collectie van het **Doukhobor Village Museum** omvat traditionele kledingstukken en (landbouw)werktuigen.

Doukhobor-kledingstuk

🏛 Doukhobor Village Museum
Kruising Hwy 3 en 3A. 📞 250-3656622. 🕐 mei–sept.: dag. 🎫 ♿

Nelson ❻

🏚 9300. 🚗 ℹ 225 Hall St. 📞 250-3523433. 🌐 www.discovernelson.com

Nelson, dat uitkijkt op Kootenay Lake, is een van de mooiste plaatsen in het zuiden van Brits-Columbia. Het werd rond 1880 gesticht als een mijnstadje en sinds de aanleg van de spoorweg, zo'n tien jaar later, beleefde Nelson een bloeiperiode als overslagplaats van erts en hout. In dit fraaie stadje, dat uitkijkt over de oevers van het meer, staan veel openbare gebouwen en huizen uit de periode 1895–1920. In 1986 werd hier de komische film *Roxanne* opgenomen, met in de hoofdrol Steve Martin. De bekendste architect van Brits-Columbia, Francis Rattenbury *(zie blz. 278)*, heeft meegewerkt aan de mooiste en meest prestigieuze gebouwen van de stad, zoals het Burns-gebouw, dat in 1899 werd gebouwd voor de puissant rijke vleeshandelaar Patrick Burns. Rattenbury ontwierp in 1908 ook het statige Nelson Court House. Op cultureel gebied heeft de stad veel te bieden. Behalve de kunstwandelroute in de zomer vindt u hier ook boekhandels, cafés en kunstnijverheidswinkels. Veel bezoekers maken een ritje met Car 23, een tram uit 1906, die tussen 1924 en 1949 in Nelson reed (gerenoveerd in 1992). Tegenwoordig rijdt de tram langs het prachtige meer. Bij het toeristenbureau krijgt u een kaart van de stad. Er worden wandelingen georganiseerd langs de historische gebouwen van de stad.

Nakusp ❼

🏚 1700. ℹ 92 W. 6th Ave.
📞 250-2653689.

Het aangename plaatsje Nakusp biedt uitzicht over Upper Arrow Lake en op de achtergrond zijn de besneeuwde Selkirk Mountains te zien. Het ontstond als mijnstadje, maar is nu vooral bekend wegens de warme bronnen. Dicht bij het dorp kunt u op twee plekken baden: in de Nakusp en Halcyon Hot Springs. Het water, dat rijk is aan sulfaten, calcium en waterstofsulfide, schijnt te helpen bij allerlei kwaaltjes, maar ook tegen artritis en reumatiek.
Ongeveer 40 km ten zuiden

Het stadje Nakusp kijkt uit over het prachtige Upper Arrow Lake van Nakusp, in de Slocan Valley, liggen de verlaten zilverstadjes New Denver en Sandon. Sandon telde in 1892, tijdens het hoogtepunt van de mijnperiode, 5000 inwoners. Bezoekers en inwoners konden terecht in 29 hotels, 28 saloons, verschillende bordelen en gokhallen. Het verval van de mijnindustrie in Sandon had verschillende oorzaken: een brand in 1900, lage metaalprijzen en slinkende ertsreserves. De plaats werd bestempeld tot monument en de huizen en bedrijfjes zijn met veel zorg gerestaureerd. Het nabijgelegen stadje New Denver onderging vrijwel hetzelfde lot. Hier werden tijdens de Tweede Wereldoorlog Japanners geïnterneerd. Het Nikkei Internment Centre in Josephine Street is de enige plek in Canada waar aandacht wordt besteed aan de internering van meer dan 20.000 Japanse Canadezen. Rond het centrum is een Japanse tuin aangelegd.

Sicamous ⑧

🏃 3166. 🚍 ℹ️ 110 Finlayson St.
📞 250–8363313.

Comfortabele woonboten liggen aangemeerd in Sicamous

Sicamous is een mooi dorp aan het water, dat bekend is om zijn 3000 woonboten en knusse, geplaveide straten met potten vol bloemen. Het ligt tussen de meren Mara en Shuswap, op het snijpunt van de Trans-Canada Highway en Highway 97A en ligt daarmee zeer gunstig voor een rondrit langs de meren en het plaatsje Salmon Arm, aan de noordzijde van de Okanagan Valley (zie blz. 315). In de zomer zijn er meer dan 250 woonboten te huur en er zijn maar liefst 12 jachthavens en een woonbootwinkel. Met de boot kunt u de baaien en het bosrijke landschap rond Lake Shuswap verkennen, waar zwarte beren, herten, elanden, coyotes en lynxen worden waargenomen. In de zomer genieten inwoners en bezoekers van het mooie, openbare strand aan het meer en van wandelingen over het bewegwijzerde pad langs het water.

Kamloops ⑨

🏃 80.000. ✈️ 🚍 🚍 ℹ️ 297 First Avenue. 📞 250–8286818, 1–888–5265667. 🌐 www.adventure kamloops.com

Kamloops betekent in de taal van de Secwepemcstam 'waar de rivieren samenkomen' (op deze plek vloeien de North en South Thompson River in elkaar over). De grootste plaats in het zuidelijke binnenland van BC is bereikbaar via drie belangrijke wegen, te weten de Trans-Canada, Highway 5 en Highway 97 naar de Okanagan Valley en via het Canadian Pacific- en het Canadian National-spoor. De eerste Europeanen die zich hier in 1812 vestigden waren pelshandelaren die handel dreven met de inheemse bevolking. Het **Museum and Native Heritage Park** is gewijd aan het culturele erfgoed van de Secwepemcstam en bezit onder meer een kano van berkenschors, benodigdheden voor de jacht en kookgerei. Korte wandelpaden leiden bezoekers langs de resten van een 2000 jaar oud winterdorp van de Shuswap, met vier replica's van kuilwoningen voor in de winter en een zomerkamp. Het

Sneeuwschoen voor een paard, Kamloops

assortiment van de museumwinkel omvat manden van berkenschors, moccasins en sieraden. De Art Gallery in het centrum bezit een kleine, maar indrukwekkende collectie schetsen van A.Y. Jackson, een van de vermaarde Group of Seven (zie blz. 160–161).

🏛️ Museum and Native Heritage Park
355 Yellowhead Hwy 📞 250–8289801. 🕐 juni–sept.: dag.; sept.–mei: ma–vr 8.30–16.30 uur. 🎫 ♿

Wells Gray Provincial Park ⑩

📞 250–6742194. 🚍 Clearwater. 🚍 Clearwater. 🕐 dag. 🌐 www.wellsgray.ca

Wells Gray Provincial Park is een van de mooiste natuurgebieden van Brits-Columbia, dat vergeleken kan worden met de Rockies in het oosten. Het werd geopend in 1939 en wordt gekenmerkt door bergweiden, klaterende watervallen en hoge bergen (tot 2575 m) met gletsjers. De Canadian National Railroad en Highway 5 volgen Thompson River langs de westrand van het park en bieden een adembenemend uitzicht.
Vanaf de Clearwater Valley Road, langs Highway 5, lopen er verschillende paden, in niveau variërend van gemakkelijk tot zware, meerdaagse tochten door afgelegen gebied. Vanaf de weg bereikt u binnen een paar minuten de schitterende Dawson Falls.

Bowron Lake Provincial Park ⓫

ℂ 250–3874550. 🚌 Quesnel.
🚌 Quesnel. ⭕ dag. (mits het weer
het toelaat). ♿ gedeeltelijk.

B owron Lake Provincial
Park ligt zo'n 120 km ten
oosten van Quesnel, aan
Highway 26 in de Cariboo
Mountains. Het park is
rijk aan water; u vindt
er negen meren, drie
rivieren, beken,
meertjes en tal van
paden die de water-
gebieden met elkaar
verbinden. Het is
mogelijk om een
kanotrip van een
week te maken,
waaraan 50 kano's
tegelijkertijd kunnen
deelnemen. Geïnteres-
seerden dienen bij het
bezoekerscentrum
een speciale pas te
halen. De tocht stelt u
in staat elanden en
bevers waar te nemen. Aan
het einde van de zomer komen er beren af op de paaien-
de zalmen in de Bowron River.

**Een machtige
grizzlybeer**

Quesnel ⓬

🏚 25.000. ✈ 🚌 🚉 ℹ 705
Carson Ave., 250–9928716.

Q uesnel is een levendig
stadje waar men leeft van
de houtkap. Het ontstond
tussen 1858 en 1861, ten tijde
van de goudkoorts. Het was
het laatste plaatsje aan de
Gold Rush Trail, of Cariboo

**Een 19de-eeuws tafereel: paard en
wagen in Barkerville**

Road (nu Highway 97), waarlangs tussen hier en Kamloops
talloze mijnstadjes lagen. Quesnel ligt op een mooie plek, in
een driehoek die wordt gevormd door de rivieren Fraser
en Quesnel. Een van de bezienswaardigheden is het
Riverfront Park Trail System,
een met bomen omzoomd,
5 km lang pad langs de oevers
van beide rivieren. In
Pinnacle Provincial Park,
even buiten de stadsgrens,
kunt u een geologisch
wonder aanschouwen.
Hoodoos zijn 12 miljoen
jaar oude rotszuilen, die
onstonden toen de
vulkanische bodem
tijdens de IJstijd
erodeerde door grote
hoeveelheden smelt-
water. Het historische
stadje **Barkerville** ligt
87 km ten oosten van
Quesnel, aan High-
way 26.
De basis voor zijn
bestaan werd gelegd
door de Engelsman Billy
Barker, die hier in 1862 een
handvol goudklompjes
opraapte. Er zijn meer dan 120
gerestaureerde gebouwen of
replica's en u kunt een smid
aan het werk zien of een ritje
maken in een postkoets.

🚏 **Barkerville**
85 km ten o. van Quesnel, Highway 26.
ℂ 250–9943302. ⭕ dag. 🏞 ♿

'Ksan Village ⓭

ℂ 250–8425544, 1–877–8425518. ⭕
terrein: het gehele jaar; huizen: april–
sept.: dag. 🏞 ♿ 🅦 www.ksan.org

Z o'n 290 km ten oosten van
Prince Rupert ligt 'Ksan
Village, een reconstructie van
een Gitxsan-nederzetting, die
in de jaren vijftig werd
geopend om de cultuur van
deze stam voor het nageslacht
te bewaren. De Gitxsan leefden al duizenden jaren in het
mooie stroomdal van de Skeena River. Hun levenswijze werd
echter sterk bedreigd toen rond
1850 talloze blanke kolonisten
naar het gebied trokken.
De Gitxsan staan bekend om
hun prachtig bewerkte en beschilderde maskers, totempalen en kano's. In 'Ksan Village

**Een Gitxsan-totempaal in het
plaatsje 'Ksan**

wordt deze kunst doorgegeven aan de volgende generaties. In de zeven traditionele
'lange' huizen vindt u onder
meer een werkplaats, een museum en een souvenirwinkel.

Prince Rupert ⓮

🏚 16.000. ✈ 🚌 🚉 🚢 ℹ 100
1st Ave. W. 250–6245637, 1–800–
6671994. 🅦 www.tourismprince
rupert.com

P rince Rupert is de op één
na grootste stad aan de
kust van BC. Deze bruisende
havenstad ligt op Kaien Island,
aan de monding van de Skeena River en wordt omringd
door bossen en bergen. Prince
Rupert kijkt uit over de kust
met zijn vele baaien. De drukke haven is het vertrekpunt
voor de Koningin Charlotte-
eilanden en Alaska.
Ook Prince Rupert heeft zich
ontwikkeld dankzij de aanleg
van de spoorlijn. Het Kwinitsa
Railway Museum, gevestigd in
het Grand Trunk Railroad Station (1914), besteedt aandacht
aan de plannen die Charles
Hay had met de stad. Er kwam
echter niet veel van terecht: hij
kwam om toen de *Titanic* in
1912 naar de zeebodem zonk.
De Tsimshian bewoonden dit
gebied als eersten; slechts 150
jaar geleden stonden hun
cederhouten huizen en totempalen langs de haven. Het **Museum of Northern British
Columbia** richt zich op de
cultuur en geschiedenis van de

Eerste Volken aan de noord-westkust. Bezoekers kunnen deelnemen aan archeologische tochten en dans, zang en drama van de Tsimshian zien.

🏛 **Museum of Northern British Columbia**
100 1st Ave. W. 📞 *250–6243207.*
🕐 *juni–aug.: dag.; sept.–mei: ma–za.*
⬤ *25, 26 dec.* 🖼 ♿ 🏪

Koningin Charlotte-eilanden ⑮

🚌 en 🚢 *Prince Rupert.* ℹ *3220 Wharf St., Queen Charlotte. 250–5598316 (geopend mei–sept.).* W *www.qcinfo.ca*

Atlin Lake in het afgelegen Atlin Provincial Park

De Koningin Charlotte-eilanden, ook wel de Haida Gwaii genoemd, is een groep van zo'n 150 eilanden voor de kust van Prince Rupert.
De laatste IJstijd is aan dit gebied voorbijgegaan, en het ecosysteem op de eilanden is daarmee uniek voor Canada. In de bossen leven bijzondere zoogdieren als de hermelijn. Verder leeft er een grote groep Amerikaanse zeearenden en in de lente trekken grijze walvissen voorbij.
De Haida leefden duizenden jaren op de eilanden. Deze bevolkingsgroep staat nu vooral bekend om zijn artistieke prestaties, met name hun houtsnijwerk en beelden van cederhout en argilliet (een zwarte, leisteenachtige steen, die alleen hier voorkomt).
De Haida voerden in de jaren tachtig de strijd aan tegen de houtindustrie en dit leidde in 1988 tot de oprichting van **Gwaii Haanas National Park Reserve**. Het park omvat eeuwenoud regenwoud met onder meer 1000 jaar oude Sitkasparren en Canadese dennen.

🍁 **Gwaii Haanas National Park Reserve**
📞 *250–5598818.* 🕐 *mei–sept.* 🖼

Northern Parks ⑯

Mount Edziza, Spatsizi; Highway 37. Atlin; Highway 7. ℹ *250–3874550.*

De provincieparken in het noorden van Brits-Columbia omvatten Mount Edziza Provincial Park, Spatsizi Plateau Wilderness Provincial Park en, verder naar het noorden, Atlin Provincial Park. U vindt er hoge bergen, ijsvlakten en toendra's. Mount Edziza Provincial Park, gesticht in 1972, bestaat uit vulkanische landschappen, inclusief lavastromen en basaltvlakten. U bereikt het park via een zijweg van de Cassiar Highway (Highway 37). Het gebied is niet toegankelijk voor autoverkeer, dus bezoekers moeten een van de lange, zware paden volgen of een vlucht boeken met een watervliegtuig om de uitgestrekte weiden, arctische berkenbossen en kreken te kunnen zien. Aan de andere kant van de Highway ligt het nog ongereptere Spatsizi Plateau Wilderness Provincial Park, dat ook de besneeuwde toppen van de Skeena Mountains omvat. Gladys Lake is een ecologisch reservaat, waar schapen en berggeiten worden bestudeerd. De toegang tot het gebied is beperkt tot een weggetje vanuit het aan Highway 37 gelegen Tatogga, waar gidsen en watervliegtuigen te huur zijn. Het Atlin Provincial Park is alleen toegankelijk vanuit de Yukon aan Highway 7, een zijweg van de Alaska Highway. IJsvlakten en gletsjers beslaan ongeveer eenderde van het park.

Massett ligt op Graham Island, het drukstbevolkte eiland van de Koningin Charlotte-eilanden

NOORD-
CANADA

Inleiding op Noord-Canada

Noord-Canada omvat de Yukon, de Northwest Territories en Nunavut. Het gebied, dat zo'n 37 procent van Canada beslaat, strekt zich zo'n 800 km uit richting de Noordpool en wordt links en rechts begrensd door de Atlantische Oceaan en de Grote Oceaan. Het is een onvoorstelbaar kil landschap: boomloze, bevroren toendra's, met subarctische bossen, bergen, gletsjers, bevroren meren en ijskoude rivieren. Niettemin weten hier tal van diersoorten te overleven, zoals muskusossen, kariboes, ijsberen en zeehonden. Op het hoogtepunt van de korte zomer gaat de zon niet meer onder en in de donkere winter wordt de lucht getekend door het gekleurde noorderlicht *(zie blz. 335)*. Alleen daar waar de omstandigheden het toelieten, heeft de mens zich gevestigd. Dit unieke werelddeel, dat al 25.000 jaar geleden door Eerste Volken werd bewoond en vanaf 3000 v.C. door de Inuit, trekt 500.000 bezoekers per jaar.

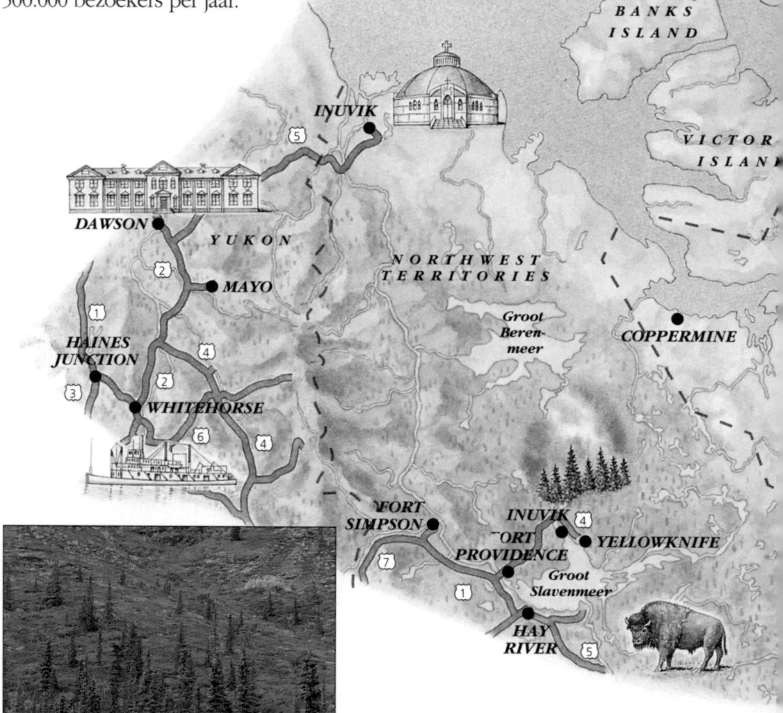

BANKS ISLAND

VICTOR ISLAND

INUVIK

DAWSON

YUKON

NORTHWEST TERRITORIES

MAYO

Groot Beren- meer

COPPERMINE

HAINES JUNCTION

WHITEHORSE

FORT SIMPSON

INUVIK

FORT PROVIDENCE

YELLOWKNIFE

Groot Slavenmeer

HAY RIVER

De herfst in het noorden van de Yukon wordt gekenmerkt door schitterende kleuren

VERVOER

Uw bezoek aan deze streek wordt gekenmerkt door de hoge kosten: excursies, accommodatie en zelfs het eten kosten hier veel meer dan in de rest van het land. Alle grotere plaatsen in de Yukon zijn met de bus prima te bereiken, maar met een auto bent u flexibeler. In Nunavut en de Northwest Territories kunt u zich het beste per vliegtuig verplaatsen. Er zijn 600 landingsbanen en vliegveldjes. Houd er rekening mee dat de faciliteiten vaak beperkt zijn; in veel plaatsjes is slechts één hotel gevestigd. In de Yukon vormt het vinden van accommodatie meestal geen probleem.

NOORD-CANADA

KONINGIN
ELIZABETH-
EILANDEN

DEVON
ISLAND

ARCTIC
BAY

BAFFIN
ISLAND

QUEE
ELIZAB.
ISLAN.

IQALUIT

Foxe-
bekken

REPULSE
BAY

NUNAVUT

VICTORIA
LAND
RANKIN
INLET

Hudson-
baai

0 km   250

ZIE OOK

• *Accommodatie* blz. 359

• *Restaurants* blz. 37979

Inuit in de Northwest Territories verplaatsen zich per hondenslee

Kunst en cultuur van de Inuit

D e cultuur van de Inuit weerspiegelt de vele eeuwen waarin ze stand wisten te houden door te jagen en te vissen. Op cultureel gebied zijn er veel verschillen te ontdekken tussen de gemeenschappen in het oosten en midden van Noord-Canada. De geschiedenis van de Inuit wordt voornamelijk mondeling doorgegeven. De ongekend sobere omgeving en de beperkte middelen hebben tot gevolg gehad dat de Inuit zich op kunstzinnig gebied sterk ontwikkeld hebben. Zij maken sculpturen volgens dezelfde technieken waarmee ze hun gereedschappen vervaardigen. De Inuit-cultuur is nauw verbonden met het landschap waarin zij leven.

Deze houtsnede van een meisje met een ijsbeer maakt deel uit van een kunstvorm die zijn oorsprong vond in de jaren vijftig.

Warme kleren zijn functioneel, maar ook decoratief. Kleren worden gemaakt van de resten van een prooi. Vrouwen hullen hun gezin overwegend in wol en bont.

De Inuit maakten hun kralen en sieraden vroeger van been en ivoor; nu gebruiken ze hiervoor gekleurde steen en kralen. Alle stukken zijn uniek. Er wordt tegenwoordig ook wel gewerkt met goud en zilver.

Dit zeepstenen beeldje stelt Inuk voor, de superheld uit tal van voorchristelijke Inuit-legenden. Hij wordt vergezeld door een vriendelijke zeehond.

INUIT-VROUW AAN HET WERK

Een ouderwetse en beledigende naam voor de Inuit is 'eskimo'. In de taal van de Cree betekent dit 'rauwvleeseters'. De Inuit aten hun vlees inderdaad rauw, daar er geen hout voorhanden was om een vuur te stoken. Het grootste deel van de kariboes, ijsberen en vissen die zij aten, werd in de zon gedroogd en gemengd met een saus van zomerfruit en bessen. Het menu is dankzij de komst van moderne brandstoffen enigszins veranderd, hoewel de eetgewoonten van de Inuit op traditie gestoeld blijven.

Deze ornamenten zijn gemaakt van ivoor of walvisbot. Ze worden bij ceremoniële bijeenkomsten gedragen door Inuit-dansers. Ook veren van arctische vogels dienen ter decoratie.

Anoraks worden vervaardigd door de vrouwen van het gezin. Ze gebruiken het bont van ijsberen, kariboes en wolven. Uit het Westen geïmporteerde stoffen dienen ter decoratie.

De Inuit leven niet langer in iglo's. De meesten van hen wonen in een kamp of in gesubsidieerde woningen.

Inuit-vissers moeten overleven in de onherbergzame, arctische natuur en voorzien deels in hun levensonderhoud door te vissen.

INUIT-MYTHEN

De Inuit moesten zich staande houden aan de rand van de bewoonde wereld. Zij wapenden zich tegen de dreigende hongersdood met een geloofssysteem dat

Inuk in gevecht met zijn geest

was gebaseerd op het respect voor de dieren waarop zij jaagden. Zo vrijwaardden zij zich van de wraak van de goden. Volgens hun mythen heeft ieder levend wezen een ziel. De dorpssjamaan stond in contact met de boven- en de onderwereld en kon de jacht- en weergoden gunstig stemmen. Sinds mensenheugenis worden wapens en jachttuig versierd met afbeeldingen van de betreffende beschermende geest. Zangers en dichters vertellen veelvuldig de legenden van zeegeesten en helden.

De traditionele visvangst en de jacht vormen nog altijd het hart van de Inuit-cultuur. In de jaren zestig heeft de regering van Ottawa deze traditie geprobeerd uit te roeien.

Trommeldansen is een van de traditionele muziekvormen. Bij geboorten, huwelijken, geslaagde jachtpartijen en sterfgevallen worden dergelijke dansen opgevoerd. Keelzangen, meestal uitgevoerd door twee vrouwen, vertellen een legende, een mythe of markeren een bijzondere gebeurtenis.

NOORD-CANADA

Het noorden van Canada is nog altijd een van de meest afgelegen gebieden op aarde. De schoonheid van het poolgebied ligt binnen het bereik van avontuurlijk ingestelde en niet onbemiddelde reizigers, die niet terugschrikken voor zware tochten onder barre omstandigheden. Veel van de nederzettingen in dit gebied zijn pas in de 20ste eeuw gesticht. De eerste plaatsen ontstonden rond buitenposten van de RCMP, waar men pelsjagers, avonturiers en walvisjagers in de gaten hield. Plaatselijke Inuitgemeenschappen hebben in de loop der jaren hun nomadenbestaan opgegeven en velen van hen hebben zich bij zo'n buitenpost gevestigd. Deze plaatsjes vormen een goede uitvalsbasis voor tochten door de omgeving. In de winter kan het in het noorden -50 °C zijn, maar in de zomer is het er aangenaam en staat de toendra in bloei. Na acht lange, koude maanden, waarin de natuur schuilging onder een witte deken, valt eindelijk de dooi in. Dit gebied heeft bezoekers veel te bieden: verlaten vlakten, ijzige paden, zeldzame dieren en een vriendelijke bevolking.

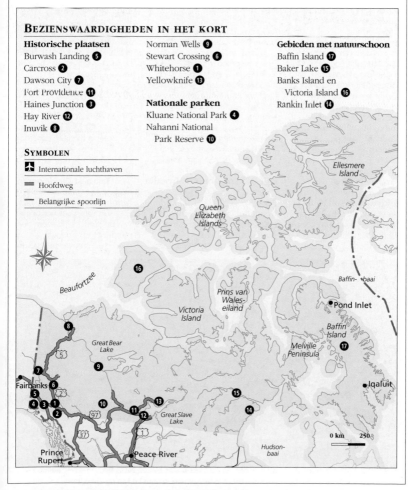

BEZIENSWAARDIGHEDEN IN HET KORT

Historische plaatsen
Burwash Landing **5**
Carcross **2**
Dawson City **7**
Fort Providence **11**
Haines Junction **3**
Hay River **12**
Inuvik **8**

Norman Wells **9**
Stewart Crossing **6**
Whitehorse **1**
Yellowknife **13**

Nationale parken
Kluane National Park **4**
Nahanni National Park Reserve **10**

Gebieden met natuurschoon
Baffin Island **17**
Baker Lake **15**
Banks Island en Victoria Island **16**
Rankin Inlet **14**

SYMBOLEN

✈ Internationale luchthaven

━━ Hoofdweg

── Belangrijke spoorlijn

Ellesmere Island

Queen Elizabeth Islands

Beaufortzee

Baffin- baai

Prins van Wales- eiland

●Pond Inlet

Victoria Island

Great Bear Lake

Baffin Island

Melville Peninsula

●Iqaluit

Fairbanks

Great Slave Lake

Prince Rupert

Peace River

Hudson- baai

0 km 250

◁ **Voor de kust van Baffin Island is de zee bezaaid met ijsschotsen**

Whitehorse ❶

Whitehorse dankt zijn naam aan de stroomversnellingen in de Yukon River, die de goudzoekers deden denken aan 'de golvende manen van albino-Appaloosas'. De plaats ontstond toen 2500 mannen tijdens hun zoektocht naar goud in de winter van 1897–1898 de zware tocht over de Chilkoot en White Pass wisten te volbrengen en aan de oevers van Lindeman en Bennett Lake hun kamp opsloegen. In de lente van 1898 trotseerden schippers de stroomversnelling 7000 keer, voordat een spoorlijn om het traject heen was aangelegd. Op de plek waar mijnwerkers de boot namen die hen stroomafwaarts zou vervoeren richting de mijnen van de Klondike en het bruisende nachtleven van Dawson City in de Yukon, ontstond het tentenkamp waaruit Whitehorse is ontstaan. Deze provinciehoofdstad groeit snel, maar de wildernis ligt nog altijd om de hoek.

🏛 MacBride Museum

First Avenue en Wood St. 📞 867–6672709. ◯ *half mei–sept.: dag.; sept.–mei: do–za 12.00–17.00 uur.* 📷 ♿ 🌐 www.macbridemuseum.com

Het aan de rivier gelegen Mac-Bride Museum is gevestigd in een blokhut. Hier komt de spannende geschiedenis van de Yukon aan bod. In verschillende zalen wordt aandacht besteed aan de goudkoorts, Whitehorse, de natuurlijke historie, de Mounties (RCMP) en de Eerste Volken. Er is een locomotief te zien van de White Pass and Yukon Railroad en een blokhut met opnamen van gedichten van Yukon-dichter Robert Service *(zie blz. 31)*. U ziet er verder een reconstructie van een van 1900 daterend telegraafkantoor.

🏤 Log Skyscrapers

Lambert St. en Third Ave. ℹ️ 867–6673084.

Niet ver van het Old Log Church Museum in Elliott Street vandaan, staan unieke houten wolkenkrabbers. Deze bouwwerken zijn enkele decennia oud en hebben twee of drie verdiepingen. Momenteel zijn ze in gebruik als cadeau-winkel en tentoonstellingsruimte, en ze zijn een omweg zeker waard, omdat ze een welkome afwisseling vormen op de nogal functionele architectuur in de rest van de stad.

🏛 Old Log Church Museum

Elliott St. en Third Ave. 📞 867–6682555. ◯ *mei–aug.* 📷 ♿

De Anglicaanse missionaris dominee R.J. Bowen werd in augustus 1900 naar White-horse gestuurd om een kerk te bouwen. Hij hield diensten in een tent en leefde in een andere tent tijdens de bouw. De kerk werd op 17 oktober geopend en de pastorie werd die winter gebouwd. Dit zijn enkele van de weinige resterende gebouwen uit de tijd van de goudkoorts. De kerk werd in 1953 de Diocese of Yukon-kathedraal en is mogelijk de enige houten kathedraal ter wereld. Nu is het een museum over Inuit- en Eerste volkencultuur, missionarissen en de ontwikkeling van de Anglicaanse kerk in het noorden.

De Old Log Church is geheel uit hout opgetrokken

🏛 S.S. Klondike

End Second Ave. 📞 867–6674511. ◯ *half mei–half sept.: dag. 9.00–19.00 uur.* 📷 ♿ 🌐 www.pc.gc.ca

De oorspronkelijke raderboot S.S. *Klondike* werd gebouwd in 1929, maar zonk in 1936. De huidige *Klondike*, die werd gemaakt van de resten, maakte per seizoen vijftien bevoorradingstochten naar Dawson City. Aan het begin van de jaren vijftig werd er niet meer op Dawson gevaren omdat de nieuwe bruggen te

Het centrum van Whitehorse ligt op een beschutte locatie in het stroomdal van de Yuko River

S.S. *Klondike* ligt voorgoed in het dok in Whitehorse

laag waren. De *Klondike* hield er in 1955 mee op en werd in Whitehorse voorgoed aan de wal getakeld. Hij is nu tot in de details in zijn oude staat teruggebracht, tot aan tijdschriften uit 1937 en personeel in authentieke uniformen aan toe. Het schip is een National Historic Site. Er worden regelmatig rondleidingen gegeven.

Lake Laberge
Klondike Highway. 867–6675340. dag., mits het weer het toelaat.
Lake Laberge, het grootste uit de omgeving, ligt op 62 km van Whitehorse aan de Klondike Highway. Hoewel het dankzij temperaturen van ongeveer -30 °C zo'n half jaar bevroren is, wordt er in de zomer, wanneer de dooi is ingevallen, veel gezwommen, gevist en gevaren. Het meer staat bij de plaatselijke bevolking bekend als de plek waar de Yukon-dichter Robert Service zijn 'Cremation of Sam McGee' plaatste. Het meer leent zich uitstekend voor de vangst van forellen. Tijdens de periode van de goudkoorts in Klondike leverde het meer tonnen vis voor de hongerige goudzoekers.

TIPS VOOR DE TOERIST

20.000. Greyhound-station, 2191 2nd Ave. Whitehorse Visitor Reception Centre, 100 Hanson St., 867–6673084, 1–800–6610494. Yukon Quest, Yukon Sourdough Rendezvous, Frostbite Music Festival (feb.).
W www.touryukon.com

Yukon Wildlife Reserve
Takhini Hot Springs Rd.
867–6683225. dag.
Dit reservaat is in 1965 ingesteld voor onderzoek naar en de fok van diersoorten. Het ligt ongeveer 25 km buiten de stad, aan de Takhini Hot Springs Road, een zijweg van de Klondike Highway. In dit mooie reservaat, dat bossen, grasland en waterrijke gebieden omvat, leven uit deze streken afkomstige diersoorten in hun natuurlijke omgeving. Elanden, bizons, wapiti's, kariboes, berggeiten, herten en muskusossen, u kunt ze in dit 280 ha grote natuurreservaat allemaal waarnemen.

Berggeit

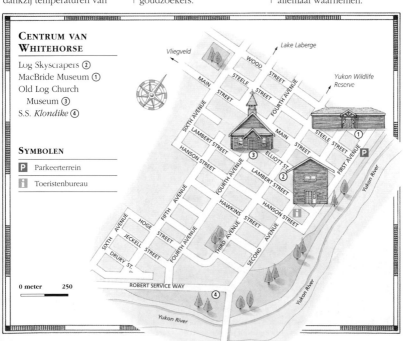

CENTRUM VAN WHITEHORSE

Log Skyscrapers ②
MacBride Museum ①
Old Log Church Museum ③
S.S. *Klondike* ④

SYMBOLEN

P Parkeerterrein

i Toeristenbureau

0 meter   250

Vliegveld

Lake Laberge

Yukon Wildlife Reserve

WOOD STREET
MAIN STREET
STEELE STREET
FOURTH AVENUE
MAIN STREET
STEELE STREET
SIXTH AVENUE
LAMBERT STREET
HANSON STREET
ELLIOTT ST.
FIRST AVENUE
FIFTH AVENUE
FOURTH AVENUE
LAMBERT STREET
HANSON STREET
HAWKINS STREET
THIRD AVENUE
SIXTH AVENUE
HOGE STREET
JECKELL STREET
FOURTH AVENUE
SECOND AVENUE
DRURY ST.
ROBERT SERVICE WAY
Yukon River

Een kariboe rust uit bij Carcross, tijdens de trek door de Yukon

Carcross ❷

🏕 250. 🚉 ☎ 867–8214431, 1–866–6604629. ◯ half mei–sept.: dag.
🌐 www.southernlakesyukon.com

Het dorpje Carcross ligt op een prachtige plek, op het punt waar Bennet Lake en Tagish Lake elkaar raken. Het ligt één uur rijden ten zuiden van Whitehorse, de provincie-hoofdstad van de Yukon. De eerste mannen die de verraderlijke Chilkoot Pass overstaken op weg naar de goudmijnen in het noorden, noemden deze plek 'Caribou Crossing' omdat kuddes kariboes over de pas denderden tijdens hun halfjaarlijkse trek tussen de twee meren. Het dorp werd in 1898 gesticht, op het hoogtepunt van de goudkoorts, toen de White Pass

and Yukon-spoorlijn werd aangelegd. 'Caribou Crossing' werd officieel afgekort tot Carcross om verwarring met plaatsen in Alaska, Brits-Columbia en een stadje in de Klondike te voorkomen. De omgeving van Carcross was vroeger van groot belang voor de Tagish, die er op kariboes jaagden. Tagish-gidsen werkten voor de aannemers van het Amerikaanse leger tijdens de bouw van de Alaska Highway in 1942 *(zie blz. 260–261)*. Slechts 2 km naar het noorden ligt Carcross Desert, de kleinste woestijn ter wereld. Deze dorre, winderige zandvlakte is het restant van een gletsjermeer, dat na de laatste IJstijd is opgedroogd. Door de felle wind groeit er niet veel, maar het is een bijzondere plek.

Haines Junction ❸

🏕 862. 🚉 ℹ *Kluane National Park Visitor Information Centre, 867–6347250.*

Haines Junction is voor toeristen op weg naar het indrukwekkende Kluane National Park handig om te tanken en proviand in te slaan. Er zijn een postkantoor, een restaurant en verschillende hotels. Wie wil kanoën of wandelen, kan hier de nodige voorbereidingen treffen, het hoofdkantoor van het park hier gevestigd is. Degenen die willen wildwatervaren, moeten ruim

van te voren boeken. Haines Junction was vroeger het basiskamp voor de ingenieurs die in 1942 de Alcan Highway aanlegden (nu Alaska Highway), de weg die loopt van Fairbanks in Alaska naar Zuid-Canada. De St. Elias Mountains torenen hoog boven het dorp uit. Het is mogelijk een rondvlucht te maken boven dit prachtige, bevroren landschap.

De Kaskawulsh Glacier rijst hoog op boven Kluane National Park

Kluane National Park ❹

☎ 867–6347250. 🚉 *Haines Junction.* ◯ *het hele jaar.* 🅿 ♿ 🎁
🌐 www.pc.gc.ca

Dit bijzonder mooie reservaat is door de Verenigde Naties uitgeroepen tot Werelderfgoedgebied. Dit 22.000 km² grote park ligt in het zuidwesten van de Yukon, en deelt het St. Elias-gebergte, het hoogste van Canada, met Alaska. Het park bevat een van de grootste ijsvlakten buiten het poolgebied ter wereld. Tweederde van het park bestaat uit valleien en meren die het hele jaar door bevroren zijn. Dit landschap wordt afgewisseld door alpiene bossen, grasland en toendra's. Het is een van de laatste gebieden die nog stamt uit de jongste IJstijd, die in de rest van de wereld rond 10.000–5000 v.C. eindigde. Mount Logan is met meer dan 5950 m de hoogste berg van Canada. Het gebied wordt doorkruist door verschillende goed

Het St. Elias-gebergte bepaalt het uitzicht vanuit het plaatsje Haines Junction

Kluane National Park lijkt in de herfst wel in brand te staan, zoals hier te zien is rond de Alsek River

gemarkeerde paden, waarvan een aantal dicht bij de hoofdweg begint. Er zijn ook enkele minder duidelijke routes langs de oude paden van de mijnwerkers. Zowel ervaren als beginnende wandelaars komen hier aan hun trekken, tijdens tochten die kunnen variëren van twee uur tot tien dagen.

Kluane biedt een combinatie van natuurschoon en een rijke fauna (onder meer elanden en grizzly's). U kunt excursies het beste regelen in Haines Junction. Het is vanwege de verraderlijke weersomstandigheden, de wilde dieren en de afgelegen ligging noodzakelijk om goed voorbereid op pad te gaan.

Burwash Landing ❺

🏠 88. ℹ️ Whitehorse, 867–6675340.

Dit dorp ligt aan de Alaska Highway, 124 km ten noordwesten van Haines Junction. Het ligt aan de westzijde van Kluane Lake, even buiten Kluane National Park. De plaats werd in 1905 gesticht, nadat er in een kreek goud gevonden was. Burwash Landing heeft zich ontwikkeld tot dienstencentrum en biedt een mooi uitzicht op het in het zuiden gelegen Kluane Lake. De gevarieerde collectie van het bekende Kluane Museum omvat een mammoettand en andere voorwerpen die met natuurlijke historie te maken

hebben. Er is ook aandacht voor de levenswijze van de oorspronkelijke bewoners, de Southern Tutchone.

🏛 Kluane Museum
Burwash Junction. 📞 867-8415561. ⏰ half mei–half sept.: dag. 9.00–21.00 uur. 📷 ♿

Stewart Crossing ❻

🏠 25. 🚗 ℹ️ Whitehorse, 867–6675340.

Op zo'n 180 km ten oosten van Dawson City *(zie blz. 334)* ligt Stewart Crossing, een gehucht bij de kruising van de Klondike Highway en de Silver Trail, die leidt naar de mijndorpen Mayo, Elsa en Keno, waar vroeger zilver gedolven werd. Tijdens de goudkoorts aan het einde van de 19de eeuw werd de streek *grubstake* genoemd omdat men in de rivieren hier in één zomer voldoende goud kon vinden om voor het komende jaar uit de kosten te zijn.

Stewart Crossing is een bescheiden dienstencentrum, dat fungeert als startpunt voor kanotochten over de Stewart River. Deze tochten zijn ook geschikt voor kinderen en beginners, een zeldzaamheid in zulk ongerept gebied. Dergelijke tochten kunt u het beste organiseren in White horse of Dawson City.
Boven het dorp ligt een uitkijkpunt dat een prachtig beeld geeft van het stroomdal van de Klondike River en de **Tintina Trench**. 'Tintina' betekent in de taal van de plaatselijke inheemse bevolking 'opperhoofd'. De slenk maakt in één oogopslag duidelijk wat platentektoniek in de praktijk betekent: langs de breuklijn, die zich over honderden kilometers uitstrekt, liggen eeuwenoude rotslagen bloot. Dit is een van de grootste breuklijnen in de Yukon. Stewart Crossing is een ideale plek om dit geologische fenomeen te bezichtigen, daar het zich vlak bij de Klondike Highway bevindt.

Broad Valley bij Stewart Crossing, niet ver van de Yukon River, Yukon

Een ongekend mooi rivierdal in de Yukon ▷

Het Gaslight Follies Theatre in Dawson City

Dawson City ❼

🏠 2150. ✖ ♨ ℹ hoek Front St.
en King St., 867–9935575.
🌐 www.dawsoncity.ca

H et dorp Dawson City
groeide tijdens de
Klondike-goudkoorts *(zie
blz. 46–47)* in 1898 uit van
een elandweide tot een bruisende metropool met zo'n 30
à 40.000 inwoners, die zonder
uitzondering hun geluk be-
proefden in het
'Parijs van het
Noorden'. In de
stad wordt nog
altijd goud
gewonnen, maar
inmiddels is het
toerisme de
meest constante
bron van
inkomsten. De collectie van
het **Dawson City Museum** is
gewijd aan de goudkoorts.
Diamond Tooth Gertie's, de
gokhal met een krakke-
mikkige piano en cancan-
danseressen, trekt steevast
grote aantallen bezoekers.

🏛 **Dawson City Museum**
5th Ave. 📞 867–9935291. ⬤ half
mei–sept.: dag. 10.00–18.00 uur;
eind sept.–mei: op afspraak. 🎦 ♿
🎭 **Diamond Tooth Gertie's**
Hoek 4th Ave. en Queen St. 📞 867–
9935575. ⬤ half mei–half sept.:
dag. 19.00–2.00 uur. 🎦 ♿

Inuvik ❽

🏠 3500. ✖ ℹ 2 Firth St.,
867–7778600. 🌐 www.inuvik.ca

I nuvik ligt zo'n 770 km ten
noorden van Dawson City,
aan de Dempster Highway,
de meest noordelijke weg van
Canada. Deze plaats, in het
hart van de delta van de
Mackenzie River, bestaat pas

sinds de jaren vijftig. Hij
werd toen gesticht als een
bevoorradingscentrum voor
militaire projecten in de
NWT. Met de olie-
handel werd in de
jaren zeventig veel
geld verdiend. Er
zijn enkele hotels en
winkels, en dat is niet
gek voor een plaats
met slechts één stop-
licht. Inuvik is met
zijn functionele gebouwen niet
zo erg mooi, maar de ligging is
gunstig. Deze plaats vormt een
perfect beginpunt voor een
tocht door het uiterste
noorden van Canada. Het is
de drukstbezochte plaats in
het poolgebied en er is kunstnijverheid van de Inuit te koop.

Inuvik is zeer gastvrij

OMGEVING: De nederzetting
Paulatuk, een van de kleinste
gehuchten in de wijde om-
geving, ligt 400 km ten oosten
van Inuvik. De
inwoners leven
al vele eeuwen
vrijwel uitslui-
tend van de jacht
en de visserij.
Vanuit hier kun-
nen bezoekers
de wildernis in
trekken. Het
toerisme neemt steeds grotere
vormen aan; vanuit Paulatuk
vertrekken Inuit-gidsen op
zoek naar de dieren van de
streek. De nabijgelegen
Smoking Hills, die bestaan uit
sulfiderijke leisteen en
steenkool, zijn ook in trek.

Norman Wells ❾

🏠 800. ✖ ℹ NWT Tourism Office,
52nd St., Yellowknife, 1800–6610788.
🌐 www.normanwells.com

I n 1919 werd er bij een Inuit-
nederzetting ruwe olie ontdekt. Tijdens de Tweede Wereldoorlog legden de VS een
pijpleiding aan omdat bij de
aanleg van de Alaska Highway
veel olie nodig was. De olie-
productie steeg hierdoor en
het dorp groeide. In 1996 werd
de productie gestaakt.
Norman Wells vormt nu het
beginpunt van de Canol Heritage Route, een lang voetpad
naar de Canol Road boven de
Ross River in het Yukon Territory, die in verbinding staat
met het Yukon Highway-
netwerk. Het is een van de
zwaarste tochten ter wereld
omdat de faciliteiten langs de
route beperkt zijn. Ieder jaar
weer durven tal van ervaren
wandelaars de uitdaging aan.

Nahanni National Park Reserve ❿

📞 867–6952713. ✖ Fort Simpson.
⬤ het hele jaar. 🎦 ℹ Nahanni
National Park Reserve, Box 348, Fort
Simpson, NWT. 🌐 www.pc.gc.ca

N ahanni National Park
Reserve ligt aan weers-
zijden van de South Nahanni
River, tussen de grens met de
Yukon en de kleine nederzet-
ting Fort Simpson. In 1978

De kerk van Inuvik, vanwege het klimaat gebouwd in de vorm van een iglo

Zo ziet het uitgestrekte Nahanni National Park er in de zomer uit

werd dit natuurgebied uitgeroepen tot het eerste VN Werelderfgebied, om de fauna hier te beschermen. Het ongerepte park omvat vier enorme canyons, warme bronnen en de indrukwekkendste, niet voor waterkracht aangewende waterval van Noord-Amerika, de Virginia Falls. Deze 90 m hoge waterval is tweemaal zo hoog als de Niagara-waterval, maar hij heeft minder volume. In de waterval komen 13 vissoorten voor en in de buurt ervan leven meer dan 120 soorten vogels. Wolven, grizzly's en West-Canadese boskariboes komen in het gebied voor. De meeste mensen komen hier echter niet voor de rijke flora en fauna, maar om te wildwatervaren en te kanoën. In de zomer wint de watersport het van het wandelen. Het park is per boot te bereiken via de Nahanni River.

Fort Providence ⓫

🏠 750. 🔲 ℹ️ NWT Tourism Office, 52nd St., Yellowknife, 1800–6610788, 867–8737200.

De Dene-stam noemt dit dorp *zhabti koe*, hetgeen in hun taal 'missiepost' betekent. Fort Providence ontstond als een katholieke missiepost en werd later door de Hudsonbaaicompagnie *(zie blz. 158–159)* uitgebreid, toen zij hier aan het einde van de 19de eeuw een buitenpost

openden. De Dene-stam, aangetrokken door de hoop op werk, vestigde zich hier. Het plaatsje is nu een centrum voor Dene-kunstnijverheid. Net ten noorden van het dorp ligt het Mackenzie Bison Sanctuary. In dit reservaat leeft de grootste kudde (2000 stuks) van de zeldzame bosbizons ter wereld. Het park strekt zich over een afstand van 100 km naar het noorden uit langs de oevers van het Groot Slavenmeer.

Hay River ⓬

🏠 3600. ✖️ 🔲 ℹ️ MacKenzie Highway, 867–8746522. ⭕ juni–sept.

Het dorp Hay River, gelegen aan de oever van het Groot Slavenmeer, is de grootste haven van de Northwest Territories. Het speelt een cruciale rol in de bevoorrading van de nederzettingen in het arctische gebied en de noordelijkste plaatsen van het land, met name Inuvik. Zodra de rivier in de lente ontdooit, begint men met het vervoeren van vracht. Het dorp is uitstekend toegerust voor deze taak; langs de werven liggen naast vissersboten ook sleepboten en tal van andere soorten schepen. De geschiedenis van Hay River gaat meer dan duizend jaar terug, een unicum in deze streken. De Dene trokken hierheen vanwege de strategische ligging aan de zuidoever van het Groot Slavenmeer. De haven vormt de belangrijkste bezienswaardigheid. De oorspronkelijke Dene-nederzetting, die nu 260 inwoners telt, ligt aan de andere zijde van de rivier, ten noorden van de oude stad. Bezoekers zijn er welkom.

HET NOORDERLICHT

Het noorderlicht, ofwel *aurora borealis*, lijkt veroorzaakt te worden door zonnewinden die de ionosfeer van de aarde zo'n 16 km boven het aardoppervlak binnendringen. Deze winden, die afkomstig zijn van de zon, komen in aanraking met de gassen die aanwezig zijn in de bovenste luchtlaag rond de aarde. Hierbij komt energie vrij, die tegen de avondlucht met het oog waarneembaar is. Dit fraaie schouwspel is te zien in de Yukon en de NWT, het vaakst van augustus tot oktober. Sommige Inuit hechtten religieuze betekenis aan het licht; zij dachten dat het de geesten van overleden jagers waren. Veel 19de-eeuwse goudzoekers meenden dat het dampen waren die werden afgegeven door de goudaders.

Yellowknife ⓭

TIPS VOOR DE TOERIST

🏠 18.000. ✈ ℹ The Northern Frontier Regional Visitors' Centre, 4804 49th St., 867–8734262, 1–877–8814262. 🎭 The Caribou Carnival (maart); Raven Mad Daze (juni); Folk on the Rocks (juli). 🌐 www.northernfrontier.com

Deze plaats, van oorsprong een Dene-nederzetting, dankt zijn naam aan de koperen jachtmessen van de eerste bewoners. In 1823 sloot de Hudsonbaaicompagnie haar buitenpost omdat deze niet langer rendabel was. De Old Town beleefde echter dankzij de goudaders in de jaren dertig en na 1945 weer bloeiperioden. Nadat de bereikbaarheid over de weg was verbeterd, werd Yellowknife in 1967 de hoofdstad van de Northwest Territories. Het gaat sinds de jaren zestig goed met het dienstencentrum Yellowknife en er wordt soms nog goud gevonden.

Op het Groot Slavenmeer drijven huisjes

De Old Town

Op slechts 1 km ten noorden van het centrum ligt de Old Town. Deze wijk is gebouwd op een eilandje en een rotsig schiereiland in het Groot Slavenmeer. In 1947 barstte Yellowknife uit zijn voegen. De New Town verrees uit de zandvlakten aan de zuidkant.

De Yellowknife Bay biedt een ongewone aanblik: er drijven tal van 'woonboten'. Tijdens een wandeling door deze woonwijk ziet u veel mooie architectuur. Voor winkels en accommodatie moet u in de zuidelijker gelegen New Town zijn. Het Bush Pilot's Monument (een blauw vliegtuig) aan de noordzijde van Franklin Avenue biedt een prachtig uitzicht over de omgeving.

The Wildcat Café

Wiley Road. ☎ 867–8738850. ⏱ juni–sept.: dag. 11.00–21.00 uur. ♿ Het oudste restaurant van Yellowknife is een begrip. Het is alleen in de zomer geopend. Deze oude blokhut ligt onder aan de heuvel van de Old

CENTRUM VAN YELLOWKNIFE

Legislative Assembly ④
Prince of Wales Northern
   Heritage Centre ③
Old Town ①
Wildcat Café ②

SYMBOLEN

ℹ Toeristenbureau

0 meter   400

JOLLIFFE ISLAND

Back Bay

INGRAHAM DRIVE

MCDONALD DRIVE

WILEY ROAD

PEACE RIVER FLATS

HAMILTON DRIVE

Yellowknife Bay

Niven Lake

FRANKLIN AVENUE (50TH AVENUE)

DRAW AVENUE

49TH AVENUE

50TH AVENUE

44TH STREET

46TH STREET

47TH STREET

48TH STREET

49TH STREET

50TH STREET

51ST STREET

52ND STREET

52ND AVENUE

54TH AVENUE

Vliegveld

Frame Lake

④ ③

ℹ

↓ Bus station

Town en is in de stijl van de jaren dertig opgeknapt. Het sfeervolle interieur doet in alles denken aan de tijden van de pioniers. Dit enigszins krakkemikkige etablissement is het meest gefotografeerde gebouw in Yellowknife. Op het menu treft u stevige stoofschotels en vis aan.

Eten in het Wildcat Café hoort bij een bezoek aan het noorden

🏛 The Prince of Wales Heritage Centre

49th Street. **C** 867–8737551. ◻ dag. ● feestdagen. ♿
Dit plaatselijke museum geeft bezoekers een beeld van de geschiedenis van de Northwest Territories. Een afdeling is gewijd aan de levenswijze van de Dene en de Inuit en er is aandacht voor de wijze waarop de Europeanen het gebied ontwikkelden. Ook de geschiedenis van de luchtvaart in deze streek komt aan bod.

🏛 Legislative Assembly

Frame Lake. **C** 867–6692230, 1–800–6610784. ◻ ma–vr. ♿ 📷 juli en aug.
Deze zetel van het plaatselijke bestuur dateert van 1993 heeft een hoge koepel. Het is de enige assemblee van Canada die door zijn ronde vorm de gelijkheid tussen de verschillende etnische groepen tot uitdrukking brengt, zoals dat bij de oorspronkelijke bewoners gebruikelijk is. Het interieur wordt opgeluisterd door schilderijen, Inuit-kunst en een ijsberenvel. Op tijden dat het parlement niet bijeen is, worden er rondleidingen gegeven.

Rankin Inlet ⑭

🏨 2058. ℹ 867–9794636. ✈

Rankin Inlet werd in 1955 gesticht toen de North Rankin Nickel Mine werd geopend. Het is de grootste plaats van Keewatin, het deel van Nunavut dat zich ten oosten van het Canadees Schild uitstrekt richting de Hudsonbaai. Rankin Inlet is het bestuurscentrum van Keewatin. In dit gebied behoort 85 procent van de bevolking tot de Inuit. De meeste mensen wonen langs de kust. Deze streek wordt gekenmerkt door zijn adembenemende arctische landschappen en de landelijke levenswijze van de inwoners. In **Meliadine Park**, 10 km buiten het centrum, is een replica van een Thule-nederzetting te zien (zij waren de voorouders van de Inuit), inclusief opslagplaatsen en winterwoningen.

🌿 Meliadine Park

10 km ten noordwesten van Rankin Inlet. **C** 867–6453838. ◻ dag., mits het weer het toelaat.

Baker Lake ⑮

🏨 1385. ✈ ℹ 867–7932874.

Baker Lake ligt op het geografische middelpunt van Canada en is de enige Inuit-plaats in het binnenland. Deze streek, rond de bron van de Thelon River, is al sinds mensenheugenis een plek waar verschillende Inuit-volken in de zomer bijeenkomen. Nu ligt de nadruk op Inuit-

kunst, met name stoffen. Iets verder naar het westen ligt het **Thelon Game Sanctuary**. Hier zijn behalve kuddes muskusossen nog tal van andere diersoorten te zien.

🦌 Thelon Game Sanctuary

300 km ten w van Baker Lake. **C** 867–9794636. ◻ dag.

Banks Island en Victoria Island ⑯

ℹ 867–9794636.

Het in de Noordelijke IJszee gelegen Banks Island herbergt de grootste kudde muskusossen ter wereld. Ze leven in **Aulavik National Park**, op het noordelijkste puntje van het eiland. Het is een van de meest afgelegen gebieden waar wild voorkomt en het is alleen per vliegtuig te bereiken. Net als in veel andere delen van Noord-Canada is een bezoek alleen weggelegd voor zeer avontuurlijk ingestelde en bemiddelde mensen. Victoria Island hoort deels bij de Northwest Territories en deels bij Nunavut, en er zijn twee stadjes te vinden: Holman (NWT) en Inuit Cambridge Bay (Nunavut). Hier kwam de inheemse bevolking 's zomers vissen en op kariboes en zeehonden jagen. Het is nu een dienstencentrum. Hier vlakbij leven ijsberen, muskusossen, wolven en arctische vogels.

🌿 Aulavik National Park

Sachs Harbour. **C** 867–6903904. ◻ dag., mits het weer het toelaat. 📷

Deze Inuit bij Baker Lake gaat volgens traditionele technieken te werk

Baffin Island ⑰

's Zomers bloeit de steenbreek

Baffin Island, dat onderdeel uitmaakt van Nunavut, is een van de meest afgelegen gebieden van Noord-Amerika. Het eiland heeft een oppervlakte van 500.000 km² en is daarmee het op vier na grootste eiland op aarde. Meer dan de helft van het eiland ligt boven de poolcirkel. Er wonen slechts 11.000 mensen, van wie 9000 Inuit.

De meeste mensen wonen in een van de acht nederzettingen op het eiland. De grootste plaats is Iqaluit, de hoofdstad van de provincie Nunavut. Baffin Island biedt met zijn spectaculaire fjorden en messcherpe bergtoppen en gletsjers mogelijkheden voor de uitoefening van alle mogelijke buitensporten. Nergens kunt u mooiere tochten maken per kano, per kajak of te voet en een wandeling is helemaal een onvergetelijke ervaring. Tijdens uw verblijf in dit gebied kunt u walvissen en ijsberen waarnemen.

Nanisivik is de plaats waar de Midnight Sun Marathon elk jaar op 1 juli wordt gehouden. Tot 2002 werden hier lood en zink gewonnen.

BYLOT ISLAND

SIRMILIK NATIONAL PARK

BRODEUR PENINSULA

ARCTIC BAY ☒

BORDEN PENINSULA

PRI CHA ISL

Pond Inlet
Pond Inlet, een van de mooiste plekjes van Nunavut, ligt te midden van bergen, gletsjers en ijsbergen. In het water leven veel diersoorten. Tochtjes per hondenslee of sneeuwscooter naar de rand van de ijsschotsen zijn zeer in trek.

AUYUITTUQ NATIONAL PARK

Auyuittuq is met zijn 21.470 km² het op twee na grootste nationale park van Canada. Het is een van de weinige nationale parken met land boven de poolcirkel. Wie dit ongerepte natuurgebied bezoekt, krijgt een spectaculair schouwspel te zien met bergen, valleien en fjorden. Wanneer in de lente het ijs smelt, staan overal de wilde bloemen in bloei. Het park kent een rijke fauna: in het gebied kunnen sneeuwganzen, poolvossen en ijsberen worden waargenomen. Zelfs in de korte zomer kan het weer snel omslaan en valt nu en dan een pak sneeuw. De temperatuur blijft het hele jaar laag. In het nabijgelegen stadje Pangnirtung wordt kunstnijverheid vervaardigd.

Onder de kille pieken van de Auyuittuq bloeien bloemen

0 km   100

Cape Dorset werd bewoond door de voorouders van de Inuit, de Thule- en Dorset-stammen. Archeologen doen er onderzoek.

SYMBOLEN

— Rivieren

— Grens van nationaal park

⚡ Uitkijkpunt

☒ Vliegveld

Pangnirtung

Dit dorp met 1100 inwoners ligt aan het zuideinde van de Pangnirtung Fjord, de populairste, 100 km lange wandelroute op Baffin. In de zomer is de pas sneeuwvrij en te bewandelen, en kunt u genieten van het zeer indrukwekkende uitzicht op de fjord in de diepte.

TIPS VOOR DE TOERIST

🏔 11.400. ℹ Nunavut Tourism, Iqaluit, 1866-6862888.
📷 Toonik Tyme (april), Iqaluit.
🌐 www.nunavuttourism.com

HET NOORDEN VAN CANADA BEREIKEN

Nunavut trekt ieder jaar meer toeristen aan, maar u dient er niettemin rekening mee te houden dat de vervoers- en communicatiemiddelen zeer beperkt zijn. De zeer afgelegen nederzettingen zijn uitsluitend via de lucht bereikbaar, en dit brengt hoge kosten met zich mee. Deze regio telt 600 vliegvelden en landingsbanen.

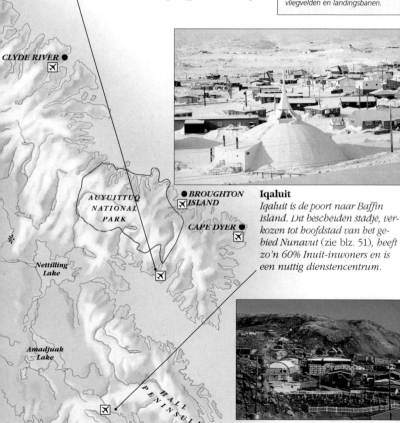

Iqaluit

Iqaluit is de poort naar Baffin Island. Dit bescheiden stadje, verkozen tot hoofdstad van het gebied Nunavut (zie blz. 51), heeft zo'n 60% Inuit-inwoners en is een nuttig dienstencentrum.

Kimmirut

Kimmirut staat bekend als een kunstcolonie, vanwege zijn Inuit beeldhouwers. Het is hier iets warmer dan op de rest van het eiland en tijdens de korte zomer bloeit het grasland uitbundig.

Map labels:
CLYDE RIVER
AUYUITTUQ NATIONAL PARK
BROUGHTON ISLAND
CAPE DYER
Nettilling Lake
Amadjuak Lake
HALL PENINSULA

TIPS VOOR DE REIZIGER

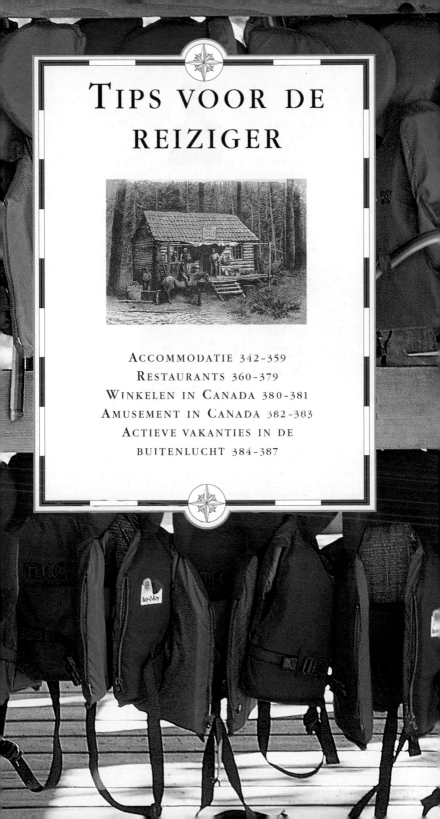

ACCOMMODATIE

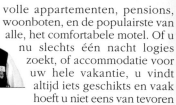

Portier

Zoals te verwachten is van een groot land heeft Canada zeer uiteenlopende overnachtings-mogelijkheden: van voorname, wereldberoemde hotels zoals Château Frontenac in Québec-stad, tot door families gerunde *bed-en-breakfasts* op het platteland. Canada biedt uitstekende hotels in de middenklasse, herbergen, vakantiehuisjes in een mooie omgeving, stijl-volle appartementen, pensions, woonboten, en de populairste van alle, het comfortabele motel. Of u nu slechts één nacht logies zoekt, of accommodatie voor uw hele vakantie, u vindt altijd iets geschikts en vaak hoeft u niet eens van tevoren te boeken. De lijst met hotels op *blz. 344–359* bevat een uitgebreide selectie bestemmingen met voor elk wat wils.

Een *lodge* in Banff National Park

KLASSEN EN FACILITEITEN

Canada heeft geen door de overheid gereguleerd classificatiesysteem voor hotels, maar het vrijwillige 'Canada Select'-stelsel is vrij betrouwbaar. Elke overnachtings-mogelijkheid wordt geclassificeerd met sterren. Houd er echter rekening mee dat een viersterrenhotel in een grote stad als Toronto niet per se dezelfde faciliteiten heeft als een kasteelhotel van dezelfde categorie in een klein oord. De Canadian Automobile Association heeft ook een classificatiesysteem, dat voornamelijk hotels en motels langs snelwegen beschrijft, en ook dit systeem wordt doorgaans beschouwd als gedegen en betrouwbaar. Vrijwel elke accommodatie heeft in de zomer airconditioning, behalve de blokhutten in de nationale parken en de logies in de koelere streken in het noorden en aan de kust. In alle accommodatie is centrale verwarming aanwezig. Kabeltelevisie, radio, strijkijzer en -plank, en koffiezetapparaten zijn standaard. De kamers hebben een eigen badkamer, maar geef aan of u een bad of douche wilt, en of u een tweepersoonsbed of twee enkele bedden wilt.

PRIJZEN

Door het grote aanbod lopen de prijzen sterk uiteen. In een stad kost een presidentiële suite van een tophotel gemakkelijk $ 1000 per nacht, terwijl een bed in een trekkers-hut minder dan $ 25 kost. Budgethotels en B&B's vragen $ 50–75 per persoon per nacht. In het hoogseizoen is accommodatie duurder dan in het laagseizoen. Alle geciteerde prijzen zijn in Canadese dollars.

RESERVEREN

Het is aan te raden in de steden te reserveren, want daar worden vaak het hele jaar door festivals, conventies, congressen en grote sport- en muziekevenementen gehouden (*zie blz. 34–37*). Provinciale toeristenbureaus of luchtvaart-maatschappijen (*zie blz. 393*) kunnen u hierbij helpen.

KINDEREN

Reizen met kinderen is geen probleem. Vrijwel elk hotel kan een wieg of bedje in uw kamer plaatsen. Grote hotels bieden babysitmogelijkheden. Een alleenreizende ouder met kinderen moet een schriftelijke verklaring bij zich hebben van de andere ouder (anti-ontvoeringswetgeving).

GEHANDICAPTEN

De wet schrijft voor dat nieuwe en gerenoveerde openbare gebouwen toegankelijk moeten zijn voor gehandicapten, met opritten, brede deuren en grote drempels. De meeste hotels op het platteland stammen echter uit de 19de eeuw; let hierop.

De imposante gevel van het Royal York Hotel in Toronto (*zie blz. 351*)

LUXEHOTELS

Hoewel Canada weinig vijfsterrenhotels heeft, zijn er in de meeste grote steden wel hotels van wereldklasse. Aan het eind van de 19de

Kamer in de Elmwood Inn, een B&B, Prins Edwardeiland *(zie blz. 345)*

eeuw kwamen de kasteel-
hotels met hun unieke,
Canadese architectuur op.
Nu zijn de meeste kasteel-
hotels, waaronder het Château
Frontenac, in bezit van
Fairmont Hotels. Ketens van
luxehotels zijn er volop: Four
Seasons, Hilton, Radisson,
Sheraton en Westin hebben
vestigingen in Toronto,
Montreal, Calgary, en
Vancouver.

HOTELKETENS

Canada biedt genoeg hotel-
en motelketens. Deze zijn
betrouwbaar en comfortabel,
hoewel soms wat saai, en
variëren in stijl en prijs van de
statige, befaamde hotels tot
de minder dure maar even
bekende Best Western, Com-
fort en Super 8. Deze hotels
zijn populair bij gezinnen en
zakenlui die dikwijls gebruik
kunnen maken van een kan-
toor met fax, e-mail en dergelijke. Voorzieningen voor
kinderen zijn doorgaans
prima.

HUISJES EN *LODGES*

Naast de traditionele
vakantiehuisjes zijn er
buiten de steden enorm veel
overnachtingsmogelijkheden
te vinden. Campers of zogenaamde *RV's* (Recreational
Vehicles) worden steeds
populairder en zijn in alle
grote steden te huur. De
meeste hebben airconditioning, een koelkast, oven en
badkamer. Overal in het land
liggen campings, van groene
velden in de vruchtbare

nationale parken van het
zuiden tot afgezonderde
gebieden in het noorden, waar
de Inuit leven. Door de uitgebreide keuzemogelijkheden
blijft de kwaliteit hoog en de
prijs betaalbaar: de meeste
campings bieden elektriciteit,
wasserette, een kampwinkel
en activiteiten.
Velen beschouwen het huisje
of de *lodge* als typisch Canadees. Ontario is beroemd om
zijn goed uitgeruste vakantiehuisjes, die voor een week,
maand of seizoen te huur zijn
en altijd een gunstige ligging
hebben. Nationale parken
verhuren ook *lodges* en
kampeerplaatsen.

BED-EN-BREAKFASTS

Het groeiende aantal bed-
en-breakfasts in Canada
geeft aan hoe populair deze
vorm van accommodatie is.
Van historische herbergen tot
rustieke kamers op boerderijen, overal wordt u hartelijk
ontvangen en kunt u proeven

van de gewoonten en gebruiken van de streek. De Atlantische kust is beroemd om
zijn B&B's, vaak in stijlvolle
Victoriaanse huizen in
historische steden. Vraag het
toeristenbureau naar de
tarieven. De meeste B&B's
hebben hooguit vier kamers
te huur.

HEFFINGEN

Vergeet niet dat op vrijwel
elk soort accommodatie
twee soorten belasting worden geheven, boven op het
basistarief. De eerste, de provinciale omzetbelasting (PST),
varieert per provincie en bedraagt tussen de 5 en 12
procent. PST wordt geheven
op accommodatie, goederen
en diensten. De regels verschillen tussen de provincies:
Alberta heft alleen PST op
hotels en motels.
De belasting op goederen en
diensten (GST) bedraagt in
het gehele land 7 procent;
hieronder vallen vrijwel alle
hotelklassen. In sommige
provincies vormen de PST
en GST samen een 'alge-
mene omzetbelasting' van
zo'n 15 procent. In Nova
Scotia, New Brunswick en
Newfoundland en Labrador
vervangt een geharmoni-
seerde omzetbelasting van
14 procent de GST. Kleinere
hotels heffen soms geen
GST, informeer hier dus naar
bij aankomst.
Vanaf april 2007 is de regeling
dat bezoekers van Canada de
GST op bepaalde producten
terug konden krijgen, afgeschaft.

Een bed-en-breakfast in de Rocky Mountains

Een hotel kiezen

De hotels in deze gids zijn opgenomen om hun goede prijs-kwaliteitverhouding, uitstekende faciliteiten of fraaie ligging. De hotels zijn ingedeeld per regio, die op dezelfde volgorde staan als in de rest van het boek. De kleurcode van elke regio wordt boven aan de bladzijde weergegeven. De locaties staan op alfabet en op prijsklasse. Voor restaurants, zie blz. 364–379.

	AANTAL KAMERS	RESTAURANT	FACILITEITEN VOOR KINDEREN	TUIN/TERRAS	ZWEMBAD
NEWFOUNDLAND EN LABRADOR					
GRAND FALLS: *Mount Peyton Hotel* W www.mountpeyton.com $$ 214 Lincoln Rd., NL A2A 1P8. 709–4892251. FAX 709–4896365. @ mtpeyton@fortisproperties.com Dit vriendelijke is zeer gastvrij en heeft een van de betere restaurants in Midden-Newfoundland.	150	●			
HAPPY VALLEY-GOOSE BAY: *Labrador Inn* W www.labradorinn.nf.ca $ 380 Hamilton River Rd., LAB AOP 1CO. 709–8963351, 1–800–5632763. FAX 709–8963927. Het personeel biedt u de typisch noordelijke gastvrijheid.	74	●			
L'ANSE AU CLAIR: *Northern Light Inn* W www.northernlightinn.com $$ PO Box 92 L'Anse au Clair, NL A0K 3K0. 709–9312332. FAX 709–9312708. Dit familiehotel kijkt uit over de baai. In het restaurant worden plaatselijk populaire gerechten geserveerd, zoals kariboesteak.	59	●			
NORRIS POINT: *Sugar Hill Inn* W www.sugarhillinn.nf.ca $$$ 115–129 Sextons Rd., NL A0K 3V0. 709–4582147, 1–888–2992147. FAX 709–4582166. Een goede herberg in het hart van Gros Morne National Park. Vers zeebanket op het menu.	7	●			
ST. ANTHONY: *Haven Inn* W www.haveninn.ca $ Goose Cove Rd., NL A0K 4S0. 709–4549100, 1–877–4283646. FAX 709–454 2270. Dit moderne motel biedt prachtig uitzicht op de haven van St. Anthony. In de lounge en eetzaal branden gezellige haardvuren.	29	●			
ST. JOHN'S: *Balmoral Inn* W www.balmoralhouse.com $ 38 Queens Rd., NL A1C 2A5. 709–7545721, 1–877–4281055. FAX 709–722 8111. Dit monument in Queen Anne-stijl heeft hoge plafonds en aantrekkelijke kamers met antiek.	3				
ST. JOHN'S: *Hotel Fairmont* W www.fairmont.com. $$$ Cavendish Square, NL A1C 5W8. 709–7264980, 1–866–5404450. FAX 709–7262025. In handen van Fairmont Hotels. Uitzicht op Signal Hill en de haven; drie restaurants.	301	●	■	●	■
TRINITY BAY: *Campbell House* W www.campbellhouse.nf.ca $ High St., Trinity Bay, NL A0C 2S1. 1–877–4647700. FAX 709–4643377. Twee van deze drie huizen aan de waterkant zijn monumenten. De oudste, uit 1842, heeft stijlkamers.	5			●	
NEW BRUNSWICK, NOVA SCOTIA EN PRINS EDWARDEILAND					
ANNAPOLIS ROYAL *Milford House (Cottages)* $$$ RR #4, NS B0S 1A0. 902–532 2617, 1–877–5325751. FAX 902–5322617. W www.milfordhouse.ca Goed voor een comfortabel en gastvrij verblijf. Er zijn geen televisies in de kamers, maar er is een goedgevulde bibliotheek.	27	●		●	
BAY FORTUNE: *The Inn at Bay Fortune* $$$$ RR4, Souris, PEI COA 2B0. 902–6873745. FAX 902–6873540. W www.innatbayfortune.com Deze stijlvolle herberg is een heerlijk toevluchtsoord en heeft tevens een van de beste restaurants van Canada *(zie blz. 364).*	18	●		●	
BOUCTOUCHE: *Le Vieux Presbytère* $$ 157 Chemin du Couvent, NB E4S 3B8. 506–7435568, 1–866–7431880. FAX 506–7435566. Deze charmante herberg in Acadia dateert uit 1880 en heeft tuinen met uitzicht op de Bouctouche-rivier.	22	●			
BRIER ISLAND: *Brier Island Lodge* W www.brierisland.com $ Westport, NS B0V 1H0. 902–8392300, 1–800–6628355. FAX 902–8392006. Deze kleine lodge, gelegen op een eilandje in de Fundybaai, ligt ideaal voor kustwandelingen en walvisexcursies.	39	●			

Prijsklassen voor een tweepersoonskamer, inclusief ontbijt (indien geserveerd), BTW en eventuele andere belasting:

- $ minder dan $ 100
- $ $ $ 100–$ 150
- $ $ $ $ 150–$ 200
- $ $ $ $ $ 200–$ 250
- $ $ $ $ $ meer dan $ 250

RESTAURANT
Restaurant of eetzaal, indien niet anders aangegeven, ook geopend voor niet-gasten.

FACILITEITEN VOOR KINDEREN
Ledikantje en/of babysitmogelijkheid aanwezig. Sommige hotels hebben kindermenu's en kinderstoelen in het restaurant.

TUIN/TERRAS
Hotel met tuin, binnenplaats of terras waar doorgaans gegeten kan worden.

ZWEMBAD
Hotel met binnen- of buitenbad.

	Aantal kamers	Restaurant	Faciliteiten voor kinderen	Tuin/terras	Zwembad
CAPE D'OR: *Cape d'Or Lighthousekeeper's Guesthouse* [W] www.capedor.ca $ Cape d'Or Lighthouse, NS B0M 1S0. ☎ *902–6700534.* Deze afgelegen bestemming ligt bij de klippen en wandelroutes van het Minas Basin. De kamers hebben spectaculair uitzicht. 🛏 [P] 💳	4	●			
CARAQUET: *Hotel Paulin* [W] www.hotelpaulin.com $ $ 143 Blvd. St-Pierre west, NB E1W 1B6. ☎ *506–7274808, 1–866–7279981.* Waard Gerard Paulin is de derde generatie Paulin die dit historische hotel aan zee uit 1891 leidt. 🛏 [P] 💳	8	●			
CAVENDISH: *Kindred Spirits Country Inn and Cottages* $ $ Route 6, PEI C0A 1N0. ☎ *902–9632434, 1–800–4611755.* [FAX] *902–9632619.* [W] www.kindredspirits.ca Deze lieflijke herberg ligt vlak bij Green Gables House *(zie blz. 76)*. Een oase van rust in dit drukke toeristenoord. ● *mei-okt.* 🛏 [TV] [P]	39				■
CHARLOTTETOWN: *Elmwood Heritage Inn* $ $ $ 121 North River Road, PEI P1A 3K7. ☎ *902–3683310, 1–877–9333310.* [FAX] *902–6288457.* [W] www.elmwoodinn.pe.ca [@] elmwood@pei.sympatico.ca Dit is een van de beroemde B&B's van Canada, gelegen in de historische wijk van Charlottetown. Fraai ingericht; heerlijk eten. 🛏 [TV] [P] 💳	6			●	
CHARLOTTETOWN: *Delta Prince Edward Hotel* $ $ $ $ $ 18 Queen St., PEI C1A 8B9. ☎ *902–5662222, 1–866–8941203.* [FAX] *902–5662282.* [W] www.deltaprinceedward.pe.ca Het Delta Prince Edward kijkt uit over de jachthaven van Charlottetown. Er zijn drie eetgelegenheden, waaronder een café aan het water. 🛏 [TV] ♿ [P] 🏋 💳	213	●	■		■
EDMUNDSTON: *Howard Johnson Hotel and Convention Centre* $ $ 100 Rice St., NB E3V 1T4. ☎ *506–7397321, 1–800–4464656.* [FAX] *506–7359101.* [W] www.hojo.com Schoon, gastvrij en op gezinnen gericht hotel – ligt tegen een winkelcentrum van 22 verdiepingen. Centraal gelegen. 🛏 [TV] ♿ [P] 🏋 💳	103	●	■		■
GRAND TRACADIE: *Dalvay-by-the-Sea* $ $ $ $ $ PEI National Park, Box 8, York PEI C0A 1P0. ☎ *902–6722048, 1–888–3662955.* [FAX] *902–6722741.* [W] www.dalvaybythesea.com Dit herenhuis werd in 1895 gebouwd door oliemagnaat Alexander MacDonald. Het restaurant serveert zeebanket van het eiland *(zie blz. 365)*. 🛏 ♿ [P] 💳	34	●	■		
HALIFAX: *Waverley Inn* [W] www.waverleyinn.com $ $ 1266 Barrington St., NS B3J 1Y5. ☎ *902–4239346, 1–800–5659346.* [FAX] *902–4250167.* Deze herberg opende zijn deuren in 1876. Hij ligt op een paar minuten lopen van het historische centrum van deze maritieme stad. 🛏 [TV] [P] 💳	32				
HALIFAX: *Delta Barrington* [W] www.deltahotels.com $ $ $ 1875 Barrington St., NS B3J 1L6. ☎ *902–4297410, 1–877–8147706.* [FAX] *902–4206524.* In het hart van het historische centrum gelegen. 🛏 [TV] ♿ [P] 🏋 💳	200	●	■		
INGONISH BEACH: *Keltic Lodge* [W] www.signatureresorts.com $ $ $ $ $ Middle Head Peninsula, NS B0C 1L0. ☎ *902–2852880, 1–800–5650444.* [FAX] *902–2852859.* Dit statige hotel ligt op een steile rotsoever die uitkijkt over Ingonish Harbour. Een viergangendiner en ontbijt is bij de prijs inbegrepen. 🛏 [TV] ♿ [P] 💳	104	●	■	●	■
LOUISBOURG: *Cranberry Cove Inn* $ $ 12 Wolfe St., NS BIC 2J2. ☎ *902–7332171 of 1–800–9290222.* [FAX] *902–7332449.* [W] www.louisbourg.com/cranberrycove Deze aantrekkelijke herberg biedt chique accommodatie. 🛏 [P] 💳	7				
LUNENBURG: *Lunenburg Inn* [W] www.lunenburginn.com $ $ 26 Dufferin St., NS B0J 2C0. ☎ *902–6343963, 1–800–5653963.* [FAX] *902–6349419.* Dit prachtige Victoriaanse gebouw uit 1893 ligt aan de rand van de historische Oude Stad van Lunenburg. 🛏 [P] 💳	7				

Voor een verklaring van de symbolen, zie achterflap

Prijsklassen voor een twee-persoonskamer, inclusief ontbijt (indien geserveerd), BTW en eventuele andere belasting: $ minder dan $ 100 $$ $ 100–$ 150 $$$ $ 150–$ 200 $$$$ $ 200–$ 250 $$$$$ meer dan $ 250	**RESTAURANT** Restaurant of eetzaal, indien niet anders aangegeven, ook geopend voor niet-gasten. **FACILITEITEN VOOR KINDEREN** Ledikantje en/of babysitmogelijkheid aanwezig. Sommige hotels hebben kindermenu's en kinderstoelen in het restaurant. **TUIN/TERRAS** Hotel met tuin, binnenplaats of terras waar doorgaans gegeten kan worden. **ZWEMBAD** Hotel met binnen- of buitenbad.	AANTAL KAMERS	RESTAURANT	FACILITEITEN VOOR KINDEREN	TUIN/TERRAS	ZWEMBAD

MARGAREE VALLEY: *Normaway Inn* Ⓦ www.normaway.com $$$
691 Egypt Rd., NS B0E 2C0. 902–2482987, 1–800–5659463. FAX 902–2482600.
Dit hotel uit de jaren twintig ligt op een terrein van 100 ha in Margaree Valley.
Vismogelijkheden, concerten, tennis en een goed restaurant. 🛏 P 🗐
| | | 29 | ● | ■ | ● | |

MONCTON: *Comfort Inn* Ⓦ www.choicehotels.ca $
2495 Mountain Rd., NB E1G 2W4. 506–3843175. FAX 506–8537307.
Een motel uit een keten die meer dan gemiddelde accommodatie biedt.
Vlak bij Magnetic Hill en de Trans-Canada Highway. 🛏 📺 ♿ P 🗐
| | | 59 | | | | |

ST. ANDREWS: *Algonquin Resort* Ⓦ www.fairmont.com $$$
184 Adolphus St., NB E0G 2X0. 506–5298823, 1–800–2577544. FAX 506–5297162. Dit klassieke hotel biedt fraai uitzicht op Passamaquoddy Bay. Genoeg voorzieningen, zoals een golfbaan van 18 holes. 🛏 📺 ♿ P 🍴 🗐
| | | 238 | ● | ■ | ● | ■ |

ST. ANDREWS: *Kingsbrae Arms, Relais & Châteaux* $$$$$
219 King St., NB E5B 1Y1. 506–5291897. FAX 506–5291197.
Ⓦ www.kingsbrae.com Deze stijlvolle, ouderwetse herberg heeft prachtige
kamers met antiek en uitstekende diners. 🛏 24 📺 P 🗐
| | | 8 | ● | | ● | ■ |

SAINT JOHN: *Country Inn and Suites* Ⓦ www.countryinns.com $
1011 Fairville Blvd., NB E2M 5T9. 506–6350400, 1–888–2011746.
FAX 506–6353818. Een huiselijke sfeer, die versterkt wordt door het rustieke
interieur en de open haard in de lounge. 🛏 📺 ♿ P 🗐
| | | 60 | | | | |

SAINT JOHN: *Inn on the Cove* Ⓦ www.innonthecove.com $$
1371 Sand Cove Rd., NB E2M 4Z9. 506–6727799, 1–877–2578080. FAX 506–635 5455. Deze charmante Victoriaanse herberg met uitzicht op de oceaan is een ideale basis om de Bay of Fundy te verkennen. Uitstekend eten. 🛏 📺 🗐
| | | 6 | ● | | | |

SUMMERSIDE: *Loyalist Country Inn* $$
195 Harbour Drive, PEI C1N 5R1. 902–4363333, 1–800–5657633. FAX 902–4364304.
Een goed uitgerust familiehotel vlak bij de jachthaven. Het ligt slechts
20 minuten van Confederation Bridge. 🛏 📺 ♿ P 🍴 🗐
| | | 103 | ● | | | ■ |

WOLFVILLE: *Blomidon Inn* Ⓦ www.blomidon.ns.ca $
192 Main St., NS B4P 1C3. 902–5422291, 1–800–5652291. FAX 902–5427461.
Dit Victoriaanse huis ligt een stukje van de hoofdstraat af tussen verzorgde
gazons. De herberg is een van de beste van Nova Scotia. 🛏 P 🗐
| | | 26 | ● | | ● | |

MONTRÉAL

CENTRUM: *Hôtel de Paris* $
901 Rue Sherbrooke Est, QUE H2L 1L3. 514–5226861. FAX 514–5221387.
Oud gebouw uit grijze natuursteen met grillig torentje op korte loopafstand
van het uitgaansgebied van Rue St. Denis. Comfortabele kamers. 🛏 📺 P 🗐
| | | 39 | ● | | ● | |

CENTRUM: *Hôtel Viger* Ⓦ www.hotelviger.com $
1001 Rue Saint-Hubert, QUE H2L 3Y3. 514–8456058, 1–800–8456058. FAX 514–8446068. De kamers in dit kleine hotel zijn eenvoudig en de prijzen zijn laag; het ligt bij Vieux-Montréal, Chinatown en Mont-Royal. 🛏 📺 P 🗐
| | | 21 | ● | | | |

CENTRUM: *Hôtel Château & Tour Versailles* $$
1808 Rue Sherbrooke Ouest, QUE H3H 1ES. 514–9338111, 1–888–9338111.
FAX 514–9336867. Ⓦ www.versailleshotels.com Het château-achtige deel van
dit hotel ligt in twee Victoriaanse huizen; de 'tour' is een moderne toren
aan de overkant van de straat. Goede Franse keuken. 🛏 24 📺 P 🗐
| | | 181 | ● | | | |

CENTRUM: *Le Nouvel Hôtel* Ⓦ www.lenouvelhotel.com $$
1740 Blvd. René Lévesque Ouest, QUE H3H 1R3. 514–9318841, 1–800–3636063.
FAX 514–9313233. Cabaretiers proberen hun grappen uit in het theater van
dit moderne, comfortabele hotel bij het Centre Canadien d'Architecture. 🛏
📺 P 🍴 🗐
| | | 162 | ● | ■ | ● | ■ |

CENTRUM: *Clarion Hotel & Suites* [w] www.clarionmontreal.com $$$ 266
2100 Blvd. de Maisonneuve Ouest, H3H 1K6. [C] 514–9318861, 1–800–3617191.
[FAX] 514–9317726. Alle suites hebben een keuken en eetgedeelte: ideaal voor gezinnen en voor wie langer wil blijven. [symbols]

CENTRUM: *Delta Montréal* [w] www.deltamontreal.com $$$ 456
475 Ave. Président Kennedy, QUE H3A 1J7. [C] 514–2861986, 1–877–2861986.
[FAX] 514–2844342. Dit moderne hotel heeft grote, comfortabele kamers. Place des Arts en de warenhuizen van Montréal liggen vlakbij. [symbols]

CENTRUM: *Hôtel du Fort* [w] www.hoteldufort.com $$$ 124
1390 Rue du Fort, QUE H3H 2R7. [C] 514–9388333, 1–800–5656333. [FAX] 514–938 3123. In deze moderne toren hebben de meeste stijlvolle kamers met keuken fraai uitzicht op de haven of op de skyline van Montréal. [symbols]

CENTRUM: *L'Hôtel de la Montagne* $$$ 134
1430 Rue de la Montagne, QUE H3G 1Z5. [C] 514–2885656, 1–800–3616262.
[FAX] 514–2889658. [w] www.hoteldelamontagne.com Een flamboyant ingerichte lobby en een zwembad op het dak maken dit hotel populair. [symbols]

CENTRUM: *Marriott Château Champlain* [w] www.marriott.com $$$ 611
1 Place du Canada, QUE H3B 4C9. [C] 514–8789000, 1–800–2362427.
[FAX] 514–8786761. Deze hoge witte toren met boogvormige ramen biedt schitterend uitzicht op Mont-Royal en de haven. [symbols]

CENTRUM: *Montréal Bonaventure Hilton* $$$ 395
900 Place Bonaventure, QUE H5A 1B4. [C] 514–8782332, 1–800–4458667. [FAX] 514–8783881. [w] www.hiltonmontreal.com Dit hotel, gebouwd rond een tuin met een buitenbad dat zowel 's zomers als 's winters geopend is, ligt boven de tentoonstellingsruimte aan Place Bonaventure. [symbols]

CENTRUM: *Renaissance* [w] www.renaissance-mtl.com $$$ 459
3625 Ave. du Parc, QUE H2X 3P8. [C] 514–2886666.
Kamers met blank hout en pastelkleuren kijken uit over Parc Mont-Royal. In de lobby bevindt zich een aangename bar. [symbols]

CENTRUM: *Residence Inn by Marriott-Montréal* $$$ 190
2045 Rue Peel, QUE H3A 1T6. [C] 514–9826064, 1–888–9999494. [FAX] 514–8448361.
[w] www.residenceinn-mtl.com Alle suites zijn voorzien van een goed geoutil-leerde keuken. Er is ook een bibliotheek met open haard. [symbols]

CENTRUM: *Hôtel La Reine Elizabeth* [w] www.fairmont.com $$$$$ 1050
900 Ouest Blvd. René Lévesque, QUE H3B 4A5. [C] 514–8613511, 1–800–2577544.
[FAX] 514–9542256. De ligging van dit congreshotel is ideaal. Comfortabele kamers. Het restaurant Beaver Club ligt op de begane grond. [symbols]

CENTRUM: *Hôtel Ritz Carlton* [w] www.ritzcarlton.com $$$$$ 229
1228 Rue Sherbrooke Ouest, QUE H3G 1H6. [C] 514–8424212. [FAX] 514–8424907.
Richard Burton en Elizabeth Taylor vierden een van hun twee huwelijken in dit hotel in Edwardiaanse stijl. In de Ritz Garden kunt u heerlijk theedrinken en het Café de Paris is een goed Frans restaurant. [symbols]

CENTRUM: *Loews Hôtel Vogue* [w] www.loewshotel.com $$$$$ 142
1425 Rue de la Montagne, QUE H3G 1Z3. [C] 514–2855555. [FAX] 514–8498903.
De lobby kijkt uit op een van de meest modieuze straten van Montréal. De kamers zijn fraai gemeubileerd en voorzien van een bubbelbad. [symbols]

CENTRUM: *Omni Montreal* [w] www.omnihotels.com $$$$$ 299
1050 Rue Sherbrooke Ouest, QUE H3A 2R6. [C] 514–2841110, 1–800–8436664. [FAX] 514–8453025. De marmeren lobby van dit moderne hotel heeft een mooi restaurant en bar met uitzicht op de straat. [symbols]

CHINATOWN: *Holiday Inn Sélect Montréal Centre-Ville* $$$ 235
99 Ave. Viger Ouest, QUE H2Z 1E9. [C] 514–8789888, 1–800–3152621. [FAX] 514–8786341. [w] www.holidayinn.com De twee pagodevormige daken laten dit hotel samensmelten met zijn omgeving. Kleine vijvers, Chinese tuinen en het restaurant *Chez Chine* domineren de lobby. [symbols]

PLATEAU MONT-ROYAL: *Le Jardin d'Antoine* $$ 25
2024 Rue St.-Denis, QUE H2X 3K7. [C] 514–8434506, 1–800–3614506. [FAX] 514–2811491. [w] www.hotel-jardin-antoine.qc.ca De tuin waaraan het hotel zijn naam te danken heeft biedt een vredige plek, weg van de nabijgelegen cafés en nachtclubs. De kamers aan de achterkant zien uit op de tuin. [symbols]

Voor een verklaring van de symbolen, zie achterflap

Prijsklassen voor een twee-persoonskamer, inclusief ontbijt (indien geserveerd), BTW en eventuele andere belasting:
- $ minder dan $ 100
- $$ $ 100–$ 150
- $$$ $ 150–$ 200
- $$$$ $ 200–$ 250
- $$$$$ meer dan $ 250

RESTAURANT
Restaurant of eetzaal, indien niet anders aangegeven, ook geopend voor niet-gasten.
FACILITEITEN VOOR KINDEREN
Ledikantje en/of babysitmogelijkheid aanwezig. Sommige hotels hebben kindermenu's en kinderstoelen in het restaurant.
TUIN/TERRAS
Hotel met tuin, binnenplaats of terras waar doorgaans gegeten kan worden.
ZWEMBAD
Hotel met binnen- of buitenbad.

	AANTAL KAMERS	RESTAURANT	FACILITEITEN VOOR KINDEREN	TUIN/TERRAS	ZWEMBAD
PLATEAU MONT-ROYAL: *Auberge de la Fontaine* $$$ 1301 Rue St. Rachel Est, QUE H2J 2K1. 514–5970166, 1–800–5970597. FAX 514–5970496. www.aubergedelafontaine.com Twee woningen in Second-Empire-stijl zijn verbouwd tot een stijlvol, excentriek ingericht hotel. 📶 TV ♿ ✉	21		●		
VIEUX MONTRÉAL: *Auberge les Passants du Sans Soucy* $$ 171 Rue Saint-Paul Ouest, QUE H2Y 1Z9. 514–8422634. FAX 514–8422912. www.lesanssoucy.com De lobby van dit kleine hotelletje is tevens galerie. 📶 TV ✉	9				
VIEUX MONTRÉAL: *Auberge du Vieux-Port* $$$ 97 Rue de la Commune Est, QUE H2Y 1J1. 514–8760081, 1–888–6607678. FAX 514–8768923. www.aubergeduvieuxport.com Dit romantische hotel heeft uitzicht op de Vieux Port. Geniet op het dakterras van een borrel of een kop thee. 📶 P ✉	27	●		●	
VIEUX MONTRÉAL: *Hôtel Inter-Continental Montréal* $$$$$ 360 Rue Saint-Antoine Ouest, QUE H2Y 3X4. 514–9879900. FAX 514–8478550. www.intercontinental.com De torentjes op dit hotel zorgen ervoor dat het past bij de 19de-eeuwse gebouwen eromheen. 📶 24 TV P ♟ ✉	357	●			■
VIEUX MONTRÉAL: *Hôtel le Saint James* $$$$$ 355 St. Jaques, QUE H2Y 1N9. 514–8413111, 1–866–8413111. FAX 514–8411232. www.hotellestjames.com Elke kamer in dit hotel is anders ingericht. Luxe faciliteiten. 24 TV P ♟ ✉	61	●	■		
VIEUX MONTRÉAL: *Hôtel Saint Paul* $$$$$ 355 Rue McGill, QUE H2Y 2E8. 514–3802222, 1–866–3802202. FAX 514–3802200. www.hotelstpaul.com Dit monument heeft een klassiek 'beaux arts'-exterieur, en is elegant en modern ingericht waarvoor diverse ontwerpprijzen zijn gewonnen. 📶 TV P ♟ ✉	120	●			
VIEUX MONTRÉAL: *Pierre du Calvet AD 1725* $$$$$ 405 Rue Bonsecours, QUE H2Y 3C3. 514–2821725. FAX 514–2820456. www.pierreducalvet.ca Open haarden, marmeren badkamers, antiek meubilair en oosterse tapijten sieren de kamers van dit historische hotel. 📶 ✉	9	●		●	

QUÉBEC-STAD EN DE ST.-LAWRENCE-RIVIER

	AANTAL KAMERS	RESTAURANT	FACILITEITEN VOOR KINDEREN	TUIN/TERRAS	ZWEMBAD
BAIE SAINT-PAUL: *Auberge La Maison Otis* $$$$ 23 Rue Saint-Jean-Baptiste, QUE G3Z 1M2. 418–4352255, 1–800–2672254. FAX 418–4352464. www.maisonotis.com Een oud natuurstenen huis met zeven prachtige kamers en een van de beste restaurants uit de buurt vormt het hart van deze herberg. 📶 TV P ✉	30	●	■	●	■
CÔTE NORD: *Hôtel Tadoussac* www.hoteltadoussac.com $$$$ 165 Rue du Bord-de-l'Eau, Tadoussac, QUE G0T 2A0. 418–2354421, 1–800–5610718. FAX 418–2354607. Canada Steamships bouwde dit hotel in 1942 voor zijn passagiers. Ontbijt en diner bij de prijs inbegrepen. ● okt.–mei. 📶 24 TV P ✉	149	●	■		■
GASPÉ: *La Gîte du Mont-Albert* www.sepaq.com $$ Parc de la Gaspésie, QUE G0E 2G0. 418–7632288. FAX 418–7637803. Deze herberg lijkt op een jachthuis, vooral vanwege zijn rustieke interieur. Het hotel verhuurt ook vakantiehuisjes. ● okt.–feb. 📶 ♿ P ✉	48	●		●	
ILES-DE-LA-MADELEINE: *Hôtel au Vieux Couvent* $ Havre-aux-Maisons, QUE G0B 1K0. 418–9692233. FAX 418–9694693. De slaapzalen van deze voormalige nonnenschool zijn omgebouwd tot kamers, en de kapel is nu een visrestaurant. ● sept.–juni. 📶 P ✉	7	●		●	
LAC-SAINT-JEAN: *Hôtel du Jardin* $$$ 1400 Blvd. du Jardin, Saint-Félicien, QUE G8K 2N8. 418–6798422, 1–800–4634927. FAX 418–6794459. Dit comfortabele, moderne hotel is een goede uitvalsbasis om de omgeving van rond Lac-Saint-Jean te verkennen. 📶 TV ♿ P ✉	84	●			■

PERCÉ: *Hôtel-Motel La Normandie* [w] www.normandieperce.com $$$$ | 45
221 Route 132 East, Cap de Foi, QUE G0C 2L0. **(** 418–7822112, 1–800–4630820.
FAX 418–7822337. De meeste kamers kijken uit op zee en de Rocher Percé.
Er ligt een goed visrestaurant op het terrein. ● *okt.–mei.* 🛏 TV 🔥 P ✎

POINTE-AU-PIC: *Manoir Richelieu* [w] www.fairmont.com $$$ | 405
181 Rue Richelieu, QUE 65A 1X7. **(** 418–6653703, 1–800–2577544.
FAX 418–6657736. Dit natuurstenen kasteel, omgeven door tuinen, ligt op
een klip met uitzicht op de riviermonding. 🛏 24 TV 🔥 P ✎

QUÉBEC-STAD: *Hôtel Particulier Belley* $ | 8
249 Rue Saint-Paul, QUE G1K 3W5. **(** 418–6921694. **FAX** 418–6921696.
Deze oude taveerne ligt naast de Marché du Vieux-Port. Sommige kamers
hebben kale bakstenen muren; andere hebben dakramen. 🛏 TV P ✎

QUÉBEC-STAD: *Le Priori* [w] www.hotellepriori.com $$ | 26
15 Rue Sault-au-Matelot, QUE G1K 3Y7. **(** 418–6923992, 1–800–3513992.
FAX 418–6920883. Een grillig hotelletje aan de voet van Cap Diamant. Veel
kamers met natuurstenen muren, maar modern meubilair. 🛏 TV 🔥 P ✎

QUÉBEC-STAD: *Hôtel Clarendon* [w] www.hotelclarendon.com $$$ | 143
57 Rue Sainte-Anne, QUE G1R 3X4. **(** 418–6922480, 1–888–2223304.
FAX 418–6924652. Het interieur van dit hotel uit 1870 is in art-decostijl. Elke
avond live jazzmuziek in de lobby. 🛏 TV 🔥 P ✎

QUÉBEC-STAD: *Hôtel Dominion* [w] www.hoteldominion.com $$$ | 40
126 Rue Saint-Pierre, QUE G1K 4A8. **(** 418–6922224, 1–888–8335253.
FAX 418–6924403. Oude foto's sieren de kamers met hoge plafonds in dit
gebouw uit 1912. 🛏 TV 🔥 P ✎

QUÉBEC-STAD: *Château Frontenac* [w] www.fairmont.com $$$$$ | 611
1 Rue des Carrières, QUE G1R 4A7. **(** 418–6923861, 1–800–2517544. **FAX** 418–
6921751. Waarschijnlijk het meest gefotografeerde hotel in Canada. De statige buitenkant wordt binnen weerspiegeld door de brede hal, de lambrisering en het steenwerk. Kamers met schitterend uitzicht. 🛏 TV 🔥 P 🍴 ✎

RIVIÈRE-DU-LOUP: *Hôtel Lévesque* $ | 91
171 Rue Fraser, QUE G5R 1E2. **(** 418–8626927. **FAX** 418–8675827.
Dit hotel aan het water is ideaal voor gezinnen: zwembad, strand en grote
kamers. Het heeft twee restaurants, één met eenvoudige gerechten, één
met *haute cuisine*. 🛏 TV P ✎

SEPT-ILES: *Hôtel Sept-Iles* $ | 113
451 Ave. Arnaud, QUE G4R 3B3. **(** 418–9622581, 1–800–4631753. **FAX** 418–9626918.
In de jaren zestig en zeventig van de 20ste eeuw waren de arbeiders van
Sept-Iles de best betaalden van Canada; ze gaven hun geld uit in het
restaurant van dit hotel aan de baai. 🛏 TV P ✎

ZUID- EN NOORD-QUÉBEC

GATINEAU: *Auberge de la Gare* $ | 42
205 Blvd. Saint-Joseph, QUE J8Y 3X3. **(** 418–2662165, 1–866–7788085.
Comfortabel hotel in het hart van het centrum van Gatineau, vlak bij de
brug en de bezienswaardigheden van Ottawa. 🛏 TV 🔥 P ✎

LAURENTIDEGEBERGTE: *Auberge de la Montagne-Coupée* $$ | 48
1000 Chemin Montagne-Coupée, QUE J0K 2S0. **(** 450–8863891, 1–800–3638614.
FAX 450–8865401. [w] www.montagnecoupee.com Dit moderne hotel heeft uitzicht op
de bergen. Ontbijt en diner zijn bij de prijs inbegrepen. 🛏 24 TV 🔥 P 🍴 ✎

LAURENTIDEGEBERGTE: *Hôtel Far Hills Inn* [w] www.farhillsinn.com $$ | 70
Val-Morin, QUE J0T 2R0. **(** 819–3222014, 1–800–5676636. **FAX** 819–3221995.
Dit hotel op een bergtop heeft zijn eigen meer, tennisbanen en 130 km
wandel- en langlaufpaden. 🛏 P ✎

LAURENTIDEGEBERGTE: *Auberge Le Rouet* $$$ | 30
1288 Rue Lavoie, Val-David, QUE J0Z 2N0. **(** 819–3223221, 1–800–5376838.
[w] www.aubergelerouet.com Deze *lodge* ligt tussen de naaldbomen en langlaufpaden. Prijs inclusief drie maaltijden in de betimmerde eetzaal. P

LAURENTIDEGEBERGTE: *Château Mont-Tremblant* $$$ | 314
Station-de-Ski Mont Tremblant, QUE J0T 1Z0. **(** 819–6817000, 1–800–2577544.
FAX 819–6817644. [w] www.fairmont.com Dit luxehotel biedt stadse faciliteiten
in de wildernis van de Laurentiden. 🛏 TV 🔥 P 🍴 ✎

Voor een verklaring van de symbolen, zie achterflap

Prijsklassen voor een tweepersoonskamer, inclusief ontbijt (indien geserveerd), BTW en eventuele andere belasting:
$ minder dan $ 100
$$ $ 100–$ 150
$$$ $ 150–$ 200
$$$$ $ 200–$ 250
$$$$$ meer dan $ 250

RESTAURANT
Restaurant of eetzaal, indien niet anders aangegeven, ook geopend voor niet-gasten.
FACILITEITEN VOOR KINDEREN
Ledikantje en/of babysitmogelijkheid aanwezig. Sommige hotels hebben kindermenu's en kinderstoelen in het restaurant.
TUIN/TERRAS
Hotel met tuin, binnenplaats of terras waar doorgaans gegeten kan worden.
ZWEMBAD
Hotel met binnen- of buitenbad.

	AANTAL KAMERS	RESTAURANT	FACILITEITEN VOOR KINDEREN	TUIN/TERRAS	ZWEMBAD
MAGOG: *Auberge l'Étoile sur le Lac* [W] www.etoile-sur-le-lac.com $$ 1150 Ouest Rue Principale, QUE J1X 2B8. ☎ *819–8436521, 1–800–5672727.* [FAX] *819–8435007.* Veel kamers met balkon met uitzicht op Lac Memphrémagog. In de zomer wordt het eten geserveerd op het terras aan het meer. 🛁 [TV] ♿ [P] 💳	38	●		●	■
NOORD-HATLEY: *Auberge Hovey Manor* [W] www.hoveymanor.com $$$$ Route 108 E. (Chemin Hovey), QUE J0B 2C0. ☎ *819–8422421.* [FAX] *819–8422248.* Ontworpen naar het voorbeeld van George Washingtons huis in Virginia. Veel kamers hebben een open haard en hemelbed. 🛁 ♿ [P] 🍸 💳	40	●		●	■
NUNAVIK: *Auberge Kuujjuaq* $$$$$ Kuujjuaq, QUE J0M 1C0. ☎ *819–9642903.* [FAX] *819–9642031.* De accommodatie in het verre noorden van Québec is spaarzaam en duur. Reserveer op tijd een kamer in dit kleine hotel. 🛁 [TV] [P] 💳	22	●			
OUTAOUAIS: *Château Montebello* [W] www.fairmont.com $$$$ 392 Rue Notre-Dame, Montebello, QUE J0V 1L0. ☎ *819–4236341, 1–800–2577544.* [FAX] *819–4235283.* Canadese arbeiders bouwden tijdens de Grote crisis een van de grootste houten constructies ter wereld, nu deel van dit aantrekkelijke complex aan de rivier. Golfbaan, ruiterpaden en tennisbanen. 🛁 [TV] ♿ [P] 🍸 💳	211	●	■	●	■
RICHELIEU-VALLEI: *Hostelerie Les Trois Tilleuls* $$$ 290 Rue Richelieu, Saint-Marc-sur-Richelieu, QUE J0L 2E0. ☎ *514–8567787, 1–800–2632230.* [W] www.lestroistilleuls.com Dit lid van de Relais & Châteaux-groep ligt in een landelijke omgeving, een uur rijden van Montréal. Elke kamer heeft een balkon met uitzicht over de Richelieu-rivier. 🛁 [TV] [P] 💳	41	●		●	■
ROUYN-NORANDA: *Best Western Albert* $ 84 Ave. Principale, QUE J9X 4P2. ☎ *819–7623545.* [FAX] *819–7627157.* Dit ouderwetse hotel is in 1997 gerenoveerd en heeft grote comfortabele kamers met enkele oorspronkelijke details. 🛁 [TV] [P] 💳	51	●			
TROIS-RIVIÈRES: *Delta Trois-Rivières* [W] www.deltahotels.com $ 1620 Rue Notre-Dame, QUE G9A 6E5. ☎ *819–3761991, 1–877–8147706.* [FAX] *819–3725975.* Dit moderne hotel ligt op loopafstand van het oude deel van Trois-Rivières en de wandelpaden langs de St.-Lawrence-rivier. 🛁 [TV] ♿ [P] 🍸 💳	159	●	■		■
TORONTO					
CENTRUM: *Bond Place Hotel* [W] www.bondplacehoteltoronto.com $$ 65 Dundas St. East, ONT M5B 2G8. ☎ *416–3626061.* [FAX] *416–3606406.* Eenvoudig hotel, vlak bij Eaton Centre; in trek bij touroperators. 🛁 [TV] ♿ 💳	287	●			
CENTRUM: *Days Hotel & Conference Centre* $$ 30 Carlton St., ONT M5B 2E9. ☎ *416–9776655.* [FAX] *416–9770502.* Een standaardhotel, met concurrerende prijzen en eenvoudige maar praktische kamers. Gevestigd in hoogbouw bij metrohalte College. 🛁 [TV] [P] 🍸 💳	538	●			■
CENTRUM: *Hotel Victoria* [W] www.hotelvictoria-toronto.com $$ 56 Yonge St., ONT M5E 1G5. ☎ *416–3631666, 1–800–3638228.* [FAX] *416–3637327.* @ reception@hotelvictoria.on.ca Piepklein hotel in het hart van de stad. Aangename kamers in Europese stijl. 🛁 [TV] [P] 💳	56				
CENTRUM: *Howard Johnson Yorkville* [W] www.hojo.com $$ 89 Avenue Rd., ONT M5R 2G3. ☎ *416–9641220.* [FAX] *416–9648692.* Dit bescheiden hotel is ideaal gelegen aan de rand van Yorkville. De moderne kamers zijn goed onderhouden en ruim. 🛁 [TV] 💳	71				
CENTRUM: *Delta Chelsea Inn* [W] www.deltachelsea.com $$$ 33 Gerrard St. W, ONT M5G 1Z4. ☎ *416–5951975, 1–800–3638228.* [FAX] *416–5854302.* Dit is het grootste hotel in Toronto. Het ligt vlak bij Eaton Centre en heeft uitzonderlijk goede faciliteiten. De kamers zijn ruim en aantrekkelijk ingericht. Binnen is een waterglijbaan voor kinderen. 🛁 [24] [TV] ♿ [P] 🍸 💳	1591	●	■	●	■

CENTRUM: *Mariott Courtyard* W www.mariott.com $$$ 575
475 Yonge St., ONT M4Y 1XY. 416–9240611. FAX 416–9248692.
Dit zakenhotel biedt ook voor de gewone reiziger voldoende faciliteiten, van ruime kamers tot koffiebars en een coctailbar.

CENTRUM: *Novotel Toronto Centre* W www.novotel.com $$$ 262
45 The Esplanade, ONT M5E 1W2. 416–3678900. FAX 416–3608285.
Dit stijlvolle hotel is gevestigd in een prachtig gerenoveerd art-decogebouw vlak bij Union Station.

CENTRUM: *Quality Hotel Downtown* $$$ 196
111 Lombard St., ONT M5C 2T9. 416–3675555. FAX 416–3673470.
Een pretentieloos hotel met kraakheldere kamers; uitgebreid Frans ontbijt. Het ligt in een rustige straat.

CENTRUM: *Ramada Hotel and Suites* $$$ 102
300 Jarvis St., ONT M5B 2C5. 416–9774823. FAX 416–9774830.
W www.ramadahotelandsuites.com Een hotel met veel verdiepingen aan de drukke Jarvis Street, vijf minuten lopen ten oosten van Yonge. Het hotel is populair bij zakenlieden.

CENTRUM: *Renaisssance Toronto Hotel at SkyDome* $$$ 348
1 Blue Jay Way, ONT M5V 1J4. 416–3417100. FAX 416–3415091.
W www.renaissancehotels.com Dit ultramoderne hotel, geliefd bij honkbalfanaten, ligt in het SkyDome-stadioncomplex *(zie blz. 169)*. Sommige kamers kijken zelfs uit op het veld.

CENTRUM: *Sutton Place Hotel* W www.suttonplace.com $$$ 294
955 Bay St., ONT M5S 2A2. 416–9249221. FAX 416 9241778.
Dit modieuze hotel is populair bij acteurs en politici die de stad bezoeken. De kamers zijn goed geoutilleerd. Vlak bij het zaken- en winkelcentrum.

CENTRUM: *Cambridge Suites Hotel* $$$$ 229
15 Richmond St. E., ONT M5C 1N2. 416–3681990. FAX 416–6013751.
W www.cambridgesuitestoronto.com Dit zeer ruime hotel, midden in het winkelgebied van Toronto gelegen, heeft alleen suites. Deze beschikken allemaal over een woonkamer en een volledig uitgeruste werkplek.

CENTRUM: *Radisson Plaza Hotel Admiral* $$$$ 157
249 Queens Quay W., ONT M5J 2N5. 416–2033333. FAX 416–2033100.
W www.toronto.com/radissonadmiral Prestigieus, ultramodern hotel op een eersteklas locatie aan het water. Stijlvolle, comfortabele kamers.

CENTRUM: *Royal York* W www.fairmont.com $$$$ 1365
100 Front St. W, ONT M5J 1E3. 416–3682511, 1–800–2577544. FAX 416–3689040.
Het Royal York *(zie blz. 169)* was, toen het in de jaren twintig af was, het grootste hotel van het Britse Rijk. De openbare ruimten zijn weer in hun vroegere glorie hersteld.

CENTRUM: *Sheraton Centre Toronto Hotel* $$$$ 1377
123 Queen St. W, ONT M5H 2M9. 416–3611000. FAX 416–9474801.
W www.sheratontoronto.com Een enorm hotel in het centrum van Toronto met een schitterend zwembad, gedeeltelijk overdekt. Er is ook een tuin met een waterval en een eendenvijver.

CENTRUM: *The Westin Harbour Castle* W www.westin.com $$$$ 980
1 Harbour Square, ONT M5J 1A6. 416–8691600. FAX 416–3617448.
Een luxehotel aan het water, met veel kamers die uitzien op Lake Ontario. Er is een restaurant op het dak.

CENTRUM: *Four Seasons Hotel* W www.fourseasons.com $$$$$ 380
21 Avenue Rd., ONT M5R 2G1. 416–9640411, 1–800–8195053. FAX 416–964 2301. Dit luxehotel is zeer in trek bij beroemdheden. Het ligt in het chique Yorkville, iets ten noorden van Bloor Street.

CENTRUM: *Hotel Intercontinental Toronto* $$$$$ 210
220 Bloor Street W., ONT M5S 1T8. 416–9605200. FAX 416–9608269.
W www.toronto.interconti.com Dit hotel in het centrum van het modieuze Yorkville heeft veel voorzieningen voor zakenreizigers.

Voor een verklaring van de symbolen, zie achterflap

| | | **Prijsklassen** voor een twee-persoonskamer, inclusief ontbijt (indien geserveerd), BTW en eventuele andere belasting:
Ⓢ minder dan $ 100
ⓈⓈ $ 100–$ 150
ⓈⓈⓈ $ 150–$ 200
ⓈⓈⓈⓈ $ 200–$ 250
ⓈⓈⓈⓈⓈ meer dan $ 250 | **RESTAURANT**
Restaurant of eetzaal, indien niet anders aangegeven, ook geopend voor niet-gasten.
FACILITEITEN VOOR KINDEREN
Ledikantje en/of babysitmogelijkheid aanwezig. Sommige hotels hebben kindermenu's en kinderstoelen in het restaurant.
TUIN/TERRAS
Hotel met tuin, binnenplaats of terras waar doorgaans gegeten kan worden.
ZWEMBAD
Hotel met binnen- of buitenbad. |

	AANTAL KAMERS	RESTAURANT	FACILITEITEN VOOR KINDEREN	TUIN/TERRAS	ZWEMBAD
CENTRUM: *King Edward Hotel* ⓈⓈⓈⓈⓈ 37 King Street E., ONT M5C 1E9. ☎ 416–8633131. 🖷 416–3675515. ⓦ www.lemeridienhotels.com Stijlvol hotel met aantrekkelijke kamers. De portiers zijn de elegantste van de stad. 🛏 24 📺 🍴 🅰	294	●			
CENTRUM: *Toronto Marriott Eaton Centre* ⓈⓈⓈⓈⓈ 525 Bay St., ONT M5G 2L2. ☎ 416–5979200. 🖷 416–5979211. ⓦ www.marriott.com Liefhebbers van winkelen zitten goed in dit stijlvolle hotel naast het Eaton Centre. 🛏 📺 ♿ 🅿 🍴 🅰	459	●			▦
LUCHTHAVEN: *Delta Toronto Airport Hotel* ⓦ www.deltahotels.com ⓈⓈⓈ 801 Dixon Rd, ONT M9W 1J5. ☎ 416–6756100, 1–877–8147706. 🖷 416–6754022. Een goed onderhouden, modern hotel met een goede verbinding met de luchthaven. Veel pooltafels. 🛏 📺 ♿ 🅿 🍴 🅰	250	●	▦	●	▦
LUCHTHAVEN: *Regal Constellation Hotel* ⓦ www.regal-hotels.com ⓈⓈ 900 Dixon Rd., ONT M9W 1J7. ☎ 416–6751500. 🖷 416–6754611. Dit aantrekkelijke hotel van een keten, vlak bij de luchthaven, heeft een prachtige glazen lobby over zeven verdiepingen. 🛏 24 📺 🅿 🍴 🅰	710	●	▦	●	▦
NOORD-YORK: *Crowne Plaza Toronto Don Valley* ⓈⓈⓈⓈ 1100 Eglinton Ave. E, ONT M3C 1H8. ☎ 416–4494111. 🖷 416–3856700. ⓦ www.cptdv.com Een aangenaam ketenhotel in de groene Don River Valley. Familieaanbiedingen, gratis maaltijden voor kinderen. 🛏 📺 🅿 🍴 🅰	298	●	▦	▦	▦

OTTAWA EN OOST-ONTARIO

	AANTAL KAMERS	RESTAURANT	FACILITEITEN VOOR KINDEREN	TUIN/TERRAS	ZWEMBAD
ALGONQUIN PROVINCIAL PARK: *Arowhon Pines Hotel* ⓈⓈⓈⓈ Bij Highway 60, Algonquin Provincial Park, ONT P1H 2G5. ☎ 705–6335661. ☎ 1–416–4834393 (winter) 🖷 705–6335795. ⓦ www.arowhonpines.ca Het eten zorgt voor lovende kritieken. De prijzen zijn gebaseerd op volpension. ● *nov.–april.* 🛏 ♿ 🅿 🅰	50	●			
BROCKVILLE: *Royal Brock Hotel and Resort* ⓦ www.hotelbook.com ⓈⓈ 100 Stewart Blvd., ONT K6V 4W3. ☎ 613–3451400. 🖷 613–3455402. Het Brock, een van de beste kleine hotels van Canada, heeft een gelauwerde keuken, geleid door een Europese chef-kok. 🛏 📺 🅿 🍴 🅰	72	●			▦
HALIBURTON: *Sir Sam's Inn* ⓦ www.sirsamsinn.com ⓈⓈⓈ Eagle Lake, ONT K0M 1N0. ☎ 705–7542188, 1–800–3612188. 🖷 705–7544262. Dit hotel is alleen toegankelijk voor volwassenen. Het ligt in het hart van de hooglanden. Prijs inclusief viergangenmenu. ● *april en december* 🛏 📺 🅿 🅰	25	●		●	▦
KAWARTHA LAKES: *Eganridge Inn & Country Club* ⓈⓈⓈ RR3 Fenelon Falls, ONT K0M 1N0. ☎ 705–7385111, 1–888–4525111. ⓦ www.eganridge.com Eganridge, oorspronkelijk een 18de-eeuws landgoed, is nu een stijlvolle herberg aan het Sturgeon-meer, aan de Trent-Seven Waterway. ● *jan.* 🛏 📺 ♿ 🅿 🅰	23	●			
KINGSTON: *Marine Museum of the Great Lakes at Kingston* Ⓢ 55 Ontario St., ONT K7L 2Y2. ☎ 613–5422261. 🖷 613–5420043. ⓦ www.marmuseum.ca Deze bescheiden, maar comfortabele scheepshutten liggen een paar straten van het centrum. ● *okt.–april.* 🅿 🅰	23				
KINGSTON: *Prince George Hotel* ⓦ www.theprincegeorgehotel.com ⓈⓈ 200 Ontario St., ONT K7L 2Y9. ☎ 613–5479037. 🖷 613–5470056. In 1809 gebouwd als woonhuis, maar al meer dan 150 jaar een hotel. Op loopafstand van alle bezienswaardigheden. 🛏 📺 🅰	28	●			
KINGSTON: *Hochelaga Inn* ⓦ www.hochelagainn.com ⓈⓈⓈ 24 Sydenham St., ONT K7L 3G9. ☎ 613–5495534, 1–877–9339433. 🖷 613–5495534. Dit aardige oude Victoriaanse landhuis, gelegen in het hart van het historische Kingston, is een ideaal hotel om uzelf te verwennen. 🛏 📺 🅿	23				

NORTH BAY: *Pinewood Park Inn and Conference Centre* ⓈⓈ 102
201 Pinewood Park Drive, ONT P1B 8J8. **(** 705–4720810, 1–800–4619592.
FAX 705–4724427. **W** www.clarionresortpinewoodpark.com Dit motel ligt vijf minuten van het Dionne Homestead Museum *(zie blz. 201).* 🛏 📺 ♿ 🍴 🍷

OTTAWA: *Gasthaus Switzerland Bed & Breakfast Inn* ⓈⓈ 22
89 Daly Ave., ONT K1N 6E6. **(** 613–2370335, 1–888–6630000. **FAX** 613–5943327.
W www.gasthausswitzerlandinn.com Een bekoorlijk oud natuurstenen huis, twee straten ten zuiden van Rideau St. en de Byward Market *(zie blz. 194).* 🛏 🍷

OTTAWA: *Lord Elgin Hotel* **W** www.lordelginhotel.ca ⓈⓈ 250
100 Elgin St., ONT K1P 5K8. **(** 613–2353333, 1–800–2674298. **FAX** 613–2353223.
Dit hotel uit de jaren veertig biedt waar voor uw geld. Ideale ligging tegenover het National Arts Centre. 🛏 📺 🅿 🍷

OTTAWA: *Delta Inn* **W** www.deltahotels.com ⓈⓈⓈ 328
361 Queen St., ONT K1R 7S9. **(** 613–2386000, 1–877–8147066. **FAX** 613–2382290.
Ruime, moderne kamers. Vooral de lobby is fraai. 🛏 📺 ♿ 🅿 🍴 🍷

OTTAWA: *Château Laurier Hotel* **W** www.fairmont.com ⓈⓈⓈⓈ 428
1 Rideau St., ONT K1N 8S7. **(** 613–2411414, 1–800–2577544. **FAX** 613–5627030.
Dit beroemde oude hotel lijkt op een Frans kasteel; het ligt vlak bij Parliament Hill. 🛏 📺 ♿ 🍷

DE GROTE MEREN

BAYFIELD: *The Little Inn of Bayfield* **W** www.littleinn.com ⓈⓈⓈⓈ 29
Main Street, ONT N0M 1G0. **(** 519–5652611, 1–800–5651832. **FAX** 519–5655474.
Een van de aantrekkelijkste hotels in Ontario is gevestigd in een 19de-eeuws huis van hout en baksteen op de oever van Lake Huron.
Kamers met stijlmeubelen. 🛏 📺 ♿ 🅿 🍷

MIDLAND: *Park Villa Motel* Ⓢ 41
751 Yonge St. W., ONT L4R 2E1. **(** 705–5262219. **FAX** 705–5261346.
Midland heeft weinig voorzieningen, maar dit standaardmotel, 2 km van het water gelegen, is aangenaam. Kamers met airconditioning 🛏 📺 🅿 🍷

NIAGARA FALLS: *Sheraton on the Falls* ⓈⓈⓈ 670
5875 Falls Ave., ONT L2E 6W7. **(** 905–3744444. **FAX** 905–3710157.
W www.niagarafallshotels.com Dit aangename hotel, een van de oudste van Niagara, ligt aan de voet van Clifton Hill. De kamers op de bovenverdieping bieden spectaculair uitzicht op de Falls. 🛏 📺 🅿 🍷

NIAGARA FALLS: *Oakes Hotel Overlooking the Falls* ⓈⓈⓈ 241
6546 Fallsview Blvd., ONT L2G 3W2. **(** 905–3564514. **FAX** 905–3563651.
W www.niagarahospitalityhotels.com De Oakes is een levendig, modern hotel met prachtig uitzicht op de Niagara Falls. 🛏 📺 🅿 🍴 🍷

NIAGARA FALLS: *Quality Inn Fallsway* **W** www.fallsresort.com ⓈⓈⓈ 274
4946 Clifton Hill, ONT L2E 6S8. **(** 905–3583601 of 1–800–2637137.
FAX 905–3583818. De Quality Inn is een modern, motelachtig hotel op gehoorsafstand van de watervallen. De kamers zijn ruim. 🛏 📺 🅿 🍷

NIAGARA FALLS: *Sheraton Fallsview Hotel* ⓈⓈⓈⓈ 407
6755 Fallsview Blvd., ONT L2G 3W7. **(** 905–3741077. **FAX** 905–3746224.
W www.fallsview.com **@** sheraton@fallsview.com Uitzicht op de watervallen. Het restaurant behoort tot de beste van de stad. 🛏 📺 🅿 🍴 🍷

NIAGARA-ON-THE-LAKE: *Globetrotters Bed and Breakfast* ⓈⓈ 3
642 Simcoe St., ONT L0S 1J0. **(** 905–4684021, 1–866–8354446. **FAX** 905–468 2382. **W** www.globetrottersbb.ca Deze unieke en elegante bed-and-breakfast heeft prachtig gemeubileerde kamers, zoals de Moulin Rouge, de Sultan's Tent en Crystal Palace, en een ontbijt voor fijnproevers. 🛏 🅿 🍷

NIAGARA-ON-THE-LAKE: *Prince of Wales Hotel* ⓈⓈⓈⓈ 108
6 Picton St., ONT L0S 1J0. **(** 905–4683246. **FAX** 905–4685521.
W www.vintageinns.com Dit stijlvolle hotel is gehuisvest in een smaakvol gerestaureerd gebouw midden in het centrum. 🛏 📺 ♿ 🅿 🍷

SAULT STE. MARIE: *Quality Inn Bay Front* ⓈⓈ 110
180 Bay Street, P6A 6S2. **(** 705–9459264, 1–800–2285151. **FAX** 705–9459766.
W www.qualityinnssm.com Dit pretentieloze hotel ligt op een geweldige locatie in het centrum van de stad, vlak bij goede restaurants en de toeristenattracties. 🛏 📺 ♿ 🅿 🍴 🍷

Prijsklassen voor een twee-persoonskamer, inclusief ontbijt (indien geserveerd), BTW en eventuele andere belasting:

$ minder dan $ 100
$$ $ 100–$ 150
$$$ $ 150–$ 200
$$$$ $ 200–$ 250
$$$$$ meer dan $ 250

RESTAURANT
Restaurant of eetzaal, indien niet anders aangegeven, ook geopend voor niet-gasten.
FACILITEITEN VOOR KINDEREN
Ledikantje en/of babysitmogelijkheid aanwezig. Sommige hotels hebben kindermenu's en kinderstoelen in het restaurant.
TUIN/TERRAS
Hotel met tuin, binnenplaats of terras waar doorgaans gegeten kan worden.
ZWEMBAD
Hotel met binnen- of buitenbad.

	AANTAL KAMERS	RESTAURANT	FACILITEITEN VOOR KINDEREN	TUIN/TERRAS	ZWEMBAD
SAULT STE. MARIE: *Holiday Inn Sault Ste. Marie Waterfront* $$$ 208 St. Mary's River Drive, ONT P6A 5V4. ☎ 705–9490611. FAX 705–9456972. W www.ichotelsgroup.com Dit is een licht, fris hotel van de bekende keten, vlak bij alle bezienswaardigheden. 🚗 📺 ♿ 🅿 🍴 ☕	195	●	■	●	■
THUNDER BAY: *Travelodge Airlane Hotel* $$ 698 W. Arthur St., ONT P7E 5R8. ☎ 807–5771181. FAX 807–4754852. W www.travelodge-airlane.com Dit keurige, nieuwe hotel heeft lichte, moderne kamers die vrolijk zijn ingericht. Het hotel ligt bij de belangrijkste toeristen-attractie van de stad, Old Fort William *(zie blz. 223).* 🚗 📺 ♿ 🅿 🍴 ☕	154	●			■
TOBERMORY: *Blue Bay Motel* $ Bay St., Little Tub, ONT N0H 2R0. ☎ 519–5962392. FAX 519–5962335. W www.bluebay-motel.com Het kleine vissersdorp Tobermory is een aangename plek voor een reisonderbreking. 🚗 📺 🅿 ☕	16				

MIDDEN-CANADA

	AANTAL KAMERS	RESTAURANT	FACILITEITEN VOOR KINDEREN	TUIN/TERRAS	ZWEMBAD
DRUMHELLER: *Newcastle Country Inn* $ 1130 Newcastle Trail, AB T0J 0Y2. ☎ 403–8238356. FAX 403–8232373. W www.virtuallydrumheller.com/nci Dit driesterrenhotel ligt vlak bij het centrum. Een heerlijk ontbijt is bij de kamerprijs inbegrepen. 🚗 ☕	11				
EDMONTON: *Glenora Bed & Breakfast* $$ 12327–102 Ave., AB T5N 0L8. ☎ 780–4886766, 1–877–4536672. FAX 780–4885168. W www.glenorabnb.com\index.html Elke kamer heeft een eigen gezicht, inge-richt met antiek. Vlak bij het centrum en de Victoria Promenade. 🚗 ☕	25	●			
EDMONTON: *Fantasyland Hotel* $$$ 17700–87th Ave., West Edmonton Mall AB T5T 4V4. ☎ 780–4443000, 1–800–7373783. FAX 780–4443294. W www.fantasylandhotel.com De standaardkamers hebben standaardfaciliteiten; de themakamers, zoals Afrika, Hollywood en Iglo, hebben bubbelbaden. 🚗 24 📺 🅿 ☕	355	●			
EDMONTON: *Union Bank Inn* $$$ 10053 Jasper Ave., AB T5J 1S5. ☎ 780–4233600. FAX 780–4234623. W www.unionbankinn.com In het hart van het centrum. Prijs inclusief ontbijt en aperitief. Het restaurant staat hoog aangeschreven. 🚗 📺 ☕	34	●			
FORT QU'APPELLE: *Company House Bed & Breakfast* $ Naast gemeentehuis, Company Ave., SASK S0G 1S0. ☎ en FAX 306–3326333. Aangename woning met een zitkamer, twee betegelde kersenhouten schouwen en gedeelde badkamers. ☕	3				
LETHBRIDGE: *Best Western Heidelberg Inn* $$ 1303 Mayor Magrath Drive, AB T1K 2R1. ☎ 403–3290555. FAX 403–3288846. De Heidelberg Inn heeft smaakvol ingerichte kamers, een wasservice en een sauna. Vlak bij de Japanse tuin Nikka Yuko. 🚗 📺 🅿 🍴 ☕	66	●			
MOOSE JAW: *Temple Gardens Mineral Spa Hotel* $$ 24 Fairford St. East, SASK S6H 0C7. ☎ 306–6945055. FAX 306–6948310. W www.templegardens.sk.ca Bij dit hotel, dicht bij de 'Tunnels of Little Chicago' hoort een bronbad en kuuroord. 🚗 📺 🅿 🍴 ☕	181	●			■
REGINA: *Fieldstone Inn* W www.sasktourism.com/fieldstone $$ Bij Craven, PO Box 26038, SASK S4R 8R7. ☎ 306–7312377. FAX 306–7312369. Deze bekroonde hofstede, gelegen in de mooie Qu'Appelle Valley, biedt watersportmogelijkheden. Gasten worden in Regina opgehaald. 🚗 24 🅿 ☕	6	●	■	●	■
REGINA: *Radisson Hotel Saskatchewan Plaza* $$$$ 2125 Victoria Ave., SASK S4P 0S3. ☎ 306–5227691. FAX 306–5228988. W www.hotelsask.com Goed geoutilleerde kamers. U wordt van de lucht-haven opgehaald. Vlak bij de winkels in het centrum. 🚗 📺 ♿ 🍴 ☕	224	●			

RIDING MOUNTAIN NATIONAL PARK: *Clear Lake Lodge* ⓢ | 16 | ● ■
Wasagaming, MAN R0J 2H0. 📞 204–8482345. 📠 204–8482209. 🅦 www.
clearlakelodge.com De comfortabele zitkamer heeft een open haard en
gasten hebben hun eigen koelkast in de keuken. ● *nov.–april.* 🛏 P 🐾

SASKATOON: *Delta Bessborough Hotel* ⓢⓢ | 225 | ● ■
601 Spadina Crescent East, SASK S7K 3G8. 📞 306–2445521, 1–877–8147706.
📠 306–6657262. 🅦 www.deltahotels.com Aan de pittoreske South Saskatchewan. Populair Japans restaurant op het terrein. 🛏 📺 ♿ P 🍴 🐾

WINNIPEG: *Fraser's Grove* ⓢ | 3
110 Mossdale Ave., MAN R2K 0H5. 📞 204–6610971.
🅦 www.bedandbreakfast.mb.ca/frasergrove Comfortabel, modern hotel vlak bij
de rivier, de golfbanen, het centrum en de oevers van Lake Winnepeg.

WINNIPEG: *Delta Winnipeg Downtown* ⓢⓢⓢ | 392 | ● ■
350 St. Mary Ave., MAN R3C 3J2. 📞 204–9420551, 1–877–8147706.
📠 204–9438702. 🅦 www.deltahotels.com Comfortabel hotel, bekend om zijn
biljartkamer en restaurant. 🛏 📺 ♿ P 🍴 🐾

WINNIPEG: *Fairmont Winnipeg* 🅦 www.fairmont.com ⓢⓢⓢ | 340 | ● ■
2 Lombard Place, MAN R3B 0Y3. 📞 204–9571350. 📠 204–9561791.
Winnipegs beste hotel, in het hart van het financiële centrum. De kamers
hebben computeraansluitingen, Nintendo en video. 🛏 📺 ♿ 🍴 🐾

VANCOUVER EN VANCOUVEREILAND

MALAHAT: *The Aerie* 🅦 www.aerie.bc.ca ⓢⓢⓢⓢⓢ | 29 | ● ● ■
600 Ebedora Lane, BC V0R 2L0. 📞 250–7437115, 1–800–5181933. 📠 250–
7434766. Stijlvolle herberg op een heuvel met terrassen; een van de
mooiste uitzichten van het eiland. De kamers zijn voorzien van een
jacuzzi, en in de tuinen zijn vijvers en fonteinen te vinden. 🛏 📺 P 🍴 🐾

NORTH VANCOUVER: *Thistledown House* 🅦 www.thistle-down.com ⓢⓢⓢ | 5 | ●
3910 Capilano Rd., BC V7R 4J2. 📞 604–9867173, 1–888–6337173.
📠 604–9802939. Een monument uit 1920. De kamers zijn gemeubileerd
met antiek uit de hele wereld. 🛏 P 🐾

PORT ALBERNI: *Eagle Nook Resort* 🅦 www.eaglenook.com ⓢⓢⓢⓢ | 23 | ● ●
Box 575, Port Alberni, BC V9Y 7M9. 📞 250–7282370, 1–800–7602777.
📠 250–7282376. Dit hotel is alleen bereikbaar per watertaxi of watervliegtuig. Neem een heet bad voor u geniet van een culinair diner. 🛏 🍴 🐾

SOOKE: *Sooke Harbour House* ⓢⓢⓢⓢ | 28 | ●
1528 Whiffen Spit Rd., BC V0S 1N0. 📞 250–6423421. 📠 250–6426988.
🅦 www.sookeharbourhouse.com Deze met hout betimmerde herberg, slechts 9 m
van de zee en 35 km van Victoria, is een perfect toevluchtsoord. 🛏 P 🐾

SURREY: *Aston Pacific Inn* 🅦 www.pacificinn.com ⓢⓢ | 150 | ● ■
1160 King George Hwy, BC V4A 4Z2. 📞 604–5351432. 📠 604–5316979.
De kamers van dit hotel in Mexicaanse stijl liggen aan een binnenplaats
met glazen dak met in het midden een zwembad. 🛏 📺 ♿ P 🍴 🐾

TOFINO: *Clayoquot Wilderness Resort* 🅦 www.wildretreat.com ⓢⓢⓢⓢ | 16 | ●
Box 130 Tofino. 📞 250–7268235, 1–888–3335405. 📠 250–7268558.
Deze drijvende herberg in de wildernis is een paradijs voor milieubewuste
vakantiegangers. U kunt hier paardrijden, trektochten maken en walvissen
kijken. 🛏 P 🍴 🐾

TOFINO: *Middle Beach Lodge* 🅦 www.middlebeacht.com ⓢⓢⓢⓢ | 64 | ■
400 Mackenzie Beach Rd., BC V0R 2Z0. 📞 250–7252900. 📠 250–7252901.
Twee rustieke *lodges* in een 16 ha groot, afgezonderd landschap aan de
oceaan, met privé-strand. De ene is voor gezinnen met jonge kinderen, de
andere uitsluitend voor volwassenen. 🛏 ♿ P 🐾

TOFINO: *Wickaninnish Inn* 🅦 www.wickinn.com ⓢⓢⓢⓢⓢ | 46 | ● ●
Bij Osprey Lane, Chesterman's Beach. Box 250, BC V0R 2Z0. 📞 250–7253100, 1–800–
3334604. 📠 250–7253110. Deze luxe herberg ligt per auto 3 km ten zuiden van
Tofino. Kamers met bad, open haard en uitzicht op de oceaan. 🛏 📺 ♿ P 🐾

VANCOUVER: *Best Western Sands Hotel* 🅦 www.rpbhotels.com ⓢⓢⓢ | 119 | ●
1755 Davie St., BC V6G 1W5. 📞 604–6821831, 1–800–6639400. 📠 604–6823546.
Vlak bij de English Bay en Stanley Park. De winkels en bistro's in Davie
Street zijn alleen voor voetgangers bereikbaar. 🛏 📺 ♿ P 🍴 🐾

Voor een verklaring van de symbolen, zie achterflap

Prijsklassen voor een twee-persoonskamer, inclusief ontbijt (indien geserveerd), BTW en eventuele andere belasting: $ minder dan $ 100 $$ $ 100–$ 150 $$$ $ 150–$ 200 $$$$ $ 200–$ 250 $$$$$ meer dan $ 250	**RESTAURANT** Restaurant of eetzaal, indien niet anders aangegeven, ook geopend voor niet-gasten. **FACILITEITEN VOOR KINDEREN** Ledikantje en/of babysitmogelijkheid aanwezig. Sommige hotels hebben kindermenu's en kinderstoelen in het restaurant. **TUIN/TERRAS** Hotel met tuin, binnenplaats of terras waar doorgaans gegeten kan worden. **ZWEMBAD** Hotel met binnen- of buitenbad.	AANTAL KAMERS	RESTAURANT	FACILITEITEN VOOR KINDEREN	TUIN/TERRAS	ZWEMBAD
VANCOUVER: *Days Inn Downtown* W www.daysinnvancouver.com $$$ 921 W Pender St., BC V6C 1M2. 604–6814335. FAX 604–6817808. Laagseizoenprijzen en pasjes voor het YWCA-fitnesscentrum zijn enkele van de extra's die dit hotel in Europese stijl te bieden heeft.	85	●			
VANCOUVER: *Georgian Court Hotel* W www.georgiancourt.com $$$ 773 Beatty St., BC V6B 2M4. 604–6825555. FAX 604–6828830. Een viersterrenhotel in Europese stijl, met een van de beste restaurants van Vancouver. Het ligt vlak bij de uitgaanswijk.	180	●			
VANCOUVER: *Quality Hotel Downtown* $$$ 1335 Howe St., BC V6Z 1R7. 604–6820229, 1–800–6638474. FAX 604–6627566. W www.qualityhotelvancouver.ca Dit hotel met zijn centrale ligging werd onlangs door Choice Hotels verkozen tot Hotel van het Jaar.	157	●		●	■
VANCOUVER: *Delta Vancouver Suite Hotel* $$$$$ 550 West Hastings St., BC V6B 1L6. 604–6898188, 1–877–8147706. FAX 604–6058881. W www.deltahotels.com Dit moderne hotel met uitsluitend suites ligt in het sprookjesachtige Waterfront-district. Winkels, nachtleven en andere faciliteiten liggen vlakbij.	226	●		●	■
VANCOUVER: *Four Seasons* W www.fourseasons.com/vancouver $$$$$ 791 West Georgia St., BC V6C 2T4. 604–6899333. FAX 604–6844555. Dit vijfsterrenhotel ligt bij het zakencentrum, vlak bij de winkels van het Pacific Centre. Het restaurant heet Chartwell.	376	●	■		■
VANCOUVER: *Hotel Vancouver* $$$$$ 900 West Georgia St., BC V6C 2W6. 604–6843131, 1–800–2577544. FAX 604–6621929. W www.fairmont.com Dit opvallende hotel met groenkoperen dak in het hart van de stad biedt al sinds 1939 luxe service.	556	●	■		■
VANCOUVER: *Hyatt Regency Vancouver* W www.hyatt.com $$$$$ 655 Burrard St., BC V6C 2R7. 604–6831234. FAX 604–6893707. Duur congreshotel, vlak bij winkels en bezienswaardigheden, dat gefrequenteerd wordt door reizende zakenlui en andere internationale gasten.	644	●		●	■
VANCOUVER: *Metropolitan Hotel Vancouver* $$$$$ 645 Howe St., BC V6C 2Y9. 604–6871122. FAX 604–6027846. W www.metropolitan.com Dit hotel is een van de slechts 107 leden van de wereldwijde organisatie 'Preferred Hotels & Resorts'.	197	●	■		■
VANCOUVER: *Pan Pacific Hotel Vancouver* $$$$$ 999 Canada Place, BC V6C 3B5. 604–6628111. FAX 604–6858690. W www.panpac.com Dit hotel aan de waterkant naast Canada Place trekt zakenmensen en een internationale clientèle.	506	●	■		■
VANCOUVER: *Sutton Place Hotel* W www.suttonplace.com $$$$$$ 845 Burrard St., BC V6Z 2K6. 604–6825511. FAX 604–6825513. Een imposant hotel, aangepast aan de behoeften van zowel zakenlui als toeristen. Het ligt in het hart van de stad en biedt luxe kamers en een uitstekend restaurant.	397	●			
VANCOUVER: *Waterfront Hotel* $$$$$ 900 Canada Place Way, BC V6C 3L5. 604–6911991, 1–800–2577544. FAX 604–6911828. W www.fairmont.com Modern hotel van glas en staal tegenover het Vancouver Convention and Exhibition Center. Eersteklas faciliteiten.	489	●		●	■
VICTORIA: *Days Inn* W www.victoriadaysinn.com $$$ 123 Gorge Rd. East, BC V9A 1L1. 250–3861422. FAX 250–3861254. Deze herberg ligt op vijf minuten rijden van het centrum van Victoria. De kamers zijn comfortabel en stralen rust uit.	94	●			■

VICTORIA: *Abigail's Hotel* [W] www.abigailshotel.com [$][$][$][$][$] 906 McClure St., BC V8V 3E7. ☎ *250-3885363, 1-866-3475054.* [FAX] *250-388 7787.* Een kleine herberg in Tudor-stijl, gebouwd in de jaren dertig. Kamers met antiek en een knusse bibliotheek met haardvuur. 🚗 [P] 💳	23			●	
VICTORIA: *Empress Hotel* [W] www.fairmont.com [$][$][$][$][$] 721 Government St., BC V8W 1W5. ☎ *250-3848111, 1-800-2577544.* [FAX] *250-381 4334.* Dit statige gebouw uit 1908 kijkt uit over de haven en ligt bij de parlementsgebouwen. *High tea* wordt geserveerd in de lobby. 🚗 [TV] ♿ [P] 🍴 💳	476	●	■	●	■
VICTORIA: *Humboldt House Bed & Breakfast* [$][$][$][$][$] 867 Humboldt St., BC V8V 2Z6. ☎ *250-3830152, 1-888-3830327.* [FAX] *250-383 6402.* [W] www.humboldthouse.com Een romantisch toevluchtsoord. Eersteklas ontbijt op uw kamer, waar een bubbelbad en open haard te vinden is. 🚗 💳	6				
VICTORIA: *Ocean Pointe Resort* [W] www.oprhotel.com [$][$][$][$][$] 45 Songhees Rd., BC V9A 6T3. ☎ *250-3602999, 1-877-8147706.* [FAX] *250-360 5856.* Gelegen aan de beroemde Inner Harbor van Victoria, met slechts de promenade tussen het hotel en het water. Een kuuroord in Europese stijl en zakencentrum van wereldklasse aanwezig. 🚗 [24] [TV] ♿ [P] 🍴 💳	246	●		●	■
DE ROCKY MOUNTAINS					
BANFF: *Rundlestone Lodge* [W] www.rundlestone.com [$][$][$][$] 537 Banff Ave., AB T0L 0C0. ☎ *403-7622201.* [FAX] *403-7624501.* Deze *lodge*, gerenoveerd in 1997, heeft een aantal kamers met bubbelbad en open haard. Restaurant met uitstekende keuken. 🚗 [TV] ♿ [P] 🍴 💳	95	●			■
BANFF: *Banff Springs Hotel* [W] www.fairmont.com [$][$][$][$][$] 405 Spray Ave., AB T0L 0C0. ☎ *403-7622211, 1-800-2577544.* [FAX] *403-7625755.* Dit hotel biedt open haarden, tennisbanen, een zwembad, ijsbaan, golfbaan, kuuroord, winkels en restaurants. 🚗 [24] [TV] ♿ [P] 🍴 💳	770	●	■	●	■
CALGARY: *Elbow River Inn* [W] www.elbowrivercasino.com [$][$] 1919 Macleod Trail, AB T2G 4S1. ☎ *403-2696771.* [FAX] *403-2375181.* Het enige Hotel Casino in Alberta; de uitgestrekte Elbow River Inn heeft kamers waar niet gerookt mag worden. 🚗 [TV] ♿ [P] 💳	62	●		●	
CALGARY: *Quality Inn Motel Village* [$][$] 2359 Banff Trail, AB T2M 4L2. ☎ *403-2891973.* [FAX] *403 2821241.* [W] www.qualityinnmotelvillage.com Onlangs gerenoveerd hotel met een moderne lobby en restaurant aan het zwembad. 🚗 [TV] [P] 🍴 💳	105	●			■
CANMORE: *Quality Resort Château Canmore* [$][$][$] 1720 Bow Valley Trail, NW AB T1W 2X3. ☎ *403-6786699.* [FAX] *403-6786954.* [W] www.chateaucanmore.com Château Canmore bestaat uit chalets en suites met een open haard en, magnetron. 🚗 [TV] ♿ [P] 🍴 💳	93	●	■	●	■
CRANBROOK: *Kootenay Country Comfort Inn* [$] 1111 Cranbrook St. North, BC V1C 3S4. ☎ *250-4262296.* [FAX] *250-4263533.* [W] www.http://home.cyberlink.bc.ca/~motel Deze herberg is erg geliefd bij forelvissers op het Premier Lake. 🚗 [TV] ♿ [P] 💳	36				
FIELD: *Emerald Lake Lodge* [$][$][$][$][$] PO Box 10, BC V0A 1G0. ☎ *800-6636336.* [FAX] *403-4107406.* [W] www.emeraldlakelodge.com Deze in Yoho National Park *(zie blz. 302-303)* gelegen buitenpost is populair bij degenen die de Canadese natuur willen verkennen. Een uitnodigend, huiselijk verblijf. 🚗 [TV] [P] 🍴 💳	109	●	■		
FORT NELSON: *The Blue Bell Inn* [W] www.bluebellinn.ca [$] 4203 50th Ave. South, BC V0C 1R0. ☎ *250-7746961.* [FAX] *250-7746983.* Een licht en modern motel op een goede locatie, met een winkel die 24 uur per dag open is, een wasserette en een pompstation. 🚗 [TV] [P] 💳	57				
LAKE LOUISE: *Lake Louise Inn* [$][$][$] 210 Village Rd., AB T0L 1E0. ☎ *403-5223791.* [FAX] *403-5222018.* [W] www.lakelouiseinn.com Slechts vijf minuten van de skipiste en Lake Louise. De kamers in dit gerenoveerde gebouw variëren van toeristenklasse tot eersteklasse. 🚗 [TV] ♿ [P] 💳	232	●		●	
LAKE LOUISE: *Château Lake Louise* [W] www.fairmont.com [$][$][$][$][$] 111 Lake Louise Drive, AB T0L 1E0. ☎ *403-5223511, 1-800-2577544.* [FAX] *403-5223834.* Château Lake Louise is sinds 1890 gastheer voor avonturiers. Op het terrein kunt u eten en winkelen. 🚗 [TV] ♿ [P] 🍴 💳	555	●	■	●	■

Voor een verklaring van de symbolen, zie achterflap

		Prijsklassen voor een twee-persoonskamer, inclusief ontbijt (indien geserveerd), BTW en eventuele andere belasting:	**RESTAURANT** Restaurant of eetzaal, indien niet anders aangegeven, ook geopend voor niet-gasten.

Prijsklassen voor een twee-persoonskamer, inclusief ontbijt (indien geserveerd), BTW en eventuele andere belasting:
- $ minder dan $ 100
- $$ $ 100–$ 150
- $$$ $ 150–$ 200
- $$$$ $ 200–$ 250
- $$$$$ meer dan $ 250

RESTAURANT
Restaurant of eetzaal, indien niet anders aangegeven, ook geopend voor niet-gasten.
FACILITEITEN VOOR KINDEREN
Ledikantje en/of babysitmogelijkheid aanwezig. Sommige hotels hebben kindermenu's en kinderstoelen in het restaurant.
TUIN/TERRAS
Hotel met tuin, binnenplaats of terras waar doorgaans gegeten kan worden.
ZWEMBAD
Hotel met binnen- of buitenbad.

		AANTAL KAMERS	RESTAURANT	FACILITEITEN VOOR KINDEREN	TUIN/TERRAS	ZWEMBAD
LAKE LOUISE: *Simpson's Num-Ti-Jah Lodge* $$$$$ Mile 22, Bow Lake Icefield Parkway, AB T0L 1E0. 403–5222167. FAX 403–5222425. W www.num-ti-jah.com In 1937 gebouwd aan de oever van het Bowmeer door de legendarische gids Jimmy Simpson. Dining Room Elk Horn heeft de beste keuken aan deze Parkway *(zie blz. 378).* ⬛ P 🗒		25	●			
PRINCE GEORGE: *Economy Inn* W www.economyinn.ca $ 1915 3rd Ave., BC V2M 1G6. 250–5637106. FAX 250–5617216. Erg rustige locatie in het centrum vlak bij alle openbare voorzieningen. Keuze uit kamers voor rokers en niet-rokers. ⬛ TV P 🗒		30				
RADIUM HOT SPRINGS: *The Springs at Radium Golf Resort* $$ 8100 Golf Course Rd., Highway 93/95, BC V0A 1M0. 250–3479311, 1–800–6676444. FAX 250–3476299. W www.radiumresort.com Dit hotel heeft zicht op de bergen. Alle kamers kijken uit op één van de twee golfbanen. ⬛ TV ♿ P 🗒		118	●		●	■
WATERTON LAKES: *Prince of Wales Hotel* $$$$ Waterton Lakes National Park, AB T0K 2M0. 406–8922525. FAX 406–8921375. W www.princeofwaleswaterton.com Dit hotel past uitstekend bij de grandeur van de Rockies. Door de alpiene stijl is het een van de meest gefotografeerde hotels van Canada. ● okt.–april. ⬛ ♿ P 🗒		37	●	■	●	

ZUID- EN NOORD-BRITS-COLUMBIA

		AANTAL KAMERS	RESTAURANT	FACILITEITEN VOOR KINDEREN	TUIN/TERRAS	ZWEMBAD
BARKERVILLE: *Kelly House* W www.kellyhouse.ca $ 2nd St., BC V0K 1B0. 250–9943328. FAX 250–9943312. Accommodatie in twee monumenten. Hoogtepunten vormen een heerlijk ontbijt en de klanken van het nabijgelegen theater. 24 🗒		6				
HOPE: *Manning Park Resort* W www.manningparkresort.com $$ Manning Provincial Park, BC V0X 1L0. 250–8408822, 1–800–3303321. FAX 250–8408848. Een op gezinnen georiënteerd complex dat het gehele jaar ge-opend is. Er zijn hutten, chalets en groepsaccommodatie. ⬛ TV ♿ P 🛏 🗒		73	●	■		
KAMLOOPS: *Comfort Inn* W www.comfort.kamloop.com $$ 1810 Rogers Place, BC V1S 1T7. 250–3720987, 1–888–5563111. FAX 250–372 0967. Ruime kamers in een drie verdiepingen tellend, gepleisterd hotel. De waterglijbaan op het terrein is leuk voor de kinderen. ⬛ TV ♿ P 🛏 🗒		128	■			■
KELOWNA: *Lake Okanagan Resort* W www.lakeokanagan.com $$$$$ 2751 Westside Rd., BC V1Z 3T1. 250–7693511, 1–800–6633273. FAX 250–769 6665. Dit gezinshotel ligt aan het strand. U kunt hier paardrijden, golfen, tennissen, en 's zomer is er een kinderkamp. ⬛ TV ♿ P 🛏 🗒		134	●	■	●	■
PENTICTON: *Penticton Lakeside Resort* W www.rpbhotels.com $$ 21 Lakeshore Drive West, BC V2A 7M5. 250–4938221. FAX 250–4930607. Dit moderne resort is populair bij gezinnen vanwege een privé-strand en pier, en de mogelijkheid om te jetskiën en parapenten. ⬛ 24 TV ♿ P 🛏 🗒		204	●	■	●	■
PRINCE RUPERT: *Prince Rupert Crest Hotel* W www.cresthotel.bc.ca $$ 222 W. First Ave., BC V8J 1A8. 250–6246771, 1–800–6638150. FAX 250–627 7666. Het enige viersterrenhotel in het noorden, met prachtig uitzicht over de haven. Het is dicht bij het historische Cow Bay-gebied ⬛ 24 TV P 🛏 🗒		102	●		●	
QUESNEL: *Becker's Lodge* W www.beckerslodge.ca $$ Bowron Lake Provincial Park, 342 Kinchant St., BC V2J 2R4. 250–9928864, 1–800–8084761. FAX 250–9928893. Kampeerplaatsen, blokhutten en een-voudige maaltijden. Kano's te huur *(zie blz. 318).* ● okt.–dec. ⬛ P 🗒		10	●	■		
WELLS: *White Cap Motor Inn & RV Park* $ Ski Hill Rd., BC V0K 2R0. 250–9943489, 1–800–3772028. FAX 250–9943426. W www.whitecapinn.com Suites met kitchenette, een speeltuin en een aangrenzend camperterrein. ⬛ TV P 🗒		34		■	●	

WHISTLER: *Holiday Inn SunSpree Resort* [w] www.whistlerhi.com $$$ | 114
4295 Blackcomb Way, BC V0N 1V4. [tel] 604–9380878, 1–800–2293188.
[fax] 604–9389943. Dit hotel in het hart van Whistler Village heeft kamers
voorzien van kitchenette, bubbelbad en open haard.

WHISTLER: *Château Whistler* [w] www.fairmont.com $$$$$ | 556 | ● ■ ● ■
4599 Château Boulevard, BC V0N 1V4. [tel] 604–9388000, 1–800–2577544. [fax] 604–
9382099. Het hotel, aan de voet van Blackcomb Mountain, heeft kamers met
open haard, bubbelbad en eigen entree.

WHISTLER: *Delta Whistler Resort* [w] www.deltawhistler.com $$$$$ | 288 | ● ● ■
4050 Whistler Way, BC V0N 1B4. [tel] 604–9321982, 1–888–7785050. [fax] 604–
9327332. Vlak bij een golfbaan en de gondels van Whistler en Blackcomb.
Hotel met luxefaciliteiten.

WHISTLER: *Pan Pacific Lodge Whistler* [w] www.panpacific.com $$$$$ | 121 | ● ■
4320 Sundial Crescent, BC V0N 1B4. [tel] 604–9052999. [fax] 604–9052995.
Een luxehotel met ramen van plafond tot vloer. Het buitenbad biedt
spectaculair uitzicht op de bergen.

NOORD-CANADA

DAWSON CITY: *Midnight Sun Hotel* $$ | 44 | ●
hoek 3rd Avenue en Queen St., YT Y0B 1G0. [tel] 867–9935495. [fax] 867–9936425.
[w] www.midnightsunhotel.com Een aantrekkelijke patio en lounge kijken uit op
de historische omgeving. Kamers achter het casino.

FORT PROVIDENCE: *Snowshoe Inn* [w] www.ssimicro.com/snowshoe. $$ | 35 | ●
1 Mackenzie St., NT X0E 0L0. [tel] 867–6993511. [fax] 867–6994300.
Herberg met een ontspannen sfeer. Kamers met kitchenettes.

FORT SIMPSON: *Nahanni Inn* $ | 34 | ● ●
Main St., Fort Simpson, X0E 0N0. [tel] 819–6952201. [fax] 819–6953000.
Het centraal gelegen hotel heeft suites en appartementen. Bar aanwezig.
Het is tevens beroemd om zijn heerlijke maaltijden.

HAINES JUNCTION: *Kluane Park Inn* $ | 20 | ●
Mile 1016, Alaska Highway. [tel] 867–6342261. [fax] 867–6342273.
Het fraaist gelegen hotel van de omgeving. Het houten terras kijkt uit op de
prachtige arctische omgeving. 's Zomers wordt er gebarbecued.

HAY RIVER: *Caribou Motor Inn* $ | 29 | ■
912 Mackenzie Highway, NT X0E 0R8. [tel] 867–8746706. [fax] 867–8746704.
Het hotel ligt vlak bij dit kleine dorp. Veel kamers hebben een luxe
bubbelbad of stoombad.

INUVIK: *McKenzie Hotel* [w] www.inuvikhotels.com $$$ | 32 | ●
185 MacKenzie Rd., X0E 0T0. [tel] 867–7772861. [fax] 867–7773317.
[@] mac@permafrost.com Het vriendelijke personeel, de vrolijke sfeer en de comfortabele kamers maken van dit hotel een uitstekende keus.

VICTORIA ISLAND: *Arctic Islands Lodge* $$$$$ | 25 | ●
26 Omingnak St., Cambridge Bay, NT X0E 0C0. [tel] 867–9832345, 1–888–8666784.
[fax] 204–6971880. [w] www.cambridgebayhotel.com Dit hotel staat bekend om zijn
grote keus aan sportactiviteiten, waaronder jachttrips.

WHITEHORSE: *Best Western Gold Rush Inn* $$ | 106 | ●
411 Main St., YT Y1A 2B6. [tel] 867–6684500. [fax] 867–6687432.
[@] goldrush.yk.ca Dit hotel met vriendelijk personeel heeft een lobby
vol antiek uit de tijd van de goudkoorts.

WHITEHORSE: *High Country Inn* [w] www.highcoutryinn.yk.ca $$ | 100 | ●
4051 4th Ave., YT Y1A 1H1. [tel] 867–6674471, 1–800–5544471. [fax] 867–6676457.
Een van de stijlvolste en comfortabelste herbergen van de provincie. Een
vleugel en haardvuren dragen bij aan de luxeuze sfeer.

YELLOWKNIFE: *Discovery Inn* [w] www.discoveryinn.ca $$ | 41 | ●
4701 Franklin Ave., X1A 2N6. [tel] 867–8734151. [fax] 867–9207948.
Kamers met kitchenette, maar er is tevens een zeer goed restaurant voor
de avondmaaltijd.

YELLOWKNIFE: *Explorer Hotel* [w] www.explorerhotel.nt.ca $$$ | 128 | ● ■
4825 49th Avenue X1A 2R3. [tel] 867–8733531, 1–800–6610892. [fax] 867–8732789.
Dit luxehotel heeft twee restaurants, het gezinsrestaurant Berkeley's en het
Japanse Sakura.

Voor een verklaring van de symbolen, zie achterflap

RESTAURANTS

Wat de Canadese keuken zo uniek maakt, zijn de streekgerechten: rundvlees uit Alberta, goudoog, een vissoort uit Manitoba, zalm uit Brits-Columbia, Nova Scotia-kreeft en Franse taarten en pasteitjes uit Québec. Wild, waaronder konijn, kariboe en bizon, al eeuwenlang voedsel van de inheemse bevolking, wordt nu als *haute cuisine* opgediend in de kosmopolitische restaurants. De traditionele Franse keuken is in elke grote stad te vinden, vooral in de tophotels. Maar Canada is een land van immigranten, dus etni-

Restaurant met zeevruchten op het menu

sche restaurants zijn overal gangbaar. Duits, Grieks, Chinees, Thais, Indiaas, Oekraïens, Afrikaans, Italiaans en andere internationale keukens bieden een brede keus voor elke portemonnee. Streekgerechten kunt u proeven in de regio zelf, maar ook in veel steden worden allerlei regionale specialiteiten aangeboden. In sommige gebieden zijn Canadese wijn en bier verkrijgbaar *(zie blz. 363)*. De lijst op *blz. 364–379* bestaat uit restaurants die gekozen zijn om hun variëteit, goede bediening en prijs-kwaliteitverhouding.

Zoë's Restaurant, echte topklasse in Château Laurier, Ottawa *(zie blz. 373)*

SOORTEN RESTAURANTS

Uit eten gaan in Canada is verbazingwekkend goedkoop in vergelijking met Europa en Amerika. Hierdoor kunt u gerust de internationale keuken in een toprestaurant proberen (waar de gerechten vaak vervaardigd worden uit lokale producten). De etablissementen lopen sterk uiteen: er zijn theesalons, bistro's, brasseries en theatercafés, maar ook gewone eetcafés, restaurants en snackbars. Ook in de bars kunt u vaak wel een hapje eten tegen een redelijke prijs. Ongewoner, maar niet minder leuk, zijn de unieke Canadese diner-evenementen met heerlijke kreeftgerechten. Deze levendige feesten worden de hele zomer door gehouden op het Prins Edwardeiland waar rond de kerken lange houten tafels staan opgesteld die door de plaatselijke vissers van eten zijn voorzien. Net zo uniek, maar niet voor publiek bedoeld, zijn de diners van de Inuit. Op reis door het arctische noorden wordt u misschien uitgenodigd mee te eten. Traditionele gerechten zijn zongedroogte kariboe met bessensauzen of gerookte en gedroogde vis. Deze familiediners zijn doorgaans alcoholvrij en zeer levendig.

VEGETARIËRS

Canada biedt steeds meer mogelijkheden om vegetarisch te eten. Op elke kaart staat wel een vegetarisch gerecht. Vis en zeevruchten zijn er in overvloed, dus vegetariërs die vis eten, komen volop aan hun trekken. In de jaren negentig werd 'Health Canada' opgezet door de overheid om de bevolking gezonder te laten eten. Restaurants die hiervan lid zijn hebben een hartje op het menu staan, het teken dat de gerechten een laag vetgehalte hebben. Vraag gerust om gerechten met weinig calorieën. In het zuiden van het land is genoeg vers fruit; in Ontario en de Okanagan Valley in Brits-Columbia is het vaak de dag ervoor geplukt. 's Zomers groeien hier enkele van de beste bessen- en perziksoorten ter wereld. De meeste levensmiddelen in de Northwest Territories en Nunavut worden geïmporteerd, en zijn vaak ingeblikt of diepgevroren. In deze arctische gebieden is, behalve aan door Inuit verkocht wild, moeilijk aan vers eten te komen, dat ook nog eens erg duur is.

Buiten eten in het centrum van Montréal *(zie blz. 366–368)*

Arowhon Pines Lodge in Algonquin Provincial Park, Ontario *(blz. 372)*

ALCOHOL

De minimumleeftijd om alcohol te mogen kopen en drinken, is in het hele land 19 jaar, behalve in Québec, waar men 18 moet zijn. Canada produceert enkele goede wijnen (*zie blz. 363*) en deze zijn in steeds meer gebieden verkrijgbaar. In het grootste deel van Canada wordt de distributie van alcohol gecontroleerd door de provinciale overheid. Supermarkten mogen geen drank verkopen, maar u vindt volop wijn en sterke drank in veel slijterijen. Bier is te koop in door de overheid beheerde winkels. Bierwinkels en slijterijen zijn 's zondags gesloten, dus voor de weekends en de feestdagen is het hier erg druk.

ETENSTIJDEN EN RESERVERINGEN

De lunch wordt meestal gebruikt tussen 12.00 en 14.00 uur; dineren kunt u van 18.00 tot 21.00 uur, hoewel dat in de grotere steden ook best later kan zijn. Het is aan te raden van tevoren een tafel te reserveren. Wees beleefd en bel een reservering af als u om wat voor reden dan ook niet kunt komen.

BETALEN EN FOOI

Het is in Canada mogelijk goed te eten voor weinig geld. Een hapje in een café kost zelden meer dan $ 5 per persoon. In een goed restaurant kost een driegangenmenu met een fles wijn $ 30–$ 60. Zelfs *haute cuisine* is er al vanaf $ 50. Lunchgerechten zijn meestal goedkoper en het menu is vaak hetzelfde als bij diners. In restaurants betaalt u 7 procent GST (belasting op goederen en diensten) en een provinciale omzetbelasting, die overal, behalve in Alberta, wordt geheven. Enkele provincies heffen een aparte drankbelasting. De heffingen zijn bij de rekening inbegrepen. In de meeste restaurants en cafés wordt een fooi verwacht van 15 procent. Bedieningsgeld zit zelden bij de rekening inbegrepen, maar bij grote groepen soms wel. De hoogte van de fooi hangt af van het aantal eters en de kwaliteit van de bediening. Ook in bars en nachtclubs wordt verwacht dat u een fooi geeft. Het is niet gebruikelijk het personeel aan te spreken en maatregelen te nemen als de bediening slecht is.

KINDEREN

Canada is een kindvriendelijk land. De meeste restaurants hebben kinderstoelen. Hoe chiquer het restaurant, des te meer van ouders verwacht wordt dat zij hun kinderen aan tafel laten zitten en druktemakers mee naar buiten nemen tot ze gekalmeerd zijn. Voor kinderen onder de acht is er meestal wel een kindermenu.

GEHANDICAPTEN

Alle nieuwe en alle gerenoveerde establissementen hebben hun gebouw aangepast voor rolstoelgebruikers. Een brede deur naar de toiletten en geen treden tussen de ingang en de eetzaal zijn in de nieuwe restaurants over het hele land verplicht gesteld. De oudere, landelijke establissementen zijn meestal niet van deze faciliteiten voorzien.

KLEDINGVOORSCHRIFTEN

Vakantiegangers hoeven geen chique kleding mee te nemen. De meeste restaurants hebben geen bezwaar tegen vrijetijdskleding, vooral niet tijdens de lunch, maar soms zijn gympies (sportschoenen), afgeknipte spijkerbroeken en vuile of gescheurde kleding niet toegestaan. Hoe duurder en exclusiever het restaurant, hoe formeler u zich moet kleden. In vrijwel geen enkel establissement is een avondtoilet verplicht.

ROKEN

Meer dan 70 procent van de Canadezen rookt niet en het afnemende aantal rokers is afhankelijk van lokale wetten. In sommige steden, onder andere Toronto, is roken niet toegestaan in bars en cafés. Dit verbod breidt zich verder uit. Sigarenrook wordt meestal niet gewaardeerd in restaurants, dus vraag of iemand bezwaar heeft. Als u gaat picknicken, zorg ervoor dat uw sigaret gedoofd is voor u vertrekt, in verband met bosbrandgevaar.

Eetcafés in de stad zijn goedkoop en populair

Een overzicht van typisch Canadees eten

D oor zijn rijke multiculturele verleden heeft Canada een culinaire erfenis die net zo divers als boeiend is. Er is geen nationale keuken, maar de regionale specialiteiten hebben een duidelijk eigen karakter. De grote steden, vooral Montréal en Toronto, zijn centra van internationale keukens, met Italiaanse tot Caribische en Aziatische restaurants in elke prijsklasse. Frans-Canada biedt *haute cuisine* in de toprestaurants van Québec-stad en Montréal.

Provinciale specialiteiten bieden waar voor uw geld en de kans om te genieten van Canada's eigen vis, rundvlees en fruit en groenten. In Atlantisch Canada en in Brits-Columbia staan veel vis- en schaal- en schelpdiergerechten op het menu, terwijl in Alberta en Saskatchewan veel biefstuk en hamburgers geserveerd worden. De ouderwetse Acadische keuken, lijkend op de keuken van het Franse platteland, vindt u in New Brunswick en Nova Scotia. In Ontario zijn 's zomers vers fruit en groenten verkrijgbaar. In Noord-Canada bereiden de Inuit volgens eeuwenoude technieken gedroogde kariboe en visgerechten.

ZEEBANKET

C anada is aan drie kanten door oceanen omgeven en biedt daarom heerlijke vis- en schaal- en schelpdiergerechten, vooral aan de oost- en westkust. Hier wordt alles vers gevangen en ligt het binnen 24 uur op uw bord. **Oesters, mosselen** en andere **schelpdieren** staan vooral aan de oostkust op het menu. In New Brunswick worden **fiddleheads** (bepaalde varenloten) en **zeewier** gesauteerd gegeten als groenten. Prins Edwardeiland is beroemd om zijn **kreeft**, die op een van de vele kerkfeesten die hier 's zomers worden gehouden, in zijn geheel gekookt of gegrild wordt geserveerd met een maïskolf; houdt u niet van schaaldieren, probeer dan **Europese zalm**. **Pacifische zalm, krab, schelpdieren** en **garnalen** vormen het hoofdvoedsel van Brits-Columbia, samen met de **Arctische zalmforel**. Ongewone gerechten, die vaak op historische manier worden ingemaakt, zijn

Solomon Grundy (Nova Scotia's heerlijke gemarineerde haring), **kabeljauwtongetjes** en de smakelijke **zeehondenvinnentaart** uit Newfoundland. De oude ontdekkingsreizigers kwamen al naar dit gebied vanwege de vele zeevruchten, en ook nu nog zijn **kabeljauw** en **schelpdieren** geliefd om hun goede kwaliteit, net als de verse **tonijn** en **sardines**. Zoetwatervis, zowel de gekweekte als wilde soort, wordt in de twee miljoen meren van Canada gevangen en vormt een lekkere afwisseling met de zoutwatervis. In het westen van het land zijn de malse **Winnipeg goldeye** ('goudoog'), **forel** en **snoek**, vaak op open vuur bereid tijdens informele zomerlunches, een typisch Canadese lekkernij.

Kreeftschotel uit Québec-stad

VLEES

A lberta's veefokkerijen rond Calgary produceren het beste rundvlees van Canada. De enorme **hamburgers** en **biefstukken** zijn van een uitzonderlijke kwaliteit. Het meeste vlees wordt geserveerd met sla en patat, maar een geliefde schotel is de **Calgary beef hash**, corned beef met gebakken witte bonen en gebakken aardappels. Lam en buffel worden ook gefokt, zij het in kleinere aantallen. In het Yukon Territory, de Northwest Territories en Nunavut wordt het meeste wild van het land geschoten: **kariboe**, **muskusos** en **eland** worden naar het zuiden vervoerd, waar ze op Europese wijze worden bereid. De plaatselijke bevolking, vooral de Inuit, rookt haar vlees voor de wintermaanden. **Gerookte kariboe** is heerlijk en erg populair. De inheemse bevolking gebruikt elk deel van een dier voor kleding of voedsel; zelfs de **vlooien van de eland** zijn een delicatesse. **Gans, eend** en vis worden ook gerookt of gedroogd voor de lange winter. Kariboe en vogels worden in de poolzon gedroogd. Wilde-bessensaus maakt het vlees minder droog en geeft het een zoete smaak.

FRUIT EN GROENTEN

O ntario is het fruitparadijs van Canada. Het gebied is door de snel groeiende wijnindustrie en door zijn aardbeien en veenbessen in het hele land bekend. Ook worden hier perziken en appels geteeld, net als bosbessen, die ook in Nova Scotia en Québec groeien. Er

Een Chinese groenteboer in traditioneel kostuum in Toronto

Mand appels uit Ontario op de markt in Muskoka

groeien veel bessen in het wild; u kunt ze plukken tijdens een wandeling. Maïs, zwarte bonen en de pompoen (samen bekend als de 'drie zusters') worden in Ontario gekweekt, net als courgette, tomaten en verse kruiden. Ze worden zowel voor eigen gebruik geteeld, als voor de export.

DESSERTS EN ZOETIGHEDEN

Uit Canada komt een wereldberoemde siroop: *maple syrup,* ahornsiroop. Deze wordt meestal op pannenkoeken geschonken, maar zit ook in de Franse *trempettes,* gefrituurd brood, gedrenkt in siroop en bedekt met dikke room. De siroop wordt ook gebruikt in taarten en op brood, maar ook als suiker voor uw koffie. Als toetje is er de ahorntoffee. De Frans-Canadezen staan bekend om hun machtige desserts; *tarte au sucre* (suikertaart) is populair, net als *pudding au chomeur* (letterlijk 'werkloze pudding'), een omgekeerde cake met een gekaramelliseerde bodem. Fruittaarten uit Québec zijn ook heerlijk.

SNACKS

Noord-Amerikaanse snacks als hamburgers, hotdogs, *French fries,* gefrituurde kip en pizza zijn bij de meeste toeristen wel bekend. Voor de avonturiers heeft Québec ook *poutine* bedacht, een snack van Franse frietjes die druipen van de gesmolten kaas en een machtige rundvlees- of uiensaus.
Door de snelle toename van lunchrooms is de kwaliteit van gespecialiseerde zaakjes flink verbeterd: vers gezette cap-

puccino in allerlei smaken, geserveerd met de meest uiteenlopende muffins en bagels, zijn zeer in trek. Ook doughnuts in verschillende smaken zijn al lang favoriet. De Canadezen grappen dat als je een politieagent zoekt, je naar een doughnuttent moet gaan, want agenten lijken hun pauzes altijd daar door te brengen.

FRANS-CANADEES ETEN

Het centrum van de *haute cuisine* in Canada is Québec. De gerechten hier zijn net zo goed als in de beste Europese keuken, en Montréal heeft nooit minder dan twee bekende Franse koks in zijn toprestaurants werken. Frans-Canadese koks gaan met de tijd mee. Veel van Noord-Amerika's innovatieve chef-koks werken in Montréal en Québec-stad, waar ze elementen van de eeuwenoude traditionele boerenkeuken combineren met

Ahornsiroop

de lichtere moderne keuken uit Europa en Amerika. Ga voor de traditionelere Frans-Canadese specialiteiten naar de provincie. Hier krijgt u **creton** (een pittige varkenspaté), **tourtière** (een pastei gevuld met varkensgehakt of rundvlees en kruidnagel) en veel soorten **patisserie. Gerookt rundvlees** is een andere populaire delicatesse. De Maritieme provincies bieden uitstekende, oorspronkelijk Franse, Acadische gerechten van recepten die honderden jaren oud zijn. Ook staan hier vleespasteien, patés en stoofschotels, machtige desserts en cakes op het menu. Er zijn een paar Franse toprestaurants in Canada, met name in Montréal en Québec-stad. Vieux-Montréal heeft verschillende Franse bistro's met traditionele lekkernijen als **knoflookslakken**, *filet mignon* en **botertaartjes** en patisserie; de Franse *prix-fixe*-menu's zijn altijd goed. In Québec-stad worden vooral landelijke gerechten geserveerd, zoals **Franse erwtensoep** en **eend**. Het Franse ontbijt is een genoegen: *brioches* en *croissants* met *café au lait*.

DRINKEN

Canada's twee favoriete pilseners, Molson 'Canadian' en Labatt 'Blue', zijn wereldwijd bekend; de Canadees drinkt ze liever dan buitenlandse merken. In 1811 werd de eerste Canadese wijn gemaakt voor de verkoop, maar de Canadezen leren pas sinds kort wijn te drinken. Canada produceert zelf ook uitstekende wijnen, grotendeels dankzij de Europese wijnmakers die naar Canada emigreerden. De meeste wijn komt uit twee gebieden: het zuiden van de Okanagan Valley in Brits-Columbia *(zie blz. 315),* en een 55 km lange strook langs het Niagara-schiereiland in Zuid-Ontario, waar de meeste druiven groeien. De bekende druivensoorten als de chardonnay, riesling en pinot noir zitten in de betere wijnen die in Ontario worden gemaakt en in Brits-Columbia, waar het klimaat gematigder is. *Rye Whisky* wordt gestookt in Brits-Columbia; Canadian Club is het populairste merk, maar de plaatselijke stokerijen leveren ook prima specialiteiten af.

Molson, het populaire Canadese bier

Een restaurant kiezen

De restaurants in deze gids zijn geselecteerd uit zeer uiteenlopende prijscategorieën vanwege hun uitstekende gerechten, goede prijs-kwaliteitverhouding of aantrekkelijke locatie. De gekleurde tabs boven aan de bladzijden komen overeen met de kleur van de hoofdstukken over de verschillende regio's.

	TAFELS BUITEN	VEGETARISCHE GERECHTEN	BAR AANWEZIG	MENU TEGEN VASTE PRIJS	FACILITEITEN VOOR KINDEREN
NEWFOUNDLAND EN LABRADOR					
CORNER BROOK: *The Wine Cellar* $$$$ Glyn Mill Inn, Cob Lane. 709–6345181. www.glynmillinn.ca Dit steakhouse is zeer in trek. Probeer de op houtskool gegrilde biefstuk uit Alberta en een dessert van wilde bessen uit Newfoundland.		●			■
L'ANSE AU CLAIR: *Northern Light Inn* $$ 58 Main St. 709–9312332. In een gebied met weinig restaurants biedt de Northern Light Inn eerlijke en voedzame maaltijden. Vis en kariboe uit Labrador zijn de specialiteiten.		●	■		
ROCKY HARBOUR: *Ocean View Hotel* $$$ Main St. 709–4582730. Vanuit de eetzaal hebt u prachtig uitzicht op Rocky Harbour. Op het menu staan verse *fruits de mer* en zelfgemaakte pasteien.		●	■		
ST. JOHN'S: *Cioppino's* $$$ 248 Water St. 709–7396770. Eigenaar Anthony Noon bereidt alles in dit Italiaanse restaurantje met de hand, ook de worstjes, broden en pasta's. De tiramisu is om van te likkebaarden.		●	■	●	
ST. JOHN'S: *Bianca's* $$$$ 171 Water St. 709–7269016. Een van de beste restaurants van Atlantisch Canada. Uitgebreid menu met lamsribstuk, zalm in chocoladesaus en als dessert: Belgische chocoladetaart of appelstrudel.	■	●	■		
SAINT-PIERRE EN MIQUELON: *Le Caveau* $$$$ 2 Rue Maître Georges Lefevre. 508–413030. Waarschijnlijk het beste restaurant op dit zeer Franse eiland. Op het menu van Le Caveau staan lokaal gevangen zeevruchten en Frans gebak. Favoriet is de *brioche d'escargots* in roquefortsaus.	■	●	■		
TERRA NOVA NATIONAL PARK: *Clode Sound Dining Room* $$$ Terra Nova Park Lodge. 709–5432525. Dit gezinsrestaurant biedt verschillende soorten pasta, zeevruchten en steaks. Ook traditionele Newfoundland-gerechten. *alleen 's zomers.*	■	●	■		■
WITLESS BAY: *The Captain's Table* $ Highway 10. 709–3342278. Eet hier na een boottocht door het Witless Bay Bird Sanctuary. De *fish and chips* behoort tot de beste in Newfoundland en de gevulde, romige *chowder* is een geheim familierecept.					■
NEW BRUNSWICK, NOVA SCOTIA EN PRINS EDWARDEILAND					
ANTIGONISH: *Sunshine on Main* $$$ 332 Main St. 902–8635851. www.sunshineonmain.ca Populair is de *seafood pot-au-feu* – kreeft, garnalen, sint-jakobsschelpen, mosselen en schelvis in een tomaten- en witte-wijnbouillon.		●			■
BADDECK: *Telegraph House Inn* $$ Chebucto St. 902–2951100. In dit restaurant in een groot Victoriaans landhuis worden traditionele Nova Scotia-kreeft, forel en zalm bereid. *alleen 's zomers.*					■
BAY FORTUNE: *Inn at Bay Fortune* $$$$$ Highway 310. 902–6873745. www.innatbayfortune.ca Dit restaurant komt vaak voor op de lijst van Canada's beste restaurants. De chef-kok maakt een menu van verse vis, lam en rundvlees. Reserveer de *chef's table* en geniet van 7 speciaal bereide gangen.		●		●	■

	TAFELS BUITEN	**VEGETARISCHE GERECHTEN**	**BAR AANWEZIG**	**MENU TEGEN VASTE PRIJS**	**FACILITEITEN VOOR KINDEREN**

Prijsklassen voor een drie-gangenmenu voor één persoon, inclusief een halve fles wijn (waar mogelijk) en bediening:
$ minder dan $ 25
$$ $ 25–$ 35
$$$ $ 35–$ 50
$$$$ $ 50–$ 70
$$$$$ meer dan $ 70

TAFELS BUITEN
Tafels op een terras of patio.
VEGETARISCHE GERECHTEN
Op de kaart staan altijd een paar vegetarische gerechten.
BAR AANWEZIG
In het restaurant is een (cocktail)bar, waar u iets kunt drinken en/of eten.
MENU TEGEN VASTE PRIJS
Een doorgaans driegangenmenu tegen vaste, betaalbare prijs, voor de lunch en/of diner.
FACILITEITEN VOOR KINDEREN
Kleine porties en/of kinderstoel op verzoek verkrijgbaar.

BOUCTOUCHE: *Le Tire-Bouchon* $$$$
157 Chemin du Couvent. (506-7435568.
De eetkamer in deze fijne herberg kijkt uit op de tuin. *Chowders*, sint-jakobsschelpen, kreeft, verse vis, kip en eend. ◯ *juni–eind sept.*

| | | | ■ | ● | ■ |

CARAQUET: *Hotel Paulin* $$$
143 Bvld. St. Pierre Ouest. (506-7279981. W www.hotelpaulin.com
Het restaurant in dit familiehotel serveert streekgerechten, waaronder verse forel en zalm. ◯ *alleen 's zomers.*

| | | | | | ■ |

CHARLOTTETOWN: *Piece A Cake* $$
119 Grafton St. (902-8944585. W www.pieceacake.pe.ca
Een levendige bistro met een eclectische combinatie van gerechten. De open keuken geeft de eter de kans te kijken naar de kunsten van de kok. ▯

| | | ● | | | |

CHARLOTTETOWN: *Sirenella* $$$
83 Water St. (902 6282271. W www.sirenella.ca
Dit Italiaanse eettentje ligt op loopafstand van Peake's Wharf. Probeer de zelfgemaakte spinazie-gnocchi met roomsaus, gorgonzola en parmezaanse kaas, of het in kruiden gerookte kalfsvlees, gegrild in olijfolie. ♿

| | ■ | ● | | ● | ■ |

DALHOUSIE: *Manoir Adelaide* $$$$
385 Adelaide St. (506-6845681.
Een Best Western-hotel, maar het eten is beter dan de standaard hotelmaaltijden. Gegrilde, gestoomde of gepocheerde verse vis. ♿

| | ■ | ● | ■ | | ■ |

GRAND TRACADIE: *Dalvay-by-the-Sea* $$$$
Prince Edward Island National Park. (902-6722048. W www.dalvaybythesea.com
Deze herberg *(zie blz. 345)* serveert gerechten van zeevruchten met een Australisch tintje, zoals zalm met geroosterd zeewier en tomatensaus. ♿

| | | ● | ■ | ● | ■ |

HALIFAX: *Sweet Basil Bistro* $$$
1866 Upper Water St. (902-4252133. W www.scanwaycatering.com/sweetbasil
Een opvallende bistro tegenover de Historic Properties, met innovatieve gerechten zoals ravioli gevuld met notenpuree en verse kruiden, en een lichte parmezaanse kaas- en hazelnootsaus op de kaart staan.

| | ■ | ● | | | |

HALIFAX: *Da Maurizio* $$$$
1496 Lower Water St. (902-4230859. W www.damaurizio.ca
Een stijlvol Italiaans restaurant. Creatieve gerechten als pasta met verschillende ongewone sauzen en heerlijke romige desserts. ♿ ▯

| | | ● | | | ■ |

LUNENBURG: *The Lion Inn* $$$$
33 Cornwallis St. (902-6348988.
Dit kleine restaurant in de historische Oude Stad van Lunenburg heeft een uitstekend menu, waaronder Nova Scotia-lamsribstuk. Reserveren. ▯

| | | ● | | | ■ |

MABOU: *Duncreigan Country Inn* $$$$
Highway 19. (902-9452207.
In deze eetkamer serveren Eleanor en Steven Mullendore creatieve variaties op bekende streekgerechten. Favoriet is de verse zalm, geroosterd boven open vuur in een mosterd, citroen- en honingmarinade.

| | | ● | | ● | |

MONTAGUE: *Windows on the Water* $$$
106 Sackville St. (902-8382080.
Dit heerlijke restaurant met uitzicht op Montague Harbour heeft creatieve sandwiches en eersteklas *chowders*.

| | ■ | ● | | | ■ |

OYSTER BED BRIDGE: *Café St-Jean* $$$$
Route 6 bij Oyster Bed Bridge. (902-9633133.
Dit restaurant bereidt de plaatselijk gevangen *fruits de mer*, zoals verse kreeft van een vishandel vlakbij, voor een menu met klassieke en cajun-gerechten. De crêpes als nagerecht zijn heerlijk. ◯ *half juni–half okt.*

| | ■ | ● | | ● | ■ |

Voor een verklaring van de symbolen, zie achterflap

Prijsklassen voor een drie-gangenmenu voor één persoon, inclusief een halve fles wijn (waar mogelijk) en bediening:

ⓢ minder dan $ 25
ⓢⓢ $ 25–$ 35
ⓢⓢⓢ $ 35–$ 50
ⓢⓢⓢⓢ $ 50–$ 70
ⓢⓢⓢⓢⓢ meer dan $ 70

TAFELS BUITEN
Tafels op een terras of patio.
VEGETARISCHE GERECHTEN
Op de kaart staan altijd een paar vegetarische gerechten.
BAR AANWEZIG
In het restaurant is een (cocktail)bar, waar u iets kunt drinken en/of eten.
MENU TEGEN VASTE PRIJS
Een doorgaans driegangenmenu tegen vaste, betaalbare prijs, voor de lunch en/of diner.
FACILITEITEN VOOR KINDEREN
Kleine porties en/of kinderstoel op verzoek verkrijgbaar.

	TAFELS BUITEN	VEGETARISCHE GERECHTEN	BAR AANWEZIG	MENU TEGEN VASTE PRIJS	FACILITEITEN VOOR KINDEREN
PARRSBORO: *Harbour View Restaurant* ⓢ					■
476 Pier Rd. ☎ 902–2543507. Dit restaurant is populair bij de inwoners. Keuze uit heerlijke *chowders*, *fish and chips*, koffie en zelfgebakken taarten. Uitzicht op de haven.					
PRINCE WILLIAM: *King's Head Inn* ⓢⓢ	■	●	■		■
Kings Landing Historic Settlement. ☎ 506–3634999. Ⓦ www.kingslanding.nb.ca In de Historic Settlement. Alle recepten stammen uit 1855, het jaar waarin de herberg gebouwd is. ◯ *juni–Thanksgiving.* ● *diner.* ♫ ⊟					
ST. ANDREWS: *The Europe* ⓢⓢⓢ			■		
48 King St. ☎ 506–5293818. Ⓦ www.leurope.ca Na een lange dag wandelen op de stranden van Passamaquoddy Bay gaat er niks boven een van de stevige Franse, Zwitserse of Duitse gerechten. ⊟					
SAINT JOHN: *Beatty and the Bistro* ⓢⓢⓢ		●			
60 Charlotte St. ☎ 506–6523888. Ⓦ www.dineaid.com Lam is de specialiteit, geroosterd en gevuld met veenbessen, pecannoten, rozemarijn en knoflook. Een ander populair gerecht is kip met spinazie en garnalen. ♿ ♫ ⊟					
SAINT JOHN: *Billy's* ⓢⓢⓢ	■	●	■		
Old City Market. ☎ 506–6723474. Ⓦ www.billysseafood.com Maak uw keus uit de uitgestalde heilbot, garnalen, oesters en andere zeevruchten; u krijgt een drankje terwijl u wacht. ⊟					
SHELBURNE: *Charlotte Lane Café and Crafts* ⓢⓢⓢ	■	●			■
13 Charlotte Lane. ☎ 902–8753314. De in Zwitserland opgeleide chef-kok Roland Glauser bereidt kip gevuld met camembert, asperges en knoflook. ⊟					
SUSSEX: *Broadway Café* ⓢⓢ	■	●	■		■
73 Broad St. ☎ 506–4335414. Een innovatief lunchrestaurant met een verleidelijk aanbod aan sandwiches en zelfgemaakte soepen. ● *zo.* ⊟					
WOLFVILLE: *Acton's Café* ⓢⓢⓢⓢ	■	●	■	●	
268 Main St. ☎ 902–5427525. Acton's in Duitsland opgeleide chef-kok heeft een internationale keuken ge-creëerd met ingrediënten van de boerderijen in de Annapolis Valley. ◻ ⊟					

MONTRÉAL

	TAFELS BUITEN	VEGETARISCHE GERECHTEN	BAR AANWEZIG	MENU TEGEN VASTE PRIJS	FACILITEITEN VOOR KINDEREN
CENTRUM: *Schwartz's (Montréal Hebrew) Delicatessen* ⓢ				●	
3895 Blvd. Saint-Laurent. ☎ 514–8424813. Joodse immigranten uit Roemenië hebben van de gerookte runderborst een typisch gerecht uit Montréal gemaakt. Geen alcohol; geen creditcards.					
CENTRUM: *Brasserie Magnan* ⓢⓢ	■		■	●	■
2602 Rue Saint-Patrick. ☎ 514–9359647. Deze ouderwetse taverne in Montréal serveert rosbief, zalmtaart en enorme biefstukken. Keuze uit verschillende bieren van de tap. ♿ ⊟					
CENTRUM: *Le Caveau* ⓢⓢ		●	■	●	
2063 Rue Victoria. ☎ 514–8441624. De intieme eetzalen van Le Caveau zijn verdeeld over drie verdiepingen van een oud bakstenen huis omgeven door hoogbouw van glas en staal. ♿ ◻ ⊟					
CENTRUM: *Phayathai* ⓢⓢ		●		●	■
1235 Rue Guy. ☎ 514–9339949. Klassieke Thaise gerechten en een prettige sfeer. Zowel de soep met zee-vruchten en laos, als de geroosterde eend in currysaus zijn uitstekend. ⊟					

CENTRUM: *L'Actuel* $)$)$)
1194 Rue Peel. **(** 514–8661537.
In deze levendige Belgische brasserie zijn een tiental variaties op mosselen
en frites te bestellen, net als andere klassiek-Belgische gerechten, zoals
gerookte haring met aardappels. ▯ ▨

CENTRUM: *Biddle's Jazz and Ribs* $)$)$)
2060 Rue Aylmer. **(** 514–8428656.
Jazzmuzikant Charlie Biddle bouwde dit restaurant zodat zijn vrienden een
plek hadden om te spelen en te genieten van de gegrilde krabbetjes. ▯ ▨

CENTRUM: *L'Orchidée de Chine* $)$)$)
2017 Rue Peel. **(** 514–2871878.
In een romantisch zitje kunt u genieten van Chinese delicatessen als krab met
een zachte schaal, gesauteerde lam in pittige saus en knapperige eend. ▯ ▨

CENTRUM: *Restaurant Julien* $)$)$)
1191 Ave. Union. **(** 514–8711581.
Een groot beschut terras maakt van dit Franse restaurant een charmante
plek voor een zomers diner. De eendenborst en de chocolade-*marquise*
zijn voortreffelijk. ▯ ▯ ▨

CENTRUM: *Café de Paris* $)$)$)$)
Ritz-Carlton Hotel, 1228 Rue Sherbrooke Ouest. **(** 514–8424212.
In de zomer lijkt de formele Edwardiaanse eetzaal van dit chique hotel
over te lopen in de tuin. Klassiek-Franse keuken. ▯ ▯ ▯ ▨

CENTRUM: *Beaver Club* $)$)$)$)$)
Hôtel La Reine-Elizabeth, 900 Blvd. René Lévesque Ouest. **(** 514–8613511.
Een chique sfeer. Rosbief, gegrilde zalm en lamsvlees, en de beste martini's
van de stad. ▯ ▯ ▨

CENTRUM: *Chez la Mère Michel* $)$)$)$)$)
1209 Rue Guy. **(** 514–9340473.
Een van de oudste en meeste traditionele restaurants van de stad.
De tong, geserveerd *à la meunière* of met kreeft, is heerlijk. ▯ ▨

CENTRUM: *Moishe's* $)$)$)$)$)
3961 Blvd. Saint-Laurent. **(** 514–8453509. ▣ www.moishessteakhouse.com.
Dit grote, lawaaiige restaurant is een paradijs voor vleeseters. De familie
Lighter serveert hier al 50 jaar haar dikke biefstukken. ▯ ▯ ▨

CENTRUM: *Nuances* $)$)$)$)$)
Casino de Montréal, 1 Ave. du Casino. **(** 514–3922708.
De gegrilde tonijn met polenta en basilicum, en lam met witte wijn en tijm
van het Casino de Montréal zijn net zo bijzonder als het uitzicht. ▯ ▯ ▨

CENTRUM: *Le Passe Partout* $)$)$)$)$)
3857 Blvd. Décarie. **(** 514–4877750.
De in New York geboren chef-kok James MacGuire stelt elke dag
zijn eigen menu samen van verse ingrediënten. Voorbeelden zijn terrine van
eend, gesauteerd kalfsvlees, zwaardvis en het beste brood van Montréal.
▯ ▨

CENTRUM: *Queue de cheval* $)$)$)$)$)
1221 Rene Levesque W. **(** 514–3900090. ▣ www.queuedecheval.com
Aanbevolen om zijn steaks, bediening en sfeer. U doet er goed aan om te
reserveren. ▯ ▯ ▨

CENTRUM: *Toqué!* $)$)$)$)$)
3842 Rue Saint-Denis. **(** 514–4992084. ▣ www.restaurant.toque.com
Normand Laprise en Christin LaMarch zijn al meer dan 10 jaar de meest
innovatieve chef-koks van Montréal. ▯ ▯ ▨

CHINATOWN: *Maison Kam Fung* $)$)
11 Rue St. Urbain. **(** 514–8782888.
Dit lichte, luchtige restaurant serveert als lunch de betrouwbare dim sum
van de stad. Dinerspecialiteiten zijn Kantonees. ▯ ▨

ILE SAINTE-HELENE: *Hélène de Champlain* $)$)$)
200 Tour de l'Isle. **(** 514–3952424.
De omgeving is een van de fraaiste van het land. Het restaurant is een oud,
natuurstenen huis in het gebied van de St.-Lawrence-rivier. Het eten is
uitstekend. ▯ ▯ ▨

Voor een verklaring van de symbolen, zie achterflap

Prijsklassen voor een driegangenmenu voor één persoon, inclusief een halve fles wijn (waar mogelijk) en bediening:
- $ minder dan $ 25
- $$ $ 25–$ 35
- $$$ $ 35–$ 50
- $$$$ $ 50–$ 70
- $$$$$ meer dan $ 70

TAFELS BUITEN
Tafels op een terras of patio.
VEGETARISCHE GERECHTEN
Op de kaart staan altijd een paar vegetarische gerechten.
BAR AANWEZIG
In het restaurant is een (cocktail)bar, waar u iets kunt drinken en/of eten.
MENU TEGEN VASTE PRIJS
Een doorgaans driegangenmenu tegen vaste, betaalbare prijs, voor de lunch en/of diner.
FACILITEITEN VOOR KINDEREN
Kleine porties en/of kinderstoel op verzoek verkrijgbaar.

Restaurant	Prijs	Tafels buiten	Vegetarische gerechten	Bar aanwezig	Menu tegen vaste prijs	Faciliteiten voor kinderen
OUTREMONT: *Maiko Sushi* 387 Rue Bernard Ouest. ☎ *514–4901225.* [W] www.maiko-sushi.com Hier kunt u van meer gerechten genieten dan alleen sushi, want er is een uitgebreide menukaart met Japanse schotels. De blauwe inrichting is subtiel en prettig. Reserveren wordt aanbevolen. ♿ 💳	$$	■	●	■		■
PLATEAU MONT-ROYAL: *L'Anecdote* 801 Rue Rachel Est. ☎ *514–5267967.* Filmposters en chromen accessoires geven deze hamburgertent een jaren-vijftigsfeer, met moderne gerechten als de vegetarische club-sandwich.	$		●			■
PLATEAU MONT-ROYAL: *Café Santropol* 3990 Rue Saint-Urbain. ☎ *514–8423110.* [W] www.santropole.com Quiches, dikke sandwiches en heerlijke soepen in een trendy omgeving. Geen alcohol, maar een brede keus aan exotische thee. ♿	$	■	●		●	■
PLATEAU MONT-ROYAL: *L'Express* 3927 Rue Saint-Denis. ☎ *514–8455333.* Deze bijna perfecte kopie van een Parijse bistro is erg populair. De sfeer is levendig en het eten goed en redelijk geprijsd. ♿ 🍷 💳	$$$	■	●	■	●	■
PLATEAU MONT-ROYAL: *Faros* 362 Rue Fairmont. ☎ *514–2708437.* Heerlijke verse zeevruchten op Griekse wijze bereid. Het knusse restaurant in blauw-witte kleuren heeft veel hoekjes. ♫ 💳	$$$	■	●		●	■
VIEUX MONTRÉAL: *Stash's Café Bazaar* 200 Rue Saint-Paul Ouest. ☎ *514–8456611.* In Stash's Poolse keuken wordt hartige winterkost bereid, zoals hete borsjtsj. U eet op de kerkbanken van een gesloopt klooster. 🍷 💳	$$$		●	■	●	■
VIEUX MONTRÉAL: *Chez Delmo* 211 Rue Notre-Dame Ouest. ☎ *514–8494061.* De meeste vaste klanten van dit restaurant zitten aan de lange houten bar waar ze oesters slurpen, kreeften kraken of zalmforel eten. ♿ 🍷 💳	$$$$					
VIEUX MONTRÉAL: *Les Remparts* 93 Rue de la Commune Est. ☎ *514–3921649.* Delen van de oorspronkelijke stadsmuur vormen de fundering van dit kelderrestaurant. Onder meer met pruimen gevuld konijn. 🍷 💳	$$$$$	■	●	■		■
QUÉBEC-STAD EN DE ST.-LAWRENCE-RIVIER						
BAIE SAINT-PAUL: *Le Mouton Noir* 43 Rue Sainte-Anne. ☎ *418–2403030.* Uitzicht op de Gouffre River. Dit kleine restaurant gebruikt Franse technieken voor streekgerechten van vis en gevogelte. ♿ 💳	$$$	■	●	■	●	■
CHARLEVOIX: *Auberge Petite Madeleine* Port-au-Persil. ☎ *418–6382460.* Deze herberg serveert de traditionele Charlevoix-gerechten vol bessen, ahornsiroop en wilde kruiden, maar ook Franse gerechten. Prachtig uitzicht op de St.-Lawrence. 💳	$$	■	●		●	■
HAVRE-SAINT-PIERRE: *Restaurant Chez Julie* 1023 Rue Dulcinée. ☎ *418–5383070.* Populair, pretentieloos restaurant. Enorme porties zeebanket – de pizza met zeevruchten en béchamelsaus is zeer bijzonder. 💳	$		●		●	■
ILES-DE-LA-MADELEINE: *La Saline* 1009 Route 199, La Grave, Havre-Aubert. ☎ *418–9372230.* Pretentieloos visrestaurant met *'pot-en-pot'*: vis, zeebanket en aardappels in een romige saus met een korstje. ⬤ *half sept.–half mei.* 💳	$$	■		■	●	■

Iles-de-la-Madeleine: *Auberge Marie Blanc* $$$$$ 1112 Rue Commerciale, Notre-Dame-du-Lac. ☎ *418–8996747.* Een industrieel uit Boston bouwde hier dit romantische huisje aan de oever van Lake Témiscouta voor zijn Creoolse minnares. Op het menu staan lam, hert, konijn en patrijs. ● *half okt.–mei.* 🍷 💳	■			●	■
Ile d'Orléans: *Le Vieux-Presbytère* $$$$$ 1247 Ave. Msgr-d'Esgly, Saint Pierre. ☎ *418–8289723.* [W] www.presbytere.com Deze voormalige priesterwoning biedt fraai uitzicht op de St.-Lawrence. De boerderij vlakbij levert eland- en buffelvlees. 🍷 💳		●		●	■
Lac-Saint-Jean: *La Volière* $$$ 200 4ième Ave. Péribonka. ☎ *418–3742360.* Probeer de plaatselijke delicatessen, zoals zonnevis, *ouananiche* (zoetwaterzalm) en bosbessentaart. Uitzicht op de stroomversnellingen. 💳	■			●	■
Métis-sur-Mer: *Au Coin de la Baie* $$$$ 1140 Route 132. ☎ *418–9363855.* De eenvoudige inrichting leidt niet af van het uitzicht op Métis Bay. De schelpdieren en kabeljauwfilet zijn uitstekend. ● *half sept.–half mei.* 🍷 💳			■	●	■
Percé: *Auberge du Gargantua* $$$ 222 Route des Failles. ☎ *418–7822852.* De eetzaal kijkt uit over het schiereiland Gaspé, dus is het niet zo gek dat er verschillende gerechten van wild uit deze wildernis op het menu staan. ● *dec.–mei.* 🍷 💳		●	■	●	■
Québec-stad: *Le Cochon Dingue* $$ 46 Blvd. Champlain. ☎ *418–6922013.* Dit is een leuk restaurant, excentriek ingericht en met een vlotte bediening. Op de kaart staan mosselen en biefstuk met frites en heerlijke desserts. ♿ 💳	■			●	■
Québec-stad: *À la Maison de Serge Bruyère* $$$$ 1200 Rue Saint-Jean. ☎ *418–6940618.* Dit oude huis is veranderd in drie eetzalen, van een formeel Franse gelegenheid tot een levendige Beierse bierhal. ♿ 🍷 💳	■	●	■	●	
Québec-stad: *Aux Anciens Canadiens* $$$$ 34 Rue Saint-Louis. ☎ *418–6921627.* Hertenvlees in bosbessenwijn en ham in ahornsiroop behoren tot de Québecse gerechten die in dit 17de-eeuwse huis worden geserveerd. ♿ 🍷 💳			■	●	
Sept-Iles: *Café du Port* $$ 495 Ave. Brochu. ☎ *418–9629311.* Vers zeebanket, zachte kleuren en de vriendelijke bediening nodigen uit tot een diner in dit bescheiden restaurantje. ♿ 💳					
ZUID- EN NOORD-QUÉBEC					
Hull: *Café Henry Burger* $$$$ 69 Rue Laurier. ☎ *819–7775646.* [W] www.cafehenryburger.com Ondanks de naam van het restaurant zijn de specialiteiten van Robert Bourassa lam in madera of fijngekruide zalm, in plaats van hamburgers. ♿ 🍷 💳	■	●		●	■
Laniel: *Pointe-aux-Pins* $$$$ 1955 Chemin du Ski. ☎ *819–6345211.* Wie van donderdag tot zondag in het chalet-complex verblijft, kan een viergangenmenu nemen. Dit varieert van speenvarken tot lam in pesto. ● *ma–wo; half okt.–half mei.* 💳				●	
Laurentidegebergte: *Rôtisserie au Petit Poucet* $$$ 1030 Route 117, Val-David. ☎ *819–3222246.* Een rustiek restaurant waar u enorme porties van onder andere geroosterde ham, varkensvlees of kariboe eet. Het restaurant rookt zijn eigen vlees. ♿ 💳	■			●	■
Laurentidegebergte: *Auberge des Cèdres* $$$$ 26 305ième Ave. Saint Hippolyte. ☎ *450–5632083.* Een rijke man uit Montréal bouwde dit grillige huis als zomerverblijf. Het restaurant staat bekend om zijn eendgerechten. 🍷 💳	■		■	●	
Laurentidegebergte: *L'Eau à la Bouche* $$$$$ 3003 Blvd. Sainte-Adèle, Sainte-Adèle. ☎ *450–2292991* en *2271416.* *Nouvelle cuisine* en de keuken van Québec worden hier gecombineerd: geroosterd kalfsvlees in cognac en roquefortsaus. ♿	■	●	■	●	■

Voor een verklaring van de symbolen, zie achterflap

Prijsklassen voor een driegangenmenu voor één persoon, inclusief een halve fles wijn (waar mogelijk) en bediening:
[$] minder dan $ 25
[$][$] $ 25–$ 35
[$][$][$] $ 35–$ 50
[$][$][$][$] $ 50–$ 70
[$][$][$][$][$] meer dan $ 70

Tafels buiten
Tafels op een terras of patio.
Vegetarische gerechten
Op de kaart staan altijd een paar vegetarische gerechten.
Bar aanwezig
In het restaurant is een (cocktail)bar, waar u iets kunt drinken en/of eten.
Menu tegen vaste prijs
Een doorgaans driegangenmenu tegen vaste, betaalbare prijs, voor de lunch en/of diner.
Faciliteiten voor kinderen
Kleine porties en/of kinderstoel op verzoek verkrijgbaar.

	Prijs	Tafels buiten	Vegetarische gerechten	Bar aanwezig	Menu tegen vaste prijs	Faciliteiten voor kinderen
Montérégie: *L'Auberge des Gallants* 1171 Chemin Saint-Henri, Sainte-Marthe. ☎ *450–4594241.* Op de kaart van deze herberg staan konijn- en andere wildgerechten, maar ook Atlantische kreeft en mosselen. ♿ 🍷	[$][$][$][$]	■	●	■	●	■
North Hatley: *Auberge Hatley* 325 Virgin Hill Rd. ☎ *819–8422451.* [W] www.aubergehatley.com Chef-kok Alain Labrie is tot vier keer toe als beste van Québec gekozen. Hij kweekt zijn eigen groente en plukt wilde bessen voor zijn sorbets. De eetkamer biedt uitzicht op Lake Massawippi. ♫ 🍷 💳	[$][$][$][$][$]	■		■	●	
Outaouais: *L'Orée du Bois* 15 Chemin Kingsmere, Chelsea. ☎ *819–8270332.* [W] www.oreeduboisrestaurant.com Hoge bomen bieden schaduw aan dit huis bij de ingang van Gatineau Park. De *pot-au-feu* en de *rillettes* van wild zwijn zijn zeer goed. ♿ 🍷 💳	[$][$][$][$][$]		●	■	●	■
Rigaud: *Sucrerie de la Montagne* 300 Rang Saint-Georges. ☎ *450–4510831.* In deze schuur worden varkensvlees en bonen, gerookte ham en suikertaart, alle met ahornsiroop *(zie blz. 146)*, opgediend. ♿ ♫ 💳	[$][$][$]		●		●	■
Rouyn-Noranda: *La Renaissance* 199 Avenue Principale. ☎ *819–7644422.* Na een diner in dit populaire restaurant kunt u zich terugtrekken in de aangename lounge voor sigaren en whisky. ♿ 💳	[$][$][$]			■	●	
Sherbrooke: *La Falaise Saint-Michel* 100 Rue Webster. ☎ *819–3466339.* [W] www.falaisestmichel.com Dit gastvrije restaurant serveert heerlijke Franse specialiteiten – vooral de Barbarijse eend is lekker. 🍷 💳	[$][$][$]		●	■	●	■
Trois-Rivières: *La Becquée* 3600 Blvd. Royale. ☎ *819–3793232.* De aangename inrichting biedt een romantische avond. ♿ 💳	[$][$][$]		●	■	●	■
TORONTO						
Bloor Street West: *Kensington Vegetarian Cafe* 460 Bloor St. W. ☎ *416–5341294.* Dit bijzondere café serveert alleen biologische, suikervrije gerechten. De gehele dag zijn veertien verschillende, zelfgebakken soorten brood en smakelijke natuurvoeding verkrijgbaar. 💳	[$]		●		●	■
Cabbagetown: *Real Jerk* 709 Queen St. E. ☎ *416–4636055.* Een van de meest authentieke Jamaicaanse restaurants, met traditionele gerechten als rode bonen met rijst alsook originelere schotels. ♿ 💳	[$]		●	■		■
Cabbagetown: *Margarita's Cantina & Tapas Mexicanas* 229 Carlton St. ☎ *416–9296284.* Een gezellig avondje uit in dit authentiek Mexicaanse restaurant kan bestaan uit *fajitas* eten, die u wegspoelt met enorme margarita's. ♿ 💳	[$][$]	■	●	■	●	■
Cabbagetown: *Rashnaa* 307 Wellesley St. E. ☎ *416–9292099.* Srilankaanse restaurants zijn in de mode in Toronto, en deze kleine eetgelegenheid is het populairst. Voortreffelijk eten. 💳	[$][$]	■	●		●	■
Centrum: *Ethiopian House* 4 Irwin Ave. ☎ *416–9235438.* Ethiopische restaurants zijn zeldzaam, maar dit aantrekkelijke etablissement vormt een goed voorbeeld van de Ethiopische keuken. U gebruikt geen bestek, maar ongedesemd brood (*injera*) om mee te eten. 💳	[$]	■	●	■	●	■

CENTRUM: *Senator Diner* 249 Victoria St. ☎ *416–3647517.* [W] www.thesenator.com Dit restaurant serveert voedsel van prima kwaliteit. Gelegen in het stadshart en prachtig ingericht in de stijl van de jaren 20. Voor de 's zondagse brunch is het soms lang wachten op een tafel. ◯ alleen ontbijt en lunch. 💳	$		●			■
CENTRUM: *Filet of Sole* 11 Duncan St. ☎ *416–5983256.* Van de vele visrestaurants die Toronto rijk is, is dit een van de populairste. Het is een levendig restaurant, gevestigd in een verbouwd warenhuis. De nadruk ligt op de kwantiteit. 💳	$$	■	●	■	●	■
CENTRUM: *Shopsy's* 33 Yonge St. ☎ *416–3653333.* Shopsy's werd vlak na de Tweede Wereldoorlog opgericht als delicatessenwinkel-annex-restaurant en is nog steeds even populair. De met veel vlees belegde sandwiches zijn heerlijk en de inrichting aantrekkelijk. ♿ 💳	$$	■	●	■	●	■
CENTRUM: *Café Nervosa* 75 Yorkville Ave. ☎ *416–9614642.* Dit chique café-restaurant ligt in de meest luxueuze wijk van Toronto. Hier worden salades, pasta's, pizza's en zeevruchten klaargemaakt. 🍷 💳	$$$	■	●	■		■
CENTRUM: *Ematei Japanese Restaurant* 1ste verdieping, 30 St. Patrick St. ☎ *416–3400472.* Dit stijlvolle en aantrekkelijke Japanse restaurant maakt goede *sushi*. Het ligt even ten oosten van de Art Gallery of Ontario *(zie blz. 174–175).* 💳	$$$		●		●	■
CENTRUM: *La Fenice* 319 King St. W. ☎ *416–5852377.* [W] www.lafenice.ca Dit restaurant is chic en modern ingericht. U kunt hier voortreffelijke Italiaanse gerechten bestellen die met fijne sauzen en kruiden zijn bereid. 🍷 💳	$$$		●	■		
CENTRUM: *Hard Rock Café SkyDome* 1 Blue Jays Way. ☎ *416–3412388.* Deze hamburgerbar is gevestigd in het SkyDome-sportcomplex *(zie blz. 169)* en zit na een wedstrijd vol supporters. ♿ 💳	$$$		●	■		■
CENTRUM: *Mata Hari Grill* 39 Baldwin St. ☎ *416–5962832.* [W] www.mataharigrill.ca Maleis restaurant met jazzmuziek op de achtergrond en een goede wijnkaart. Saté en curry zijn de specialiteiten van het huis. ♿ 🍷 💳	$$$	■	●			■
CENTRUM: *Nami* 55 Adelaide St. E. ☎ *416–3627373.* Dit is een van de beste Japanse restaurants van Toronto. Vooral de gerookte paling is heerlijk. 💳	$$$		●		●	
CENTRUM: *Le Sélect Bistro* 432 Wellington St. W. ☎ *416–5966406* Een drukke, levendige eetgelegenheid die een overvloed aan heerlijke Franse bistroschotels biedt in een boheemse sfeer. ♿ 🍷 💳	$$$	■	●	■	●	■
CENTRUM: *Wayne Gretzky's* 99 Blue Jays Way. ☎ *416–979 PUCK.* [FAX] *416–5860099.* [W] www.gretzkys.com Dit populaire restaurant en bar is genoemd naar de grote ijshockeyer Wayne Gretzky. In glazen vitrines staan hockeysticks van de Stanley Cup, tijdschriften en andere memorabilia. Groot dakterras. ♿ 💳	$$$	■	●	■	●	■
CENTRUM: *Cava* 1560 Yonge St. ☎ *416–9799918.* [W] www.cavarestaurant.ca Toronto's beroemde chef-kok Chris Macdonald maakt zijn eigen charcuterie in zijn vrolijke en rustieke restaurant. Hier serveert hij een ruime keuze van meer dan 20 tapasgerechten. ♿ 💳	$$$$				●	
CENTRUM: *Le Papillon* 16 Church St. ☎ *416–3630838.* De keuken van Québec is moeilijk te vinden in Toronto, maar de Franse pasteitjes en taarten in dit eersteklas etablissement maken een hoop goed. 🍷 💳	$$$$		●	■		■
CENTRUM: *Rodney's Oyster House* 464 King St. W. ☎ *416–3638105.* [W] www.rodneysoysterhouse.com Oesters genoeg in dit oude restaurant waar dit schelpdier duidelijk de boventoon voert. Hier komen zowel toeristen als zakenlieden. 💳	$$$$			■		■

Voor een verklaring van de symbolen, zie achterflap

Prijsklassen voor een driegangenmenu voor één persoon, inclusief een halve fles wijn (waar mogelijk) en bediening:
$ minder dan $ 25
$$ $ 25–$ 35
$$$ $ 35–$ 50
$$$$ $ 50–$ 70
$$$$$ meer dan $ 70

Tafels buiten
Tafels op een terras of patio.
Vegetarische gerechten
Op de kaart staan altijd een paar vegetarische gerechten.
Bar aanwezig
In het restaurant is een (cocktail)bar, waar u iets kunt drinken en/of eten.
Menu tegen vaste prijs
Een doorgaans driegangenmenu tegen vaste, betaalbare prijs, voor de lunch en/of diner.
Faciliteiten voor kinderen
Kleine porties en/of kinderstoel op verzoek verkrijgbaar.

	Tafels buiten	Vegetarische gerechten	Bar aanwezig	Menu tegen vaste prijs	Faciliteiten voor kinderen
Centrum: *Canoe* [W] www.oliverbonacini.com $$$$$ Toronto Dominion Tower, 66 Wellington St. W. ☎ *416–3640054.* Canoe is trots op zijn gerechten met verse Arctische zalmforel en kariboe, want ze zijn niet te versmaden. Het restaurant ligt op de 54ste verdieping van het kantorencomplex Toronto Dominion Tower. ○ *ma–vr.* ♿ 🍷 💳		●	■		
Centrum: *Lai Wah Heen* $$$$$ Metropolitan Hotel, 108 Chestnut St. ☎ *416–9779899.* Het Lai Wah Heen is een chic restaurant waar uitstekende Kantonese gerechten op creatieve wijze en met veel flair worden klaargemaakt. Veel gasten zweren bij de dim sum. ♿ 🍷 💳		●		●	■
Centrum: *Picante* $$$$$ 326 Adelaide St. W. ☎ *416–4082958.* Modieus Spaans restaurant midden in het centrum van Toronto. De huisspecialiteiten zijn *paella* en verschillende lekkere *tapas.* 💳	■	●	■		
Centrum: *Susur* $$$$$ 601 King St. W. ☎ *416–6032205.* [W] www.susur.com Een restaurant met een doordacht concept. Er worden twee menu's tegen een vaste prijs aangeboden met elk zeven gangen, waarbij iedere gang wat kleiner wordt. De menu's worden niet voor 17.30 uur bekend gemaakt om chef-kok Susur Lee de tijd te gunnen alles vers in te kopen op de locale markten. ● *zo; aug.* ♿ 🍷 💳		●	■	●	■
Greektown: *Avli* $$$ 401 Danforth Ave. ☎ *416–4619577.* [W] www.avlirestaurant.com Een van de beste tradionele Griekse restaurants in een straat vol concurrenten. Het heeft alle standaardgerechten en heerlijke ovenschotels. 🍷 💳	■	●			
Greektown: *Pan on the Danforth* $$$ 516 Danforth Ave. ☎ *416–4668158.* [W] www.panonthedanforth.com Dit restaurant heeft als specialiteit de Griekse keuken, waaraan een Franse draai wordt gegeven. In de media zijn hierover lovende recensies gepubliceerd. Het menu is eclectisch en de desserts, zoals de chocolade baklava, zijn subtiel maar bijzonder smakelijk. ♿ 💳	■	●	■	●	■
Harborfront: *Captain John's* $$$ 1 Queen's Quay, West. ☎ *416–3636062.* FAX *416–3636065* Dit gezinsvriendelijke visrestaurant is gehuisvest op de oceaanstomer Jadran. Goed lunchbuffet. ♿ 💳			■		■
OTTAWA EN OOST-ONTARIO					
Algonquin Provincial Park: *Arowhon Pines* $$$$ Bij Highway 60, Algonquin Provincial Park. ☎ *705–6335661 of 416–4834393 winter.* Zelfs als u hier niet overnacht is het de moeite waard de snelweg af te gaan – het uitzicht is spectaculair. Neem uw eigen wijn mee. ● *nov.–april.* ♿		●		●	■
Kingston: *Candlelight Dining* $$$ Fort Henry. ☎ *613–5302550.* [W] www.foodandheritage.com Dineren in Fort Henry *(zie blz. 198),* waar u wordt geserveerd door obers in historisch soldatenuniform, is een unieke ervaring. 💳		●	■	●	■
Kingston: *General Wolfe Hotel* $$$ Wolfe Island. ☎ *613–3852611.* [W] www.generalwolfehotel.com Alleen al de weg hiernaartoe is leuk: een heerlijk tochtje met de Wolfe Island-veerboot naar het enige *haute cuisine*-restaurant van Kingston. ♿ ♫ 🍷 💳			■	●	■
Kingston: *Kingston Brewing Company* $$$ 34 Clarence St. ☎ *613–5424978.* Prachtig ingericht restaurant met 65 plaatsen en een patio. In het zelfgebrouwen bier zitten geen chemicaliën. ♫ 💳	■	●	■		

NORTH BAY: *Churchill's Prime Rib* $$$$
631 Lakeshore Drive. 705–4767777.
Dit restaurant aan het meer biedt schitterend uitzicht. De biefstuk met
plaatselijk gekweekte groenten oogst lovende kritieken.

OTTAWA: *Royal Thai* $$
272 Dalhousie St. 613–5628818.
De naam zegt genoeg – authentieke Thaise curry's tegen betaalbare prijzen
in dit restaurant in het centrum van de stad.

OTTAWA: *Château Laurier Hotel* $$$
1 Rideau St. 613–2411414.
Dit beroemde hotel *(zie blz. 193)* is een *must*; de twee restaurants Zoë's
en Wilfrid's verzorgen uiteenlopende luxediners.

OTTAWA: *Irish Village* $$$
67 Clarence St. 613–5620674.
Irish Village bestaat uit vijf verschillende pubs, onder meer The Snug, Black
Rose, The Heart & Crown en McGintie's. Een aantal avonden per week is er
live Keltische muziek. Keuze uit verschillende Ierse whiskeys en bier.

OTTAWA: *Mamma Teresa Ristorante* $$$
300 Somerset W. 613–2363023.
Traditioneel Italiaans eten en krokante pizza's. Hier komen veel
kamerleden, ministers en televisiesterren.

OTTAWA: *Big Daddy's Crab Shack & Oyster Bar* $$$$
339 Elgin St. 613–2287011.
Dit restaurant, erg populair bij de jongeren, serveert cajungerechten, maar
ook exotischere maaltijden.

OTTAWA: *The Ritz* $$$$
89 Clarence St. 613–7899797.
In de populaire wijk rond Byward Market; 19de-eeuwse inrichting en
uitstekende bediening. Veel plaatselijke beroemdheden.

PETERBOROUGH: *Parkhill on Hunter* $$$
180 Hunter W. 705–7438111.
Parkhill Café is volgens de plaatselijke bevolking dé plek om te eten in
Peterborough.

DE GROTE MEREN

BAYFIELD: *The Little Inn of Bayfield* $$$$$
Main St. 519–5652611. W www.littleinn.com
Een van de beste restaurants van Ontario, gevestigd in een van de beste
hotels. Vis – baars of snoek – uit Lake Huron is de specialiteit.

GODERICH: *Robindale's Fine Dining* $$$
80 Hamilton St. 519–5244171.
In het aardige plaatsje Goderich ligt dit eersteklas restaurant dat gevestigd
is in een smaakvol verbouwd Victoriaans huis. Het uiteenlopende menu
bestaat uit lokale ingrediënten – het rundvlees is verrukkelijk.

NIAGARA FALLS: *Capri* $$
5438 Ferry St. 905–3547519.
Dit door een familie gerund restaurant is praktisch een instituut.
Uitstekende Italiaanse kost in grote porties.

NIAGARA FALLS: *The Pinnacle Restaurant* $$$
6732 Oakes Drive. 905–3561501.
Boven in de Minolta Tower, met schitterend uitzicht op de Falls. De
eenvoudigere schotels zijn erg lekker.

NIAGARA FALLS: *Yukiguni* $$$
5980 Buchanan Ave. 905–3544440.
Dit populaire Japanse restaurant heeft een van de beste keukens van de stad.
De gerechten worden met stijl opgediend – probeer de zalm-teriyaki.

NIAGARA FALLS: *Skylon Tower* $$$$$
5200 Robinson St. 905–3562651. W www.skylon.com
Dit ronddraaiende restaurant is boven in de Skylon Tower gevestigd. Het is er
altijd erg druk. Het uitzicht op de Falls is ongeëvenaard. Pasgetrouwde stellen
en jonge gezinnen genieten van onder andere de Caesarsalad.

Voor een verklaring van de symbolen, zie achterflap

Prijsklassen voor een drie-gangenmenu voor één persoon, inclusief een halve fles wijn (waar mogelijk) en bediening:

$ minder dan $ 25
$$ $ 25–$ 35
$$$ $ 35–$ 50
$$$$ $ 50–$ 70
$$$$$ meer dan $ 70

TAFELS BUITEN
Tafels op een terras of patio.
VEGETARISCHE GERECHTEN
Op de kaart staan altijd een paar vegetarische gerechten.
BAR AANWEZIG
In het restaurant is een (cocktail)bar, waar u iets kunt drinken en/of eten.
MENU TEGEN VASTE PRIJS
Een doorgaans driegangenmenu tegen vaste, betaalbare prijs, voor de lunch en/of diner.
FACILITEITEN VOOR KINDEREN
Kleine porties en/of kinderstoel op verzoek verkrijgbaar.

	Prijs	TAFELS BUITEN	VEGETARISCHE GERECHTEN	BAR AANWEZIG	MENU TEGEN VASTE PRIJS	FACILITEITEN VOOR KINDEREN
NIAGARA-ON-THE-LAKE: *Shaw Café and Wine Bar* 92 Queen St. (905–4684772. Deze modieuze café-bar, genoemd naar toneelschrijver George Bernard Shaw, is favoriet bij theaterbezoekers. Kleine kaart. 🛇 ♟ 📧	$$$	■	●	■		■
NIAGARA-ON-THE-LAKE: *The Oban Inn* 160 Front St. (905–4682165. W www.vintageinns.com Deftig ingericht met fraai gevouwen servetten en glimmend bestek. Het eten is erg goed – de gepocheerde zalm is een aanrader. 🛇 ♟ 📧	$$$$		●	■		■
NIAGARA-ON-THE-LAKE: *The Olde Angel Inn* 224 Regent St. (905–4683411. W www.angel-inn.com De Olde Angel, gevestigd in een 19de-eeuws pand, heeft een eetzaal en een taveerne. Rundvlees bereid in Guinness en geroosterde eend. ♟ 📧	$$$$		●	■		■
PENETANGUISHENE: *Blue Sky Family Restaurant* 48 Main St. (705–5498611. Een traditioneel, door een familie bestierd restaurant, met barkrukken, formicatafels en eerlijke maaltijden: eieren met spek, muffins, enzovoort.	$				●	■
SAULT STE. MARIE: *A Thymely Manner* 531 Albert St. (705–7593262. W www.thymelymanner.com. Dit voortreffelijke restaurant, zonder meer het beste van de stad, staat bekend om zijn lamsvlees. Ook het zeebanket is heerlijk – probeer de Amerikaanse zalmforel eens. ♟ 📧	$$$$		●			■
THUNDER BAY: *Hoito Restaurant* 314 Bay St. (807–3456323. Honderden Finnen zijn in het begin van de 20ste eeuw naar Thunder Bay geëmigreerd, vandaar de traditionele Finse gerechten in Hoito. 📧	$			■	●	
WINDSOR: *The Park Terrace* Windsor Hilton Hotel, 277 Riverside Drive W. (519–9735555. Dit luxehotel-restaurant serveert uitstekend eten van topkwaliteit en biedt een mooi uitzicht op Detroit aan de andere kant van de rivier. 🛇 ♟ 📧	$$$$$		●	■	●	■

MIDDEN-CANADA

	Prijs	TAFELS BUITEN	VEGETARISCHE GERECHTEN	BAR AANWEZIG	MENU TEGEN VASTE PRIJS	FACILITEITEN VOOR KINDEREN
EDMONTON: *Sherlock Holmes* West Edmonton Mall. (780–4230202. Een paar restaurants in de sfeer van een straat in New Orleans: Sherlock Holmes (bekend om zijn bier), Albert's (gerookt vlees op de wijze van Montréal) en Hooters (schaarsgeklede serveersters). 🛇 📧	$	■	●	■		■
EDMONTON: *Unheardof Restaurant* 9602 82nd Ave. (780–4320480. W www.unheardof.com. Dit populaire restaurant in de wijk Old Strathcona maakt heerlijke haasbiefstuk van de bizon. ● *ma.* 🛇 📧	$$$		●		●	■
GULL HARBOUR: *Viking Dining Room* Gull Harbour Resort, Hecla Provincial Park. (204–2792041. IJslandse gerechten, waaronder Rulupsa-lam met bruinbrood, verse vis uit het Lake Winnipeg en als nagerecht *vinarterta.* 🛇 📧	$$$	■	●	■		■
MEDICINE HAT: *Mario's Ristorante* 439-5th Ave. SE. (403–5292600. Mario's, in het historische centrum, serveert pasta's, kalfsvlees, biefstuk, kip en zeebanket in een aangename, klassieke omgeving. 🛇 ♟ 📧	$$$$		●	■	●	
RED DEER: *Shauney's* 4909 48 St. (403–3422404. Stijlvol dineren in een sfeervolle omgeving. Hier serveert men struisvogel en bizon, en andere exotische gerechten. 🛇 📧	$$$$		●	■		

REGINA: *The Diplomat* 2032 Broad St. ☎ *306-3593366.* In dit stijlvolle restaurant wordt steak, zeebanket, wild en lamsribstuk geserveerd. Schilderijen van Canadese premiers hangen aan de muren. ♿ 🍷 💳	$$		●	■		■
REGINA: *John's Place* 379 Albert St. ☎ *306-5453777.* In dit restaurant in een houten gebouw staan veel ficussen en kunstvoorwerpen. Op de kaart staan eersteklas ribstuk en zeebanket. ♿ 💳	$$			■		■
SASKATOON: *The Granary* 2806-8th St. East. ☎ *306-3736655.* [W] www.thegranary.ca Dit restaurant in de vorm van een graanelevator serveert geroosterde ribstuk, zeebanket en kip. Uitgebreide saladebar. ♿ 💳	$$	■	●	■	●	■
SASKATOON: *Wanuskewin Restaurant* Wanuskewin Heritage Park. ☎ *306-9319932.* Hamburgers van bizonvlees, eigengemaakte soep, maïsbrood en Saskatoonbessentaart, geserveerd in deze National Historic Site *(blz. 244).* ♿ 💳	$	■	●	■	●	■
SASKATOON: *Saskatoon Asian* 136 2nd Ave. South. ☎ *306-6655959.* Dit restaurant is gespecialiseerd in Vietnamese gerechten: de garnalen in rijstpapier zijn een populaire keus. ♿ 💳	$$$		●		●	■
STEINBACH: *Livery Barn Restaurant* Mennonite Heritage Village, Hwy 12 North. ☎ *204-3269661* Smaakvolle mennonietenkost. Goudzoekersinterieur. In de winkel worden plaatselijk gemalen koffie en ouderwetse snoepjes verkocht. ♿	$	■	●		●	■
WINNIPEG: *Wagon Wheel Restaurant* 305 Hargrave St. ☎ *204-9426695.* Lunchadres dat bekend staat om zijn enorme sandwiches. Ook dikke milkshakes, augurken en zelfgemaakte soepen verkrijgbaar. ♿ 💳	$					■
WINNIPEG: *Restaurant Dubrovnik* 390 Assiniboine Ave. ☎ *204-9440594.* Een van de beste van de stad. Specialiteiten zijn varkensvlees met mangochutney en kreeft met een *snow pea*-saus. Reserveren. ♿ 🍷 💳	$$$$$	■	●		●	■
VANCOUVER EN VANCOUVER ISLAND						
CAMPBELL RIVER: *Legends Dining Room* 1625 McDonald Rd. ☎ *250-2861102.* [W] www.oakbaymarinagroup.com Met uitzicht op Discovery Passage genieten de vaste klanten van typische westkustgerechten terwijl de boten aan hen voorbij trekken. Cognac wordt geserveerd bij de open haard in de lounge. ♿ 💳	$$$$	■	●	■		
MALAHAT: *The Aerie* 600 Ebedora Lane. ☎ *250-7437115.* [W] www.aerie.bc.ca Uitstekende gerechten van vlees en zeebanket. Spectaculair uitzicht over de fjorden en bergen. ♿ ♫ 🍷 💳	$$$$$	■	●	■	●	
NANAIMO: *Wesley Street Café* 321 Wesley St. ☎ *250-7536057.* Een intiem café waar lichte, verse gerechten van de westkust geserveerd worden. Live jazz in de weekeinden. ♫ 🍷 💳	$$$	■	●			■
NANAIMO: *Mahle House Restaurant* 2104 Hemer Rd. ☎ *250-7223621.* [W] www.island.net/~mahle/ Deze hoeve uit 1904 ligt in een Engelse tuin. Op 'Adventure Wednesday' bereid de chef-kok een vijfgangen-verrassingsmenu. ♫ 🍷 💳	$$$$	■	●			
NORTH VANCOUVER: *HiWus Feasthouse* 6400 Nancy Greene Way. ☎ *604-9840661.* [W] www.grousemtn.com Dineren tijdens een showvoorstelling in een Long House op Grouse Mountain *(zie blz. 276)*: traditionele gerechten en oorspronkelijke liederen en dans van de inheemse volken van de noordwestkust. ♫	$$$$$		●		●	■
SALT SPRING ISLAND: *Hastings House* 160 Upper Ganges Rd. ☎ *250-5372362.* Een Engels landgoed met uitzicht op de bedrijvige haven van Ganges. Gerechten van zelfgekweekte ingrediënten, geserveerd in de eetzaal met houten balken. Er zijn gastenkamers in de gerestaureerde gebouwen. ♿ 🍷 💳	$$$$$		●		●	

Voor een verklaring van de symbolen, zie achterflap

		TAFELS BUITEN	VEGETARISCHE GERECHTEN	BAR AANWEZIG	MENU TEGEN VASTE PRIJS	FACILITEITEN VOOR KINDEREN

Prijsklassen voor een drie-gangenmenu voor één persoon, inclusief een halve fles wijn (waar mogelijk) en bediening:
$ minder dan $ 25
$$ $ 25–$ 35
$$$ $ 35–$ 50
$$$$ $ 50–$ 70
$$$$$ meer dan $ 70

TAFELS BUITEN
Tafels op een terras of patio.
VEGETARISCHE GERECHTEN
Op de kaart staan altijd een paar vegetarische gerechten.
BAR AANWEZIG
In het restaurant is een (cocktail)bar, waar u iets kunt drinken en/of eten.
MENU TEGEN VASTE PRIJS
Een doorgaans driegangenmenu tegen vaste, betaalbare prijs, voor de lunch en/of diner.
FACILITEITEN VOOR KINDEREN
Kleine porties en/of kinderstoel op verzoek verkrijgbaar.

Restaurant	Tafels buiten	Vegetarische gerechten	Bar aanwezig	Menu tegen vaste prijs	Faciliteiten voor kinderen
SOOKE: *Sooke Harbour House* $$$$$ 1528 Whiffen Spit Rd. 250–6423421. Op het bekroonde menu staat onder andere zee-egel, geserveerd met groenten en kruiden uit de eigen moestuin.		●			■
TOFINO: *Wickaninnish Inn & Pointe Restaurant* $$$$$ Osprey Lane bij Chesterman's Beach. 250–7253100. Een prachtige eetzaal met ronde open haard en uitzicht op de Grote Oceaan. Op het menu staat zeebanket. Wijnen van de noordwestkust.	■	●	■	●	
VANCOUVER: *The Old Spaghetti Factory* $ 53 Water St. 604–6841288. Een gezinsrestaurant met een levendige sfeer. Gevarieerd Italiaans menu. Hier, in het hart van Gastown, kunt u buiten eten.	■	●	■	●	■
VANCOUVER: *Villa De Lupo* $$ 869 Hamilton St. 604–6887436. Verrukkelijk Italiaans eten: risotto met verse bieslook, gevulde scharrelkip en tomaten met olijven.		●			
VANCOUVER: *900 West Hotel Vancouver* $$$ 900 West Georgia St. 604–6699378. U kunt eten aan de bar van de keuken of aan een tafeltje in de eetzaal. In de bekroonde bar zijn meer dan 60 wijnen verkrijgbaar.		●	■		
VANCOUVER: *Havana* $$$ 1212 Commercial Drive. 604–2539119. www.havana-art.com Dit authentieke Cubaanse restaurant, met geïmporteerde cocktails, brengt een stukje levendig Havana naar Vancouver.	■	●	■	●	■
VANCOUVER: *Cin Cin Restaurant* $$$$ 1154 Robson St. 604–6887338. www.cincin.net Dit populaire restaurant, ingericht in een Italiaanse mediterrane stijl, heeft een lawaaiige open keuken en een elzenhouten grill.	■	●	■		
VANCOUVER: *The Fish House* $$$$ 8901 Stanley Park Drive 604–6817275. www.fishhousestanleypark.com Dit goede visrestaurant staat in een groene omgeving aan de English Bay. Tussen 17.00 en 18.00 uur krijgt u korting op de gerechten die u bestelt.	■	●	■		■
VANCOUVER: *Piccolo Mondo Ristorante* $$$$ 850 Thurlow St. 604–6881633. Met de keus uit 480 Italiaanse wijnen en oude familierecepten kunnen gasten in een ontspannen sfeer genieten van heerlijk Noord-Italiaans eten.		●			
VANCOUVER: *Tojo's Japanese* $$$$ 777 West Broadway suite, 202. 604–8728050. www.tojos.com Al sinds de opening in 1988 serveert Tojo's prijzenwinnende gerechten. De meeste vaste klanten werken bij de plaatselijke media.	■	●	■	●	■
VANCOUVER: *Bishop's* $$$$$ 2183 W. 4th Ave. 604–7382025. www.bishopsonline.com Dit bejubelde restaurant van uit Wales afkomstige chef John Bisshop, biedt een seizoensgebonden moderne West Coast-keuken.		●			
VANCOUVER: *C Restaurant* $$$$$ 2–1600 Howe St. 604–6811164. www.crestaurant.com Een modern visrestaurant met zeer goed zeebanket. Een charmante patio die versierd is met witte tafelkleden en witte tegels.	■	●	■	●	■
VANCOUVER: *Diva at the Met* $$$$$ Metropolitan Hotel, 645 Howe St. 604–6871122. De terrasvloeren en open keuken creëren een ongedwongen sfeer, op het bekroonde menu staan variaties op zeebanket en wildschotels.		●	■	●	■

VANCOUVER: *Gotham Steak House & Cocktail Bar* $$$$$
615 Seymour St. 604–6058282.
Heerlijke steaks en een ruim aanbod aan zeevruchten in een elegant
vertrek met een hoog plafond. Reserveren aanbevolen.

VANCOUVER: *Lumière* $$$$$
2551 W. Broadway. 604–7398185.
Tegen een decor van licht esdoorn en staal worden gerechten geserveerd
volgens de Franse keuken, Aziatisch minimalisme en Noord-Amerikaanse
flair. Alle vaste-prijzenmenu's hebben 8 tot 12 gangen.

VANCOUVER: *West* $$$$$
2881 Granville St. 604–7388938.
Dit bekroonde West Coast-restaurant geeft zijn eigen draai aan tradities. Er
worden verse lokale ingrediënten gebruikt, met schotels als Crisp Princess
Island Ling Cod en Wentzel Duck Breast, gemarineerd met sinaasappel en
koriander. lunch ma en di.

VICTORIA: *Barb's Place* $
Fisherman's Wharf, Erie St. Float. 250–3846515.
Een drijvende keuken in de haven van Victoria. *Fish and chips* en andere
lekkere gerechten. nov.–feb.

VICTORIA: *J & J Wonton Noodle House* $
1012 Fort St. 250–3830680. www.jjnoodlehouse.com
Hier worden verse zelfgemaakte noedels bereid voor de plaatselijke
bevolking en de gelukkige toerist die het restaurant weet te vinden.

VICTORIA: *Il Terrazzo* $$$$
555 Johnson St. 250–3610028. www.ilterrazzo.com
Dit restaurant, gelegen in het hart van de Oude Stad in een gebouw uit 1890,
heeft het beste Italiaanse eten van Victoria. De prachtige binnentuin wordt
tien maanden van het jaar verwarmd door zes open haarden.

VICTORIA: *Empress Room* $$$$$
Empress Hotel, 721 Government St. 250–3848111.
Heerlijk dineren in een Edwardiaanse eetzaal uit 1908. 's Avonds speelt er
een harpist. Op het menu staat onder meer zwaardvis.

VICTORIA: *Lure Seafood* $$$$$
Ocean Pointe Resort, 45 Songhees Rd. 250–3602999.
Het toprestaurant van Victoria biedt kaarslicht, goede wijnen, heerlijke
gerechten van de noordwestkust en zicht op de haven.

DE ROCKY MOUNTAINS

BANFF: *Giorgio's Trattoria* $$
219 Banff Avenue. 403–7625114. www.giorgiosbanff.com
Een intiem restaurant in het hart van de stad met Italiaanse pasta's en
pizza's uit een op hout gestookte oven.

BANFF: *Coyote's Deli and Grill* $$$
206 Caribou St. 403–7623963.
Een klein maar zeer gewaardeerd restaurant dat zich richt op de Zuid-
westerse keuken. De muren zijn versierd met motieven uit Arizona om het
regionale effect af te maken.

BANFF: *Buffalo Mountain Lodge Dining Room* $$$$
Tunnel Mountain Rd. 403–7622400.
In dit restaurant met houten balken worden gerechten uit de Canadese
Rockies bereid: hertenvlees, kariboe, lam en rundvlees.

CALGARY: *Ranchman's* $$
9615 McLeod Trail South. 403–2531100. www.ranchmans.com
Cowboycafé en club voor countrymuziek waar rodeozadels en een wagon
boven het podium hangen. Rundvlees- en kipgerechten, klaargemaakt in
rookoventjes in Texaanse stijl.

CALGARY: *Saltlik Steakhouse* $$
101 8th Ave. SW. 403–5371160.
Dit duurder lijkende moderne restaurant staat bekend vanwege de flinke
porties die worden geserveerd. Zoals te verwachten is zijn de steaks
bijzonder lekker. Vanwege de populariteit is reserveren aanbevolen.
lunch za en zo.

Voor een verklaring van de symbolen, zie achterflap

Prijsklassen voor een drie-gangenmenu voor één persoon, inclusief een halve fles wijn (waar mogelijk) en bediening:
$ minder dan $ 25
$$ $ 25–$ 35
$$$ $ 35–$ 50
$$$$ $ 50–$ 70
$$$$$ meer dan $ 70

TAFELS BUITEN
Tafels op een terras of patio.
VEGETARISCHE GERECHTEN
Op de kaart staan altijd een paar vegetarische gerechten.
BAR AANWEZIG
In het restaurant is een (cocktail)bar, waar u iets kunt drinken en/of eten.
MENU TEGEN VASTE PRIJS
Een doorgaans driegangenmenu tegen vaste, betaalbare prijs, voor de lunch en/of diner.
FACILITEITEN VOOR KINDEREN
Kleine porties en/of kinderstoel op verzoek verkrijgbaar.

	TAFELS BUITEN	VEGETARISCHE GERECHTEN	BAR AANWEZIG	MENU TEGEN VASTE PRIJS	FACILITEITEN VOOR KINDEREN
CALGARY: *Catch* $$$ 100 Stephen Ave. 403-2660000. Dit restaurant, gevestigd op de eerste verdieping van het historische Bank of Canada-gebouw, serveert sappig zeebanket, zoals wilde zalmfilet met sintjacobsschelpen. ● *lunch za en zo.*	■	●	■	●	■
CALGARY: *River Café* $$$$ Prince's Island. 403-2617670. www.river-cafe.com. Een opmerkelijk Canadees restaurant in een vredige, beboste tuin. Wildbraad en de beste lokale producten. ● *jan.*	■	●	■		■
CALGARY: *Rouge* $$$$ 1240 8th Avenue SE. 403-5312767. www.rougecalgary.com. Het huis van Calgary-pionier A.E. Cross uit 1891. Arctische zalmforel, bizon, maar ook veel vis- en kipgerechten.	■	●			
FAUQUIER: *Mushroom Addition* $$ 129 Oak St. 250-2697467. De plaatselijke wilde paddestoelen zitten in bijna elk gerecht verwerkt. In de zomer staan hier veel verse bloemen.	■	●			■
KIMBERLY: *The Old Bauernhaus* $$$ 280 Norton Avenue. 250-4275133. Deze 18de-eeuwse Beierse schuur werd in de jaren tachtig uit elkaar ge-haald, naar Canada verscheept en opnieuw opgebouwd. Op de eerste ver-dieping wordt stevige Duitse kost geserveerd. ● *di en wo.*	■	●			
LAKE LOUISE: *Elkhorn Dining Room* $$$$ Mile 22 Bow Lake Icefield Parkway. 403-5222167. Dit historische gebouw is gebouwd door Jimmy Simpson; zijn aquarellen sieren de muren. Veel wildgerechten.		●	■	●	■
LAKE LOUISE: *Poppy Room* $$$$ Chateau Lake Louise. 403-5223511 tst 1189. In dit drukke restaurant hebt u vanaf elke tafel zicht op Lake Louise. Ham-burgers, salades, pasta's en vis staan er op de kaart. Ontbijtbuffet.		●			
NELSON: *The Outer Clove* $ 536 Stanley St. 250-3541667. De koks van dit fris geschilderde, oude bakstenen huis gebruiken bijna 2 kg knoflook per dag, ook in de nagerechten. ● *zo.*	■	●			■
REVELSTOKE: *The Peak's Lodge Resort* $$$ Trans Canada Hwy 1. 250-8372176. Deze oude *lodge* onder Boulder Mountain staat vol antiek. Op het menu rundvlees uit Alberta en zalm uit BC die ter plekke gerookt wordt.	■	●	■	·	

ZUID- EN NOORD-BRITS-COLUMBIA

	TAFELS BUITEN	VEGETARISCHE GERECHTEN	BAR AANWEZIG	MENU TEGEN VASTE PRIJS	FACILITEITEN VOOR KINDEREN
FORT LANGLEY: *Bedford House* $$ 9272 Glover. 604-8882333. Gelegen in het historische Fort Langley. Geniet van het lekkere eten en de goede wijnen. Aangename sfeer en hoffelijk personeel.	■	●	■		
KELOWNA: *Williams Inn* $$$ 526 Lawrence Avenue. 250-7635136. De kaart van dit romantische huis bestaat uit wild op Europese wijze, steak, lam, zeebanket, kip en zelfgemaakte nagerechten.	■	●		●	
NARAMATA: *Fresco Restaurant and Lounge* $$$$$ 1560 Water St. 250-8688805. www.frescorestaurant.net De bekende chef-kok Rod Butters heeft meerdere prijzen gewonnen voor zijn menu's met lokale ingrediënten en wijnen uit de Okanagan-streek.		●	■		

Osoyoos: *The Diamond Steak and Seafood House* 8903 Main St. ☎ *250-4956223.* Drie eetzalen, gespecialiseerd in de Griekse en Italiaanse keuken. Steaks, zeevruchten, pasta en pizza. De ribstuk is favoriet. ♿ 🍷 💳	$$		●	■	●	■
Prince Rupert: *Smile's Café* 1 Cow Bay Rd. ☎ *250-6243072.* Een visrestaurant in een uit de jaren dertig stammend gebouw aan de kade. Binnen hangen visnetten en foto's. Koffiehoek aanwezig. ♿ 🍷 💳	$$	■				■
Whistler: *Black's Original Restaurant* 4270 Mountain Square. ☎ *604-9326408.* [W] www.whistlerpubrestaurant.com Een open restaurant in het Westbrook Hotel aan de voet van de bergen. Op zondag wordt er geroosterde kalkoen geserveerd; de Britse pub op de bovenverdieping is gespecialiseerd in Guinness. ♿ 💳	$$$	■	●	■		■
Whistler: *Bear Foot Bistro* 4121 Village Green. ☎ *604-9323433.* [W] www.bearfootbistro.com. De cementen vloeren, bruinlederen stoelen, live jazz en de grootste selectie Cubaanse sigaren van Noord-Amerika zorgen voor een chique sfeer. Innovatieve Franse keuken. ♿ ♫ 🍷 💳	$$$$$		●	■	●	■
Noord-Canada						
Dawson City: *Bonanza Dining Room* Eldorado Hotel, 3rd & Princess Sts. ☎ *867-9935451.* De twee rustieke restaurants in dit hotel serveren eenvoudige maaltijden. Dagelijks andere specialiteiten. ♫ 💳	$$$		●	■		
Dawson City: *Klondike Kate's* 3rd Avenue & King St. ☎ *867-9936527.* [W] www.klondikekates.ca Dit populaire, gastvrije café, genoemd naar een danseres uit Dawson City, bereidt het lekkerste ontbijt van de Yukon. ● *okt–maart.* 💳	$$$	■	●		●	■
Fort Providence: *Snowshoe Inn* 1 Mackenzie St. ☎ *867-6993511.* De streekgerechten in het grootste restaurant van de stad zijn erg goed; er wordt ook verfijnd zeebanket geserveerd. ♿ 💳	$$			■		
Inuvik: *MacKenzie Hotel* 185 MacKenzie Rd. ☎ *867-7772861.* Inuit-gerechten, waaronder zalmforel en kariboe, kunt u proberen in dit hotel-restaurant *(zie blz. 359).* 💳	$$$$		●	■		■
Iqaluit: *Kamotiq In Restaurant* 3506 Wiley Rd. ☎ *867-9795937.* Twee eetzalen, één in de vorm van een iglo, waar de arctische keuken wordt geserveerd, steaks, zeebanket en Mexicaanse gerechten. ♿ ♫ 💳	$$$$$		●			■
Rankin Inlet: *Siniktarvik Hotel* ☎ *867-6452949 .* [FAX] *867-6452999* @ sinik@arctic.ca In dit pas verbouwde restaurant kunt u stevige stoofpotten en grote steaks eten. 💳	$$		●			■
Whitehorse: *Yukon Mining Company* High Country Inn, 4051 4th Avenue. ☎ *867-6674471.* Elke avond kunnen de gasten barbecuen terwijl ze genieten van de prachtige omgeving. De heilbot en zalm zijn bijzonder geliefd, net als het plaatselijk gebrouwen bier. ♿ 🍷 💳	$$$	■	●	■	●	■
Whitehorse: *The Cellar Dining Room* 101 Main St. ☎ *867-6672572.* Dit kelderrestaurant van het Edgewater Hotel is populair bij de inwoners van Whitehorse. De sfeer is, net als het eten, uitstekend. 🍷 💳	$$$$		●	■	●	■
Yellowknife: *Wildcat Café* 3506 Wiley Road. ☎ *867-8738850.* Proef het ruige Canadese leven. De streekgerechten zijn heerlijk, vooral de hartige soepen en ovenschotels *(zie blz. 336).* ● 's winters. 🍷	$$	■	●		●	■
Yellowknife: *The Prospector Bar and Grill* 3506 Wiley Rd. ☎ *867-9207639.* Personen met een watervliegtuig kunnen hun voertuig kwijt aan de steiger als ze in de zomermaanden iets komen eten. ♫ 💳	$$$$$	■		■	●	

WINKELEN IN CANADA

De winkels in Canada bieden meer dan doorsnee souvenirs als de Mountie-pop en T-shirts met esdoornblad. U kunt kiezen uit zeer uiteenlopende producten, van elektronische waar tot kleding en sieraden. Er zijn ook verschillende typisch Canadese producten verkrijgbaar: ahornsiroop uit Québec, gerookte zalm uit Brits-Columbia of cowboylaarzen uit Alberta. Inheemse

Pop uit Charlottetown

kunst, geïnspireerd op eeuwenoude tradities, omvat houtsnijwerk van stammen aan de westkust en handwerk van Inuit. Elke grote stad heeft wel een overdekt winkelcentrum, winkelketens, boetieks, galeries en markten. Op het platteland is prachtige kunstnijverheid van de plaatselijke bevolking te vinden. Houd er rekening mee dat er vaak nog BTW boven op de prijs komt.

OPENINGTIJDEN

De winkeltijden verschillen, maar in de grote steden gaan de meeste winkels open om 9.00 en sluiten tussen 17.00 en 21.00 uur. Sommige kruideniers en bazaars zijn echter 24 uur per dag open, net als veel apotheken in de grote steden. In de meeste plaatsen is het op vrijdag koopavond en sluiten de winkels om 21.00 uur. In kleinere plaatsen en dorpjes sluiten echter alle winkels, ook het pompstation, niet later dan 18.00 uur. Steeds vaker zijn winkels op zondag open: meestal van 12.00 tot 17.00 uur, maar dat wisselt per provincie. Houd er rekening mee dat dit meestal niet geldt voor het platteland.

BETALINGSWIJZE

Vrijwel alle Canadese winkels accepteren de bekende creditcards. VISA en MasterCard zijn het populairst. In sommige winkels moet u een minimumbedrag besteden om gebruik te kunnen maken van uw creditcard. Tijdens de opruiming worden creditcards niet overal geaccepteerd. Ook betalen met uw pinpas is mogelijk, zeker in de supermarkten en warenhuizen. Travellercheques kunt u gebruiken met de juiste identificatie: een geldig paspoort of rijbewijs.
   Amerikaanse dollar is de enige niet-Canadese munteenheid die in warenhuizen wordt geaccepteerd. Houd er wel rekening mee dat de wisselkoers ongunstiger is, soms wel 15 procent,

dan die van een bank. In de grotere warenhuizen zijn soms geldwisselfaciliteiten aanwezig.

OMZETBELASTING

Canada kent drie soorten omzetbelasting: provinciale omzetbelasting (PST), de belasting op goederen en diensten (GST) en de geharmoniseerde omzetbelasting (HST). Elke provincie, met uitzondering van Alberta, heft PST op winkelartikelen; deze bedraagt tussen de 5 en 12 procent. Uitzonderingen zijn Yukon, Northwest Territories en Nunavut die geen regionale omzetbelasting kennen. In Nova Scotia, New Brunswick en Newfoundland en Labrador vervangt een HST van 14 procent de GST en PST en wordt op dezelfde manier toegepast als de GST.
Canadezen schelden graag op de GST, nu zo'n 7 procent. Ze wordt geheven op de meeste aankopen met uitzondering van levensmiddelen. Vanaf april 2007 is de regeling dat bezoekers van Canada de GST op bepaalde producten terug konden krijgen, afgeschaft.

CONSUMENTENRECHTEN EN -DIENSTEN

Slimme kopers vragen eerst naar de inruilregels voor artikelen van de winkel vóór ze iets aanschaffen. Het beleid varieert: sommige winkels geven geld terug als u iets terugbrengt, in andere mag u alleen ruilen, maar veel winkels doen aan geen van

beide. Vooraanstaande winkels nemen binnen 28 dagen beschadigde waar terug met bon. Omdat fraude met creditcards toeneemt, is het niet verstandig iets te kopen via de telefoon.

De Canadees Wayne Carlick bewerkt speksteen, Brits-Columbia

ZUIVER CANADEES

Er zijn in Canada allerlei soorten typisch Canadese producten te koop. Hoewel de meeste overal in het land verkocht worden, zijn veel spullen goedkoper in de provicie waar ze gemaakt zijn. Handgebreide truien en aardewerk zijn vooral betaalbaar in Atlantisch Canada, net als het vermaarde Seagull-tin uit Nova Scotia. De Prairie-provincies in Alberta produceren veel cowboyspullen: bewerkte riemen, leren vesten, cowboyhoeden en laarzen. In Brits-Columbia wordt houtsnijwerk gemaakt,

De Lonsdale Quay-kunstnijverheidsmarkt in Vancouver *(zie blz. 276)*

waaronder totempalen. Sieraden van plaatselijk gedolven jade zijn hier ook vrij goedkoop. Specialiteiten uit Québec en Ontario zijn ahornsiroop en suikerwerk. Handwerklieden uit Québec maken ook fraai houtsnijwerk. In Ontario vormen de manden een goed souvenir. Als u een extra koffer nodig hebt voor uw aanschaffen, zijn de beroemde Tilley-koffersets en producten uit Ontario een goed idee.

Inheems houtsnijwerk is in heel Canada te vinden, maar vooral in het hoge noorden. Authentiek Inuit-houtsnijwerk wordt officieel gewaarmerkt. Een stempel met het iglo-teken betekent dat het echt is; de kunstenaar zal het ook tekenen. Sinds de jaren vijftig zijn de Inuit traditionele schilderingen gaan maken, die net zo populair zijn als hun sieraden. Prachtige handgemaakte parka's, kleden die met borduursel zijn afgezet en moccasins van hertenleer zijn mooie cadeaus. Hedendaagse Canadese kunst is in veel cadeauwinkels en galeries te vinden. Foto's en posters zijn het betaalbaarst. Canadese muziek is overal verkrijgbaar: een prettige bijkomstigheid is dat de cd's en cassettebandjes hier 50 procent goedkoper zijn dan in Europa. Moderne sport- en buitenkleding zijn zowel kwalitatief goed als fraai ontworpen. Kampeer-, wandel- en vaarbenodigdheden vormen

een goede koop, net als uitrustingen voor de vissport. Vanwege de grote rol die het buitenleven in Canada speelt, zijn veel producten hier goedkoper dan in Europa.

WARENHUIZEN

T he Bay is de bekendste warenhuisketen van het land. Canadese warenhuizen hebben de laatste jaren van de 20ste eeuw grote financiële verliezen geleden. Ze ondergaan nu veranderingen om de concurrentie met Amerikaanse ketens als Wal-Mart, *discount stores* en warenhuizen waar men lid van moet zijn (Costco en Price Club) aan te kunnen. Ketens als Sears en Zeller's zijn goedkopere warenhuizen. Canadian Tire verkoopt alles van auto-onderdelen tot sportartikelen en is een nationaal instituut geworden.

Pot uit Nova Scotia

(OVERDEKTE) WINKELCENTRA

D e Canadese voorsteden zijn dan misschien geen cultuurparadijzen, de overdekte winkelcentra vormen op zich wel een belevenis. Het moderne Eaton Centre in Toronto heeft een gewelfd dak van glas en staal, waaronder een gebeeldhouwde vlucht ganzen 'vliegt'. Jaarlijks bezoeken meer dan 42 miljoen mensen dit architectonisch meesterwerk, door conservatieve inwoners van Toronto afgedaan als 'pure ongelijktheid'. 's Werelds grootste overdekte winkelcentrum, de West Edmonton Mall, ligt in Edmonton, Alberta: ruim 800 winkels, meer dan 100 restaurants, 34 bioscopen, een enorme waterpartij, een pretpark, thema-hotel, midgetgolf, ijsbaan en dierentuin met dolfijnen zijn enkele van de attracties die Canadezen en toeristen naar dit winkelparadijs lokken. De exclusieve zaken zijn voornamelijk te vinden in Toronto. In Bloor Street en Yorkville Avenue vindt u winkels waar merken als Tiffany, Holt Renfrew, Ralph Lauren en Gucci verkocht worden. Vancouver en Montréal hebben ook luxewinkels. Montréal staat bekend als de bonthoofdstad van het land; de 'betere' warenhuizen hebben altijd een aantal winter- en zomerbontjes op voorraad tegen betaalbare prijzen. Als u niet naar het noorden reist, kunt u in de kunstnijverheidswinkeltjes in deze stad Inuit-kunst kopen.

De Underground City in Montréal, met honderden boetieks

AMUSEMENT IN CANADA

Het amusement in Canada heeft alle allure die toeristen verwachten van een groot Noord-Amerikaans land, maar ook kleinere zaaltjes op het platteland bieden een aangenaam programma. In de grote steden worden wereldberoemde producties opgevoerd, maar Canada is ook een land waar de nieuwste alternatieve acts en traditionele kunstvormen, vooral de bijzondere volksmuziek, een plek hebben. In het hele land wordt muziek, zowel klassiek als modern, van de hoogste kwaliteit gemaakt, en de steden bieden eersteklas theater, dans, film, musicals en festivals.

Ballerina van het Royal Winnipeg

INFORMATIE

De provinciale dagbladen zijn de betrouwbaarste informatiebron voor aanstaande evenementen; de *Vancouver Sun, Montreal Gazette, Ottawa Citizen* en *Toronto Star* zijn de bekendste kranten. Minstens één keer per week staat hierin een uitlijst. De *Globe & Mail* en *National Post* worden in Toronto uitgegeven maar zijn overal te koop. Ze hebben een uitstekende kunstbijlage met recensies van de nieuwste evenementen. Toeristenbureaus *(zie blz. 393)* bieden ook vaak uitkomst. Bezoekerscentra en hotellobby's hebben weekoverzichten zoals *Where*, waarin evenementen in Vancouver vermeld staan. In Québec zijn twee Franstalige kranten met een uitlijst: *La Presse* en *Le Devoir. Macleans* is een landelijk weekblad waarin kunst wordt besproken.

RESERVEREN

Verkooppunten van Ticketmaster zijn in de winkelcentra te vinden. Hier koopt u kaartjes voor de grote theaters. Kaartjes voor theaters in Québec haalt u bij Admission Network. In elke stad zijn uitbureaus voor sportevenementen of kunstvoorstellingen, maar vaak kunt u uw kaartje gewoon aan de deur kopen.

GEHANDICAPTEN

De grote Canadese theaters zijn goed uitgerust voor de rolstoelgebruiker. Binnen zijn opritten en invalidentoiletten te vinden. Parkeerterreinen hebben invalidenplaatsen. Het National Arts Centre in Ottawa *(zie blz. 195)* bezit gehoorsystemen voor slechthorenden, net als de meeste andere grote theaters. Bel van tevoren of ze beschikbaar zijn. De concertgebouwen en theaters in de grote centra hebben gehandicaptenopritten en liften.

THEATER

Toronto, Ottawa, Vancouver, en Montréal zijn de vier belangrijkste theatercentra in Canada (de meeste voorstellingen zijn in het Engels). Hier staat talent uit eigen land alsook uit Europa en de VS op de planken. Musicals en toneelstukken zijn geliefd en van goede kwaliteit. Shakespeare is populair, maar er zijn ook hele andere voorstellingen te zien – een revival van de hit *Fame* (jaren tachtig) was eind jaren negentig een groot succes. Voor de grote theaters die hiernaast genoemd worden, loopt het seizoen van november tot mei, maar steeds vaker komen er zomerevenementen. Musicals en historicstukken zijn vooral bij gezinnen populair; de bekendste is de musical *Anne of Green Gables*, die sinds de jaren vijftig jaar in jaar uit in Charlottetown wordt opgevoerd.

FILM

Geïmporteerde Hollywoodfilms hebben het meeste succes in Canada, waar premières vaak gelijk met die in de VS vallen. U kunt hier dus films zien die in Nederland en België nog niet draaien. Enorme IMAX™- en OMNIMAX™-bioscopen, vaak met meer dan 20 schermen, liggen in het centrum van de grote steden, met name in Ottawa en Hull. Canada heeft een interessante filmgeschiedenis: de documentaire is hier uitgevonden en de kunstfilms van de laatste jaren trekken steeds meer publiek. De belangrijkste centra voor nieuwe ontwikkelingen zijn Montréal, Vancouver en Toronto. Robert LePage, Canada's eigen theater- en filmimpresario, wordt door connaisseurs uit de hele wereld op handen gedragen. De surrealist David Cronenberg, regisseur van *eXistenz* (1999), is ook Canadees. Québecs Denys Arcand regisseerde *Jesus of Montreal* (1986), een film die, ondanks een paar controversiële scènes, de hemel in werd

Gevel van het Royal George Theatre, Niagara-on-the-Lake

De gigantische Ontario Place IMAX™-bioscoop in Toronto

geprezen. De National Film Board kiest elk jaar een werk van een nationaal talent (film, animatie of documentaire) en geeft dat uit. Het Toronto International Film Festival wordt elk jaar gehouden om nieuw talent te ontdekken, net als festivals in Montréal en Vancouver.

KLASSIEKE MUZIEK, BALLET EN OPERA

Klassieke muziek en opera trekken veel publiek in Canada, wat de kwaliteit van optredens en theaters ten goede komt. De Canadian Opera Company is gevestigd in het Hummingbird Centre for the Performing Arts *(zie blz. 170)* in Toronto. Hun repertoire varieert van Mozart tot hypermoderne stukken in het Engels. Het National Ballet of Canada, rivaal van het Royal Winnipeg Ballet, bevindt zich hier ook; beide gezelschappen brengen klassiek en experimenteel werk op de planken. Het alternatieve theaterseizoen opent elke zomer in Toronto met 400 shows. Meer dan 100.000 mensen brengen jaarlijks een bezoek aan de Jack Singer Concert Hall in het EPCOR Centre voor het beroemde Calgary Philharmonic Orchestra. Het Vancouver Symphony Orchestra speelt in het Orpheum Theatre in Vancouver.

ROCK-, FOLK- EN POPMUZIEK

Tijdens de jaren negentig werd de Canadese popmuziek bekender dan zelfs de grootste fans durfden voorspellen. Celine Dion uit Québec is een superster en Shania Twain, Bryan Adams en k.d. Lang zijn internationale sterren. Alanis Morissette, een getalenteerd performer van de Canadese folkrock, speelt nu overal in de wereld.
Canada is misschien het beroemdst om zijn eeuwenoude folkmuziek, waarmee sterren als Leonard Cohen, Neil Young en Joni Mitchell zo beroemd zijn geworden. Deze muziek is in elk deel van het land anders: van de eenzaam klinkende Keltische melodieën aan de oostkust tot de jodelen-

Celine Dion, een van de best verkopende artiesten van Canada

de cowboys in het westen. Atlantisch Canada heeft ontelbare kleine, informele zaaltjes waar uitstekende muziek wordt gemaakt. Op Prins Edwardeiland dineert u vaak met levende vioolmuziek op de achtergrond. Op het folkfestival van New Brunswick komt zowel muziek als dans aan bod. Een van Québecs bekendste Franse folkmuzikanten is Gilles Vigneault *(zie blz. 24),* die ook populair is in Europa. De herinneringen aan de goudkoorts in de Yukon worden levend gehouden door 19de-eeuws variété, met danseressen en een honky-tonk-piano in Whitehorse.

ACTIEVE VAKANTIES IN DE BUITENLUCHT

Bord voor trekroutes

Alleen al de variëteit van het enorm uitgestrekte, ongerepte landschap van Canada vormt voor toeristen een reden om naar dit land te gaan. De meeste gespecialiseerde vakanties worden gehouden in de 39 nationale parken, waarvan er een aantal op de lijst van Werelderfgoed - gebieden staat. Er zijn verschillende activiteiten in dit land te ondernemen, bijvoorbeeld met een Inuitgids op pad met slee of sneeuwmobiel of in de lente een cruise maken langs de bloeiende Thousand Islands van Ontario. Of maak een treinreis door de prachtige Rockies, ga forelvissen in ongerepte afgelegen meertjes of ga mee op een avontuurlijke trektocht.

WANDELEN

Canada is een van 's werelds beste wandelbestemmingen, met uitstekende faciliteiten en uiteenlopende terreinen voor zowel beginners als gevorderden. Trekroutes variëren van een ontspannen natuurwandeling van twee uur tot veeleisende tochten van enkele dagen door de ongerepte wildernis.

In elk nationaal park wordt het ideale vertrekpunt duidelijk aangegeven. Accommodatie voor langere tochten is vaak voorhanden in blokhutten of huisjes in de parken; ook kunt u uw tent meenemen of er één huren. Gedetailleerde kaarten van wandelgebieden, met daarop nationale en provinciale parken, zijn verkrijgbaar bij de **Canadian Topographical Series** in Ottawa.

De populairste wandelingen vereisen weinig voorbereiding en weinig oefening. De bekendste wandelgebieden liggen in Alberta en Brits-Columbia, vooral in en rond de 'grote vier parken' Kootenay, Yoho, Jasper en Banff, die rond de Rocky Mountains liggen. Het gevarieerde landschap hier, van de weelderige, zacht glooiende omgeving bij Calgary tot de grillige bergtoppen, maakt het gebied erg populair. Centraler liggen de prairieprovincies, die een verbazingwekkend uiteenlopend landschap hebben, van de droge woestijn van Alberta's dinosaurusstreek tot de wildernis in Prince Albert National Park. In het oosten liggen weer bergen; het steile Québecse Gatineau Park en de ongetemde wildernis in het oosten en midden van het schiereiland Gaspé vormen beide een prachtig landschap. In Noord-Canada zijn wandeltochten zwaarder, maar net zo bevredigend. Er wordt hier het meest gewandeld tussen april en augustus, als de temperatuur iets stijgt, hoewel die ook tot -30°C kan zakken. Het weer is hier helaas onvoor-

Het turkooizen Lake O'Hara in Yoho National Park

spelbaar. De Chilkoot Pass is een tocht van 53 km langs het pad van de eerste goudzoekers uit het einde van de 19de eeuw: van Bennett in Noord-Brits-Columbia tot Dyea in Alaska. Dit is in vergelijking met de rest van het gebied een relatief gemakkelijke trektocht en u krijgt een goed beeld van de natuur. Zwaarder, zo niet gevaarlijker, is de Pangnirtung Trail door het zuidoosten van Baffin Island, dat zelfs in de zomer een permanent bevroren ijskap heeft. Inuit-gidsen leiden wandelaars door de bevroren woestijn.

Soms worden er safaritochten georganiseerd. Ook trekken husky's sleeën met toeristen over de ijspaden door de wildernis naar afgelegen bestemmingen. Dit is een onvergetelijke ervaring, maar een dure onderneming omdat de bestemmingen zo afgelegen zijn en er geen andere vorm van vervoer te verkrijgen is.

Trekkers bij Weasel River, Auyuittuq National Park, Baffin Island

VEILIGHEIDSMAATREGELEN

Volg altijd de instructies en veiligheidsvoorschriften voor trektochten op. Neem contact op met het park of het toeristenbureau voor advies en wandelkaarten. Vergeet niet dat, hoe onwaarschijnlijk een aanvaring ook mag zijn, wilde dieren agressief kunnen zijn; u moet absoluut de veiligheidsvoorschriften inzake beren in acht te nemen (*zie blz. 298*). Minder verontrustend, maar constant aanwezig zijn de insecten: neem maatregelen om kriebelmuggen en muskieten af te weren. Drink geen water uit rivieren of beekjes, hoe helder het er ook uit mag zien, zonder het goed te koken. Het kan namelijk een darmparasiet bevatten, die giardiasis veroorzaakt.

In het verre noorden vereisen de barre weersomstandigheden goede veiligheidsmaatregelen. Onderneem nooit een tocht zonder iemand uw route en verwachte aankomsttijd te geven. Raadpleeg parkwachters over fauna en routes, en zorg voor de juiste uitrusting. Ook 's zomers kan het weer snel veranderen: wees voorbereid. Neem een ervaren gids mee op tochten door onbekend terrein en win advies in over handelen in geval van nood.

BENODIGDHEDEN

In de meeste wandelgebieden worden tenten en kleding voor koude dagen verhuurd. Neem zelf stevige wandelschoenen, regenkleding en een stel extra kleren mee, of schaf deze aan in een stad in de buurt. Zorg voor de juiste medicijnen en een verbanddoos. Smeer u goed in met anti-insectenolie,

Blokhut aan het Emerald Lake in Yoho National Park

en neem een antihistamine mee. Bescherm u tegen een zonnesteek of onderkoeling met de goede kleding en medicatie. Neem op langere tochten energierijk voedsel mee, zoals chocolade of speciaal trekkersvoedsel.

NATIONALE PARKEN

Canada's 39 nationale parken liggen in de mooiste bergen en bossen, aan de fraaiste meren en rivieren en langs de schitterendste kusten. Deze ongerepte gebieden vormen een ideale bestemming voor wie een actieve vakantie ambieert of voor natuurlijke bronnen komen. De beroemdste gebieden in de hooglanden zijn de 'grote vier' parken in Alberta en BC, Kluane in de Yukon en de bloemrijke toendra van Auyuittuq National Park in het zuiden van Baffin Island.

De meeste parken worden beheerd door **Parks Canada.** Elk park heeft een bezoekerscentrum waar u informatie kunt krijgen over wandelen, trektochten, kanoën en vissen, vaak gegeven door gidsen die de streek als hun broekzak kennen. Deze centra geven ook vergunningen uit die u nodig hebt om te vissen. In de nationale parken is het ten strengste verboden te jagen of vuurwapens te dragen, de dieren te voeren en schade aan de natuur aan te richten. De meeste parken hebben kampeerfaciliteiten, of rustieke blokhutten of huisjes, waarvoor u allicht moet betalen. Sommige parken zijn vrij toegankelijk, maar de meeste vragen een toegangsprijs. Seizoenskaarten zijn verkrijgbaar bij de parken en op het Parks Canada-kantoor in Hull.

In de Radium Hot Springs in de Rockies

**Kanoën op Lake Wapizagonke,
Parc National de la Mauricie**

KANOËN

De oorspronkelijke bewo-
ners van Canada ontwier-
pen de kano om door de
enorme waterpartijen van het
land te kunnen manoeuvreren
op zoek naar eten en om te
overleven; nu is kanoën vooral een recreatieve bezigheid.
In parken met veel meren en
rivieren kunnen kanoërs door
de binnenwateren varen, weg
van de bewoonde wereld.
De meer dan 250.000 meren
en 35.000 km aan waterwegen
maken van Ontario het meest
toegankelijke kanogebied.
Rivieren en meren vormen
samen ruim 25.000 km aan
kanoroutes door de parken
Algonquin, Killarney en
Quetico. Het Rideaukanaal,

dat 190 km lang is en van
Ottawa naar Kingston loopt, is
een populaire route die door
de provincie loopt, langs de
hoofdstad, de kleine eilandjes
bij de historische stad Kingston
en kilometerslange fruitboomgaarden aan de vruchtbare
waterweg. Kijk onderweg
goed uit voor ander vaar-
verkeer. Het kanaal komt uit
op de St. Lawrence Seaway,
's werelds grootste binnen-
waterweg, waar de scheep-
vaartregels zeer streng zijn.
Kleinere vaartuigen moeten
tankers voor laten gaan.
De meeste plaatsen langs
kanoroutes verhuren boten
per dag, week of maand, en
bieden ook kanokledij,
peddels en reddingsvesten
aan. Vanwege de populariteit
van watersporten is Canada
een uitstekend land om vis- en
kanobenodigdheden te ko-
pen; veel winkels bieden
spullen aan tegen de helft van
de prijs van die in Europa of de
Verenigde Staten.

WILDWATERVAREN

Wildwatervaren kunt u in
de nationale parken van
Brits-Columbia. De Mackenzie,
die van de binnenwateren van
BC door de Northwest Territories stroomt, heeft hier en
daar angstaanjagende stroomversnellingen voor de *rafter*
en kanovaarder in petto. Veel
tochten in het verre noorden
zijn alleen voor de geoefende
wildwatervaarder. De zwaarste

route is de 300 km lange tocht
op de South Nahanni River bij
Fort Simpson in de Northwest
Territories. Nieuwe wegen in
deze provincie en in Yukon
leiden toeristen naar een
andere afmattende rivier, de
Yukon.
In het hele land worden begin-
nerscursussen van twee weken
aangeboden voor de onerva-
ren wildwatervaarder. Kanoën
op het meer in Wells Gray
Provincial Park is in trek bij wie
een meer ontspannen
alternatief zoekt.

**Surfen in Georgian Bay Islands
National Park, Ontariomeer**

OVERIGE WATERSPORTEN

Hoewel het seizoen kort is,
is zeilen altijd een geliefde
zomeractiviteit geweest. In Canada zijn enorm veel meren en
plassen, en er schijnen hier

Wildwatervaren op de Athabasca River, Jasper National Park in de Rocky Mountains

Sneeuwscooters op de verse poedersneeuw in Ontario

meer boten per hoofd van de bevolking te zijn dan in welk ander land dan ook. De Grote Meren zijn de belangrijkste zeil- en surfgebieden, net als de oost- en westkust (van mei tot september). Met warm weer wordt er ook veel gezwommen; Prins Edwardeiland en Kaap Breton aan de oostkust hebben warm zeewater en zandstranden; de meren in Ontario, zoals Lake Huron, bieden ook zwemgelegenheid. 's Zomers zwemmen de inwoners van Toronto soms in Lake Ontario.

VISSEN

Bijna vijf miljoen vierkante kilometer binnenwater maken van Canada een paradijs voor vissers. Er zijn ontelbare mogelijkheden om te sportvissen *(zie blz. 21)*, om van de mogelijkheid om met speciale boten op de Grote Oceaan naar zalm te vissen nog maar te zwijgen. In vrijwel elk park kunt u vissen, vaak op afgelegen, ongerepte meren en rivieren. Haal wel eerst een vergunning bij het parkkantoor. Hoewel de meeste toeristen in de zomer vissen, kunt u 's winters ook in een klein houten hutje op bevroren meren vissen. Deze hutten zijn over een gat in het ijs gebouwd en zijn verwarmd. Het kan de moeite waard zijn om hengels en molens in Canada aan te schaffen; de keuze en kwaliteit is uitzonderlijk en u betaalt beslist niet veel.

SKIËN, SNOWBOARDEN EN SNEEUWSCOOTERS

Canada staat niet voor niets bekend als het Grote Witte Noorden. Hier liggen enkele van de beste skigebieden ter wereld. In het oosten bieden de oorden Mont Tremblant en Mont-Ste-Anne uitstekende skipisten. In het westen liggen de internationale skioorden Whistler, Lake Louise en Banff, waar u spectaculaire tochten kunt maken. Hoog in de Rockies ligt maagdelijke poedersneeuw te wachten op avonturiers; heliskiën (skiërs worden per helikopter naar de ongerepte hellingen gevlogen) is mogelijk in de afgelegen noordelijke bergen. Veel pisten liggen hoger dan in de Alpen, vooral die van Banff en Lake Louise. Hier zijn, en worden nog steeds, grote wedstrijden georganiseerd, zoals de Olympische Winterspelen van 1976. Een ander voordeel van skiën in Canada is dat de bergen bij de grote steden liggen; elk groot skioord ligt bij de stad. U kunt overdag gaan skiën en 's avonds uit eten gaan in de stad. Langlaufen is in het hele land mogelijk, maar goede gebieden hiervoor zijn centraal Ontario, het Laurentidegebergte in Quebec en de Eastern Townships. De meeste skigebieden hebben een netwerk van langlaufsporen, maar er zijn ook speciale langlaufgebieden en vele parken met langlaufroutes. Snowboarden is overal in het land populair geworden.

Canadees snowboard

TELEFOONNUMMERS

KAARTEN

Canadian Topographical Series
☎ 1–800–2148524.

Canada Map Office
Ottawa ☎ 1800–4656277.

Ulysses Travel Bookshop
Montréal (kaarten)
☎ 514–8439447.
4176 rue St. Denis, Montréal

Rand McNally (kaarten)
☎ 1–800–3330136.

Open Air Books and Maps
25 Toronto St., Toronto
☎ 416–3630719.

NUTTIGE ORGANISATIES

Parks Canada
☎ 1–888–7738888.

Canadian Cycling Association
☎ 613–2481353.

Canadian Paraplegic Association
☎ 416–4225644.

REISBUREAUS

Air Canada Vacations
☎ 905–6158000 *Toronto.*
☎ 514–8764141 *Montréal.*

American Express
☎ 1–800–6682639.

Cosmos/Globus
☎ 1–800–5565454.

Trek America
☎ 1–800–2210596.

Questers Worldwide Nature Tours
☎ 1–800–4688668.

Alle skigebieden hebben hebben een paar speciale pistes voor snowboarden. Sneeuwscooters zijn noodzakelijk voor de in het landelijk gebied levende bevolking, maar het rijden op sneeuwscooters is ook een populaire wintersport. De provincie heeft bijna 50.000 km aan sneeuwscooterroutes. Ervaren rijders kunnen wel 500 km afleggen in twee dagen. Het is aan te raden in groepen te reizen. Er liggen veel nieuwe en populaire *'snow inns'* langs de routes, die arrangementen aanbieden.

Wegwijs in Canada

PRAKTISCHE INFORMATIE

Reclamebord voor walvisexcursies

C anada is een populaire vakantiebestemming waar toeristen een mengeling van de moderne stad en de geneugten van het platteland kunnen proeven. De faciliteiten zijn uitstekend. Accommodatie en restaurants zijn van internationale klasse *(zie blz. 342–379)*, het openbaar vervoer is efficiënt *(zie blz. 400–411)* en vrijwel overal is wel een toeristenbureau te vinden. Op de volgende bladzijden staat nuttige informatie voor de toerist. Het deel 'Persoonlijke veiligheid' *(zie blz. 394–395)* gaat in op een aantal aanbevolen voorzorgsmaatregelen. 'Banken en valuta' *(zie blz. 396)* bespreekt financiële onderwerpen. Tevens is er een deel waarin uitgelegd wordt hoe de Canadese telefoon en postdiensten werken.

REISPERIODE

H et weer en de geografische ligging bepalen elk bezoek aan Canada. Door de uitgestrektheid van het land zullen de meeste vakanties worden doorgebracht in de buurt van een van de grote steden (Vancouver, Toronto, Ottawa of Montréal), hoewel het ook mogelijk is om in afgelegen gebieden als de Inuit-nederzettingen ten westen en noorden van de Hudsonbaai te verblijven. Het plaatselijke klimaat en de tijd van het jaar bepalen, afhankelijk van wat u wilt doen, wanneer u het beste kunt gaan.

Over het algemeen is het weer aan de oost- en westkust gematigd en in het midden van het land, in Saskatchewan, Manitoba en Alberta, zijn de zomers goed maar de winters lang en streng. Noord-Canada is in juli en augustus het aangenaamst, als de grond ontdooit en de temperaturen boven de nul uitkomen. Oost-Canada, Nova Scotia, New Brunswick en Prins Edwardeiland hebben vier seizoenen: sneeuw in de winter, milde lentes en een lange, heldere herfst; de zomer blijft de beste tijd om deze provincies te bezoeken. In Québec en Ontario zijn de zomers vochtig en heet en de winters koud, met sneeuw die tot maart blijft liggen. De lente en herfst zijn kort, maar zijn misschien wel de mooiste jaargetijden voor een vakantie. De noordoostelijke provincie Newfoundland met de kuststreek van Labrador kennen de extreemste temperaturen: in St. John's aan de oostkust van Newfoundland variëren die 's winters van 0°C tot -50°C. Gaat u op wintersport, ga dan naar Brits-Columbia of de Rockies, waar enkele van de beste skioorden ter wereld liggen. Deze streken zijn bekend om hun milde klimaat maar kunnen in de lente en herfst erg nat zijn.

BENODIGDE PAPIEREN

I edereen die naar Canada wil, moet een paspoort hebben dat minstens geldig is tot en met de dag van de terugreis. Reizigers uit de Europese Unie hebben geen speciaal visum nodig om Canada te mogen bezoeken. Toeristen krijgen bij aankomst een toeristenvisum als ze een geldig retourticket hebben en genoeg financiën om hun verblijf te bekostigen. U mag zes maanden in Canada

Kinderen spelen in het Kids' Village bij het Waterpark, het Ontario Place-pretpark in Toronto

blijven; als u daarna uw verblijf wilt verlengen, dient u
contact op te nemen met 'Citizenship and Immigration Canada' in Ottawa vóór uw officieel toegestane verblijfsperiode
voorbij is. Aangezien de regels
voor een visum aan verande-
ring onderhevig zijn, is het
handig eerst contact op te
nemen met een Canadees
consulaat of ambassade.
Iedereen onder de 18 die
zonder een volwassene reist,
heeft een brief nodig waarin
een van de ouders of een
voogd toestemming geeft
alleen te reizen.

TOERISTENINFORMATIE

Canadese toeristenbureaus
zijn beroemd om de mate
en kwaliteit van de informatie.
U kunt er kaarten krijgen, maar
wordt ook geholpen bij hotel-,
B&B- of campingboekingen.
Bijzondere trips als kampeer-
tochten in de wildernis, tochten naar archeologische opgravingen en safari's kunnen vaak
door het toeristenbureau worden geregeld. Alle provinciale
en nationale parken hebben
een bezoekerscentrum, waar
gedetailleerde kaarten voor
wandel- en kanotochten te
krijgen zijn. De nationale
Canadian Tourism Commis-
sion vormt de
centrale organi-
satie, met in
elke provincie
eigen toeris-
tenbureaus.
De kleinere
plaatsen
hebben vaak
een toeris-
tenbureau
dat alleen in het
hoogseizoen
geopend is. In de grote steden
zijn zowel toeristenbureaus als
-kiosken open voor informatie.
Accommodatie kunt u boeken
in kiosken op de luchthavens
en bij de regionale bureaus.

OPENINGSTIJDEN EN TOEGANGSPRIJZEN

Voor de meeste musea,
parken en andere beziens-
waardigheden is een toe-
gangsprijs verschuldigd. Het
bedrag kan enorm verschillen;

DE CANADESE TIJDZONES

Canada heeft zes tijdzones met een tijdverschil van vierenhalf
uur tussen de oost- en westkust. Tussen Vancouver en Halifax
liggen vijf tijdzones: de Pacific-, Mountain-, Central-, Eastern-
en Atlantic-tijdzone. Het tijdverschil tussen de Newfound-
land- en Atlantic-tijdzone bedraagt slechts een half uur.
In elke provincie behalve Saskatchewan loopt de zomertijd
van de eerste zondag in april tot de laatste zondag in oktober. In oktober gaat de klok een uur terug, in april een uur
vooruit.

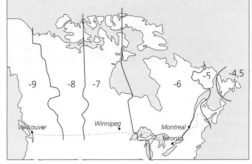

Tijdzone	Verschil met CET	Tijdzone	Verschil met CET
Pacific	-9	Eastern	-6
Mountain	-8	Atlantic	-5
Central	-7	Newfoundland	-4,5

voor veel bezienswaardig-
heden zijn er gezins-, kinder-
en ouderenkortingen. In brochures en plaatselijke kranten
zijn vaak kortingsbonnen te
vinden. Sommige musea hebben dagen of avon-
den waarop de
toegang gratis is,
of een uur voor
sluiten gratis
entree.
De openings-
tijden hangen
af van het
seizoen. Door-
gaans zijn de
bezienswaardig-
heden 's zomers
langer geopend, maar ze
kunnen in de winter wel eens
helemaal gesloten zijn. Veel
musea zijn één dag per week
gesloten, meestal maandag of
dinsdag, maar nooit in het
weekeinde. Hoewel veel attracties op feestdagen gesloten
zijn, zoals met Kerstmis en
nieuwjaar, zijn er toch nog
een flink aantal het hele jaar
open. De schoolvakantie in
Canada loopt van juni tot de
eerste maandag van september, de Dag van de Arbeid.
Deze dag luidt het einde van

**'The Small Apple'
toeristenkiosk in Ontario**

de zomer in. Hierna worden
de winkeltijden aan het
laagseizoen aangepast. Op het
platteland zijn de openingstijden vaak korter dan in de
stad.

OUDEREN

In Canada worden mensen
boven de 60 beschouwd als
'senioren' en krijgen op allerlei zaken kortingen. Bioscopen, het openbaar vervoer,
bezienswaardigheden en soms
restaurants geven korting. VIA
Rail geeft aan senioren
10 procent korting op een
treinkaartje. Kortingen kunnen
oplopen van 10 tot 50 procent
voor mensen vanaf 55, 60 of
65 jaar oud, afhankelijk van de
provincie of attractie. Als er
geen kortingen staan aangegeven, vraag er dan naar.
Educatieve trips voor senioren
worden georganiseerd door
Elderhostel Canada, een
non-profitorganisatie die
goede, goedkope accommo-
datie biedt op campussen. U
krijgt 's ochtends college,
's middags excursies en
's avonds een gemeen-
schappelijk diner.

Toeristen bij de Niagara Falls

REIZEN MET KINDEREN

In Canada hebben de vakantieoorden, parken en stadscentra genoeg te bieden voor gezinnen met kinderen. De meeste vormen van accommodatie geven aan of kinderen welkom zijn. In hotels waar kinderen welkom zijn, mogen ze vaak gratis op de kamer van de ouders overnachten. Er zijn doorgaans ledikantjes en kinderstoelen aanwezig en er is een babysit-service.

In restaurants zijn kinderen gewoonlijk welkom en vaak kunt u kindermenu's bestellen, zijn er kinderstoelen aanwezig en zal het restaurant melk en babyvoedsel voor u opwarmen. Sommige fastfoodrestaurants hebben speelzalen. Vraag hier eventueel van tevoren naar. Zowel internationale als binnenlandse vluchten zijn voor kinderen goedkoper en baby's onder de twee die geen stoel in beslag nemen, mogen meestal gratis mee. Kinderen onder de vijf mogen gratis met het openbaar vervoer, en kinderen tussen de vijf en twaalf krijgen korting. Bij het huren van een auto kunt u ook kinderzitjes reserveren *(zie blz. 411)*.

ETIQUETTE

Canada is een multiculturele natie *(zie blz. 22–23)* waar mensen en gewoonten uit de rest van de wereld welkom zijn en gerespecteerd worden. De oorspronkelijke inwoners worden geen 'indianen' genoemd, maar 'First Nations' of 'natives',

en 'eskimo's' worden Inuit genoemd *(zie blz. 27)*. In Québec spreekt men voornamelijk Frans. Het wordt zeer op prijs gesteld als u ook een paar woordjes Frans kent.

De ontspannen, informele sfeer in het land is ook zichtbaar in de manier waarop Canadezen zich kleden: praktisch en aangepast aan het klimaat. Canadezen dragen het liefst spijkerbroeken en truien, en dragen veel laagjes zodat ze gemakkelijk iets kunnen uit- of aantrekken, vooral handig als ze van een warm winkelcentrum de koude straat op gaan. In de steden en grotere plaatsen wordt echter formelere kleding op prijs gesteld, vooral in de stijlvolle restaurants, theaters en andere formele plaatsen. Zelfs de kleinere eetcafés hebben kledingvoorschriften, en het bord *'no shoes, no shirt, no service'* komt u in veel toeristengebieden tegen. Topless zonnebaden wordt in Canada niet op prijs gesteld. Het is verboden te drinken in openbare ruimten die geen alcoholvergunning hebben; het is ook illegaal om op reis geopende flessen drank in uw auto te hebben. In bussen en treinen mag niet gerookt worden, evenmin als in de meeste taxi's, in alle openbare gebouwen en in sommige restaurants, hoewel daar vaak aparte rokersgedeelten zijn. In Canada worden rokers nog steeds getolereerd (in tegen-

stelling tot de VS) en in steden als Toronto zijn speciale voorzieningen voor hen getroffen. Vraag bij uw reservering van hotel of restaurant naar het rookbeleid. Als er geen bedieningsgeld in de rekening is inbegrepen, bedraagt de standaardfooi 15 procent (of meer). Taxichauffeurs verwachten een fooi van 15 procent en kappers dienen 10 procent fooi te ontvangen. Kruiers op stations of vliegvelden, garderobejuffrouwen, piccolo's en portiers verwachten $ 1 per tas, en het is gebruikelijk iets voor het kamermeisje achter te laten. Ook het barpersoneel van cafés en nachtclubs rekent op een fooi. De leider van een grote groep toeristen mag ook best wat dieper in de buidel tasten.

STUDENTEN

Met een International Student Identity Card (ISIC) hebben studenten recht op aanzienlijke kortingen op reizen en toegangsprijzen van bioscopen, musea en toeristenattracties. De ISIC-kaart is te koop bij kantoren van de Student Travel Association (studentenreisorganisaties). Er zijn ook kortingen op trein- en busreizen verkrijgbaar voor

Internationale studentenkaart

studenten, zoals de 'Go Canada Accommodation and Coach Pass', die reizen en overnachtingen in jeugdherbergen tegen gereduceerde tarieven aanbiedt. De pas is te bestellen bij plaatselijke agentschappen die gespecialiseerd zijn in studentenreizen. VIA Rail heeft voor de student de 'Canrail Pass' in de aanbieding, waarmee u binnen een bepaalde tijd onbeperkt kunt reizen. Redelijk geprijsde accommodatie is verkrijgbaar op de universiteiten van de grote steden, als de studenten op vakantie zijn. In het hele land zijn overigens comfortabele jeugdhotels te vinden; de meeste zijn aangesloten bij het International Youth Hostelling Federation (IYHF). Uit eten gaan is goedkoop, dus dat moet voor studenten geen probleem zijn.

ELEKTRICITEIT

Canadese elektrische apparaten hebben een tweeweg- of driewegstekker. Op de meeste stopcontacten passen beide soorten stekkers. De netspanning bedraagt 110 volt (wisselstroom), dus u hebt een adapter nodig. Batterijen zijn universeel en overal verkrijgbaar. Houd er rekening mee dat elektrische apparaten die u hier aanschaft, in Europa niet zonder meer gebruikt kunnen worden.

Standaard-stekker

VOORZIENINGEN VOOR GEHANDICAPTEN

Canada heeft voor reizigers met een lichamelijke handicap enkele van de beste voorzieningen ter wereld. In vrijwel alle grote steden zijn de openbare gebouwen en ook het openbaar vervoer toegankelijk voor rolstoelgebruikers. De bussen in Vancouver hebben een verlaagde instap en de treinen van VIA Rail zijn geschikt voor rolstoelvervoer. Elke provincie heeft verschillende aanpassingsmogelijkheden voor gehandicapte automobilisten; informatie hierover is verkrijgbaar bij de **Canadian Paraplegic Association (CPA)**. Deze in Ottawa gevestigde organisatie kan u ook helpen met het huren van auto's en campers. Bij de CPA zijn parkeervergunningen verkrijgbaar, maar daarvoor hebt u een verklaring van uw arts nodig en betaalt u een klein bedrag. De meeste hotels van Canada hebben gehandicaptenfaciliteiten. Hotelketens als Best Western en Holiday Inn zijn goed toegankelijk, net als sommige luxehotels en jeugdherbergen. De CPA heeft ook informatie over de meest toegankelijke attracties. Veel parken hebben doventolken en plankierpaden die voor rolstoelgebruikers goed begaanbaar zijn.

OMREKENTABEL

Brits – metrisch
1 inch = 2,54 centimeter
1 foot = 30 centimeter
1 mile = 1,6 kilometer
1 ounce = 28 gram
1 pound = 454 gram
1 pint = 0,6 liter
1 gallon = 4,6 liter

Metrisch – Brits
1 centimeter = 0,4 inch
1 meter = 3 feet 3 inches
1 kilometer = 0,6 mile
1 gram = 0,04 ounce
1 kilogram = 2,2 pounds
1 liter = 1,8 pints

ADRESSEN

IMMIGRATIE

Citizenship and Immigration Canada
Jean Edmonds Towers,
365 Laurier Ave. W,
Ottawa, ON K1A 1L1.
☎ 613–9549019.
🖳 www.cic.gc.ca

Canada Migration Bureau
Oranje Nassaulaan 25,
1075 AJ Amsterdam.
☎ 020–6717017.

TOERISTEN-INFORMATIE

Canadian Tourism Commission
55 Metcalfe St., Ottawa,
ON K1P 6L5
☎ 613–9461000.
🖳 www.travelcanada.ca

Canadese ambassade, afd. Toerisme
Tervurenlaan 2,
1040 Brussel
☎ 02–7410611.

PROVINCIALE KANTOREN

Travel Alberta
PO Box 2500, Edmonton,
AB T5J 2Z4.
☎ 1–800-2523782.

Tourism Quebec
PO Box 979,
Montréal,
PQ H3C 2W3.
☎ 1-877–2665687.

Travel Manitoba
155 Carlton St.,
7de verd., Winnipeg,
MB R3C 3HB.
☎ 1–800-6650040.

Tourism Saskatchewan
1922 Park St., Regina,
SK F4P 3V7.
☎ 1–800-6677191.

Newfoundland en Labrador
Department of Tourism,
PO Box 8700,
St. John's, NF A1B 4J6.
☎ 1–800-5636353.

Tourism New Brunswick
PO Box 12345,
Campbellton, NB E3N
3T6.
☎ 1–800-5610123.

Ontario
Ministry of Tourism
900 Bay St., 9de verd.,
Hearst Block, Toronto,
ON M7A 2E1.
☎ 1–800-6682746.

Brits-Columbia
Tourism British Columbia
865 Hornby St.,
8ste verd., Vancouver,
BC V6Z 2G3. ☎
1–800–4355622.

Tourism Prince Edward Island
PO Box 2000,
Charlottetown,
PEI C1A 7N8.
☎ 1–888-7347529.

Nunavut Tourism
PO Box 1450,
Iqaluit, NT X0A 0H0.
☎ 1–866-6862888.

Northwest Territories
NWT Arctic Tourism
PO Box 610,
Yellowknife, NWT X1A
2N5.
☎ 1–800-6610788.

Nova Scotia Tourism
PO Box 456,
1800 Argyle St.,

Suite 605,
Halifax, NS B3J 2R5.
☎ 1–800–5650000.

Tourism Yukon
PO Box 2703,
Whitehorse,
Yukon, Y1A 2C6.
☎ 1–800–6610494.

SENIOREN

Routes to Learning
4 Cataraqui Street,
Kingston,
Ontario, K7K 1Z7.
☎ 613–5302222.

STUDENTEN

STA Travel
☎ 1–888–4275639.

GEHANDICAPTE REIZIGERS

Canadian Paraplegic Association
National Office
1101 Prince of Wales Dr.,
Suite 230, Ottawa,
Ontario, K2C 3W7.
☎ 613–7231033.

Gezondheid en veiligheid

Canada is vanwege de lage criminaliteit een veilig land om te bezoeken. In de stadscentra komt, in vergelijking met bijvoorbeeld Amerikaanse steden, weinig criminaliteit voor. Dit komt misschien omdat er in de centra zoveel Canadezen wonen, dat de straten 's nachts nooit verlaten zijn. Wees echter altijd voorzichtig en ga na welke delen van de stad gevaarlijker zijn dan andere. Wandel 's avonds niet door parken en sluit uw auto af. In de afgelegen delen van het land dient u de juiste veiligheidsmaatregelen te nemen. Win plaatselijk advies in om niet in de problemen te raken. Gebeurt dit onverhoopt toch, draai dan een van de nationale alarmnummers die in de adressenlijst staan.

PERSOONLIJKE VEILIGHEID

Canadese steden kennen doorgaans geen wijken die te gevaarlijk zijn voor toeristen. Zelfs in de meest verwaarloosde buurten is politie aanwezig. Vraag uw hotel, het toeristenbureau of de politie welke wijken u niettemin beter kunt mijden. Hoewel er zelden gestolen wordt uit hotelkamers, is het beter om waardevolle spullen in een hotelkluis te bergen, want de meeste hotels zijn niet verzekerd voor eigendommen die u op uw kamer achterlaat. Geef uw sleutel altijd af bij de receptie.

Op drukke plaatsen en bij toeristenattracties moet u oppassen voor zakkenrollers; draag uw camera en tas altijd schuin over uw schouder. Als u grote bedragen op zak hebt, loop hier dan niet mee te koop; draag bankbiljetten en muntgeld eventueel gescheiden. Bewaar uw paspoort niet bij uw geld en travellercheques. Hang uw tas nooit over de rugleuning van een stoel, maar zet hem naast uw voeten op de grond en houdt één voet op de riem of zet de stoelpoot in de lus van de tas. Stop uw portemonnee nooit in uw achterzak, dat is te uitnodigend. Een moneybelt is eigenlijk de beste oplossing om spullen bij u te houden.

POLITIE

In Canada bewaren verschillende politiemachten de orde. De Royal Canadian Mounted Police (RCMP) is in vrijwel het hele land te vinden, behalve in Ontario en Québec waar de provinciale politiemacht werkzaam is. De reservaten hebben stadspolitie en een inheemse politiemacht. De politieagenten staan bekend om hun behulpzaamheid. Het is verboden om op bijvoorbeeld luchthavens commentaar te leveren op (of grapjes te maken over) veiligheid, bommen, geweren en terrorisme; u kunt hiervoor gearresteerd worden. Rijden onder invloed is verboden, net als geopende drank in de auto hebben. Drugsgebruikers worden vervolgd en lopen de kans het land te worden uitgezet.

Canadese politieagenten lopen hun ronde

VERLIES OF DIEFSTAL

Ga na verlies of diefstal onmiddellijk naar de politie. Daar wordt een proces-verbaal opgesteld dat u nodig hebt voor uw verzekering. Als u een creditcard mist, geef dit dan meteen door aan uw creditcardbedrijf. Verloren of gestolen travellercheques dient u aan te geven bij de bank van uitgifte. Als u de nummers van de cheques hebt genoteerd, kunt u binnen 24 uur nieuwe krijgen.

Wanneer u uw paspoort verliest, neemt u contact op met het dichtstbijzijnde consulaat of de ambassade. U kunt hier een tijdelijke vervanging voor uw paspoort krijgen, want een nieuw paspoort is meestal niet nodig als u toch naar uw eigen land teruggaat. Als u echter nog andere landen na Canada gaat bezoeken, hebt u wel een echt paspoort nodig.

Het is handig om kopieën van uw rijbewijs en van het uittreksel uit het geboorteregister bij u te hebben, net als pasfoto's, voor het geval u langer blijft dan gepland of een extra identiteitsbewijs nodig hebt.

REISVERZEKERING

Als u naar Canada gaat, moet u een reisverzekering hebben afgesloten die ziektekosten, annulering en onderbreking van de reis verzekert, maar ook diefstal en verlies van waardevolle spullen.

De Canadese gezondheidszorg is uitstekend, maar als u hiervoor niet wilt betalen, dient u verzekerd te zijn. Als u een particuliere ziektekostenverzekering hebt, ga dan na of die ook ziekenhuiskosten dekt en doktershulp, medicijnen op recept en thuisverpleging. Bij een ernstige ziekte is een aparte verzekering nodig om familieleden te laten overkomen of een huurauto terug te kunnen laten brengen. Een noodbezoek aan de tandarts of contante betalingen vallen onder andere verzekeringen. Uw verzekeraar of reisbureau kan u de juiste polis aanraden, maar zorg ervoor dat ook uw huidige medische situatie onder de dekking valt.

MEDISCHE HULP

In Canada zijn veel behandelcentra. Voor kleine problemen kunt u naar de apotheek, en in klinieken in de stad wordt men doorgaans snel geholpen. In kleinere gemeenten of bij ernstige problemen kunt u het beste meteen naar de eerstehulp van het dichtstbijzijnde ziekenhuis gaan, hoewel u daar wel eens lang zou moeten wachten. In noodgevallen draait u in de meeste gebieden 911 of een 0 voor de telefoniste. Slikt u bepaalde medicijnen, vraag dan bij uw huisarts genoeg voorraad aan, en neem een kopie van het recept mee ingeval u op reis extra medicijnen nodig hebt. Een verbanddoos kan goed van pas komen, vooral bij langere tochten door de afgelegen of arctische gebieden van het land. Zorg voor aspirine (of paracetamol), antihistamine voor muggenbeten of allergieën, pillen tegen reisziekte, ontsmettingsvloeistof en verbandmiddelen, zonnebrandlotion en muggenmelk. Antibiotische zalf kan nuttig zijn voor personen die de wildernis ingaan.
Alle provinciale hoofdsteden hebben tandartsklinieken waar u in geval van nood behandeld kunt worden. In de Canadese Gouden Gids staan tandartsen, opticiens en alternatieve geneesheren vermeld.

VOORZORGSMAAT-REGELEN IN DE NATUUR

Er zijn perioden in Canada dat de muskieten en kriebelmuggen zo lastig zijn, dat elanden en herten er de bossen voor uitvluchten. In de landelijke gebieden kunnen insecten erg irritant zijn. Ze zijn vooral onaangenaam als de eitjes uitkomen, van het einde van de lente tot halverwege de zomer, en in Noord-Canada het hele jaar door. Neem goede voorzorgsmaatregelen. Door twee weken van tevoren tabletten van het Vitamine B-

complex te slikken, schijnt de chemische samenstelling van uw huid te veranderen, waardoor u veel minder kans loopt gebeten te worden. Draag lichte kleding, want insecten komen af op donkere kleding; draag lange mouwen en stop uw broekspijpen in sokken en laarzen. Het kan zelfs nuttig zijn een muskietennetje te kopen voor hoofd en nek als u van plan bent in de zomer naar afgelegen gebieden te gaan.
Canada is berucht om zijn strenge winters, maar u loopt weinig kans in serieuze problemen te komen. Er worden dagelijks weerberichten uitgezonden, zeker wanneer het vriest. Draag kleding in laagjes en een muts. 's Zomers is zonnebrandcrème noodzakelijk, ook op bewolkte dagen.

Waarschuwingsbord voor automobilisten

BEREN

De diensten van de nationale parken, vooral die van de Rockies, geven veiligheidsvoorschriften inzake beren *(zie blz. 298)*, hoewel de kans klein is dat u er één tegenkomt. Volg onderstaande regels op om een ontmoeting met een beer te vermijden: laat geen eten of afval achter bij uw tent, auto of camper, draag geen luchtje en maak geluid als u wandelt (veel wandelaars blazen op fluitjes), want beren

ADRESSEN

ALARMNUMMERS

Politie, brandweer en ambulance
In vrijwel geheel Canada en in de grote steden draai 911; draai in andere gebieden een 0.

CONSULATEN EN AMBASSADES

Voor België
Ottowa, 360 Albert St., Suite 820.
☎ 613–2367267.

Toronto, 2 Bloor St. West, Suite 2006, Box 88.
☎ 416–9441422.

Montréal, 999 Bd. de Maisonneuve Ouest, Suite 850.
☎ 514–8497394.

Voor Nederland
Ottawa, 350 Albert Street, Suite 2020.
☎ 613–2375030.

Toronto, 1 Dundas Street West, Suite 2020.
☎ 416–5982520.

Montréal, La Tour Scotia, 1002 Sherbrooke Ouest, Suite 2201.
☎ 514–8494247.

vallen meestal pas aan als ze verrast worden. Mocht u toch oog in oog met een beer komen te staan, schreeuw niet en ren niet weg, want beren zijn erg snel, en klim niet in een boom – dat kunnen beren beter. Blijf rustig en praat met een lage stem. Zet uw bagage neer en probeer ze af te leiden.

Een ijsbeer bij een toeristische 'tundra buggy', Noord-Manitoba

Banken en valuta

Logo van Royal Bank of Canada

De Canadese munteenheid is gebaseerd op het decimale systeem. Een dollar is gelijk aan 100 cent. De handigste muntstukken zijn die van 25 cent en $ 1, voor munttelefoons, krantenautomaten en verkoopautomaten. Ze komen ook van pas in het openbaar vervoer in de grote steden, want buschauffeurs hebben meestal geen wisselgeld. Het is handig om bij aankomst in Canada wat Canadees geld op zak te hebben, zo'n $ 50–100 en kleingeld voor fooi aan de taxichauffeur, maar neem voor de rest van uw verblijf travellercheques mee.

Zandstenen gevel van de Toronto Stock Exchange

TELEFOONNUMMERS

GELD WISSELEN EN GELDTRANSFERS

Thomas Cook Mastercard
Verlies of diefstal
℃ 1-800-2237373.

Visa
℃ 1-800-7321322.

Travelex
℃ 1-877-6437778.

American Express
Vervanging van cheques, Canada
℃ 1-800-2217282.

Western Union
Geldtransfers, Canada
℃ 1-800-2350000.

BANKEN

De grootste banken van Canada zijn de Royal Bank of Canada, de Bank of Montréal, de TD Canada Trust, de Canadian Imperial Bank of Commerce (CIBC), de Scotiabank en de National Bank of Canada. Deze banken accepteren over het algemeen buitenlandse pinpasjes, maar vraag dit uit voorzorg na bij uw bank. Geldautomaten zijn zowel te vinden bij bankfilialen als bij kruideniers, winkelcentra, tankstations, trein- en busstations en luchthavens. De banken zijn meestal geopend van maandag tot vrijdag, van 9.00 tot 17.00 uur; sommige zijn vrijdags langer open, en een paar zijn zaterdagochtend geopend. Alle banken zijn gesloten op zon- en feestdagen.

TRAVELLERCHEQUES

Travellercheques in Canadese dollars zijn waarschijnlijk de veiligste en gemakkelijkste manier om geld op zak te hebben. Ze zijn veilig omdat ze gemakkelijk te vervangen zijn bij diefstal of verlies. Ze worden in veel tankstations, winkels, restaurants en hotels als contant geld geaccepteerd. Koop cheques van kleinere bedragen, bijvoorbeeld $ 20, zodat winkeliers niet al te grote bedragen als wisselgeld moeten teruggeven. Het is de moeite waard om uit te zoeken welke Canadese banken commissie berekenen voor het omwisselen van travellercheques, want niet elke bank doet dit. De Royal Bank of Canada en de TD Canada Trust berekenen bijvoorbeeld geen commissie op American Express-cheques in Canadese dollars. Bij de bank of een wisselkantoor, zoals American Express of Travelex, hebt u een geldig paspoort of ander identiteitsbewijs nodig om travellercheques te kunnen verzilveren.

Scotiabank

Het logo van Scotiabank

CREDITCARDS

In Canada wordt veel gebruikgemaakt van creditcards; American Express, Diner's Club, MasterCard/Access en VISA worden vrijwel overal geaccepteerd. Creditcards worden vaak als identiteitsbewijs voor grote borgsommen gevraagd – de meeste autoverhuurbedrijven vragen een creditcard of verlangen een aanzienlijke borgsom in contant geld. Sommige hotels eisen een aanbetaling per creditcard. Met creditcards kunt u ook rood staan, maar u betaalt daar wel rente over.

GELDTRANSFERS

Als u dringend om geld verlegen zit, kunt u een geldtransfer laten uitvoeren van uw eigen bank naar uw vakantieadres. Dit neemt slechts enkele minuten in beslag via de elektronische geldservice. Zowel American Express, Travelex als Western Union bieden deze service.

WESTERN UNION | MONEY TRANSFER
The world's No. 1 money transfer service.

Het logo van Western Union

MUNTEN EN BILJETTEN

De Canadese munten hebben een waarde van 1 cent (*penny*), 5 cent (*nickel*), 10 cent (*dime*), 25 cent (*quarter*), $ 1 (*loonie* genoemd naar de ijsduiker die op één kant van de munt staat) en $ 2, of *twonie*, sinds 1996 de vervanger van het bankbiljet van twee dollar.
Bankbiljetten hebben een waarde van $ 5, $ 10, $ 20, $ 50, $ 100, $ 500 en $ 1000. De biljetten met een hoge waarde, vanaf 50 Canadese dollars, worden echter soms met achterdocht bekeken, want deze worden niet veel gebruikt in kleine winkels, en zelfs niet in cafés of tankstations.

Post en telefoon

Canada, het geboorteland van de uitvinder van de telefoon, Alexander Graham Bell, heeft nu een van de beste communicatiesystemen ter wereld. Overal zijn telefooncellen te vinden: in cafés, bars, openbare gebouwen, tankstations en postkantoren. De meeste werken op munten of telefoonkaarten. Binnenlandse telefoongesprekken zijn spotgoedkoop, maar internationale gesprekken zijn vrij duur. Via Intelpost, een communicatiesysteem per satelliet, kunt u ook telegrammen, faxen en zelfs hele documenten versturen. Canada Post, de postdienst van het land, werkt langzaam, maar betrouwbaar. Het gaat een stuk sneller als u extra betaalt voor 'priority-service'.

OPENBARE TELEFOONS

Openbare telefoons werken op munten van 25 cent, hoewel er steeds meer cellen komen die ook creditcards of telefoonkaarten accepteren. Tussen 18.00 en 8.00 uur en in de weekeinden belt u tegen goedkoper tarief. Het tarief voor alle plaatselijke gesprekken is 25 cent (abonnees kunnen gratis bellen). Voor alle gesprekken buiten de regio vertelt de telefonist(e) hoeveel u moet betalen voor de eerste minuten en vraagt meer geld als het gesprek langer duurt. Het is handiger internationaal te bellen met een telefoonkaart dan dat u zakken vol kleingeld meezeult.

Openbare telefooncellen zijn overal in het land te vinden

POSTDIENSTEN

Alle post naar landen buiten Noord-Amerika gaat per vliegtuig en doet er zo'n drie tot zeven dagen over om aan te komen. Ook lokale post kan er dagen over doen, zeker als er geen postcode op de envelop staat. Post kunt u verzenden in kantoren met het logo van Canada Post, die vaak ook in winkelcentra te vinden zijn.

MOBIELE TELEFOONS EN E-MAIL

Mobiel bellen kan alleen als u een triband-toestel heeft. U kunt ook een mobiele telefoon huren. Informeer hiernaar voor uw vertrek. In internetcafés en in sommige hotels kunt u e-mailen.

FAX- EN TELEGRAMDIENSTEN

Vanuit kantoortjes in de steden is het mogelijk faxen te versturen. Telegrammen laat u behandelen door Canadian National Telecommunications (CNT) of Canadian Pacific (CP). Er zijn twee grote diensten: Telepost (met eersteklas bezorgservice) en Intelpost, die documenten via de satelliet naar het buitenland verzendt.

MEDIA

De enige kranten die zichzelf als nationaal dagblad zien, zijn *The National Post* en *The Globe and Mail*, beide in Toronto gevestigd. Er is ook een nationaal weekblad met nieuwsberichten, *Maclean's*. De meeste steden produceren hun eigen dagblad en sommige, zoals Toronto, hebben er meer dan één. In veel plaatsen en gebieden zijn gratis wekelijkse kranten verkrijgbaar waarin veel over lokale evenementen vermeld staat.
Canada heeft een publieke omroep (CBC) die 24 uur per dag uitzendt; 80 procent van de programma's wordt plaatselijk geproduceerd. CBC is ook een uitstekende radio-omroep met veel lokaal nieuws en weerberichten. CBC maakt tevens Franstalige programma's.

NUTTIGE INFORMATIE

Canadian Post Customer Services line.
☎ 1–800–2671177.

HET JUISTE NUMMER

- Telefoongesprekken naar een andere regio: draai 1 gevolgd door het netnummer en het 7-cijferige abonneenummer. (Draai in Toronto het netnummer voor alle lokale gesprekken.)
- Internationaal telefoneren: draai **011**, dan de code van het land (Nederland **31** en België **32**), gevolgd door het netnummer (zonder de eerste 0) en het abonneenummer.
- Draai een **0** voor hulp bij internationale gesprekken.
- Draai **411** voor informatie over telefoonnummers binnen de regio waar u bent.
- Draai een **1**, gevolgd door het netnummer, en dan **5551212** voor informatie over gesprekken buiten de regio.
- Nummers die beginnen met **800**, **877** of **888** zijn gratis telefoonnummers.

REISINFORMATIE

Logo van Air Canada

De meeste toeristen komen Canada per vliegtuig binnen, meestal op een van de drie grootste luchthavens van het land: Vancouver, Toronto of Montréal. Het is ook mogelijk rechtstreeks op Halifax, Winnipeg, Edmonton, Calgary of St. John's (Newfoundland) te vliegen. Toeristen die meer dan één gebied van Canada willen zien, kunnen gemakkelijk met binnenlandse vluchten naar andere plekken. Als u tijdens een kort verblijf bijvoorbeeld Toronto en Montréal in het oosten bezoekt, kunt u met het vliegtuig ook nog even naar de Rocky Mountains in het westen. Er zijn ook andere vervoersmiddelen om Canada te bekijken. De nationale spoorwegen, VIA Rail, verbinden de meeste steden met elkaar, en er zijn ook prachtige lange tochten met de bus door het land te maken. Er zijn korte cruises en oversteken met de veerboot waarbij u kunt genieten van de omgeving. U kunt Canada ook per auto verkennen; u komt dan al gauw op plaatsen waar u met ander vervoer niet kunt komen.

Canada's grootste luchtvaartmaatschappij

AANKOMST PER VLIEGTUIG

Verschillende internationale luchtvaartmaatschappijen vliegen op Canada, en de grootste van het land, **Air Canada**, staat met nationale luchtvaartmaatschappijen uit de hele wereld in verbinding. De belangrijkste Europese luchtvaartmaatschappijen vliegen op Toronto of Montréal, terwijl Vancouver de bestemming is voor Cathay Pacific, Qantas en vluchten uit het Verre Oosten. Wanneer u zowel Canada als de VS wilt bezoeken, kunt u rechtstreeks naar New York, Los Angeles, Dallas, Chicago of Atlanta vliegen.

INTERNATIONALE VLUCHTEN

Vluchten tussen Canada en Europa duren zeven tot negen uur. Houd er rekening mee dat u met grote tijdsverschillen hebt te maken tijdens uw reis.
Canada heeft 13 internationale luchthavens; de drukste zijn Toronto, Montréal en Vancouver. Het is vaak ook mogelijk om rechtstreeks naar luchthavens te vliegen bij kleinere steden als Edmonton, Halifax, Ottawa, Winnipeg en St. John's (Newfoundland). Alle grote steden in Canada hebben vliegverbindingen met luchthavens in de Verenigde Staten.
Een aantal vooraanstaande luchtvaartmaatschappijen biedt voor toeristen de mogelijkheid om naar één deel van Noord-Amerika te vliegen en te vertrekken vanuit een ander deel.

VLIEGTARIEVEN

Een vliegticket vanuit Nederland of België naar Canada kan vrij prijzig zijn, vooral tijdens drukke vakantieperioden als Kerstmis, nieuwjaar en de zomer-

LUCHTHAVEN	INFORMATIE
St. John's	📞 *(709) 758 8500*
Halifax	📞 *(902) 873 4422*
Montreal (Trudeau)	📞 *(514) 394 7377*
Montreal (Mirabel)	📞 *(514) 394 7377*
Ottawa	📞 *(613) 248 2100*
Toronto	📞 *(416) 247 7678*
Winnipeg	📞 *(204) 987 9402*
Calgary	📞 *(403) 735 1200*
Edmonton	📞 *(780) 890 8382*
Vancouver	📞 *(604) 207 7077*

maanden tussen juli en half september. Een Apex-ticket (Advanced Purchase Excursion) is altijd goedkoper, maar kan niet later dan zeven dagen voor vertrek gekocht worden (de meeste luchtvaartmaatschappijen, waaronder Air Canada, bieden dit aan). Aan deze tickets zijn restricties verbonden, zoals een minimum- (meestal zeven dagen) en een maximumverblijf (drie tot zes maanden). Het kan een probleem zijn om vertrekdata te veranderen, dus is het raadzaam een verzekering af te sluiten voor onverwachte vertragingen of annuleringen. Chartervluchten bieden soms een goedkoper alternatief, met soms wel 20 procent korting op een ticket.

Tickets waarmee de hele wereld rondgereisd kan worden, worden steeds populairder, net als de arrangementen. Die variëren van een fly-drive met inbegrip van een goedkope huurauto, tot een vakantie met reisleiding, inclusief accommodatie, vervoer en maaltijden.

BIJ AANKOMST

Vlak voor u in Canada landt, krijgt u douaneformulieren die u moet invullen. Bij aankomst dient u die te overhandigen aan de douane, samen met uw paspoort. De grotere luchthavens zijn van meer service voorzien, maar alle luchthavens hebben winkels, medische en postdiensten, wisselkantoren, kiosken en boekwinkels. De grote autoverhuurbedrijven hebben een filiaal op het vliegveld. Er zijn ook bussen, limousines en shuttlebussen die u naar de stad brengen. De meeste luchthavens zijn toegankelijk voor gehandicapten. Als u overstapt op een Canadees vliegveld voor een

Wegen naar luchthavens worden goed aangegeven

ADRESSEN

LUCHTVAARTMAATSCHAPPIJEN

Air Canada
BELGIË: 02–6274088.
CANADA: 1–888–2472262
(Canada en VS).
NEDERLAND: 020–3469539.
W www.aircanada.ca

KLM
BELGIË: 070–222747
NEDERLAND: 020–4747747.
020–6492227 (charters).
W www.klm.com

British Airways
GROOT-BRITTANNIË:
0208–8974000.
W www.britishairways.com

vlucht naar een ander deel van Canada, dient u uw bagage eerst op te halen en na de douane weer in te checken. Wanneer u uw vakantie boekt, zal ook de overstap op binnenlandse vluchten geregeld worden. Bij uw luchtvaartmaatschappij kunt u informatie inwinnen, want een grote luchthaven als Toronto's Pearson International heeft bijvoorbeeld drie aparte terminals.

FSTAND TOT DE STAD	TAXIKOSTEN NAAR DE STAD	BUSVERVOER NAAR DE STAD
8 km	$16	GEEN VERBINDING
42 km	$35	30–45 minuten
22 km	$28	25 minuten
55 km	$69	40–55 minuten
18 km	$20	20–30 minuten
24 km	$35	45–55 minuten
10 km	$15	20 minuten
16 km	$25	30 minuten
31 km	$35	45 minuten
15 km	$25–30	25–45 minuten

Binnenlandse vluchten

Omdat Canada zo'n enorm land is, is vliegen er helemaal ingeburgerd. Het land heeft een ingewikkeld netwerk van binnenlandse vluchten van vele maatschappijen, die soms verbonden zijn met Air Canada. De kleinere maatschappijen vliegen binnen een provincie en naar afgelegen plaatsen die vaak alleen per vliegtuig bereikbaar zijn. Er zijn in totaal zo'n 125 vliegbestemmingen binnen Canada. Het is mogelijk vóór vertrek een binnenlandse vlucht te boeken bij uw reisbureau, of, eenmaal in Canada, via een plaatselijk agentschap of via internet. Binnenlandse vluchten op de drukkere routes worden goedkoper en in kranten worden vaak kortingen aangeboden. Speciale vluchten zijn beschikbaar voor buitenlandse toeristen. U kunt ook met een klein vliegtuigje (wel duur) vliegen over afgelegen plekken als Baffin Island.

Dash-7-vliegtuig tijdens een tocht door het hoge noorden van Canada

VLIEGROUTES EN LUCHT-VAARTMAATSCHAPPIJEN

Door het uitgebreide netwerk van binnenlandse vluchten is het mogelijk om ook de kleinste steden van het land te bereiken. Hiervoor moet u doorgaans wel een overstap maken in een van de grote steden, meestal Vancouver, Toronto of Montréal. De meeste kleine luchtvaartmaatschappijen zijn verbonden met de grootste van Canada, **Air Canada**, waarbij u vaak ook uw binnenlandse vlucht kunt boeken. De meerderheid van de langere binnenlandse vluchten loopt van oost naar west: van Halifax aan de oostkust, via Montréal, Toronto, Ottawa, Winnipeg, Calgary en Edmonton naar Vancouver in het westen. Langere routes van noord naar zuid naar gebieden als de Yukon en Northwest Territories beginnen meestal in Edmonton en Winnipeg. In het afgelegen noorden zijn kleinere vliegtuigjes de beste vorm van vervoer om op plekken als Baffin Island (dat alleen bij goed weer per boot bereikt kan worden) te komen; alleen Churchill in Manitoba kan per trein worden bereikt.

APEX-TICKETS EN ANDERE KORTINGEN

Er zijn binnen Canada verschillende goedkope tickets verkrijgbaar. Lowbudget vliegtuigmaatschappijen als **WestJet** beconcurreren elkaar en daardoor gaan de prijzen omlaag. Chartermaatschappijen als **Air Transat** vliegen net als lijndiensten tussen de Canadese steden, maar zijn meestal 20 procent goedkoper dan lijnvluchten en kunnen via reisbureaus geboekt worden. Om gebruik te kunnen maken van het goedkopere Apex, dient u tussen de 21 en zeven dagen voor vertrek te boeken: hoe vroeger u boekt, hoe hoger de korting. Aan elk ticket zijn regels verbonden, zoals restricties op de duur van uw verblijf en het tijdstip van de reis (zoals tussen bepaalde uren en op bepaalde dagen). Houd er rekening mee dat er zelden geld wordt teruggegeven en dat het moeilijk kan zijn om van datum te wisselen.

Het kopen van losse stoelen is ook een optie: een maatschappij adverteert met uitzonderlijk lage prijzen voor een stoel op een populaire vlucht tijdens het laagseizoen. Deze aanbiedingen zijn helaas niet erg flexibel en u dient binnen een bepaalde periode te vliegen.

De Canadese maatschappij Air Canada heeft speciale pasjes voor toeristen die het hele land willen doorreizen. Deze pasjes zijn alleen buiten Noord-Amerika verkrijgbaar. Meestal betaalt u dan voor een aantal bonnen waarmee u binnen een bepaald gebied of het hele land kunt vliegen. Deze pasjes zijn vaak tussen de zeven en zestig dagen geldig.

FLY-DRIVE

Een uitstekende manier om het meeste uit uw vakantie in Canada te halen, is een fly-drive-vakantie. De autohuur is bij deze optie zeer voordelig. U hebt ook de mogelijkheid om uw huurauto ergens anders af te leveren dan waar u hem hebt opgehaald. U kunt bijvoorbeeld een auto ophalen in Toronto, rondreizen door Ontario en de auto in Ottawa inleveren, voor u naar Vancouver aan de westkust vliegt. Dit heet een *one-way car rental* en kost een aanzienlijk bedrag: van Toronto naar Ottawa zo'n $ 200. Reisbureaus hebben veel van dit soort arrangementen.

BAGAGE

P assagiers die op binnenlandse vluchten *economy class* vliegen, moeten er rekening mee houden dat er regels zijn voor het aantal stuks en het gewicht van de mee te nemen bagage. Wat er mee mag, hangt af van het type vliegtuig; kleine vliegtuigjes accepteren vaak alleen handbagage.

Het logo van WestJet

Over het algemeen mogen passagiers twee koffers meenemen, met een gewicht van 32 kg per stuk. Handbagage moet passen onder de stoel of in de bagageruimte er boven. Hoezen voor kleding mogen soms mee als handbagage, maar moeten van

zacht materiaal zijn en niet langer dan 112 cm en niet dikker dan 11 cm – vraag om informatie bij uw luchtvaartmaatschappij of reisbureau.

INCHECKEN

B innen Canada dient u minstens een half uur van tevoren in te checken; voor vluchten van Canada naar de VS wordt minimaal anderhalf uur in acht genomen en voor andere internationale vluchten is het noodzakelijk twee uur van tevoren aanwezig te zijn. Toeristen van buiten Canada dienen in Canada een paspoort bij zich te dragen om aan te kunnen tonen dat zij degenen zijn van wie de naam op het ticket staat. Het is handig te weten dat de spits op de grote luchthavens van Canada dagelijks tussen 7.00 en 9.00 en tussen 15.00 en 20.00 uur ligt. Ook tijdens de wintervakantie, de vakantie in maart en de zomer is het extra druk. Houd daarom in die periode rekening met extra tijd om te parkeren, in te checken en dergelijke.

BELANGRIJKSTE BINNENLANDSE VLUCHTEN

Air Canada is de grootste luchtvaartmaatschappij van het land. Samen met de binnenlandse maatschappijen vormt ze een uitgebreid netwerk, terwijl WestJet gespecialiseerd is in de westelijke bestemmingen.

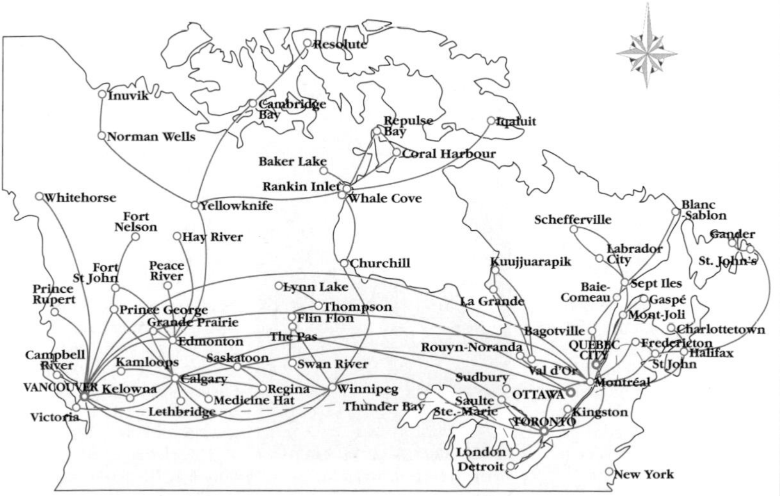

0 km   500

VERVOER IN DE STEDEN
VAN CANADA

H oewel reizen met de auto in Canada erg populair is, staat het land bekend om zijn snelle, frequent rijdende en efficiënte openbaar vervoer in de steden. De steden van Canada zijn het beste te voet te verkennen, met het openbaar vervoer als hulpmiddel. De straten zijn schoon en veilig, en slenteren door de verschillende wijken is een aangename manier om de stad te leren kennen. Het meeste openbaar vervoer is niet duur, en vaak worden er kortingen of dagpasjes aangeboden. Met de

Tourbus in Toronto

auto door het stadscentrum rijden kan onaangenaam zijn, vooral tijdens de spits; het vinden van een parkeerplaats is moeilijk en de tarieven zijn hoog. Bij stations en toeristenbureaus zijn plattegronden van het openbaar vervoer in de stad te krijgen. Op deze bladzijden wordt het openbaar vervoer van de drie grootste steden van Canada besproken: Vancouver, Toronto en Montréal *(zie ook binnenzijde achterflap)*. Tevens komen provinciale hoofdsteden aan de beurt en andere veelbezochte plaatsen.

MONTRÉAL

D e bus- en metrosystemen zijn op elkaar afgestemd en sluiten op elkaar aan. Kaartjes voor de bus zijn ook geldig in de metro en omgekeerd. Koop een overstapkaartje (*transfer ticket*); hiermee kunt u de hele stad door. De 'Métro' van Montréal is schoon en veilig, met 's zomers airconditioning en 's winters verwarming. Het is verreweg de snelste en goedkoopste manier van openbaar vervoer *(zie binnenzijde achterflap)*. Bij elk kaartverkooppunt kunt u gratis plattegronden krijgen. Toeristen kunnen bij de grote hotels en bij het Visitor Information Office in het centrum een 'Tourist Pass' voor één of drie dagen kopen.

U kunt hier beter niet met de auto komen, want de stad is erg druk en er zijn weinig parkeerplaatsen. Parkeer uw auto bij een station en neem het openbaar vervoer. Taxi's kunt u op straat aanhouden. Ze hebben een wit of oranje bord op het dak dat oplicht als de taxi vrij is.

Veel straten in Montréal hebben een fietsstrook. De *Great montreal bike path-guide* is gratis af te halen bij het toeristenbureau. Fietsen mogen mee in de metro, behalve tijdens de spits op werkdagen van 7.00 tot 10.00 en 17.00 tot 19.00 uur. Montréal heeft prachtige fietspaden, zoals de

route langs het historische Canal de Lachine, en die door Cité du Havre en over Pont de la Concorde naar de eilanden. U kunt fietsen voor een dag of week huren; hiervoor moet u een borg betalen van $ 250 of meer, bovenop de huurprijs.

TORONTO

D e Toronto Transit Commission (TTC) beheert een enorm systeem waarin metro-, bus- en tramlijnen van de hele stad met elkaar verbonden zijn. Het is een van de veiligste en schoonste systemen ter wereld. Toronto heeft twee grote metrolijnen waarlangs 60 stations liggen *(zie binnenzijde achterflap)*. Zorg dat u de gratis overstapkaart

Fietspad langs de rivier in Québec-stad

hebt om van de metro over te kunnen stappen op de bus of tram.

In de bussen en trams hebt u gepast geld nodig, of een kaartje of fiche. Deze laatste kunt u kopen bij metro-ingangen en in winkels. In de *Pick up a ride guide* staat elke interessante bezienswaardigheid en hoe u daar met het openbaar vervoer kunt komen. De gids is te koop bij de metrostations. De Light Rapid Transit-lijn loopt van het centrum naar het meer (de Harbourfront genoemd). Hij begint in Union Station en eindigt bij metrostation Spadina/Bloor.

In Toronto is gemakkelijk aan taxi's te komen; u kunt ze op straat aanhouden, bellen, of ze staan voor hotels te wachten.

U kunt op verschillende plaatsen fietsen huren, maar het centrum van Toronto is erg druk; beperk u daarom tot fietsen in de parken. De Martin Goodman Trail is een goed aangegeven fietsroute langs de lange, pittoreske waterkant. Net als in Vancouver hebt u gepast kleingeld voor de bus nodig. Voor $ 2,75 hebt u een kaartje voor volwassenen, waarmee u binnen een uur gratis mag overstappen. Als u lang in Toronto blijft, is de MetroPass (1 maand geldig) misschien de moeite waard. U kunt ook 10 kaartjes of fiches kopen voor $ 21. Ook zijn er dagkaarten voor $ 8,50 verkrijgbaar. Veerboten naar de Toronto

Standplaats met taxi's in Toronto

Islands gaan in de zomer een paar keer per uur, ook 's avonds laat. U kunt echter ook de weg over de brug nemen.

VANCOUVER

Het goedlopende netwerk van sneltram- (SkyTrain genoemd), bus- en veerdiensten van Vancouver wordt beheerd door BC Transit. De goedkope Transit Guide is bij kiosken en informatiecentra te koop. Hierin staat ook een stadsplattegrond met alle lijnen. Het is niet aan te raden met de auto naar de stad te gaan, want het verkeer staat vaak vast en parkeerplaatsen zijn onvindbaar. De stad heeft een *park-and-ride*-systeem: op bepaalde plekken kunt u uw auto kwijt en wordt u met het openbaar vervoer naar de stad gebracht.

De SkyTrain is een soort sneltram zonder bestuurder die Vancouver met de buitenwijken Burnaby, New Westminster en Surrey verbindt. Hij rijdt deels onder- en deels bovengronds op verhoogde rails. Het belangrijkste station is Waterfront Station aan het begin van Seymour Street. Een alternatief voor de SkyTrain vormen de stadsbussen. Deze zijn een aangename vorm van vervoer omdat ze langs de beste attracties van de stad rijden. Stap echter niet tijdens de spits in de bus. De busdiensten eindigen rond middernacht, maar er is ook een 'Night Owl'-dienst.

De omgeving van Vancouver is het beste via het water te verkennen. De SeaBus is een catamaran met 400 stoelen die tussen Lonsdale Quay in Noord-Vancouver en Waterfront Station in het centrum vaart. De tocht duurt 15 minuten, waarbij u prachtig uitzicht op de bergen en de skyline van Vancouver hebt. Aquabus Ferries vaart tussen False Creek, Granville Island, Stamp's Landing en de Hornby Street Dock. Een taxi (Black Top en Yellow Cab zijn de bekendste) kunt u beter telefonisch bespreken, want één op straat aanhouden, lukt vrijwel niemand. Vancouver is een ideale stad voor fietsers, met talloze fietspaden, waaronder één van 10 km rond Stanley Park. Hier bevindt zich een *park-and-ride*-dienst voor fietsers, eenzelfde systeem als dat voor auto's

De kaartjes voor bus, SkyTrain en SeaBus in de regio Vancouver zijn dezelfde, maar de prijs hangt af van het tijdstip en de afstand die u reist. Na 18.30 uur zijn de kaartjes goedkoper, maar ook op zaterdag, zon- en feestdagen. De stad is opgedeeld in drie zones, waarvan de prijs afhankelijk is. De prijs voor een kaartje in zone 1 tijdens de daluren is $ 2,25. Er zijn veel kortingsmogelijkheden: een FareSaver-boekje van 10 kaartjes of een dagpas kunnen veel geld besparen. Kinderen onder de 4 reizen gratis en kinderen tussen de 5 en 13 betalen minder (net als studenten met een geldige GoCard). Senioren boven de 65 reizen ook met korting. Een overstap is gratis en geldt voor anderhalf uur.

Op een zomerse avond rijdt de SkyTrain over een van de bruggen in Vancouver

Het schilderachtige Château Frontenac in Québec-stad, waarvan u het beste te voet kunt genieten

OTTAWA

Voor toeristen is het prettig dat de meeste grote bezienswaardigheden op loopafstand van Parliament Hill liggen. De trottoirs van Ottawa zijn breed en schoon, en u kunt vrijwel alles te voet doen. Voor de langere afstanden neemt u het openbaar vervoer. In de streek Ottawa-Carlton rijdt **OC Transpo**, een busnetwerk van 130 lijnen. De tarieven zijn de duurste van Canada, met een systeem waarbij u tijdens de spits meer voor een kaartje betaalt ($ 2,60). U dient gepast te betalen te betalen, vraag dan van uw kaartje van tevoren te kopen bij kiosken en dergelijke. Als u moet overstappen, vraag dan een overstapkaart, die een uur lang geldig is. U kunt ook een overstapkaart krijgen voor het bussysteem van Hull aan de andere kant van de Ottawa-rivier, hoewel u hiervoor iets meer moet betalen. Alle lijnen komen samen in het centrum bij het Rideau Centre; de haltes hebben de kleur die overeenkomt met de lijn die er stopt.
Voor uw auto is er een aantal redelijk geprijsde parkeer-garages – let op het groene bord met een 'P'. Taxi's kunt u telefonisch bestellen of bij hotels aanhouden.
U kunt de stad uitstekend met de fiets verkennen; er ligt 150 km aan fietspaden. Het Rideaukanaal, dat de stad van noord naar zuid doorsnijdt, wordt omzoomd door prachtige wandel- en fietspaden.

CALGARY

Calgary Transit bestaat uit een bus- en sneltramsysteem; de laatste is bekend als de C-Train. Met een kaartje van $ 2,25 kunt u op beide over-stappen, hoewel een dagpas van rond de $ 6,50 goedkoper is voor mensen die ver-schillende bezienswaardigheden op een dag willen zien. De C-Train rijdt naar de universiteit en de luchthaven in het noorden en naar Macleod Trail in het zuiden, en is in tegenstelling tot de bus gratis tussen 10th Street en City Hall. Plattegronden zijn verkrijgbaar bij de **Calgary Transit**-kanto-ren, waar u ook kaartjes kunt kopen. Kaartjes voor de C-Train kunt u tevens bij automa-ten op de perrons kopen.
Als u binnen het centrum blijft, kunt u het beste lopen of het openbaar vervoer gebruiken.

Logo van de C-Train in Calgary

De straten van de stad zijn ech-ter erg lang (Calgary is Cana-da's op één na uitgestrektste stad), zodat tochtjes naar de buitenwijken en verder het beste met de auto kunnen wor-den gemaakt. Er zijn verschil-lende bekende autoverhuur-bedrijven, waar u voor zo'n $ 50 per dag een auto kunt huren; in het weekeinde is dit goedkoper. Taxi's zijn duur en kunnen alleen bij hotels aange-houden, of telefonisch besteld worden.

WINNIPEG

De meeste bezienswaardig-heden van Winnipeg liggen in het centrum binnen een loopafstand van twintig minuten van elkaar, rond Portage Street en Main Street. **Winnipeg City Transit** is een efficiënt busvervoersysteem, dat niet alleen buslijnen in het centrum, maar ook daarbuiten onderhoudt. Een kaartje kost $ 1,85, maar voor $ 18,00 kunt u een boekje met tien kaartjes kopen in het Transit Service Centre in de ondergrondse stationshal van Portage en Main. (Een overstapkaart – geldig voor een uur – is verkrijgbaar bij de buschauf-feur.) Het Transit Service Centre is open van 8.30 tot 16.30 uur. Hier krijgt u uitvoerige informatie over het openbaar vervoer in de stad en een gratis plattegrond met de buslijnen. Zowel in het centrum als erbuiten liggen enkele mooie fietspaden.

QUÉBEC-STAD

De sfeervolle smalle straatjes van de oude stad kunt u het beste te voet verkennen, vooral omdat de meeste historische bezienswaardigheden binnen de stadsmuren liggen. Als u naar bezienswaardigheden wilt die verder weg liggen, zoals het Musée du Québec, kunt u gebruikmaken van een zeer goed busvervoersysteem. De kaartjes zijn goedkoper als u ze niet in de bus zelf, maar voor vertrek koopt in kruidenierszaken voor $ 2,50 per persoon. Voor $ 5,80 kunt u een dagpas aanschaffen. Het busstation ligt in de Lower Town aan de Boulevard Charest Est. De meeste bussen vertrekken vanaf Place d'Youville in de Oude Stad. Taxistandplaatsen bevinden zich voor grote hotels en buiten het stadhuis. U kunt ook een tochtje door de Oude Stad maken met de *calèche* (koets), maar dat kost wel $ 50 voor 40 minuten.

HALIFAX

De compacte stad Halifax kunt u het beste te voet of op de fiets verkennen. Fietsen zijn voor halve of hele dagen te huur. Ga niet met de auto: parkeerplaatsen zijn duur en moeilijk te bemachtigen. Met de bussen van **Halifax Metro Transit** kunt u de buitenwijken bezoeken. De tarieven zijn laag: in het zomerseizoen kost een kaartje voor het centrum $ 2,00. U kunt ook een boekje met 20 kaartjes aanschaffen voor $ 32,00. Van maandag tot zaterdag rijdt er elke twintig minuten in het centrum van de stad de gratis buslijn 'Fred'.

CHARLOTTETOWN

Sinds de voltooiing van de Confederation Bridge in 1997 is Prins Edwardeiland bereikbaar per auto en bus. Veel reizigers nemen echter nog steeds de veerboot, die tussen mei en november van New Glasgow in Nova Scotia vertrekt. Vanuit Halifax rijdt een pendelbus die per veer naar het eiland gaat. Het eiland heeft één busdienst, **Trius Tours**, die het gehele jaar door in Charlottetown rijdt. U kunt het eiland echter ook heel goed met de auto verkennen; huur bijvoorbeeld een auto voor de maanden juli en augustus.

Verder zijn er op het eiland enkele bureaus die georganiseerde bus-, wandel- en fietstochten aanbieden.

Autoweg over de Confederation Bridge naar Prins Edwardeiland

ST. JOHN'S, NEWFOUNDLAND

In vergelijking met de meeste Canadese steden geeft parkeren in St. John's weinig problemen. Koop een kaartje bij een van de vele parkeerautomaten. U kunt met muntstukken van 25 cent of een dollar betalen. Een auto huren is goedkoper dan in andere Canadese steden en er zijn genoeg verhuurbedrijven aanwezig. De plaatselijke busdienst is Metrobus. Een kaartje kost altijd $ 2. Als u langere tijd blijft, koop dan een boekje met

TELEFOONNUMMERS

INFORMATIE OVER VERVOER IN DE STAD

Vancouver
British Columbia Transit
☎ 604-5210400.

Toronto Transit Commission (TTC)
☎ 416-3934636.

Montréal
STCUM en AMT
☎ 514-2886287.

Ottawa
OC Transpo
☎ 613-7414390.

Calgary
Calgary Transit
☎ 403-2621000.

Winnipeg
Winnipeg City Transit
☎ 204-9865700.

Québec-stad
STCUQ
☎ 418-6272511.

Halifax
Halifax Metro Transit
☎ 902 4906600.

Charlottetown
Trius Tours
☎ 902-5665664.

St. John's, Newfoundland
Metrobus
☎ 709-5702020.

10 kaartjes voor $ 18. U kunt een goedkope rondrit door de stad maken door twee buslijnen te nemen, één door het centrum en één door de buitenwijken.

Met de bus over de Harbour Bridge in New Brunswick

Vervoer per trein

Het Canadese spoorwegnet is in handen van de overheidsorganisatie VIA Rail. Aan het eind van de jaren tachtig is het aantal treindiensten aanzienlijk afgenomen. VIA Rail biedt gelukkig nog steeds reizen aan met de *Canadian* uit de jaren vijftig, een prachtig gerestaureerde trein die tussen Toronto en Vancouver rijdt en onderweg van Jasper naar Kamloops door het adembenemende landschap van de Rockies komt. Steeds meer Canadezen gaan met het vliegtuig of nemen voor kortere stukken de auto. Voor toeristen blijft een treinreis echter een schitterende manier om grote delen van Canada te zien (vooral in treinen die speciale wagons met glazen koepeldaken hebben). Rond de grote steden rijden forensentreinen. Deze kunnen handig zijn als u een klein gebied wat beter wilt leren kennen.

Een treinreis met de Rocky Mountaineer door de Rocky Mountains

HET CANADESE SPOORWEGNET

VIA Rail Canada Inc. regelt het nationale passagiersvervoer per trein. Ondanks de sluiting van enkele lijnen rijden er wekelijks nog 400 treinen door Canada op rails van een totale lengte van zo'n 13.000 km tussen Vancouver en Toronto, en verder naar Montréal, Québec en Halifax. U kunt het land met de trein doorkruisen, een tocht van vijf dagen. De langste reis is die van Vancouver naar Toronto aan boord van de stijlvolle en luxueuze *Canadian*, met zijn observatie- en restauratiewagens. Plaatsen die geen wegennet hebben, zoals Churchill in Noord-Manitoba, zijn afhankelijk van de trein. Op de lijn tussen Winnipeg en Churchill wordt vooral in oktober gereisd door toeristen

die voor de ijsberen naar het noorden gaan *(zie blz. 251)*. VIA Rail heeft zowel langeafstandsdiensten tussen Oost- en West-Canada als intercitydiensten in het dichtbevolkte Ontario Corridor, van Québecstad tot Windsor via Kingston, Montréal, Niagara Falls, Ottawa en Toronto. Dit zijn snelle treinen waar u iets te eten en drinken kunt krijgen. Het is gemakkelijk om met de trein door te reizen naar de Verenigde Staten, want VIA sluit aan op het Amerikaanse spoorwegnet Amtrak, zowel in Montréal als Vancouver. VIA Rail en Amtrak leiden samen de lijnen Toronto–New York (via Niagara Falls) en Toronto–Chicago (via Sarnia/Port Huron). Het VIA-station in Windsor ligt slechts een paar kilometer van het Amtrak-station in Detroit.

KLEINERE NETWERKEN

VIA Rail is niet de enige spoorwegmaatschappij van Canada die passagiers vervoert. In de grote steden rijden verschillende forensentreinen. Vancouver heeft **BC Rail** en de West Coast Express naar Prince Rupert, Toronto's Go Transit rijdt naar voorsteden als Milton, Bradford, Richmond Hill en Stouffville, en in Montréal rijdt AMT *(zie blz. 405)*.

BIJZONDERE REIZEN

In Canada lopen verschillende lijnen door de mooiste landschappen. De treinen op deze lijnen zijn comfortabel en luxueus. Een van de mooiste tochten is die van de **Algoma Central Railway** in Ontario *(zie blz. 223)*. Deze loopt van Sault Ste. Marie naar Hearst. U kunt tussen juni en oktober een reis maken van Sault Ste. Marie naar de Agawa Canyon. Deze tocht voert door prachtige landschappen. Van eind december tot begin maart kunt u in de weekenden reizen met de Snow Train, ook vanuit Sault Ste. Marie. **Ontario Northland Railway** regelt zowel vracht- als passagiersvervoer op de lijn North Bay–Moosonee. De *Polar Bear Express* brengt u in de zomer naar Moosonee, midden in de noordelijke wildernis. De treinen rijden vanaf North Bay verder naar Toronto.
De spectaculairste treinreis in Canada is waarschijnlijk die door Brits-Columbia, waar van half mei tot begin oktober **Rocky Mountaineer Railtours** tweedaagse tochten van Vancouver naar Calgary via Banff of Jasper organiseert. De *Rocky Mountaineer* volgt de oorspronkelijk route van de Canadian Pacific Railroad. Het reizen gebeurt alleen overdag; u overnacht in Kamloops. Maaltijden zijn bij de prijs inbegrepen. De trein heeft een wagon met koepeldak vanwaar u de schitterende omgeving nog beter kunt zien. Voor een langere reis kunnen toeristen Golden/Crowsnest Tour van **Royal Canadian Pacific Luxury Rail Tour**

nemen. Deze reis duurt zes dagen en vijf nachten, en gaat van Calgary door de uitgebreide Lethbridgeprairie naar Fort MacLeod, en vervolgens via de Rockies naar de Crowsnest Pass. Reizigers krijgen van ervaren plaatselijke natuurvorsers en geschiedkundigen informatie over het westen van Canada.

KLASSEN

U kunt in treinen voor lange afstanden kiezen uit twee klassen, *economy* en *sleeper*, ofwel VIA 1. In de *economy class* zit u op comfortabele stoelen met verstelbare rugleuning in coupés met brede gangpaden en grote ramen. Als u 's nachts reist, krijgt u een deken en kussen. Met een kaartje voor de *economy class* kunt ook gebruikmaken van de restauratiewagens. De *sleeper*klasse varieert van couchettes met één of twee bedden tot tweepersoonskamers, die overdag omgetoverd worden in luxueuze zitkamers. Treinen

van VIA Rail in West-Canada, zoals de *Canadian,* hebben 'Silver & Blue' eersteklascoupés met privé-observatiewagons en chique restauratiewagens.

KAARTJES KOPEN

V ia reisbureaus of bij VIA Rail kunt u een plaats in de trein reserveren. Zowel voor de *economy-* als *sleeper*klasse zijn kortingen te krijgen als u een retourtje koopt of een kaartje van tevoren boekt. Bij de lijnen in de Ontario Corridor krijgt u korting als u vijf dagen van tevoren boekt (voor de meeste andere lijnen dient u dit zeven dagen van tevoren te doen). Het is ook goedkoper om tijdens het laagseizoen te reizen (tussen oktober en december en tussen januari en mei). Met de CANRAILPASS mag u binnen 30 dagen 12 dagen onbeperkt reizen met *economy class.* Toon uw CANRAILPASS als u een kaartje koopt. De pas is op alle routes van VIA Rail geldig, en u mag zo vaak

Logo van VIA Rail

TELEFOONNUMMERS

VIA Rail
☎ 416–3668411 *Toronto en de meeste andere provincies.*
🖥 www.viarail.ca

Algoma Central Railway
☎ 705–9467300.
Gratis: 1–800–2429287.

Ontario Northland Railway
☎ 1–800–4618558.

Rocky Mountaineer Railtours
☎ 604–6067245.
🖥 www.rockymountaineer.com

Royal Canadian Pacific
☎ 403–5081400.

uit- en overstappen als u wilt. U kunt hooguit drie extra reisdagen bijkopen. Dit kan van tevoren of op elk moment tijdens uw reisperiode van 30 dagen. Tijdens de zomer is het verstandig om uw plaats te reserveren omdat er dan een gelimiteerd aantal plaatsen voor pashouders beschikbaar is. Voor alle treinreizen met VIA Rail geldt dat reizigers boven de 60 tien procent korting krijgen op de vervoersprijzen.

BELANGRIJKSTE TREINVERBINDINGEN

VIA Rail is de grootste spoorwegmaatschappij van Canada. Treinen van VIA Rail doen alle grote plaatsen aan. Voor de buitengebieden zijn er regionale spoorlijnen.

Vervoer per bus

De bus is de goedkoopste manier van vervoer in Canada. De meeste buslijnen ten westen van Toronto worden verzorgd door Greyhound Canada, zoals die over de Trans-Canada Highway (Highway 1) tussen Toronto en Vancouver. Ten oosten van Toronto opereren kleinere bedrijven. Hoewel u op een lange tocht enkele nachten rechtopzittend moet doorbrengen, zijn de bussen wel schoon en comfortabel, en worden er genoeg tussenstops gemaakt. De verbindingen zijn betrouwbaar en efficiënt en de bussen komen doorgaans op tijd aan. Controleer in afgelegen gebieden de dienstregeling ruim van tevoren, want soms rijdt er helemaal geen bus.

BUSREIZEN VOOR LANGE AFSTANDEN

Bussen waarmee u lange afstanden kunt reizen, zijn goedkoper en vaak sneller dan de trein. De grootste maatschappij, Greyhound Canada, vervoert jaarlijks meer dan twee miljoen passagiers. Greyhound opereert in het westen en midden van het land en staat in verbinding met buslijnen in het oosten en de VS. Ten westen van Vancouver sluit Greyhound aan op Pacific en Maverick Coach Lines, ten oosten van Ottawa op Voyageur Colonial, Orleans Express en Acadian SMP. De expresslijnen van Greyhound rijden over de snelweg en bestaan uit bussen met meer beenruimte, video-films, muziek en snacks. Roken in de bussen is verboden, maar op lange reizen wordt om de drie of

vier uur gestopt voor een pauze. Pauzes worden gehouden op bus- en servicestations. Hier zijn vaak een restaurant, café of snoepautomaat aanwezig. Alle bussen hebben airconditioning en een (chemisch) toilet. Het voordeel van deze bussen is dat ze u ophalen en afzetten op locaties in het centrum van een stad.

Logo van Greyhoundbus

KORTINGEN EN PASSEN

Er zijn voor toeristen verschillende buspasjes met korting verkrijgbaar. Kinderen onder de vijf reizen meestal gratis met een reiziger boven de 65 krijgen zowel korting op retourtjes als op buspassen. Kaartjes zijn ook goedkoper als u ze van tevoren koopt of als u in het laagseizoen reist (van januari tot juni en van oktober tot december). Met de Greyhound Canada Pass kunt u binnen verschillende perioden onbeperkt reizen met de Greyhound- en veel andere lijnen, zoals die tussen Ontario en Québec of die door Saskatchewan: 7, 10, 15, 21. 30, 45 en 60 reisdagen. De prijzen variëren van $ 289 voor 7 dagen tot $ 640 voor 60 dagen. De Canada Coach Pass

Plus biedt tevens reismogelijkheden naar Montréal, Québec-stad, Halifax, St. John's en Charlottetown, maar ook naar New York in de VS. Met sommige pasjes (die in Europa te boeken zijn en bij organisaties als Hostelling International) kunt u ook overnachten in meer dan 80 hotels in het land, zoals met de Go Canada Budget Travel Pass. Deze pas is ook geldig in treinen van VIA Rail die tussen Toronto, Ottawa en Montréal rijden. Wissel bij de pas horende bon in voor een treinkaartje op elk VIA-station voor een reis met een van bovengenoemde treinen. Rout-Passes zijn van half april tot half november geldig bij 35 intercity-busmaatschappijen in Ontario en Québec. U hoeft uw reisplan niet van tevoren vast te leggen en reserveren is ook niet nodig. Er zijn veel verschillende Rout-Passes verkrijgbaar, waaronder passen met accommodatie-bonnen. De Rout-Pass van 16 dagen is alleen voor leden van de International Hostelling Association te koop.

BUSSTATIONS EN RESERVERINGEN

Bussen van verschillende maatschappijen maken gebruik van dezelfde stations, waardoor een overstap snel gemaakt is. Reserveren is doorgaans niet nodig want bij bussen werkt het zo dat wie het eerst komt, het eerst maalt. U wordt aangeraden een uur voor vertrek aanwezig te zijn, zodat u genoeg tijd hebt om een kaartje te kopen en uw bagage af te geven. Raak niet in paniek als de bus al vol zit; er komt snel genoeg een andere bus. Wanneer u van tevoren een kaartje hebt gekocht, geeft dat geen recht op een plaats in de bus – u dient gewoon in de rij te gaan staan.

Op de meeste busstations bevindt zich een restaurant of café waar betaalbare snacks en maaltijden te koop zijn. Op langere reizen is het raadzaam

Opstapplaats bij Ottawa's Parliament Hill

Toeristen op een busreis naar de Athabasca Glacier in Jasper

eten mee te nemen omdat u anders afhankelijk bent van vaak dure, smakeloos eten in de servicestations. Op de grotere stations zijn soms bagagekluizen aanwezig, zodat u zonder koffers de omgeving kunt verkennen. In grotere steden als Toronto kunt u kiezen uit een opstapplaats in de buitenwijken of één in het centrum. Kies voor het centrum, want de bus kan wel eens vol zijn tegen de tijd dat hij de opstapplaats in de buitenwijk bereikt heeft. Vraag

altijd na of er een expres- of rechtstreekse dienst naar uw bestemming rijdt; sommige reizen gaan namelijk gepaard met ontelbaar veel tussenstops en lijken daardoor erg lang. Een reiskussen of ander kussentje, een trui (de airconditioning is soms iets té koel afgesteld) en een goed boek of tijdschrift kunnen de reis veraangenamen.

GEORGANISEERDE BUSREIZEN

Er zijn verschillende touringcarbedrijven die allerlei arrangementen aanbieden. Zo is er de mogelijkheid een tocht door een stad te maken of een dagtochtje naar een bepaalde bezienswaardigheid, maar er zijn ook luxetrips van enkele dagen met gids, maaltijden en accommodatie. Gespecialiseerde reizen om bijvoorbeeld te kunnen wandelen op gletsjers, wildwatervaren of paardrijden, kunt u ook boeken. Een tiendaagse rondreis door de Rocky Mountains kan bestaan uit een cruise naar Victoria, een trektocht in Banff, een picknick op Lake Louise, een dagtocht naar het Columbia Icefield of een tocht door het historische

land van de eerste goudzoekers, de Cariboo-streek. Van tevoren krijgt u een uitvoerig reisschema. Ga na of er geen extra kosten bijkomen als fooi, BTW of toegangsprijzen; doorgaans zitten deze al bij de totaalprijs inbegrepen. Op de gewone routes van Greyhound valt ook vaak van adembenemende landschappen te genieten.

TELEFOONNUMMERS

Greyhound Canada
☎ 1800–6618747.
🖥 www.greyhound.ca

Informatie over dienstregelingen
(Canada en VS)
☎ 1–800–6618747.

BUSMAATSCHAPPIJEN

Brewster Transportation
voor busreizen in het westen
☎ 1–877–7915500.
🖥 www.brewster.ca

Great Canadian Holidays
voor busreizen in het oosten
☎ 519–8968687,
1–800–4618687.

BUSROUTES

Op deze kaart staan de belangrijkste busroutes van Canada. U kunt met Greyhound Canada en de busmaatschappijen ten oosten van Toronto het hele land door reizen, de Trans-Canada Highway af.

0 km   500

Iqaluit
Whitehorse
Rankin Inlet
Yellowknife
Hay River
Dawson Creek
Labrador City
Gander
Port-aux-Basques
St. John's
Prince Rupert
Prince George
Flin Flon
Thompson
Sydney
Jasper
The Pas
Mont-Joli
Gaspé
Edmunston
Charlottetown
Amherst
Port Hardy
Kamloops
Banff
Edmonton
Saskatoon
Dauphin
Thunder Bay
Hearst
Cochrane
QUEBEC CITY
Moncton
Nanaimo
VANCOUVER
Calgary
St. John
Halifax
Hope
Lethbridge
Regina
Winnipeg
White River
Sudbury
OTTAWA
Montreal
Victoria
Cranbrook
Medicine Hat
Sault Ste-Marie
North Bay
Kingston
TORONTO
Windsor
Niagara Falls
Chicago
Detroit
New York

Vervoer per auto

Bord van een autoroute

Het is geen slecht idee om in Canada een auto te huren. Andere vervoersmiddelen zijn handig voor in de stad of om van de ene naar de andere plaats te komen, maar als u eenmaal in een afgelegen gebied bent, kunt u de omgeving het beste met de auto verkennen. Maak tochten door streken als het ruige schiereiland Gaspé *(zie blz. 140–141)* in Québec of Okanagan Valley *(zie blz. 315)* in Brits-Columbia. Canada is duidelijk een land voor automobilisten: het wegennet is uitstekend en veel steden hebben enorme winkelcentra aan de rand van de stad. De verkeersopstoppingen rond steden als Toronto, Vancouver, Montréal en Ottawa zorgen er echter voor dat u in deze steden beter met het openbaar vervoer kunt gaan.

AANKOMST MET DE AUTO

Veel mensen rijden via de VS Canada binnen. De grens tussen beide landen is de langste ter wereld. Er zijn 13 grote overgangen, met als drukste die tussen Detroit en Windsor en die van Niagara Falls. De meeste snelwegen naar Canada staan in verbinding met de Trans-Canada Highway, de langste snelweg (5000 km) van het land, die van Victoria, BC, tot St. John's in Newfoundland loopt. De douane verlangt van bezoekers dat ze hun nationaliteit bekendmaken, hun verblijfplaats en de duur van het verblijf, en kan naar uw paspoort en visum vragen *(zie blz. 390–391)*. Gooi uw tank vol in de VS, want daar is de benzine goedkoper. U kunt het land ook via Alaska binnenkomen, over de beroemde Alaska Highway *(zie blz. 260–261)*. Deze snelweg loopt door Yukon en eindigt in Brits-Columbia bij Dawson City.

RIJBEWIJS

Met een geldig rijbewijs mag u meestal drie maanden lang in Canada rijden. In sommige provincies kan dit verschillen: in Brits-Columbia, Québec en New Brunswick is uw rijbewijs zes maanden geldig, op Prins Edwardeiland vier maanden en in de Yukon slechts één maand. Het is aan te raden een International Driving Permit (IDP) bij uw rijbewijs te bewaren, voor het geval u problemen krijgt met verkeersbeambten of de politie.

VERZEKERING

Of u nu in een gehuurde of uw eigen auto rijdt, in Canada dient u verzekerd te zijn; u moet dat ook kunnen aantonen. Als u met uw eigen auto gaat, ga dan na of uw verzekering ook in Canada geldig is; dat kan u veel geld schelen. In Canada dient u ten minste voor $ 200.000 W.A.-verzekerd te zijn, behalve in Québec, waar een minimum bedrag geldt van $ 50.000. De meeste autoverhuurbedrijven bieden voor een extra bedrag ook een persoonlijke en cascoverzekering; beide verzekeringen kunnen van pas komen. Als u een particuliere auto rijdt die niet van uzelf is, neem dan een verklaring van de eigenaar mee. In een huurauto dient u de officiële papieren van het verhuurbedrijf bij u te hebben. Reserveer in de zomer uw auto ruim van tevoren en sluit op tijd een verzekering af.

Een camper op weg door de bossen en bergen naar Banff National Park, Alberta

AUTOVERHUUR

In heel Canada zijn wel auto's te huur. De meeste bekende autoverhuur-bedrijven als Hertz, Avis en Tilden hebben kantoren op luchthavens en in steden en dorpen in het hele land. Een van de goedkopere opties is in uw eigen land een fly-drive boeken. Ook als u de auto van tevoren boekt, kunt u vaak korting krijgen. De huurprijs is afhankelijk van het seizoen, het type auto en de duur van de huur. Vraag naar extra kosten voor bijvoorbeeld het afleveren van de huurauto in een andere plaats, provinciale omzetbelasting en de belasting op goederen en diensten (GST). Als u uw auto afhaalt, kan naar uw paspoort en vliegretour gevraagd worden. Iemand die een auto huurt, moet minimaal 25 zijn, soms 21. U hebt een creditcard nodig voor de borgsom. Kinderen onder de 18 kg moeten in een kinderzitje met gordel vervoerd worden. De meeste bedrijven kunnen er één voor u regelen. De grootste verhuur-bedrijven hebben de meeste keus, van tweedeursauto's in de midden-klasse tot luxueuze vierdeurs. De meeste auto's hebben een radio en airconditioning. Houd er rekening mee dat vrijwel alle auto's in Canada automaten zijn. Auto's met versnellingen komen zelden voor, hoewel voor gehandi-capten bij de grotere verhuur-bedrijven auto's te huur zijn met handmatig te bedienen versnellingen. U kunt ook een *RV* of camper huren, maar die zijn uiteraard duurder. Als u in de zomer wilt reizen, dient u deze ruim van tevoren te reserveren.

TANK- EN SERVICESTATIONS

De benzineprijzen liggen in Canada iets hoger dan in de VS, maar zijn veel lager dan in Europa. Op het platteland ligt de prijs vaak hoger dan in de steden. Ongelode benzine en diesel zijn in Canada ver-krijgbaar. Verhuurbedrijven leveren de auto met een volle tank, en meestal hebt u de keu-ze om de benzine vooraf of bij inlevering van de auto te beta-len. Servicestations zijn vaak zelfbedieningsstations, wat een probleem kan zijn als u een monteur nodig hebt. Sommige stations zijn 24 uur per dag open, maar op het platteland sluiten ze vaak om 18.00 uur. In deze gebieden, vooral in het noorden, zijn er niet veel. Gooi uw tank altijd vol. Creditcards en travellercheques worden vrijwel overal geaccepteerd.

VERKEERSREGELS

De snelwegen in Canada zijn goed onderhouden en bestaan meestal uit twee-baanswegen. Ze zijn duidelijk aangegeven en genummerd. De meeste borden zijn in het Engels of zijn tweetalig, behalve in Québec, waar ze alleen in het Frans staan. Een goede wegen-kaart is onontbeerlijk; u kunt deze aanschaffen bij elke autobond, zoals de **Cana-dian Automobile Asso-ciation (CAA)**, die bij soortgelijke bonden in andere landen is aangesloten. Vraag tevens naar de verkeersregels, want die kunnen per provincie soms verschil-len. In Canada rijdt u rechts. Bij rood licht mag u toch rechtsaf-slaan, behalve in Québec. De maximale snelheid varieert van 30–40 km/u in bebouwde kom, tot 80–100 km/u op de snelweg. Op snelwegen met meerdere banen haalt u uit via veiligheids-overwegingen links in. In sommige provincies wordt u geacht uw koplampen ruim voor zonsondergang aan te doen en ze tot ver na zonsop-gang aan te houden. Zowel de bestuurder als passagiers moeten een gordel dragen. In het noorden is het erg gevaarlijk om te rijden, aangezien de wegen vaak bevroren zijn. Alleen in de zomermaanden zijn de wegen hier begaanbaar.

Waarschuwingsbord: overstekende elanden

TELEFOONNUMMERS

AUTOVERHUUR-BEDRIJVEN

Hertz
📞 800–2630600.
🌐 www.hertz.com

Avis
📞 800–3311212.
🌐 www.avis.com.

National
📞 800–3874747.
🌐 www.nationalcar.ca

AUTO-BONDEN

Canadian Automobile Association
📞 613–2470117.

American Automobile Association
📞 407–4447000.

24-uurs wegenwacht
📞 1–800–222–help.

RIJDEN IN DE WINTER EN OVERSTEKEND WILD

De Canadese winters zijn streng. Ga van tevoren de gesteldheid van de wegen na en wees op de hoogte van de weersomstandigheden. Opstuivend sneeuw en zwart ijs leveren de winter en in het noorden gevaar op. Als u door afgelegen gebieden rijdt, zorg dan dat uw tank vol zit, neem dekens mee, zand, een spade en extra voedsel zoals chocoladerepen, voor het geval u vast komt te zitten. Startkabels zijn ook geen overbodige luxe, want de accu kan door de extreme koude snel leegraken. Spijkerbanden zijn onder winterse omstandigheden nuttig en in de meeste provincies toegestaan. Vraag dit na bij het toeristenbureau. Tijdens de zomermaanden kunnen dieren als beren en elanden een gevaar opleveren, vooral in delen van Brits-Columbia. Ze steken dan plotseling de weg over, op de vlucht voor de kriebelmug. Let goed op borden waarop een eland of beer staat; deze waarschuwen dat u in een gebied bent waar deze dieren veel voorkomen en waar ze vaak plotseling uit de bossen verschijnen.

Register

A

Dankbetuiging

De uitgever bedankt de volgende personen voor hun hulp bij de samenstelling van dit boek.

AUTEURS

Paul Franklin heeft onlangs in opdracht van de regering van Nova Scotia een reisgids over deze provincie voltooid. Hij heeft als schrijver en fotograaf meegewerkt aan reisgidsen over Canada en andere landen. Paul Franklin woont in Nova Scotia.

Sam Ion en **Cam Norton** wonen en werken in Burlington in Ontario. Dit succesvolle schrijversteam heeft reisbijdragen geleverd voor kranten, weekbladen en brochures en voor de millennium-website van de regering van Ontario, die de provincie aanprijst.

Philip Lee werkt al meer dan tien jaar als reisjournalist. Hij heeft tal van artikelen en reisboeken over allerlei landen op zijn naam staan. Philip Lee heeft veel door de VS en Canada gereisd; momenteel woont hij in Nottingham in Engeland.

Lorry Patton woont en werkt in Brits-Columbia. Tot voor kort werkte zij als reisredacteur van het blad BC Woman, nu verzorgt zij een online reistijdschrift over BC. Lorry Patton woont op de Gulf Islands net buiten Vancouver.

Geoffrey Roy is een bekroonde freelance reisjournalist en fotograaf uit Surrey in Engeland. Hij heeft veel artikelen over Noord-Canada gepubliceerd.

Donald Telfer is een in Saskatchewan woonachtige reisjournalist, die al 20 jaar over Midden-Canada publiceert. Zijn bijdragen verschijnen regelmatig in Canadese en buitenlandse kranten en tijdschriften.

Paul Waters heeft in verschillende steden in Québec gewoond en gewerkt en heeft veel geschreven over deze provincie. Momenteel is hij de reisredacteur voor *The Gazette*, een populair Engelstalig dagblad in Montréal, waar hij ook woont.

AANVULLENDE BIJDRAGEN
Alan Chan, Michael Snook.

AANVULLENDE FOTOGRAFIE
James Jackson, Gunter Marx, Cylla Von Tiedman, Matthew Ward.

AANVULLENDE ILLUSTRATIES
Stephen Conlin, Eugene Fleury, Steve Gyapay, Chris Orr, Mel Pickering, Peter Ross.

CARTOGRAFIE
ERA-Maptec Ltd, Dublin, Ierland.

CORRECTIE
Sam Merrell.

REGISTER
Hilary Bird.

ONTWERP EN REDACTIONELE ASSISTENTIE
Gillian Allen, Emily Anderson, Ilona Biro, Louise Bolton, Julie Bond, Vivien Crump, Joy Fitzsimmons, Emily Green, Jessica Hughes, Marie Ingledew, Steve Knowlden, Kathryn Lane, Mary Ormandy, Marianne Petrou, Mani Ramaswamy, Lee Redmond, Ellen Root, Anna Streiffert, Geordie Telfer.

SPECIALE ASSISTENTIE
Canada Map Office, Ontario; Canadian Tourism Office, Londen, Groot-Brittannië; Claude Guerin en Danielle Legentil, Musée d'art contemporain de Montréal; Jim Kemshead, Tourism Yukon; Wendy Kraushaar, RCMP Museum, Regina, Saskatchewan; 'Ksan Historical Indian Village & Museum, Hazleton, BC; Leila Jamieson, Art Gallery of Ontario, Toronto; Antonio Landry, Village Historique Acadien, New Brunswick; Marty Hickie, Royal Tyrrell Museum, Drumheller, Alberta; Mary Mandley, Information Office, Sainte-Marie among the Hurons;

National Air Photo Library, Ottawa, Ontario; Liette Roberts, Manitoba Museum of Man and Nature, Winnipeg; Mark Sayers; Ernest D. Scullion, Aeriel Photography Services, Scarborough, Ontario; Visit Canada-kantoor, Londen, Groot-Brittannië; Jennifer Webb, UBC Museum of Anthropology, Vancouver, BC.

TOESTEMMING VOOR DE FOTOGRAFIE
De uitgever bedankt de volgende instanties voor hun toestemming om te fotograferen.

b = boven; bl = boven links; blm = boven links midden; bm = boven midden; brm = boven rechts midden; br = boven rechts; mlb = midden links boven; mb = midden boven; mrb = midden rechts boven; ml =midden links; m = midden; mr = midden rechts; mlo = midden links onder; mo = midden onder; mro = midden rechts onder; ol = onder links; o = onder; om = onder midden; oml = onder midden links; omr = onder midden rechts; or = onder rechts; d = detail.

Kunstwerken zijn gereproduceerd met toestemming van de volgende copyrighthouders: het werk op 172m is gereproduceerd met toestemming van de Henry Moore Foundation; © Bill Vazan *Shibagua shard*, 1989 gezandstraald graniet 187m.

De uitgever is de volgende personen, bedrijven en bibliotheken dank verschuldigd voor hun toestemming om hun foto's af te drukken:

AIR CANADA: 49o, 398b/m; AKG, Londen: 47o; BRYAN EN CHERRY ALEXANDER: 16m, 20b, 21mr, 23m/mr/ol, 26b, 37b, 51m/o, 153b, 321m, 322, 324mo, 324–325, 325m, 332–333, 334b, 338b, 339b/m; ALLSPORT: Scott Halleran 32o; Jed Jacobson 33b; Jamie Squire 35o; Rick Stewart 32m; ANCHORAGE MUSEUM OF HISTORY AND ART, Anchorage, Alaska: B74.1.25 46b; ter beschikking gesteld door THE ANNE OF GREEN GABLES MUSEUM, Silver Bush, Park Corner, Prins Edwardeiland: 79o; ART GALLERY OF ONTARIO: Karoo Ashevak, Canadees: Inuit 1940–1974, *Sjamaan met geest* 1972, walvisbeen; ivoor; speksteen; walvispees 47,7 x 23,6 x 16,6 cm, schenking van Samuel en Esther Sarick, Toronto 1996 © Palaejook Eskimo Co-op Ltd. 175mb; Pieter Brueghel de Jongere, Vlaams 1564–1638, BOERENBRUILOFT, geen datum, olieverf op eiken paneel, 36,2 x 44,2 cm 175mo(d); Paul Gaugin, Frans 1848–1903, HINA EN FATU ca. 1892, tamanu-hout, 32,7 cm hoog, schenking van het Volunteer Committee Fund, 1980 174bl; Lawren H. Harris, Canadees 1885–1970, *Above Lake Superior* ca.1922, olieverf op doek 121,9 x 152,4 cm, schenking van het Ruben en Kate Leonard Canadian Fund 1929 © Mrs. James H. Knox 160o; J.E.H. MacDonald, Canadees 1873–1932, *Falls, Montreal River* 1920, olieverf op doek 121,9 x 153cm, aankoop 1933 acc. no. 2109, foto Larry Ostrom 161b; Henry Moore, Brits 1898–1986, *Draped reclining figure* 1952–1953, origineel gips 100,4 x 160,4 x 68,6 cm, schenking van Henry Moore, 1974. Het werk op blz. 174mb is gereproduceerd met toestemming van de Henry Moore Foundation; Robert Gray Murray 1936, *Sculpture* 1963, geverfd aluminium, 2 units, buisvormige zuil H271,1 cm, vlakvormige zuil 275,0 cm, schenking van het Junior Women's Committee Fund 1966 65/60.1-2 29mo; Claes Oldenburg, Amerikaans 1929, *Floor burger* 1962, doek gevuld met schuimrubber en kartonnen dozen, beschilderd met latex en liquidtex 132,1 x 213,4 m, aangekocht 1967 174mo; Photographic Resources 28o; Tom Thomson, Canadees 1887–1917, *The west wind* 1917, olieverf op doek 120,7 x 137,2 cm, schenking van de Canadian Club of Toronto, 1926 175b; E.P. Taylor Research Library and Archives 160bl; AXIOM: Chris Coe 3m, 18m, 22bl, 23br, 45om, 84m, 203o, 232, 235b/m, 237m/or, 240m, 245b, 252–253, 275b, 276b, 308b, 315b, 330m/o, 361o.

BATA SHOE MUSEUM, Toronto: 179ol; BRIDGEMAN ART LIBRARY, Londen: Art Gallery of Ontario, Paul Kane (1810–1871) *Tentenkamp van indianen aan Lake Huron* 6–7, Emily Carr (1871–1945) *Skidgate, Graham Island, Brits-Columbia* 1928 (olieverf op doek), schenking van de J.S. Mclean Collection door Canada Packers Inc. 1990 29b, Maurice Galbraith Cullen (1866–1934) *On the Saint Lawrence* 1897 (olieverf op doek), schenking van het Reuben en Kate Leonard Canadian Fund, 1926 28m; British Library-portulaan van Pierre Descaliers, Canada: *van de reis van Jacques Cartier* (1491–1557) en zijn volgelingen en. 1534–1541 40m, *Jacques Cartier* (1491–1557) *Frans zeevaarder en ontdekker van de Canadese St.-Lawrence-rivier* (staalgravure naar een portret in St. Malo) 40o; Hudsonbaaicompagnie, luitenant Smyth (19de eeuw) *Gebeurtenissen tijdens een handelsreis: HMS Terror legt aan bij een ijsberg in Straat Hudson*, 18 augustus, 1836 159b; Privé-collectie 'Britse mannen, ontdek hoe u zelfstandig boert in Canada! Kies nu voor Canada' 26o, herdenkingsmedaille van de Britse inname van Québec, 1759 (brons) 43o; gravure van Jean Antoine Theodore Gudin (1802–1880) *Jacques Cartier* (1491–1557) aan de St.-Lawrence-rivier, 1535 7; gegraveerd door French School (19de eeuw) *Delaware-indianen op bizonjacht* rond 1860, foto Ken Welsh 225m, steendruk van Howard Pyle (1853–1911) *De overgave van Louisbourg, illustratie uit 'Colonies and Nation'* van Woodrow Wilson, verschenen in Harper's Magazine, 1901 43b, Benjamin West (1738–1820) *William Penns verdrag met de indianen in november 1683* (olieverf op doek) 22br, Stapleton Collection, gegraveerd door Carl Vogel (1816–1851) *Indiaan op bizonjacht, plaat 31 uit deel 2 'Reizen in het binnenland van Noord-Amerika'*, 1844 (aquatint) door Karl Bodmer (1809–1893) (na) 22or, gegraveerd door Charles Geoffroy (1832–1882) *Assiniboin-indianen, plaat 32 van deel 2 uit deel 2 'Reizen in het binnenland van Noord-Amerika 1832–1834'*, 1844 (aquatint) door Karl Bodmer (1809–1893) (na) 245o; BRITISH COLUMBIA ARCHIVES: Provincie BC, foto 43mo.

Ter beschikking gesteld door CALGARY TRANSIT: 404m; CEPHAS: Fred R. Palmer 98br; Pascal Quittemelle 98o; TOP/Hervé Amiard 24o; BRUCE COLEMAN LTD.: John Cancalosi 243m; JEAN-LOUP CHARMET: 42b; COLORIFIC!: Randa Bishop 395o; Terence LeGoubin 223b; John Moss 262; Black Star/Richard Olsenius 68o; Jeff Perkell 60; Michael Saunders 99o; Geray Sweeneyt 19o; Focus/Eric Spiegelhalter 319b; CORBIS: 25b, 29o, 44o, 46m, 53m, 59or, 159or, 207, 209bl., 230ol, 248ol; Craig Aurness 230–231; David Bartruff 325o; Bettman 45ol, 47m, 48o; Bettman/UPI 201o; Peter Harholdt 32mo; Hulton Deutsch-collectie 50mr/ol/or; Wolfang Kaehler 324mb; Lake County Museum 231m; Library of Congress 41b/mo, 155m; Wally McNamee 121m; New York Public Library Picture Collection 40b; PEMCO-Webster & Stevens Collection Museum of History and Industry, Seattle 47bl; Sygma/Touhig Sion 17o; UPI 31m.

ADRIAN DORST: 254m, 286m, 287o.

EMPICS LTD: SPORTSCHROME 17m; ROBERT ESTALL PHOTO LIBRARY: 73o, 98–99,100m, 152o; MARY EVANS PICTURE LIBRARY: 43m, 47br, 95m, 158br, 253m, 341m, 389m.

P.M. FRANKLIN: 19b, 21bl, 56mb, 59br/m, 70, 82–83, 91b; WINSTON FRASER PHOTOS: 8–9, 64o, 69o, 98m, 99mc, 101br, 226o, 136o, 248b, 334o, 397, 399; Black Star 153m; Canada In Stock 217br; Ivy Images/Don Mills 36m, 56obr, 58b, 59bl, 68m, 69b, 147m, 227, 238–239; Ivy Images/Don Mills/© Gilles Daigle 74b,/© Sylvain Grandadam 387b; /© Tony Mihok 34o/© Dan Roitner 77o; T.Klassen Photography 236m, 240b, 251b.

Ter beschikking gesteld door GREYHOUND CANADA: 408b.

LYN HANCOCK: 336, 338o, 339ob, 384o; ROBERT HARDING PICTURE LIBRARY: 21ml, 23bl, 256ml; Charles Bowman 103; Philip Craven 34b; Robert Francis 388–389; Jeff Greenberg 260mo; Norma Joseph Frgs 231o; Maurice Joseph Frgs, Arps 34m, 409; Paolo Kotch 101m; R. McLeod 319o; Roy Rainford 176b; Walter Rawlings 303mc; Geoff Renner 229bl; Ian Tomlinson 35b, 288, 292o; Dr. A.C. Waltham 328o; Tony Waltham 214–215; Explorer 152b;/Patrick Lorne 140o; Publiphoto Diffusion 20ml;/Paul G. Adam 136b;/Yves Marcoux 116–117, 139b; Bild Agenteur Schuster GMBH 94–95; DAVID HOUSER: 68b, 69m, 139o, 141ol; © Steve Cohen 95, 337b; HUDSON BAY COMPANY ARCHIVES, Toronto: 158bl; Provincial Archives of Manitoba 158o, 159m; HULTON GETTY COLLECTION: 50b, 91o, 100mo.

INUIT ART FOUNDATION, Ontario: Sarah Joe Qinuajua, Puvirnituq *Een ijsbeer ontmoet een vrouw* QC1985 steensnede 324b.

JASPER TOURISM AND COMMERCE: 306b; Hugh Levy 307br;

WOLFGANG KAEHLER: 140b, 141or; ROBIN KARPAN: 15b, 27o, 224–225, 226b, 229m/o, 230br, 234o, 236o, 241o, 242m/o, 243o, 244b/m/o, 247b/o, 248m, 249ml/mr/o, 329b, 337o; JOSPEH KING: 265, 270–271, 273b, 318o; KOBAL COLLECTION: 17o, *Rose Marie*, MGM 231br; *Anne of Green Gables*, RKO 30m.

FRANK LANE PICTURE AGENCY: Dembinsky 20or, Michael Gore 57mro; John Hawkins 57or, FotoNatura/F.Hazelhoff 2–3; David Hosking 228mo, 258b, 295o; Maslowski 200mr; C. Mullen 139m; Mark Newman 21mro, 258mo; C. Rhodes 21or; M. Rhode 72m; Leonard Lee Rue 21mlo, 152m, 311o; Sunset/Brake 72b, 338m;/T. Leeson 258ol; John Watkins 56omb; L. West 302b; David Whittaker 258m; Terry Whittaker 20ol; LEIGURAIL/VIA RAIL CANADA: 407.

Ter beschikking gesteld door het MANITOBA MUSEUM OF MAN AND NATURE: 237ol; ARNOLD MATCHTINGER: 184o; McCORD MUSEUM OF CANADIAN HISTORY, Montréal: Notman Photographic Archives 49b; McMICHAEL CANADIAN ART COLLECTION: foto Arthur Goss/Arts & Letters Club 161o; A.V. Jackson (1882–1974) *The red maple*, 1914 olieverf op doek, 21,6 x 26,9 cm, schenking van dhr. S. Walter Stewart 1968.8.18 160br; ter beschikking gesteld door MOLSON COMPANIES: 363o; MUSÉE D'ART CONTEMPORAIN DE MONTRÉAL: Natalie Roy *Les dentelles de Montmiruil*, 1995 (detail) Soutens-gorge et jupon sous acrylique et bois 32 x 300 x 35 cm Denis Farley et Natalie Roy Du Compagnonnage du 2 Juin au Septembre 1999 ©SODART/DACS, 2000 112b; Richard Long *Niagra sandstone circle*, 1981 32 stukken zandsteen © Richard Long 112m; MUSÉE DES BEAUX-ARTS DE MONTRÉAL: Laurent Arriot *Theepot*, foto Christine Guest 1952 DS 41 114o; El Greco *Portret van een jonge man* 1945.885 115m; Harmensz van Rijn Rembrandt *Portret van een jonge vrouw* 1949–1006 114ml; ter beschikking gesteld door het MUSEUM OF ANTHROPOLOGY, University of British Columbia, Vancouver, Canada: foto: Bill McLennan 274mo, 274o, totempalen van rood cederhout in de Grote Zaal, Haida en Tsimshan (Canada) 274o, schenking van Walter en Marianne Koerner 13m; Houten voorhoofdsband Bella Bella, (Canada) H.R. MacMillan Purchase 275m.

NATIONAL ARCHIVES OF CANADA: C-011371 45b, C25739 261br; NATIONAL BALLET OF CANADA: C. Von Tiedmann 382b; NATIONAL GALLERY OF CANADA, Ottawa: 196m, Davidialuk Alasua Amittu (1910–1976) *The Aurora Borealis decapitating a young man* ca. 1965 aangekocht 1992 © La Fédération des Cooperatives du Nouveau-Québec 196o; James Wilson Morris (1865–1924) *Blanche* ca. 1912 aangekocht 1948 197mo; Jackson Pollock (1912–1956) *No.29* ca. 1950 aangekocht 1968 © ARS, NY en DACS, Londen 2000 196b; Tom Thomson (1877–1917) *The jack pine* ca.1916–1917 aangekocht 1918 197b; NATURAL HISTORY PHOTOGRAPHIC AGENCY: Brian en Cherry Alexander 57mlo,

320–321; Dan Griggs 19, 159om; Stephen Krasemann 20oml, 56b, 259or, 330b, 331b, David E. Myers 14o; T. Kitchen en V. Hirst 21br/ol, 56mo, 259bl/br/mo, 260b, 287mb; Jean-Louis Le Moigne 259ol; Dr. Eckart Pott 258om; Kevin Schafer 56ol, 329o; John Shaw 57ol, 258or, 298o, 318m; Eric Soder 256b; NorbertWu 287mo; NATURPRESS: Roberto Olivas 335b; PETER NEWARK'S AMERICAN PICTURES: 22mr/ml/ol, 38; 42–43, 42ml/o, 43br, 44b, 45or, 46o, 48b/m,49m, 58m/o; NEW BRUNSWICK TOURISM: 74o; NORTHERN BRITISH COLUMBIA TOURISM ASSOCIATION: 310o.

OXFORD SCIENTIFIC FILMS: Tui DeRoy 57mrb; Breck P. Kent 57mlb; Richard Herrmann 259om.

PARC OLYMPIQUE, Montréal: 120br; PARKS CANADA: Claude Picard *Acadiërs aan het werk op het land* in opdracht van Canadian Heritage 58–59; PICTURES COLOUR LIBRARY: 148–149, 400, 403o; PROVINCIAL ARCHIVES OF MANITOBA: neg no. CT16 45m; PUBLIPHOTO: 51b; Y. Beaulieu 25m; J.P. Danvoye 137or, 141b; Claude A. Girouard 137ol, 138o; Jean Lauzon 50ml, 140m; D. Oullette 138b; M.E.F. /Boulion 137m; S. Clement 24mr; G. Zimbal 24b, 25o.

REGIÉ DES INSTALLATIONS OLYMPIQUE: 121b; RETNA PICTURES: Steve Granitz 383o; Phil Loftus 31o; Micheal Putland 30o; Richard Reyes 17br; REX FEATURES: 31b; ter beschikking gesteld door ROYAL BANK OF CANADA: 396b; ter beschikking gesteld door het ROYAL BRITISH COLUMBIA MUSEUM: 282b/ml, 283b/mb/mo; © Peter en Mabel Fox 282mr; ter beschikking gesteld door het ROYAL CANADIAN MOUNTED POLICE MUSEUM, Regina: 230m/or; © ROYAL ONTARIO MUSEUM: 182b; Herenjas van geverfde kariboehuid, Innu, Quebec-Labradorc. 1805 182ol; ROYAL TYRRELL MUSEUM, Drumheller: Alberta Tourism Parks, Recreation and Culture 228mb/or, 228–229, 229br, 246b/mb/mo/mr.

Ter beschikking gesteld door het SAINTE-ANNE-DU-BEAUPRÉ MUSEUM: 135bl/ol; foto ter beschikking gesteld door SAINT MARIE AMONG THE HURONS: 218bl; ter beschikking gesteld door SCOTIABANK 396ol; SPECTRUM COLOUR LIBRARY: 331o, 334m; SPECTRUM STOCK: 188, 204; Ottomar Bierwagen 36bl; Ron Erwin 222b/o; Henry Kalan 222m; Norman Piluke Photography 223o; TONY STONE IMAGES: Wayne R. Bilenduke

323, 335o; Cosmos Condina 13o, 124, 298or; Richard Elliot 261o; John Edwards 169o; Suzanne en Nick Geary 230bl, 410o; Sylvian Grandadam 101bl; David Hiser 251o, 325bl; Susan Lapides 102; R.G.K. Photography 326; Paul Souders 261bl; Jess Stock 33o; Chris Thomaidis 162.

TATE GALLERY, Londen: John Collier *De laatste reis van Henry Hudson* olieverf op doek ©1988 41m; DONALD L. TELFER: 20mr, 52–53, 236b, 240o, 241b/m, 242b, 243b, 250b/o; TRAVEL ALBERTA: 299m, 310b.

UNIVERSITY OF TORONTO: J.B. Tyrrell Papers, Thomas Fisher Rare Book Library MS Collection 26 228ol.

VANCOUVER PUBLIC LIBRARY, SPECIAL COLLECTIONS: 13220 46–47; VICTORIA UNIVERSITY in de University of Toronto, Canada: Lawren S. Harris *Autumn, Algoma*, 1920 © Mrs. James H. Knox 160–161; VILLAGE HISTORIQUE ACADIEN: 75bl/br/ol.

Ter beschikking gesteld door WESTERN UNION MONEY TRANSFER: 396m; WESTJET: 401m; Collectie van de WINNIPEG ART GALLERY, Canada: Frank H. Johnston *Edge of the forest*, 1919 aquarel, tempera op hardboard 52,2 x 62,8 cm L26 Ernest Mayer 160m; WORLD PICTURES: 1m, 16b, 37o, 55o, 57b, 89or, 128b, 202o, 256o, 257b/m, 260o, 299b, 311b, 312, 318b, 325br, 406, 408o.

YUKON GOVERNMENT COMMUNITIES: 328b.

Voorzijde schutblad: speciale fotografie, behalve AXIOM: Chris Coe oml; COLORIFIC!: John Moss ol, Jeff Perkell bm; P.M. FRANKLIN: brm; ROBERT HARDING PICTURE LIBRARY: Ian Thomlinson ml; SPECTRUM STOCK: om, omr; TONY STONE IMAGES: Cosmo Condina m; Susan Lapides br; R.G.K. Photography blm; Chris Thomaidis or; WORLD PICTURES: bl.

Omslag: speciale fotografie, behalve CORBIS: Darrell Gulin voor b, Gunter Marx voor l, rug b; NHPA: John Shaw voor mo; TONY STONE IMAGES: Suzanne en Nick Geary voor mrb; WORLD PICTURES: voor mb.

Alle andere illustraties © Dorling Kindersley. Zie voor meer informatie: www.dkimages.com

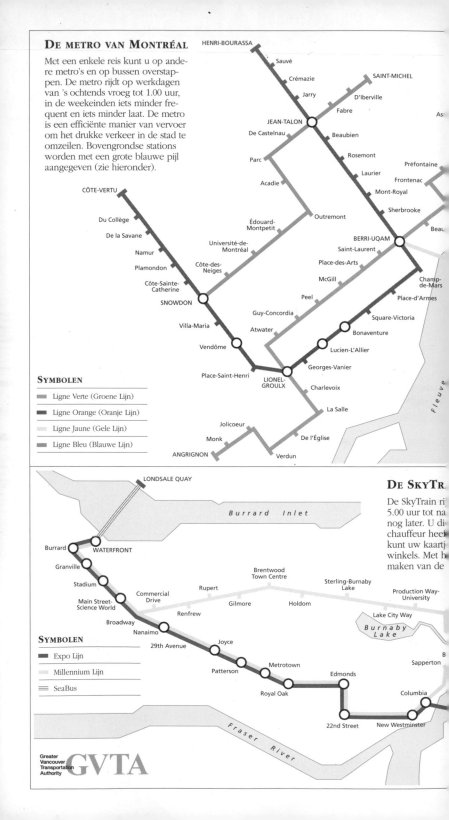

DE METRO VAN MONTRÉAL

Met een enkele reis kunt u op andere metro's en op bussen overstappen. De metro rijdt op werkdagen van 's ochtends vroeg tot 1.00 uur, in de weekeinden iets minder frequent en iets minder laat. De metro is een efficiënte manier van vervoer om het drukke verkeer in de stad te omzeilen. Bovengrondse stations worden met een grote blauwe pijl aangegeven (zie hieronder).

HENRI-BOURASSA
Sauvé
Crémazie
Jarry
SAINT-MICHEL
D'Iberville
Fabre
JEAN-TALON
De Castelnau
Beaubien
Parc
Rosemont
Préfontaine
Laurier
Frontenac
Acadie
Mont-Royal
Sherbrooke
CÔTE-VERTU
Du Collège
De la Savane
Édouard-
Montpetit
Outremont
BERRI-UQAM
Saint-Laurent
Namur
Université-de-
Montréal
Place-des-Arts
Plamondon
Côte-des-
Neiges
McGill
Champ-
de-Mars
Côte-Sainte-
Catherine
SNOWDON
Peel
Place-d'Armes
Guy-Concordia
Square-Victoria
Villa-Maria
Atwater
Bonaventure
Vendôme
Lucien-L'Allier
Georges-Vanier
Place-Saint-Henri
LIONEL-
GROULX
Charlevoix
Jolicoeur
La Salle
Monk
De l'Église
ANGRIGNON
Verdun
Fleuve

SYMBOLEN

- Ligne Verte (Groene Lijn)
- Ligne Orange (Oranje Lijn)
- Ligne Jaune (Gele Lijn)
- Ligne Bleu (Blauwe Lijn)

DE SKYTR

De SkyTrain ri
5.00 uur tot na
nog later. U di
chauffeur hee
kunt uw kaartj
winkels. Met h
maken van de

LONDSALE QUAY
Burrard Inlet
WATERFRONT
Burrard
Granville
Brentwood
Town Centre
Sterling-Burnaby
Lake
Stadium
Commercial
Drive
Rupert
Holdom
Production Way-
University
Main Street-
Science World
Gilmore
Lake City Way
Broadway
Renfrew
Burnaby
Lake
Nanaimo
29th Avenue
Joyce
Sapperton
Patterson
Metrotown
Edmonds
Royal Oak
Columbia
22nd Street
New Westminster
Fraser River

SYMBOLEN

- Expo Lijn
- Millennium Lijn
- SeaBus

Greater
Vancouver
Transportation
Authority
GVTA